DIE TRAININGSBIBEL FÜR RADSPORTLER

JOE FRIEL

DIE TRAININGSBIBEL FÜR RADSPORTLER

3. AUSGABE

covadonga
TRAININGSPARTNER

Die Originalausgabe dieses Buches erschien unter dem Titel
»The cyclist's training bible: the world's most comprehensive training guide.
Fifth edition« bei VeloPress, Boulder/Colorado.

Joe Friel:
Die Trainingsbibel für Radsportler.
Dritte, komplett überarbeitete und aktualisierte deutschsprachige Ausgabe.

Aus dem Amerikanischen von Olaf Bentkämper

Covadonga Verlag, Spindelstr. 58, D-33604 Bielefeld

ISBN (Print): 978-3-95726-035-2
ISBN (E-Book): 978-3-95726-036-9

Coverfoto: Benjamin H. Kristy / Dominion Cycling Photography
Gestaltung und Layout: Vicki Hopewell, Erin Farrell / Factor E Creative
Illustrationen: Charlie Layton
Druck und Bindung: Westermann Druck Zwickau GmbH (4. Auflage/2024)

FSC www.fsc.org MIX Papier | Fördert gute Waldnutzung FSC® C110508

Die Ratschläge in diesem Buch wurden sorgfältig geprüft, ohne dass eine Garantie übernommen werden könnte. Eine Haftung des Autors bzw. der Verlage für Personen-, Sach- und Vermögensschäden ist ausgeschlossen. Es ist empfehlenswert, sich zuvor ärztlich untersuchen zu lassen, bevor man ein Trainingsprogramm aufnimmt. Dies gilt auch im Hinblick auf die in diesem Buch vorgestellten Übungen und Abläufe, insbesondere für alle Personen mit Vorerkrankungen.

Bibliografische Information der Deutschen Nationalbibliothek:
Die Deutsche Nationalbibliothek verzeichnet diese Publikation in der Deutschen Nationalbibliografie; detaillierte bibliografische Daten sind im Internet über http://dnb.dnb.de abrufbar.

Covadonga ist der Verlag für Radsportliteratur.
Die Reihe »Covadonga Trainingspartner« vereint Klassiker und Standardwerke der Trainingslehre – für Radfahrer, Triathleten, Läufer und Schwimmer.
Besuchen Sie uns im Internet: *www.covadonga.de*

Für Dirk:
meinen Freund, meinen Trainingspartner,
meinen Mentor, meinen Schüler, meinen Sohn

INHALT

VORWORT

Die Trainingsbibel für Radsportler war vor mehr als 20 Jahren das erste Buch, das ich schrieb. Mir ging es damals nicht darum, möglichst viele Bücher zu verkaufen. Ich ging eher davon aus, dass sich mein Werk nur ein paar Mal verkaufen und binnen weniger Jahre wieder aus den Regalen verschwunden sein würde. Meine Motivation war vielmehr, zu schauen, ob es mir gelingen würde, die Trainingsphilosophie und -methodik zu erläutern, die ich in den vorangegangenen 20 Jahren als Athlet, Student und Coach entwickelt hatte. Ich hätte im Traum nicht daran gedacht, dass dieses Buch sich zum meistverkauften Trainingshandbuch für Radsportler mausern würde oder dass ich so vielen Fahrern den Anstoß geben würde, die Art ihrer Wettkampfvorbereitung zu verändern.

Die komplett überarbeitete Ausgabe der *Trainingsbibel für Radsportler,* die Sie gerade in Händen halten, ist in der Tat vollkommen neu. Als ich entschied, dass es an der Zeit wäre, das Buch auf den neuesten Stand zu bringen, warf ich alle alten Manuskripte über Bord und fing buchstäblich mit einer leeren Seite an. Das Einzige, was sich kaum verändert hat, ist der grundlegende Aufbau.

Das Projekt nahm ein ganzes Jahr in Anspruch. Teilweise lag dies daran, dass sich der Inhalt in den letzten 20 Jahren beinahe verdoppelt hatte, von 70.000 auf knapp 130.000 Wörter. Eine ganz schöne Menge! Aber ich brauchte auch deswegen ein Jahr, weil ich mich vor der Niederschrift jedes Kapitels noch einmal in die Forschung vertiefte, um zu ermitteln, was genau sich in den letzten zwei Jahrzehnten alles verändert hatte. Das bedeutete zwar großen zeitlichen Aufwand, war mir aber eine unerlässliche Hilfe dabei, die vielen erweiterten und überarbeiteten Konzepte zu beschreiben, die in diesem Buch vorgestellt werden.

Ich bin sehr zufrieden mit dem Ergebnis. Noch wichtiger aber ist, dass ich glaube, dass Sie als Leser dieses Buch als nützlich für Ihr Training empfinden werden. Dies war bei jeder neuen Ausgabe meine wesentliche Motivation.

Ein Buch für ein breites Spektrum von Radsportlern zu verfassen, ist eine Herausforderung. Ich weiß, dass manche, die dieses Buch lesen werden, echte Anfänger sind, die mit dem Sport gerade erst begonnen haben. Für diese Fahrer wird alles, was sie hier lesen, Neuland sein. Andere Leser sind fortgeschrittene Anfänger in ihrem zweiten oder dritten Radsportjahr, die noch dabei sind, ihre Grundlagenfitness zu entwickeln und sich das nötige Wissen über das Training anzueignen. Dann wären da die erfahrenen Radsportler, die diesen Sport seit mehr als drei Jahren betreiben, eventuell eine frühere Ausgabe gelesen haben und fundierte Kenntnisse über das Training und viele seiner Nuancen mitbringen. Und schließlich sind da noch die Elite-Athleten, die nicht nur seit vielen Jahren dabei sind, sondern auch in der Lage, auf hohem Niveau Rennen zu gewinnen. Sie verfügen im Allgemeinen über fundierte und detaillierte Kenntnisse der Trainings- und Sportwissenschaft.

Ungeachtet dessen, welcher Gruppe Sie angehören, habe ich versucht, Ihre Bedürfnisse anzusprechen. Indem Sie den hier dargelegten Anleitungen folgen, werden Sie ein höheres Leistungsniveau erreichen.

Tatsächlich ist es die Wettkampfleistung, um die es in diesem Buch geht. Meine Hoffnung ist, dass Sie neue Ansätze für das Training kennenlernen, die Ihnen helfen, sich als Athlet weiterzuentwickeln und bessere Resultate zu erzielen. Natürlich kann ich Ihnen nicht versprechen, dass die Lektüre dieses Buches Sie wie von Zauberhand zu einem kommenden Tour-Sieger macht, aber es ist gewiss möglich, dass Sie Ihre sportlichen Leistungen auf ein höheres Niveau heben und Ziele erreichen, von denen Sie vorher nicht zu träumen gewagt hätten. Ich habe das bei vielen Athleten erlebt, die ich im Laufe der Jahre betreut habe. Ich bin sicher, dass auch Sie dazu in der Lage sind, indem Sie die Prinzipien beherzigen, über die Sie in den folgenden Kapiteln lesen werden.

Der Zweck dieses Buches ist, Ihnen dabei zu helfen, fitter zu werden, schneller Rad zu fahren und hohe Ziele zu erreichen. Zusammengenommen bilden diese Zielsetzungen das, was man »Höchstleistung« nennen könnte. Ich werde diesen Begriff in den folgenden Kapiteln noch häufig benutzen. Damit meine ich jeweils, dass diese drei genannten Zielsetzungen – Fitness, Geschwindigkeit und hohe Ziele – erfolgreich in die Tat umgesetzt werden, tatsächlich aber geht Höchstleistung weit über bloße Resultate hinaus. Es ist ebenso sehr eine Einstellung wie ein Indikator dafür, wie stark Sie im Rennen sein werden. Tatsächlich kommt die Einstellung vor etwaigen Wettkampfresultaten – und zwar weit davor. Es geht darum, auf eine Weise zu leben, die das Erreichen hoher Ziele überhaupt erst ermöglicht. Es geht darum, wie konsequent Sie trainieren, wie diszipliniert Sie das Training angehen, was, wann und wie viel Sie essen, mit wem Sie Ihre Zeit verbringen, wie Sie sich selbst wahrnehmen und vieles mehr. Die richtige Einstellung bedeutet, Ihr ganzes Leben unmittelbar auf Ihr Ziel auszurichten, ein Ziel, das Sie unermüdlich verfolgen. Einige dieser Themen werden in den Kapiteln 1 und 2 angeschnitten.

Einstellung und Lebensstil spielen in diesem Buch aber nur eine untergeordnete Rolle. Es gibt andere Werke von Sportpsychologen, die Ihnen helfen, die mentale Seite der Höchstleistung zu meistern. Unser Augenmerk gilt in erster Linie der Entwicklung Ihres körperlichen Leistungsvermögens. Nachdem wir uns in Teil I mit der mentalen Komponente beschäftigt haben, kümmern wir uns daher anschließend um die für den Erfolg notwendige Fitness, Form und Planung.

Radfahren ist in mancherlei Hinsicht ein anderer Sport als noch vor 20 Jahren. Die vielleicht größte Veränderung brachte der Siegeszug der Leistungsmessgeräte mit sich. Obwohl die Technologie der Powermeter bereits Ende der 1980er Jahre entwickelt wurde, wurde sie in den Neunzigern erst von sehr wenigen Fahrern genutzt. Die Geräte waren schlichtweg zu teuer – ein Normalsterblicher musste knapp einen Monatslohn dafür hinblättern. Und vielen war die neue Technologie auch noch nicht ganz geheuer. Damals bestimmten wir die Intensität mit Herzfrequenzmonitoren, die es seit 20 Jahren gab und relativ preiswert zu haben waren. Davor wiederum diente den Fahrern die empfundene Anstrengung als Maß der Intensität: Radsportler trainierten buchstäblich nach Gefühl. Seitdem Powermeter in den letzten paar Jahren immer günstiger wurden, ist wattgesteuertes Training das Maß aller Dinge, während Herzfrequenz und gefühlte Anstrengung allmählich an Bedeutung zu verlieren scheinen. Wie Sie in den folgenden Kapiteln jedoch sehen werden, spielen auch Pulsmessung und Anstrengungsempfinden weiter eine wichtige Rolle für Höchstleistung.

Auch jenseits des Equipments hat es seit Veröffentlichung der ursprünglichen *Trainingsbibel* noch viele weitere Veränderungen gegeben. Zum Zeitpunkt der ersten Ausgabe war die Periodisierung des Trainings für die meisten Fahrer noch ein weitgehend unbekanntes Konzept. In den 1950er und 1960er Jahren war es ein in den Ostblockstaaten gut gehütetes Trainingsgeheimnis und blieb im Westen bis in die frühen 1980er Jahre ein Mysterium. Bevor die Periodisierung aufkam, trainierten die meisten Fahrer einfach, wie es ihnen einfiel, und sie entschieden erst, wenn sie daheim aus der Ausfahrt rollten, was sie in der Einheit des Tages unternehmen wollten. Die Nettozeit im Sattel galt als bester Prädiktor der Leistungen. Als ich in der ersten Ausgabe einen auf dem Konzept der

Periodisierung fußenden Jahrestrainingsplan vorstellte, beschränkte ich mich der Einfachheit halber auf nur eine Methode der Saisonplanung: die klassische Periodisierung. In dieser Ausgabe aber gehe ich weitaus ausführlicher auf das Thema ein, indem ich zusätzlich zum klassischen Modell noch einige andere Methoden vorstelle. Die komplette Saisonplanung wird in den Kapiteln 7, 8 und 9 dargelegt und mit Hilfe der Vorlage für den Jahrestrainingsplan aus Anhang A erstellt. Außerdem werde ich Sie bei der Entscheidung unterstützen, welche Methode am besten für Sie geeignet ist. Dieser Teil bildet für mich das Herzstück dieses Buches. Die Kapitel, die davor und danach kommen, dienen dazu, Ihren individuellen Trainingsplan zu verfeinern.

In früheren Ausgaben der *Trainingsbibel* beließ ich es bei einer einfachen Methode, die für alle Fahrer ungeachtet ihrer individuellen körperlichen Voraussetzungen galt. Im Vergleich zu damals sind Radsportler heute erheblich bewanderter, was das Know-how rund ums Training betrifft. Diese Ausgabe erlaubt daher eine stärkere Individualisierung, indem sie den jeweiligen Radsport-Phänotyp des Lesers berücksichtigt, sprich die individuellen sportspezifischen Stärken. Diese hängen letztlich von den persönlichen Wettkampfqualitäten als Kletterer, Sprinter, Zeitfahrer oder Allrounder ab. Jeder Fahrer fällt in eine dieser Kategorien, und so sind auch die Trainingsmethoden, die Sie hier finden, um dieses Konzept herum aufgebaut, wie in Kapitel 2 dargelegt.

Auch die Trainingswissenschaft ist in den vergangenen 20 Jahren erheblich vorangekommen, insbesondere durch die Entwicklung des Training Stress Score (TSS). Wie Sie sehen werden, ist die Nutzung des TSS eine weitaus effektivere Weise, das Trainingspensum zu bestimmen, als einfach nur die Stunden und Kilometer im Sattel pro Woche zusammenzuzählen. Den Umgang mit dem TSS zu erlernen, ist eine im Grunde nur geringfügige und doch die wirksamste Veränderung, die Sie vornehmen können, um Ihre Fitness und Ihre Wettkampfleistungen zu verbessern. Das mag weit hergeholt klingen, aber ich weiß, dass es funktioniert. Es wird den Fokus Ihres Trainings auf das legen, was für das Erreichen der Höchstleistung wirklich wichtig ist. In Kapitel 4 erfahren Sie, was der TSS ist und wie Sie ihn effektiv nutzen können.

Ein Themenkomplex, der sich seit der ersten Ausgabe kaum verändert hat, ist das individualisierte Training nach Leistungsfaktoren und Begrenzern. Dies ist Thema von Kapitel 6. Dieses einfache Konzept bildet in mancherlei Hinsicht das Herzstück erfolgreichen Trainings im Ausdauersport und hängt eng zusammen mit Ihren jeweiligen Zielen, aber auch mit den Empfehlungen für konkrete Trainingseinheiten, die Sie in Anhang B finden.

Ein Bereich, dem seit der ersten Ausgabe zahlreiche Forschungen gewidmet wurden, ist die Trainingsbelastung und wie man von ihr regeneriert. Klar ist, dass Sie häufig mit Übertraining flirten müssen, um Ihr Potenzial als Athlet auszuschöpfen. Dies ist für die meisten Radsportler eine nicht ganz einfache Herausforderung, denn die wiederholte Erschöpfung, die solches Training mit sich bringt, wirkt sich nicht nur auf die folgenden Trainingseinheiten, sondern auch auf das tägliche Leben aus. Die Erschöpfung zu managen, ist ein Balanceakt, und das Timing des Kreislaufs aus Belastung, Anpassung und Leistung hängt davon ab, wie effektiv Sie nach harten Einheiten regenerieren. Die Schwierigkeit besteht darin, die Zeit, die Sie für diese Progression benötigen, so kurz wie möglich zu halten, ohne die Anpassung zu beeinträchtigen. Dies ist das Dilemma der kurzfristigen Regeneration und wird eingehend in den Kapiteln 10 und 11 behandelt.

Langfristige Regeneration von angesammelter Erschöpfung ist ebenfalls ein wichtiger Aspekt für das Erreichen der Höchstleistung. Dies wird besonders deutlich durch das Tapering für die wichtigsten Rennen. Wie man passend zum Saisonhöhepunkt ein Höchstmaß an Fitness erreicht, ist für viele Fahrer ein Buch mit sieben Siegeln. Das Tapering ist ein komplexes Unterfangen, bei dem Erschöpfung abgebaut wird, während Fitness erhalten bleibt. Das Resultat daraus nennt sich »Form«. Dies ist ein weiterer Balanceakt im Zusammenhang mit der Regeneration. Bereits in Kapitel 3 wird das dreiteilige Konzept vorgestellt, eine vollständige Erläuterung folgt dann in Kapitel 13, nachdem Sie sich in den Kapiteln dazwischen hoffentlich umfassende Kenntnisse der verschiedenen Trainingsmethoden angeeignet haben, bevor wir uns ausführlich mit diesem facettenreichen Thema beschäftigen.

Die Ausführungen zum Krafttraining, die Sie in Kapitel 12 finden, sind ebenfalls in starkem Maße überarbeitet worden, um Ihnen mehr Optionen anzubieten, die für hohe Wattzahlen erforderliche Muskelkraft aufzubauen. Falls Sie nur eingeschränkt Zeit haben, wie es vielen Radsportlern ergeht, werden Sie in diesem Kapitel lernen, dass Krafttraining nicht zwingend im Fitnessstudio absolviert werden muss. Sie können es auch auf dem Rad unternehmen, ohne Gewichte stemmen zu müssen. Sollten Sie sich jedoch für ein traditionelles Kraftraumtraining mit Gewichten entscheiden, sind die Übungen dahingehend überarbeitet worden, den für die investierte Zeit maximalen Nutzen zu erzielen. Zusätzlich werden alternative Übungen vorgestellt für den Fall, dass Ihre Zeit und Energie es erlauben, mehr zu machen.

Die Trainingsanalyse spielte in der ersten Ausgabe dieses Buches nur eine geringe Rolle. Inzwischen stehen uns jedoch deutlich präzisere Methoden zur Messung der Trainings- und Wettkampfleistungen zur Verfügung. In Kapitel 14 erläutere ich, wie Sie effektiv Ihren Fortschritt im Hinblick auf Ihre leistungsbezogenen Ziele ermessen, mit denen wir uns zunächst in den Kapiteln 1 und 5 eingehend beschäftigt haben. Die systematische Trainingsanalyse ist wichtig, um kontinuierliche Verbesserung zu gewährleisten. Wir schauen uns neue Möglichkeiten an, Rückschlüsse aus den im Training gewonnenen Informationen zu ziehen, wobei besonderes Augenmerk darauf liegt, nur diejenigen Daten zu untersuchen, die für Ihre Ziele relevant sind. Dies spart Ihnen Zeit, während es gleichzeitig Ihrer Wettbewerbsfähigkeit zugutekommt.

Falls Sie die »alte« *Trainingsbibel* gelesen und aufmerksam studiert haben, werden Sie ein paar Widersprüche zu dieser Ausgabe entdecken. Manches, was ich hier darlege, stimmt nicht mit dem überein, was ich früher einmal geschrieben habe. Das bringt uns zurück zu unserem Ausgangspunkt: Die Dinge ändern sich. Der Radsport hat sich verändert. Die Sportwissenschaft hat sich verändert. Ich habe mich verändert. Diese Entwicklung wird sich fortsetzen. Und das ist auch gut so. Meine Hoffnung ist, dass auch Sie sich als Athlet weiterentwickeln, nachdem Sie dieses Buch gelesen haben.

Als Radsportler für individuelle Höchstleistungen zu trainieren, ist alles andere als leicht. Ich schätze, genau das ist ein Grund dafür, warum wir es überhaupt machen. Sich persönlich zu steigern und weiterzuentwickeln, ist in jedem anspruchsvollen Interessengebiet eine in vielerlei Hinsicht bereichernde Erfahrung. Erfolg ist viel mehr, als nur auf einem Podium zu stehen. Die gewaltige Herausforderung, die der Radrennsport darstellt, wird Ihnen Gewohnheiten und eine Einstellung zum Leben bescheren, die sich zwar nicht von jetzt auf gleich einfach so ergeben, aber Sie schließlich auf mannigfache Weise weiterbringen werden. Indem Sie sich der Herausforderung stellen, werden Sie nicht nur zu einem besseren Radfahrer, sondern auch zu einem besseren Menschen. Es ist kein leichtes Unterfangen, denn es erfordert Zeit, Energie, Zielstrebigkeit, Hingabe und Disziplin. Die Erträge stellen sich erst später ein und sind weitgehend nur für einen selbst ersichtlich. Ich hoffe, dass Ihnen dieses Buch dabei hilft, dies alles zu verwirklichen.

DANKSAGUNG

Dieses Buch wäre ohne den Beitrag vieler anderer Menschen nicht möglich gewesen.

Meine Trainingsphilosophie und -methodik, die ich in dieser und meinen anderen *Trainingsbibeln* darlege, ist aus meinem jahrzehntelangen Studium der Werke vieler anderer kluger Köpfe erwachsen. Es gibt einige Trainer und Sportwissenschaftler, die herausragen. In besonderer Weise hilfreich waren mir Dr. Tudor Bompa, Eddie Borysewicz, Dr. Ed Burke, Dr. Loren Cordain, Dr. David Costill, Arthur Lydiard, Dr. Iñigo Mujika und Dr. Tim Noakes. Für die Rolle, die sie bei der Entwicklung dessen gespielt haben, was in diesem Buch beschrieben wird, bin ich jedem dieser Menschen zu großem Dank verpflichtet.

Ich komme in diesem Buch immer wieder auf das Thema wattgesteuertes Training zu sprechen und beziehe mich auf damit verbundene Messgrößen, die der Leser im Training und im Rennen nutzen kann. Fast sämtliche dieser Messgrößen sind dem Geist von Dr. Andrew Coggan entsprungen. Ich danke dir, Andy, dafür, die Art und Weise revolutioniert zu haben, wie wir über das Training nachdenken, und für deinen Beitrag zu meiner Entwicklung als Coach.

Viele andere standen mir bei bestimmten Themen, die in diesem Buch behandelt werden, mit Rat und Tat zur Seite. Nate Koch von Endurance Rehabilitation prüfte meine Erörterungen zum Thema Physiotherapie in den Kapiteln 1 und 5 und gab wichtige Hinweise. Tim Cusick, Entwickler der WKO-Software, besorgte Abbildung 2.1 in Kapitel 2 und half, diese zu erläutern. Ben Pryhoda von TrainingPeaks assistierte mir dabei, Hilfsmittel zur Messung von Erschöpfung zu bestimmen, und trug auch anderweitig zur Ausarbeitung von Kapitel 11 bei. Mein Sohn Dirk Friel, ehemaliger Radprofi und heute Geschäftsführer von TrainingPeaks, sah Kapitel 14 durch und lieferte wertvolle Einsichten zum Thema Trainingsanalyse. Euch allen vielen Dank.

Ted Costantino von VeloPress unterstützte von Beginn an meine Idee, ein etabliertes Werk, das bereits seit zwei Jahrzehnten auf dem Markt ist, komplett zu überarbeiten. Danke, Ted.

Es ist zum größten Teil der professionellen Bearbeitung durch Ted und seine Mitarbeiter zu verdanken, dass dieses Buch so lesbar und leserfreundlich geworden ist. Charlie Layton nahm meine groben Skizzen und machte daraus die Abbildungen, die im ganzen Buch zu finden sind. Danke euch allen.

Ich darf außerdem nicht versäumen, die vielen Athleten zu würdigen, die ich in den letzten mehr als 30 Jahren betreut habe und die mir das Vertrauen geschenkt haben, mich an ihrem Training, ihren Rennen und sogar ihrem Lebensstil herumtüfteln zu lassen. Ihr habt mit euren Anmerkungen und Fragen dazu beigetragen, meine Auffassung vom Training zu formen. Ich bin mit vielen von euch nach wie vor in Kontakt und freue mich stets, von euren ungebrochenen sportlichen Erfolgen zu erfahren. Auch euch vielen Dank.

Und schließlich möchte ich meiner Frau Joyce danken, die sich um zahlreiche andere Projekte rund ums Haus kümmerte und sich damit arrangierte, dass ich all die Zeit jeden Morgen um vier am Schreibtisch saß, um Dinge zu recherchieren und zu Papier zu bringen, die mich faszinierten. Tausend Dank, Joyce, für deine ungebrochene Unterstützung.

TEIL I

KÖRPER UND GEIST

Sie sind vollauf in der Lage, als Radsportler auf einem höheren Niveau Rennen zu fahren als bisher. Womöglich glauben Sie dies selbst noch nicht, aber ich hege keinerlei Zweifel daran. Jeder Athlet, den ich je trainiert habe, hatte Luft nach oben. Und ganz gleich, ob Sie sich dessen bewusst sind oder nicht: Vermutlich werden Ihre Darbietungen auf dem Rad von Ihrem Geist beeinträchtigt, dem häufigsten Hemmschuh, der Höchstleistung im Weg steht. Darüber hinaus ist es sehr wahrscheinlich, dass Sie auch physisch noch gehemmt werden, sprich: Sie haben das volle Potenzial Ihres Körpers bisher nicht ausgereizt.

Nicht zu wissen, wie man effektiv für einen Wettkampf trainiert, ist ziemlich verbreitet. Falls Ihr Geist nicht fokussiert und bereit ist, mehr zu leisten, werden Sie auch nicht mehr erreichen. Auch Verunsicherung und Unwissenheit darüber, welches die besten Methoden für körperliches Training sind, stellen ein gängiges Problem dar. Deswegen sind wir hier. Ich bin überzeugt davon, dass Sie ein schnellerer, intelligenterer, leistungsstärkerer und versierterer Sportler werden, wenn Sie dieses Buch lesen und dessen Lektionen in Ihrem Training beherzigen.

In Teil I widmen wir uns daher den beiden grundlegenden Komponenten des Trainings für Höchstleistung im Wettkampf: Körper *und* Geist. Es beginnt in Kapitel 1 mit der Frage, was im Kopf passieren muss. Sie denken möglicherweise, dass die Physis den Schwerpunkt Ihres Trainings bilden sollte, wenn Sie anstreben, sich zu verbessern, aber ich möchte Ihnen mehrere Faktoren vorstellen, die zusammen das bilden, was wir im Sport üblicherweise als »mentale Stärke« bezeichnen. Als Athlet bringen Sie bereits ein gewisses Maß dieser Fähigkeit mit – sie muss nur weiterentwickelt werden. Wenn wir uns näher mit diesem Konzept befassen, werden Sie anfangen, auf neue Weise über sich selbst als Athlet nachzudenken. Dies ist die Basis für mentale Stärke.

In Kapitel 2 beginnt die Überlegung, wie Sie Ihren Körper optimal auf hohe Wettkampfleistungen vorbereiten: Wir beleuchten zunächst die mentale Perspektive und anschließend die Philosophie und Methodik des Trainings, die ich bei meiner Arbeit als Coach verwende. Ich habe im Laufe der Jahre so viele der von mir betreuten Sportler davon profitieren sehen, dass ich überzeugt bin, dass auch Sie bessere Leistungen erzielen werden, wenn Sie sich diese Herangehensweise zu eigen machen.

1

MENTALE LEISTUNG

IN DIESEM BUCH DREHT SICH alles um das Erreichen von Höchstleistung im Radsport. Für uns Radrennfahrer drückt sich hohe Leistungsfähigkeit üblicherweise in Trainings- und Wettkampfresultaten aus: Wie ist es um unsere physische Fitness bestellt und wie viele Podiumsplätze haben wir erreicht? Aber es steckt noch mehr dahinter. Höchstleistung hat auch eine mentale Komponente: Sie kommt in einer bestimmten Denk- und Verhaltensweise – einer Einstellung – ebenso sehr zum Ausdruck wie in Wettkampfresultaten. Sofern die Einstellung stimmt, ergibt sich der Rest, d.h. der physische Teil und auch die Rennergebnisse, praktisch von selbst.

Falls Ihre mentale Einstellung hinter Ihrer physischen Leistungsfähigkeit zurückbleibt, werden Sie nie Ihr volles Potenzial ausschöpfen. Vielmehr ist es, wenn überhaupt, vermutlich eher der mentale Aspekt der Höchstleistung, der Sie derzeit daran hindert, ein erfolgreicher Radsportler zu werden. Wie kann das sein? Einfach gesagt: Wenn Sie irgendeinen Zweifel an Ihrem Vermögen hegen, etwas Bestimmtes erreichen zu können, also z.B. ein bestimmtes Rennen zu gewinnen, so werden Sie wahrscheinlich an dieser Aufgabe scheitern, ganz gleich, wie viel Zeit und Energie Sie in Ihr Training stecken. Um siegen zu können, müssen Sie eine Siegermentalität entwickeln und bewahren.

Den Kern Ihrer Einstellung zum Radsport bilden die zahllosen Gedanken und kleinen Entscheidungen, die tagtäglich bestimmen, wer Sie sind. Diese haben mindestens ebenso große Auswirkung auf Ihre Wettkampfleistungen wie Ihr Training auf dem Rad.

Welches sind diese Gedanken und kleinen Entscheidungen? Hier einige Beispiele für Fragen, mit denen Sie sich Tag für Tag mit mehr oder weniger Bedacht beschäftigen: Wie werde ich meine Zeit heute nutzen? Auf welches Rennen bereite ich mich vor? Wie werde ich mich dort wohl schlagen? Werde ich heute trainieren? Welche Trainingseinheit werde ich absolvieren? Werde ich ans Limit gehen oder es locker angehen lassen? Wann werde ich trainieren? Was werde ich essen und trinken? Worüber denke ich nach? Werde ich fernsehen oder lesen? Mit wem werde ich Zeit verbringen? Mit wem werde ich eine Ausfahrt bestreiten? Wie nehme ich mich selbst wahr? Wie spreche ich mit mir selbst? Bin ich ein starker Fahrer? Wie nehmen andere mich wahr? Wie rede ich mit anderen? Was ist mir wichtig? Wann werde ich schlafen gehen? Wann und wie werde ich aufstehen?

Diese Fragen sind nur die Spitze des Eisbergs. Es gibt noch viele weitere, die Ihre Leistungsfähigkeit beeinflussen. Die übergeordnete Frage, die Sie sich vor allen anderen stellen müssen, lautet jedoch: Treffen Sie Entscheidungen, die Höchstleistungen dienlich sind, oder nicht? Anders gesagt: Ist Ihr Geist in Übereinstimmung mit Ihrem sportlichen Ehrgeiz?

Tagtäglich wirken sich scheinbar kleine Entscheidungen darauf aus, wie es um Ihre Leistungsfähigkeit als Athlet bestellt sein wird.

Tagtäglich wirken sich diese scheinbar kleinen und geringfügigen Entscheidungen darauf aus, wer Sie sind und wie es um Ihre sportliche Leistung bestellt ist. Für sich genommen mögen diesen Entscheidungen jeweils unbedeutend erscheinen, keinen bleibenden Eindruck hinterlassen und sich kaum auf Ihre Leistungen auswirken. Aber wenn ähnliche Entscheidungen sich über Tage, Wochen, Monate und Jahre summieren, bestimmen sie letztlich darüber, zu wem Sie werden und wie Sie sich als Radsportler – und in jedem anderen Lebensbereich – schlagen. Als bestimmende Faktoren der Leistungsfähigkeit sind all diese Entscheidungen und Gedanken deutlich weitreichender als die Frage, wie hart Ihre heutige Trainingseinheit war.

Höchstleistungsathleten sind nicht nur körperlich, sondern auch mental fit.

Echte Höchstleistungsathleten sind nicht nur körperlich, sondern auch mental fit. Solche Sportler sind nicht perfekt, aber wenn es um die Dinge geht, die einen Einfluss auf ihre Leistungen haben, nutzen sie fast jeden Gedanken und jede Entscheidung, die ihnen Erfolgschancen eröffnen, zu ihrem Vorteil. In ihrem täglichen Leben steht die Höchstleistung im Mittelpunkt – sie sind geradezu besessen vom Erfolg.

Ist das gut oder schlecht? Die Antwort hängt von vielen Variablen ab. Aber ich kann Ihnen versichern, dass Sie ohne ein gewisses Maß an Besessenheit niemals das allerhöchste Leistungsniveau erreichen werden. Die besten Athleten der Welt haben sich ganz und gar ihren Zielen verschrieben. Das ist bei allen Dingen im Leben, die schwer zu erreichen sind, eine Grundvoraussetzung dafür, Erfolg zu haben.

In diesem Kapitel spreche ich nur einige wenige mentale Aspekte an, die dazu beitragen können, Leistungen auf höherem Niveau zu ermöglichen. Das Thema mentale Fitness ist weit umfassender, als ich es hier abdecken kann. Deshalb möchte ich Sie ermuntern, sich, sobald Sie die in diesem Kapitel und im weiteren Verlauf des Buchs vorgestellten Techniken beherrschen, weiterhin intensiv mit der mentalen Seite der Höchstleistung zu beschäftigen, indem Sie weitere Bücher zum Thema lesen und sich mit erfolgreichen Menschen aus unterschiedlichen Milieus unterhalten. Wenn Sie in Ihrer Herangehensweise an den Radrennsport tägliche Verbesserungen anstreben, werden Sie davon im Training und im Wettkampf immens profitieren.

MOTIVATION

Höchstleistungen wurzeln in Motivation. Um die mentalen und physischen Belastungen des Trainings und der Wettkämpfe bewältigen zu können, benötigt ein Radsportler den inneren Antrieb, Spitzenleistungen zu erbringen. Motivation beginnt damit, sich mit ganzer Hingabe seinem Ziel zu verschreiben. Außerdem verlangt sie einen Lebenswandel, der sich mit den Anforderungen Ihres Ziels vereinbaren lässt. Je höher das Ziel, das Sie sich gesteckt haben, desto größeren Anteil haben Ihre täglichen Handlungen daran, dieses Ziel zu erreichen. Auf höchstem Niveau muss jeder Aspekt in Ihrem Leben – von der Ernährung bis zum Freundeskreis – auf dieses Ziel ausgerichtet sein.

Alles, was Sie tun müssen, um Höchstleistungen zu erzielen, geht zurück auf Motivation. Sie ist es, die Sie früh aufstehen lässt, um noch vor der Arbeit eine Trainingseinheit unterzubringen. Sie ist es, die Sie zu gesunden Nahrungsmitteln greifen lässt statt zu überzuckertem Junk-Food. Sie ist es, die Sie im Training am Ball bleiben lässt, wenn es wehtut. Sie bringt Sie dazu, sich nach einer anstrengenden dreistündigen Ausfahrt weitere 20 Minuten an den Computer zu setzen, um Ihre Trainingsdaten auszuwerten.

Motivation ist außerdem entscheidend, wenn es darum geht, sich hohe Ziele zu setzen. Die besondere

Motivation, sich den Anforderungen eines fokussierten Trainings und eines auf Höchstleistung ausgerichteten Lebenswandels zu verschreiben, muss intrinsisch sein. Es gibt nichts, was ich sagen könnte, um Sie zu motivieren. Ich kann Ihnen lediglich Anregungen und meine Sichtweise anbieten. Welches Maß an Motivation Sie mitbringen, hängt ganz allein von Ihnen ab. Sie sind motiviert, Herausragendes zu leisten, weil Sie Ihren Sport lieben. Es gibt nur wenig auf der Welt, was Ihnen einen solchen Kick gibt. Sie lieben das Gefühl nach einem harten Rennen oder Training. Sie lesen Bücher und Magazine über Radsport, schauen sich die Rennen im Fernsehen an, verbringen Zeit mit anderen Fahrern, unterhalten sich mit Freunden über Ihren Sport und denken den ganzen Tag über ihn nach. Sie definieren sich selbst als Radsportler. Sie empfinden eine unerschütterliche Liebe fürs Radrennfahren. Und daher verspüren Sie das starke Verlangen, an Ihre Grenzen zu gehen und zu sehen, wie weit Sie es als Radsportler bringen können.

Solche Motivation kann letztlich nur von innen heraus kommen, aber es kann auch ansteckend sein, andere motivierte Fahrer um sich herum zu haben. In dieser Hinsicht können Sie enorm von Ihren Team- oder Vereinskollegen profitieren. Sobald Sie die nötige Motivation und das erforderliche Know-how besitzen, um als Radfahrer erfolgreich zu sein, werden Sie einen erstaunlichen Aufstieg in Ihrem Sport erleben. Zwar kann ich Sie nicht mit Motivation versorgen, dafür kann ich Ihnen verraten, wie Sie sie nutzen, sich erreichbare Ziele zu setzen und auf höherem Niveau Leistungen zu bringen. Das wird unsere nächste Station auf unserer Reise zur Höchstleistung sein.

TRÄUME, ZIELE, MISSIONEN

Höchstleistung beginnt immer mit einem Traum. Das ist etwas, was ich in Gesprächen und durch die Arbeit mit Sportlern gelernt habe, die Profis waren, ihr Land bei Olympischen Spielen vertraten, Meisterschaften gewannen und Landes- und Streckenrekorde brachen. Den Traum hatten sie im Kopf, lange bevor er jemals zu einem Ziel reifte. Sämtliche dieser Athleten stammten aus ansonsten ganz normalen Verhältnissen, und bevor ihr Traum da war, hätten sie sich nie zugetraut, solche erstaunlichen Erfolge zu erzielen. Sie hatten einfach einen Traum. Er war hartnäckig und ging ihnen nicht mehr aus dem Kopf. Irgendwann fassten sie den Entschluss, es darauf ankommen zu lassen und aus ihrem Traum ein Ziel zu machen. Sie taten den ersten Schritt, der viele weitere Schritte nach sich zog.

Einen Traum in ein Ziel zu überführen, bedeutet, Veränderungen vorzunehmen. Dies ist der schwierige Part und er erfordert tiefgreifende Überlegungen. Man muss sich die Frage stellen: Bin ich willens, den ersten Schritt in Richtung auf mein Ziel zu machen? Welche Veränderungen muss ich in meinem Leben vornehmen, um meine Erfolgsaussichten zu steigern? Kann ich mich diesen Veränderungen voll und ganz verschreiben? Wie groß werden die Opfer sein? Bin ich bereit, diese Opfer zu bringen? Was ist, wenn ich scheitere? Was ist, wenn ich Erfolg habe?

Wahre Spitzenleistungen sind selten. Zu viele Athleten haben lediglich Wünsche: eine vage Vorstellung davon, was sie gern verwirklicht sähen, ohne es aber als echtes Ziel zu definieren und zu verfolgen. Wenn Sie einen beharrlichen Traum haben und ihm im Laufe der Zeit Gestalt und Substanz verleihen, werden Sie irgendwann ein solches handfestes Ziel entwickelt haben. Das Nächste, was Sie brauchen, ist eine Mission: der Wille, Ihr Ziel zu verfolgen. Dies erfordert eine veränderte Denkweise. Ein Mensch auf einer Mission zeichnet sich durch eine entschlossene, zielbewusste Einstellung aus. Ein solcher Athlet wird immer einen Weg finden, sein Ziel zu erreichen, ungeachtet aller unvermeidlichen Hindernisse und Rückschläge.

Höchstleistung beginnt immer mit einem Traum.

Um Sie auf den Weg zum herausragenden Radsportler zu bringen, möchte ich, dass Sie über ein paar Fragen hinsichtlich Ihrer Träume und Ziele im Sport nachdenken. Lesen Sie den Infokasten 1.1 durch und

INFOKASTEN 1.1 Träume und Ziele

Als Ausgangspunkt, um an Ihrer mentalen Stärke zu arbeiten, sollten Sie einmal die folgenden Fragen durchgehen und so offen und ehrlich wie möglich beantworten:

- Warum betreiben Sie Radrennsport?
- Warum unternehmen Sie nicht stattdessen etwas anderes?
- Haben Sie in Ihrem Leben neben dem Radsport andere wichtige Hobbys oder Aktivitäten?
- Was würden Sie am liebsten in dieser Saison in Ihrem Sport erreichen?
- Was ist die wichtigste Sache, die Sie schaffen müssen, um dieses Ziel zu erreichen?
- Was steht zwischen Ihnen und dem sportlichen Erfolg in dieser Saison?
- Wie zuversichtlich sind Sie, dass Sie Ihr Ziel erreichen werden?
- Was war Ihr wichtigstes Ziel in der vergangenen Saison? Haben Sie es erreicht?
- Welche Schwierigkeiten mussten Sie für Ihr letztjähriges Saisonziel überwinden?
- Oder warum haben Sie es nicht erreicht?
- Wenn Sie Ihr letztes Saisonziel nicht erreicht haben, werden Sie es in der Zukunft noch mal versuchen?
- Gab es Menschen, die Sie beim Erreichen Ihres letztjährigen Ziels unterstützt haben? Falls ja, wer war das?
- Ist es häufig so, dass Sie Trainingseinheiten und Rennen zu schnell angehen und hinterher einbrechen?
- Wie oft verpassen Sie geplante Trainingseinheiten und aus welchen Gründen?
- Trainieren Sie lieber allein oder mit anderen? Wie oft trainieren Sie mit anderen Sportlern?
- Wie sehr unterstützen Ihre Familie und Ihre Freunde Sie bei Ihren radsportlichen Zielen?

beantworten Sie die dortigen Fragen. Sie müssen Ihre Antworten nicht aufschreiben. Denken Sie nur offen und ehrlich über die Fragen nach.

Haben Sie, nachdem Sie den Infokasten gelesen haben, etwas Neues über Ihre Träume, Ihre Ziele und Ihre Einstellung gelernt? Vielleicht haben Sie das nicht – noch nicht. Manchmal braucht ein Traum erst Zeit, um Wurzeln zu schlagen, bevor Sie sich entscheiden, zur Tat zu schreiten. Aber je eher Sie es tun, desto besser.

Hören Sie nie auf zu träumen. Für den Rest des Buches möchte ich, dass Sie Ihren Traum stets im Hinterkopf behalten. Was ist es, was Sie als Radsportler am meisten erreichen möchten? Später dann werden Sie Ihren Traum auf die nächste Ebene heben, indem Sie sich ein Ziel setzen (mit dem Thema Zielsetzung beschäftigen wir uns ausführlich in Kapitel 5). Einstweilen mag Ihr Traum noch ferne Zukunftsmusik sein. Das ist okay. Je größer der Traum und je höher das Ziel, desto länger dauert es, sie zu verwirklichen. Sobald Sie sich einem Ziel verschrieben haben, muss es zu einer Mission werden. Je schwieriger die Mission, desto mehr müssen Sie Ihr Leben nach ihr ausrichten. Sie muss tagtäglich der Sinn und Zweck jeder Ihrer Entscheidungen sein.

Glaube an den Erfolg

In Ihrer Wettkampfvorbereitung wird es fast zwangsläufig Rückschläge geben, diese sollten aber stets als Sprungbrett auf dem Weg zum Erfolg betrachtet werden. Unabhängig vom Leistungsniveau erlebt jeder erfolgreiche Athlet auch mal einen Entwicklungsknick. Wenn dies der Fall ist, müssen Sie ungeachtet dessen selbstbewusst und geduldig bleiben und Ihre mentale Stärke aufrechterhalten. Gelingt Ihnen dies nicht, werden Sie scheitern.

Beim Auftreten von Rückschlägen steht und fällt die Hingabe von Athleten mit dem Selbstbewusstsein. Sie werden Ihr Ziel nicht erreichen, wenn Sie nicht daran glauben, es zu können. Sie müssen an den Erfolg glauben. Schaffen Sie das? Glauben Sie wirklich an sich selbst? Sind Sie selbstbewusst, auch wenn es mal nicht so läuft? Selbstbewusstsein ist diese leise, zarte Stimme in Ihrem Hinterkopf, die Ihnen sagt: »Du kannst das.« Leider ist diese positive Stimme nicht immer da, wenn Sie sie brauchen. Eher werden Sie diese negative innere Stimme hören, die Sie gern autoritär anherrscht: »Du schaffst das eh nicht!« Diese strenge Stimme werden Sie in der Wettkampfvorbereitung oft vernehmen, v.a. am Tag des Rennens, wenn es darauf ankommt. Sie benötigen in diesen Situationen Selbstbewusstsein, um fokussiert und entschlossen zu bleiben.

Sie wurden als selbstbewusstes Wesen geboren. Als Kind haben Sie eine Menge riskanter Dinge unternommen, weil Sie sicher waren, dass Sie es tun konnten. Es gab keinen Grund, etwas anderes zu glauben. Was riskant war, machte Spaß. Leider verlieren die meisten Menschen im Laufe des Lebens ihr Selbstvertrauen. Das wiederholte Erleben von Fehlschlägen lässt es – verstärkt durch den Einfluss negativer Menschen – peu à peu versickern. Die gute Nachricht ist, dass Sie einen Mangel an Selbstbewusstsein im Hinblick auf Ihr Ziel überwinden können. Hier sind zwei einfache Dinge, die Sie tun können, um Selbstvertrauen aufzubauen. Sie sollten beide täglich tun. Jeden Tag, ohne Ausnahme.

Erfolgserlebnisse speichern. Um Ihr Selbstbewusstsein zu fördern, sollten Sie eine Art Sparbuch für Erfolgsmomente einrichten. Es ist ganz einfach. Vermutlich haben Sie wie die meisten Menschen eine Zeit am Tag, zu der es keine Störungen von außen gibt: am Abend, wenn Sie im Bett liegen und das Licht gelöscht haben. Das ist eine gute Gelegenheit, um einmal kurz in sich zu gehen, wie Ihr Training an diesem Tag gelaufen ist. Finden Sie eine Sache, die Sie gut hinbekommen haben. Vielleicht waren an einem Anstieg Ihre Kletterbeine gut oder Sie haben ein tolles Intervall absolviert. Oder Sie haben eine harte Einheit erfolgreich durchgezogen. Vielleicht haben Sie sogar eine der besten Einheiten der Saison absolviert. Erleben Sie den Erfolgsmoment des Tages noch mal im Geiste, bis Sie in den Schlaf fallen. Sie haben gerade eine Einzahlung auf Ihr Erfolgssparbuch geleistet.

Einige Einzahlungen werden groß sein, andere klein. Aber es müssen jeden Tag neue Erfolgsmomente auf Ihr Sparbuch kommen. So können Sie immer dann etwas abheben, wenn diese negative, aggressive innere Stimme zu Ihnen spricht. Die Woche eines Wettkampfs ist ein guter Zeitpunkt für Abhebungen, da Sie anfangen werden, in Frage zu stellen, ob Sie wirklich fit für den großen Tag sind. Sobald Sie ein wenig Besorgnis im Hinblick auf das bevorstehende Rennen verspüren, greifen Sie auf einen der Erfolgsmomente von Ihrem Sparbuch zurück. Führen Sie ihn sich lebhaft wieder vor Augen. Wenn die strenge Stimme in Ihrem Kopf sagt: »Du schaffst das eh nicht«, nehmen Sie gleich noch eine Abhebung vor. Ersticken Sie die negative innere Stimme mit Erfolgsmomenten. Heben Sie etwas ab, wenn jemand beiläufig Zweifel an Ihren Erfolgsaussichten äußert. Heben Sie etwas ab, wenn Sie sich an die Startlinie begeben. Kramen Sie in diesen entscheidenden Situationen die größten Erfolge hervor, die Sie auf Ihr Sparbuch eingezahlt haben. Sagen Sie zu sich selbst: »Ja, ich weiß noch genau, als ich…«

Heben Sie jedoch niemals die schlechten Erfahrungen oder die unwillkommenen Trainingsmomente auf. Nie. Lassen Sie sie einfach sausen, als wären sie Müll. Führen Sie sich negative Dinge nicht wieder vor Augen. Bleiben Sie auf die positiven Erfahrungen fokussiert. Zahlen Sie ausschließlich solche auf Ihr Sparbuch ein. Und heben Sie auch nur sie ab. Glauben Sie mir: Es funktioniert.

So tun als ob – bis es so weit ist. Die zweite Sache, die Sie tun können, um Ihr Selbstvertrauen zu stärken,

Um Ihr Selbstbewusstsein zu fördern, sollten Sie ein Sparbuch für Erfolgsmomente einrichten.

ist, »so zu tun, als ob«. Das bedeutet, stets die Haltung und Einstellung eines selbstbewussten Athleten anzunehmen. Immer und überall. Treten Sie auf, als wären Sie zuversichtlich und selbstsicher, auch wenn Sie sich gerade nicht so fühlen. Sie werden erstaunt sein, was das mit Ihrer Selbstwahrnehmung anstellt.

Wie sollte sich Ihr Selbstbewusstsein ausdrücken? Schauen Sie sich doch mal bei einem Wettkampf oder Trainingstreff um und bestimmen Sie die Sportler, die Selbstvertrauen ausstrahlen. Wie agieren sie? Beobachten Sie sie genau. Was Sie vermutlich bemerken werden, ist, dass sie eine aufrechte und stolze Haltung einnehmen. Sie haben den Kopf oben. Sie schauen den Leuten in die Augen, wenn sie sich mit ihnen unterhalten. Sie machen nicht andere schlecht, um sich selbst besser zu fühlen. Ihre Bewegungen wirken geschickt und flüssig – so wie immer bei guten Athleten. Sie sehen weder ängstlich noch nervös aus. Sie sind ganz ruhig. Sie machen durch ihr Auftreten deutlich, dass sie selbstbewusst sind.

Auch wenn Sie sich nicht die ganze Zeit so fühlen mögen, gerade an Wettkampftagen nicht, sollten auch Sie immer selbstbewusst agieren. Tun Sie so, als ob – bis es wirklich so weit ist. Es ist erstaunlich, wie sehr es das Selbstvertrauen mehrt, wenn man eine selbstbewusste Körperhaltung einnimmt und selbstbewusst auftritt, auch wenn man sich gerade nicht so fühlt. Es ist unmöglich, selbstbewusst zu sein, wenn man wie ein Verlierer dasteht und auftritt. Das ist, als würde man Nein sagen und gleichzeitig nicken. Es passt nicht zusammen. Einfach so zu tun, als ob, wird Sie durch die schwierigen Momente bringen, in denen Ihr Selbstvertrauen nachlässt. Probieren Sie es.

Hingabe ist nichts anderes als Passion für Ihr Ziel.

MENTALE STÄRKE

In jedem Rennen kommt irgendwann die Zeit, dass sich Erfolg oder Niederlage entscheiden. Sie spüren, dass Sie am Limit sind. Erschöpfung setzt ein. Ihr Geist beginnt, sich mit Kompromissen zu arrangieren – vielleicht ist das Ziel, auf die Sie so lange hingearbeitet haben, plötzlich nicht mehr so wichtig. Das ist der Schlüsselmoment des gesamten Wettkampfs. Der entschlossene Athlet wird ihn überstehen. Ein anderer lässt seine Träume sausen und gibt sich mit weniger zufrieden. Seine Passion verflüchtigt sich.

Hingabe ist nichts anderes als Passion für Ihr Ziel. Am Renntag mag es selbstverständlich sein, diese Entschlossenheit zu besitzen, doch sie muss auch an jedem anderen Tag gegeben sein. Worum geht es dabei im Detail? Was ist es, was entschlossene Sportler besitzen und andere nicht?

Vor einigen Jahren veröffentlichte Graham Jones, Professor für Leistungspsychologie im Spitzensport, einen Aufsatz im *Harvard Business Review*. Er hatte Olympiateilnehmer dahingehend untersucht, was die Medaillengewinner mental von ihren Kontrahenten unterschied. Dr. Jones entdeckte, dass die Olympioniken, die auf dem Podium landeten, die folgenden Dinge taten:

- Sie widmeten ihren Zielen akribische Aufmerksamkeit.
- Sie besaßen einen starken inneren Antrieb, vor der Konkurrenz zu bleiben.
- Sie konzentrierten sich auf Spitzenleistungen.
- Sie ließen sich nicht von anderen ablenken.
- Sie ließen sich von Misserfolgen nicht aus der Ruhe bringen.
- Sie kamen nach Niederlagen leicht wieder auf die Beine.
- Sie geißelten sich nie selbst.
- Sie zelebrierten ihre Siege.
- Sie analysierten die Gründe ihres Erfolgs.
- Sie waren sehr selbstbewusst, was ihre Fähigkeiten betrifft.

Dr. Jones' Studie förderte zwar noch andere Erkenntnisse zutage, aber gerade die genannten Übereinstimmungen liefern uns eine gute Vorstellung davon, was es bedeutet, mentale Stärke zu besitzen. Es sind dieselben Dinge, die hier schon mehrfach angesprochen wurden: Motivation, Fokus auf Höchstleistungen, große Träume, Ziele, Hingabe, eine Mission, Einsatzbereitschaft, Disziplin, Selbstvertrauen.

Wie aus der Liste ersichtlich ist, ist mentale Stärke nichts, was sich am Tag des Wettkampfs auf mysteriöse Weise bei wenigen Glücklichen einstellen würde. Es ist vielmehr eine alltägliche Gemütsverfassung in der Vorbereitung auf Ihr Rennen. Es ist jeder Gedanke, den Sie haben; es ist alles, was Sie tagein, tagaus tun. Bei mentaler Stärke ist es nur einfach so, dass sie während harter Wettkämpfe zum Vorschein kommt.

Um mental stark zu sein, benötigen Sie noch eine Sache, die Dr. Jones in seinem Aufsatz ebenfalls andeutet, aber nicht explizit benennt: Geduld.

GEDULD

Erfolg kommt nicht über Nacht. Nur weil Sie einen Traum, ein Ziel und Hingabe besitzen, heißt das nicht, dass der Erfolg unmittelbar bevorsteht. Radsport ist ein Geduldsport. Und je länger Ihr Wettkampf ist, desto mehr Geduld ist gefragt. Ein Zeitfahren zum Beispiel ist weniger ein Rennen als vielmehr eine Zerreißprobe für die Geduld. Ich besuche im Jahr etliche Zeitfahren. Und ich wundere mich immer wieder aufs Neue, dass es stets einige Athleten gibt, die schon nach dem ersten Kilometer angestrengt atmen – also sichtbar im anaeroben Bereich sind. Dabei haben sie noch fast 40 Kilometer zu fahren! Wie kann man so verrückt sein?

Es braucht die höchste Form von Geduld, um ein guter Radsportler zu sein, und zwar nicht nur in den Rennen, sondern auch im Training. Eine Höchstleistung zu erreichen, erfordert Monate und Jahre, nicht Stunden und Tage. Geduld ist unabdinglich. Sie müssen bereit sein für einen langen schwierigen Weg, der oft bergauf führt.

Wie geduldig Sie sind, zeigt sich während Ihrer Trainingseinheiten. Ein ungeduldiger Sportler beginnt eine Einheit oder eine Intervall-Serie deutlich zu schnell, lässt dann allmählich nach und bringt die Sache schwach zu Ende. Im Wettkampf hält er es genauso: erst ein viel zu schneller Start, dann als Häuflein Elend ins Ziel kriechen. Dies ist häufig eine direkte Folge davon, dass ein Athlet einer leidenschaftlichen Mission folgt – das Allererste, was man tun muss, um Erfolg zu haben. Aber nun arbeitet die eigene Einsatzbereitschaft und Entschlossenheit gegen einen.

Die Hingabe muss von Geduld unter Kontrolle gehalten werden, wenn Sie Erfolg haben wollen. Ihre hohen Ziele werden Sie nicht in den ersten Minuten eines wichtigen Trainings oder Rennens erreichen. Das erste Intervall wird die Sache nicht für Sie entscheiden. Das, was am Ende der Einheit oder des Rennens geschieht, macht den Unterschied. Dann kann Erfolg entstehen – oder eben nicht. Es erfordert Geduld, sich unter Kontrolle zu halten und Kräfte zu sparen für später, wenn es wirklich darauf ankommt. Diese Aufgabe bezeichnen wir meist als Pacing, aber in Wahrheit geht es um die Kontrolle von Gefühlen. Geduld bedeutet, seine Emotionen in den ersten Phasen der jeweiligen Unternehmung im Griff zu haben.

Geduld führt zu Erfolg.

Wie werden Sie ein geduldiger Radsportler? Dafür gibt es kein einfaches Rezept. Es ist etwas, was Sie jeden Tag bei allem, was Sie im Leben unternehmen, beherzigen müssen. Wenn ich Athleten betreue, die Anzeichen von Ungeduld zeigen und beim ersten Intervall zu schnell loslegen, lasse ich sie die Einheit so lange wiederholen, bis sie es richtig hinbekommen. Wenn jemand im Wettkampf zu schnell startet und dann einbricht, besprechen wir im Anschluss ausgiebig die Gründe, warum der betreffende Sportler nicht das erreicht hat, wozu er in der Lage ist. Athleten dabei zu helfen, Geduld zu erlernen, ist die schwierigste Aufgabe, die ich als Coach habe.

Sie müssen lernen, Ihr eigener Coach zu sein. Seien Sie sich Ihrer Ungeduld bewusst. Halten Sie sich unter Kontrolle. Erinnern Sie sich vor einem harten Rennen oder Training daran, dass Sie sich und Ihre Emotionen anfangs zügeln müssen, um ein starkes Finish hinzulegen. Erinnern Sie sich am Beginn der Saison daran, dass Geduld bedeutet, über Monate hinweg Tag für Tag kleine Schritte auf Ihr Ziel zuzumachen, und dass Sie nichts von jetzt auf gleich erzwingen können. Geduld ist der mentale Schlüssel zum Erfolg im Radsport. Wenn Sie keine Geduld entwickeln, sind Sie dazu verdammt, sich vergeblich mit dem Erreichen Ihrer Ziele abzumühen. So einfach ist das.

Im Training geht es nicht nur darum, den Körper vorzubereiten, sondern auch den Geist.

HINGABE UND BEHARRLICHKEIT

Damit Ihre Mission auch im Angesicht unvermeidlicher Rückschläge von Erfolg gekrönt sein kann, müssen Sie zwei weitere Dinge mitbringen: Hingabe und Beharrlichkeit.

In jedem Rennen kommt ein Moment, in dem sich Erschöpfung einstellt und Ihnen befiehlt, anzuhalten. Ihre Beine brennen, Ihr Herz rast und das Atmen tut weh. Andere Fahrer müssen abreißen lassen und fügen sich in ihre Niederlage. Von der Entschlossenheit, die sie zu Beginn des Rennens zur Schau stellten, ist nichts mehr zu sehen. Um den Schmerzen Einhalt zu gebieten, schleichen sich auch bei Ihnen Gedanken ans Aufgeben ein. »Ist mir das Rennen wirklich so wichtig?«, fragen Sie sich. »Warum tue ich mir das an?« In diesem Moment lässt sich ermessen, welche Art Radrennfahrer Sie sind. Dieser Moment erfordert unnachgiebige Entschlossenheit. Ein Fahrer, der unerschütterliche Hingabe und Beharrlichkeit mitbringt, wird einen Weg finden, noch ein wenig länger durchzuhalten.

Wettkampfähnliches Training fördert die Beharrlichkeit.

Die Hingabe an ein Ziel mag am Tag des Wettkampfs offenkundig sein, sie muss jedoch bei jeder einzelnen Trainingsfahrt vorhanden sein. Tatsächlich geschieht es an Trainingstagen, an denen Sie sich verausgaben und erschöpft fühlen, dass Sie sich für ähnliche Situationen im Wettkampf wappnen. Deshalb trainieren Sie: um sich für die entscheidenden Momente zu rüsten, in denen Sie auf die Probe gestellt werden. Im Training geht es nicht nur darum, den Körper vorzubereiten, sondern auch den Geist. So wie im Wettkampf müssen Sie auch im Training die Hingabe und Beharrlichkeit an den Tag legen, um eine harte Einheit, die Sie an Ihr Limit bringt, erfolgreich abzuschließen. Das ist es, was Sie antreibt, mehrere Zwei-Minuten-Intervalle mit maximaler Leistung und minimaler Regeneration zu absolvieren und sich das härteste bis zum Schluss aufzuheben. Diese Beharrlichkeit bereitet Sie auf das Leiden am Wettkampftag vor.

Was ist Beharrlichkeit? Manchmal wird sie mentale Stärke genannt, und viele Menschen glauben anscheinend, dass man so etwas entweder hat oder eben nicht. Aber das stimmt nicht. Athleten weisen nur einen unterschiedlichen Grad an Beharrlichkeit auf. Manche Fahrer sind im Rennen oder im Training in der Lage, extremes Leiden auszuhalten. Sie bringen eine enorme Hingabe für den Erfolg und ein hohes Maß an Beharrlichkeit mit. Andere reagieren empfindlicher auf Leiden und sind außerstande, lange durchzuhalten, wenn es hart auf hart kommt. Selbst wenn sie die nötige körperliche Fitness haben, geben sie mental auf. Es fehlt ihnen eine starke Hingabe. Dann gibt es noch die, die schon beim leisesten Anzeichen von Leiden das Handtuch schmeißen. Diese Sportler besaßen von vornherein keine Hingabe. Sie waren unvorbereitet.

Beharrlichkeit lässt sich verbessern. Sie wird durch wettkampfähnliches Training kultiviert. Um sich als Radsportler weiterzuentwickeln, müssen Ihre Einheiten hin und wieder Ihre Grenzen ausloten und Ihnen abverlangen, irgendwie noch ein paar Sekunden länger durchzuhalten. Oftmals reicht das schon. Sie kennen das Szenario: Alle leiden. An der Spitze verschärft ein motivierter Fahrer die Pace. Aber auch er wird das Tempo nur noch wenige Sekunden beibehalten können. Dann wird sich alles beruhigen. Ob man es schafft, nur wenige qualvolle Sekunden länger durchzuhalten und irgendwie dranzubleiben, entscheidet oftmals darüber, wer am Ende auf dem Podium steht. Aber dranzubleiben, erfordert Beharrlichkeit.

Im Rennen dreht sich alles darum, Leiden zu managen. Straßenrennen werden durch hochintensive Episoden entschieden, die nur wenige Sekunden bis ein paar Minuten dauern. In Zeitfahren kommt es darauf an, an der Schwelle zu extremem Leiden lange Zeit ein hohes Maß an Intensität aufrechtzuerhalten. Beides hat mit Erschöpfung zu tun. Studien des südafrikanischen Sportmediziners Dr. Tim Noakes zufolge tritt die Erschöpfung, die wir erleben, in Wirklichkeit im Gehirn auf. Er spricht von einem »Central Governor«, einem zentralen Regler. Seine Theorie besagt, dass das Gehirn kontinuierlich alle Signale des Körpers überwacht und auf dieser Basis entscheidet, wann es so weit ist, den Stecker zu ziehen. Noakes betrachtet dies als einen Selbstschutz-Mechanismus. Der Central Governor hindert Sie daran, sich selbst Schaden zuzufügen.

Den Widerwillen des Gehirns zu überwinden und trotzdem weiterzumachen, wenn Sie extreme Erschöpfung empfinden, ist sehr schwierig. Es erfordert eine enorme Hingabe und einen Willen, sich mit Spitzenleistungen auszuzeichnen, der an den Überlebenskampf auf dem Schlachtfeld erinnert. Ich glaube, dass solche Beharrlichkeit für Athleten, die ein hohes Maß an Hingabe mitbringen, trainierbar ist. Trainingseinheiten, die darauf angelegt sind, Leiden zu erzeugen, müssen den Geist mindestens ebenso sehr wie den Körper auf extreme Rennsituationen vorbereiten. In späteren Kapiteln stelle ich Ihnen Einheiten und Trainingsmethoden vor, die Ihnen dabei helfen.

Wie steht es um Ihre Beharrlichkeit? Bringen Sie die Hingabe und den Willen mit, Ihre Ziele zu erreichen und sich bei allem, was Sie tun, mit Spitzenleistungen auszuzeichnen? Bewahren Sie auch im Angesicht des Scheiterns Ihre positive Einstellung? Sind Sie in der Lage, eine Niederlage mit Gleichmut hinzunehmen und schnell abzuhaken? Schaffen Sie es, Ihren Geist herauszufordern, trotz extremen Leidens oder riesiger Erschöpfung ein paar Sekunden oder Minuten länger durchzuhalten? Das ist viel verlangt. Aber Sie wissen bereits, dass Radsport kein Zuckerschlecken ist. Sich mit ganzer Hingabe einer Spitzenleistung zu verschreiben, ist das, was einigen Fahrern ein hohes Maß an mentaler Stärke verschafft. Beharrlichkeit ist nichts, was sich am Renntag aus dem Nichts bei einigen wenigen Glücklichen einstellt. Sie ist eine Sache der Einstellung und man muss sie sich beständig erarbeiten, Tag für Tag. Sie ist das Resultat harter Trainingseinheiten. Sie äußert sich in jedem Gedanken, den Sie haben, und in allem, was Sie tun. Bedingungslose Hingabe wird letzten Endes eine beharrliche, auf Höchstleistung ausgerichtete Einstellung erzeugen.

Auf grundlegender Ebene bedeutet bedingungslose Hingabe für Ihre Ziele, dass Sie konsistent trainieren müssen. Ohne konsistentes Training gibt es keine Hingabe, und die erforderliche Beharrlichkeit wird sich niemals entwickeln. Versäumte Einheiten sind das erste Anzeichen, dass einem Fahrer die nötige Hingabe fehlt. Der Ausgangspunkt für die Entschlossenheit, Höchstleistungen zu erreichen, besteht darin, sich an standardisierte Trainings-Routinen zu halten. Das Fundament der Hingabe ist Konsistenz im Training.

Das Fundament der Hingabe ist Konsistenz im Training.

KONSISTENZ UND ROUTINEN

Ihr Körper und Ihr Geist mögen Routine. Sie werden eher konsistent trainieren, wenn es in Ihrem alltäglichen Leben regelmäßige und standardisierte Abläufe gibt. Sie werden außerdem eher Ihre Ziele erreichen, wenn Dinge auf eine berechenbare Weise geschehen. Ein Beispiel dafür, das Sie vermutlich bereits beherzigen, ist eine feste Routine vor dem Start. Vielleicht haben Sie die Erfahrung gemacht, dass Sie entspannter und mental eher bereit für den Wettkampf sind, wenn die Abläufe, die Sie vor einem Rennen befolgen, von einem Wettkampf zum nächsten weitgehend gleich bleiben. Ihre Routine vor dem Rennen umfasst vermutlich das Essen und Trinken, das Sie für gewöhnlich zu sich nehmen, den Zeitpunkt der Mahlzeiten, die Musik, die Sie hören, ein Aufwärmprogramm, das Durchspielen des Rennens im Kopf, die Besprechung der Taktik mit Teamkollegen und eine Vielzahl anderer Gedanken und Tätigkeiten. Sinn und Zweck des Ganzen ist es, Ihren Körper und Geist auf das einzustimmen, was folgt: ein schwerer Wettkampf.

Ein fester Tagesablauf, der einer Trainingseinheit vorausgeht, bereitet Körper und Geist auf das Kommende vor. Dazu gehören eine festgelegte Tageszeit für das Training, die Arten von Einheiten, die Sie an bestimmten Tagen nach einem wöchentlichen Muster absolvieren, das Essen und Trinken, das Sie vorher zu sich nehmen, Ihre Trainingspartner für manche Einheiten, spezifische Strecken für bestimmte Einheiten und vieles mehr. So wie mit Blick auf den Wettkampf ist der Sinn und Zweck fester Wochen- und Tagesabläufe, Sie auf die Belastungen des Trainings vorzubereiten, insbesondere an Tagen, an denen harte Einheiten anstehen.

Sie müssen eine Routine entwickeln, die Ihre Prioritäten widerspiegelt.

Wenn sämtliche Aspekte Ihrer täglichen Einheiten beliebig sind, werden Sie vermutlich die Erfahrung machen, dass Ihr Training darunter leidet. Um dies in den Griff zu kriegen, benötigen Sie einen Wochentrainingsplan, mit dem wir uns in Kapitel 8 befassen. Wie Sie hingegen Ihren Tagesablauf gestalten, ist etwas, was ich Ihnen nicht abnehmen kann, denn dabei sind zu viele Variablen zu berücksichtigen, die Ihren Alltag ausmachen: Schlafzeiten, berufliche oder schulische Verpflichtungen, Familie, Freunde und etliche andere Dinge. Ich empfehle Ihnen dringend, sich darüber Gedanken zu machen, wie sich all diese Aspekte auf Ihr Training auswirken und wie Sie sie am besten unter einen Hut bringen können, um Spitzenleistungen zu ermöglichen.

Wie Sie Ihren Alltag gestalten, hängt von Ihren Prioritäten ab. Nicht alles kann oberste Priorität haben. Auch für die meisten ernsthaften Radsportler stehen Familie und Freunde an erster Stelle, gefolgt von beruflichen Verpflichtungen, erst dahinter folgt das Training. Bei mehr als zwei Aktivitäten, die höhere Priorität genießen als das Training, ist aber kaum zu vermeiden, hin und wieder eine Einheit zu versäumen. Hier kommt die Hingabe ins Spiel, die in Bezug auf das Training von so entscheidender Bedeutung ist, um Ihre Ziele zu erreichen. Natürlich können nur Sie selbst entscheiden, mit welcher Hingabe Sie sich Training und Wettkämpfen widmen. Aber eines kann ich Ihnen mit Sicherheit sagen: Je höher Ihr Ziel, desto größer muss Ihre Hingabe sein und desto weniger dürfen Sie in Ihrem Tagesablauf dem Zufall überlassen. Wenn Sie Biografien erfolgreicher Radsportler lesen, werden Sie feststellen, dass sich ihr Leben ihre ganze Karriere hindurch um das Training drehte. Natürlich erlebten auch diese Athleten bisweilen Störungen in ihrer Routine. Das lässt sich nicht vermeiden. Als Sportler, der auf Höchstleistungen hinarbeitet, muss man die Dinge nehmen, wie sie kommen und beständig Anpassungen vornehmen. Das ist einfach Teil des Lebens.

Die Quintessenz ist, dass Sie einheitliche Wochen- und Tagesabläufe brauchen, die Ihnen gestatten, alles Wichtige in Ihrem Alltag in der Reihenfolge der jeweiligen Prioritäten unterzubringen. Sie haben ein gewisses Maß an Verantwortung anderen Menschen gegenüber: seien es der Partner, Kinder, Eltern, Verwandte, Angestellte, Lehrer, Arbeitskollegen, Mitschüler, Freunde oder Teamkollegen. Allein diese Verpflichtungen unter einen Hut zu kriegen, ist schwer genug. Daneben noch ein Trainingsprogramm unterzubringen, das den Anforderungen Ihres Ziels gerecht wird, macht es zu einer echten Herausforderung, eine funktionierende tägliche Routine zu etablieren. Ihr Ziel muss daher im Hinblick auf Ihr sonstiges Leben realistisch sein. Und je höher dieses Ziel ist, desto wichtiger ist es, im Alltag einheitliche Routinen zu haben, um das angestrebte Resultat zu erzielen.

IHR TEAM FÜR HÖCHSTLEISTUNGEN

Bislang haben wir uns angeschaut, was *Sie* unternehmen können, um erfolgreich Rennen zu fahren. Nun ist es so weit, andere ins Boot zu holen. Je mehr Menschen

Sie um sich scharen, die Sie unterstützen, desto größer sind Ihre Erfolgschancen. Einer der Schlüssel, um den Bedürfnissen all der anderen Menschen in Ihrem Leben besser gerecht zu werden, ist, sie einfach zu bitten, Teil Ihres Teams zu werden. Diejenigen, die Ihnen nahestehen, möchten Ihnen sehr wahrscheinlich bei Ihren sportlichen Zielen helfen. Diese Menschen zu bitten, ein Teil Ihrer persönlichen Begleitcrew zu werden, kann Ihre Hingabe und Motivation enorm steigern, denn dadurch verteilt sich eine gewisse Verantwortung für das Gelingen auf mehrere Schultern. Dieses Gefühl beruht für alle Beteiligten auf Gegenseitigkeit und jeder um Sie herum engagiert sich für die Mission.

Beginnen Sie mit Ihrer Familie und Ihren Freunden. Legen Sie ihnen Ihr Ziel dar und bitten Sie sie um ihre Hilfe und Unterstützung. Das Mindeste, was sie tun können, ist, Ihren Rennen beizuwohnen. Mit ein wenig Überlegung und Fantasie fallen Ihnen sicher noch viele andere Möglichkeiten ein, wie sie Ihnen helfen und beistehen können. Ihre engsten Vertrauten an Ihrer Seite zu haben, wenn es um das Training und die Wettkämpfe geht, ist ein mächtiger Anreiz.

Binden Sie als Nächstes Ihre Team- bzw. Vereinskollegen aus dem Radsport ein. Die Kameradschaft und der Rückhalt eines guten Teams sind ganz entscheidend für das Erreichen Ihres Ziels. Das geht weit über den Wettkampf hinaus. Wenn Ihre Kollegen über Ihr Ziel im Bilde sind, werden Sie die Unterstützung einer Gruppe Gleichgesinnter haben, die Ihnen dabei helfen können, es zu erreichen. Das geschieht z.B., indem sie mit Ihnen trainieren, Ihnen Anregungen für Trainingseinheiten geben oder Sie aufbauen, wenn es nicht gut läuft. Und natürlich sollten Sie umgekehrt auch dasselbe für Ihre Kollegen tun. Sein Team zu 100 Prozent hinter sich zu wissen (und selbst zu 100 Prozent hinter seinem Team zu stehen), hat einen großen Anteil daran, sein Ziel zu erreichen.

Es gibt noch andere, die Sie in Ihr persönliches Höchstleistungs-Team aufnehmen können. Mit das Cleverste, was Sie tun können, ist, die Dienste eines Coachs oder sachkundigen Beraters in Anspruch zu nehmen, der Sie im Rahmen der Saisonvorbereitung anleiten kann. So ein Mentor macht oft den Unterschied zwischen Erfolg und Scheitern aus. Je höher Ihr Ziel, desto wichtiger ist es, sich in die Hände einer solchen Vertrauensperson zu begeben. Ideal ist es, wenn Ihr Trainer oder Berater in der Nähe wohnt, aber dank moderner Kommunikationstechnologie ist dies kein Muss. Weiterhin würde ich Ihnen empfehlen, einen Physiotherapeuten, einen Sportarzt, einen Masseur, einen Mechaniker und einen Bikefitting-Experten in Ihr Team aufzunehmen. Weitere professionelle Hilfe, über die nachzudenken ist, wären ein Personal Trainer für die Einheiten im Fitnessstudio, ein Ernährungsberater, ein Chiropraktiker und ein Sportpsychologe. Je mehr Fachleute Sie um sich scharen, desto größer ist Ihre Aussicht auf Erfolg.

Je höher Ihr Ziel, desto mehr werden Sie davon profitieren, ein solches Team um sich zu haben. Jeder dieser Partner wird auf seine eigene Weise dazu beitragen, dass Sie erfolgreich die vielen Herausforderungen meistern, mit denen Sie als Radsportler konfrontiert werden. Erläutern Sie jedem Mitglied Ihres Teams Ihr Ziel und besprechen Sie dann, wie die betreffende Person Ihnen helfen kann, es zu erreichen. Letztendlich werden Sie vielleicht nicht alle Helfer tatsächlich in Anspruch nehmen. Es kann z.B. sein, dass Sie keinen Arzt benötigen, weil Sie im Laufe der Saison keine Verletzungs- und gesundheitlichen Probleme haben. Aber allein zu wissen, dass bei Bedarf jemand bereitstünde, kommt Ihrem Selbstvertrauen zugute und hilft Ihnen, erfolgreich durch unruhiges Fahrwasser zu kommen, wenn irgendetwas nicht ganz rund läuft.

Unabhängig von deren jeweiligem Beitrag zu Ihrem Erfolg als Sportler sollte es sich bei allen Mitgliedern Ihres Teams um zufriedene, positive und erfolgreiche Menschen handeln, die sich Ihres Ziels vollauf bewusst sind und es ohne Einschränkung unterstützen. Ist irgendjemand dabei, der dieser Beschreibung nicht entspricht, ersetzen Sie ihn durch jemand anderen.

Umgeben Sie sich nur mit positiven Menschen, die an Sie glauben. Meiden Sie die Menschen, die es nicht tun.

FAZIT: MENTALE LEISTUNG

Wenn ein Athlet die richtige Einstellung mitbringt, können wir hohe Ziele erreichen.

Als Coach habe ich gelernt, dass Athleten eher von ihrem Geist als von ihrem Körper eingeschränkt werden. Mentale Fitness ist für sportlichen Erfolg mindestens so wichtig wie die Physis. Wenn ich mich daher mit einem Sportler unterhalte, der meine Dienste in Anspruch nehmen möchte, interessiert mich v.a. das, was in seinem Kopf vorgeht. Sofern ein Athlet die richtige Einstellung mitbringt, weiß ich, dass wir zusammen hohe Ziele erreichen können. Ohne wenigstens einen Funken dieser Einstellung ist die Aussicht auf Erfolg meiner Erfahrung nach gering. Mentale Fitness lässt sich entwickeln, wenn die richtige Einstellung vorhanden ist. Es ist schwer, diese Einstellung zu definieren, und noch schwieriger, sie zu verbessern.

In diesem Kapitel habe ich erläutert, welche mentale Veranlagung ich von einem Athleten erwarte. Dazu gehört zunächst einmal die Motivation, Großes zu leisten. Diese muss mehr als ein Funken sein, denn es gibt nur wenig, was ein Coach tun kann, um Motivation anzufachen. Sie muss aus dem Inneren des Sportlers heraus kommen. Alles andere kann ich zusammen mit dem Athleten ausbauen. Aber nicht die Motivation.

Vage Wünsche reichen nicht aus.

Zweitens höre ich genau hin, ob es da einen Traum gibt. Es muss kein großer, weltbewegender Traum sein, aber es muss etwas da sein, das in unserem anfänglichen Gespräch wiederholt zur Sprache kommt. Vage Wünsche reichen nicht aus. Es muss etwas geben, das zu erreichen für den Fahrer ein seit einer Weile gehegter Traum ist. Etwas, das ihn begeistert und zu Höchstleistungen antreiben kann. Fehlt ein solcher Anreiz, wird keiner von uns beiden motiviert sein.

Ist der betreffende Sportler bereit, sich mit bedingungsloser Hingabe diesem Traum zu verschreiben? Dies ist oftmals schwer herauszuhören, also sprechen wir über andere Herausforderungen, denen der Fahrer sich in irgendeinem Lebensbereich hat stellen müssen, und wie er damit umgegangen ist. Dies bringt uns zum wichtigen Charakterzug der Beharrlichkeit. Wie hart hat der Athlet dafür gearbeitet, das Ziel zu erreichen? Wie lange hat es gedauert? Hat er aufgegeben oder das Ziel mit einer »Jetzt erst recht«-Einstellung weiterverfolgt? Ohne die Entschlossenheit, sich einem Ziel zu verschreiben und es dann beharrlich zu verfolgen, ist alles für die Katz. Dann ist die Sache aussichtslos.

Danach schaue ich mir den Lebenswandel des Athleten an. Ist er eher wahllos oder sehr strukturiert? Unterliegen die Aktivitäten des Alltags wie Arbeit, Mahlzeiten, Schlaf und Training einem erkennbaren Muster? Gibt es Konsistenz im Training oder versäumt der Athlet zahlreiche Einheiten? Generell führen gute Athleten ein nach herkömmlichen Maßstäben langweiliges Leben. Sie unternehmen tagein, tagaus die gleichen Dinge. Wenn jemand im Leben generell Konsistenz an den Tag legt, habe ich keinen Zweifel, dass er in der Lage ist, auch im Sport einem langfristigen Plan zu folgen. Das heißt nicht, dass jemand mit einem chaotischen Lebenswandel keinen Erfolg haben könnte, aber es verbessert gewiss nicht die Chancen.

Weiterhin möchte ich wissen, wie Familie und Freunde des Athleten über sein Training denken. Unterstützen sie ihn? Ich habe Athleten scheitern sehen, weil ihr direktes Umfeld sich nicht um ihre Ziele scherte oder sie sogar richtiggehend sabotiert hat. Es ist viel schwieriger, Ihre Ziele zu erreichen, wenn andere denken, dass Sie eh nur Ihre Zeit verschwenden.

Wenn es darum geht, ein Höchstleistungs-Team aus Fachleuten um sich zu scharen, kann ich den von mir betreuten Sportlern sehr von Nutzen sein. Wenn ein Fahrer nicht schon fachkundige Menschen kennt, auf die er sich verlassen kann, werde ich ihm die entsprechenden Kontakte verschaffen. Aber das geschieht erst, wenn sämtliche meiner sonstigen Anforderungen erfüllt sind. Dann machen wir uns daran, dem Traum Gestalt zu geben und ihn zu definieren. Widmen wir uns nun aber der physischen Seite der Leistungsfähigkeit.

2

PHYSISCHE LEISTUNG

IN KAPITEL 1 haben wir uns mit der Bedeutung Ihrer mentalen Herangehensweise an den Radrennsport befasst. Ab Kapitel 3 werden Sie nur noch über die physischen Aspekte der Wettkampfvorbereitung lesen. Während das Hauptaugenmerk dieses Buches der körperlichen Seite des Trainings gilt, kann ich nicht eindringlich genug betonen, wie wichtig Ihre Einstellung und Ihr Denken sind. Wie Sie sich selbst als Athlet wahrnehmen, hat viel damit zu tun, wie gut Sie sich im Training und im Rennen schlagen.

Dieses Kapitel schlägt die Brücke zwischen den mentalen und den körperlichen Faktoren der Leistungsfähigkeit, indem wir versuchen, Ihr Potenzial als Radsportler zu bestimmen. Das ist keine leichte Aufgabe. Zunächst einmal müssen wir verstehen, was in diesem Sport erforderlich ist, um sich im Wettkampf gut zu schlagen. Danach untersuchen wir, was nötig ist, um Ihr Potenzial zu verwirklichen, indem wir abwägen, welche Trainingsphilosophie und -methodik am ehesten Erfolg verspricht. Am Ende dieses Kapitels sollten Sie eine gute Vorstellung davon haben, welche Hingabe und Ressourcen erforderlich sind, um ein leistungsstarker Radsportler zu werden.

AUS DEM RICHTIGEN HOLZ

Wozu wären Sie als Radrennfahrer in der Lage? Die Antwort erhalten Sie nicht, indem Sie mit einer Kristallkugel in die Zukunft schauen, sondern indem Sie zurückblicken. Falls Sie z.B. schon seit einigen Jahren Rennen bestreiten und bereits einem durchdachten Trainingsprogramm folgen (wie etwa demjenigen, das ich in diesem Buch und in früheren Ausgaben der *Trainingsbibel* darlege), gibt es für Sie als Radsportler womöglich nicht mehr viel Luft nach oben. Vermutlich ist Ihr Potenzial weitgehend ausgeschöpft. Das heißt jedoch nicht, dass Sie sich nicht noch steigern könnten. Ich bin sogar sicher, dass Sie es können. Es ist halt nur so, dass die Verbesserungen, die Sie erzielen werden, relativ gering ausfallen. Ein paar Prozentpunkte sind das höchste der Gefühle.

Falls Sie andererseits noch nicht lange im Radsport dabei sind, bislang eher nach Lust und Laune trainiert haben oder immer wieder Trainingseinheiten haben sausen lassen, schlummert in Ihnen noch eine Menge ungenutztes Potenzial. Dann reden wir von möglichen Steigerungen im zweistelligen Prozentbereich. Sie müssen lediglich die Prinzipien und Trainingsanleitungen beherzigen, die ich im weiteren Verlauf dieses Buches erläutere, und Sie werden sich als Fahrer sukzessive verbessern.

Wenn Sie daran zweifeln, dass Sie in der Lage sein werden, die in diesem Buch dargelegten Trainingsprinzipien umzusetzen, bestünde eine andere Möglichkeit darin, sich einfach im Internet einen generischen Trainingsplan zu besorgen, der von jemand erstellt wurde, der sich mit Radsport auskennt. Ein solcher Plan verhilft Ihnen zu strukturiertem Training, es liegt aber weiterhin an Ihnen, die erforderliche Hingabe aufzubringen, um ihn zu befolgen. Eine bessere Lösung ist es, einen Coach zu engagieren, der seit Jahren mit dem Radsport vertraut ist und erfolgreich mit anderen Fahrern gearbeitet hat. Das ist eine freilich nicht ganz billige Lösung, aber falls Sie sich hohe Ziele gesteckt haben, werden Sie sie unter fachkundiger Anleitung gewiss eher erreichen als ohne.

Die physischen Prädiktoren für Ihren Erfolg werden weitgehend durch Ihre Wettkampfziele bestimmt.

Sehr wahrscheinlich aber bewegen Sie sich irgendwo zwischen diesen beiden Extremen. Sie haben regelmäßig trainiert, wenn auch bisweilen ziellos. Sie haben häufig Gruppenausfahrten unternommen und gelegentlich harte Einheiten eingestreut, um bereit für den Wettkampf zu sein. Aber es hat auch Zeiten gegeben, da Sie eine Reihe von Trainingseinheiten versäumt haben. Vielleicht haben Sie in den letzten Jahren viele Rennen bestritten, sind aber zumeist irgendwo im großen Feld unter ferner liefen ins Ziel gekommen. Sollte diese Beschreibung annähernd auf Ihr Training und Ihre Wettkämpfe zutreffen, so haben Sie noch reichlich Spielraum für Verbesserungen und dieses Buch wird Ihnen helfen, ihn auszuschöpfen. Aber es wird Hingabe nötig sein, um Ihr Potenzial zu verwirklichen.

Aerobe Kapazität, anaerobe Schwelle und Ökonomie bestimmen Ihr Potenzial für verschiedene Arten von Rennen.

Natürlich kann ich Ihnen unmöglich sagen, wie genau Ihr Potenzial als Radsportler aussieht. Inwieweit Sie sich verbessern, indem Sie den in den folgenden Kapiteln dargelegten Anleitungen folgen, hängt von weitaus mehr Dingen ab als allein davon, wie konsistent Sie trainieren und wie fokussiert Sie sind. Auch Ihr körperliches Potenzial spielt selbstverständlich eine maßgebliche Rolle für Ihre Leistungen auf dem Rad. Dies bringt uns zur Physiologie der Höchstleistung.

Die physischen Prädiktoren für Ihren Erfolg als Radrennfahrer werden weitgehend durch Ihre Wettkampfziele bestimmt. Diese Ziele sollten wiederum an bestimmte Arten von Rennen gebunden sein. Bekanntlich kann man aus einem Ackergaul kein Rennpferd machen, sollten Sie sich also in den Kopf gesetzt haben, ein Rennen mit zahlreichen Anstiegen zu bestreiten, sollten Sie gewisse Qualitäten als Kletterer mitbringen. Falls Kriterien Ihr Ding sind, werden Sie ohne ein gerüttelt Maß an Endschnelligkeit kein Land sehen. Zeitfahr-Wettbewerbe erfordern die Fähigkeit, über längere Zeit eine relativ hohe, gleichbleibende Intensität aufrechtzuerhalten. Fahrer, die zwei oder drei dieser grundlegenden Disziplinen – Klettern, Sprinten, Zeitfahren – gut beherrschen, werden »Allrounder« genannt. Sie können in mehreren Disziplinen Beachtliches leisten, ohne sich aber in einer hervorzutun. Solche Fahrer sind am besten in Etappenrennen oder Rennserien aufgehoben, bei denen im Verlauf mehrerer Tage oder Wochen sämtliche Qualitäten gefragt sind. Die drei Radsportdisziplinen als solche werden »Phänotypen« genannt.

Später in Kapitel 6 beschäftigen wir uns ausführlich damit, welche physiologischen Fertigkeiten ein Fahrer mitbringen muss, um sich in einer dieser Disziplinen hervorzutun. Einstweilen wollen wir uns die für den Straßenradsport relevanten Phänotypen einmal mit Blick auf die drei Kennzeichen der Ausdauerfitness ansehen: aerobe Kapazität, anaerobe Schwelle und Ökonomie. Diese drei Elemente bestimmen Ihr Potenzial für verschiedene Arten von Rennen. Jeder Radsportler weist eine einzigartige Mischung dieser Kennzeichen auf.

Die *aerobe Kapazität*, auch als VO_2max, bezeichnet, ist ein Maß, wie viel Sauerstoff Sie nutzen können, wenn Sie über mehrere Minuten maximale Leistung bringen. Je mehr Sauerstoff Sie verarbeiten, um Energie zu gewinnen, desto größer ist Ihre aerobe Kapazität.

Die *anaerobe Schwelle* (manchmal auch »Laktatschwelle« genannt, wenngleich diese beiden physiologisch nicht exakt identisch sind) ist der Prozentsatz Ihrer aeroben Kapazität, den Sie über einen längeren Zeitraum, etwa 40 bis 70 Minuten, aufrechterhalten können. Je größer dieser Prozentsatz ist, desto besser ist es um Ihre anaerobe Schwelle bestellt.

Die *Ökonomie* ist insofern eng mit sämtlichen Messgrößen des Leistungsvermögens verknüpft, als sie bemisst, wie viel Energie Sie verbrauchen, wenn Sie Rad fahren. Die Ökonomie wird weitgehend durch Ihren Körperbau bestimmt, aber auch Tritttechnik, Sitzposition und Radbeherrschung spielen eine Rolle. Je weniger Energie Sie verschwenden, desto besser ist Ihre Ökonomie.

Was also ist in Anbetracht all dessen Ihr Potenzial als Radsportler? Anders gesagt: Können Sie eine Prognose darüber anstellen, wie es um Ihre Erfolgschancen bestellt ist, wenn Sie all das in Betracht ziehen, was Sie über sich selbst als Athlet, über die Anforderungen des ins Auge gefassten Rennens und über die physischen Verbesserungen, die demzufolge erforderlich wären, wissen? Die Antwort auf diese letzte Frage verrät Ihnen einiges darüber, wie Sie trainieren sollten – und vielleicht auch darüber, inwieweit Sie verschiedene Bereiche Ihrer Lebensführung anpassen müssen, z.B. Ernährung, emotionale Belastungen und Schlaf. In Kapitel 6 beschäftigen wir uns auch mit dem Konzept der »Begrenzer«. Wie Sie dort erfahren werden, haben diese Begrenzer viel damit zu tun, wie Sie Ihr Training mit Blick auf die Anforderungen eines gegebenen Wettkampfs gestalten sollten. Fürs Erste aber wollen wir uns einen groben Überblick verschaffen. Welches sind die körperlichen Anforderungen beim Klettern, Sprinten und Zeitfahren? Was gehört dazu, sich auf jede dieser drei Disziplinen vorzubereiten? Dieses Wissen wird Ihnen behilflich sein, zu erkennen, welches Ihr Potenzial ist und was erforderlich sein wird, um Ihr Ziel zu verwirklichen.

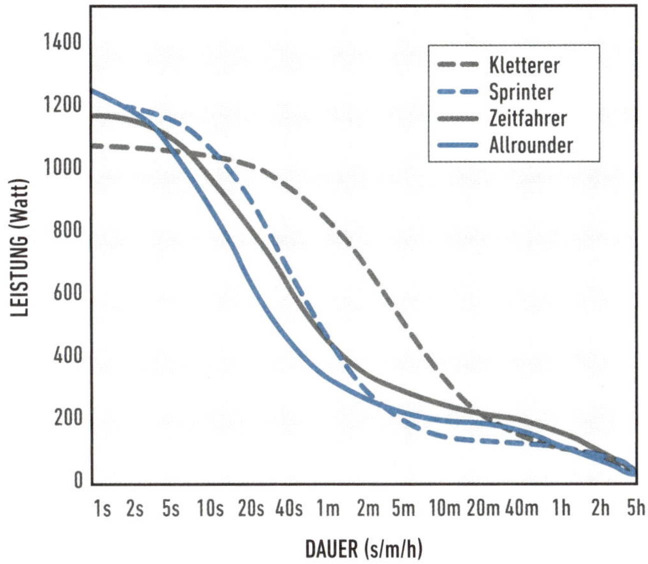

ABBILDUNG 2.1 Typische Leistungskurven für Kletterer, Sprinter, Zeitfahrer und Allrounder

Leistungskurven und Phänotyp

Abbildung 2.1 veranschaulicht typische Leistungskurven für Kletterer, Sprinter, Zeitfahrer und Allrounder. Auf der x-Achse ist die Dauer angegeben: Es beginnt links mit Belastungen im Bereich weniger Sekunden (»s«) und geht dann weiter über Minuten (»m«) bis hin zu mehreren Stunden (»h«). Die y-Achse gibt die Leistung wieder, die mit zunehmender Dauer logischerweise abnimmt. Die Linien verdeutlichen, wie viel Watt ein Fahrer jedes Phänotyps über eine bestimmte Dauer treten kann. Diese Werte sind nicht als definitive Vorgaben für jeden Phänotyp gedacht, sondern dienen vielmehr als Beispiele, wobei typischen Daten von Elite-Fahrern herangezogen wurden.

Kletterer. Vergleicht man die Kurve des Kletterers mit der des Sprinters, ist offensichtlich, dass seine Leistung auf der linken Seite der Skala bei weitem nicht so hoch ausfällt. Seine Kurve verläuft wesentlich flacher, dafür aber erhält der Kletterer bei zunehmender Dauer relativ hohe Wattzahlen aufrecht. Um die Leistung über einen längeren Zeitraum wahren zu können, benötigt der Kletterer eine sehr hohe aerobe Kapazität, eine hohe anaerobe Schwelle und eine hervorragende Ökonomie beim Bergauffahren. Das ist es, was Klettern so anspruchsvoll macht – es stellt die in der Summe höchsten Anforderungen an die Physiologie des Fahrers.

Einer der besten Prädiktoren des Leistungsvermögens ist die gewichtsbezogene Leistung in Watt pro Kilogramm.

Einer der besten Prädiktoren des Leistungvermögens am Berg ist die gewichtsbezogene Leistung des Fahrers, die üblicherweise in Watt pro Kilogramm (W/kg) angegeben wird. Die Kombination aus hoher Wattleistung und geringem Körpergewicht verleiht einem Radsportler großes Potenzial in solchen Rennen und Rennsituationen, in denen die Schwerkraft der größte äußere Einfluss ist, der den Sportler bremst.

Sprinter. Die Kurve des Sprinters in Abbildung 2.1 verläuft deutlich steiler, mit einem ziemlich hohen Output auf der linken Seite, der mit zunehmender Dauer stark nachlässt. Dies ist typisch für reine Sprinter. Sie können über einige Sekunden enorme Wattzahlen treten, sind aber nicht in der Lage, über längere Zeit eine moderate Leistung aufrechtzuerhalten. Ihre enorme Explosivität erfordert eine exzellente Ökonomie, was in diesem Fall eine tolle Aerodynamik sowohl im Sitzen als auch im Stehen sowie eine hervorragende Tritttechnik und Radbeherrschung bedeutet.

Freilich ist dies eine gewisse Vereinfachung der physischen Anforderungen, die an den Sprinter gestellt werden. Um auf der Zielgeraden Chancen zu haben, muss ein Sprinter zunächst mal mit der Spitzengruppe den letzten Kilometer erreichen. Das erfordert eine gewisse aerobe Kapazität und anaerobe Schwelle. Dennoch sind Sprinter in der Regel keine guten Kletterer. Sie kommen am besten auf relativ flachem Terrain zurecht. Auch das Zeitfahren ist normalerweise nicht ihre Stärke, da ihre Dauerleistung über Zeitspannen, wie sie in solchen Rennen üblich sind, relativ niedrig ausfällt.

Reine Sprinter können für einige Sekunden enorme Wattzahlen treten.

Zeitfahrer. Die Leistung an der anaeroben Schwelle ist der beste Prädiktor für Zeitfahrqualitäten. Dies wird gemeinhin »funktionale Schwellenleistung« (FTP) genannt. Damit werden wir uns in späteren Kapiteln ausführlich beschäftigen. Während eine hohe FTP für alle Fahrertypen, ungeachtet ihrer jeweiligen Ziele, von entscheidender Bedeutung ist, ist sie aber besonders wichtig für Zeitfahrer.

Die meisten Zeitfahrkurse sind relativ flach. Auf solchen Strecken spielt das Körpergewicht kaum eine Rolle für das Ergebnis. Das liegt daran, dass auf flachem Terrain der größte äußere leistungshemmende Einfluss nicht die Schwerkraft, sondern der Luftwiderstand ist. Gute Zeitfahrer sind häufig sogar relativ groß gewachsene Fahrer, denn der maßgebliche Faktor dabei, Körper und Rad gegen den Luftwiderstand voranzubewegen, ist die Fähigkeit, über längere Zeit eine hohe Leistung aufrechtzuerhalten. Mehr Körpergröße bedeutet in der Regel auch größere Muskeln. Während der Gewichtsunterschied zwischen einem kleinen und einem großen Fahrer (plus Rad) am Anstieg (wenn es gilt, die Schwerkraft zu überwinden) von entscheidender Bedeutung ist, ist die Körpergröße deutlich weniger wichtig, wenn der maßgebliche Faktor die Aerodynamik ist. Der Luftwiderstand, den ein großer Fahrer in aerodynamisch günstiger Position erzeugt, ist kaum größer als der eines kleineren Fahrers. Somit hängen Zeitfahrergebnisse in der Regel davon ab, wer über die Dauer des Rennens die größte absolute Leistung treten kann.

Allrounder. Allrounder sind generell Fahrer, die in keiner der drei Disziplinen herausragen, aber in mindestens zwei von ihnen ziemlich gut sind. Solche Fahrer haben v.a. dann gute Chancen, wenn das Streckenprofil keinen der Spezialisten bevorzugt, wie z.B. ein Bergaufsprint oder ein einigermaßen welliges Zeitfahren. Die Einzigartigkeit der Leistungskurve für diesen Fahrertyp ist nicht so offensichtlich wie die der anderen drei. Sie variiert von Fahrer zu Fahrer entsprechend der individuellen Mischung aus Kletter-, Sprint- und Zeitfahrqualitäten.

Erfordert Ihr Ziel, dass man Qualitäten als Kletterer, Sprinter, Zeitfahrer oder Allrounder besitzt? Ist Ihre körperliche Veranlagung mit diesem Ziel vereinbar? Falls nicht, worauf müssen Sie den Fokus legen, um Ihr Ziel zu verwirklichen? Ihr Training (und vielleicht Ihr Lebenswandel) wird bestimmt durch die Diskrepanz zwischen dem, was erforderlich ist, und dem, was Sie körperlich aktuell mitbringen. Eine geringe Diskrepanz bedeutet, dass Sie gute Aussichten auf Erfolg haben. Bei einer großen Diskrepanz werden außerordentliche Motivation, Hingabe, Beharrlichkeit und Trainingskonsistenz vonnöten sein, um Ihr Ziel zu erreichen.

Diese Betrachtung der Phänotypen Kletterer, Sprinter, Zeitfahrer und Allrounder ist eine Verallgemeinerung, die deutlich machen soll, dass Wettkampfleistungen sich anhand von bestimmten Messgrößen prognostizieren lassen – also mittels quantifizierbarer Faktoren wie z.B. dem Körpergewicht oder der Leistung in Relation zur Dauer. Es wird Sie jedoch gewiss nicht überraschen, zu erfahren, dass noch viel mehr dazugehört. Für einen Wettkampf zu trainieren, ist eine ziemlich komplexe Aufgabe, bei der etliche Variablen im Spiel sind, die über diese einfachen Messgrößen hinausgehen. Die Sache ist aber nicht so komplex, dass Sie sie nicht erlernen und entsprechend Ihrer spezifischen Physiologie und Zielsetzung anwenden könnten. Der Rest dieses Buches soll Ihnen helfen, dies zu erreichen. Was die Phänotypen angeht, haben wir uns bis hierher nur einen groben Überblick verschafft, aber es gibt noch viel zu lernen. So spielt z.B. auch Ihre Trainingsphilosophie – die Frage, welches die Ihrer Überzeugung nach beste Herangehensweise an das Training ist – eine wichtige Rolle für Ihre Erfolgsaussichten.

VERTRAUEN INS TRAINING

Training ist eine Forschungsstudie mit nur einer Testperson: Ihnen selbst. Falls Sie sich mit sportwissenschaftlicher Forschung beschäftigen, wie ich es seit vier Jahrzehnten tue, werden Sie bald ein gängiges Manko kennenlernen: Häufig ergeben Studien zwar eine gewisse Leistungssteigerung für die untersuchten Probanden, die einer vorgegebenen Trainingsmethode gefolgt sind, doch dieses Ergebnis stellt letztlich nur ein arithmetisches Mittel dar. Schaut man sich die Forschungsberichte genauer an, stellt man fest, dass nicht jeder der teilnehmenden Personen sich im exakten und gleichen Umfang verbessert hat. Manche Probanden haben sich stärker gesteigert als der Durchschnitt, andere weniger. Es mag sogar Testpersonen gegeben haben, die eine Verschlechterung verzeichneten: Ihre Leistungen ließen nach, indem sie das Programm befolgten. Das liegt daran, dass die Probanden Menschen waren und keine Roboter. Da auch Sie nur ein Mensch sind, kann ich nicht versprechen, dass Sie Großes erreichen werden, nur indem Sie sich an die in diesem Buch dargelegten Anleitungen halten. Sie sollten bereit sein, anhand dessen, was sich für Sie als zweckdienlich erwiesen hat, gegebenenfalls Anpassungen vorzunehmen.

Sie müssen das Vertrauen in Ihr Trainingsprogramm von Anfang bis Ende aufrechterhalten.

Für Höchstleistungen zu trainieren, ist ein Stück weit auch Glaubenssache. Es gibt kein Versprechen darauf, dass Sie auf jeden Fall großartige Verbesserungen erzielen werden, nur weil Sie einer bestimmten Trainingsmethodik folgen und bestimmte Arten von Trainingseinheiten absolvieren. Sie mögen darauf vertrauen, dass es so sein wird – das tun wir alle –, aber es gibt keine Garantien. Nichtsdestotrotz müssen Sie daran glauben, dass Sie auf dem richtigen Weg sind, denn sonst wäre alles von vornherein vergebliche Liebesmüh. Sie müssen das Vertrauen in Ihr Trainingsprogramm von Anfang bis Ende aufrechterhalten und es konsequent befolgen.

Ungeachtet der Trainingsmethodik, die sie jeweils verfolgen, unterscheiden sich Athleten in physiologischer Hinsicht erheblich voneinander. Wir wissen z.B., dass manche Sportler extrem langsam auf bestimmte Trainingsreize ansprechen. Sie brauchen Monate, um

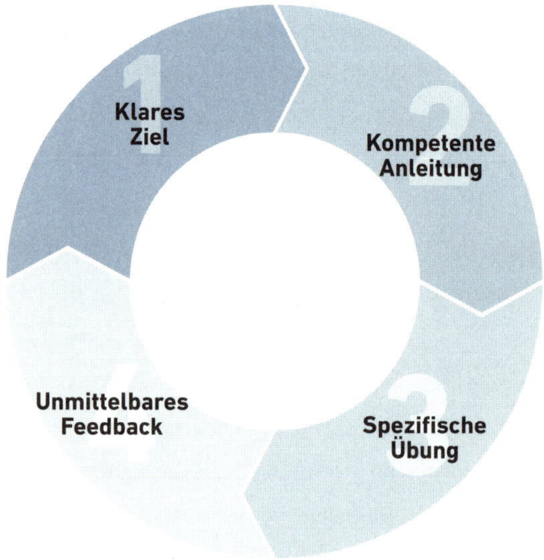

ABBILDUNG 2.2 Ablaufmodell des zielgerichteten Trainings

die gleichen Steigerungen zu erzielen wie Athleten, die mit dem gleichen Training in wenigen Wochen oder sogar Tagen körperliche Verbesserungen verzeichnen. Warum das so ist, weiß niemand so recht. Es könnte weitgehend genetisch bedingt sein, aber es gibt im Leben eines Menschen viele Variablen.

Um Leistungen auf hohem Niveau zu erbringen, müssen Sie genau wissen, wohin Sie wollen und wie Sie dorthin kommen.

Dann sind da die unterschiedlichen Muskeltypen. Manche Ausdauersportler sind mit vielen langsam arbeitenden Muskelfasern gesegnet, die erwiesenermaßen der Ausdauerleistungsfähigkeit zugutekommen. Andere wiederum, die gern gute Ausdauersportler wären, weisen stattdessen jede Menge schnell zuckende Muskelfasern auf, die v.a. in Sportarten dienlich sind, in denen Schnellkraft gefragt ist, wie z.B. beim Fußball.

Da ich nicht weiß, an welcher Stelle der Kurve Sie sich hinsichtlich jeder der möglichen Variablen befinden, kann ich Ihnen unmöglich verbindlich verraten, auf welche bestimmte Weise Sie trainieren sollten. Ich kann Ihnen lediglich Anregungen geben, basierend auf Erkenntnissen sportwissenschaftlicher Forschung und dem, was für die *meisten* – nicht alle! – der von mir betreuten Athleten funktioniert hat. Vornehmlich anhand Ihres persönlichen Erfahrungswissens zu den Bereichen, mit denen Sie sich bereits auskennen, werden Sie diese Anregungen gegebenenfalls anpassen müssen. Ein Stück weit werden Sie sich also auf das Prinzip von Versuch und Irrtum einlassen müssen, um die beste Ausrichtung für Ihr individuelles Training zu ermitteln.

Sie müssen außerdem verstehen, dass Ihr Training nicht in Stein gemeißelt sein sollte. Was im letzten Jahr für Sie funktioniert hat, muss in der neuen Saison nicht unbedingt – und auch nicht einmal annähernd – die gleichen Resultate erbringen. Ihr Körper und Geist sind beständig im Wandel begriffen. Dinge verändern sich, manchmal sehr schnell. Sie müssen stets bereit sein, Anpassungen in der Art und Weise Ihres Trainings vorzunehmen, womit wir wieder bei dem sind, was ich eingangs gesagt habe: Training ist eine Forschungsstudie mit Ihnen als einzigem Probanden. Und Sie sind auch die einzige Testperson, auf die es ankommt. Es spielt keine Rolle, wie etwas für jemand anderen funktioniert, wenn es bei Ihnen nicht anschlägt.

DIE VIER SCHRITTE DES ZIELGERICHTETEN TRAININGS

In der Sportwissenschaft besagt das Prinzip der Individualität, dass es keine einheitliche Trainingsweise gibt, die für alle Athleten funktioniert. Sportler sind einfach zu verschieden, als dass es eine solche Patentlösung geben könnte. Damit beschäftigen wir uns weiter im nächsten Kapitel, einstweilen werfen wir einen Blick auf die Kehrseite dieses Prinzips: Trotz der Notwendigkeit der Individualisierung gibt es ein paar allgemeine Methoden, mit der die große Mehrheit der Athleten gute Erfolge erzielt. Eine davon ist, im Training ein klares Ziel zu verfolgen. Um Leistungen auf hohem Niveau zu erbringen, müssen Sie genau wissen, wohin Sie wollen und wie Sie dorthin kommen. Darum geht es beim zielgerichteten Training. Es bedeutet, dass alles, was Sie im Training anstellen, einem Zweck dient. In meiner Arbeit als Coach greife ich seit vielen Jahren auf eine Abfolge von vier Schritten zurück, mit der die meisten Athleten gute Erfahrungen gemacht haben. Ich empfehle Ihnen dringend, es einmal zu probieren. Abbildung 2.2 veranschaulicht den Ablauf.

Schritt 1: Klares Ziel

Zielgerichtetes Training beginnt mit einer eindeutigen Zielvorgabe für die Saison. Diese legt das wesentliche Resultat fest, das Sie anstreben – den Grund, warum Sie trainieren. Ist das Saisonziel zu vage, bricht der komplette Prozess des zielgerichteten Trainings zusammen. Um eindeutig zu sein, muss eine Zielvorgabe mehrere Kriterien erfüllen. Näheres dazu in Kapitel 5. Dann werden Sie in der Lage sein, Ihr Saisonziel selbst exakt zu bestimmen.

Aber nicht nur das Saisonziel ist wichtig. Es gibt viele untergeordnete Ziele, die zu Ihrem Saisonziel hinführen. Auf unterster Ebene sollte jede einzelne Trainingseinheit eine Zielvorgabe besitzen. Diese bezeichne ich jeweils als Trainings*zweck*, um die beiden Arten von Zielen voneinander abzugrenzen (in Kapitel 5 stelle ich noch eine dritte Ebene vor, die zwischen diese beiden fällt). Der Zweck eines Trainings kann zum Beispiel sein: »2 Sweet-Spot-Intervalle à 20 Minuten zur Verbesserung der Kraftausdauer mit je 5 Minuten Regeneration« oder »Dreistündige Ausfahrt, inklusive 2 Stunden mit gleichbleibender aerober Ausdauer-Intensität«. Ein weiterer gängiger Trainingszweck lautet: »Zur aktiven Regeneration eine Stunde locker in Zone 1 fahren«. Der Zweck muss sich demnach nicht immer auf hartes Training im engeren Sinne beziehen. Gelegentlich kann er auch lauten, eine Ausfahrt mit Freunden zu unternehmen und die Zeit zu genießen. Schließlich ist Spaß am Sport vermutlich der Grund, warum Sie ursprünglich mit dem Radsport angefangen haben.

Der vorrangige Grund, sich über den Trainingszweck Gedanken zu machen, besteht darin, willkürliches Training zu vermeiden. Regelmäßig das Haus zu verlassen, ohne zu wissen, was genau man tun möchte, ist ein sicherer Weg, wenig zu erreichen und am Tag des Rennens unzureichend vorbereitet zu sein. Training ohne Zielvorgabe mündet letztlich in schwachen Wettkampfleistungen. Vor jeder Einheit sollten Sie sich eine entscheidende Frage stellen: Was ist der Zweck dieses Trainings?

Schritt 2: Kompetente Anleitung

Der Zweck jeder Einheit sollte letztendlich auf Ihr Saisonziel ausgerichtet sein. In der Tat ist Ihr Ziel nichts anderes als die kumulierten täglichen Trainingszwecke, die Sie im Laufe mehrerer Wochen erreicht haben. Dabei sollten die definierten Zwecke einem Muster folgen, das von dort, wo Sie am Anfang der Saison stehen, zu Ihrem Ziel führt.

Dies ist nicht gerade einfach zu gewährleisten, denn es erfordert ein recht gutes Verständnis der sportwissenschaftlichen Zusammenhänge (das Sie sich im nächsten Kapitel aneignen können). Bei dieser Aufgabe hilft es enorm, einen kompetenten Experten an seiner Seite zu wissen, der klare Richtungen vorgibt, was man tun sollte. Das kann ein Coach sein oder ein erfahrener Kollege, der einen Trainingsplan für Sie entwirft. Die meisten Radsportler steigern sich enorm, wenn sie so jemanden hinter sich haben. Im anderen Extrem könnten Sie auch einfach einen fertigen Trainingsplan kaufen und abarbeiten. Seien Sie sich jedoch bewusst, dass solche generischen Pläne nicht speziell für Sie aufgestellt wurden, sondern für einen ziemlich großen Kreis von Athleten, die ähnliche Merkmale aufweisen. Wenn diese Eigenschaften sich zufälligerweise mit den Ihren decken, kann der gekaufte Trainingsplan unter Umständen Ihr kompetenter »Experte« sein.

Der vorrangige Grund, um für jede Einheit einen Trainingszweck festzulegen, besteht darin, willkürliches Training zu vermeiden.

Der Experte können auch Sie selbst sein, wenn Sie sachkundig in Fragen des Trainings sind. Leider trifft das auf die meisten Athleten nicht zu, weil ihnen die Zeit und der innere Drang fehlen, sich mit sportwissenschaftlichen Zusammenhängen so intensiv auseinanderzusetzen, wie professionelle Trainer es tun. In Eigenregie trainierende Sportler begehen üblicherweise eine Menge Fehler: Oft steht einer ziemlich steilen Lernkurve eine Zielannäherungskurve gegenüber, die aufgrund häufiger Unterbrechungen und Rückschläge flach bleibt. Das soll nicht bedeuten, dass Sie nicht Ihr eigener Coach sein können. Das können Sie durchaus. Ich kenne etliche gute in Eigenregie trainierende Athleten. Dieses Buch wird Ihnen viele Orientierungshilfen an die Hand geben, um einer von ihnen zu werden.

Realistisch betrachtet sind Ihre Chancen auf ein erfolgreiches Erreichen Ihres ambitionierten Ziels ohne kompetente Anleitung seitens eines Experten jedoch merklich geschmälert. Der Experte an Ihrer Seite sollte genau verstanden haben, was Sie erreichen wollen, und Ihnen anhand dessen Anleitungen liefern, wie Sie dorthin kommen. Die Anleitungen, die Sie auf täglicher Basis benötigen, sind Antworten auf Fragen wie z.B.: Wie lang sollten die Intervalle sein? Wie sollten die Intensitäten innerhalb einer Einheit variiert werden, um die verschiedenen Energiesysteme des Körpers anzusprechen? Wie sollten Sie sich bewegen, um Ihre technischen Fertigkeiten zu verbessern? Wann sollte das Krafttraining in Relation zu den Einheiten auf dem Rad terminiert werden? Wenn Sie neu im Radsport sind, wird fast alles, was Sie unternehmen, zu einer schnellen Steigerung führen. Aber bei fortgeschrittenen Athleten, die sich für Höchstleistungen vorbereiten, erfordert das Training mehr, als sich zu quälen, um bei Gruppenausfahrten nicht abgehängt zu werden.

Es ist wichtig, dass Sie bei jeder Trainingseinheit genau wissen, was Sie umsetzen müssen.

Wer ist der Experte, auf den Sie vertrauen: Sie, ein generischer Trainingsplan, ein Mentor, Ihr Trainingspartner oder ein Coach?

Schritt 3: Spezifische Übung

Sobald Sie den Trainingszweck kennen und von Ihrem Experten die Erläuterungen und Detailvorgaben für die entsprechende Einheit erhalten haben, sollten Sie sich bemühen, diese spezifisch umzusetzen. Sie müssen darauf konzentriert bleiben, die Einheit genauso zu absolvieren, wie es geplant war. Eine Ausnahme ist, wenn Sie sich entscheiden, eine Einheit einfacher zu gestalten, weil Sie festgestellt haben, dass Sie noch nicht bereit für sie sind – z.B. weil Sie weitere Regenerationszeit benötigen oder eine solche Belastung aus anderen Gründen zu früh kommt.

Den gegenteiligen Weg, also eine Einheit schwerer zu machen als geplant, sollten Sie nicht gehen, ohne zuvor den Experten konsultiert zu haben, der sie entworfen hat. Es kann gute Gründe für den als gering empfundenen Schwierigkeitsgrad geben. Den von mir betreuten Athleten sage ich stets: »Wenn ihr das Gefühl habt, dass ihr eine Einheit lieber leichter gestalten solltet, könnt ihr diese Entscheidung jederzeit treffen und mir hinterher davon erzählen.« Aber ich rate ihnen mit Nachdruck davon ab, eine Einheit anspruchsvoller zu machen, ohne dies vorher mit mir besprochen zu haben.

Es ist wichtig, dass Sie bei jeder Trainingseinheit genau wissen, was Sie umsetzen müssen. Ist die Einheit komplex, machen Sie sich einfach Notizen und befestigen Sie diese am Vorbau oder laden Sie die Daten auf Ihren Leistungsmesser, so dass Sie gelegentlich nachschauen können, ob Sie alles richtig machen.

Die größte Gefahr, dass Trainingseinheiten nicht vorgabengemäß ausgeführt werden, rührt womöglich von anderen Athleten her. Bei den meisten Einheiten ist es schwer, den Zweck und die Details spezifisch umzusetzen, wenn Ihr Trainingspartner etwas anderes unternehmen möchte. Wenn Sie mit anderen trainieren, ist es ratsam, vorher zu besprechen, welchen Trainingszweck Sie verfolgen. Haben die Kollegen darauf keine Lust, ist es besser, allein zu trainieren. Den Zweck der Einheit aufs Spiel zu setzen, um zusammen fahren zu können, widerspricht der Prämisse zielgerichteten Trainings. Das Gleiche gilt, wenn Sie während der Einheit zufällig anderen

Fahrern begegnen. Viele Radsportler neigen in solchen Momenten dazu, automatisch in den Rennmodus umzuschalten. Falls Sie merken, dass dies passiert, ist es besser, umzukehren und sich von den anderen zu entfernen, um Ihre Einheit wie geplant durchziehen zu können.

Unter dem Strich bleibt festzuhalten: Wenn Sie den geplanten Nutzen aus einer Trainingseinheit ziehen wollen, müssen Sie spezifisch deren beabsichtigten Zweck verfolgen.

Schritt 4: Unmittelbares Feedback

Der effektivste Weg, um Fortschritte zu machen, besteht zweifellos darin, Ihren Experten beim Training stets an Ihrer Seite zu haben. So erhalten Sie ein unmittelbares Feedback, welche Anpassungen ratsam sind, wenn die Dinge nicht so laufen, wie sie sollten, oder irgendein Aspekt der Einheit Ihnen Sorge bereitet. Auch wenn Sie das Feedback erst einen Tag später erhalten, ist das besser als nie. Das Gleiche gilt für die Analyse, wie gut Sie die geplante Einheit umgesetzt haben. Die Trainingsdaten direkt im Anschluss auszuwerten, ist erheblich effektiver als ein paar Tage später. Für den Experten ist wichtig, Ihre Trainingsleistung möglichst unmittelbar untersuchen zu können und Ihnen eine Rückmeldung zu geben, wenn die Einheit Ihnen noch frisch im Gedächtnis ist. Je schneller Sie Feedback erhalten, desto besser.

Sofern Sie nicht selbst der Experte sind, ist es jedoch unwahrscheinlich, dass dieser bei all Ihren Trainingseinheiten dabei sein kann. In der Regel wird das Feedback mit Verzögerung eintreffen. Je schneller Sie es erhalten, umso schneller werden Sie Fortschritte machen. Das Feedback kann direkt vor Ort im Gespräch erfolgen, aber auch per E-Mail, SMS oder WhatsApp-Nachricht. Ein wöchentliches Telefonat, um die Fortschritte des Trainings zu besprechen, ist die perfekte Gelegenheit, um dem Experten Fragen zu stellen und sich zu vergewissern, dass Sie bei Ihren Einheiten den vorgesehenen Trainingszweck tatsächlich erfüllen und auch das große Ganze im Blick behalten, während Sie auf Ihr Ziel hinarbeiten.

Wenn Sie in Eigenregie trainieren, müssen Sie konzentriert bei der Sache bleiben, was Ihr Körper Ihnen während der Trainingseinheiten sagt. Wenn Ihr Geist abschweift, während Sie an Ihrer Tritttechnik arbeiten oder Intervalle absolvieren, ist das dasselbe, als würde ein Coach sich einfach während des Trainings verabschieden. Der in Eigenregie trainierende Sportler muss ständig analysieren, was passiert. Das setzt sich nach Ende der Einheit fort: Die Daten der von Ihnen genutzten Geräte sollten Sie so schnell wie möglich auswerten. Die entscheidende Frage, die Sie sich immer stellen sollten, lautet: Habe ich den designierten Trainingszweck der Übung erfüllt? Die Antwort gibt Ihnen der Experte – Sie.

Wenn Sie bei einer Trainingseinheit alle vier Schritte des zielgerichteten Trainings befolgen, haben Sie einen kompletten Zyklus abgeschlossen, um bei der nächsten Einheit wieder bei Schritt 1 zu beginnen. Aber bevor Sie deren Trainingszweck definieren, müssen Sie Ihren Fortschritt in Relation zu Ihrem Saisonziel bewerten. Wenn Sie wie geplant vorankommen, nehmen Sie die nächste Einheit in Angriff. Falls Sie hingegen eine Tendenz bemerken, dass die Dinge nicht wie geplant laufen, kann es angemessen sein, das Ziel zu überdenken und die Trainingsstrategie entsprechend anzupassen.

FAZIT: PHYSISCHE LEISTUNG

In diesem Kapitel haben wir Ihr Potenzial für Höchstleistungen untersucht, indem wir den Blick zunächst darauf geworfen haben, wie Sie in der Vergangenheit trainiert haben. Danach haben Sie etwas über die drei grundlegenden Elemente der Fitness von Ausdauerathleten erfahren: aerobe Kapazität, anaerobe Schwelle und Ökonomie. Wir haben uns außerdem angeschaut, wie diese Elemente sich mit anderen, radsportspezifischen Aspekten Ihrer körperlichen Veranlagung zu dem verbinden, was gemeinhin als »Talent« bezeichnet wird. Sie bringen die physische Begabung dafür mit, entweder ein guter Kletterer, Sprinter, Zeitfahrer oder Allrounder zu sein. Allerdings kann es sein, dass Sie bisher nicht daran glauben, was es zu unserer Aufgabe machen würde, zunächst Ihre Selbstwahrnehmung dahingehend zu stärken, dass Sie Ihr natürliches Talent anerkennen, um Ihnen dann beizubringen, wie Sie es verwirklichen.

Ein auf Höchstleistung bezogenes Ziel erfordert es, sich einem zielorientierten Training zu verschreiben.

Ein auf Höchstleistung bezogenes Ziel zu verwirklichen, ist keine geringe Aufgabe. Es erfordert, sich einem zielorientierten Training zu verschreiben. Leider tun die meisten Radsportler dies nicht. Sie trainieren nach Lust und Laune, ohne Ziel und klare Vorgaben: Die Trainingsmethode lautet, einfach immer das zu machen, was auch immer die Trainingsgruppe an diesem Tag vorhat. In diesem Kapitel habe ich Ihnen eine systematische Trainingsweise nahegelegt, die sich für die meisten der von mir betreuten Athleten als effektiv erwiesen hat. Sie beginnt damit, ein klares und fest umrissenes Ziel zu definieren, damit Sie genau wissen, was Sie erreichen wollen.

Im nächsten Schritt brauchen Sie die kompetente Anleitung seitens eines Experten, um zu entscheiden, was nötig ist, um dieses Ziel zu erreichen. Einen persönlichen Coach zu haben, kann sich wirklich sehr bezahlt machen. Aber der Experte kann auch ein erfahrener und sachkundiger Trainingspartner sein, ein im Internet gekaufter Trainingsplan oder sogar Sie selbst – sofern Sie sich eingehend mit der Materie beschäftigen. Aber Obacht: Die Neigung, sich ganz auf sich selbst zu verlassen, erweist sich oftmals als fatal für das Training. In Eigenregie trainierende Athleten, die eine riesige Motivation besitzen, aber ein zu geringes Verständnis davon, was nötig ist, um im Radsport zu bestehen, treffen häufig falsche Entscheidungen, die letztlich zu schwachen Wettkampfleistungen führen. Um in den wichtigen Rennen Ihr Potenzial auszuschöpfen, brauchen Sie die kompetente Anleitung seitens eines Experten.

Der dritte Schritt des zielorientierten Trainings ist die spezifische Umsetzung: Halten Sie sich genau an den Plan. So erhält jede Einheit einen definierten Zweck, der darauf abzielt, Sie Ihrem Ziel einen Schritt näher zu bringen. Sie absolvieren nicht länger willkürliche Einheiten, bei denen die Trainingsinhalte einfach spontan bestimmt werden, wenn Sie von zu Hause aufbrechen. Indem Sie sich tagtäglich exakt an den Plan halten, kommen Sie Ihrem Ziel, irgendwann Höchstleistungen zu erbringen, peu à peu näher.

Das letzte Element zielgerichteten Trainings besteht darin, von Ihrem Experten ein unmittelbares Feedback zu erhalten, wie die Einheit gelaufen ist. Ist der Zweck der Einheit erfüllt worden? Falls dem so ist, sind Sie Ihrem Ziel wieder ein Stück näher gekommen. Falls nicht, nimmt der Experte eine Kursänderung vor, um Sie wieder auf den richtigen Weg zu bringen. Die Expertenmeinung sollte im Anschluss an das Training so rasch wie möglich eintreffen. Feedback ergibt sich aus der Analyse der während der Einheit erfassten Daten. Zu wissen, auf welche Dinge zu achten ist und wie diese zu interpretieren sind, ist entscheidend für diesen Schritt. Mit der Analyse der Trainingseinheiten beschäftigen wir uns ausführlich in Kapitel 14.

Ich hoffe, dass Teil I Ihnen ein besseres Verständnis davon vermittelt hat, was sowohl in mentaler als auch körperlicher Hinsicht nötig ist, um als Radsportler im Wettkampf Höchstleistungen zu erreichen. Nun gilt es, Ihre Kenntnisse der sportwissenschaftlichen Grundlagen zu verbessern, damit Sie Ihr eigener Experte für ein möglichst zielgerichtetes Training werden können.

TEIL II

GRUNDLAGEN DES TRAININGS

In Teil II schauen wir uns die Grundlagen des Trainings an, die für das Coaching eine wichtige Rolle spielen, sei es in Zusammenarbeit mit einem Experten oder beim Training in Eigenregie. Wir beginnen in Kapitel 3 mit einer Erläuterung der grundlegenden sportwissenschaftlichen Konzepte des Trainings für den Ausdauersport. Womöglich bringen Sie ja bereits ein recht gutes Verständnis dieser Zusammenhänge und Ideen mit und wenden Sie in geeigneter Weise im Training an. Trotzdem rate ich Ihnen dringend, diesen Abschnitt zu lesen, denn Sie müssen vollständig begriffen und verinnerlicht haben, wie wichtig diese Konzepte für Ihre Wettkampfvorbereitung und Ihre Wettkampfleistungen sind. Wir beginnen mit den grundlegenden, jedoch häufig missverstandenen Trainingsprinzipien und arbeiten uns allmählich voran zu etwas fortgeschrittenen Konzepten wie etwa dem Zusammenspiel von Fitness, Erschöpfung und Form.

In Kapitel 4 widmen wir uns dann dem Thema Trainingsintensität. Dies ist ein Konzept, das die meisten Radsportler unbesehen hinnehmen, aber nur selten vollständig verstehen, obwohl die Intensität der wohl allerwichtigste Faktor für die Wettkampfleistungen ist. Wir beginnen damit, wie Intensität gemessen wird, und erörtern, warum alle drei gängigen Methoden zu Ihren Trainings- und Wettkampfleistungen beitragen. Wir beschäftigen uns außerdem mit dem vielfach unzureichend verstandenen Thema der sinnvollen Verteilung der Intensität über bestimmte Zeiträume. Abschließend setzen wir uns mit dem Training Stress Score (TSS) auseinander, einem Konzept, das durchaus das Potenzial birgt, Ihre Trainingsweise grundlegend zu verändern.

Am Ende von Teil II sollten Sie ein umfassendes Verständnis einiger der maßgeblichen Aspekte des Trainings besitzen und so weit sein, mit Teil III dieses Buches in die Vorbereitung Ihrer bevorstehenden Wettkampfsaison einzusteigen.

3

GRUNDLEGENDE TRAININGSKONZEPTE

TROTZ ALLER UNTERSCHIEDE haben Athleten einiges gemeinsam: Wir sind alle *Homo sapiens* und ein Großteil unserer Physiologie ist ziemlich ähnlich. Wir mögen auf ein Trainingsprogramm nicht alle auf die exakt gleiche Weise ansprechen, aber wir können davon ausgehen, dass in vielen Dingen weitgehende Übereinstimmung herrscht. Gleichzeitig sei darauf hingewiesen, dass in diesem Buch zwar gängige Trainingsweisen erörtert werden, es aber leider keine Garantie gibt, dass die beschriebenen Methoden für Sie funktionieren. Aufgrund meiner Arbeit mit Hunderten von Ausdauerathleten im Lauf von mehr als 30 Jahren bin ich mir dessen nur allzu sehr bewusst. Ohne Zweifel war jeder der von mir betreuten Sportler einzigartig und brauchte somit ein Trainingsprogramm, das ebenso einzigartig war. Und obwohl es zahlreiche Parallelen zwischen diesen Athleten gab, funktionierte das, was für die meisten funktionierte, nicht unbedingt für alle. Ziel dieses Kapitels wird daher sein, Ihnen den nötigen Durchblick zu verschaffen, damit Sie die in diesem Buch vorgestellten Konzepte an Ihre spezifische Situation anpassen können. Indem Sie sich mit den Grundlagen dessen, was wir derzeit über die Wissenschaft des Trainings wissen, auseinandersetzen und sie verinnerlichen, werden Sie besser gerüstet sein für das, was der primäre Fokus dieses Buches ist: auf Grundlage bewährter wissenschaftlicher Prinzipien einen maßgeschneiderten Trainingsplan zu erstellen, der Ihren einzigartigen persönlichen Besonderheiten gerecht wird.

Jedes der behandelten Themen hat sich aus Erkenntnissen darüber entwickelt, wie der menschliche Körper – insbesondere im Ausdauersport – funktioniert. Gut möglich, dass Sie viele dieser Zusammenhänge eigentlich schon verstanden haben. Vermutlich haben Sie sich jedoch nie viele Gedanken dazu gemacht, weil sie Ihnen allzu simpel und einleuchtend erschienen. Diese Konzepte sind jedoch so entscheidend für den Erfolg im Radsport, dass Sie jedes einzelne vollumfänglich verstehen und anwenden können müssen. Auf den folgenden Seiten werden Sie zunächst lernen, worum es bei diesen grundlegenden Trainingskonzepten jeweils geht, und in späteren Kapiteln zeige ich Ihnen dann, wie Sie sie anwenden müssen, damit Ihr Training zu den erhofften Resultaten führt. Sobald Sie verstanden haben, wie Sie das alles in der realen Welt des Trainings nutzen können, werden Sie Ihre Fitness und Ihre Wettkampfleistungen signifikant verbessern.

TRAININGSPRINZIPIEN

Fangen wir an, indem wir uns vier Konzepte anschauen, die den Kern des Trainings bilden. Wenn Sie all diesen Trainingsprinzipien folgen, sind Sie fraglos auf dem richtigen Weg. Verletzen Sie hingegen eines davon, wie es Athleten, die in Eigenregie trainieren, bisweilen passiert, sind Ihre Erfolgsaussichten erheblich geschmälert. Für die meisten fortgeschrittenen Athleten, die den Sport schon eine Weile betreiben, verstehen diese Prinzipien sich von selbst, aber auch Routiniers missachten hin und wieder eines davon. Vieles von dem, was Sie im Rest dieses Buches lesen, basiert letztlich auf diesen vier Prinzipien, nehmen Sie sich also Zeit und vergewissern Sie sich, dass Sie sie voll und ganz verstanden haben.

Das Prinzip der progressiven Überlastung

Das erste Prinzip ist für jeden offensichtlich, der Sport treibt, selbst wenn er oder sie sich nicht ernsthaft um Fitness schert. Im Grunde besagt es: Um Ihre Fitness zu verbessern, müssen Sie allmählich und gleichmäßig die Menge des Trainings erhöhen, das Sie absolvieren. Mit anderen Worten: Wenn Sie fitter werden wollen, müssen Sie Ihren Trainingsplan schrittweise anspruchsvoller gestalten.

Um Ihre Fitness zu verbessern, müssen Sie allmählich und gleichmäßig die Menge des Trainings erhöhen, das Sie absolvieren.

Wie groß sollten die Schritte ausfallen? Grob gesagt muss das Pensum das gegenwärtige Maß der Adaptation übersteigen, indem der Körper über das Niveau hinaus belastet wird, das er bisher leisten musste. Ohne Belastung kann sich die Fitness nicht verbessern. Körperliche Belastung macht sich bemerkbar, wenn Sie nach einer harten Einheit oder mehreren harten Trainingstagen in Folge erschöpft sind. Dies bedeutet, dass Ihr Körper überlastet wurde und in positiver Weise reagieren wird, sofern die Überlastung nicht zu hoch ausfiel. Falls Sie es übertrieben haben, sprechen wir von »Übertraining« – im Grunde genommen eine Überlastung, die zu groß ist, um eine Anpassung zu erwirken, und stattdessen einen Einbruch verursacht. Später in diesem Kapitel werden Sie über bestimmte Konzepte im Zusammenhang mit Übertraining lesen und auf welche Weise Fitness und Erschöpfung Hand in Hand gehen.

Natürlich sollten Sie dieses Prinzip nicht so verstehen, dass Sie Ihr Training jeden Tag und jede Woche härter gestalten sollten, um die Belastung progressiv zu erhöhen. Es gibt Zeiten, in denen Sie das Pensum verringern müssen, um regenerieren zu können. Sollten Sie keine ausreichende Regeneration einplanen, werden Sie ganz gewiss kein hohes Maß an Fitness erreichen.

Das Prinzip der Spezifität

Die Veränderungen der physischen Fitness, die sich durch sportliche Betätigung in Ihrem Körper vollziehen, fallen in zwei größere Kategorien: Sportwissenschaftler bezeichnen diese mit den Begriffen »zentral« und »peripher«. Die zentralen Veränderungen sind jene, die vorrangig in Herz, Lunge und Blut erfolgen. Dabei macht es keinen großen Unterschied, welchen Ausdauersport Sie ausüben. Das Herz z.B. kennt keinen Unterschied zwischen Laufen und Radfahren. Unabhängig davon, welche körperliche Anstrengung unternommen wird, pumpt es ganz einfach sauerstoffreiches Blut. Laufen kann in diesem Fall als Crosstraining aufgefasst werden und kommt als solches den zentralen Systemen zugute.

Wenn Sie aber immer nur laufen, werden Sie niemals auch nur annähernd Ihr Potenzial als Radsportler verwirklichen. Das liegt daran, dass Sie außerdem *periphere* Fitness aufbauen müssen. Diese hat mit den Muskeln zu tun. Ihren Quadrizeps im Oberschenkel können Sie nicht hereinlegen. Er kennt den Unterschied zwischen Laufen und Radfahren. Zwar wird er bei beidem beansprucht, jedoch auf unterschiedliche Weise. Folglich können Sie ihn nicht fitter fürs Radfahren machen, indem Sie laufen. Dasselbe gilt für alle anderen Muskeln, die beim Radfahren im Spiel sind. Schwimmen, Wandern, Skifahren und alles andere, was dem Radfahren nicht *sehr* ähnlich ist, wird Ihre Muskeln nicht fitter fürs Radfahren machen. Um Ihre Muskeln fürs Radfahren zu trainieren, müssen Sie Rad fahren.

Angesichts dieses Prinzips ist Crosstraining in Ausgleichssportarten weitgehend nutzlos für die Muskeln. Die mögliche Ausnahme sind das Krafttraining mit Gewichten und ähnlich gelagerte Übungen im Fitnessstudio, die wie z.B. Plyometrisches Training die Kraft der für das Radfahren spezifischen Muskeln verbessern. Aber hierfür müssen die Bewegungen der Übungen die Art und Weise, wie der Muskel beim Radfahren genutzt wird, möglichst exakt nachahmen. Es reicht nicht, einen Muskel mit hohen Gewichten zu belasten. Vielmehr müssen Sie den Muskel unter Last genauso bewegen, wie es beim Pedalieren der Fall ist. In Kapitel 12 erfahren Sie, wie Sie das Prinzip der Spezifität auf das Training im Kraftraum anwenden.

Was also ist wichtiger: die zentrale oder die periphere Fitness? Wie Sie wohl annehmen, sind beide wichtig. Sie werden als Radsportler niemals hohe Leistungen erreichen, wenn nicht beide Systeme gut trainiert sind. Im Allgemeinen startet die Trainingssaison mit Schwerpunktsetzung auf den zentralen Systemen, um das Augenmerk dann allmählich auf das Muskelsystem zu verlagern. Je näher also Ihr wichtigstes Rennen rückt, desto stärker sollte die Betonung auf der muskulären Fitness liegen, was eine erhöhte Spezifität des Trainings erfordert. Mit anderen Worten: Nutzen Sie Crosstraining in der Frühphase der Saison, aber verlagern Sie den Fokus umso mehr auf das Rad, je weiter das Jahr voranschreitet.

Das Prinzip der Umkehrbarkeit

Umkehrbarkeit hat mit dem Verlust von Fitness zu tun. Wann immer Sie in Ihrem Trainingstagebuch eine Null eintragen, haben Sie Fitness eingebüßt. Mag sein, dass Sie das anders sehen. Viele Athleten meinen, dass sie Fitness hinzugewinnen, wenn sie sich einen Tag freinehmen, weil sie am nächsten Tag vielleicht gut trainieren oder Rennen fahren. Was sie in Wahrheit erleben, ist aber etwas, das als »Form« bezeichnet wird, womit wir uns im weiteren Verlauf dieses Kapitels noch beschäftigen werden. Tatsache ist, dass Sie keine Fitness gewinnen, indem Sie sich ausruhen. Fitter werden Sie nur, indem Sie mehr trainieren. Ein freier Tag bedeutet einen Verlust von Fitness. Freilich ist es ein sehr kleiner Verlust – so klein, dass er im Labor nicht nachgewiesen werden könnte. Nach mehreren solcher trainingsfreien Tage aber wären die Einbußen groß genug, um messbar zu sein. Genau das bedeutet Umkehrbarkeit. Wer rastet, der rostet.

Je näher Ihr wichtigstes Rennen rückt, desto stärker sollten Sie die Spezifität betonen.

Das heißt nicht, dass Sie niemals einen freien Tag einlegen sollten. Gewiss gibt es Momente, in denen dies gerechtfertigt ist. Sie müssen eine Pause einlegen, wenn Sie sehr erschöpft sind. Für manche Athleten, v.a. solche mit geringer Fitness – was auch auf Sie in der Frühphase der Saison zutreffen mag –, kann es unerlässlich sein, jede Woche einen Tag oder mehr auszusetzen. Ohne eine vollständige Pause vom Training laufen Fahrer mit geringer Fitness Gefahr, sich ein übermäßiges Pensum zuzumuten, was letztlich zum Übertraining führen kann. Sehr fitte Athleten hingegen brauchen womöglich keinen ganzen Tag, um sich zu erholen. Ein leichter Trainingstag reicht bei ihnen vielleicht schon aus, um die vollständige Regeneration zu gewährleisten. Mehr dazu erfahren Sie in Kapitel 11.

Auch bei reduziertem Training greift das Prinzip der Umkehrbarkeit. Wird das Pensum, aus welchem Grund auch immer, über mehrere Tage in Folge verringert, stellt sich ein Verlust von Fitness ein. Sie mögen nun einwenden, dass dies ja nichts anderes ist als das sogenannte »Tapering«, das wir vor einem wichtigen Rennen absolvieren. Das stimmt, und dieses Herunterfahren des Pensums ist unerlässlich, um eine Leistungsspitze zu erzielen und auf hohem Niveau

Rennen zu fahren. Dies hat wiederum mit der Form zu tun. Wenn Sie jedoch über die gesamte Saison hinweg immer wieder eine Menge Ihrer kostbaren Trainingszeit für das Tapering vor Wettkämpfen opfern, büßen Sie zu viel Fitness ein, worunter letztlich Ihre Wettkampfleistung leiden wird. Hier kommt auch die Frage ins Spiel, wie viele A-Wettkämpfe – d.h. Rennen, die höchste Priorität genießen – Sie in einer Saison überhaupt einplanen sollten. Mit dem Konzept der Form und den damit zusammenhängenden Themen werden wir uns in den folgenden Kapiteln noch viele Male beschäftigen, ausführlich dann in Kapitel 13.

Die Fitness verändert sich stetig. Sie haben die volle Kontrolle, in welche Richtung es geht.

Vorausgesetzt, Sie sind nicht mehrere Tage am Stück verletzt oder krank, erfolgt der größte Verlust an Fitness am Ende Ihrer Saison, wenn Sie sich eine längere – und notwendige – Pause vom fokussierten Training gönnen. Mehr dazu in Kapitel 7.

Der entscheidende Punkt ist, dass sich die Fitness immer verändert – manchmal zum Positiven, manchmal zum Negativen. Sie haben die volle Kontrolle, in welche Richtung es geht.

Das Prinzip der Individualität

Das Prinzip der Individualität besagt ganz einfach, dass Sie als Athlet in mancherlei Hinsicht einzigartig sind. Bisweilen bedeutet Ihre Einzigartigkeit, dass Sie am besten in einer bestimmten Weise trainieren. Oftmals ist das nicht gleich offenkundig und muss für gewöhnlich durch Versuch und Irrtum herausgefunden werden, aber es gibt auch ein paar augenfällige Merkmale Ihrer Einzigartigkeit. Sie mögen ein toller Sprinter sein, aber kein besonders guter Kletterer oder Zeitfahrer. Ihre Oberschenkelknochen mögen in Relation zur Gesamtlänge des Beins länger sein als die der meisten anderen Fahrer, was als eine gute Voraussetzung für einen kraftvollen und ökonomischen Tritt gilt. Vielleicht haben Sie das Glück, recht problemlos Kraft und Muskelmasse aufzubauen, während andere Fahrer mit dem gleichen Trainingsprogramm nur geringe Veränderungen erzielen. Womöglich kommen Sie gut mit Hitze klar oder aber Sie leiden mehr als die meisten anderen, wenn es heiß ist.

Da Sie einzigartig sind, muss auch Ihr Training einzigartig sein.

Weil Sie einzigartig sind, folgt daraus, dass Ihr Training auch einzigartig sein muss. Sie können nicht einfach nachmachen, was Ihr Trainingspartner tut, und die gleichen Ergebnisse erwarten. Auch wenn Ihr Lieblings-Profi ein bestimmtes Training absolviert, bedeutet das nicht, dass es gut für Sie wäre. Das Trainingsprogramm, dem Sie folgen, muss genau *Ihren* Fähigkeiten entsprechen, wollen Sie Ihr Potenzial erreichen. Beginnend mit Kapitel 5 werden Sie Ihre einzigartigen Eigenschaften als Radsportler erforschen und in den Kapiteln 7, 8 und 9 erfahren Sie dann, wie Sie einen Trainingsplan entwerfen, der für *Sie* effektiv ist.

DAUER, INTENSITÄT UND HÄUFIGKEIT

Unabhängig davon, auf welchem Niveau Sie Radsport betreiben, gibt es nur zwei Faktoren, die Sie bedenken müssen, wenn Sie Ihren Trainingsplan erstellen: wie lange jede Trainingseinheit dauert und wie hart sie ist, also die Dauer und die Intensität. Durch Variation dieser beiden Faktoren können Sie alle erdenklichen Arten von Einheiten gestalten, von Intervallen über Tempofahrten bis hin zu lockeren Regenerationstouren.

Nur eine weitere Variable ist noch im Spiel: die Häufigkeit. Wie oft werden Sie trainieren? Sie können z.B. in der Woche einmal täglich trainieren und kommen so auf eine Häufigkeit von sieben. Oder Sie fahren jeden Tag und absolvieren zusätzlich zwei Einheiten im Kraftraum. Damit kämen Sie auf eine Häufigkeit von neun.

Dauer

Das Training, das ich in diesem Buch beschreibe, beruht auf Dauer, nicht auf Distanz. Die zeitliche

Dauer ist das maßgebliche Element für das Training und die Wettkämpfe. Ihr Körper reagiert letztlich darauf, wie lange Sie eine hohe Intensität aufrechterhalten, nicht darauf, wie viele Kilometer Sie zurücklegen. Selbst wenn Sie bei Gegenwind dieselbe Distanz zurücklegen wie an einem windstillen Tag wird die Dauer eine andere sein und eine andere Wattleistung erfordern. Die Leistungskurven, über die Sie in Kapitel 2 gelesen haben, veranschaulichen diese Beziehung zwischen Intensität und zeitlicher Dauer.

Schauen wir uns ein Beispiel an, um dieses Konzept besser zu verstehen. Nehmen wir an, Sie haben für ein 40 km langes Zeitfahren trainiert und anhand dessen, was Sie über den Kurs und Ihre Fitness wissen, gehen Sie davon aus, die Strecke in rund 55 Minuten absolvieren zu können. Das erfordert eine bestimmte Leistung gemessen in Watt und dementsprechend haben Sie sich im Training vorbereitet. Am Renntag aber weht ein heftiger Gegenwind auf der Strecke und Sie hören, dass Fahrer auf Ihrem Niveau rund zehn Minuten länger brauchen als geplant. Sie müssen also damit rechnen, etwa 65 Minuten unterwegs zu sein. Sollten Sie mit dem ursprünglich geplanten Einsatz fahren oder etwas ändern? Da es die Dauer ist und nicht die Distanz, die für die Intensität eines Rennens maßgeblich ist, müssen Sie die Wattzahlen, die Sie ursprünglich geplant hatten zu treten, verringern. Denn wenn Sie das nicht tun, werden Sie in den letzten Minuten des Rennens wahrscheinlich einbrechen und sich nur mit Müh und Not ins Ziel retten.

Die zugrundeliegende Regel besagt, dass Intensität und Dauer *umgekehrt* proportional sind. Nimmt das eine zu, nimmt gleichzeitig das andere ab. Dauert ein Wettkampf oder eine Trainingseinheit länger, wird die Intensität, die Sie aufrechterhalten können, sinken.

Intensität

Alles, was Sie brauchen, um die Dauer zu messen, ist eine Uhr. Die Intensität ist ein deutlich komplexeres Maß und lässt sich mit Hilfsmitteln wie einem Tachometer, einem Herzfrequenzmonitor, einem Powermeter, einem Laktatmessgerät oder einer ganzen Reihe anderer Methoden bestimmen, inklusive der empfundenen Anstrengung, bei der es sich schlicht um eine subjektive Einschätzung handelt, wie hart Sie arbeiten. Manche dieser Hilfsmittel, wie ein Tacho, sind sehr simpel und leicht zu handhaben. Andere, wie Leistungsmessgeräte, sind deutlich schwieriger zu verstehen und können zudem ziemlich kostspielig sein. Je höher Ihr Ziel ist und je erfahrener Sie als Radsportler sind, desto eher können Sie von einem Powermeter profitieren. In Kapitel 2 habe ich bereits eine Möglichkeit vorgestellt, die Leistung in Watt zu nutzen, um die Intensität abzuschätzen: die Leistungskurve aus Abbildung 2.1. Ein Powermeter ist ein Hilfsmittel, das ich jedem ernsthaft trainierenden Athleten empfehle, sich zuzulegen.

Ich sollte allerdings darauf hinweisen, dass ein solches Leistungsmessgerät noch nicht so wichtig ist, wenn Sie sich in den ersten zwei oder drei Jahren des Radtrainings befinden. Im ersten Jahr sind Sie v.a. damit beschäftigt, die nötigen Änderungen in Ihrem Lebenswandel vorzunehmen und eine starke Grundlage aufzubauen. Ihr primäres Ziel besteht darin, sich aufzuraffen und so oft wie möglich zu fahren. In dieser Phase Ihrer Entwicklung bildet somit die Häufigkeit den Schwerpunkt Ihres Trainings.

Radsportler im zweiten oder dritten Trainingsjahr konzentrieren sich für gewöhnlich darauf, die Dauer Ihrer Trainingsfahrten zu steigern. So bauen sie die nötige Ausdauer auf, was ein paar Jahre in Anspruch nimmt.

Erfahrene Radsportler müssen den Schwerpunkt auf die Intensität legen.

Erfahrene Radsportler aber müssen den Schwerpunkt auf die Intensität legen. Falls Trainingshäufigkeit und -dauer noch immer nicht gut etabliert sind, wird ein fortgeschrittener Fahrer nicht vorankommen. Sobald diese Grundlage aber steht, muss sich der Fokus auf die Intensität verlagern. Das heißt nicht, dass jede Trainingseinheit mit hoher Intensität absolviert wird – Regeneration ist unerlässlich und nicht von ungefähr ein häufig wiederkehrendes Thema in diesem Buch. Aber die Intensität Ihrer wichtigsten Trainingseinheiten wird weitgehend den Ausschlag darüber geben, wie Sie sich in den Rennen aus der Affäre ziehen.

Die laufende Erfassung der Trainingsintensität ist ganz wichtig für Ihren Erfolg und Ihr Vorankommen im Sport. Das bedeutet nicht, dass Häufigkeit und Dauer für Routiniers keine Rolle mehr spielen würden. Aber auf allerhöchstem Niveau sind diese Messgrößen einfach ein kleines bisschen weniger wichtig, um Trainingsfortschritte zu bestimmen und sicherzustellen. Mit seltenen Ausnahmen muss die Intensität für fortgeschrittene Athleten den Trainingsschwerpunkt bilden.

Leider glauben viele fortgeschrittene Athleten weiterhin, lange Einheiten seien der Schlüssel zum Erfolg. Das liegt zum Teil daran, dass die Dauer einfach und billig zu messen ist und viele Sportler, weil Sie damit anfangs recht gute Erfolge erzielen, sich früh in Ihrer sportlichen Karriere daran gewöhnt haben.

Wenn Sie schon ein paar Jahre ernsthaft trainieren, sollte der Fokus vermutlich auf der Intensität der Einheiten liegen.

Eine genaue Intensitätsmessung ist weder einfach noch günstig. Es erfordert darüber hinaus Fleiß und Übung, bis man damit gut umzugehen weiß. In Kapitel 4 werden wir einen genaueren Blick auf die Intensität werfen, v.a. auf die in Watt erfasste Leistung, und darauf, wie Ihnen Wattmessung helfen kann, als Radsportler Höchstleistungen zu erreichen.

Häufigkeit

Wie oft trainieren Sie? Wie viele Einheiten absolvieren Sie pro Woche? Die Antwort hängt wahrscheinlich eher von Ihrem Lebenswandel ab als davon, was Sie gerne machen würden. Die meisten Radsportler, die ich kenne, würden gerne häufiger fahren, sind aber durch berufliche, familiäre und sonstige Verpflichtungen eingeschränkt. Das macht es umso wichtiger, die spärliche zur Verfügung stehende Zeit optimal zu nutzen. Dies wiederum setzt die umsichtige und kluge Planung und Gestaltung der Trainingseinheiten voraus. Ein ernsthafter Fahrer muss die richtigen Einheiten zur richtigen Zeit unternehmen. Es gibt keinen Spielraum für nachlässiges, zielloses Training. Jede Trainingseinheit zählt. Deswegen rate ich Ihnen dringend, einen detaillierten Trainingsplan zu erstellen. Ich weiß, Planung klingt nicht unbedingt nach Spaß. Aber es ist notwendig, wenn Sie Ihr Potenzial erreichen wollen. Intelligente Planung, um einen gut funktionierenden individuellen Trainingsplan zu erstellen, ist das, worum es in diesem Buch letztlich geht. Richtig los geht es damit in Teil IV.

UMFANG UND INTENSITÄT

Umfang ist die Kombination aus Häufigkeit und Dauer. Addieren Sie einfach die Trainingsstunden für eine Woche und Sie haben den Umfang. Wenn Sie in einer Woche sieben Einheiten von je zwei Stunden absolvieren, beträgt Ihr Wochenumfang 14 Stunden. Die meisten Radfahrer betrachten ihren Trainingsfortschritt in Bezug auf den Umfang. Fragt man sie, wie es im Training läuft, antworten die meisten, wie viele Wochenstunden sie trainieren. Warum? Weil dieser Wert einfach mess- und nachvollziehbar ist. Dennoch ist, wie oben erläutert, die Intensität für erfahrene Athleten der Schlüssel zum Erfolg.

Das bedeutet nicht, dass der Umfang für fortgeschrittene Radsportler unwichtig wäre. Er ist nur weniger wichtig als die Intensität. Bei erfahrenen, leistungsstarken Radsportlern ist der Umfang für etwa 40 Prozent der Fitness verantwortlich, während die Intensität die restlichen 60 Prozent ausmacht.

Es liegt folglich auf der Hand, dass Ihr Fokus auf der Intensität Ihres Trainings liegen sollte. Das soll nicht heißen, dass Ihre Einheiten jeweils mit der größtmöglichen Intensität erfolgen sollten. Es gibt verschiedene Intensitätsstufen, die sogenannten »Zonen«, die wir im nächsten Kapitel behandeln werden. Während Ihres Trainings werden Sie alle diese Zonen verwenden. Wie viel Zeit Sie jeder einzelnen Trainingszone widmen, hängt von dem Wettkampf, für den Sie trainieren, Ihren individuellen Anforderungen und der aktuellen Saisonphase ab. Wir werden in den verbleibenden Kapiteln mehrmals auf dieses Konzept zurückkommen, weil es für Ihren Erfolg so entscheidend ist.

DOSIS UND DICHTE

Für bestmögliche Wettkampfleistungen müssen Sie im Training die Schwerpunktsetzung auf Umfang und Intensität richtig hinbekommen. Dies führt uns zu den Begriffen Dosis und Dichte, die eng miteinander zusammenhängen.

Die Dosis hat damit zu tun, wie relativ hart eine Einheit im Hinblick auf entweder Dauer oder Intensität ist. Ein sehr hartes Training wird als »hohe Dosis« bezeichnet, ein lockeres als »geringe Dosis«. Eine Einheit mit hoher Dosis könnte z.B. eine sehr lange Ausfahrt, eine hochintensive Belastung etwa in Form von Intervallen oder auch eine Kombination von hoher Dauer und hoher Intensität sein. Auf der anderen Seite ist eine Einheit mit geringer Dosis in der Regel kurz und von niedriger Intensität.

Mit Dichte ist gemeint, wie nah die Einheiten hoher Dosis aufeinanderfolgen. Hochdichtes Training bedeutet, dass Ihre härtesten Trainingseinheiten sehr nahe beieinander liegen – vielleicht nur mit einem Tag dazwischen oder sogar an direkt aufeinanderfolgenden Tagen. In der gleichen Weise würde ein Training geringer Dichte bedeuten, dass es zwischen den härtesten Einheiten mehrere Tage mit niedriger Dosis gibt.

Dosis und Dichte sind nicht für alle Athleten gleich. Gemäß dem Prinzip der Individualität hängen beide von Ihren spezifischen Bedürfnissen und Fähigkeiten ab, dazu kommt als weitere Komponente Ihre saisonal bedingte Fitness. Zu Beginn einer jeden Saison, nach einigen Wochen der Regeneration, müssen sowohl Dosis als auch Dichte noch gering ausfallen, um einen gewünschten Adaptationsprozess zu ermöglichen. Im weiteren Verlauf des Jahres werden Dosis und Dichte gesteigert, so dass Sie zu Ihrem ersten wichtigen Rennen des Jahres topfit sind. Diese Entwicklung muss behutsam vonstattengehen, da Sie ansonsten einen Einbruch riskieren. In gleicher Weise sollten sich Dosis und Dichte steigern, wenn Sie sich vom Anfänger sukzessive zu einem erfahrenen Athleten entwickeln.

Die Dosis eines jeden Trainings muss auf der Grundlage Ihrer aktuellen Anforderungen gewählt werden. Aber alle fortgeschrittenen Athleten müssen gelegentlich Einheiten hoher Dosis absolvieren, die spezifisch auf ihr Wettkampfziel abgestimmt sind. Die Dauer und Intensität dieser Trainingseinheiten variiert dabei je nach Art des Rennens, für das man trainiert. Auf Kriterien spezialisierte Fahrer absolvieren in den letzten Wochen vor einem Wettkampf für gewöhnlich Einheiten von geringer Dauer mit sehr kurzen, hochintensiven Intervallen. Fahrer, die sich auf mehrstündige Straßenrennen vorbereiten, unternehmen oft Ausfahrten von längerer Dauer, jedoch mit ein bisschen geringerer Intensität und längeren Intervallen. Innerhalb dieser wettkampfspezifischen Parameter ist die Dosis für alle Sportler ziemlich ähnlich.

Dosis und Dichte sind nicht für alle Athleten gleich.

Die Dichte hingegen variiert erheblich zwischen Athleten, die für die gleiche Art von Wettkampf trainieren. Typischerweise trainieren jüngere und fittere Radfahrer mit relativ hoher Dichte – ihre harten Einheiten folgen nah aufeinander. Je älter oder weniger fit Sie sind, desto geringer fällt die Dichte Ihres Trainings aus. Mit anderen Worten, es gibt mehr einfache, niedrig dosierte Einheiten zwischen den Tagen hoher Dosis.

Womöglich ist Ihnen dieses Konzept von Dosis und Dichte neu, aber wenn Sie bereits seit ein paar

Jahren ernsthaft Radsport betreiben, dürften Sie es dennoch problemlos nachvollziehen können, da Sie es zweifellos bereits so gehandhabt haben – vielleicht ohne je explizit darüber nachgedacht zu haben. Später, wenn wir uns mit der Periodisierung des Trainings beschäftigen, werden Sie sich ausgiebig Gedanken über Dosis und Dichte machen, weil diese Parameter letztlich großen Einfluss darauf haben, wie fit Sie werden.

TRAININGSPENSUM

Aus der Kombination von Umfang und Intensität ergibt sich das »Trainingspensum«. Einige Radsportler können ein extrem hohes Pensum bewältigen, möglicherweise mehr als 20 Stunden in einer Woche, darunter hochintensive Intervalle und andere Einheiten, die ähnlich anspruchsvoll sind. Solche Sportler trainieren mit hoher Dosis und Dichte. Andere hingegen müssen einen vorsichtigeren Ansatz verfolgen und es bei einem geringeren Trainingspensum belassen. Der Grund dafür ist oftmals das Individualitätsprinzip. Dies betrifft nicht nur die Frage, wie viel Training Sie verkraften, sondern auch andere, vom Lebensstil bestimmte Faktoren, insbesondere die verfügbare Zeit.

Das Trainingspensum sollte manchmal groß ausfallen und folglich werden Sie häufiger erschöpft sein.

Da es schwierig erscheint, die Intensität einer einzelnen Trainingseinheit, geschweige denn einer Trainingswoche mit ganz unterschiedlichen Einheiten, angemessen zu beziffern, tun sich viele Athleten schwer mit dem Begriff des Pensums. Viele haben nur eine vage Vorstellung davon und halten sich an die Zeit, um das absolvierte Pensum zu bemessen – also mit anderen Worten, wie viele Stunden sie in einer Woche mit Training verbracht haben. Damit wird jedoch die Bedeutung der Intensität für das Trainingspensum ausgeblendet, während die Gesamtdauer überbetont wird. In Kapitel 4 stelle ich eine Möglichkeit vor, Umfang und Intensität zu einer einzigen Messgröße zu verbinden: den Training Stress Score (TSS). Sobald Sie gelernt haben, dieses Konzept anzuwenden, wird Ihnen viel eher bewusst sein, dass das Trainingspensum ein Maß ist, das sowohl durch den Umfang als auch durch die Intensität bestimmt wird. In Teil IV bringe ich Ihnen dann bei, wie Sie Ihre Saison planen, indem Sie entweder den TSS oder die Zeit verwenden.

SUPERKOMPENSATION

Das Trainingspensum sollte manchmal groß ausfallen und demzufolge werden Sie häufiger erschöpft sein. Das ist der Grund, warum Ruhe- und Regenerationstage zwischen harten Einheiten vorzusehen sind. Es geschieht während dieser lockeren Tage, dass Ihr Körper tatsächlich fitter wird. Denn hochdosiertes Training erzeugt letztlich nur das *Potenzial* für Fitness. Verwirklicht wird dieses erst in den anschließenden Stunden der Ruhe und Regeneration, insbesondere im Schlaf.

Um Einbrüche jeglicher Art zu vermeiden, folgen auf Einheiten mit hoher Dosis in der Regel solche mit geringer Dosis. Dieser Prozess sich abwechselnder Belastung und Ruhe ist in gewissem Maße notwendig, um an Fitness zuzulegen. Wenn Sie ausschließlich Belastungen hoher Dichte und Dosis vorsehen und sich nicht regelmäßig erholen, wird dies wahrscheinlich in Übertraining münden (siehe Kapitel 10). Dabei handelt es sich um mehr als nur ein wenig Müdigkeit. Übertraining ähnelt sehr einer schweren Erkrankung wie dem Pfeifferschen Drüsenfieber oder dem chronischen Erschöpfungssyndrom. Sie müssen es unbedingt vermeiden. Ich habe erlebt, wie es ganze Karrieren beendet hat.

Der Prozess des Fitnessaufbaus durch den Wechsel von Belastung und Ruhe heißt »Superkompensation«. Der menschliche Körper ist ein erstaunlicher Organismus, der durch konsequentes Training geformt werden kann, so dass ein Athlet entsteht, der im Sport große Dinge erreichen kann.

Superkompensation lässt sich dem Körper aber nicht aufzwingen. Sie können nicht dafür sorgen, dass sie sich schneller vollzieht als von der Natur beabsichtigt. Einige Glückliche wurden mit einer schnellen Reaktionszeit gesegnet. Andere reagieren langsam. Auch hier zeigt sich wieder das Prinzip der Individualität. Der Unterschied zwischen Sportlern mit schneller und langsamer Superkompensation ist wahrscheinlich genetisch bedingt. Deshalb müssen Sie, um Übertraining zu vermeiden und gleichzeitig Ihre Fitness zu verbessern, genau darauf achten, wie Ihr Körper reagiert, und sich hüten, dies künstlich beschleunigen zu wollen.

FITNESS, ERSCHÖPFUNG UND FORM

In diesem Buch habe ich bereits mehrfach die Begriffe »fit« und »Fitness« verwendet. Ich bin sicher, dass Sie diese Begriffe selbst häufig benutzen und gehe davon aus, dass Sie ungefähr wissen, was sie bedeuten. Vorerst können wir aber einfach annehmen, dass Fitness ausdrückt, wie wettkampfbereit ein Athlet ist. Im Folgenden werde ich Ihnen eine Betrachtungsweise der Wettkampfbereitschaft vorstellen, die zwar relativ neu, Ihnen aber dennoch vermutlich bereits vertraut ist, weil Sie sie bestimmt unbewusst schon so angewendet haben. Weiterhin möchte ich auch zwei andere Begriffe beleuchten, die direkt mit der Wettkampfbereitschaft zusammenhängen: Erschöpfung und Form.

Fitness

Für Radsportler gibt es vier gängige Möglichkeiten, Veränderungen der Wettkampfbereitschaft zu bestimmen. Am meisten interessiert uns jene, die mit Wettkampfresultaten zu tun hat: Zeiten und Platzierungen sind das ultimative Maß für ambitionierte Athleten. Haben Sie Ihr Ziel erreicht? Falls ja, waren Sie am Renntag sehr fit. Und es lässt sich schlussfolgern, dass Ihr Training zuvor gut gelaufen sein muss. Wettkampfresultate lügen nicht.

Obschon das Erreichen des gesetzten Ziels der ultimative Maßstab sein mag, um die Wettkampfbereitschaft zu messen, hat es doch einen Nachteil: Es kommt ein wenig spät. Vermutlich werden Sie in der Nacht vor dem Rennen ruhiger schlafen, wenn es in den vergangenen Wochen Indikatoren gab, dass Ihre Fitness stetige Zugewinne gemacht hat. Wie also verschaffen Sie sich diese Sicherheit? Hier sind drei weitere gängige Möglichkeiten, die Fitness abzuschätzen.

Während Sie sich auf einen Wettkampf vorbereiten, nehmen Sie immer wieder zur Kenntnis, wie Ihre Einheiten laufen und wie Sie sich während des Trainings fühlen. Dies gibt Ihnen Hinweise darauf, wie sich die Fitness entwickelt: Steigt sie, ist sie stabil oder nimmt sie ab? Zwar mag dies ein sehr subjektives Maß sein, dennoch liefert es brauchbare Informationen hinsichtlich Ihrer Fortschritte. Fest darauf bauen können Sie allerdings nicht.

Wenn Sie ein *objektives* Feedback zu Ihren Fitness-Fortschritten erhalten möchten, können Sie sich einem sportmedizinischen Test unterziehen. Das Laborpersonal wird Sie an Hightech-Geräte anschließen und Sie werden sich mit schrittweise gesteigerter Belastung einige zunehmend zermürbende Minuten lang verausgaben. Wenn es vorbei ist, erhalten Sie dann einen Ausdruck mit einer Reihe von Zahlen, die Ihnen sagen, wie fit Sie sind. Dies ist eine aussagekräftige Information, und wenn ein solcher Test ein paar Mal in einer Saison durchgeführt wird, zeigt er Ihre Fitness-Fortschritte auf, während Sie sich auf Ihr Rennen vorbereiten. Das Problem: Solche Tests gehen ziemlich ins Geld.

Das Trainingspensum ist die Kombination aus Umfang und Intensität.

Eine vierte Möglichkeit besteht darin, Ihr täglich absolviertes Pensum zu messen und dessen Fortschritt im Zeitverlauf zu bestimmen. Dieses Verfahren wendet lediglich Zahlen auf die oben beschriebene »Wie fühlen Sie sich?«-Methode an.

TABELLE 3.1 Beispiel für den Score einer 120-minütigen Einheit anhand der Zeit pro Trainingszone

A. ZONE (GEWICHTUNG)	B. ZEIT IN DER ZONE (IN MINUTEN / GERUNDET)	C. ZONEN-SCORE (A x B)
1	60	60
2	16	32
3	10	30
4	30	120
5	4	20
	Summe: 120 Minuten	*Score der Einheit: 262*

Indem Sie die Gewichtung der Zone (Spalte A) mit der Zeit in der Zone (Spalte B) multiplizieren, erhalten Sie den Score für die jeweilige Zone (Spalte C).

Wie bereits erwähnt, ist das Trainingspensum die Kombination aus Umfang und Intensität. Wenn das Pensum zunimmt, steigt auch Ihre Fitness, weil Sie in der Lage sind, eine größere Dosis und eventuell eine höhere Dichte zu verkraften. Das ist ein indirektes Maß für eine Zunahme an Fitness. Fortlaufende Aufzeichnungen Ihres Pensums können Ihnen also sehr viel darüber verraten, wie fit Sie werden.

Die Herausforderung ist, die einfach zu messende Dauer mit der Intensität zu kombinieren, die viel schwieriger zu erfassen ist. Und selbst wenn es Ihnen gelingt, die Intensität zu erfassen, wie kombinieren Sie diese dann mit der Dauer? Eine schon länger genutzte Möglichkeit besteht darin, mittels Puls- und Stoppuhr jeden Tag einen Score für die absolvierten Trainingseinheiten zu berechnen. Die Tageswerte werden dann am Ende der Woche addiert, um einen Score für das Wochenpensum zu erhalten, der sich mit den Werten der vorangegangenen Wochen vergleichen lässt. Wenn das Trainingspensum steigt, können Sie davon ausgehen, dass Ihre Fitness zunimmt, denn Sie sind nun in der Lage, größere körperliche Belastungen auszuhalten als noch früher in der Saison. Sie werden zunehmend wettkampfbereit.

Indem Sie Woche für Woche Ihr Pensum aufzeichnen, erhalten Sie eine gute Vorstellung davon, wie sich Ihre Fitness entwickelt.

Und so funktioniert das Ganze mit Hilfe eines Herzfrequenzmonitors oder eines Leistungsmessgeräts: Nach Beendigung des Trainings laden Sie die Daten von der Pulsuhr bzw. dem Powermeter auf Ihren Rechner. Die dort installierte Software sollte so eingerichtet sein, dass sie anzeigt, wie viel Zeit Sie in den einzelnen Trainingszonen nach Herzfrequenz bzw. Watt verbracht haben. (Kapitel 4 hilft Ihnen bei deren Einrichtung.) Verwenden Sie das am häufigsten genutzte Fünf-Zonen-System, wird jeder Zone automatisch ein numerischer Wert zugewiesen. Beispielsweise entspricht Zone 1 einem Wert von 1 und die Zone 5 einem Wert von 5. Dann multiplizieren Sie den Wert jeder Zone mit den Minuten, die Sie in dieser Zone verbracht haben. Addieren Sie nun alle Ergebnisse, und Sie haben den Score für die Trainingseinheit. Tabelle 3.1 veranschaulicht anhand eines Beispiels, wie sich eine Einheit mit diesem System bewerten lässt.

Das zweistündige Training, das in Tabelle 3.1 dargestellt ist, ergab für die gesamte Einheit eine Punktzahl von 262. In der gleichen Manier würden Sie für jedes Training im Laufe der Woche einen solchen Score ermitteln und dann am Ende der Woche die einzelnen Ergebnisse addieren, um das Wochenpensum zu bestimmen. Dieses Verfahren ist zwar simpel, aber auf die Dauer auch einigermaßen zeitraubend.

Einfacher ist es, eine Software zu verwenden, die automatisch den Score Ihrer Einheiten für Sie berechnet, sobald Sie Ihre Pulsuhr oder Ihr Powermeter angeschlossen haben. Die womöglich brauchbarste Lösung wurde von dem Sportwissenschaftler Andrew Coggan entwickelt und findet sich auf der Website *TrainingPeaks.com*. Sein System basiert auf dem oben erwähnten Training Stress Score und wird von Athleten in vielen Ausdauersportarten genutzt.

Indem Sie Ihr Pensum mit Hilfe eines solchen Systems aufzeichnen, erhalten Sie eine gute Vorstellung davon, wie sich Ihre Fitness entwickelt. Wenn Sie in der Lage sind, Ihr Pensum sukzessive zu erhöhen, können Sie daraus schließen, dass Sie fitter werden.

Mit dem Performance Management Chart (PMC) bietet die Website von TrainingPeaks ein weiteres Tool, das die Entwicklung Ihres Pensums im Laufe der Saison aufzeigt. Und in ähnlicher Weise macht es auch ein anderes Konzept greifbar, das herkömmlicherweise schwer quantifizierbar ist: Erschöpfung.

Erschöpfung

Inzwischen sollte eines klar geworden sein: Wenn Sie in der Lage sind, im Laufe mehrerer Wochen Ihr Trainingspensum zu erhöhen, ist das ein indirekter Hinweis darauf, dass Ihre Fitness sich verbessert. Denn würde Ihre Fitness sich nicht verbessern, wären Sie körperlich nicht imstande, mehr Umfang oder mehr Intensität zu bewältigen. Das haben Sie der Superkompensation zu verdanken.

Aber taugen Aufzeichnungen über Ihr Trainingspensum wirklich dafür, die Entwicklung der Fitness zu messen? Zugegeben, dieser Ansatz ist wohl nicht so präzise wie ein Labortest. Auch ist er nicht so gut wie der ultimative Maßstab: ein Rennergebnis. Es handelt sich hier lediglich um ein mathematisches Modell, um Veränderungen eines physiologischen Phänomens zu beurteilen. Das ist beileibe nicht narrensicher, kann aber sehr hilfreich dafür sein, um den Fortschritt Ihrer Fitness zu bewerten. Falls sich Ihr Pensum im Laufe mehrerer Wochen beständig steigert, können Sie darauf wetten, dass Ihre Fitness zunimmt. Falls Ihr Pensum sich verringert, passiert das Gegenteil: Sie büßen Fitness ein.

Wenn Ihr wöchentliches Pensum zunimmt, können wir außerdem ziemlich sicher davon ausgehen, dass noch etwas anderes geschieht: Ihre Erschöpfung wächst. Wann immer Sie mit mehr Umfang und Intensität an Ihre Grenzen gehen, sind Sie zwangsläufig erschöpft. Da führt kein Weg dran vorbei. Das liegt einfach in der Natur harten Trainings. Umgekehrt gilt: Wenn Sie Ihr Wochenpensum verringern, nimmt nicht nur Ihre Fitness ab, sondern Sie werden auch weniger erschöpft sein. Sie regenerieren.

Das bringt uns zu einer interessanten Schlussfolgerung: Fitness und Erschöpfung entwickeln sich in die gleiche Richtung. Erhöht sich die Fitness, nimmt auch die Erschöpfung zu. Somit können wir davon ausgehen, dass Sie, um fitter zu werden, erschöpft sein müssen. In dieser Hinsicht ist Erschöpfung Ihr Freund. Umgekehrt büßen Sie Fitness ein, wenn Sie nicht häufig erschöpft sind. Steigert sich das eine, steigert sich auch das andere. Nimmt das eine ab, nimmt auch das andere ab.

Fitness und Erschöpfung entwickeln sich in die gleiche Richtung.

Erschöpfung tritt immer vor Fitness auf. Wenn Sie heute eine harte Einheit absolvieren, werden Sie morgen müde sein. Das können Sie eindeutig spüren. Aber Sie werden nicht schon morgen eine Veränderung der Fitness feststellen. Die Fitness verändert sich sehr langsam – über Wochen, nicht Tage –, die Erschöpfung hingegen schnell – im Laufe von Stunden und Tagen. Das ist eine gute Sache und etwas, das Sie für Ihre Zwecke zu nutzen lernen werden, wenn Sie im Vorfeld eines Rennens ein Tapering vorsehen. Dessen Zweck besteht darin, für den Tag des Wettkampfs Form zu erzeugen. Mit der Form befassen wir uns ausführlich in Kapitel 11, wollen aber bereits hier einen kurzen Blick auf dieses Konzept werfen.

Form

Wenn Sie sich große Landesrundfahrten wie die Tour de France im Fernsehen anschauen, werden Sie von den Kommentatoren häufiger zu hören bekommen, dass ein bestimmter Fahrer »in Form« sei, während es über einen seiner Kontrahenten heißt: »Es fehlt ihm an Form.« Was genau aber bedeutet »Form«?

Ein signifikantes Maß an Erschöpfung wird Ihre Leistung stets abwürgen.

Der Begriff der Form soll Ende des 19. Jahrhunderts im Pferderennsport entstanden sein. Wenn man zu einem Rennen ging und eine Wette platzieren wollte, suchte man sich einen »Bookie«, der Buch über die Wetten führte. Dieser Buchmacher stellte eine (als Formular bzw. *form* bezeichnete) Liste zur Verfügung, in der alle Pferde aufgeführt waren, die an diesem Tag starteten, samt ihrer jüngsten Resultate. Dann wählte man eines aus, auf das man sein Geld setzte, weil es laut Form gut drauf zu sein schien. Der Radsport, der sich etwa zur gleichen Zeit in Europa verbreitete, war auch ein Wettsport und adoptierte den Begriff. Im Laufe des nächsten Jahrhunderts begannen dann auch andere Sportarten, von Form zu sprechen.

Die Erschöpfung verändert sich schneller als die Fitness, wenn Sie sich ausruhen.

Also was genau heißt es, in Form zu sein bzw. Form zu haben? Wie Sie aus dem oben Gesagten schließen können, hat es viel mit guter Wettkampfleistung zu tun. Das wiederum lässt sich auch so auslegen, dass ein Fahrer die nötige Frische besitzt. Wenn Ihre Erschöpfung groß ist, können Sie nicht in Form sein, egal wie groß Ihre Fitness ist. Die Erschöpfung wird Ihre Leistung abwürgen. Die einzige Möglichkeit, am Renntag frisch zu sein, ist, sich an den vorhergehenden Tagen auszuruhen und das zu unternehmen, was wir im Ausdauersport gemeinhin als »Tapering« bezeichnen. Dies sind knifflige Momente in Ihrer Saison, die wir in Kapitel 13 ausführlich behandeln.

Ich möchte sichergehen, dass Sie verstehen, worum es hier geht. Denn dies sind Überlegungen, die von immenser Bedeutung sind, wenn man als Radsportler Höchstleistungen erbringen will. Führen Sie sich noch mal vor Augen, dass sich Fitness und Erschöpfung stets in die gleiche Richtung bewegen. Wenn also Ihre Erschöpfung zurückgeht, was passiert dann mit der Fitness? Auch diese geht zurück. Ich weiß, das klingt beängstigend, gerade unmittelbar im Vorfeld eines Rennens. Wie können Sie einen guten Wettkampf abliefern, wenn Ihre Fitness abnimmt? Der entscheidende Punkt, um dies zu verstehen, wurde auch bereits genannt: Die Erschöpfung verändert sich schneller als die Fitness, wenn Sie sich ausruhen. Während Sie also mit einem Tapering vor einem Wettkampf rasch eine Menge Ermüdung loswerden, wird die Fitness gleichzeitig nur sehr langsam zurückgehen. Am Renntag *fühlen* Sie sich, als hätten Sie an Fitness zugelegt, obwohl dieses Gefühl tatsächlich das Ergebnis einer geringeren Erschöpfung ist. Es spielt keine Rolle – Sie werden in Form sein. Später zeige ich Ihnen, wie Sie es anstellen, nur ein klein wenig an Fitness einzubüßen und gleichzeitig die komplette Erschöpfung zu beseitigen. Das Verständnis und die richtige Anwendung dieses Konzepts ist der Schlüssel zu Topleistungen im Wettkampf.

FAZIT: GRUNDLEGENDE TRAININGSKONZEPTE

In diesem Kapitel haben wir eine Menge grundlegende Trainingskonzepte behandelt, angefangen mit einer Einführung in die vier Prinzipien des Trainings: progressive Überlastung, Spezifität, Umkehrbarkeit und Individualität. Ohne Zweifel hatten Sie von diesen Prinzipien bereits eine grobe Vorstellung, denn für Sie als Athlet sind sie fast so etwas wie das tägliche Brot. Mir geht es mit dieser Wiederholung darum, sicherzustellen, dass Sie verstehen, wie wichtig jedes einzelne dieser Prinzipien für Ihren Erfolg ist. Bisweilen übersehen wir die Grundlagen, wenn es darum geht, neue Trainingsweisen zu erlernen. Die grobe Zusammenfassung lautet, dass Sie, um fit für den Wettkampf zu werden, Ihr Trainingspensum progressiv steigern und auf eine Weise trainieren müssen, die für die Anforderungen des Rennens spezifisch ist.

Außerdem haben wir uns mit Häufigkeit, Dauer und Intensität beschäftigt. Die Kombination aus Häufigkeit und Dauer ist der Umfang. Der Umfang ist zwar wichtig, aber für fortgeschrittene Athleten, die schon seit ein paar Jahren dabei sind, ist wohl die Intensität der Schlüssel zu besseren Leistungen. Sie können die Intensität auf verschiedene Arten ermitteln, derzeit aber sind Herzfrequenz- und Wattmessung die gängigsten Methoden.

Wenn eine bestimmte Trainingseinheit eine hohe Dauer oder eine hohe Intensität aufweist – oder beides –, sprechen wir von einer hohen Dosis. Die Dosis muss so variiert werden, dass Einheiten mit hoher Dosis durch häufige Einheiten mit geringer Dosis ausgeglichen werden. Wie nahe die Einheiten hoher Dosis zeitlich beieinanderliegen, bestimmt darüber, wie hoch die Dichte Ihres Trainings ist. Athleten, die hochdichtes Training bewältigen – was bedeutet, dass hochdosierte Einheiten dicht aufeinanderfolgen – sind typischerweise junge Topfahrer. Nachwuchsfahrer und auch Senioren trainieren normalerweise mit geringerer Dichte.

Das Trainingspensum ist die Kombination aus Umfang und Intensität. Falls einer der beiden Faktoren zunimmt, während der andere konstant bleibt, oder falls beide zeitgleich zunehmen, steigert sich das Trainingspensum und das Resultat daraus sind größere Fitness und erhöhte Erschöpfung. Sofern ein erhöhtes Trainingspensum mit angemessenen Pausen kombiniert wird, tritt sehr wahrscheinlich eine Superkompensation auf, denn Ruhe und Regeneration gestatten dem Körper, die notwendigen Anpassungen zu vollziehen und wettkampfbereit zu werden. Auch das Ausruhen trägt zur Form bei.

In diesem Kapitel war von vielen Dingen die Rede, die Sie bislang wahrscheinlich als ziemlich simple Konzepte betrachtet haben. Aber wir haben sie aus einer anderen Perspektive beleuchtet, als Sie es vermutlich gewohnt waren. Mir ging es in diesem Kapitel darum, sicherzustellen, dass Sie bereit sind für die subtileren Nuancen des Trainings wie z.B. die Verteilung und Messung der Trainingsintensität. Dem widmen wir uns als Nächstes. Schnallen Sie sich an, denn jetzt geht es erst richtig los!

4

TRAININGSINTENSITÄT

WIE SIE IN KAPITEL 3 gelesen haben, gibt es nur drei Variablen Ihrer Trainingseinheiten, die Sie variieren können, um Fitness zu erzeugen: Häufigkeit, Dauer und Intensität. Bei einem fortgeschrittenen Fahrer, der seit drei Jahren oder mehr dabei ist, sollten die ersten beiden Komponenten als gegeben vorausgesetzt werden können. Falls der zentrale Fokus Ihres Trainings ist, wie oft Sie fahren und wie lang Ihre Ausfahrten sind – Ihr Umfang –, haben Sie noch nicht den Status eines fortgeschrittenen Fahrers erreicht, selbst wenn Sie schon seit Jahren trainieren. Häufigkeit und Dauer sollten jeweils zentrale Trainingsaspekte von Fahrern sein, die noch relativ neu im Straßenradsport sind. Für fortgeschrittene Fahrer aber ist für Topleistungen im Wettkampf die Intensität maßgeblich und nicht der Umfang.

Dementsprechend widmen wir uns in diesem Kapitel einigen der entscheidenden Aspekte der Trainingsintensität. Ich verrate Ihnen, wie Sie als Radsportler versierter, fitter und schneller werden, indem wir uns gemeinsam einige Möglichkeiten ansehen, die Intensität zu messen und im Training gezielt einzusetzen.

TRAINING NACH RPE, HERZFREQUENZ UND WATT

Beachten Sie, dass es in der Überschrift nicht »Training nach RPE *oder* Herzfrequenz *oder* Watt« heißt. Wenn Sie als Radsportler Höchstleistungen erreichen wollen, ist es sinnvoll, jede dieser drei gängigen Methoden zur Messung der Intensität zu nutzen statt nur eine. Falls Sie ein fortgeschrittener Fahrer sind, kann ich Ihnen sogar mit einiger Überzeugung versichern, dass Sie viel besser für Ihre Wettkämpfe gerüstet sein werden, wenn Sie sich mit allen drei Methoden auskennen.

Wenngleich dies die gängigsten Methoden zur Intensitätsmessung im Radsport sind, sind sie freilich nicht die einzigen, um zu bestimmen, wie hart Sie trainieren. Das ultimative Maß des Geleisteten ist die Geschwindigkeit. Ich habe noch kein Rennen erlebt, bei dem der Erste, der über die Ziellinie fuhr, nicht der Sieger war. Der schnellste Fahrer gewinnt immer, und schnell zu sein, ist nie verkehrt. Das Problem mit der Geschwindigkeit als Messgröße der Intensität beim Radfahren ist aber, dass äußere Faktoren wie Wind und Höhenmeter erheblichen Einfluss auf sie haben. Wenn Sie gegen den Wind fahren, nimmt sich Ihre

Geschwindigkeit gemessen an dem Einsatz, den Sie bringen, recht kläglich aus. Umgekehrt sollten Sie nicht übermütig werden, wenn Sie auf einer Trainingsfahrt mit Rückenwind nur so dahinsausen. Selbst eine leichte Brise oder ein unscheinbarer Hügel können großen Einfluss darauf haben, wie schnell Sie fahren. Im Endeffekt bedeutet dies, dass die Geschwindigkeit ein recht ungenaues Maß dessen ist, was Sie auf dem Rad tatsächlich leisten.

Dies bringt uns zum Thema Anstrengung, d.h. zur Frage, wie hart es sich anfühlt, wenn Sie trainieren. Die Methode, das Maß der empfundenen Anstrengung zu beziffern, nennt sich Rating of Perceived Exertion (RPE). Dazu bewerten Sie die subjektive Belastung – wie hart Sie zu trainieren meinen – auf einer Skala von 0 bis 10. Tabelle 4.1 zeigt, wie's funktioniert.

Eine Bewertung der empfundenen Anstrengung ist die wohl einfachste Methode, die Intensität darzustellen, die Sie während einer Trainingsfahrt erleben. Doch bei aller Einfachheit ist sie von großem Nutzen. Ich kann Ihnen nur empfehlen, sich in der laufenden Beobachtung Ihrer RPE zu üben, denn sie stellt eine Verbindung zu Ihrem gesamten Körper her. Wenn Sie die RPE nutzen, richten Sie Ihre Aufmerksamkeit nicht ausschließlich auf externe Daten. Radsport erfordert ein gutes Gefühl dafür, wie hart Sie aus rein subjektiver Sicht arbeiten. In einem Straßenrennen sind Sie selten in der Lage, Entscheidungen aufgrund von Wattzahlen oder Herzfrequenz zu treffen. Sollten Sie die Schlagzahl erhöhen oder nicht? Die Antwort hängt weitgehend davon ab, wie Sie sich zu diesem Zeitpunkt fühlen. Mit der RPE vertraut zu sein, verschafft Ihnen eine gute Antenne dafür, was im Rennen gerade passiert und wie Sie sich verhalten sollten.

Bei aller Einfachheit ist die Selbstbewertung der empfundenen Anstrengung von großem Nutzen.

In den Zeiten, bevor es Pulsuhren und Powermeter gab, war die RPE die Methode, mit der alle Fahrer die Intensität eines Wettkampfs oder Trainings bewerteten. Zugegebenermaßen nutzten sie dabei selten diese Skala, sondern verlegten sich stattdessen darauf, deskriptive Worte zu verwenden, wie sie in der rechten Spalte der Abbildung 4.1 zu sehen sind (manchmal mit farbigeren Begriffen, die noch heute in Gebrauch sind). Die numerische Bewertungsskala war etwas, das sich Sportwissenschaftler hinterher ausdachten, um dieser Methode einen etwas präziseren Anstrich zu geben. Sie können es so oder so handhaben, und ich nehme an, dass Sie sich an die deskriptive Variante halten, wenn Sie z.B. Kollegen von einer absolvierten Trainingsfahrt berichten. Das ist durchaus üblich. Aber die numerische Skala ist etwas exakter und gerade auch in Verbindung mit Ihrem Trainingsplan nützlicher, wie Sie später sehen werden.

TABELLE 4.1 10-Punkte-Skala der empfundenen Anstrengung gemäß Borg

WERT	EMPFUNDENE ANSTRENGUNG
0	keine Anstrengung
1	sehr locker
2	locker
3	moderat
4	ein wenig hart
5–6	hart
7–8	sehr hart
9	sehr, sehr hart (fast maximal)
10	maximal

Die sachgemäße Verwendung der RPE ist eine Kunst, die man erlernt, indem man sie häufig praktiziert. Machen Sie sich während der Fahrt Gedanken darüber, wie hart sich die Intensität im Moment anfühlt, und nutzen Sie die Skala, um dieser Belastung einen Zahlenwert zuzuordnen. Machen Sie dies regelmäßig während Ihrer Einheiten, v.a. in solchen mit variierender Intensität, wie z.B. bei Intervallen oder Gruppenausfahrten. Sofern Sie dies auf jeder Fahrt machen, werden Sie die RPE irgendwann gut beherrschen. Das hilft Ihnen, im Rennen blitzschnell Entscheidungen zu treffen.

Sie werden wahrscheinlich feststellen, dass Sie im Verbund mit anderen – sei es auf einer Gruppenausfahrt, im Rennen oder beim Training mit einem Kumpel – Ihre Anstrengung geringer bewerten, als würden Sie mit gleicher Wattleistung oder Herzfrequenz allein fahren. Athleten neigen generell dazu, die Intensität geringer einzuschätzen, wenn sie in einer Gruppe unterwegs sind. Mit anderen Worten: Wir scheinen in der Lage zu sein, mit einem geringeren Maß an empfundener Anstrengung härter zu arbeiten, wenn wir nicht allein sind. Ohne Zweifel hat das mit Motivation zu sein. Mit diesem Phänomen befassen wir uns später, wenn wir über die Vorbereitung auf Straßenrennen sprechen.

Die RPE ist komplett subjektiv. Kein Wunder, denn letztlich ist es ja genau das – Ihre Meinung darüber, wie Sie sich während des Sports fühlen. Um die Intensität präziser zu bestimmen, müssen Sie auch Messinstrumente heranziehen, die objektive Ergebnisse liefern. Im Radsport sind dazu derzeit Herzfrequenzmonitore und Powermeter am gebräuchlichsten. Eine präzise Intensitätsmessung ist dermaßen wichtig, dass ich die von mir trainierten Athleten verpflichte, diese Instrumente zu nutzen. Später in diesem Kapitel gebe ich Ihnen eine kurze Einführung, wie Sie für jedes von ihnen entsprechende Trainingszonen bestimmen. Jedes der Geräte erfasst die Intensität in eigener Weise und stellt so Informationen bereit, die mittels der beiden anderen Methoden nicht verfügbar sind.

Herzfrequenzmonitore waren das erste Hilfsmittel zur präzisen Bestimmung der Intensität. Erfunden wurden sie in den 1970er Jahren in Finnland für Skilangläufer. Die Pulsmessung wurde in den Achtzigern allmählich populärer, doch dauerte es bis Anfang der 1990er Jahre, bis sich die Methode auf breiter Front im Ausdauersport durchsetzte. Inzwischen scheint jeder Athlet so ein Ding zu tragen, vom Anfänger bis hin zum Tour-de-France-Teilnehmer.

Die Herzfrequenz verrät Ihnen, wie intensiv Sie sich anstrengen, aber sie sagt nichts über Ihre Leistungen. Der Letzte in einem Rennen kann den gleichen Durchschnittspuls haben wie der Sieger. Es winkt kein Podiumsplatz für hohe Herzfrequenzen. Ihre Pulswerte sagen nichts darüber aus, wie schnell Sie sind; alles, was sie verraten, ist, wie viel Einsatz in eine Einheit investiert wird. In dieser Hinsicht ähnelt die Herzfrequenz sehr der RPE, nur ist sie objektiver. Wenn es darum geht, die *Anstrengung* präzise zu erfassen, ist sie sogar das beste Instrument, das wir haben.

Zehn Jahre nach der Pulsuhr wurde vom deutschen Ingenieur und früheren Radsportler Uli Schoberer das mobile Leistungsmessgerät erfunden. Es dient dazu, präzise die *Intensität* zu erfassen. Es dauerte etwa 20 Jahre, bis solche Powermeter sich im Radsport endgültig durchsetzten. Seither haben sie den Radsport transformiert und er hat sich von einer der am wenigsten technologischen zu einer der am meisten von Technologie bestimmten Ausdauersportarten entwickelt. Bevor Leistungsmesser aufkamen, schauten Radsportler im Training v.a. auf den Umfang. Das machte den Radsport ziemlich rückständig und man hielt an überholten Vorstellungen fest, wie das Training auszusehen hatte. Die Wattmessung hat das alles verändert und das Training revolutioniert.

Die Kombination aus Drehmoment und Kadenz wird in Watt ausgedrückt.

Ein Powermeter am Rad misst zwei Dinge: die Kraft, die auf das Pedal angewendet wird, und die Geschwindigkeit, mit der die Pedale gedreht werden. Die Pedalkraft wird als Drehmoment bezeichnet, die Pedalgeschwindigkeit als Kadenz. Die Kombination der beiden wird in Watt ausgedrückt. Vorerst genügt der Hinweis, dass Sie im Training und Wettkampf erheblich davon profitieren, wenn Sie lernen, wie man ein Powermeter einsetzt. (Es würde den Rahmen dieses Buches sprengen, in die Details der Wattmessung einzugehen. Ausführliche Informationen finden Sie z.B. in meinem *Praxishandbuch Wattmessung*.)

REFERENZPUNKTE DER INTENSITÄT

Lassen Sie uns einen kurzen und etwas vereinfachten Blick aus quasi-wissenschaftlicher Perspektive auf die

Intensität werfen. Ohne Zweifel würde das, was ich hier ausführen werde, eine hitzige Debatte anstoßen, wenn ich es einer Gruppe von Sportwissenschaftlern unterbreiten würde. Man würde meine Ausführungen als übermäßig vereinfacht und daher ungenau zurückweisen. Mir geht es in diesem Buch aber nicht darum, streng wissenschaftlich vorzugehen, vielmehr möchte ich Ihnen Sichtweisen auf die Welt des Trainings vermitteln, die Ihnen helfen, im richtigen Leben schneller Rennen zu fahren. Manchmal bedeutet das, dass ich darauf verzichte, Ihnen die Einzelheiten einer wissenschaftlichen Methode bis ins letzte, haarfeine Detail darzulegen. Behalten Sie dies im Hinterkopf, wenn ich mich nun daranmache, Ihnen das Training anhand messbarer Intensitäten in Bezug auf die reale Welt des Radsports zu erläutern.

Es gibt drei grobe Kategorien der Intensität: unterhalb der AeT, oberhalb der AnT und zwischen diesen beiden Schwellen.

Sportwissenschaftler benutzen häufig die RPE, um die Intensität einer Aktivität zu messen, weil sie ihnen sagt, was ein Athlet erlebt. Sie nutzen aber gern auch physiologische Kennzeichen der Intensität, die als feste Referenzpunkte für die Anstrengung eines Sportlers dienen. Zwei solcher Marker, die am häufigsten verwendet werden, sind die aerobe Schwelle (*Aerobic Threshold*, AeT) und die anaerobe Schwelle (*Anaerobic Threshold*, AnT). In den folgenden Kapiteln werde ich auf beide häufig verweisen, und auch mit den in Anhang B vorgestellten Trainingseinheiten haben beide eine Menge zu tun. Zunächst gilt es aber, eine allgemeine Vorstellung davon zu bekommen, was sie bedeuten. Später werden wir mehr ins Detail gehen.

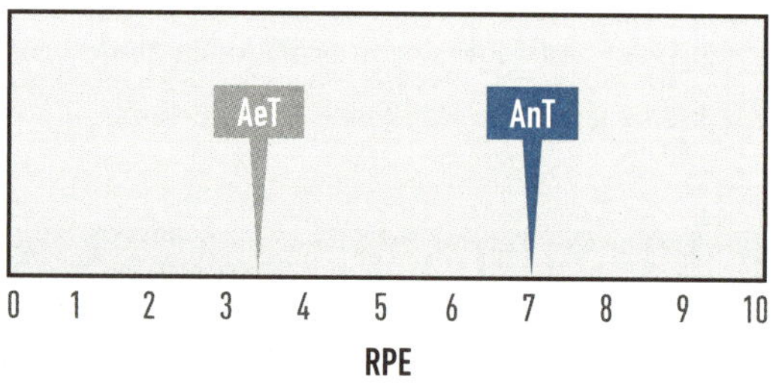

ABBILDUNG 4.1 Intensitäts-Referenzpunkte in Relation zur empfundenen Anstrengung

Abbildung 4.1 setzt die beiden Referenzpunkte in Relation zur RPE, um Ihnen eine Ahnung von der jeweiligen Intensität zu vermitteln. Mittels dieser Abbildung sollten Sie erkennen, wie diese beiden Referenzpunkt der Intensität genutzt werden können, um die Intensität einer Trainingsausfahrt zu kategorisieren. Beachten Sie, dass es drei grobe Kategorien der Intensität gibt, wenn man sie aus diesem Blickwinkel betrachtet: unterhalb der AeT, oberhalb der AnT und zwischen diesen beiden Schwellen.

Aerobe Schwelle (AeT)

Sportwissenschaftler haben im Labor verschiedene Möglichkeiten, um die Intensität zu messen. Ein gängiges Verfahren ist, dem Athleten einen Tropfen Blut aus dem Finger oder Ohrläppchen zu entnehmen und diesen in einer speziellen Apparatur zu analysieren. Das Blut enthält nämlich etwas, von dem Sie ganz bestimmt schon mal gehört haben: Laktat. An und für sich ist Laktat nicht das »Problemkind«, als das es oft dargestellt wird. Es hat nichts mit Erschöpfung oder Muskelkater zu tun. Es ist jedoch ein guter Indikator, wie intensiv ein Sportler augenblicklich trainiert. Je mehr Laktat im Blut, desto größer die Anstrengung. Wissenschaftler messen Laktat in Millimol pro Liter (mmol/l). Im Ruhezustand (RPE = 0) beträgt der Laktatgehalt etwa 1 mmol/l. Dies ist eine sehr kleine Menge. Wenn die Trainingsintensität auf eine RPE von etwa 3 oder 4 und der Laktatgehalt des Blutes auf 2 mmol/l ansteigt, wird häufig davon ausgegangen, dass der Athlet die aerobe Schwelle erreicht hat.

Die AeT kann auch auf andere Weise bestimmt werden. Ein weiteres im Labor häufig verwendetes Verfahren besteht darin, die Menge an Sauerstoff und Kohlendioxid zu messen, die ein Athlet während der Belastung ein- und ausatmet. Eine solche Atemgasanalyse lässt Rückschlüsse auf Veränderungen des Laktatniveaus zu. Diese Methode ist nichtinvasiv – es wird kein Blut abgezapft –, sie erfordert jedoch ebenfalls einen kostspieligen Test.

Sie können Ihre AeT aber auch bestimmen, ohne all dies wirklich im Detail verstehen oder einen Labortest unternehmen zu müssen. Eine viel einfachere und günstigere Methode, die Sie verwenden können, erfordert lediglich eine Pulsuhr, die Sie wahrscheinlich bereits besitzen. Die AeT tritt nämlich üblicherweise bei etwa 65 Prozent der maximalen Herzfrequenz auf. Bei einer anderen Methode wird Ihre AeT im Bereich von 20 bis 40 Schlägen pro Minute (BPM) unter Ihrer *an*aeroben Schwelle verortet. Auf diesen zweiten Referenzpunkt kommen wir direkt im Anschluss zu sprechen. Anstatt sich also einem teuren Labortest zu unterziehen, können Sie auch einfach während des Sports Ihre Herzfrequenz verfolgen und davon ausgehen, dass Sie sich bei 30 BPM unter der anaeroben Schwelle in der Nähe Ihrer AeT bewegen. Für durchschnittlich fitte Radsportler funktioniert diese simple Methode oft sehr gut.

Später werde ich Ihnen beibringen, wie Sie das wichtige Intensitätsniveau der AeT im Training nutzen, um Ihr aerobes System vollständig zu entwickeln. Daraus ergibt sich, wie Sie noch sehen werden, eine hervorragende Trainingseinheit, die Sie häufig unternehmen sollten.

Anaerobe Schwelle (AnT)

Wie in Abbildung 4.1 zu sehen, ist die anaerobe Schwelle der höhere der beiden Intensitätsreferenzpunkte. Hier treten Sie während der sportlichen Betätigung in den »roten Bereich« ein. Die Anstrengung entspricht einer RPE von ungefähr 7. Wenn Sie dieses Niveau der Anstrengung im Training oder Rennen erreichen, arbeiten Sie schwer und merken, dass Sie nicht in der Lage wären, es für sehr lange beizubehalten. Die Intensität, bei der Sie die AnT erreichen, wird oft auch als »Laktatschwelle« bezeichnet. Aus Sicht der Sportwissenschaft sind die Laktat- und die anaerobe Schwelle nicht genau identisch, weil man die eine durch eine Atemgasanalyse bestimmt (AnT), die andere mittels Messung des Laktatgehalts in einem Blutstropfen (Laktatschwelle). Aber für unsere Zwecke können wir die beiden Begriffe mit quasi deckungsgleicher Bedeutung verwenden: eine RPE von 7. Oben haben Sie gelesen, dass Sie sich etwa an Ihrer AeT befinden, wenn der Laktatgehalt im Blut bei 2 mmol/l liegt. Erreicht er 4 mmol/l, sind Sie an Ihrer AnT. An der AeT baut der Körper die mit dem Laktat verbundene Säure, die in die Muskeln strömt, ebenso schnell ab, wie diese produziert wird. Bei 4 mmol/l und mehr beginnt die Säure jedoch, sich in Form von Wasserstoffionen (und eventuell anderen Substanzen wie anorganischem Phosphat) anzureichern und so die Muskelkontraktion zu behindern. Das ist der Grund, warum Sie anfangen zu leiden und dieses Intensitätsniveau nur begrenzte Zeit beibehalten können. Ein Athlet in außergewöhnlich guter körperlicher Verfassung kann die AnT-Intensität für etwa eine Stunde aushalten, während sich die AeT-Intensität mehrere Stunden durchhalten lässt.

Ein Athlet in außergewöhnlich guter körperlicher Verfassung kann die AnT-Intensität für etwa eine Stunde aushalten, während sich die AeT-Intensität mehrere Stunden durchhalten lässt.

Mit der richtigen Art von Training lässt sich Ihre AnT anheben, so dass Sie ein höheres Tempo gehen können, bevor dieses kritische Intensitätsniveau erreicht ist. Beachten Sie aber, dass Ihre Herzfrequenz an der AnT trotz gesteigerter Fitness in etwa gleichbleibt. Das ist eine wichtige Lektion, die wir in diesem Kapitel genauer untersuchen werden. Es hat mit dem zu tun, was wir »Fitness« nennen.

Straßenradsportler bestreiten einen Großteil des Rennens zwischen AeT und AnT. Aber der Ausgang eines Rennens entscheidet sich fast immer durch das, was an und oberhalb der AnT passiert. Deswegen müssen fortgeschrittene Fahrer den Schwerpunkt des Trainings auf hohe Intensitäten legen. Oft sind es über das ganze Rennen verteilte, sehr kurze Episoden von einigen Sekunden bis wenigen Minuten Dauer, die über Platzierungen und Resultate entscheiden. Das umfasst vielfältige taktische Methoden, um im Wettkampf die entscheidende Selektion herbeizuführen bzw. darauf zu reagieren, z.B. indem die beteiligten Fahrer sprinten, am Berg attackieren,

Ausreißergruppen formieren, Löcher zufahren oder Kontrahenten isolieren. Auf diese Weise wird ein Straßenrennen mit seinen ständigen Tempowechseln zu einer ganz anderen Art von Wettkampf als ein Zeitfahren, bei dem das Tempo eher gleichbleibend ist. Zeitfahren werden meistens dadurch entschieden, wer an der AnT die höchste Geschwindigkeit und Wattleistung erreicht. In diesem Fall ist es in aller Regel keine gute Idee, ständig für ein paar Sekunden oder Minuten das Tempo anzuziehen. Wir kommen darauf in Kapitel 6 zurück, wenn es um das Training für verschiedene Arten von Rennen geht.

INTENSITÄTSVERTEILUNG

Wenn sich Ihre Rennen dadurch entscheiden, wie gut Sie Intensitäten oberhalb der AnT bewältigen, müsste es doch auf der Hand liegen, weit mehr als die Hälfte Ihrer Trainingszeit bei dieser Intensität zu verbringen. Dies jedoch würde zu einem offensichtlichen Problem hinsichtlich der Trainingsdichte führen. Wenn Sie tagein, tagaus, vier- oder fünfmal in der Woche anaerobe Einheiten absolvieren, wären Sie wahrscheinlich ständig erschöpft und liefen Gefahr, ins Übertraining zu geraten. Selbst wenn Sie körperlich nicht völlig ausgelaugt wären, wäre die Erschöpfung groß genug, um die Qualität dieser harten Einheiten zu beeinträchtigen. Sie wären schlichtweg nicht in der Lage, jeden Tag ein solches Training durchzuziehen. Sobald die hochintensiven Belastungen Ihren Tribut fordern, würden Ihre Herzfrequenz und Leistung trotz einer hohen RPE wahrscheinlich gering ausfallen. Das ist ein ernsthaftes Problem, das mit ziemlicher Sicherheit lustloses Training, schlechte Fitness und durchwachsene Wettkampfresultate nach sich ziehen würde.

Ein Großteil Ihrer Trainingszeit sollte auf sehr geringe Intensitäten entfallen.

Tatsächlich würde ich Ihnen raten, es hinsichtlich der Verteilung der Trainingsintensität genau andersherum zu halten: Ein Großteil Ihrer Trainingszeit – um die 70 bis 80 Prozent – sollte auf sehr geringe Intensitäten an oder unterhalb der AeT entfallen. Die übrigen 20 bis 30 Prozent sind für hohe Intensitäten oberhalb der AeT vorgesehen, ein nennenswerter Teil davon wiederum oberhalb der AnT. Ein solches Training sorgt dafür, dass Sie frisch genug in Ihre hochintensiven Einheiten gehen, um zu gewährleisten, dass diese produktiv sind und genau die Fitness erzeugen, die Sie für diese kurzen Episoden im Rennen brauchen. Mit anderen Worten: Sie werden in der Lage sein, hohe Intensitäten zu bewältigen, weil Sie physisch bereit sind für eine harte Einheit.

Der entscheidende Punkt ist: Je einfacher Ihre lockeren Einheiten sind, desto anspruchsvoller können Ihre harten Einheiten werden. In der irrigen Annahme, dadurch die durchschnittliche Intensität ihres Trainings und damit ihr Leistungsvermögen zu steigern, machen allzu viele Radsportler den Fehler, es mit den mittleren Intensitäten im Bereich zwischen AeT und AnT zu übertreiben. Das hat aber genau den gegenteiligen Effekt, denn die hochintensiven Einheiten – diejenigen, die tatsächlich über den Rennausgang entscheiden – werden durch die Erschöpfung in Mitleidenschaft gezogen. Die betreffenden Fahrer sind dann schlichtweg nicht bereit für eine Einheit oberhalb der AnT. Die anaerobe Fitness wird nicht so gut entwickelt, wenn der Fokus auf der Intensität zwischen den Schwellen liegt. Der größte

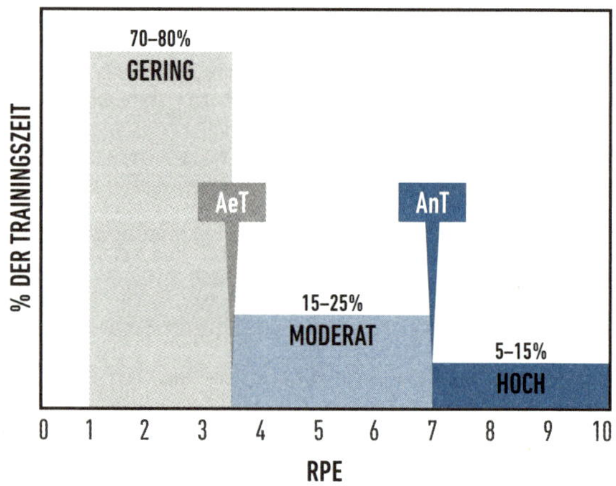

ABBILDUNG 4.2 Empfohlene Verteilung der Trainingsintensität im Saisonverlauf im Rahmen eines polarisierten Trainingsprogramms

Fehler, den man im Training machen kann, ist, lockere Einheiten stattdessen mit moderater Intensität (zwischen AeT und AnT) zu absolvieren und damit die Regeneration zu beeinträchtigen. Sie benötigen sehr, sehr viele lockere Einheiten, um Leistungen auf hohem Niveau zu bringen. Ich weiß, das klingt widersprüchlich, aber genau so funktioniert es.

Abbildung 4.2 veranschaulicht diese vorgeschlagene Intensitätsverteilung, die häufig als »polarisiertes Training« bezeichnet wird. Dieses Konzept einer polarisierten Intensitätsverteilung bringt uns zum Thema Saisonplanung. Die meisten fortgeschrittenen Fahrer sind gut beraten, im Saisonverlauf das Verhältnis von Einheiten mit geringer und hoher Intensität zu variieren. Damit verringern Sie das Risiko von Burnout und Übertraining und außerdem die Gefahr, auf einem Fitnessplateau zu verharren. Die Verteilung der Trainingsintensitäten periodisch zu verändern, kann sich als sehr vorteilhaft erweisen. Wenn Sie sich die Verteilung über Ihre gesamte Saison anschauen, sollte sie polarisiert sein, so wie in Abbildung 4.2 zu sehen. Mit der Frage der Saisonplanung, insbesondere mit Blick auf die Verteilung der Intensitäten, beschäftigen wir uns in Teil IV.

FUNKTIONALE SCHWELLE

Im Training laufend zu berücksichtigen, wie intensiv Ihre Einheiten in Relation zu den beiden Schwellen – AeT und AnT – sind, ist ein wichtiger Aspekt der Wettkampfvorbereitung. Wenn es um spezifische Vorbereitung auf Rennen geht, geben die Einheiten, die oberhalb der anaeroben Schwelle absolviert werden, den Ausschlag über die zu erwartenden Resultate. Das heißt nicht, dass Training an der aeroben Schwelle nicht zur Wettkampfleistung beiträgt. Das tut es, aber in anderer Weise. Sie können sich die AeT-Fitness als das vorstellen, was Sie überhaupt erst an den Punkt im Rennen bringt, an dem es dann auf die Fitness oberhalb der AnT ankommt: am Berg, während einer Attacke oder im Sprint. Beide spielen eine wichtige Rolle. Einstweilen wollen wir uns aber auf die AnT konzentrieren und auf die Frage, woher Sie wissen, wann Sie an oder über diesem Punkt sind, da dieser letztendlich über den Rennausgang entscheidet.

In der obigen Beschreibung der AnT sagte ich, dass sie mittels eines Labortests ermittelt werden könne, in dem bei schrittweiser Steigerung der Intensität entweder der Laktatgehalt des Bluts gemessen oder die Luft, die Sie ein- und ausatmen, analysiert wird. Der Techniker, der den Test durchführt, kann Ihre Laktat- und Ihre anaerobe Schwelle in Form von Herzfrequenz und Wattleistung bestimmen. Das sind wertvolle Informationen: Zu wissen, wann Sie an oder über der AnT arbeiten, ist sehr bedeutsam für die Wettkampfleistung. Und auch erfolgreiches Training setzt voraus, dass Sie wissen, wo Ihre AnT liegt. Ein Labortest ist dafür eine ziemlich präzise Methode, doch die Sache hat einen Haken: Sie müssten solche Tests häufig absolvieren, v.a. wenn Sie ein Powermeter verwenden, denn mit der Fitness verändert sich auch Ihre Leistung an der AnT. Die Herzfrequenz hingegen bleibt auch bei veränderter Fitness weitgehend konstant. Wir kommen auf dieses Phänomen später in diesem Kapitel noch einmal zurück.

Was die spezifische Vorbereitung auf Rennen betrifft, geben die Einheiten oberhalb der AnT den Ausschlag über die zu erwartenden Resultate.

Häufige Tests sind nicht nur umständlich, sondern auch teuer. Zum Glück gibt es eine alternative Methode zur Bestimmung der AnT, die günstig und problemlos durchzuführen ist. Anfang dieses Jahrtausends hatte der Sportwissenschaftler Dr. Andrew Coggan die Idee zu einem Test zur Bestimmung der AnT, den jedermann zu jeder Zeit durchführen kann. Er ist einfach und kostet nichts. Aber er ist nicht leicht.

Coggans Feldtest geht von dem Gedanken aus, dass ein fitter Athlet seine AnT-Intensität etwa eine Stunde beibehalten kann. Demzufolge können Sie, statt Ihre AnT im Labor zu ermitteln, stattdessen einfach eine einstündige Fahrt bei maximaler Anstrengung unternehmen und dann davon ausgehen, dass die durchschnittliche Herzfrequenz und

Wattleistung in dieser Stunde Ihre AnT repräsentieren. Genial! Das Problem dabei ist, dass es so hart ist, eine Stunde auf sich allein gestellt am Anschlag zu fahren, dass in der Praxis vermutlich Herzfrequenz- und Leistungswerte merklich unter Ihrer eigentlichen AnT herauskommen würden. Wenn die einstündige Prüfung hingegen in einem Wettkampf wie einem 40-km-Zeitfahren oder einem einstündigen Kriterium erfolgen würde, wäre die Motivation wahrscheinlich hoch und das Ergebnis käme Ihrer eigentlichen AnT näher. Das Problem ist, dass nicht immer genau dann Rennen anstehen, wenn Sie die AnT testen müssen, um die Entwicklung Ihrer Fitness zu prüfen.

Dr. Coggan hatte eine einfache Lösung: Statt sich eine Stunde lang zu quälen, schlug er vor, den Test auf 20 Minuten zu verkürzen und 5 Prozent vom Ergebnis zu subtrahieren. Das Resultat wäre eine Schätzung der AnT. Da es keine tatsächliche Messung der Laktat- oder anaeroben Schwelle ist und da es als Feldtest absolviert wird, nannte Coggan den sich ergebenden Wert die »funktionale Schwelle« (*Functional Threshold*, FT). Die anderen wichtigen Größen, die sich aus dem 20-Minuten-Test ergeben, sind der funktionale Herzfrequenzschwellenwert (*Functional Threshold Heart Rate*, FTHR) und die funktionale Schwellenleistung (*Functional Threshold Power*, FTP).

Je häufiger Sie testen, vor allem die FTP, desto wahrscheinlicher erhalten Sie präzise Werte.

Neben einem einstündigen Rennen oder einem 20-Minuten-Test gibt es noch andere Möglichkeiten, Ihre funktionale Schwelle zu ermitteln. Ich habe Fahrer z.B. einen 30-Minuten-Test absolvieren lassen, denn bei dieser Dauer neigen wir dazu, auf einer Solofahrt gerade genug nachzulassen, als würden wir ein einstündiges Rennen bestreiten. Ich habe festgestellt, dass die durchschnittlichen Werte über 30 Minuten in etwa mit den FTHR- und FTP-Ergebnissen des 20-Minuten-Tests minus 5 Prozent übereinstimmen. Eine andere Option, eine Schätzung der FT zu erhalten, besteht darin, 8 Minuten mit maximalem Einsatz zu fahren und dann 10 Prozent von der durchschnittlichen Leistung zu subtrahieren. Ich habe sogar 5-Minuten-Tests probiert, mit 15 Prozent Abzug. (Beachten Sie, dass Tests, die kürzer als 20 Minuten sind, keine präzise Prognose der FTHR zulassen.) Es gibt noch viele andere Möglichkeiten, doch der entscheidende Punkt ist, dass Sie anhand von Rennresultaten und Tests von 30, 20, 8 und 5 Minuten Dauer recht einfach in der Lage sein werden, Ihre FTP selbst zu bestimmen.

Zwar sind alle diese Verfahren nützlich, sie werden vermutlich aber nicht die genau gleiche FTP hervorbringen. Ausdauerstarke Fahrer erhalten tendenziell bessere Ergebnisse mit den längeren Tests, während andere Radsportler, die eine hohe anaerobe Fitness mitbringen, v.a. in kurzen Tests beeindruckende Werte erzielen. Aber ungeachtet einer gewissen Varianz der Ergebnisse sollten die in solchen Feldtests ermittelten Werte eine gute Annäherung sein, etwa im Bereich von 5 Prozent über oder unter der tatsächlichen Schwelle, die im Labortest gemessen wurde.

Natürlich schwankt Ihre funktionale Schwelle ein wenig von Tag zu Tag aufgrund von Erschöpfung und anderen Ihrem Lebenswandel geschuldeten Faktoren. Die FTP schwankt sogar, wiederum aufgrund von Ermüdung, innerhalb einer einzelnen Fahrt. Unterm Strich lässt sich festhalten, dass die Werte für Herzfrequenz und Leistung, die Sie erhalten, nie auf ein BPM oder Watt gleich sein werden. Aber das ist in Ordnung. Sie benötigen nur einen Näherungswert. Je häufiger Sie testen, v.a. die FTP, desto wahrscheinlicher erhalten Sie präzise Werte. Ich empfehle Ihnen, die ganze Saison über etwa alle 3 bis 4 Wochen einen der oben beschriebenen Tests zu unternehmen. So ist gewährleistet, dass Ihr oberer Intensitätsreferenzpunkt exakt ist. Und dies wiederum bedeutet, dass Ihre Trainingszonen korrekt festgelegt sind.

TRAININGSZONEN FESTLEGEN

Sobald Sie Ihre FTHR und FTP ermittelt haben, können Sie Ihre Trainingszonen einrichten. Diese Zonen sind enorm wichtig für Ihr Training, weil sie dazu dienen, die Intensität Ihrer Einheiten zu bestimmen. Daher rate ich Ihnen, alle 3 bis 4 Wochen einen Test zu unternehmen. Schauen wir uns mal genauer an, wie das funktioniert.

Herzfrequenz-Zonen

Um die Herzfrequenz-Zonen zu bestimmen, greifen wir auf Dr. Coggans 20-Minuten-Test zurück. Bevor ich die Details erläutere, möchte ich noch anmerken, dass Sie keine Formeln zur Bestimmung der Trainingszonen nutzen sollten. Im Internet finden Sie etliche solcher Formeln, die Ihre persönlichen Daten wie Alter, Geschlecht und andere Variablen heranziehen, um Ihre maximale Herzfrequenz zu bestimmen. Sobald Sie auf diese Weise einen Wert berechnet haben, werden Sie dann oft gebeten, einfach einen bestimmten Prozentsatz davon zu nehmen und diesen als Ihre AnT zu bezeichnen. Die häufigste dieser Formeln zur Bestimmung der maximalen Herzfrequenz lautet: 220 minus Lebensalter. Doch keine von ihnen funktioniert generell für alle Sportler, weil wir nun mal alle einzigartige Individuen sind. (Erinnern Sie sich an das Prinzip der Individualität aus Kapitel 2?) Eine solche Formel mag auf einige Athleten zutreffen, aber nicht auf die meisten. Würde man für einen größeren Personenkreis, also z.B. alle Leser dieses Buches, die tatsächlichen maximalen Herzfrequenzen in einem Diagramm darstellen, ergäbe sich eine glockenförmige Kurve. Für die Athleten in der Mitte der Kurve mag eine Formel wie 220 minus Alter recht genaue Werte liefern, aber für alle, die links oder rechts der Kurvenmitte liegen, kommen zunehmend ungenaue Ergebnisse heraus. Und weil Sie nicht wissen, wo Sie selbst auf der Kurve zu verorten sind, erhalten Sie mittels solcher Formeln Zonen-Empfehlungen, die wahrscheinlich um einiges verschoben sind – womöglich um bis zu 20 BPM in die eine oder die andere Richtung. Das bedeutet eine Unsicherheit von immerhin 40 BPM! Sie könnten Ihre maximale Herzfrequenz auch genauso gut schätzen. Die Quintessenz also lautet: *Verwenden Sie keine Formeln.* Machen Sie einen Feldtest, um Ihre FTHR zu ermitteln.

Wie bestimmen Sie präzise Ihre FTHR? Ich werde Sie hier durch Dr. Coggans 20-Minuten-Test führen. Das Verfahren für die anderen beschriebenen Testdauern, ob 30 oder 5 Minuten, ist genau dasselbe. Beachten Sie aber, dass der 8- bzw. 5-Minuten-Test zwar nützlich sein kann für die Bestimmung der FTP, jedoch bezogen auf die Herzfrequenz zu ungenau ist. Zu diesem Zweck rate ich Ihnen dringend zu einem 20- oder 30-Minuten-Test. Während ich in den folgenden Erörterungen also auch die kürzeren Tests berücksichtige, behalten Sie im Hinterkopf, dass diese nur für die Wattmessung gedacht sind.

Der Ort, den Sie für den Test wählen, ist entscheidend für die Qualität der Daten. Eine geeignete Strecke zu finden, kann recht knifflig sein. Es sollte ein Kurs sein, den Sie auch bei zukünftigen Tests jederzeit wieder nutzen können. Suchen Sie nach einer stoppschildfreien Strecke mit breiter Radspur und nur wenigen Kreuzungen und Kurven, die insgesamt flach ist oder leicht bergauf führt (weniger als 3 Prozent Steigung). Sie benötigen vermutlich eine Distanz von 8 bis 16 Kilometern, je nachdem wie schnell Sie sind.

Großer Wert ist auf die Sicherheit der Strecke zu legen. Behalten Sie Ihren Kopf während des Tests oben, um Gefahren rechtzeitig zu erkennen, und achten Sie gut auf den Verkehr. Gehen Sie keine Risiken ein, um gute Daten zu erhalten. Sie sollten im Radtraining immer Vorsicht walten lassen, aber umso mehr, wenn ein Test wie dieser ansteht, wo Sie mit vollem Einsatz fahren.

Um sicherzustellen, dass Sie gute Daten erhalten, sollte der Test an einem Tag absolviert werden, an dem Sie gut ausgeruht sind.

Um sicherzustellen, dass Sie gute Daten erhalten, sollte der Test an einem Tag absolviert werden, an dem Sie gut ausgeruht sind. Gehen Sie es ähnlich wie ein Rennen an, indem Sie das Training in den zwei oder drei Tagen zuvor zurückfahren. Ein guter Zeitpunkt zum Testen ist das Ende einer Regenerationswoche. Mehr dazu in Kapitel 11.

Wärmen Sie sich vor jedem Test zunächst gut auf. Für die meisten Athleten umfasst das Warm-up gewöhnlich mindestens 20 Minuten steigender Intensität – von einer sehr niedrigen über eine mäßige RPE bis hin zu progressiv ausgedehnten Beschleunigungen, die mit zunehmendem Einsatz erfolgen und Sie jeweils für einige Sekunden über eine RPE von 7 bringen (Tabelle 4.1). Sie können mit 2 Minuten beginnen und die Beschleunigungen dann sukzessive auf 10 Sekunden verkürzen, wobei Sie sich nach jeder fast vollständig erholen. Nach einer letzten solchen Anstrengung sollten Sie sich ungefähr 5 Minuten bei niedriger RPE erholen, bevor Sie den 20-Minuten-Test beginnen.

Beginnen Sie mit einem hohen, aber noch konservativ gewählten Einsatz. Anders gesagt: Sie sollten das Gefühl haben, noch zulegen zu können. Der häufigste Fehler besteht darin, dass man zu schnell loslegt, weil es sich in den ersten paar Minuten so locker anfühlt. Je öfter Sie den Test machen, desto besser werden Sie das Pacing hinbekommen. Die ersten 5 Minuten sollten sich relativ leicht anfühlen (mit einer RPE von etwa 7). Nach jeweils 5 Minuten entscheiden Sie, ob Sie etwas Tempo herausnehmen oder zulegen sollten. Diese 5-minütigen Änderungen der RPE sollten jeweils klein ausfallen. Falls Sie einen kürzeren 8- oder 5-Minuten-Test absolvieren, fällt die Anfangsintensität natürlich deutlich größer aus, mit einer RPE von etwa 8 oder 9. Entscheiden Sie bei kürzeren Tests jede Minute, ob Sie das Tempo steigern oder verringern.

Am Ende des 20-Minuten-Tests absolvieren Sie ein leichtes Cool-down, so dass Ihre Herzfrequenz und die Atmung wieder auf Ruheniveau zurückkehren können. Nach der Erholung von der Anstrengung sind Sie dann bereit für den unterhaltsamen Teil der Übung: die Analyse der Daten.

Laden Sie Ihre Herzfrequenz-Daten in Ihre bevorzugte Software und ermitteln Sie die durchschnittliche Herzfrequenz für den 20-Minuten-Test. Subtrahieren Sie 5 Prozent von diesem Wert und Sie erhalten eine gute Schätzung Ihrer FTHR. Falls Sie einen 30-Minuten-Test unternommen haben, wird Ihre durchschnittliche Herzfrequenz über die gesamte Testdauer als Ihre FTHR betrachtet, es sind keine weiteren Berechnungen nötig. Sobald Sie Ihre FTHR ermittelt haben, legen Sie mittels Tabelle 4.2 Ihre Trainingszonen fest. Sie können die Tabelle sowohl für 20- als auch 30-minütige Feldtests anwenden.

Watt-Zonen

Wenn Sie ein Powermeter am Rad haben oder einen Indoortrainer mit Leistungsmesser verwenden, können Sie Ihre Watt-Trainingszonen durch einen FTP-Test bestimmen. Tatsächlich müssen Sie nur den

TABELLE 4.2 Bestimmung der Herzfrequenz-Trainingszonen

HERZFREQUENZ-ZONEN	MULTIPLIZIEREN SIE IHRE FTHR MIT	IHRE HERZFREQUENZ-TRAININGSZONEN
Zone 1	81%	Weniger als ______
Zone 2	82% – 89%	______ – ______
Zone 3	90% – 93%	______ – ______
Zone 4	94% – 99%	______ – ______
Zone 5a	100% – 102%	______ – ______
Zone 5b	103% – 106%	______ – ______
Zone 5c	107%	Mehr als ______

Um Ihre Herzfrequenz-Trainingszonen zu bestimmen, wenden Sie jeweils als Ober- und Untergrenzen die genannten Prozentsätze auf die in einem Feldtest ermittelte FTHR an.

TABELLE 4.3 Bestimmung der Watt-Trainingszonen

WATT-ZONEN	MULTIPLIZIEREN SIE IHRE FTP MIT	IHRE WATT-TRAININGSZONEN
Zone 1	55%	Weniger als ________
Zone 2	55% – 74%	________ – ________
Zone 3	75% – 89%	________ – ________
Zone 4	90% – 104%	________ – ________
Zone 5	105% – 120%	________ – ________
Zone 6	120%	________ – ________
Zone 7	150%	Mehr als ________

Um Ihre Watt-Trainingszonen zu bestimmen, wenden Sie jeweils als Ober- und Untergrenzen die genannten Prozentsätze auf die in einem Feldtest ermittelte FTP an.

Quelle: Allen und Coggan, Training and Racing with a Power Meter (Wattmessung im Radsport und Triathlon).

oben beschriebenen 20- oder 30-Minuten-Test zur Bestimmung der Herzfrequenz-Zonen unternehmen, um in denselben Testdaten auch Ihre FTP zu finden. Es besteht keine Notwendigkeit, dafür einen separaten Test durchzuführen. Auch die 8- und 5-Minuten-Tests können für eine, wenn auch nicht ganz so präzise, Bestimmung der FTP herangezogen werden.

Falls Sie einen 20-Minuten-Test absolviert haben, ziehen Sie 5 Prozent von Ihrer durchschnittlichen Wattzahl (nicht von der »normalisierten« Leistung) während der 20 Minuten ab, um eine gute Schätzung Ihrer FTP zu erhalten. Bei einem 30-Minuten-Test dient Ihre durchschnittliche Leistung über die gesamte Testdauer als guter Näherungswert der FTP. Beim 8-Minuten-Test ziehen Sie 10 Prozent Ihrer durchschnittlichen Wattzahl ab, beim 5-Minuten-Test ziehen Sie 12 Prozent ab. Verwenden Sie dann Tabelle 4.3, um Ihre Trainingszonen festzulegen. Wie bei den FTHR-Tests gilt: Je öfter Sie diesen Test absolvieren, desto genauer werden die Ergebnisse, weil man erst lernen muss, wie man eine solche wettkampfähnliche Solo-Anstrengung richtig angeht.

Abstimmung der Zonen

Wenn Sie sowohl mit einem Herzfrequenzmonitor als auch mit einem Powermeter trainieren, werden Sie bald feststellen, dass die festgelegten Trainingszonen nicht immer übereinstimmen. So fahren Sie vielleicht in Herzfrequenz-Zone 2, bemerken aber, dass die getretene Leistung in Watt-Zone 3 zu verorten wäre. Viele Fahrer befürchten dann, dass etwas nicht stimmt mit den Zonen oder gar ihren Herzen. Machen Sie sich keine Sorgen. Dies ist durchaus üblich und zu erwarten. Tatsächlich ist es sogar ganz gut so.

Bei fortgeschrittenen Athleten verändern sich die Herzfrequenz-Zonen, wenn überhaupt, im Laufe der ganzen Saison nur wenig, da die FTHR, ebenso wie die Anstrengung, recht konstant bleibt. Auf der anderen Seite ändern sich Watt-Zonen signifikant. Womöglich bemerken Sie mal kleine Veränderungen der FTHR – im Bereich von ein paar Schlägen pro Minute – von einem Test zum nächsten. Dies ist vermutlich eher der Ernährung, Stress, Erschöpfung oder der Aufregung geschuldet als Schwankungen der Fitness. Bei Anfängern hingegen sind solche Änderungen der Herzfrequenz-Zonen zu erwarten, während sie ihre Grundlagenfitness entwickeln.

Die Watt-Zonen können sich im Laufe der Saison signifikant verschieben.

Andererseits können sich die Watt-Zonen im Laufe einer Saison erheblich verändern. Ihre FTP steigt, je fitter Sie werden. Sie bringen mehr Watt auf die Pedale. Das bedeutet natürlich auch, dass sich Ihre Watt-Zonen nach oben verschieben, da diese ja auf der

FTP basieren. Wenn die Fitness abnimmt, verschlechtert sich entsprechend Ihre FTP und die Zonen verschieben sich nach unten. Die Herzfrequenz-Zonen indes bleiben die ganze Zeit konstant. Die Herzfrequenz steht stellvertretend dafür, wie leicht oder schwer sich eine Fahrt anfühlt; die Wattzahl hingegen bezieht sich darauf, wie schnell Sie sind. So kann es im Laufe einer Saison mal große und mal kleine Überschneidungen geben – und manchmal gar keine.

Warum ist das so? Betrachten Sie es mal so: Wenn Ihre Watt-Zonen sich nicht veränderten, würden Sie bei gegebenen Herzfrequenzen niemals schneller werden können. Wie Sie später sehen werden, ist das Erreichen zunehmend höherer Wattzahlen bei gegebener Herzfrequenz der Schlüssel, um Verbesserungen der Fitness festzustellen. Um es mit Greg LeMond zu sagen: »Es wird nie einfacher, man wird nur schneller.«

TRAINING STRESS SCORE

Ich kann das zentrale Thema dieses Kapitels gar nicht genug betonen: Intensität ist für fortgeschrittene Fahrer der Schlüssel zum Erfolg. Ich reite darauf herum, weil viel zu viele Athleten glauben, dass der Umfang – wie viele Stunden oder Kilometer sie in der Woche im Sattel verbringen – der primäre Faktor wäre, wenn es darum geht, Fitness für den Wettkampftag zu erzeugen. Doch nur Fahrer, die erst wenige Jahre dabei sind, sollten den Schwerpunkt auf den Umfang legen. Diese Athleten werden sich in dieser Phase ihrer Karriere rasch entwickeln, nur indem sie den Wochenumfang steigern. Aber irgendwann ist damit das Ende der Fahnenstange erreicht und das Leistungsvermögen wird stagnieren. Forschungsstudien zu diversen Ausdauersportarten haben wiederholt gezeigt, dass für einen fortgeschrittenen Athleten – jemand, der schon seit einigen Jahren dabei ist – Höchstleistung daraus resultiert, *wie hart* er trainiert und nicht *wie viel*.

Die Trainingsintensität ist für fortgeschrittene Fahrer der Schlüssel zum Erfolg.

Wie kommt es, dass wir uns gern darauf versteifen, wie viel wir trainieren statt wie hart? Ich glaube, es hängt damit zusammen, dass es sehr schwierig ist, die Trainingsintensität im Laufe einer Woche zu bemessen und darzustellen. Es ist nicht so einfach zu beziffern, wie hart das Training in der Summe gewesen ist. Ein Leichtes ist es hingegen, die Stunden und Kilometer einer Woche zusammenzuzählen. In der Tat ist es so einfach, den Umfang zu bemessen, dass wir dazu neigen, ihn als die wichtigste Messgröße zu erachten. Die Grundlage für dieses Denken legen wir in der Frühphase unserer Karriere, wenn wir die Erfahrung machen, dass mehr Umfang auch bessere Leistungen bedeutet. Nach der Lektüre dieses Kapitels werden Sie hoffentlich verstanden haben, dass das »wie hart« immer wichtiger wird als das »wie viel«, je weiter Sie im Training vorankommen.

Zwar ist die Intensität des Trainings entscheidend für den fortgeschrittenen Fahrer, das heißt aber nicht, dass der Umfang unwichtig wäre. Es bedeutet nur, dass der Umfang mit zunehmender Fitness etwas weniger wichtig wird. Müsste ich das relative Verhältnis der beiden Größen in Zahlen ausdrücken, würde ich sagen, dass die Intensität 60 Prozent der Wettkampffitness ausmacht und der Umfang die restlichen 40 Prozent. Mit handfesten Zahlen oder Studien belegen kann ich diese These leider nicht. Dies ist lediglich meine Meinung, die ich mir in 30 Jahren Arbeit mit Athleten aller Leistungsklassen gebildet habe.

Dr. Andrew Coggan kam Anfang des Jahrtausends zum gleichen Schluss. Daraufhin entwickelte er eine einfache Methode, Umfang und Intensität zu einer einzigen Größe zu kombinieren, die, mit einer etwas höheren Gewichtung der Intensität, das Trainingspensum repräsentiert. Er nannte dieses System den Training Stress Score (TSS). In seiner ursprünglichen Form erforderte der TSS ein Powermeter, um die Intensität zu messen. Inzwischen kann der TSS auch mit einem Herzfrequenzmonitor bestimmt werden. Die Leistung ist aber die etwas präzisere Messgröße.

Dr. Coggans Formel zur Bestimmung des TSS einer bestimmten Trainingseinheit basiert auf der normalisierten Leistung, dem Intensitätsfaktor und der Dauer in Sekunden sowie der FTP des jeweiligen Fahrers. Der sich ergebende TSS-Wert beziffert das Belastungsniveau der Einheit, indem er sowohl deren Dauer als auch deren Intensität im Verhältnis dazu berücksichtigt, was der Fahrer zu leisten in der Lage ist. (Es ist nicht Zweck dieses Buches, diese Begriffe vertiefend zu erörtern. Falls Sie mehr darüber erfahren möchten, empfehle ich Ihnen Dr. Coggans Buch *Wattmessung im Radsport und Triathlon* oder auch mein *Praxishandbuch Wattmessung*, das eine einfache Einführung in den Gebrauch eines Powermeters liefert.)

Festzuhalten bleibt, dass sich Ihre Sicht auf das Radsporttraining vollkommen verändern wird, wenn Sie es mittels des TSS statt des Umfangs angehen. Wenn Ihr Trainingspensum auf TSS statt auf Umfang basiert, beginnen Sie den Fokus auf genau das zu legen, was Wettkampfbereitschaft erzeugt: die Kombination aus Umfang und Intensität, mit letzterer als primärem Faktor. Mit dieser Verlagerung in Ihrem Denken werden sich sowohl Ihr Training als auch Ihre Wettkämpfe zum Positiven verändern.

In Teil IV beschäftigen wir uns in konkreter Form mit dem TSS und ich zeige Ihnen, wie Sie damit Ihre Saison, Trainingswochen und Einheiten planen. Dann wird Ihnen deutlich klarer werden, wie ein solches persönliches, auf dem TSS basierendes Trainingssystem aussieht. In diesem Kapitel, in dem es noch etwas genereller um die Bedeutung der Intensität für das Training geht, habe ich mich darauf beschränkt, das Konzept kurz vorzustellen.

FAZIT: TRAININGSINTENSITÄT

In diesem Kapitel drehte sich alles um die Bedeutung der Trainingsintensität für fortgeschrittene Fahrer. Zunächst haben wir uns dazu die gängigen Möglichkeiten angeschaut, während der Fahrt die Intensität einzuschätzen. Die gebräuchlichsten Methoden sind die subjektive Bewertung der empfundenen Anstrengung (RPE) auf einer Skala von 0 bis 10 sowie die Überwachung der Herzfrequenz oder Wattleistung. Jede dieser Methoden hat sich für ambitionierte Sportler als nützlich erwiesen, sei es im Training oder im Wettkampf. Die unmittelbare Intensität eines Straßenrennens lässt sich am besten mittels der empfundenen Anstrengung erfassen. Ob Sie eine Attacke fahren, müssen Sie danach entscheiden, wie Sie sich fühlen, nicht anhand Ihrer Leistung in Watt oder Ihrer Herzfrequenz. Aber wenn Sie sich auf ein Rennen vorbereiten, sind Herzfrequenz und Wattzahlen entscheidende Faktoren dafür, wie hart Sie arbeiten und was Sie resultierend daraus erreichen. Die Fähigkeit, jede dieser drei Methoden zu verstehen und anwenden zu können, ist immens wertvoll dafür, Wettkampffitness zu entwickeln.

Als Nächstes haben wir uns zwei ganz entscheidende Intensitätsniveaus angeschaut, die aerobe und die anaerobe Schwelle, und betrachtet, wie sie als Referenzpunkte im Training genutzt werden können. Die aerobe Schwelle ist die niedrigere der beiden und entspricht normalerweise einer RPE von 3 bis 4 auf der Skala der empfundenen Anstrengung von 0 bis 10. Die Laktatproduktion, eine gängige Methode zur Messung der Intensität im Labor, ist gering, wenn man an der aeroben Schwelle fährt (im Vergleich mit der anaeroben Schwelle). Ein Fahrer mit guter aerober Fitness sollte in der Lage sein, diese geringe Intensität über mehrere Stunden aufrechtzuerhalten. Bei dieser Intensität ist der Körper in der Lage, Laktat so schnell abzubauen, wie es produziert wird. Dies ist ein für das Training wertvolles Intensitätsniveau, da es die aerobe Ausdauerfitness verbessert.

An der anaeroben Schwelle kann ein Radsportler je nach Ausdauerfitness normalerweise 45 Minuten bis etwas über eine Stunde fahren. Die RPE liegt hier üblicherweise bei etwa 7, da Laktat schneller produziert wird, als es abgebaut werden kann. Das führt zu

70 bis 80 Prozent der Trainingszeit an oder unter der aeroben Schwelle zu verbringen, führt zu größerer Fitness und Wettkampfbereitschaft.

einer zunehmenden Übersäuerung der Muskulatur und erschwert es, die Anstrengung über eine längere Dauer aufrechtzuerhalten.

Diese beiden Referenzpunkte zu kennen, hilft Ihnen, die Trainingsintensitäten bezogen auf einzelne Einheiten und im Lauf der Saison optimal zu verteilen. Das Gros Ihres Trainings sollte an oder unterhalb der aeroben Schwelle absolviert werden. Studien haben gezeigt, dass es zu größerer Fitness und Wettkampfbereitschaft führt, wenn man 70 bis 80 Prozent des Trainings in diesem niedrigen Bereich verbringt, statt eine andere Verteilung zu wählen. Meiner Erfahrung nach unternehmen in Eigenregie trainierende Fahrer üblicherweise etwa die Hälfte ihres Trainings oberhalb der aeroben Schwelle, das meiste davon im Bereich zwischen den Schwellen. Viele glauben, so die durchschnittliche Intensität ihres Trainings zu steigern. Das mag sogar stimmen, es bedeutet aber auch, dass die betreffenden Fahrer, wenn die Einheiten anstehen, die über die Aussichten im Wettkampf entscheiden – nämlich diejenigen über der anaeroben Schwelle –, etwas zu erschöpft sind, um die erforderliche Leistung zu bringen. Kurzum: Die Qualität und der Wert der wettkampfkritischen Einheiten leidet.

Als einfache und günstige Möglichkeit, den wichtigen oberen Referenzpunkt zu ermitteln – die anaerobe Schwelle – erfand Dr. Andrew Coggan das Konzept der funktionalen Schwelle, die auf einem Feldtest basiert. Dafür absolvieren Sie einfach einen 20-Minuten-Test bei maximaler Anstrengung auf einem flachen bis leicht ansteigenden Kurs und ziehen 5 Prozent von der sich daraus ergebenden durchschnittlichen Wattleistung oder Herzfrequenz ab. Sobald Sie Ihre funktionale Schwelle bestimmt haben, können Sie Ihre Trainingszonen für sowohl Herzfrequenz als auch Wattleistung festlegen.

Es ist wichtig, sich klarzumachen, dass Watt- und Herzfrequenz-Zonen nicht immer Hand in Hand gehen, sobald sie festgelegt sind. Und das ist auch gut so. Bei einem fortgeschrittenen Fahrer bleiben die Herzfrequenz-Zonen im Laufe einer Saison weitgehend konstant. Die Watt-Zonen hingegen ändern sich je nach Stand der Fitness beträchtlich. Das bedeutet, dass sich Ihre Watt- und Herzfrequenz-Zonen zu Beginn der Saison während des Trainings vielleicht noch erheblich überschneiden, mit Fortschreiten der Saison und verbesserter Fitness aber getrennte Wege gehen. Ein Beispiel: Wenn Sie zu Beginn des Jahres in Herzfrequenz-Zone 2 fahren, wird auch Ihre Leistung sich vermutlich in Watt-Zone 2 bewegen. Aber später in der Saison wird eine Herzfrequenz in Zone 2 vielleicht eher mit einer Wattleistung in Zone 3 korrespondieren. Mit anderen Worten: Sie fahren bei gleicher Anstrengung schneller.

Eine weitere Absicht dieses Kapitels war es, fortgeschrittenen Fahrern deutlich zu machen, dass der Schlüssel zu einer produktiven Wettkampfvorbereitung die Intensität ist, nicht Dauer oder Umfang. Beides ist wichtig, aber die Intensität ist entscheidender. Um die Dauer der Einheiten in Verbindung mit der Intensität darstellen zu können, erfand Dr. Andrew Coggan das Konzept des Training Stress Score. Wenn Sie nach dem Training die Daten Ihrer Pulsuhr oder Ihres Powermeters bei *TrainingPeaks.com* hochladen, berechnet die Software Ihren TSS. Dieser Wert gibt wieder, wie anstrengend die Einheit mit Blick auf Intensität und Dauer war. Indem Sie die TSS-Werte aller Einheiten in einem bestimmten Zeitraum wie z.B. einer Woche addieren, erhalten Sie eine Zahl, die Ihr Trainingspensum repräsentiert. In Teil IV, wenn wir uns der Frage widmen, wie Sie Ihr Training planen, gebe ich Ihnen einige konkrete Zahlen für den TSS an die Hand, die Ihnen helfen, ein besseres Verständnis dieses Konzepts zu entwickeln.

Nach der Lektüre der letzten beiden Kapitel sollten Sie nun ein solides Verständnis der Grundlagen des Trainings besitzen. Als Nächstes machen wir uns nun daran, das Gelernte konkret anzuwenden, so dass Sie zielgerichtet trainieren können.

TEIL III

ZIELGERICHTETES TRAINING

Eine zielgerichtete Vorgehensweise ist es, die im Radsport die Spreu vom Weizen trennt, wenn es ums Training geht. Alles beginnt logischerweise damit, sich ein Ziel zu setzen, das Sie erreichen möchten – in diesem Fall, wie Sie in den Rennen der kommenden Saison abschneiden wollen. Der erste Schritt hin zu Ihrem Ziel ist eine persönliche Einschätzung: Wo stehen Sie derzeit in Bezug darauf, was Sie erreichen möchten? Wie groß ist die Lücke, sowohl körperlich als auch mental, die zwischen Ihrem aktuellen Leistungsstand und Ihrem Ziel klafft? Haben Sie die erforderlichen Hilfsmittel, um laufend Ihre Fortschritte im Hinblick auf Ihr Ziel zu ermessen? In Kapitel 5 versuchen wir, Antworten auf diese Fragen zu finden.

Kapitel 6 beschäftigt sich mit den körperlichen Faktoren der Fitness, die für gewöhnlich über die Wettkampfleistungen im Ausdauersport den Ausschlag geben. Hier lernen Sie ein grundlegendes Konzept kennen, wie Sie ein an den verschiedenen Faktoren des Leistungsvermögens orientiertes Training nutzen, um Ihre Fitness zu verbessern. In den restlichen Kapiteln dieses Buches werde ich immer wieder auf diese Leistungsfaktoren und ihre tägliche Anwendung im Training zurückkommen, lesen Sie sich diese Abschnitte also sorgfältig durch.

Das zielgerichtete Training, das in Kapitel 6 behandelt wird, hängt mit der Frage zusammen, was Sie derzeit davon abhält, Ihr Ziel zu erreichen: Ich nenne das die »Begrenzer«. Dass Sie Ihre Begrenzer hinsichtlich Ihrer Wettkampfleistungen kennen, ebnet den Weg dafür, Ihr Training wirklich zielgerichtet gestalten zu können. Damit dies gelingen kann, sollten Sie das Konzept der Begrenzer gut verstanden haben.

Die Entscheidungen, die Sie bei der Lektüre der beiden nächsten Kapitel treffen, werden dazu beitragen, dass Sie all Ihre Trainingseinheiten künftig zielgerichtet planen und gestalten und so Ihr Ziel schließlich erfolgreich umsetzen.

5

DER EINSTIEG

DER BEGINN EINER neuen Saison ist viel wichtiger, als Sie vielleicht glauben. Zwar bauen Sie zu diesem Zeitpunkt noch keine signifikante Fitness auf, doch treffen Sie eine ganze Reihe wichtiger Entscheidungen und haken eine Vielzahl kleinerer Teilaufgaben ab, die alle einen Einfluss darauf haben, wie Sie den Rest des Jahres trainieren und in welcher Weise Sie davon profitieren. Ein wohldurchdachter Einstieg ist so wichtig dafür, wie sich der Rest des Jahres gestaltet, dass ich die von mir betreuten Athleten jedes Jahr das in diesem Kapitel dargelegte Prozedere wiederholen lasse, wenn sie wieder ins Training einsteigen. Ich erachte jede der im Folgenden vorgestellten Aufgaben nicht nur als bloße Anregung. Ich halte sie vielmehr für ebenso wichtig für Ihre Wettkampfvorbereitung und -leistungen wie das Training auf dem Rad. Womöglich werden Sie versucht sein, manches zu überspringen, weil es trivial erscheint. Aber viele kleine Aufgaben zu erfüllen, kann einen großen Unterschied machen, und was Sie zu Beginn einer Saison unternehmen, ist oftmals der Schlüssel zum Erfolg.

Was ist, wenn Sie bereits mitten in der Saison sind, wenn Sie dieses Kapitel lesen? Was sollten Sie tun, falls Sie bereits mit dem ernsthaften Training begonnen haben und es noch acht Wochen bis zu Ihrem nächsten Wettkampf sind? In diesem Fall würde ich Ihnen dringend raten, die Saison quasi von vorn zu beginnen und den Anleitungen hier zu folgen. Zwar wird es eine gewisse Zeit in Anspruch nehmen, diese Schritte unterzubringen, doch werden sie Ihre Rennvorbereitung nicht maßgeblich beeinträchtigen. Es wird sinnvoll genutzte Zeit sein. Falls Sie hingegen derzeit mitten in der heißen Wettkampfphase stecken, ist es das Beste, das empfohlene Einstiegsprozedere zu verschieben, bis Sie ein paar Wochen Pause vor Ihrem nächsten wichtigen Rennen haben.

Ganz gleich, in welcher Phase der Saison Sie sich gerade befinden, werden Sie die alljährlichen Schritte, die in diesem Kapitel erörtert werden, früher oder später berücksichtigen müssen. Dies bringt Sie auf den richtigen Weg und im Ergebnis werden Sie später erhebliche Verbesserungen Ihrer Leistungen erzielen.

HILFSMITTEL FÜRS TRAINING

Fraglos möchten Sie gern ein gutes Rad mit vernünftigen Laufrädern, leichtgängiger Schaltung und schnell ansprechenden Bremsen fahren, denn es ist klar, dass Ihnen dies ein besseres Training und bessere Rennen ermöglicht. Das versteht sich von selbst. So wie Ihr Rad und seine Komponenten Hilfsmittel sind, die Sie schneller machen können, gibt es noch weitere technische Geräte, die das Potenzial haben, Sie auf ein höheres Leistungsniveau zu bringen. Was ich Ihnen nahebringen möchte, ist, dass der Gebrauch mancher dieser Geräte dazu beitragen wird, Ihrem »Motor« auf die Sprünge zu helfen.

Was man misst, verbessert sich.

Es gibt zwei Geräte, die alle Athleten, die ich betreue, besitzen sollten: ein Herzfrequenzmonitor und ein Leistungsmessgerät. Ich setze diese Geräte voraus, weil sie präzise Messungen liefern und zuverlässige Daten unerlässlich sind, um richtige Trainingsentscheidungen zu treffen. Sie kennen vielleicht die alte Weisheit: »Was man nicht messen kann, kann man nicht lenken.« Pulsuhr und Powermeter verschaffen Ihnen genaue Auskünfte darüber, was während der Fahrt in Ihrem Körper passiert – wie der Motor läuft. Ohne diese Informationen trainieren Sie quasi aufs Geratewohl.

Nicht selten erhitzt die bloße Erwähnung des Begriffs Technologie die Gemüter. Es hat schon immer Sportler gegeben, die den Einsatz jeglicher technischer Hilfsmittel partout ablehnten, und der Radsport bildet da keine Ausnahme. Als Anfang des 20. Jahrhunderts Schaltungen aufkamen, wurden sie von den Veranstaltern der Tour de France kurzerhand verboten. Sie zogen es vor, die Fahrer vor jedem Anstieg absteigen zu lassen, um das Hinterrad, das auf jeder Seite je ein Ritzel unterschiedlicher Größe hatte, auszubauen und umzudrehen. Auch als Tachometer aufkamen, waren viele Fahrer dagegen. Sie sahen keinen Grund dafür, es mit der Geschwindigkeit so genau zu nehmen. Aerolenker für Zeitfahren wurden Mitte der 1980er Jahre erfunden, im Straßenradsport aber erst übernommen, als Greg LeMond 1989 dank ihnen mit einem Vorsprung von acht Sekunden die Tour de France gewann. Anfang der 1990er Jahre kamen Klickpedale auf, die bald die antiquierten Pedalhaken und Lederriemen ersetzten, die seit hundert Jahren verwendet wurden. Viele Fahrer (einschließlich mir selbst!) sahen sie als überflüssige Abkehr vom Bewährten an. Ganz gleich, um welche technische Neuerung es geht: Es gibt immer Leute, die strikt dagegen sind. Solche Athleten sehen sich als Puristen, die den wahren Geist des Sports bewahren. Sie mögen es nicht, wenn sich vermeintlicher Schnickschnack, v.a. in Form handfester Daten und Zahlen, in den »wahren« Radsport einmischt.

Wenn Sie als Radsportler bessere Ergebnisse erzielen wollen, können Trainingstechnologien Ihnen helfen, einen leistungsstarken »Motor« zu bauen.

Und um ehrlich zu sein, ist tatsächlich nicht jeder auf Pulsuhr und Powermeter angewiesen. Neulingen in ihrem ersten Trainingsjahr nützen diese Geräte herzlich wenig. Für sie geht es weniger darum, sich Gedanken um die Intensität ihrer Einheiten zu machen, als sich regelmäßig aufs Rad zu setzen. Auch nicht jeder Routinier ist auf solche Geräte angewiesen, sofern man ein gutes Gefühl dafür hat, wie hart man sich während einer Einheit belastet. Manche Fahrer haben ein ausgezeichnetes Gespür für die Intensität. Wenn solche Athleten in Eigenregie trainieren, ist es durchaus möglich, dass es ihre Fortschritte nicht signifikant schmälert, wenn sie auf die genannten Technologien verzichten.

Falls Sie als Radsportler bessere Resultate erzielen möchten, dürfen Sie aber davon ausgehen, dass Herzfrequenz- und Wattmessung Ihnen helfen, einen leistungsstarken Motor zu bauen. Die erforderlichen Geräte kosten Geld, aber wenn es Ihnen ernst ist mit Ihrer Weiterentwicklung als Radsportler, werden Sie bald feststellen, dass sie wichtiger sind als ein schickes Rad.

Herzfrequenzmonitore und Powermeter können Ihnen helfen, Trainingseinheiten zu analysieren, Entwicklungen zu erkennen und künftige Einheiten zu gestalten, selbst wenn Sie während des Trainings oder Rennens nie aufs Display schauen. Sich nach einer Ausfahrt die Daten anzusehen, kann Ihnen viel darüber verraten, wie es um Ihre Fitness bestellt ist.

Verbessert sich Ihre funktionale Schwellenleistung (FTP)? Wie hat sich Ihre Ausdauerfitness entwickelt? Trainieren Sie ausreichend mit wettkampfähnlichen Intensitäten? Wie viele »Körner« haben Sie im Rennen verbraucht und was können Sie tun, um künftig mit mehr »Körnern« ins Rennen zu gehen? Eine Pulsuhr und ein Powermeter können helfen, solche Fragen zu beantworten, weil Sie nicht mehr nur auf Ihr Gedächtnis und Mutmaßungen angewiesen sind. Mit diesen Technologien gewinnt das Training an Präzision, und entsprechend verbessern sich auch Ihre Wettkampfresultate.

Mir ist bewusst, dass der Radrennsport eine kostspielige Angelegenheit ist und die Anschaffung dieser Geräte die Ausgaben weiter in die Höhe treibt. Aber die Preise für alle empfohlenen Hilfsmittel sinken kontinuierlich. Natürlich können Sie auch die absoluten Topmodelle kaufen und dafür ein kleines Vermögen ausgeben. Aber selbst die günstigsten Geräte liefern Ihnen zuverlässig das, was Sie benötigen: eine Messung der Intensität. Wenn Ihr Budget knapp bemessen ist, sollten Sie im Verein oder im Sportgeschäft nach günstigen Gebrauchtgeräten fragen. Es gibt immer Athleten, die auf die allerneuesten Technologien umgestiegen sind und ihre alten Geräte zu Geld machen wollen.

Natürlich funktionieren Pulsuhren und Powermeter nicht auf magische Weise wie von selbst. Sie müssen erst lernen, wie Sie sie benutzen, und das kann einiges an Zeit und Hirnschmalz erfordern. Dieses Buch verschafft Ihnen darin einen Einstieg, aber um die Feinheiten der Datenanalyse vollständig zu verstehen, werden Sie Bücher und Websites zum Thema studieren müssen. Auch hier macht die Zusammenarbeit mit einem Experten das Leben einfacher.

Daneben gibt es noch andere Dinge zu bedenken. Die Sicherheit zum Beispiel. Es kann passieren, dass man zu sehr auf die Daten fixiert ist, v.a. wenn das Gerät brandneu ist und Sie noch dabei sind, die Bedienung zu erlernen. Mitten im Straßenverkehr nur auf das Display des Powermeters zu starren, ist keine so gute Idee.

Sie erinnern sich vielleicht noch aus Kapitel 4 an die Ausführungen über die Bedeutung der empfundenen Anstrengung im Radsport. Sie können kein erfolgreicher Radsportler werden, indem Sie während eines Rennens auf ein Display schauen. Dann müssen Sie in der Lage sein, die Signale Ihres Körpers zu deuten. Der Zweck von Pulsuhr und Powermeter ist, Ihnen ein besseres Training – und damit bessere Rennen – zu ermöglichen, indem sie Ihnen gestatten, Ihre Fortschritte zu bemessen und im Training die richtige Intensität hinzukriegen.

Um bessere Wettkampfresultate zu erzielen, benötigen Sie Pulsuhr und Powermeter.

Unterm Strich lässt sich festhalten, dass Sie einen Herzfrequenzmonitor und einen Leistungsmesser brauchen, um bessere Wettkampfergebnisse zu erzielen. Für den richtigen Einstieg in die Saison empfehle ich Ihnen sehr, sich diese Geräte zuzulegen und sich mit ihrer Handhabung vertraut zu machen.

SAISONZIELE

Sobald Sie die grundlegenden Hilfsmittel für ein ernsthaftes Training haben, ist der nächste Schritt, das Ziel oder die Ziele für die kommende Saison zu definieren. Vielleicht gibt es nur ein einziges, wie z.B. bei einer bestimmten Meisterschaft das Podium zu erreichen. Sie haben schon mehrfach daran teilgenommen und waren ein paar Mal nah dran, so dass dies ein seit langem gehegter Traum von Ihnen ist. Und nun haben Sie sich entschieden, dass es an der Zeit ist, diesen Traum in ein Ziel umzuwandeln. Es gibt nur eine Sache, die absolut unerlässlich ist, um aus einem Traum ein Ziel zu machen: ein Plan. Der Planung für das Erreichen Ihres Ziels werden wir uns später in Teil IV widmen.

Vielleicht gibt es auch gleich mehrere Ziele, die Sie in der kommenden Saison erreichen wollen. In diesem Fall würde ich Ihnen raten, es bei höchstens dreien zu belassen. Je mehr Saisonziele Sie sich setzen, desto kniffliger wird es, sämtliche der Komponenten, die im Training zu diesem Zweck entwickelt werden müssen, unter einen Hut zu bekommen. Mehrere Ziele zu haben, kann sich sogar als kontraproduktiv erweisen. Falls Sie sich z.B. vornehmen, bei einer Serie von Kriterien im Verlauf mehrerer Wochen das Podium zu erreichen, und außerdem eine persönliche Bestzeit in einem 40-km-Zeitfahren anstreben, das im gleichen Zeitraum ansteht, können sich dadurch im Training Konflikte ergeben. Das Training für Kriterien und für Zeitfahren ist grundverschieden. Es ist eine große Herausforderung, die erforderliche Physis für beide Disziplinen zu entwickeln. Zwei solche Ziele parallel zu verfolgen, bedeutet, dass Sie Ihre begrenzte wöchentliche Trainingszeit aufteilen müssten zwischen zwei verschiedenen und teils widersprüchlichen physiologischen Resultaten: Bei einem geht es um eine Menge anaerobe Fitness, beim anderen um eine extrem hohe aerobe Fitness. Der menschliche Körper ist nicht in der Lage, sich vollständig an divergente Anforderungen anzupassen. Es wäre daher besser, sich auf jeweils eines der Ziele zu konzentrieren und sie in ausreichendem zeitlichen Abstand zueinander über die Saison zu verteilen.

Ihre Ziele müssen konkret, messbar und anspruchsvoll sein und einen klaren Zeitrahmen vorgeben.

Es gibt ein paar Grundsätze zu bedenken, wenn Sie Ihre Ziele festlegen. Zunächst mal müssen Ihre Ziele konkret, messbar und anspruchsvoll (aber erreichbar) sein und einen klar definierten Zeitrahmen vorgeben. Sie müssen außerdem regelmäßig Ihren Fortschritt überprüfen. Die meisten dieser Punkte verstehen sich von selbst, aber ich werde auf ein paar von ihnen, die häufig einer Klarstellung bedürfen, näher eingehen.

Ihre Ziele sollten Sie herausfordern, sich als Radsportler zu steigern.

Entsprechend meiner zuvor erwähnten Trainerweisheit »Was man nicht messen kann, kann man nicht lenken« möchte ich noch einmal betonen, wie wichtig es ist, Ihren Fortschritt im Hinblick auf Ihr Ziel präzise bestimmen zu können. Ein Ziel, das z.B. lautet »am 10. September im 40-km-Zeitfahren unter einer Stunde bleiben« ist messbar, konkret und hat einen klar definierten Zeitrahmen. Sie können Ihren Fortschritt auf dieses Ziel hin leicht messen. Das Ziel »in diesem Jahr schneller fahren« ist hingegen zu vage, um messbar zu sein. Wie schnell ist schneller? Schneller fahren über welche Dauer? Und wann? Wie würden Sie Ihren Fortschritt auf Ihr Ziel hin bemessen? Dies ist die Art von Ziel, das oberflächlich betrachtet gut klingt, letztlich aber wenig bis gar keinen Wert hat. Es ist ein kläglicher Versuch, sich ein Ziel zu setzen, und wird wahrscheinlich keine tolle Saison nach sich ziehen.

Sich nichtmessbare Ziele zu setzen, ist ein Fehler, den viele Sportler machen, denn solche Ziele klingen gut, wenn man über seine Saison spricht. Ein anderer Fehler ist, sich unrealistische Ziele zu setzen. Setzt sich z.B. ein Anfänger das Ziel »am 2. Juni die Straßenmeisterschaft bei den Senioren 2 gewinnen«, ist das zwar konkret und messbar, aber vermutlich auch unerreichbar. Zwar kann es durchaus sein, dass dieser Wunsch in ein paar Jahren in Erfüllung geht, aber für den Moment ist es nur ein Traum. Nach den Sternen zu greifen in der Hoffnung, den Mond zu erreichen, ist kein echter Ansporn, denn insgeheim weiß der Athlet genau, dass das Ziel für ihn unerreichbar ist. Das Training, das er unternimmt, wird folglich nicht zielgerichtet sein und ihm fehlt auch die Motivation, sich voll reinzuhängen.

Ein Ziel kann auch zu leicht ausfallen. Wenn es keinen Zweifel daran gibt, dass Sie das Ziel ohne weiteres erreichen können, stellt es für Sie keine Herausforderung dar. Auch in diesem Fall erfüllt Ihr Training keinen echten Zweck und das Resultat wird bedeutungslos sein. Stattdessen sollten Sie sich Ziele setzen, die aktuell etwas außerhalb Ihrer Reichweite liegen und Sie somit fordern, ein leistungsfähigerer Radsportler zu werden.

Trainingsvorgaben

Eine große Frage, sobald Sie sich schließlich für ein schwieriges, aber realistisches Ziel entschieden haben, lautet: Warum können Sie es nicht jetzt gleich erreichen? Könnten Sie es jetzt, da die Saison gerade beginnt, schon erreichen, würden Sie nicht von einem Ziel sprechen, sondern eher von einer bestätigten Leistung, also nur einer Umsetzung dessen, was Sie ohnehin draufhaben. Sie hätten nicht das Gefühl, etwas erreicht zu haben. Es wäre nichts Besonderes. Da aber ein gewisser Zweifel daran besteht, ob Sie das Ziel, das Sie sich gesetzt haben, wirklich erreichen können, fehlt Ihnen ganz offensichtlich noch etwas. Dieses Etwas ist das, was zwischen Ihnen und dem Erfolg steht und was ich als *Begrenzer* bezeichne. Der primäre Zweck Ihres Trainings ist, diese Begrenzer, die Sie in Ihren Wettkampfleistungen limitieren, zu verbessern. Die untergeordneten Teilziele, die dafür erfüllt werden müssen, nenne ich *Trainingsvorgaben*. Mit dem wichtigen Konzept der Begrenzer werden wir uns ausführlich in Kapitel 6 beschäftigen, bevor wir uns in Teil IV konkret mit der Frage auseinandersetzen, wie Sie Ihr Training im Einzelnen gestalten.

Einstweilen müssen Sie sich nur merken, dass eine Trainingsvorgabe ein kurzfristiges Teilziel ist, das Sie auf dem Weg zu Ihrem übergeordneten Saisonziel erreichen müssen. Vermutlich werden Sie die Umsetzung dieser Vorgaben im Training beobachten können, was Ihnen wiederum anzeigt, dass Sie auf dem richtigen Weg sind und im Hinblick auf Ihr Ziel Fortschritte machen. Ist die Vorgabe auf irgendeine Art und Weise messbar, umso besser. Eine Vorgabe kann z.B. sein, in einer Trainings- oder Testeinheit für eine bestimmte Dauer eine bestimmte Wattzahl zu treten. Das könnte eine angestrebte FTP sein, die Sie brauchen, um bessere Wettkampfleistungen zu erzielen. Auch bestimmte Lebensumstände oder mentale Hemmnisse, die Ihre Leistungen einschränken, könnten Gegenstand einer Trainingsvorgabe sein. Darauf kommen wir im nächsten Kapitel zurück.

Bis hierher haben wir ein Saisonziel und im Zuge dessen eine oder mehrere Trainingsvorgaben, deren Umsetzung erforderlich sind, um einen Begrenzer zu verbessern und so dem Ziel näher zu kommen. Das bringt uns auf die Detailebene des Trainings für Höchstleistung: die täglichen Trainingszwecke.

Tägliche Trainingszwecke

Sofern Ihr Ziel eine echte Herausforderung darstellt, brauchen Sie Hingabe, Schweiß und Geduld, um Ihre Begrenzer zu verbessern. Auf die eine oder andere Art und Weise müssen Sie tagtäglich an diesen Defiziten arbeiten. Solch hartnäckiges Engagement ist es, was schließlich zum Erreichen des Ziels führt. Jede einzelne Einheit bedeutet einen weiteren kleinen Schritt in diese Richtung. Es ist nicht leicht, aber Ihr Körper passt sich nach und nach an das zunehmend schwere Training an, und schließlich werden Sie in der Lage sein, zu erreichen, was noch wenige Wochen zuvor außerhalb Ihrer Möglichkeiten lag.

Harte Trainingseinheiten erzeugen das Potenzial für größere Fitness, aber stärker wird Ihr Körper während der Regeneration.

Der Prozess kontinuierlicher Verbesserung setzt voraus, dass jede einzelne Trainingseinheit einen Zweck erfüllt. Sie können nicht einfach drauflos trainieren in der Hoffnung, dass etwas Günstiges geschieht und das Ziel irgendwie erreicht wird. Jede Einheit, jeder Tag muss sich um etwas drehen, was größere Wettkampfbereitschaft hervorbringen wird. Dementsprechend muss für jede Einheit ein Zweck definiert werden. Ihr Trainingsschwerpunkt an einem bestimmten Tag kann etwas sehr Herausforderndes sein, wie z.B. die Wattleistung zu verbessern oder größere Ausdauer zu entwickeln. Es kann aber auch etwas Leichtes sein, wie sich vom schweren Training des Vortags zu erholen. Harte Trainingseinheiten erzeugen das Potenzial für größere Fitness, aber die notwendigen Anpassungsprozesse im Körper finden während der Regeneration statt. Was auch immer die jeweilige Einheit vorsieht: Sie müssen gleich zu Beginn genau wissen, was Sie an diesem Tag tun werden, um so einer Trainingsvorgabe und Ihrem Ziel ein kleines Stück näher zu kommen, und ebenso sollten Sie bereits wissen, wie Sie sich vom Training erholen, um Fitness aufzubauen. Höchstleistung erfordert tägliches

Handeln und tägliche Planung. Je herausfordernder Ihr Ziel, desto wichtiger wird der Zweck jeder einzelnen Einheit.

Zielgerichtetes Training führt zu kleinen täglichen Zugewinnen, die in der Summe schließlich dazu führen, dass Sie Ihre Saisonziele erreichen. Und je größer Ihr Ziel, desto wichtiger wird jede einzelne Entscheidung, die Sie täglich treffen, selbst wenn Sie nicht auf dem Rad sitzen. Dazu gehören Entscheidungen im Hinblick auf Schlaf, Ernährung und Trainingspartner und auch solche scheinbaren Nebensächlichkeiten wie das, woran Sie denken. Alles zählt, wenn das Ziel hochgesteckt ist. Ein Ziel, von dem Sie wissen, dass es schwierig zu erreichen sein wird, verlangt von Ihnen, jeden Aspekt Ihres Lebens danach auszurichten.

Falls Sie am Beginn des Trainingsjahrs stehen, haben Sie hoffentlich von der kommenden Saison geträumt. Was würden Sie gerne erreichen? Welches sind Ihre Träume? Aus Ihren Träumen werden sich Ihre Ziele, Trainingsvorgaben und -zwecke ergeben. In Kapitel 7 werde ich Sie auffordern, Ihre Ziele und Vorgaben aufzuschreiben. In Kapitel 8 kümmern wir uns dann, wenn wir uns an die Wochenplanung machen, um die täglichen Trainingszwecke.

STANDORTBESTIMMUNG

Das Präventionsprogramm Ihres Physiotherapeuten ist ebenso wichtig wie Ihre Einheiten auf dem Rad und sorgfältig einzuhalten.

Falls Sie dies zu Beginn der neuen Saison lesen, sind Sie wahrscheinlich frisch und bereit zu neuen Taten. Sie können es möglicherweise gar nicht erwarten, dass es endlich wieder losgeht. Sie sollten Ihren Enthusiasmus aber zügeln, indem Sie zunächst analysieren, wie Sie auf die geeignete Weise wieder ins ernsthafte Training einsteigen. Wenn Sie übereifrig an die Sache herangehen, könnten Sie leicht zum »Weihnachtsstern« werden – so nenne ich Fahrer, die mitten im Winter in Bestform sind. Aber wenn die eigentliche Rennsaison schließlich beginnt, sind solche Sportler oft schon ausgebrannt.

Der richtige Wiedereinstieg ins Training verläuft in mehreren Schritten. Der erste Schritt ist eine Einschätzung Ihres aktuellen Status: eine Standortbestimmung. Die entscheidende Frage dabei lautet: Wo befinde ich mich in physischer und mentaler Hinsicht gerade? Die Antwort hat drei Teile: die physische Bereitschaft für das Training, die mentale Bereitschaft, sich einem hohen Ziel zu verschreiben, und der aktuelle Fitnessstand. Ich kann Ihnen nur dringend raten, diesen Prozess ernst zu nehmen und innerhalb der ersten vier Wochen nach dem Wiedereinstieg ins Training vollständig zu durchlaufen. Ihre Wettkampfleistungen in der anstehenden Saison werden davon erheblich profitieren.

Physische Bewertung und Bikefitting

In Kapitel 1 empfahl ich, dass zu Ihrem persönlichen Team u.a. ein Physiotherapeut gehören sollte, der mit Ausdauerathleten, v.a. Radsportlern, arbeitet. Der Beginn einer neuen Saison ist der richtige Zeitpunkt, um einen Termin mit ihm zu vereinbaren und sich einer gründlichen körperlichen Untersuchung zu unterziehen. Ich lasse alle von mir betreuten Athleten jedes Jahr einen solchen Check absolvieren, zum einen, um Verletzungen vorzubeugen, und zum anderen, um sie auf ein Bikefitting vorzubereiten. Diese beiden zu Saisonbeginn zu erledigenden Aspekte lassen sich wunderbar miteinander vereinbaren.

Der Physiotherapeut sollte Sie von Kopf bis Fuß durchchecken, auf Haltung, Kraft, Gelenkbeweglichkeit, muskuläre Dysbalancen und alle anderen strukturellen Eigenheiten und Ungleichgewichte, die Einfluss auf Ihr physisches Wohl und die Konsistenz Ihres Trainings haben. Sinn der Sache ist es, mögliche individuelle Gefahrenherde aufzuspüren und – am allerwichtigsten – zu ermitteln, wie Sie Verletzungen in der kommenden Saison vermeiden.

Hat der Physiotherapeut Ihre spezifischen Schwachstellen aufgespürt, sollte er Ihnen ein

Übungsprogramm ans Herz legen, das auch Kräftigungs- und Dehnübungen umfasst. Vielleicht hat er außerdem Ratschläge hinsichtlich Ausrüstung und Sitzposition parat, die Sie an Ihren Bikefitting-Experten weitergeben können. Womöglich hat er auch wertvolle Tipps für Sie und Ihren Coach (so Sie denn einen haben), welche Arten von Trainingseinheiten Ihren Anforderungen am ehesten entgegenkommen und welche Übungen und Bewegungen Sie besser vermeiden sollten, zumindest bis die Korrekturen greifen.

Ein solches individuelles Präventionsprogramm ist ebenso wichtig wie Ihre Einheiten auf dem Rad und sollte die ganze Saison über sorgfältig eingehalten werden. Ein Physiotherapeut, der es gewohnt ist, mit Ausdauerathleten zu arbeiten, wird wissen, dass Ihnen nur begrenzte Zeit zur Verfügung steht, und das korrektive Übungsprogramm so straffen, dass es im vertretbaren Zeitrahmen den größtmöglichen Nutzen bringt. Falls Sie mehrere strukturelle Schwächen aufweisen, sollten Sie gleich einen Termin zur Nachuntersuchung vereinbaren, um Ihre Fortschritte beurteilen zu lassen und gegebenenfalls Anpassungen am Übungsprogramm vorzunehmen. Anhand einer gründlichen körperlichen Untersuchung mögliche Verletzungsherde aufzuspüren und eventuelle Risiken zu minimieren, macht häufig den Unterschied zwischen einer erfolgreichen Wettkampfsaison und einem Jahr voller Rückschläge und Tränen.

Nach der körperlichen Untersuchung suchen Sie dann einen Bikefitting-Experten auf, um Ihr Rad richtig einzustellen. Die Anpassung sollte grundsätzlich von einem Fachmann vorgenommen werden. Bitten Sie nicht Ihren Ehe- oder Trainingspartner, das zu übernehmen (sofern er dies nicht beruflich macht). Und machen Sie es auch nicht selbst. Das richtige Bikefitting ist einfach zu wichtig für Ihre Saison. Es hat das Potenzial, Ihre Wettkampfleistungen erheblich zu verbessern. Ich hatte Fahrer, die Ihre FTP um mehr als 10 Prozent steigern konnten, nur indem Sie Ihr Rad vernünftig an Ihren Körper anpassen ließen. Und diese Verbesserungen wurden von Fahrern erzielt, die dachten, dass ihre Sitzposition bereits perfekt sei und keine Anpassungen nötig wären. Fast jeder Fahrer glaubt das von sich. Wie viel Training wäre nötig, um 10 Prozent mehr Leistung zu erreichen? Etliche Wochen. Überspringen Sie diesen Punkt auf keinen Fall; er ist zu wichtig für Ihre Wettkampfresultate.

Die richtige Anpassung ist so wichtig, dass Sie sie jedes Jahr vornehmen lassen sollten, selbst wenn Sie dasselbe, bereits angepasste Rad verwenden wie im Vorjahr. Es kann immer Veränderungen geben. So könnten Sie z.B. altersbedingt, aber auch durch Krafttraining oder ein verändertes Trainingspensum weniger beweglich sein als früher. Oder Sie sind sogar beweglicher, weil Sie viel Zeit darauf verwendet haben, an Ihrem Bewegungsumfang zu arbeiten. Oder womöglich haben Sie Vorbau, Lenker, Sattel, Pedale, Schuhe oder dergleichen ausgetauscht. Vielleicht haben Sie mit leichten Kniebeschwerden zu kämpfen, die Sie beeinträchtigen. Suchen Sie sich also einen Fachmann und lassen Sie Ihr Rad jedes Jahr aufs Neue anpassen. Falls Sie sowohl ein Straßenrad als auch eine Zeitfahrmaschine haben, lassen Sie beides richtig einstellen. Ein professionelles Bikefitting ist ein absolutes Muss, falls Sie wirklich Ihr volles Potenzial ausschöpfen wollen.

Lassen Sie jedes Jahr ein Bikefitting machen, auch wenn Sie noch dasselbe Rad fahren.

Die besten Profiteams der Welt bestehen darauf, dass sich ihre Fahrer zu Beginn jeder Saison einer gründlichen körperlichen Untersuchung unterziehen und ihr Rad anpassen lassen, weil sie wissen, wie entscheidend beides für den Erfolg ist. Auch für Sie ist dies alles nicht minder bedeutsam.

Bewertung der mentalen Fähigkeiten

Ebenso wie Ihre physische Bereitschaft für das Training und die Rennen spielt auch Ihre mentale Bereitschaft eine wichtige Rolle für Ihren Erfolg. In Kapitel 1 haben Sie über die Bedeutung mentaler Stärke für Höchstleistungen im Radsport gelesen. Nun ist es so weit, Ihre mentalen Fähigkeiten zu beurteilen.

INFOKASTEN 5.1 Bewertung der mentalen Fähigkeiten

Lesen Sie jede der folgenden Aussagen durch und entscheiden Sie sich für eine dieser Möglichkeiten:

1 = NIE 2 = SELTEN 3 = MANCHMAL 4 = HÄUFIG 5 = FÜR GEWÖHNLICH 6 = IMMER

_____ 1. Ich glaube an mein Potenzial als Radrennfahrer.

_____ 2. Ich trainiere beständig und eifrig.

_____ 3. Wenn es im Rennen nicht gut läuft, behalte ich meine positive Einstellung.

_____ 4. Während schwerer Rennen male ich mir aus, dass ich mich gut schlage.

_____ 5. Vor Wettkämpfen bin ich zuversichtlich und optimistisch.

_____ 6. Ich halte mich selbst für einen erfolgreichen Radsportler.

_____ 7. Vor Wettkämpfen befallen mich keine Zweifel an meiner Leistungsfähigkeit.

_____ 8. Wenn ich am Wettkampfmorgen aufwache, freue ich mich aufs Rennen.

_____ 9. Ich lerne etwas aus den Rennen, in denen ich nicht gut gewesen bin.

_____ 10. Ich kann mir vor Augen führen, wie ich schwere Rennsituationen meistere.

_____ 11. Ich glaube, meine Fähigkeiten als Radsportler sind ziemlich groß.

_____ 12. Vor dem Wettkampf kann ich mir gut ausmalen, wie ich mich in Schlüsselmomenten des Rennens bewege.

_____ 13. Ich habe kein Problem, während langer Rennen konzentriert zu bleiben.

_____ 14. Während des Rennens achte ich laufend auf das Maß meiner Erschöpfung.

_____ 15. Vor dem Start eines Rennens überlege ich immer genau, was ich umsetzen muss.

_____ 16. Ich kann mich gut auf die wichtigen Dinge konzentrieren, während das Rennen voranschreitet.

_____ 17. Ich bin bereit, Opfer auf mich zu nehmen, um meine Ziele zu erreichen.

_____ 18. Vor einem wichtigen Rennen durchdenke ich meine Taktik und kann sie visualisieren.

_____ 19. Ich freue mich auf harte Trainingstage.

_____ 20. Wenn ich mir vorstelle, wie ich ein Rennen bestreite, fühlt es sich beinahe real an.

_____ 21. Ich glaube von mir selbst, dass ich großes Potenzial als Radsportler besitze.

_____ 22. Im Rennen blende ich Ablenkungen aus.

_____ 23. Ich setze mir selbst hohe Ziele.

_____ 24. Ich mag die Herausforderung schwerer Wettkämpfe.

_____ 25. Wenn es im Rennen zur Sache geht, kann ich mich sogar besser konzentrieren.

_____ 26. In Wettkämpfen bin ich mental stark.

_____ 27. Vor einem Rennen kann ich meine Muskeln entspannen.

_____ 28. Selbst wenn ich im Rennen einen Fehler mache, bleibe ich positiv eingestellt.

_____ 29. Auch in der Woche nach einem miesen Rennen bleibt mein Selbstvertrauen groß.

_____ 30. Ich strebe danach, der beste Athlet zu sein, der ich sein kann.

BEWERTUNG: Addieren Sie für jede der folgenden Aussagereihen die vergebenen Punkte und ermitteln Sie dann anhand des Bewertungsschemas unten rechts Ihre Bewertung für die jeweilige mentale Fähigkeit.

FÄHIGKEIT	AUSSAGEN	GESAMT	BEWERTUNG
Motivation	2, 8, 17, 19, 23, 30	_____	_____
Selbstvertrauen	1, 6, 11, 21, 26, 29	_____	_____
Positives Denken	3, 5, 9, 24, 27, 28	_____	_____
Konzentration	7, 13, 14, 16, 22, 25	_____	_____
Visualisierung	4, 10, 12, 15, 18, 20	_____	_____

Wie Sie die Bewertung bestimmen:

PUNKTE GESAMT	BEWERTUNG
32–36	5
27–31	4
21–26	3
16–20	2
6–15	1

Füllen Sie den Bewertungsbogen in Infokasten 5.1 aus. Antworten Sie absolut ehrlich auf die dort gestellten Fragen. Niemand sonst wird Ihre Resultate erfahren (sofern Sie sie nicht freiwillig mitteilen), es gibt also keinen Grund, etwas zu beschönigen. Wenn Sie damit fertig sind, lesen Sie diesen Abschnitt weiter. Ich warte so lange.

Schauen wir uns nun die Bewertung Ihrer mentalen Selbsteinschätzung an. Da Sie dieses Buch lesen, gehe ich davon aus, dass Sie im Hinblick auf die Motivation eine hohe Punktzahl (4 oder 5) erreicht haben. Radsportler sind generell hochmotivierte Menschen. Wenngleich eine hohe Motivation für Training und Wettkämpfe gemeinhin als positive Eigenschaft gewertet wird, hat sie auch eine Schattenseite. Diese kommt zum Vorschein, wenn ein Athlet sich nach einer Phase harten Trainings schwer tut, das Pensum zu verringern und zu regenerieren oder auch nur vor einem Wettkampf ein Tapering zu unternehmen. Ich habe Athleten gekannt, die so motiviert waren, dass sie sich nur dann Ruhe und Regeneration gönnten, wenn sie von überwältigender Erschöpfung quasi dazu gezwungen wurden. Ein solches Verhalten führt oft zu Übertraining. Nur wenige Athleten begreifen, wie verheerend Übertraining sich auswirken kann. In Kapitel 10 werden wir uns ausführlich mit dem Thema beschäftigen, einstweilen reicht es festzuhalten, dass Sie lernen müssen, Ihren Enthusiasmus zu zügeln, um auf höchstmöglichem Niveau Wettkämpfe bestreiten zu können.

Auch Selbstvertrauen, Denkgewohnheiten, Konzentration und Fähigkeit zur Visualisierung spielen eine wichtige Rolle für Ihre Leistungen. Falls Ihre Selbsteinschätzung für einen dieser Aspekte gering ausfällt (1, 2 oder 3), müssen Sie einen Weg finden, diese mentale Fähigkeit zu verbessern. Die effektivste, aber leider auch teuerste Möglichkeit ist es, die Dienste eines Sportpsychologen in Anspruch zu nehmen. Eine günstigere Alternative ist, sich entsprechende Fachliteratur zu beschaffen. Eine Liste von aktuell erhältlichen Büchern zum Thema finden Sie in Infokasten 5.2.

INFOKASTEN 5.2 Empfehlenswerte Bücher zum Thema Sportpsychologie

Afremow, Jim. *The Champion's Comeback: How Great Athletes Recover, Reflect, and Reignite.*

Afremow, Jim. *The Champion's Mind: How Great Athletes Think, Train, and Thrive.*

Bell, Jonny. *Sports Psychology: Inside the Athlete's Mind.*

Cox, Richard. *Sport Psychology: Concepts and Applications.*

Fitzgerald, Matt. *Siegen ist Kopfsache. Die mentalen Erfolgsstrategien der Ausnahme-Athleten.*

Gonzalez, Dan. *Die Kunst des mentalen Trainings.*

Grover, Tim. *Relentless: From Good to Great to Unstoppable.*

LeUnes, Arnold. *Sport Psychology.*

Lynch, Jerry. *Spirit of the Dancing Warrior: Asian Wisdom for Peak Performance in Athletics and Life.*

Mack, Gary & David Casstevens. *Mind Gym: An Athlete's Guide to Inner Excellence.*

Orlick, Terry. *In Pursuit of Excellence.*

Smith, Leif & Todd M. Kays. *Sports Psychology for Dummies.*

Weinberg, Robert & Daniel Gould. *Foundations of Sport and Exercise Psychology with Web Study Guide.*

Bewertung der Fitness

Ich habe es in diesem Kapitel bereits mehrfach gesagt, dennoch lassen Sie es mich noch einmal wiederholen: Was man nicht messen kann, kann man nicht lenken. Hätten Sie gern mehr Geld auf dem Konto? Der erste Schritt sollte sein, sich anzuschauen, wie viel Sie derzeit haben und dann regelmäßig die Kontoauszüge zu prüfen. Würden Sie gern ein paar Pfund abspecken? Fangen Sie damit an, sich zu wiegen, und stellen Sie sich dann regelmäßig auf die Waage, um zu schauen, wie es vorangeht. Wenn Sie wiederholt etwas messen, das Ihnen wichtig ist, werden Sie anfangen, sich darauf zu konzentrieren. Es beschäftigt Ihre täglichen Gedanken. Denken führt zu Handeln und schließlich beginnen Ihre täglichen Entscheidungen, Ihr Ziel widerzuspiegeln. Ohne Messung sind Ihre Ziele nur Hoffnungen und Wünsche – mehr nicht.

Dieses Modell eignet sich auch dafür, Wettkampffitness zu erlangen – vorausgesetzt Sie wissen, wie man Fitness misst. Dafür brauchen Sie einen Herzfrequenzmonitor und ein Powermeter. Was ich Ihnen nun zeigen werde, ist, wie Sie diese Geräte für Feldtests nutzen, die Ihnen Auskunft über den Fortschritt Ihrer Fitness geben. Ein Feldtest ist eine Möglichkeit, Fitness zu messen, ohne ein kostspieliges Labor aufzusuchen. Bevor Leistungsmessgeräte aufkamen, blätterte man ein paar hundert Euro hin, strampelte sich in einer zunehmend qualvollen Tortur auf einem Radtrainer ab und erhielt vom Techniker die Daten, nachdem man die Tortur hinter sich hatte. Aus offensichtlichen Gründen war das nichts, was man sich allzu häufig antun mochte: Es war teuer und hatte außerdem recht wenig mit realen Wettkampfbedingungen zu tun. Rennen werden nicht drinnen auf Ergometern bestritten, während man eine Gasmaske trägt und einem wiederholt in den Finger gepikst wird, um einen Tropfen Blut zu entnehmen.

Achten Sie bei Feldtests darauf, dass alle äußeren Faktoren von Test zu Test möglichst einheitlich sind.

Pulsuhr und Powermeter ermöglichen es, Ihre Fitness mit einem Feldtest zu bestimmen. Sie können einen solchen Test durchführen, wo und wann Sie wollen, und Sie können Ihn genauso absolvieren, als würden Sie ein Rennen bestreiten – auf der Straße, mit Ihrem Rennrad.

Der Nachteil von Feldtests ist, dass sie nicht mit der gleichen Präzision umzusetzen sind wie Labortests. Im Labor sorgt der Techniker dafür, dass Variablen wie die Ausrüstung und das Aufwärmen in jedem Test gleich bleiben. In Feldtests ist das selten der Fall. So kommen Unwägbarkeiten ins Spiel, die die Resultate beeinflussen und häufig für Abweichungen im Bereich zwischen ein und drei Prozent sorgen. Kleinere Zugewinne (oder Einbußen) können also leicht durch unkontrollierbare Faktoren wie Wetter, Ernährung, Aufwärmen und Streckenwahl verwässert werden. Wenn Sie auf Feldtests setzen, müssen Sie versuchen, derlei Schwankungen von einem Test zum nächsten zu minimieren.

Es gibt noch weitere Dinge zu berücksichtigen. Ein Labortest liefert Ihnen eine Menge Informationen darüber, wie Ihr Körper arbeitet, und somit, was Sie im Training anstellen können, um Ihre Leistungsfähigkeit zu verbessern. Ein Feldtest dagegen ist eher so etwas wie ein Black-Box-Test: Sie strengen sich an und schauen dann, welche Zahlen dabei herauskommen. Wie die Werte interpretiert werden, liegt bei Ihnen, es sei denn, Sie haben einen Trainer, der Ihnen bei der Auswertung hilft. Beide Testarten sind wertvoll und ich nutze mit den von mir betreuten Athleten grundsätzlich beide, um mir einen groben Überblick über unsere Ausgangslage zu Beginn einer Saison zu verschaffen. Bei Feldtests sind anschließende Folgetests problemlos (und günstig) möglich, während erneute Labortests stets mit erheblichem Aufwand (und hohen Kosten) verbunden sind.

Was also werden Sie in einem Feldtest messen? Es gibt ein paar Messgrößen, die als gute Marker der aktuellen Fitness dienen und eine Bewertung ermöglichen, wie Ihre Wettkampfvorbereitung vorangeht. Fürs Erste helfen diese Feldtests, Ihre Fitness konkret zu beziffern, wenn die Saison gerade losgeht. Im Laufe der Saison werden Sie immer wieder auf diese Tests zurückkommen, um Ihre Fortschritte zu beurteilen. Mehr über den Fortschritt im Saisonverlauf erfahren Sie in Teil IV.

Zwei der Feldtests, die Tests zur Bestimmung der funktionalen Schwellenleistung (FTP) und des funktionalen Herzfrequenzschwellenwerts (FTHR), wurden auch in Kapitel 4 bereits beschrieben. Sie werden in Infokasten 5.3 noch einmal kurz erläutert und finden sich außerdem in Anhang B. Neben FTP und FTHR werden auf den folgenden Seiten noch zwei

INFOKASTEN 5.3 Feldtests zur Bewertung der Fitness

Wärmen Sie sich vor jedem der im Folgenden beschriebenen Feldtests gut auf. In der Regel sollte das Aufwärmen mindestens 20 Minuten dauern. Beginnen Sie das Warm-up mit geringer Intensität und steigern Sie dann kontinuierlich Tempo und Einsatz. Absolvieren Sie in den letzten 5 bis 10 Minuten des Warmfahrens einige immer kürzere und zunehmend intensive Beschleunigungen deutlich über einer RPE von 7 (siehe Tabelle 4.1). Sie können mit 2 Minuten beginnen und die Beschleunigungen dann sukzessive auf 10 Sekunden verkürzen, wobei Sie sich nach jeder fast vollständig erholen. Nach einer letzten solchen Anstrengung sollten Sie sich ungefähr 5 Minuten bei niedriger RPE erholen, bevor Sie den 20-Minuten-Test beginnen.

Test der funktionalen aeroben Schwelle (FAeT)

Sinn und Zweck dieses Feldtests ist es, festzustellen, wie sich Ihre aerobe Ausdauer im Laufe Ihrer Saison entwickelt. Am besten unternehmen Sie ihn nach ein paar Tagen mit reduziertem Trainingspensum, so dass Sie gut ausgeruht sind. Er lässt sich auch jederzeit in der Saison als Trainingseinheit zum Aufbau oder Erhalt der Ausdauerfähigkeiten absolvieren (siehe Einheit A2 in Anhang B). Für diesen Test benötigen Sie sowohl ein Leistungsmessgerät als auch einen Herzfrequenzmonitor.

Fahren Sie nach dem Aufwärmen für ein bis drei Stunden auf einer flachen bis leicht welligen Strecke oder auf dem Indoortrainer. Je länger Ihr Rennen, desto länger sollte der Feldtest sein. Wenn Sie für ein Kriterium oder ein Zeitfahren trainieren, fahren Sie eine Stunde. Wenn Ihr Zielwettkampf ein dreistündiges Straßenrennen ist, fahren Sie drei Stunden. Nutzen Sie Ihre Pulsuhr, um Ihre AeT-Herzfrequenz während des gesamten Tests beizubehalten. Ihre AeT-Herzfrequenz können Sie mittels eines Labortests bestimmen oder Sie schätzen sie anhand Ihrer FTHR (siehe unten). Wahrscheinlich liegt Sie 20 bis 40 BPM unter Ihrer FTHR. Wenn Ihnen keine Herzfrequenz-Empfehlungen auf Basis eines Tests im Labor vorliegen, sollten Sie auf den Bereich 28 bis 32 BPM unterhalb Ihrer FTHR abzielen. Ein Beispiel: Wenn Ihre FTHR bei 152 BPM liegt, liegt Ihre geschätzte AeT-Herzfrequenzspanne für den diesen Test bei 120 bis 124 BPM.

Rufen Sie, nachdem Sie den Test absolviert haben, die Daten Ihres Leistungsmessgeräts ab. Teilen Sie Ihre normalisierte Leistung im an der AeT absolvierten Abschnitt der Einheit durch Ihre durchschnittliche Herzfrequenz im selben Abschnitt. So erhalten Sie Ihren aktuellen Effizienz-Faktor (EF). Ihre EF-Werte werden im Laufe der Zeit steigen, wenn sich Ihre aerobe Fitness verbessert. In Zeiten deutlich reduzierten Trainings, etwa nach dem Ende der Saison, müssen Sie davon ausgehen, dass Ihr EF zurückgeht, was auf einen entsprechenden Verlust aerober Fitness hindeutet. Das ist normal und sollte erwartet werden, da die Fitness einfach zu bestimmten Zeiten im Jahr zurückgeht. Sie sollten den Test das ganze Jahr über unternehmen, wenigstens alle 3 bis 4 Wochen. Verwenden Sie, wenn möglich, jedes Mal dieselbe Stecke.

FTP- und FTHR-Test

Bei diesem 20-minütigen Test geht es darum, Ihre FTP und Ihre FTHR zu bestimmen, so wie in Kapitel 4 erläutert. Um Ihre FTP zu ermitteln, müssen Sie ein Powermeter verwenden, zur Bestimmung der FTHR müssen Sie einen Herzfrequenzmonitor einsetzen. Absolvieren Sie diesen Test nach 3 bis 5 Tagen Ruhe und aktiver Regeneration. Wärmen Sie sich gut auf, bevor Sie den eigentlichen Test bestreiten. Verwenden Sie dafür eine stoppschildfreie Strecke mit breiter Radspur und nur wenigen Kreuzungen und Kurven, die insgesamt flach ist oder leicht bergauf führt (weniger als 3 Prozent

→

INFOKASTEN 5.3 (FORTSETZUNG)

Steigung). Sie benötigen vermutlich eine Distanz von 8 bis 16 Kilometern, je nachdem wie schnell Sie sind und wie flach der Kurs ist. Die Sicherheit der Strecke hat höchste Priorität. Behalten Sie Ihren Kopf während des Tests oben, um Gefahren rechtzeitig zu erkennen. (Sie können den Test auch auf einem Indoortrainer unternehmen.)

Fahren Sie für den Test die Strecke so ab, als würden Sie ein Zeitfahren bestreiten, das 20 Minuten dauert. Halten Sie sich in den ersten 5 Minuten leicht zurück (die meisten Sportler gehen zu schnell an). Nach jeweils 5 Minuten entscheiden Sie, ob Sie etwas Tempo herausnehmen oder zulegen sollten.

Bestimmen Sie anschließend Ihre durchschnittliche Herzfrequenz während des 20-Minuten-Tests. Subtrahieren Sie 5 Prozent von diesem Wert und Sie erhalten eine gute Schätzung Ihrer FTHR. Nutzen Sie dann Tabelle 4.2, um Ihre Herzfrequenz-Trainingszonen festzulegen.

Aus demselben Test können Sie auch Ihre FTP ermitteln. Ziehen Sie dazu 5 Prozent von Ihrer durchschnittlichen Leistung (nicht von der »normalisierten« Leistung) während der 20 Minuten ab, um eine gute Schätzung Ihrer FTP zu erhalten. Mit Hilfe von Tabelle 4.3 können Sie anhand dessen Ihre Watt-Trainingszonen festlegen.

Wie in Kapitel 4 erläutert, können Sie zur Bestimmung der FTP auch 5-, 8- und 30-Minuten-Tests absolvieren, obschon der hier beschriebene 20-Minuten-Test vorzuziehen ist.

Test der funktionalen aeroben Kapazität (FACP)

Diesen Test unternehmen Sie, um die Wattleistung zu ermitteln, die Ihrer funktionalen aeroben Kapazität entspricht. Zur Erinnerung: Die aerobe Kapazität wird, wenn man sie in einem Labortest bestimmt, als »VO_2max« bezeichnet. Der Feldtest erfordert ein Leistungsmessgerät. Am besten planen Sie ihn nach 3 bis 5 Tagen reduzierten Trainings ein. Achten Sie darauf, dass Sie für den Test eine sichere Strecke verwenden. Das heißt: wenig Verkehr, keine Stoppschilder, wenige Kreuzungen, keine scharfen Kurven und eine breite Radspur. Aus Sicherheitsgründen sollten Sie während des gesamten Tests nach vorne auf die Straße schauen. Fahren Sie *nicht* mit dem Kopf nach unten. Der gewählte Straßenabschnitt sollte flach sein oder leicht ansteigen (maximal 3 Prozent Steigung) und sich jederzeit für Folgetests nutzen lassen. (Sie können auch einen Indoortrainer verwenden, aber nur wenn dieser sehr stabil ist, da es bei diesem Test üblicherweise vorkommt, dass man sein Gewicht energisch von einer Seite zur anderen wirft.)

Im Anschluss an das Warm-up fahren Sie fünf Minuten lang mit gleichmäßigem, vollem Einsatz (»all-out«) über die gewählte Teststrecke. Ihre durchschnittliche Wattzahl während dieser 5 Minuten ist ein guter Prädiktor Ihrer Leistung an der aeroben Kapazität (FACP).

Schnellkraft- bzw. Sprintleistungs-Test

Dieser Test dient dazu, Fortschritte Ihrer Sprintfähigkeiten abzuschätzen. Dazu benötigen Sie ein Powermeter. Absolvieren Sie den Test nach mehreren Tagen reduzierten Trainings. Sie benötigen einen flachen bis leicht ansteigenden Straßenabschnitt von 50 bis 100 Metern Länge, der möglichst frei von Verkehr und sonstigen Gefahren ist.

Treten Sie nach dem Aufwärmen mit fliegendem Start acht komplette Pedalumdrehungen lang so kraftvoll und schnell in die Pedale, wie sie können. Verwenden Sie Ihre bevorzugte Sprintposition – im Sitzen oder im Stehen, mit den Händen an den Schalthebeln oder am Unterlenker. Ihre durchschnittliche Wattzahl während der acht Pedalumdrehungen ist Ihre Sprintleistung.

weitere Tests beschrieben: der Test der funktionalen aeroben Kapazität und der Schnellkraft-Test.

FAZIT: DER EINSTIEG

Zweck dieses Kapitels ist es, Ihnen einen Einstieg in die neue Saison zu verschaffen, der Ihre Erfolgsaussichten erheblich verbessert. Ich habe Sie Schritt für Schritt durch den Prozess geführt, den auch ich anwende, wenn ich mit einem Athleten in eine neue Saison starte. Der Einstieg in eine neue Saison ist eine der seltenen Gelegenheiten, sämtliche Aspekte, die Einfluss auf Ihr Training und Ihre Wettkämpfe haben, einer eingehenden Prüfung zu unterziehen. Ich möchte Ihnen dringend ans Herz legen, sich dieses Kapitel zu Beginn jeder neuen Saison noch einmal anzuschauen. Die Fahrer, die ich im Laufe der Jahre betreut habe, waren jedes Jahr darauf gefasst. Sie wussten, dass sich die Mühe mit besseren Leistungen in der bevorstehenden Saison bezahlt machen würde. So wird es auch Ihnen ergehen.

Auf Feldtests zur Bestimmung der Fortschritte sowie die Analyse von Trainings- und Wettkampfdaten werden wir in den folgenden Kapiteln immer wieder zurückkommen, wenn es darum geht, leistungsrelevante Entscheidungen zu treffen. Beides erfordert verlässliche Daten. Wenn Sie bloß Mutmaßungen über Ihren Fortschritt anstellen, werden Sie mit ziemlicher Sicherheit eine durchwachsene Saison erleben. Die messbaren Daten, die Sie benötigen, liefern Ihnen zwei Geräte: ein Herzfrequenzmonitor und ein Powermeter. Wenn Sie auf höchstmöglichem Niveau Rennen bestreiten wollen, brauchen Sie beides. Einige Tipps für den Gebrauch dieser Hilfsmittel erhalten Sie in diesem Buch, ich würde Ihnen aber empfehlen, noch weitere Titel zum Thema zu lesen, z.B. meine beiden Bücher *Total Heart Rate Training* und *Praxishandbuch Wattmessung*.

Den Ausgangspunkt für die neue Wettkampfsaison bildet die Frage, welche Richtung Sie in den vor Ihnen liegenden Monaten einschlagen möchten. Die Antwort hängt von Ihren Träumen ab und lässt sich in Ihre Saisonziele, Ihre Trainingsvorgaben und schließlich in den beabsichtigten Zweck jeder einzelnen Trainingseinheit übersetzen. In späteren Kapiteln werde ich diesen Aspekten etwas mehr Struktur geben und sie in einem Jahrestrainingsplan für Ihre neue Saison zusammenführen. Einstweilen möchte ich, dass Sie sich nur mit Ihren auf Träumen basierenden Zielen befassen. Was haben Sie sich erträumt, was Sie als Radsportler erreichen möchten? Welche auf Wettkampfleistungen bezogenen Ziele möchten Sie in den kommenden Monaten besonders gerne umsetzen?

Damit Sie diese Ziele erreichen können, müssen Sie gleich zu Beginn den richtigen Weg einschlagen. Dazu gehören zunächst eine Selbstbewertung Ihrer mentalen und physischen Stärken und Schwächen als Sportler und ein Plan, diese Schwächen zu beheben. Eine Stunde mit einem Physiotherapeuten und ein anschließender Besuch bei einem guten Bikefitting-Fachmann zu Beginn der neuen Saison werden dazu beitragen, diese Defizite auszuräumen. Indem Sie Ihre Schwächen angehen, gehen Sie mit größeren Erfolgsaussichten als je zuvor in die neue Saison.

Als Nächstes folgt eine Beurteilung der Fitness. Das umfasst Tests, um Referenzwerte für die Effienz an der aeroben Schwelle, die Schwellenleistung, aerobe Kapazität und Schnellkraft zu bestimmen. In der kommenden Saison sollten Sie diese Feldtests regelmäßig wiederholen, um Ihre Fortschritte zu beurteilen.

Das war's. Sie sind bereit, in die neue Saison einzusteigen. Wenn Sie am Ende des Jahres zurückblicken, werden Sie erkennen, wie sehr es Ihren Leistungen genützt hat, sämtliche der Anregungen in diesem Kapitel zu beherzigen. Nun ist es an der Zeit, mit dem Aufbau Ihrer Fitness für die bevorstehende Rennsaison zu beginnen. Damit befassen wir uns in Kapitel 6.

6

TRAINING FÜR WETTKÄMPFE

DIESES BUCH dreht sich um das Training für Straßenrennen und Zeitfahren. Die grundlegenden Prinzipien der Vorbereitung auf Wettkämpfe lassen sich aber auf jedwedes Ausdauerevent im Radsport übertragen, einschließlich Mountainbike, Cyclocross, Gravel-Rennen, Radmarathons, manche Bahnwettkämpfe, Triathlon oder Ultracycling. Zwar gibt es zwischen diesen Veranstaltungen viele Gemeinsamkeiten (immerhin werden sie alle auf einem Rad bestritten), dennoch erfordern spezifische Rennen generell auch ein spezifisches Training. Die primären Unterschiede zwischen diesen Wettkampfformen beruhen auf ihrer jeweils typischen Gewichtung von Dauer und Intensität. In dieser Hinsicht erfordert jedes Radrennen eine eigene Art der Vorbereitung, um am Renntag fit zu sein.

Wie bereiten Sie sich also auf ein Straßenrennen oder Zeitfahren vor? Sie beginnen, indem Sie die Fitness entwickeln, die für die Dauer und Intensität des Wettkampfs erforderlich ist. Was ist z.B. die zu erwartende Dauer des Rennens? Ein 20-minütiges Zeitfahren, ein 45-minütiges Kriterium und ein dreistündiges Straßenrennen erfordern offensichtlich Trainingseinheiten von unterschiedlicher Dauer. Und das muss sich natürlich im Konzept der Wettkampfvorbereitung widerspiegeln.

Wenn es um Intensität geht, sind die Unterschiede komplizierter. Straßenradsport ist eine insofern einzigartige Erscheinung im Ausdauersport, da über den Rennausgang unregelmäßige Episoden sehr hoher Intensität entscheiden, die wenige Sekunden oder Minuten dauern. Welche Durchschnitts- und Höchstintensitäten sind zu erwarten? Wie lange werden die Phasen höchster Intensität dauern? Wie berücksichtigen Sie diese Erwartungen in Ihrem Trainingsplan? Fitness für ein Straßenrennen erfordert eine ganz und gar andere Trainingsweise als z.B. ein Marathonlauf. Fitness für Zeitfahren hingegen gründet teilweise darauf, wie gleichmäßig und dauerhaft ein Fahrer eine relativ hohe Intensität aufrechterhalten kann. In dieser Hinsicht ist ein Zeitfahren einem Marathonlauf nicht unähnlich.

Für fortgeschrittene Fahrer ist die Steuerung der Trainingsintensität der Schlüssel zu effektiver Wettkampfvorbereitung. Wird es im Rennen viele Tempowechsel geben oder wird die Pace eher gleichmäßig sein? Die Anforderungen an Intensität und Dauer gut einschätzen zu können, ist ganz zentral für die Gestaltung des Trainingsprogramms. Das Training für ein Straßenrennen oder ein Zeitfahren muss widerspiegeln, wie das Rennen im Hinblick auf diese beiden Variablen gestaltet wird. Darin liegt ein Dilemma. Wenn man gleichzeitig sowohl für ein Straßenrennen als auch für ein Zeitfahren trainieren möchte, stellt dies komplizierte und oft widersprüchliche Anforderungen an einen Fahrer. Es ist schwer, in beiden Disziplinen gleichzeitig Höchstleistungen zu erbringen. Wenn es an die Planung der Trainingseinheiten geht, ergeben sich nicht nur Zeit-, sondern auch Adaptationsprobleme. Der Körper hat nur eine limitierte Anpassungsfähigkeit, um maximale Fitness sowohl für lange, gleichbleibende Belastungen als auch für kurze, stark variierende Intensitäten zu erreichen. Das ist es, was die Sieger der großen Rundfahrten so außergewöhnlich macht. Sie weisen normalerweise vielfache Talente auf, die zu ihrer enormen Wettkampfbereitschaft beitragen, und sind in der Lage, sowohl hinsichtlich Dauer als auch Intensität Leistungen auf hohem Niveau zu bringen.

Die drei physischen Messgrößen der Fitness, die ein Ausdauersportler entwickeln muss, sind: aerobe Kapazität, anaerobe Schwelle und Ökonomie.

Dies alles macht den Radsport zu einer solchen Herausforderung. Wenn wir zu Kapitel 8 kommen, wo es um die Planung Ihrer wöchentlichen und täglichen Trainingseinheiten geht, stehen Sie womöglich vor dem Dilemma, wie Sie die Fitness für so widersprüchliche Zielsetzungen erlangen. Bevor wir uns aber diesem Thema widmen, beschäftigen wir uns zunächst mit einer breiteren Sicht auf die Fitness von Ausdauerathleten, indem wir sie aus rein physiologischer Perspektive beleuchten. In dieser Hinsicht sind Fitness und Training weit weniger komplex.

WAS IST FITNESS?

Bis hierher habe ich oft den Begriff »Fitness« verwendet und bin davon ausgegangen, dass Sie wissen, was damit gemeint ist. Sie wissen es bestimmt in dem Sinne, dass es eine Weise ist, Wettkampfbereitschaft auszudrücken. Aber hinter der Fitness steckt noch mehr. Zu verstehen, was in Ihrem Körper vor sich geht, wenn Sie trainieren, verschafft Ihnen ein tieferes Verständnis dafür, worum es im Training überhaupt geht. Sie unternehmen dann nicht einfach nur harte Einheiten in der Hoffnung, dass dabei irgendwie eine hohe Wettkampfbereitschaft herauskommt. Vielmehr bereiten Sie Ihren Körper auf die spezifischen Belastungen des Rennens vor, indem Sie ihn im Training auf eine Weise vorbelasten, die tiefgreifende physiologische Veränderungen biologischer Systeme hervorruft. Ein gutes Verständnis dieser System wird Ihnen helfen, jede Ihrer Einheiten wertvoller zu machen.

Egal, ob Sie ein Weltklassefahrer sind, der sich auf eine große Landesrundfahrt vorbereitet, oder ein Routinier, der v.a. Kriterien auf lokaler Ebene bestreitet, gibt es nur drei physische Messgrößen der Ausdauerfitness, die durch Training entwickelt werden müssen: aerobe Kapazität, anaerobe Schwelle und Ökonomie. Als Menschen sind wir alle gleich, wenn es um diese drei grundlegenden Elemente der Ausdauerfitness geht. Worin wir uns unterscheiden, ist, wie gut entwickelt jedes einzelne ist. Jeder Fahrer weist im Hinblick auf diese drei Messgrößen eine einzigartige Fitness-Mischung auf. Schauen wir uns zunächst kurz uns an, was es mit diesen Faktoren auf sich hat und wie Sie jeden einzelnen mit spezifischen Arten von Trainingseinheiten entwickeln.

Aerobe Kapazität

Die aerobe Kapazität, auch »VO_2max« genannt, bezeichnet Ihre Fähigkeit, Sauerstoff zur Energiebereitstellung zu nutzen. Je mehr Sauerstoff Ihr Körper verarbeiten kann, desto mehr Energie wird produziert und desto kraftvoller oder schneller sind Sie. Im Wettkampf weisen die schnellsten Athleten zumeist auch die höchste aerobe Kapazität aller Teilnehmer auf. Je weiter hinten ein Athlet platziert ist, desto geringer ist normalerweise seine aerobe Kapazität.

Das heißt nicht unbedingt, dass Sie nur anhand Ihrer VO_2max Rückschlüsse darauf ziehen könnten, wie Sie sich im Wettkampf im Vergleich mit der Konkurrenz schlagen werden. Die Platzierungen innerhalb Ihrer Altersklasse ergeben sich nicht durch die bloße Rangfolge der aeroben Kapazität aller Teilnehmer. Die beiden anderen physiologischen Faktoren – anaerobe Schwelle und Ökonomie – spielen ebenfalls eine bedeutende Rolle. Für sich genommen reicht keines der drei Elemente aus, Sie zu einem schnellen Athleten zu machen. Zudem berücksichtigen diese Messgrößen keine der anderen im Wettkampf wichtigen Aspekte wie z.B. Renneinteilung, Verpflegung oder Hitzeanpassung.

Die aerobe Kapazität ist aber quasi die »Eintrittskarte in den Club«. Wenn Sie ein Weltklassefahrer werden möchten, brauchen Sie eine hohe aerobe Kapazität. Für sich allein gibt sie nicht den Ausschlag über Sieg und Niederlage, denn alle Spitzenfahrer sind in dieser Hinsicht ähnlich gesegnet. Dieser Segen ist v.a. genetisch bedingt. Die physiologische Eintrittskarte haben viele der Spitzenfahrer von ihren Eltern geerbt. Aber dieses Ticket verschafft ihnen nur das Potenzial für große Leistungen, und sie müssen aus dieser Chance etwas machen, um sich im Ausdauersport hervorzutun. Der Lebenswandel, einschließlich des Trainings, entscheidet darüber, ob ein solcher Fahrer sein Potenzial verwirklicht. Auch Sie haben Ihr Potenzial, aus eingeatmetem Sauerstoff Energie zu gewinnen, Ihren Eltern zu verdanken. Aber das richtige Training ist notwendig, damit diese Fähigkeit im Rennen zum Tragen kommen kann.

Die VO_2max bildet buchstäblich das Herzstück Ihrer Fitness. Veränderungen der aeroben Kapazität wirken sich v.a. darauf aus, wie viel sauerstoffreiches Blut Ihr Herz mit jedem Schlag in die Muskulatur pumpt. Dieses Maß, das »Herzschlagvolumen«, hat großen Einfluss darauf, wie hoch Ihre aerobe Kapazität ist. Eines der Ziele des Trainings besteht darin, es zu steigern. Dafür gibt es zwei Möglichkeiten.

Die erste ist, im Training möglichst viele Stunden und Kilometer abzuspulen. Das Herz spricht generell positiv darauf an, ausgiebig mit Intensitäten oberhalb von ungefähr 50 Prozent der VO_2max zu trainieren, indem es effizienter und effektiver wird, was letztlich bedeutet, mit jedem Schlag mehr Blut zu pumpen.

Die andere Möglichkeit, das Herzschlagvolumen (und somit die aerobe Kapazität) zu steigern, ist, hochintensive Intervalle zu absolvieren, insbesondere mit Wattzahlen im Bereich der in Feldtests ermittelten VO_2max (siehe Anhang B). Bei dieser Intensität nähern Sie sich Ihrer maximalen Herzfrequenz, es handelt sich also um sehr hohe Belastungen. Mit dieser Methode erzeugen Sie eher ein höheres Herzschlagvolumen, als würden Sie nur viele lange Ausfahrten bestreiten. Die meisten erfahrenen Athleten nutzen beide Methoden, indem sie sowohl sehr lange Einheiten als auch hochintensive Intervalle absolvieren. In Teil IV erfahren Sie, wie Sie beides sinnvoll in Ihr Training integrieren.

Die aerobe Kapazität ist so was wie die »Eintrittskarte in den Club«.

Neben dem Herzschlagvolumen tragen andere physiologische Elemente zur aeroben Kapazität bei, z.B. aerobe Enzyme in den Muskeln, Durchmesser und Vasodilatation der Blutgefäße, Blutvolumen, Hämatokritwert oder Anzahl der roten Blutkörperchen. Dies alles spielt eine Rolle dafür, wie viel Sauerstoff in die Muskulatur transportiert wird, wenn Sie richtig Gas geben. Jeder dieser Faktoren hat sowohl ererbte als auch antrainierte Merkmale.

Auch das Körpergewicht hat eine Menge mit der aeroben Kapazität zu tun. Die Formel zur Bestimmung der VO_2max wird in verbrauchten Milliliter Sauerstoff pro Kilogramm Körpergewicht pro Minute ausgedrückt. Das bedeutet, dass sich Ihre VO_2max erhöht, wenn Sie Körpergewicht verlieren – insbesondere wenn Fett abgebaut wird und nicht sportspezifische Muskulatur. Sie haben dieses Phänomen sicher schon am eigenen Leibe erfahren. Wenn Sie zunehmen, kommen Sie bergauf langsamer voran. Umgekehrt können Sie am Anstieg bei jeder gegebenen Wattzahl mehr Tempo machen, je weniger Sie auf die Waage bringen. Hier zeigt sich eindeutig die direkte Auswirkung des Körpergewichts auf die aerobe Kapazität. Freilich ist das Körpergewicht kein Nachteil, wenn z.B. auf flacher Strecke die Schwerkraft keine Rolle spielt. Deshalb kommen große Fahrer mit riesiger aerober Kapazität im Flachen so gut zurecht, werden aber sofort abgehängt, sobald es bergauf geht.

Anaerobe Schwelle

Die anaerobe Schwelle haben wir erstmals in Kapitel 4 beleuchtet. Dort erläuterte ich, dass sie eine der beiden Intensitäts-Referenzpunkte ist (die aerobe Schwelle ist der andere), um die herum Sie die Trainingsintensität nach Herzfrequenz und Watt verteilen sollten. Dort erklärte ich Ihnen außerdem, wie Sie anhand der anaeroben Schwelle Ihre Intensitätszonen festlegen. Nun schließen wir die Überlegungen zur anaeroben Schwelle ab, indem wir uns ansehen, welche Rolle sie für Ihre Fitness spielt.

Straßenrennen entscheiden sich größtenteils durch das, was oberhalb der anaeroben Schwelle geschieht.

Zeitfahren werden normalerweise im Bereich der anaeroben Schwelle absolviert – ein wenig darüber oder ein wenig darunter, je nach Dauer des Rennens. Um ein guter Zeitfahrer zu werden, müssen Sie eine sehr hohe anaerobe Schwelle entwickeln. Dabei nutzen Sie Ihre funktionale Schwellenleistung (FTP), um Ihren Fortschritt im Hinblick auf dieses Ziel zu beurteilen. Ein großer Teil des Trainings eines Zeitfahrers umfasst Einheiten, die an oder nahe der FTP absolviert werden. Wie schon erwähnt, sind in Straßenrennen zumeist kurze, hochintensive Episoden deutlich oberhalb der anaeroben Schwelle entscheidend – an oder nahe der aeroben Kapazität oder sogar höher. Wie hoch die Intensität ist, hängt wie immer davon ab, wie lange die Episode dauert. In einem Straßenrennen eine Attacke zu fahren oder auf eine zu reagieren, bedeutet, für ein paar Minuten an oder nahe der aeroben Kapazität zu fahren. Zielsprints, die nur wenige Sekunden dauern, werden im Bereich der anaeroben Kapazität bestritten, die deutlich über der aeroben Kapazität liegt. Aber es gibt auch Momente, in denen die anaerobe Schwelle eine entscheidende Rolle für den Ausgang eines Straßenrennens spielt. Ein langer, gleichmäßiger, hochintensiver Anstieg beispielsweise wird häufig, ähnlich wie ein Zeitfahren, an oder nahe der FTP absolviert. Und sobald sich eine Ausreißergruppe bildet, arbeitet sie normalerweise im Bereich der FTP. Eine hohe FTP aufzuweisen, ist somit auch für Straßenrennen sinnvoll. Meistens aber hängt der Ausgang eines Straßenrennens v.a. davon ab, was oberhalb der anaeroben Schwelle passiert.

Ökonomie

Das letzte der drei grundlegenden Elemente physiologischer Fitness ist die Ökonomie. Wir wissen über die Ökonomie weniger als über die aerobe Kapazität und die anaerobe Schwelle, dabei ist sie vielleicht sogar der wichtigste Aspekt der drei. Sie bezieht sich darauf, wie effizient Sie Sauerstoff nutzen, wenn Sie sich bewegen. Den verbrauchten Sauerstoff zu messen, ist nur eine andere Weise, die verbrauchte Energie zu bestimmen. Im menschlichen Körper hängt die Sauerstoffaufnahme unmittelbar mit der Energie zusammen, die Sie verbrauchen, wenn Sie aerob trainieren. Sie können sich das so ähnlich vorstellen, als würde man die Wirtschaftlichkeit eines Autos messen. Dort erfolgt das mittels gefahrenen Kilometern pro Liter Benzin. Beim Körper eines Radfahrers geht es darum, wie viel Milliliter Sauerstoff bei verschiedenen Intensitäten pro Kilometer benötigt werden. In beiden Fällen wird die erzeugte Energie gemessen und beide liefern ein Maß der Ökonomie. Je weniger Sauerstoff Sie verbrauchen, um eine bestimmte Leistung in Watt zu erzeugen, desto ökonomischer sind Sie.

Man könnte sagen, dass die Ökonomie wichtiger für den Ausgang des Rennens wird, je länger es dauert, denn wenn Sie in einem Rennen, das mehrere Stunden dauert, mit jeder Pedalumdrehung nur ein wenig Energie verschwenden, bedeutet das in der Summe eine ganze Menge vergeudete Energie. Ein etwas unrunder Tritt oder ein nicht korrekt angepasstes Rad können in einem langen Rennen zu unnötiger Erschöpfung führen. Deswegen poche ich so darauf, dass Sie Ihr Rad jedes Jahr anpassen lassen und zu Beginn jeder Saison an Ihrer Technik arbeiten.

Erinnern Sie sich, wie die aerobe Kapazität gesteigert wird? Durch Training mit hohem Umfang und zusätzliche hochintensive Intervalle. Solches Training kann außerdem die Ökonomie verbessern, wenn auch leider nur in begrenztem Umfang, denn es gibt Dinge, auf die Sie keinen Einfluss haben. Es gibt manche Faktoren, die Sie kontrollieren können, wie etwa Ihre Tritttechnik, aber es gibt zahlreiche Merkmale der Ökonomie, gegen die Sie nichts ausrichten können. Ein Radfahrer mit langen Oberschenkelknochen in Relation zur Beinlänge z.B. wird wahrscheinlich ökonomischer sein als ein Fahrer mit kurzen Oberschenkelknochen. Lange Oberschenkelknochen sorgen für bessere Hebelwirkung beim Pedalieren. Ein Zeitfahrer mit schmalen Schultern hat einen aerodynamischen Vorteil gegenüber Fahrern mit breiten Schultern. Leider können Sie Ihre Knochen nicht verändern (gleichwohl sollten Sie stets versuchen, Ihre Sitzposition zu verbessern). Ihre Ökonomie profitiert außerdem von einem hohen Anteil an langsam arbeitenden Muskelfasern. Diese sind gut für die Ausdauer, während schnell zuckende Muskelfasern eher Sprintern dienlich sind. Zwar lassen sich Muskeltypen durch Training in geringem Umfang verändern, sie sind aber weitgehend genetisch bedingt. Es gibt andere physiologische Merkmale, die wir gerne verändern würden, wenn wir denn könnten, wie die Dichte der Mitochondrien (die kleinen »Kraftwerke« in den Muskelzellen, die für die Energiegewinnung zuständig sind). Aber dies alles sind Dinge, auf die wir keinen Einfluss haben.

Welche Aspekte *können* Sie also kontrollieren, um Ihre Ökonomie zu verbessern und somit weniger Sauerstoff beim Fahren zu verbrauchen? Der wohl gängigste Faktor ist die Technik. Sie können die Art und Weise verändern, wie Sie sich bewegen, um weniger Energie zu verschwenden. Sollten Sie beschließen, Veränderungen an Ihrer derzeitigen Technik vorzunehmen, müssen Sie sich darüber im Klaren sein, dass Sie zunächst eine Phase durchmachen werden, in der Sie weniger effizient sind. Dies wird sich durch eine höhere Herzfrequenz und eine etwas schwerere Atmung bei gleicher Leistung bemerkbar machen. Es kann Wochen oder gar Monate dauern, bis Sie die neue Technik so verinnerlicht haben, dass sie Ihnen ganz natürlich erscheint. Aber sobald Sie es geschafft haben, sollten Sie bei gleicher Herzfrequenz schneller sein als zuvor und weniger Energie vergeuden.

Andere Veränderungen, die sich günstig auf die Ökonomie beim Radfahren auswirken, sind eine Reduzierung des Körpergewichts und der Kauf leichterer Ausrüstung. Weitere Maßnahmen, mit denen Sie die Effizienz verbessern können, sind die Verwendung eines Aerolenkers am Zeitfahrrad, neben weiterem aerodynamischen Material und Zubehör wie speziellen Laufrädern, Helmen und Rahmen. Nichts von alledem verspricht aber einen größeren Energiesparnutzen, als es Ihnen ein professionelles Bikefitting bescheren wird.

Die aerobe Kapazität wird durch hohe Trainingsumfänge und hochintensive Intervalle entwickelt.

Um die Ökonomie zu verbessern, müssen Sie den Schwerpunkt Ihres Trainings auf Intensität und Häufigkeit verlegen. Studien haben gezeigt, dass Training mit hohen Intensitäten und hohem Tempo der Ökonomie durchweg dienlich ist. Wenn Sie an Ihrer Tritttechnik arbeiten, um die Ökonomie zu verbessern, sind Einheiten von langer Dauer jedoch meist das genaue Gegenteil dessen, was Sie tun sollten. Sobald sich Müdigkeit einstellt, neigt die Tritttechnik dazu, in alte Muster zu verfallen. Eine der besten Möglichkeiten, Ihre Technik und somit Ihre Ökonomie zu verbessern, sind häufige kurze Einheiten, die ganz der Entwicklung der Technik gewidmet sind. Ein hervorragender Zeitpunkt dafür ist die frühe Grundlagenphase zu Saisonbeginn, wenn die Verfeinerung technischer Fähigkeiten oft im Mittelpunkt steht. Sie finden einige Übungen zur Tritttechnik unter der Überschrift »Schnelligkeit« in Anhang B.

Plyometrisches Training – explosive Sprung- und Hüpfübungen – haben sich ebenfalls als förderlich für die Ökonomie beim Radfahren erwiesen. Wiederholungen am Berg funktionieren ähnlich und kommen ebenfalls der Ökonomie zugute. Beide verbessern die Kraft und somit die Wattzahlen, die Sie aufs Pedal bringen. Ob traditionelles Krafttraining mit Gewichten die Ökonomie verbessert, ist nach wie vor umstritten. Ich persönlich glaube, dass es nützlich ist, denn ich habe im Laufe der Jahre viele von mir betreute Athleten erlebt, die ihre Leistungen erheblich verbesserten, nachdem sie im Winter Gewichte gestemmt hatten. Mehr zum Thema Krafttraining in Kapitel 12.

LEISTUNGSFAKTOREN

Nun ist es an der Zeit, all die wissenschaftlichen Ausführungen über die drei Prädiktoren der Fitness in die Praxis zu überführen und radsportspezifische Trainingseinheiten zu gestalten. Dazu gliedere ich sämtliche Einheiten nach sechs Kategorien, den »Leistungsfaktoren«. Jeder dieser Leistungsfaktoren hängt auf die eine oder andere Art und Weise mit der aeroben Kapazität, der Laktatschwelle und der Ökonomie zusammen. Die Leistungsfaktoren sind wie folgt in grundlegende und erweiterte aufgeteilt:

Grundlegende Leistungsfaktoren
Ausdauer
Kraft
Schnelligkeit

Erweiterte Leistungsfaktoren
Kraftausdauer
Anaerobe Ausdauer
Schnellkraft

Die drei ersten bilden die grundlegenden Leistungsfaktoren, die gut entwickelt sein müssen, bevor Sie sich den anderen drei widmen können. Die grundlegenden Leistungsfaktoren werden normalerweise in der Frühphase der Vorbereitung auf einen Wettkampf entwickelt, bevor sich in den letzten Wochen vor dem Rennen der Fokus auf die erweiterten Leistungsfaktoren verlagert. Manchmal gibt es Ausnahmen von dieser Regel. Um diese kümmern wir uns in Teil IV. Lassen Sie uns die sechs Faktoren kurz einzeln beleuchten. Ich werde im weiteren Verlauf dieses Buches immer wieder auf diese Begriffe zurückkommen, wenn wir das Training erörtern; es ist also wichtig, ein gewisses Grundverständnis von ihnen zu haben.

Grundlegende Leistungsfaktoren

Die grundlegenden Leistungsfaktoren – Ausdauer, Kraft und Schnelligkeit – sind so wichtig, weil sie das Fundament bilden, auf dem die Wettkampffitness aufbaut. Je besser entwickelt diese Qualitäten sind, desto größer ist letztlich Ihre Wettkampffitness. Sind Ihre grundlegenden Leistungsfaktoren unzureichend entwickelt, wird Ihr Training der erweiterten Faktoren dürftig ausfallen und Sie werden Ihr Potenzial nicht ausschöpfen. Die grundlegenden Leistungsfaktoren (Abbildung 6.1) sind generell diejenigen, auf die sich ein Radfahrer zu Beginn der Saison (in der Grundlagenphase) konzentrieren und zu denen er nach langen Taperings und nach ausgedehnter Regeneration im Anschluss an Wettkämpfe zurückkehren sollte. In solchen Phasen eingeschränkten Trainings lassen die grundlegenden Leistungsfaktoren allmählich nach und müssen aufgefrischt werden.

Ausdauer. Ausdauer ist die Fähigkeit, eine Aktivität bei geringer bis moderater Intensität lange fortsetzen zu können. Sie wird durch lange, relativ lockere, gleichmäßige Trainingseinheiten in Zone 2 entwickelt – unterhalb einer RPE von 5 (siehe Abbildung 4.1). Solche Einheiten spielen eine wichtige Rolle für die Entwicklung der aeroben Kapazität, denn sie machen einen hohen Anteil des Trainingsumfangs aus (erinnern Sie sich, dass hohe Umfänge die VO_2max verbessern). Ausdauer-Einheiten leisten dies, indem sie mehrere positive Veränderungen Ihrer Physiologie herbeiführen. Zum Beispiel sorgt viel Ausdauertraining dafür, dass manche Ihrer schnell arbeitenden Muskeln beginnen, die Ausdauereigenschaften von langsam arbeitenden Muskeln anzunehmen. Ihr Blut wird besser darin, Sauerstoff in die Muskeln zu bringen. Ihr Körper bildet mehr Kapillaren aus, um das sauerstoffreiche Blut in die Muskeln zu transportieren. Die Muskelzellen nutzen den Sauerstoff, um mehr Enzyme für die Energiegewinnung zu produzieren. Die Liste der Vorteile, die solches Training für die Ausdauer hat, ist lang. Dies ist ohne jeden Zweifel der wichtigste der sechs Leistungsfaktoren für einen Radsportler. Als Ausdauerathlet müssen sie logischerweise über eine gute Ausdauer verfügen, sonst werden Sie nicht weit kommen.

In Infokasten 5.3 haben Sie den Feldtest für die funktionale aerobe Schwelle kennengelernt, mit dem Sie die Saison über Veränderungen der Ausdauer bestimmen und Ihren Fortschritt beurteilen können (siehe auch Anhang B). Wie Sie später sehen werden, werden wir diesen einfachen Test im Verlauf der Saison regelmäßig absolvieren, um zu schauen, wie sich Ihre Ausdauer entwickelt.

Kraft. Kraft meint die Fähigkeit, Ihre radsportspezifischen Muskeln dafür zu nutzen, einen Widerstand zu überwinden. Dieser Leistungsfaktor kommt allen drei Merkmalen der Fitness zugute, v.a. aber der Ökonomie. Den eigenen Körper samt Rad durch die Luft voranzutreiben, erzeugt einen Widerstand. Falls es Gegenwind gibt, ist dieser Widerstand noch größer. Und auch die Schwerkraft sorgt für einen enormen Widerstand, wenn Sie bergauf fahren. Je besser Sie darin sind, diesen

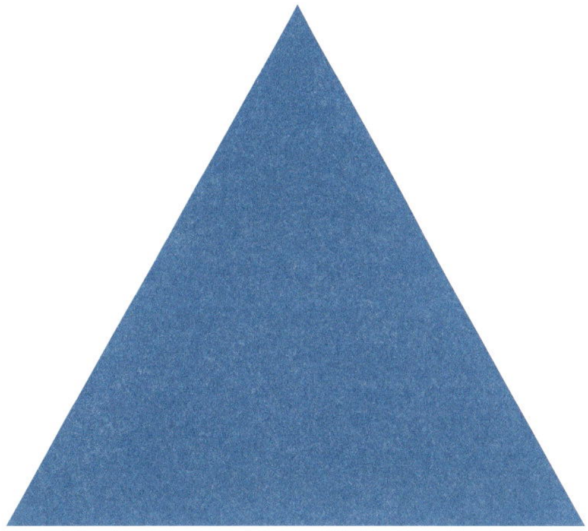

ABBILDUNG 6.1 Grundlegende Leistungsfaktoren

Widerstand zu überwinden, desto schneller können Sie unter solchen Gegebenheiten fahren. Einheiten für die Kraft tragen somit auf mancherlei Weise zu besseren Wettkampfleistungen bei.

In physiologischer Hinsicht bildet die Muskulatur den Schlüssel für diese Fähigkeit, insbesondere die für den Radsport relevanten Agonisten. Diese befinden sich v.a. in den Beinen, aber auch die Rumpfstabilität spielt eine wichtige Rolle dabei, Kraft auf die Pedale zu bringen. Falls diese Muskeln gut entwickelt sind (aber nicht zu massig), werden Sie sehr gut darin sein, die negativen Auswirkungen von Luft, Wind und Schwerkraft zu überwinden. Falls Ihre Muskeln aber schwach entwickelt sind, spielt es keine Rolle, wie gut Ihre Ausdauer ist – Sie werden immer langsam sein. Wenn Sie einen Widerstand leicht überwinden können, sind Sie unter bestimmten Gegebenheiten ziemlich ökonomisch.

Ausdauer ist die Fähigkeit, mit geringer bis moderater Intensität lange durchhalten zu können.

Kraft wird durch Training mit Widerständen verbessert: sei es, indem Sie Gewichte stemmen oder mit dem Rad bergauf und gegen den Wind fahren. Wenn Sie zu Beginn der Grundlagenphase an der Kraft arbeiten, werden Sie erleben, wie sehr Sie von solchen Einheiten profitieren. Das Training ist simpel – aber nicht leicht. Kraft-Einheiten sind in der Regel mit sehr hoher Intensität absolvierte, kurze Intervalle, bei denen Sie gegen eine der oben genannten Arten von Widerstand arbeiten. In der Anfangsphase der Trainingssaison können Sie den Kraftraum aufsuchen und die in Kapitel 12 beschriebenen Übungen absolvieren. Gewichte zu stemmen allein reicht aber nicht. Sie müssen die Einheiten auch auf die Straße verlegen, um radsportspezifischeres Krafttraining zu unternehmen.

Der Leistungsfaktor Kraft wird durch die Arbeit gegen Widerstände verbessert.

Schnelligkeit. Schnelligkeit ist die Fähigkeit, die für eine Sportart notwendigen Bewegungen effizient und effektiv auszuführen. Wie oben erwähnt, ist die Entwicklung der Technik eine der besten Möglichkeiten, die Ökonomie zu verbessern und damit die Fitness zu steigern. Die Bewegungen mancher Sportarten, z.B. Tennis oder Golf, sind sehr komplex und nicht leicht zu erlernen. Fahrrad zu fahren, scheint eine simple Fähigkeit zu sein, aber das täuscht. Eine effektive Pedalierbewegung ist eine ziemlich komplexe Technik, bei der viele kleine und große Muskeln in einer Weise arbeiten, die letztlich darüber entscheidet, wie ökonomisch Sie sind. Wenn Sie die technischen Fertigkeiten beherrschen, die zum Radfahren dazugehören, werden Ihre Fitness und Ihre Wettkampfleistungen sich verbessern, da Sie versierter darin werden, Energie zu nutzen und – noch wichtiger – zu sparen. Ebenso wie Kraft und Ausdauer sollte die Schnelligkeit in der frühen Grundlagenphase entwickelt werden. Mit mangelnder Technik lange Ausdauerfahrten oder Krafttraining auf der Straße zu unternehmen, ist reine Zeitverschwendung. Daher müssen Sie zu Beginn der Saison an der Schnelligkeit arbeiten, insbesondere dann, wenn Sie noch nicht lange im Radsport dabei sind.

Der Leistungsfaktor Schnelligkeit sollte früh in der Saison entwickelt werden.

Ich nenne diesen Leistungsfaktor »Schnelligkeit«, weil es darum geht, die Bewegungen, egal wie komplex sie sind, in dem Tempo auszuführen, das für den Wettkampf erforderlich ist. Ich meine damit nicht die Geschwindigkeit, also wie schnell Sie sich auf dem Rad fortbewegen, sondern vielmehr wie effizient Ihre Beine arbeiten, wenn sie die Pedale bewegen. Die hohen Kadenzen, mit denen Sie im Rennen Rad fahren, müssen technisch sauber ausgeführt werden. Es ist nicht schwer, eine Technik zu beherrschen, solange sie langsam ausgeführt wird. Tatsächlich ist das die Methode, mit der man sich neue Techniken zunächst aneignen sollte – mit geringer Kadenz. Doch auch wenn die Anforderungen des Trainings oder Rennens steigen, müssen Sie in der Lage sein, bei höherer Kadenz eine effiziente Technik aufrechtzuerhalten. Werden Sie bei hohen Kadenzen nachlässig, verschwenden Sie Energie und Ihre Fitness wird darunter leiden. In Anhang B finden sich einige Übungen zur Verbesserung der Tritttechnik.

Es gibt noch andere Fertigkeiten, die Sie sich aneignen müssen, darunter Kurven-, Sprint- und Klettertechnik. Diese sind nicht ganz so komplex wie die Tritttechnik und werden in spezifischen Trainingseinheiten auf dem Rad entwickelt.

Erweiterte Leistungsfaktoren

Sobald Sie früh in der Saison Ihre grundlegenden Leistungsfaktoren entwickelt haben, müssen Sie das Training auf die erweiterten Leistungsfaktoren Kraftausdauer, anaerobe Ausdauer und Schnellkraft verlagern (Abbildung 6.2). Für erfahrene, ambitionierte Radsportler bilden diese den Schlüssel für herausragende Wettkampfleistungen. Die grundlegenden Leistungsfaktoren sollten nach einigen Wochen Training gut entwickelt sein. Gewiss ist immer noch ein bisschen Luft nach oben, aber irgendwann müssen Sie den Schwerpunkt des Trainings auf die wettkampfspezifischeren erweiterten Leistungsfaktoren verlagern.

Wie entscheiden Sie, wann der richtige Zeitpunkt gekommen ist? Sie können sich z.B. nach Testergebnissen richten oder auch danach, wie Sie sich fühlen, wenn Sie auf dem Rad sitzen. Die Grundlagen aufzubauen, kann 8 bis 12 Wochen dauern. Es ist aber nie verkehrt, das Grundlagentraining noch ein paar Wochen zu verlängern, falls bis zu Ihrem nächsten wichtigen Rennen noch ausreichend Zeit ist. Je mehr Grundlagenfitness Sie haben, desto größer wird dank dieses soliden Fundaments schließlich Ihre Wettkampffitness sein.

Die erweiterten Leistungsfaktoren sind in dieser Hinsicht anders. Das entsprechende Training auf mehr als etwa 8 bis 12 Wochen auszudehnen, kann auf diesem Niveau kontraproduktiv sein. Dies gilt insbesondere für die anaerobe Ausdauer, denn die Belastungen, die das entsprechende Training mit sich bringt, gehen weit über die der anderen Leistungsfaktoren hinaus. Es kann leicht passieren, dass man es übertreibt und sich übermäßige Erschöpfung, eine Krankheit oder Verletzung einhandelt.

Gleichwohl ist es möglich, auch während der Grundlagenphase anfangs der Saison behutsam an den erweiterten Leistungsfaktoren zu arbeiten, selbst wenn der Schwerpunkt des Trainings noch auf den grundlegenden liegt. Dies kann nützlich sein, da es kleinere physische Anpassungsprozesse stimuliert und Ihrem Körper so den Übergang zum härteren Training in der unmittelbaren Wettkampfvorbereitung erleichtern kann. Entscheidend dabei ist, den für die erweiterten Leistungsfaktoren relevanten Anteil der Trainingseinheiten kurz zu halten, mit ausgiebigen Pausen zwischen den hochintensiven Wiederholungen.

Nehmen wir z.B. an, Sie haben eine Kraft-Einheit auf dem Rad in der Grundlagenphase geplant. Nach den Kraft-Wiederholungen könnten Sie 3 oder 4 Intervalle zur Entwicklung der anaeroben Ausdauer à 20 Sekunden Dauer mit je 20 Sekunden Regeneration vorsehen. Solche Einheiten sollten sich am besten nur Routiniers mit jahrelanger Erfahrung zumuten, die ihren Körper genau kennen und gute Kenntnisse über effektives Training mitbringen. Es kann leicht passieren, dass man sich zu früh zu viel Intensität zumutet und sich die ganze Saison ruiniert.

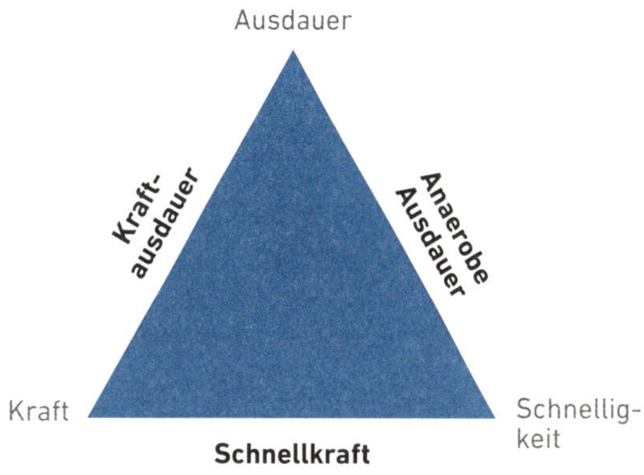

ABBILDUNG 6.2 Die erweiterten Leistungsfaktoren

Die meisten Fahrer sind besser beraten, das Training der grundlegenden und erweiterten Leistungsfaktoren, mit einer Überschneidung von nur 2 oder 3 Wochen, voneinander zu trennen. Wir erörtern diesen eher konservativen Trainingsansatz in Teil IV, wenn wir über Periodisierung sprechen. Sehr erfahrene fortgeschrittene Fahrer können erwägen, eine etwas freiere Herangehensweise an das Training zu wählen.

Werfen wir nun einen Blick auf die erweiterten Leistungsfaktoren und ihre Rolle in der Wettkampfvorbereitung. Dargestellt sind sie in Abbildung 6.2. Achten Sie darauf, dass für jeden erweiterten Faktor an der Seite des Dreiecks zwei grundlegende Leistungsfaktoren die zugehörigen Eckpunkte bilden. Diese beiden stellen jeweils die Fitnessgrundlage für den erweiterten Faktor zwischen ihnen dar.

Kraftausdauer. Kraftausdauer ist die Fähigkeit, für einen *moderat* langen Zeitraum mit *moderat* hohem Einsatz zu fahren, wie z.B. beim Zeitfahren. Kraftausdauer-Einheiten absolvieren Sie an oder knapp unterhalb der anaeroben Schwelle. Oft ist dies die Fähigkeit, die Sie an die kurzen, hochintensiven Episoden heranführt, die über den Ausgang eines Straßenrennens entscheiden. Außerdem ist Kraftausdauer die allerwichtigste Fähigkeit für Zeitfahrer. Und wie erwähnt, ist sie oft auch die Fähigkeit, die

Sie bei gleichbleibender Anstrengung einen langen Anstieg hinaufbringt.

Kraftausdauer resultiert aus gut entwickelter Fitness der grundlegenden Leistungsfaktoren, die die Eckpunkte der Seite »Kraftausdauer« in Abbildung 6.2 bilden: Ausdauer und Kraft. Ist einer dieser beiden Faktoren mangelhaft entwickelt, wird auch die Kraftausdauer mangelhaft sein. Deshalb ist das Grundlagentraining so wichtig für die Wettkampffitness.

Kraftausdauer resultiert aus gut entwickelter Fitness der grundlegenden Leistungsfaktoren Ausdauer und Kraft.

Die Dauer ist »moderat«, weil sie kürzer ausfällt als das, was Sie in Ausdauer-Einheiten leisten. Die Intensität ist indes viel höher als beim Ausdauertraining (um eine RPE von 7), dennoch bleibt auch sie »moderat«, da sie niedriger ausfällt als bei Wiederholungen zur Entwicklung der Kraft. Kraftausdauer-Training absolvieren Sie an oder knapp unterhalb der anaeroben Schwelle.

Ihre Kraftausdauer entwickeln Sie durch lange Intervalle (6 bis 12 Minuten) mit kurzen Erholungspausen (90 Sekunden bis 4 Minuten) oder durch lange, gleichmäßige Belastungen (20 bis 40 Minuten) in Herzfrequenz- oder Watt-Zone 3 und 4 bzw. mit einer RPE von 5 bis 7. Dies sind harte Einheiten, doch sie machen sich mit deutlich verbesserter Fitness bezahlt. Eines der besten Merkmale für Verbesserungen durch solches Training ist eine gesteigerte FTP, die Sie mit dem in Kapitel 5 (sowie Anhang B) erläuterten Feldtest für die funktionale Schwellenleistung ermitteln. Wenn Sie den Anleitungen in den späteren Kapiteln folgen, werden Sie in der späten Grundlagenphase und ebenso der gesamten Aufbauphase eine erhebliche Menge solchen Trainings absolvieren.

Anaerobe Ausdauer. Anaerobe Ausdauer ist die Fähigkeit, einige Minuten mit hoher Anstrengung, deutlich über der Laktatschwelle, zu arbeiten. Sobald die grundlegenden Leistungsfaktoren gut entwickelt sind, sind Einheiten für die anaerobe Ausdauer mit das effektivste Training, das Sie unternehmen können, um im Rennen gute Leistungen zu bringen. Das liegt daran, dass solche Einheiten die beste Art von Training sind, um Ihre aerobe Kapazität zu verbessern. Ich weiß, dass die Begriffe »anaerobe Ausdauer« und »aerobe Kapazität« widersprüchlich klingen. Lassen Sie mich versuchen, etwas Luft in dieses Dunkel zu bringen, das auf eine wissenschaftliche Fehlbezeichnung zurückgeht, zu der es bereits in den 1960er Jahren gekommen war.

Wann immer Sie oberhalb der anaeroben Schwelle trainieren, arbeiten Sie per Definition *anaerob*. Mit anderen Worten, es kommt, wie zuvor in den Erläuterungen über die anaerobe Schwelle dargelegt, zu einer Anreicherung von Wasserstoff-Ionen in der Muskulatur. Dieser Vorgang wird von anderen Veränderungen auf zellularer Ebene begleitet, die letztlich zu kurzfristiger Erschöpfung führen (Erschöpfung wird nicht durch Laktatsäure hervorgerufen). Aber wann immer Sie Sauerstoff nutzen, um Energie zu gewinnen, z.B. bei Intervallen für die anaerobe Ausdauer, arbeiten Sie per Definition *aerob*. Sie verbrauchen Sauerstoff. Und Sie tun dies auch dann noch, wenn Sie in den Bereich Ihrer aeroben Kapazität kommen, selbst wenn der Begriff anaerob »ohne Sauerstoff« bedeutet. Wenn Sie also Einheiten für die anaerobe Ausdauer absolvieren, kommt es zu einer raschen Ermüdung der Muskulatur, trotzdem nutzen Sie, in gewissem Umfang, weiterhin Sauerstoff, um Energie zu gewinnen. Anaerob ist somit ein etwas ungenauer Begriff, aber da er seit nunmehr 50 Jahren in Gebrauch ist, werden wir ihn wohl nicht mehr los.

Einheiten für die anaerobe Ausdauer erfordern kurze – nur wenige Sekunden bis ein paar Minuten dauernde – und sehr intensive Intervalle in Zone 5 bzw. mit einer RPE um 9 mit ebenso langen oder etwas kürzeren Erholungspausen zwischen den Belastungen. Sie sollten das Training für die anaerobe Ausdauer dosiert und mit äußerster Vorsicht angehen. Diese Einheiten haben es in sich; sie sind wahrlich kein Zuckerschlecken. In Teil IV werden Sie sehen, dass ich solche Trainingseinheiten nur zu wenigen ausgewählten Zeitpunkten in der Saison vorsehe. Diese Art von Training ist mit absoluter Vorsicht zu genießen. Jede Einheit, die großen Ertrag verspricht, ist ebenso mit hohem Risiko verbunden. Achten Sie während und unmittelbar nach Einheiten für die anaerobe Ausdauer stets ganz genau auf die Signale Ihres Körpers, um die richtige Balance zwischen Belastung und Regeneration zu wahren.

Schnellkraft. Schnellkraft ist die Fähigkeit, über einen kurzen Zeitraum sehr große Leistung zu entfalten, wie es beim Sprinten erforderlich ist. Verbessern lässt sie sich durch sehr kurze Intervalle (weniger als 20 Sekunden) mit maximalem Einsatz und langen Erholungspausen dazwischen (mehrere Minuten). Dies ist eine Fähigkeit, die in bestimmten Rennen wie Kriterien und auf flachen Strecken und v.a. für Sprinter besonders wichtig ist. Beachten Sie, dass dieser erweiterte Leistungsfaktor primär das Produkt aus den grundlegenden Faktoren Schnelligkeit und Kraft ist. Diese Fähigkeiten in der Grundlagenphase voll zu entwickeln, wird sich mit stark verbesserter Schnellkraft in der folgenden Aufbauphase bezahlt machen.

BEGRENZER

In Kapitel 5 machte ich Sie mit dem Konzept der Begrenzer bekannt. Ein Begrenzer ist eine wettkampfspezifische Schwäche, die Sie daran hindert, in einem bestimmten Rennen erfolgreich zu sein. Warum ich von einer *wettkampfspezifischen* Schwäche spreche? Weil nicht alle Ihre Schwächen für Ihre Wettkampfleistungen relevant sind. Schauen wir uns ein Beispiel an. Es kann sein, dass ein Fahrer nicht besonders gut an Anstiegen ist. Das ist definitiv eine Schwäche. Aber falls das wichtigste Rennen dieses Fahrers auf einer flachen Strecke stattfindet, stellt diese Schwäche keinen Begrenzer dar. Sie steht einem Erfolg nicht im Wege. Daher sind Begrenzer wettkampfspezifisch. Sie können sich Ihre Begrenzer als ein Missverhältnis zwischen Ihren Defiziten und den Anforderungen des Rennens vorstellen, für das Sie trainieren.

Alle Athleten haben Begrenzer, selbst Profis. Es ist nur so, dass sich die Begrenzer bei manchen Athleten deutlicher bemerkbar machen als bei anderen. Das gilt normalerweise für diejenigen, die noch nicht lange im Radsport dabei sind. Auch Fahrer, die seit etlichen Jahren im Training sind, weisen nach wie vor Schwächen und Begrenzer auf, diese machen sich nur nicht so stark bemerkbar. Ein fortgeschrittener Fahrer weiß, welches seine Schwächen sind, die Begrenzer aber sind nicht so offensichtlich.

Wenn wir im Radsport von Schwächen sprechen, beziehen sich diese i.d.R. auf die Bereiche Klettern, Sprinten und Zeitfahren. Abbildung 2.1 zeigt, inwieweit sich die Leistungskurven von Fahrern unterscheiden, die ihre Stärke in jeweils einer dieser Disziplinen haben. Niemand, nicht einmal der beste Allrounder, ist in allen drei überragend. Jeder Fahrer hat in mindestens einer Disziplin eine Schwäche, eher sogar in zweien. Falls Sie ein paar Jahre Radsport betreiben, kennen Sie gewiss Ihre Stärken und Schwächen. Sobald Sie Ihre Schwächen kennen, müssen Sie sie mit den Anforderungen der wichtigsten Rennen in der bevorstehenden Saison vergleichen. Wann immer Sie eine Schwäche in Bezug auf die Anforderungen eines solchen Rennens aufweisen, haben Sie einen Begrenzer. Falls Sie z.B. ein Kurs mit vielen Anstiegen erwartet und Klettern Ihre Schwäche ist, so ist dies ein Begrenzer. Falls es sich um ein Kriterium handelt, das voraussichtlich im Zielsprint entschieden wird, und Sprinten Ihre Schwäche ist, ist dies Ihr Begrenzer.

Auch wenn Sie gezielt an Ihren Begrenzern arbeiten, werden Sie in den betreffenden Bereichen wahrscheinlich niemals so gut sein wie im Bereich Ihrer Stärken. Aber Sie können die Kluft verringern und

Achten Sie während und unmittelbar nach Einheiten für die anaerobe Ausdauer stets ganz genau auf die Signale Ihres Körpers, um die richtige Balance zwischen Belastung und Regeneration zu wahren.

TABELLE 6.1 Leistungsfaktoren, auf die für gegebene Begrenzer jeweils der Trainingsfokus zu legen wäre

BEGRENZER	LEISTUNGSFAKTOR
Klettern	Anaerobe Ausdauer oder Kraftausdauer
Zeitfahren	Kraftausdauer
Sprint	Schnellkraft

Ihre Begrenzer durch ernsthaftes Training verbessern. Ein kluger Fahrer setzt zudem geschickt taktische Mittel ein, um sich einen kleinen Vorteil zu verschaffen, wenn Begrenzer ins Spiel kommen. Wenn Sie z.B. kein guter Kletterer sind, ist es sinnvoll, sich zu Beginn des Anstiegs an die Spitze des Feldes zu setzen und dann allmählich zurückfallen zu lassen, so dass Sie am Gipfel noch in der Gruppe sind. Oder Sie könnten mittels Ihrer Rennerfahrung entscheiden, an welches Hinterrad Sie sich halten sollten, wenn der Sprint eröffnet wird. Beim Zeitfahren können Sie leider nicht viel machen, um Ihre Begrenzer taktisch abzufedern. Deswegen spricht man beim Zeitfahren vom »Rennen der Wahrheit«. Es ist ein einsamer Kampf gegen die Uhr.

Welches ist Ihr wichtigstes Rennen des Jahres? Welches ist Ihr Begrenzer für dieses Rennen? Bei der Planung Ihrer neuen Saison sind dies die vielleicht wichtigsten Fragen, die Sie sich stellen müssen. Der Schwerpunkt Ihres Trainings wird auf diesem Begrenzer liegen. Das heißt nicht, dass Sie Ihre Stärken vernachlässigen sollten. Sie müssen sie erhalten, aber zum Glück ist Erhaltung viel einfacher und verlangt Ihnen weniger ab als das Training, das Abhilfe bei spezifischen Schwächen schaffen soll. Grundsätzlich gilt sogar: Je größer Ihr Begrenzer, desto wichtiger ist es, Ihre Stärken zu erhalten, um diese wettkampfspezifische Schwäche aufzuwiegen. Die simpelste Weise, diese Regel zu beherzigen, ist, sich bei der Wahl der Wettkämpfe nach Ihren Stärken zu richten. Ein starker Kletterer sollte sich logischerweise ein Rennen aussuchen, das viele Anstiege parat hält. Ebenso sollten starke Zeitfahrer und Sprinter vornehmlich Rennen bestreiten, in denen ihre besonderen Stärken zum Tragen kommen.

Suchen Sie sich Rennen aus, die Ihren Stärken entgegenkommen.

Aber leider ist es nicht immer möglich, sich Rennen auszusuchen, die unseren Stärken entgegenkommen. Falls Sie ein Kletterer sind, der an einer Rennserie teilnimmt, zu der einige Kriterien gehören, sind Sie gezwungen, sich auf Rennen vorzubereiten, die nicht Ihren Stärken entsprechen. Wie stellen Sie das an? Wie verbessern Sie einen Begrenzer?

Die Frage bringt uns wieder zurück auf das Thema der Leistungsfaktoren. Sobald Sie Ihren Begrenzer kennen, müssen Sie wissen, welche Einheiten, basierend auf den Leistungsfaktoren, nötig sind, um ihn zu verbessern. Tabelle 6.1 liefert ein paar Beispiele.

Klettern ist der vielleicht häufigste Begrenzer unter Radrennfahrern. Wie in Tabelle 6.1 angedeutet, erfordert es ein hohes Maß an anaerober Ausdauer oder Kraftausdauer, je nachdem, ob Sie eher ein explosiver oder ein ausdauernder Kletterer werden wollen. Auch der Streckenverlauf kann bei der Entscheidung eine Rolle spielen. Falls der Kurs viele kurze, steile Anstiege aufweist, ist explosives Klettern gefragt. Anaerobe Ausdauer bildet dann den Schwerpunkt des relevanten Trainings. Handelt es sich um einen längeren Anstieg, sind gegebenenfalls Kraftausdauer-Einheiten angezeigt. Ein langer, gleichmäßiger Anstieg, der in ähnlicher Weise wie ein Zeitfahren angegangen wird, ist für Fahrer, für die Klettern ein Begrenzer ist, normalerweise die bessere Option.

Aus dem Training der erweiterten Leistungsfaktoren, das Sie in den letzten paar Wochen vor dem Rennen absolvieren, ergibt sich die Notwendigkeit, bereits in der Grundlagenphase eine bestimmte

Mischung von Trainingseinheiten in den Vordergrund zu stellen. Dies bringt uns erneut zurück zu Abbildung 6.2 und die Eckpunkte des Dreiecks – die grundlegenden Leistungsfaktoren –, aus denen sich jeder der erweiterten Faktoren zusammensetzt. Ausdauer und Schnelligkeit sind z.B. grundlegende Faktoren, die in der Grundlagenphase den Fokus bilden, um sich dann in den letzten Wochen vor dem Rennen auf das Training der anaeroben Ausdauer als Begrenzer einzustellen. Falls Kraftausdauer Ihr Begrenzer ist, müssen Sie sich in der Grundlagenphase entsprechend auf Ausdauer und Kraft konzentrieren.

Gleichzeitig können Sie, während Sie den Fokus auf das Training der erweiterten Leistungsfaktoren legen, nicht die anderen Faktoren außer Acht lassen. Stattdessen müssen Sie Ihre begrenzte Trainingszeit und Energie stets so aufteilen, dass es Ihre Wettkampfvorbereitung optimiert. Zwar müssen alle drei erweiterten Leistungsfaktoren entwickelt werden, den Schwerpunkt des Trainings in der Grundlagenphase sollten aber die für Ihre Begrenzer relevanten grundlegenden Faktoren bilden.

Ungeachtet der Art der Strecke und der Veranlagung des Fahrers erfordert Klettern selbstverständlich eine hohe gewichtsbezogene Leistung. Somit können Wattleistung oder Gewicht einen weiteren kletterspezifischen Begrenzer darstellen. Sie klettern schneller, je weniger Kilo Sie den Berg raufschleppen müssen – damit erzähle ich Ihnen nichts Neues. Ebenso gilt: Je mehr Watt Sie treten können, desto schneller klettern Sie bei jedem gegebenen Gewicht einen Anstieg hinauf. Die ultimative Lösung lautet demnach, die Leistung zu erhöhen und gleichzeitig Gewicht zu verlieren. Indem Sie Ihre funktionale Leistung an der aeroben Kapazität (FACP) und Ihre funktionale Schwellenleistung (FTP) über einen längeren Zeitraum mit Ihrem Körpergewicht vergleichen, erhalten Sie einen guten Indikator dafür, wie gut es zu jedem Zeitpunkt der Vorbereitung um Ihre Kletterqualitäten bestellt ist (siehe Anhang B für die entsprechenden Tests). Die FACP hängt eng mit der anaeroben Ausdauer und die FTP eng mit der Kraftausdauer zusammen.

Natürlich kann es sein, dass Ihnen in der kommenden Saison mehrere wichtige Rennen bevorstehen, die mannigfache Anforderungen an Ihre Fähigkeiten stellen, so dass Sie zwei oder drei Leistungsfaktoren gleichzeitig entwickeln müssen. Nehmen wir z.B. an, dass Ihr erstes großes Rennen der Saison ein hügeliges Straßenrennen und Klettern eine Ihrer Schwächen ist. In diesem Fall könnten Sie anstreben, ein besserer Kletterer zu werden. Aber Ihr zweiter Hauptwettkampf ist ein flaches Kriterium und Ihr relevanter Begrenzer ist die Schnellkraft. Wie also bringen Sie das alles unter einen Hut angesichts der begrenzten Zeit und der Notwendigkeit, eine Menge wettkampfspezifische Fitness für diese beiden Rennen zu entwickeln?

Sie müssen Ihre begrenzte Trainingszeit und Energie so aufteilen, dass es Ihre Wettkampfvorbereitung optimiert.

Dabei sind viele Aspekte zu berücksichtigen. Einer der wichtigsten ist, wie viel Zeit Ihnen zwischen den Rennen zur Verfügung steht. Ein anderer ist, wie groß Ihre Begrenzer sind. Mit anderen Worten: wie viel zu verbessern ist und wie viel Zeit Sie haben, um das hinzubekommen. Es ist nie leicht, wenn mehrere signifikante Begrenzer Ihrer Aufmerksamkeit bedürfen und Ihnen zwischen den Rennen nur sehr wenig Zeit bleibt, um sich um sie zu kümmern. In diesem Fall hätten Sie ein paar wichtige Entscheidungen zu treffen, z.B. welches der beiden Rennen Ihnen wichtiger ist oder welcher Begrenzer größer ist. Falls es Ihnen nicht möglich ist, sich auf beide Rennen gleich gut vorzubereiten und an beiden Begrenzern gleichermaßen zu arbeiten, müssen Sie ein wenig Nachsicht mit sich üben und sich auf das konzentrieren, was Sie erreichen *können*, statt auf das, was Sie gerne erreichen *möchten*.

Auf diese Weise Ihre Begrenzer zu bestimmen, ist die vielleicht wichtigste Entscheidung, die Sie zu Beginn einer neuen Saison treffen werden. Als Coach weiß ich, dass der Erfolg eines ganzen Jahres an dieser Entscheidung hängen kann, weswegen ich ihr in der Frühphase der Saison größte Aufmerksamkeit widme. Auch für Sie ist sie nicht weniger bedeutend. Ich rate

Ihnen sehr, sorgsam die Anforderungen Ihrer wichtigsten Rennen zu bedenken. Grundsätzlich sollten Sie pro Saison nur zwei oder drei solcher Hauptwettkämpfe einplanen (mehr dazu in Kapitel 7). Als Nächstes sollten Sie genau überlegen, wie es im Hinblick auf die zu erwartenden Anforderungen des Rennens um Ihre Stärken und Schwächen bestellt ist. Falls Ihre Stärken genau den Anforderungen des Rennens entsprechen, ist das natürlich die perfekte Kombination. Es wird sehr einfach sein, das Training zu planen. Sollten Sie jedoch Schwächen haben, die in Diskrepanz zu den Anforderungen des Rennens stehen, haben Sie einen Begrenzer, an dem Sie im Training arbeiten müssen. Das Training in dieser Saison wird dadurch zu einer ungleich größeren Herausforderung.

Bei Anfängern (und auch manchen Fahrern im zweiten und dritten Trainingsjahr) sind es normalerweise die grundlegenden Leistungsfaktoren, die Begrenzer darstellen. Darauf sollten Neulinge den Schwerpunkt ihres Trainings legen. Es besteht kein Grund, an den erweiterten Leistungsfaktoren zu arbeiten, solange die grundlegenden Faktoren nicht entwickelt sind, was ein bis drei Jahre Grundlagentraining erfordern kann. Für erfahrene Fahrer, die mehrere Jahre damit verbracht haben, Ausdauer, Kraft und Schnelligkeit zu entwickeln, sind die erweiterten Leistungsfaktoren Kraftausdauer und anaerobe Ausdauer häufig die Begrenzer. Aber wie Sie sehen werden, wenn wir uns in Kapitel 7 mit der Saisonplanung befassen, sollten auch Routiniers zu Beginn jeder Saison die grundlegenden Leistungsfaktoren auffrischen, bevor sie zum Training der erweiterten Leistungsfaktoren übergehen. Die grundlegenden Leistungsfaktoren neigen dazu, nach einer Reduzierung des Trainingspensums zu schwinden, z.B. während eines Taperings für ein Rennen oder nach einer Auszeit vom Training. Dann ist es eine gute Idee, zum Grundlagentraining zurückzukehren und sie neu aufzubauen.

Erfahrene Radsportler sollten zu Beginn jeder Saison die grundlegenden Leistungsfaktoren auffrischen, bevor sie zum Training der erweiterten Leistungsfaktoren übergehen.

Es gibt noch zahlreiche andere mögliche Defizite jenseits der sechs Leistungsfaktoren, die Ihre Wettkampfleistungen einschränken könnten. Eines, das im Regelfall die Kletterfähigkeit einschränkt, habe ich bereits angesprochen: die gewichtsbezogene Leistung. Andere haben v.a. mit Ihren Lebensumständen zu tun und umfassen Aspekte wie inkonsistentes Training, limitierte Trainingszeit, schlechtes Material, mangelhafte Ernährung, wenig Selbstvertrauen, ungeeignetes Trainingsumfeld, häufige Erkrankungen oder Verletzungen, Hang zum Übertraining, unangemessene Körperzusammensetzung, zu wenig Schlaf, psychische Belastungen, ein körperlich anstrengender Job und vieles mehr. Auch solche Dinge müssen angesprochen werden, wollen Sie als Radsportler auch nur annähernd Ihr Potenzial ausschöpfen. Vermutlich wissen Sie, welche auf Sie zutreffen und was Sie dagegen unternehmen können. Einige dieser Aspekte werden in späteren Kapiteln angeschnitten.

FAZIT: TRAINING FÜR WETTKÄMPFE

Was bedeutet Fitness für einen Ausdauer-Radsportler? In diesem Kapitel haben Sie erfahren, dass es drei physiologische Messgrößen gibt, die darüber bestimmen: aerobe Kapazität, anaerobe Schwelle und Ökonomie.

Die aerobe Kapazität, häufig VO_2max genannt, bezieht sich auf die maximale Menge an Sauerstoff, die Ihr Körper verarbeiten kann, um Energie zu produzieren. Je mehr Sauerstoff Ihr Körper aufnehmen kann, desto schneller und kraftvoller fahren Sie Rad. Ihre potenzielle aerobe Kapazität ist weitgehend eine Sache der Gene. Im Rahmen dieser ererbten Obergrenze gibt es zwei Möglichkeiten, Ihre aerobe Kapazität auf ein höheres Niveau zu bringen. Die eine ist, jede Woche viele Stunden Rad zu fahren. Effektiver aber ist es, hochintensive Intervalle zu unternehmen. Diese werden im Bereich deutlich oberhalb der anaeroben Schwelle absolviert und dauern um die 5 Minuten, mit Erholungspausen von gleicher oder etwas geringerer Dauer. Die besten Radsportler weisen durch die Bank eine hohe aerobe Kapazität auf. Auch viele Amateure sind in der Lage, große Mengen an Sauerstoff zu verarbeiten, werden aber möglicherweise durch z.B. übermäßiges Körpergewicht daran gehindert, auf ein höheres Wettkampfniveau vorzustoßen. Das ist der Grund, warum Radprofis so dünn sind. Überschüssiges Gewicht verringert die aerobe Kapazität, denn diese wird durch Masse eingeschränkt. Je größer Sie sind, desto mehr Sauerstoff benötigen Sie, um am Anstieg das Tempo des Feldes mitzugehen.

Ein zweiter Fitness-Marker, die anaerobe Schwelle, lässt sich durch gezieltes Training merklich anheben. Auch hier spielen hochintensive Einheiten eine wichtige Rolle, denn die AnT spricht sehr positiv auf Einheiten an, die an oder nahe dieser Schwelle absolviert werden. Sie wird als ein Prozentsatz der aeroben Kapazität ausgedrückt. Je höher der Prozentsatz, desto schneller können Sie Rad fahren, insbesondere in Zeitfahren oder an langen, gleichmäßigen Anstiegen.

Das letzte der drei großen Elemente der Ausdauerfitness ist die Ökonomie – wie viel Energie Sie verbrauchen, um bestimmte Wattzahlen zu treten. Sie können die Ökonomie Ihres Körpers – bei einem Auto würde man von Wirtschaftlichkeit sprechen – verbessern, z.B. durch eine bessere Technik, verringertes Gewicht oder eine aerodynamischere Ausrüstung und Sitzposition. Es gibt allerdings auch physikalische Eigenschaften, die sich auf die Ökonomie auswirken und die Sie nicht verändern können, so z.B. der Knochenbau. An anderen hingegen können Sie arbeiten, u.a. wiederum an Ihrem Körpergewicht. Indem Sie viele Ausdauer-Einheiten unternehmen, können Sie außerdem schnell arbeitende Muskelfasern dahingehend trainieren, dass sie einige der Eigenschaften langsam arbeitender Muskelfasern annehmen.

Weiterhin habe ich Ihnen in diesem Kapitel die sechs Leistungsfaktoren vorgestellt: Ausdauer, Kraft, Schnelligkeit, Kraftausdauer, anaerobe Ausdauer und Schnellkraft. Die ersten drei nenne ich die grundlegenden Leistungsfaktoren. Diese werden wahrscheinlich den Schwerpunkt Ihres Trainings in der Frühphase der Saison bilden, und Sie werden zu verschiedenen Zeiten im Laufe der Saison immer wieder zu ihnen zurückkehren. Zusammen bilden sie das Fundament Ihres Trainings, auf dem die erweiterten Leistungsfaktoren – Kraftausdauer, anaerobe Ausdauer und Schnellkraft – aufbauen. Die erweiterten Faktoren sind erheblich wettkampfspezifischer und werden voraussichtlich in den letzten Wochen vor den wichtigsten Rennen im Fokus des Trainings stehen. Jeder der sechs Faktoren bedingt eine bestimmte Art von Training und hängt auf die eine oder andere Weise mit den drei bestimmenden Größen der Fitness zusammen.

Sobald Sie verstehen, auf welche Weise die Leistungsfaktoren mit der Wettkampfvorbereitung verknüpft sind, gilt es zu entscheiden, welche davon wettkampfspezifische Schwächen für Sie darstellen. Solche Defizite nenne ich *Begrenzer*, weil sie zwischen Ihnen und Ihren Saisonzielen stehen. Die im Radsport relevanten Begrenzer entfallen grob auf die Kategorien Klettern, Zeitfahren und Sprinten. Falls Sie in einer davon Defizite aufweisen, Ihr avisiertes Rennen aber verlangt, in diesem Bereich stark zu sein, stellt sie einen Begrenzer dar. Sie müssen diesen im Training ansprechen, ansonsten werden Sie Ihre Ziele nicht erreichen. Jeder Begrenzer hängt mit einem oder mehreren der sechs Leistungsfaktoren zusammen. Sobald Sie einen Faktor ermittelt haben, der eine Schwäche für Sie darstellt, muss er den Schwerpunkt Ihres Trainings bilden. Darüber hinaus ist es wichtig, diejenigen Fähigkeiten zu erhalten, die Sie als Ihre Stärken ausgemacht haben.

Die anaerobe Schwelle ist hochgradig trainierbar.

Primärer Zweck dieses Kapitels war es, Ihnen ein generelles Verständnis für das Training für Wettkämpfe zu vermitteln, so dass Sie Ihre begrenzte Zeit und Energie auf möglichst produktive Weise nutzen können. Damit Sie Ihre Saisonziele erreichen, ist es außerdem wichtig, zu überlegen, wie die entsprechenden Einheiten so organisiert werden können, dass sich am Wettkampftag ein Höchstmaß an Fitness ergibt. Damit befassen wir uns als Nächstes.

TEIL IV

DIE SAISONPLANUNG

Ich betrachte diesen Teil als das Herzstück dieses Buches. In den folgenden Kapiteln dreht sich alles um die Planung Ihrer Saison – also darum, im Voraus zu bestimmen, welche Arten von Trainingseinheiten man unternimmt und wann man dies tut. Als ich in den 1970er Jahren begann, Rennen zu bestreiten, ging ich auf diese Weise vor, weil es mir einfach logisch erschien. Ich verwendete einen Kalender, um zu skizzieren, wann ich in Vorbereitung meiner anstehenden Rennen welche Einheiten absolvieren würde. Damals war mir der Begriff zwar noch nicht geläufig, aber ich benutzte ein simples Periodisierungsmodell, um meine Saison zu planen.

Periodisierung ist es, worum es in diesen drei Kapiteln eigentlich geht und was ich als das grundlegende Modell fürs Training erachte. Als junger Athlet hatte ich noch nicht davon gehört, aber in den 1980er Jahren wurde ich durch Gespräche mit anderen Sportlern, Trainern und Sportwissenschaftlern auf dieses Konzept aufmerksam. Etwa um diese Zeit las ich das Buch *Theory and Methodology of Training* von Dr. Tudor Bompa. Bompa, ein Kanadier, der kurz zuvor aus dem damals kommunistischen Rumänien emigriert war, wird von vielen als einer der Begründer der Periodisierung angesehen. Ich lernte Dr. Bompa später persönlich kennen und wir verbrachten so manche Stunde damit, über das Training zu debattieren. 1996 verfasste er das Vorwort zur ersten Ausgabe dieses Buches.

Das Konzept der Periodisierung kam in den 1950er und 1960er Jahren in der Sowjetunion auf. In den ersten Jahrzehnten des Kalten Krieges war es ein Staatsgeheimnis und wurde nur in den Ostblockstaaten angewendet. Sportlern und Trainern aus dem Westen war es damals nicht bekannt. Die meisten Nicht-Ostblock-Athleten trainierten mehr oder weniger willkürlich drauflos. Radfahrer trainierten einfach so, wie ihre Trainer es vor ihnen getan hatten. So etwas wie eine wissenschaftliche Methode gab es nicht und erst recht keine Periodisierung. Europäische Langstreckenläufer waren die Ersten, die Anfang der 1970er Jahre diese Methode übernahmen, und wenig später sprach sich das Geheimnis zu westlichen Athleten bei internationalen Titelkämpfen herum.

Als ich 1995 die erste Version dieses Buches verfasste, war Trainingsperiodisierung im Westen erst seit rund 20 Jahren bekannt und wurde nur von einigen wenigen Spitzensportlern benutzt. Die *Trainingsbibel* machte nun auch viele Amateurradsportler mit dem Konzept vertraut, wobei ich mich um eine möglichst einfache Darstellung bemühte. Ich schlug damals lediglich eine Art der Periodisierung vor: die »lineare« bzw. »klassische« Methode. Diese ist die älteste und einfachste Variante. Sie ist leicht zu verstehen und umzusetzen und stellt die bis heute von den meisten Athleten auf der ganzen Welt genutzte Spielart der Periodisierung dar. Viele Amateur- und Hobbyradsportler kommen gut mit ihr zurecht, und auch manche Profis verwenden sie. Aber es gibt viele andere Varianten dieses grundlegenden Modells, die ebenfalls von vielen ambitionierten Fahrern genutzt werden. In Kapitel 7 werden wir als Ausgangspunkt für das Verständnis des Konzepts zunächst das lineare Periodisierungsmodell erörtern. Von dort aus gehen wir über zur Planung einer Trainingswoche in Kapitel 8. In Kapitel 9 schließlich stelle ich andere Periodisierungsmodelle vor, inklusive ihrer gängigen Vor- und Nachteile, und helfe Ihnen bei der Wahl der Methode, die für Sie am besten geeignet ist.

Am Ende von Kapitel 9 sollten Sie einen Jahrestrainingsplan erstellt haben und bereit sein, in das fokussierte Training einzusteigen.

7

DIE PLANUNG IM ÜBERBLICK

FRANZ STAMPFL, ein heute weitgehend in Vergessenheit geratener Trainer aus den 1950er Jahren, sagte einmal: »Training ist vor allem Vertrauenssache.« Was er damit meinte, war, dass es keine Garantien gibt. Ein Athlet muss seiner Trainingsweise vertrauen und sich ihr bedingungslos verschreiben, denn Zweifel wirkt sich negativ auf die Wettkampfleistungen aus. Völlig gleich, wie viel Wissenschaft und Überlegung Sie in die Vorbereitung auf die bevorstehende Saison investieren, entscheidend ist, dass Sie darauf vertrauen, dass sie die gewünschten Resultate hervorbringt. Da ist es naheliegend, sich für eine Trainingsmethodik zu entscheiden, die zuverlässig und glaubwürdig ist.

Der Ausgangspunkt jeder Trainingsmethodik ist die zugrundeliegende Philosophie. Die Philosophie, der ich als Trainer seit vielen Jahren folge, ist ziemlich simpel: Je näher das Rennen rückt, desto rennähnlicher muss das Training sein. Auf den ersten Blick erscheint das einleuchtend, doch mir begegnen immer wieder Athleten, die mit der Frage, wie sie zu bestimmten Zeiten der Saison trainieren sollten, überfordert sind. Diese Trainingsphilosophie und die damit verbundene Methodik sind es, worum es in diesem Kapitel geht. Es wird Ihnen ein breiteres Verständnis davon vermitteln, wie Sie richtig trainieren. Wenn Sie den Anleitungen in diesem und den nächsten beiden Kapiteln folgen, wird Ihr Training im Saisonverlauf nach und nach wettkampfähnlicher. Ihre Einheiten nehmen allmählich die charakteristischen Merkmale Ihres avisierten Rennens an, was Ihnen die beruhigende Gewissheit verleihen wird, dass Ihre Erfolgsaussichten erheblich gestiegen sind. Denn wenn Sie es im Training gekonnt haben, können Sie es auch im Rennen. Aus Vertrauen wird Überzeugung. Die Anwendung dieser Philosophie und Methodik beginnt mit Ihrem Periodisierungsplan.

PERIODISIERUNG

Ich bin sicher, Sie haben diesen Begriff schon viele Male gehört. Sie verwenden ihn wahrscheinlich sogar selbst, um zu beschreiben, wie Sie Ihre Saison organisieren. Aber wissen Sie wirklich, was Periodisierung ist? Im Grunde ist Periodisierung nichts anderes als die Anwendung der Philosophie, die ich oben umschrieben haben – mit einem kleinen organisatorischen Kniff: die Unterteilung der Saison in Teilphasen, wobei die Trainingseinheiten in jeder dieser Phasen jeweils ein bisschen wettkampfähnlicher als in der vorangegangenen gestaltet sind, je näher das Rennen rückt. Wie genau dies vonstattengeht, erfahren Sie hier und in Kapitel 8. Am Ende von Kapitel 9 werden Sie einen Saisonplan entwickelt haben, der alles berücksichtigt, worüber Sie bislang gelesen haben, und gleichzeitig die eingangs skizzierte Philosophie auf Ihre Trainingsmethodik überträgt.

Ausgangspunkt aller Planung sollte die Überzeugung sein, dass das Training ein beständiger und gradueller Aufbauprozess sein muss. Höchstleistungen im Rennen stellen sich nicht plötzlich und auf mysteriöse Weise ein. Ihr Körper muss eine Menge Veränderungen durchmachen, um fit für den Wettkampf zu sein. Jede dieser physiologischen Veränderungen braucht Zeit. Sie können Ihren Körper nicht dazu zwingen, gemäß eines von außen vorgegebenen Zeitplans fit zu werden. Stattdessen muss er sanft dazu gebracht werden, ein höheres Leistungsniveau zu erreichen, indem ihm gestattet wird, sich natürlich zu entwickeln. Um dem gerecht zu werden, müssen Sie willens sein, hin und wieder Anpassungen vorzunehmen. Ein rigider Plan, der keinen Raum für Tage vorsieht, an denen Sie übermüdet sind, und der die vielen anderen Anforderungen des Alltags außer Acht lässt, ist schlimmer, als gar keinen Plan zu haben. Ihr Plan muss dynamisch sein, um effektiv sein zu können. Sie müssen jeden Tag berücksichtigen, wie Sie sich fühlen. Planungsflexibilität ist entscheidend für Ihren Wettkampferfolg. Die erforderlichen Änderungen bedeuten meist, sich auszuruhen, wenn Ruhe angezeigt ist. Kapitel 11 beschäftigt sich ausführlich mit Ruhe und Regeneration, u.a. mit der »Regeneration nach Bedarf«.

Training muss ein beständiger und gradueller Aufbauprozess sein.

Was genau hat es damit auf sich, dass die Einheiten immer wettkampfähnlicher werden müssen? Es ist ganz einfach. Je näher der Tag Ihres wichtigsten Rennens rückt, desto mehr müssen Ihre Einheiten, bezogen auf Ihre Ziele, die Merkmale dieses Rennens annehmen. Ein Beispiel: Falls es Ihr Ziel ist, ein 40 km langes Zeitfahren mit einer durchschnittlichen Leistung von 200 Watt zu absolvieren, müssen Sie im Rahmen der Wettkampfvorbereitung einige Einheiten unternehmen, die zunehmend längere Intervalle bei rund 200 Watt berücksichtigen. Eine adäquate Trainingszeit vorausgesetzt, werden Sie dann am Wettkampftag die Gewissheit haben, diese Leistung das gesamte Rennen über halten zu können. Aus Zuversicht wird Überzeugung.

Wenn Sie in einem Straßenrennen das Podium erreichen wollen und das größte Hindernis zwischen Ihnen und diesem Ziel – Ihr Begrenzer – ein langer Anstieg ist, müssen Sie vermehrt Einheiten absolvieren, die ähnlich lange Anstiege umfassen. Wenn Sie im Training zu der Erkenntnis gelangen, dass Sie in der Lage sind, längere Anstiege in einer schnellen Gruppe mitzugehen, wird Zuversicht zu Überzeugung.

Falls es am Tag des Rennens vermutlich so warm ist, dass die Hitze über den Ausgang mitentscheidet, müssen Sie in den letzten Wochen häufig in der Hitze trainieren, um sich vollständig anzupassen. Auf dem Weg dorthin benötigen Sie Zuversicht. Dies und das richtige Training führen zu Überzeugung.

Die Einheiten allmählich immer wettkampfähnlicher zu gestalten, erfordert lediglich, dass Sie die Anforderungen des Rennens gut kennen und Ihre Stärken und Begrenzer in Einklang mit diesen Anforderungen bringen. Dieser Trainingsphilosophie zu folgen, ist überhaupt nicht kompliziert und verschafft Ihnen die nötige Überzeugung und Bereitschaft für den Wettkampf. Bei der Saisonplanung sind etliche solcher grundlegenden Dinge zu bedenken. Schauen wir sie uns einmal genauer an.

PLANUNG

Die Philosophie der Trainingsprogression bringt uns zum zentralen Prinzip der Periodisierung, nämlich zu bestimmen, wann die Trainingseinheiten zur

Entwicklung der einzelnen Leistungsfaktoren erfolgen. Kapitel 6 stellte das Konzept der Leistungsfaktoren vor und teilte sie in zwei Kategorien ein: grundlegende und erweiterte. Abbildung 6.2 veranschaulichte dies in einem Schaubild. Die grundlegenden Leistungsfaktoren Ausdauer, Schnelligkeit und Kraft bilden dabei die Eckpunkte des Dreiecks. An den Seiten befinden sich die erweiterten Leistungsfaktoren Kraftausdauer, anaerobe Ausdauer und Schnellkraft. Die drei letztgenannten gelten gemeinhin als die drei wettkampfähnlichen Fähigkeiten, die den Ausschlag darüber geben, wie gut Sie am Renntag vorbereitet sind.

Eine zentrale Erkenntnis aus Kapitel 6 lautet, dass die erweiterten das Produkt der grundlegenden Leistungsfaktoren sind. Um gute Kraftausdauer zu erhalten, müssen Sie zunächst Kraft und Ausdauer optimal entwickeln. Ebenso resultiert eine starke anaerobe Ausdauer aus gut entwickelter Ausdauer und Schnelligkeit. Und die grundlegenden Leistungsfaktoren Kraft und Schnelligkeit ergeben schließlich Schnellkraft.

In diesem Kapitel legen wir damit los, die Vorbereitung auf Ihr erstes wichtiges Rennen der Saison zu planen. Wir fangen mit dem Modell an, das von Sportwissenschaftlern als »lineare« bzw. »klassische« Periodisierung bezeichnet wird. Dies war das Planungsmodell, das von Athleten in den Anfangstagen der Periodisierung genutzt wurde. Es heißt »linear«, weil es einer einfachen Progression der Leistungsfaktoren von den grundlegenden zu den erweiterten folgt. Nicht alle Periodisierungssysteme halten es so (wie Sie in Kapitel 9 sehen werden). Bei der linearen Periodisierung steigen wir in die Saison ein, indem wir den Schwerpunkt des Trainings ganz auf die grundlegenden Leistungsfaktoren legen. Wenn das Training voranschreitet, verlagert sich der Schwerpunkt nach und nach auf die erweiterten. Das ist kein jäher Wechsel, sondern vielmehr eine allmähliche Verschiebung des Fokus, wobei es erhebliche Überschneidungen der beiden Kategorien gibt.

Sportwissenschaftler bezeichnen die Frühphase der Saison, wenn die grundlegenden Leistungsfaktoren im Vordergrund stehen, als »allgemeine Vorbereitung«. Die meisten Athleten sprechen von der »Grundlagenphase«, daher werde ich es ebenso halten. Aber die Bezeichnung allgemeine Vorbereitung veranschaulicht eigentlich besser, worum es in dieser Phase geht: sich ganz *allgemein* auf den späteren Teil der Saison vorzubereiten. Grundsätzlich gilt: In der Grundlagenphase trainieren Sie, zu trainieren. Sie unternehmen Dinge, z.B. Krafttraining mit Gewichten, die nicht unbedingt dem entsprechen, was im Rennen von Ihnen erwartet wird.

Die anschließende Phase wird von Sportwissenschaftlern »spezifische Vorbereitung« genannt. Athleten sprechen meist von der »Aufbauphase«. Spezifische Vorbereitung ist ebenfalls eine treffende Bezeichnung, denn sie deutet an, dass der Schwerpunkt auf Einheiten liegt, die spezifisch für das Rennen sind, auf das Sie sich vorbereiten, bzw. dieses simulieren, wie z.B. Gruppenausfahrten, die fast unter Wettkampfbedingungen stattfinden. Mit Rücksicht auf den üblichen Gebrauch werde ich weiterhin die Begriffe »Grundlagen« und »Aufbau« verwenden.

Die lineare Periodisierung folgt einer einfachen Progression der Leistungsfaktoren von den grundlegenden zu den erweiterten.

Neben Grundlagen und Aufbau müssen noch ein paar andere Phasen verstanden werden, um das Konzept der Periodisierung vollständig zu begreifen. In gängiger Athletensprache sind dies die Phasen »Vorbereitung«, »Höchstleistung« (bzw. »Peak«), »Wettkampf« und »Übergang«. Tabelle 7.1 listet jede der Phasen in der Reihenfolge auf, in der sie normalerweise in Erscheinung treten, und liefert jeweils eine kurze Beschreibung.

Um Ihren Jahrestrainingsplan (JTP) zu erstellen, sollten Sie eine gute Vorstellung davon haben, was den Schwerpunkt Ihres Trainings bilden sollte: Sie möchten Ihre Defizite minimieren und Ihre erprobten Stärken maximieren. Dies alles wurde in Kapitel 6 erörtert und ist ganz entscheidend für die weitere Planung.

TABELLE 7.1 Die üblichen Phasen im Modell der linearen Periodisierung

PHASE	DAUER	ZWECK	VORRANGIGER FOKUS
Vorbereitung	1–4 Wochen	Vorbereitung auf das Training	grundlegende Leistungsfaktoren
Grundlagen	9–12 Wochen	Trainieren für das Training	grundlegende Leistungsfaktoren
Aufbau	6–8 Wochen	Trainieren für den Wettkampf	erweiterte Leistungsfaktoren
Höchstleistung	1–2 Wochen	Tapering für den Wettkampf	erweiterte Leistungsfaktoren
Wettkampf	1–3 Wochen	Erschöpfung abbauen / Fitness schärfen	erweiterte Leistungsfaktoren
Übergang	1–4 Wochen	Ruhe und Regeneration	grundlegende Leistungsfaktoren

Sie sollten zudem ein generelles Verständnis von den Trainingsphasen haben, die Sie in Ihrem Jahrestrainingsplan nutzen werden. Mit diesem Wissen im Hinterkopf werden wir einen Plan erarbeiten, der in der laufenden bzw. kommenden Saison Ihre volle Wettbewerbsfähigkeit herstellt, indem die grundlegenden und erweiterten Leistungsfaktoren gezielt entwickelt werden. Dieser Plan wird Ihnen einen Überblick verschaffen, wohin die Reise gehen soll und woran Sie in der Wettkampfvorbereitung arbeiten sollten. Viele der in den vorigen Kapiteln erörterten Konzepte werden jetzt zusammengeführt, um Ihrem Training Ziel und Struktur zu geben.

Wenn Sie sich diesem Kapitel zu Beginn einer ganz neuen Trainingssaison widmen – vermutlich also im Spätherbst oder Winter –, ist Ihr Timing perfekt. Befinden Sie sich hingegen bereits mitten in der Saison, werden Anpassungen notwendig sein, um Ihr bisheriges Training mit einer neuen und vermutlich ganz anderen Methode zu verbinden. Im Einzelfall kann das ziemliche Umwälzungen bedeuten und da so viele individuelle Faktoren im Spiel sind, kann ich Ihnen leider keine ausführliche generelle Anleitung dafür liefern. Ich kann Ihnen lediglich raten, die Änderungen nach und nach vorzunehmen. Werfen Sie nicht alles, was Sie bisher getan haben, über den Haufen. Übernehmen Sie ganz allmählich die hier und in Kapitel 8 vorgeschlagenen Abläufe. In jedem Fall werden Sie bis zum Ende dieses Kapitels einen Großteil Ihres Jahrestrainingsplans zur Vorbereitung auf Ihr nächstes wichtiges Rennen entwickelt haben.

Am Ende dieses Kapitels werden Sie einen Großteil Ihres Jahrestrainingsplans zur Vorbereitung auf Ihr nächstes wichtiges Rennen entwickelt haben.

Sobald Sie einen Plan für Ihre Saison haben, können Sie die gleiche Methode in folgenden Saisons immer wieder nutzen. So kommen Sie auf einfache Weise in den Genuss eines Jahrestrainingsplans, der jeder Trainingseinheit einen Zweck verleiht und Ihnen solide Fitness am Wettkampftag verschafft. Bewahren Sie Ihre Pläne nach Ende einer jeden Saison auf, so dass Sie Aufzeichnungen darüber haben, was Sie in der Vergangenheit unternommen haben. Machen Sie sich außerdem nach Abschluss jeder Saison Notizen, welche Anpassungen Sie auf Grundlage Ihrer bisherigen Erkenntnisse vornehmen möchten. Dies wird Ihnen die Planung für zukünftige Saisons ungemein erleichtern.

Bevor wir damit beginnen, Ihre Saison zu gestalten, ist es wichtig zu verstehen, wie das Training für die Leistungsfaktoren sich in einen Plan für eine lineare Periodisierung einfügt. Dies führt ein wenig weiter als die kurze Übersicht aus Tabelle 7.1. Abbildung 7.1 zeigt sämtliche der Phasen (auch »Mesozyklen« genannt) und gliedert sie in wöchentliche Teilphasen (»Mikrozyklen«). Jeder Mesozyklus besteht aus ein bis vier Mikrozyklen. Diese Abbildung veranschaulicht, wie stark die grundlegenden bzw. erweiterten Leistungsfaktoren jeweils betont und wie beide in einen Trainingsplan eingebunden werden, um Sie auf das erste wichtige Rennen der Saison vorzubereiten.

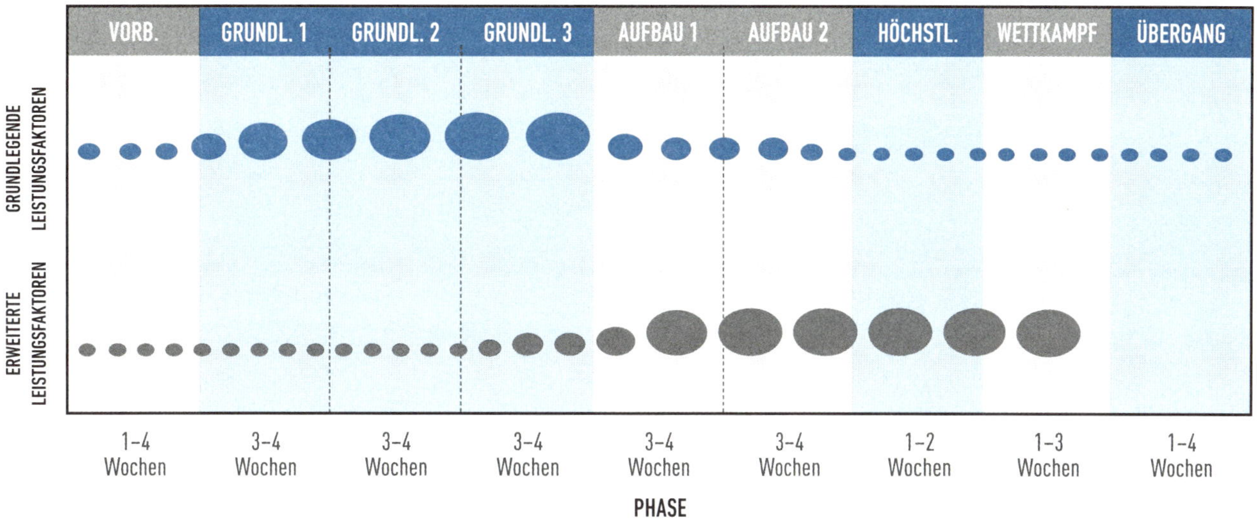

ABBILDUNG 7.1 Vorbereitung auf den ersten Hauptwettkampf der Saison gemäß der linearen Periodisierung

Beachten Sie, dass Abbildung 7.1 nur das Training für den ersten Hauptwettkampf der Saison berücksichtigt. Für die folgenden wichtigen Wettkämpfe müssen Sie nicht noch einmal den ganzen, in der Abbildung dargestellten Periodisierungsprozess durchlaufen, denn Sie haben im Laufe der Saison schrittweise Fitness angehäuft. Jedoch geht mit den Phasen rund um den Wettkampf auch ein gewisser Verlust an Fitness einher. Wenn Sie in der Höchstleistungsphase das Pensum verringern und die Übergangsphase nach dem Wettkampf für die Regeneration nutzen, wird Ihre Fitness, selbst wenn das Tapering nur wenige Tage dauert, in gewissem Umfang beeinträchtigt, insbesondere die grundlegenden Leistungsfaktoren. Je länger die Höchstleistungs- und Übergangsphasen, desto mehr Fitness geht verloren.

Die Fitness, die Sie vor dem ersten Wettkampf entwickelt haben, wird nicht gänzlich verloren gehen, aber Sie werden nicht umhinkommen, vor den anstehenden Rennen ein wenig Grundlagenfitness wiederaufzubauen. Die Vorbereitung auf folgende Rennen zu planen, gestaltet sich deutlich kniffliger als für den ersten Wettkampf des Jahres. Alles hängt davon ab, wie viel Zeit Ihnen zwischen dem ersten und dem zweiten Rennen zur Verfügung steht. Je mehr Zeit Sie haben, desto leichter fällt die angemessene Vorbereitung. Im Idealfall bleiben Ihnen 12 bis 16 Wochen. Das hieße, dass Sie nach der Auszeit in den paar Tagen nach dem ersten Rennen (Übergangsphase) zu ein wenig Grundlagentraining (Grundlagen 3) zurückkehren würden, bevor Sie zu den Phasen Aufbau, Höchstleistung und Wettkampf übergehen. In diesem Fall würde Ihr Periodisierungsplan so wie in Abbildung 7.2 aussehen.

Im Straßenradsport ist es eher unüblich, dass mehr als zwölf Wochen zwischen wichtigen Rennen liegen.

Im Straßenradsport ist es aber eher unüblich, dass mehr als zwölf Wochen zwischen wichtigen Rennen liegen. Aller Voraussicht nach werden Ihnen deutlich weniger als zwölf Wochen zwischen wichtigen Rennen zur Verfügung stehen, sobald der erste Wettkampf dieser Art hinter Ihnen liegt. Je weniger Zeit Ihnen bleibt, desto schwieriger gestaltet sich die Planung. Abbildung 7.3 schlägt einen Plan für den Fall vor, dass nur sieben bis elf Wochen zwischen zwei wichtigen Rennen liegen.

Bei weniger als sieben Wochen zwischen zwei Hauptwettkämpfen müssen Sie mehrere schwierige Entscheidungen treffen. Zunächst einmal müssen Sie überlegen, ob Sie eine Übergangsphase brauchen. Während eine solche Phase nach dem letzten Rennen der Saison bis zu einem Monat oder mehr dauern

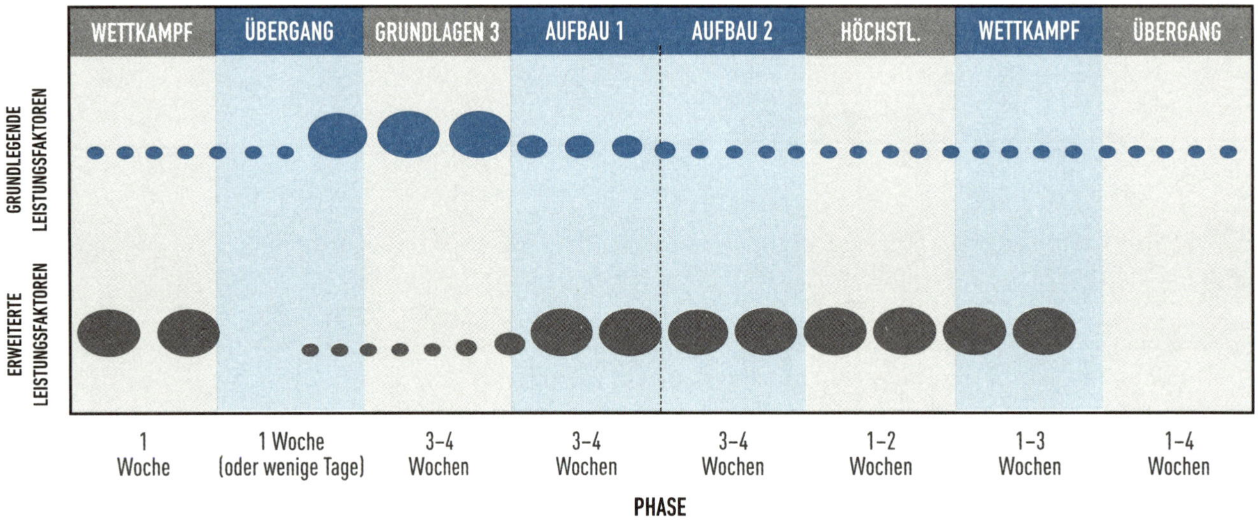

ABBILDUNG 7.2 Vorschlag für einen Plan zur Vorbereitung auf den zweiten oder dritten Hauptwettkampf der Saison, wenn nach dem vorangegangenen Rennen 12 bis 16 Wochen zum Trainieren bleiben

kann, bleibt Ihnen in der Saison deutlich weniger Zeit zur Regeneration. Bei weniger als sieben Wochen zur Vorbereitung auf das nächste Rennen können Sie nur zwei oder drei Tage pausieren, bevor es zurück ins ernsthafte Training geht. Ich rate Ihnen dringend, sich diese Auszeit zu nehmen, unabhängig davon, ob Sie das Gefühl haben, sie zu brauchen. Falls Sie darauf verzichten, werden Sie gegen Ende der Saison verstehen, warum sie so wichtig gewesen wäre. Das Problem ist dabei eher mentaler als körperlicher Natur. Die Auszeit vom Training gestattet Ihnen, den Akku wiederaufzuladen. Wenn Sie darauf verzichten, werden Sie nach wenigen Wochen ausgebrannt sein. Ein paar Tage Pause vom ernsthaften Training werden Ihnen auf lange Sicht sehr gut tun.

Es ist normal, durch das Tapering vor einem Rennen und die anschließende Regeneration etwas grundlegende Fitness einzubüßen.

Nach der kurzen Auszeit in der Übergangsphase sind Sie bereit, wieder ins ernsthafte Training einzusteigen. Nun müssen Sie entscheiden, wie viel Zeit Sie dem Training der grundlegenden und erweiterten Leistungsfaktoren widmen werden. Wie bereits erwähnt ist es durchaus üblich, durch das Tapering vor einem Rennen und die Regeneration im Anschluss an den Wettkampf etwas grundlegende Fitness einzubüßen. Je länger das Tapering und der Übergang, desto wahrscheinlicher ist, dass Sie zur Phase Grundlagen 3 zurückkehren müssen, deren Schwerpunkt, wie in Abbildung 7.3 veranschaulicht, auf der Grundlagenfitness liegt, aber auch ein wenig erweiterte Fitness umfasst. Falls hingegen das Tapering und die Auszeit recht kurz ausfielen – vielleicht insgesamt zehn Tage oder weniger –, können Sie sich, da Ihnen nur wenige Wochen bis zum nächsten Rennen bleiben, überlegen, Ihre Aufmerksamkeit der Aufbauphase und der erweiterten Fitness zu widmen. Wenn nur vier Wochen oder weniger bleiben, können Sie vornehmlich Aufbau 2 trainieren, gefolgt von einem sehr kurzen Tapering. Eine Höchstleistungsphase von drei bis fünf Tagen und eine verkürzte Wettkampfphase sollten reichen. Die Phase Aufbau 2 umfasst freilich sehr rennähnliche Einheiten. Sofern Ihre Grundlagenfitness weiterhin gut ist, sollte diese Strategie aufgehen.

Der maßgebliche Leistungsfaktor, der bei der Planung für die wenigen Wochen bis zu Ihrem nächsten Rennen zu berücksichtigen ist, ist die Ausdauer. Ob Sie in diesem Bereich Nachholbedarf haben, können Sie anhand des in Infokasten 5.3 sowie in Anhang B beschriebenen Tests für die funktionale aerobe Schwelle (FAeT) ermitteln. Absolvieren Sie

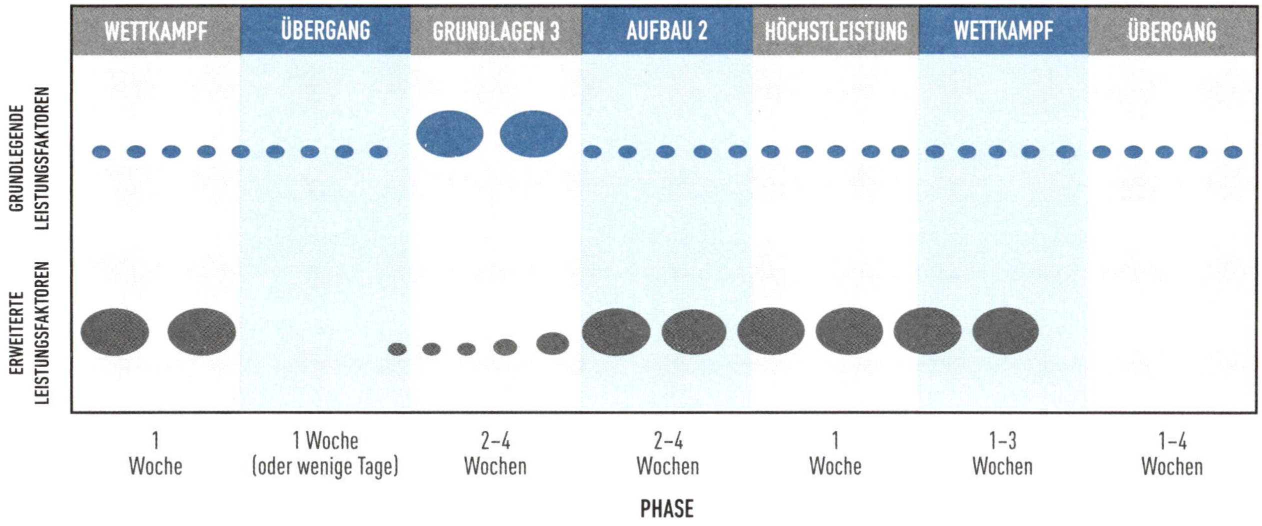

ABBILDUNG 7.3 Vorschlag für einen Plan zur Vorbereitung auf den zweiten oder dritten Hauptwettkampf der Saison, wenn nach dem vorangegangenen Rennen nur 7 bis 11 Wochen zum Trainieren bleiben

den Test und vergleichen Sie die Ergebnisse mit Ihrem letzten FAeT-Test. Falls Ihr Effizienz-Faktor im jüngeren Test einen Rückgang von mehr als 10 Prozent aufweist, würde ich Ihnen raten, eine kurze Phase Grundlagen 3 einzuschieben, mit starker Gewichtung des Trainings der aeroben Schwelle (Einheit A2 in Anhang B). Ansonsten ist es vermutlich okay, direkt in das Training der Aufbauphase einzusteigen, mit Schwerpunkt auf den erweiterten Leistungsfaktoren. Für erfahrene Fahrer kann es sogar denkbar sein, Ausdauer-Einheiten mit Einheiten für die erweiterte Fitness zu einer Art Mischphase zu vermengen. Dies kann sich aber als riskant erweisen, denn es erfordert ein gutes Verständnis für Ihren Körper: Sie müssen genau wissen, was er verkraftet – und was nicht.

Es sollte klar geworden sein, dass Sie in dieser Frage schwierige Entscheidungen treffen müssen, wenn Sie mitten in der Rennsaison stehen. Wie Sie sich auf das zweite und dritte Rennen der Saison vorbereiten, können Sie nicht entscheiden, wenn Sie vor der Saison Ihren Periodisierungsplan erstellen. Zwar können Sie zu Beginn der Saison einen provisorischen Trainingsplan für spätere Saisonphasen aufstellen, die endgültige Entscheidung fällt aber, wenn es so weit ist. Ich würde Ihnen empfehlen, unmittelbar nach jedem wichtigen Rennen der Saison zu diesem Kapitel zurückzukehren und die Erläuterungen noch einmal durchzugehen, um zu entscheiden, wie Sie sich am besten auf den nächsten Wettkampf vorbereiten. Die Abbildungen 7.1, 7.2 und 7.3 werden Ihnen dabei helfen, Ihren Plan für die nächste Phase der Saison zu erstellen.

DER JAHRES-TRAININGSPLAN

Fangen wir nun an, Ihre Saison zu planen. Wie bereits erwähnt, ist die beste Zeit dafür der Beginn eines neuen Trainingsjahres, was üblicherweise November, Dezember oder Januar bedeutet. Aber womöglich kommen Sie ja erst dazu, während Ihre Wettkampfsaison bereits läuft. Das ist okay. Stellen Sie dann einfach einen Plan für den Rest des Jahres auf.

Die beste Zeit, um den Jahrestrainingsplan aufzustellen, ist der Beginn eines neuen Trainingsjahres.

Es gibt viele Formate, die Sie dafür nutzen können. Sie können einen einfachen Kalender aus Papier verwenden, in den Sie sämtliche Details eintragen, die im Folgenden besprochen werden. Oder Sie führen einen elektronischen Kalender auf Ihrem Computer, in dem

Planungen stellt man am besten an, wenn einem keine Emotionen in die Quere kommen.

Ich plädiere stark dafür, sich nicht mehr als drei Saisonziele zu setzen.

Sie schnell und einfach Änderungen vornehmen können. Dazu bietet sich u.a. die JTP-Funktion auf der TrainingPeaks-Website (*www.trainingpeaks.com*) an, die Abonnenten zur Verfügung steht und genau dem Ablauf folgt, den ich in diesem Kapitel darlege. Die wohl einfachste und gewiss billigste Möglichkeit ist, die Vorlage aus Anhang A zu verwenden (diese Vorlage für den JTP ist außerdem in meinem *Trainingstagebuch für Radsportler* zu finden). Wegen des Urheberrechts sollte man normalerweise keine Bücher kopieren, ich erteile Ihnen aber die Erlaubnis, den Plan, den Sie dort finden, nach Herzenslust zu vervielfältigen.

Falls Sie sich für einen Plan aus Papier entscheiden, benutzen Sie auf jeden Fall einen Bleistift, denn Sie werden im Laufe des Jahres gewiss einige Änderungen vornehmen müssen. Ich habe in meinen mehr als 30 Jahren als Coach noch keinen Plan gesehen, der im Laufe einer ganzen Saison nicht verändert worden wäre. Es gibt immer mal wieder etwas zu radieren oder zu revidieren, sei es krankheits- oder berufsbedingt oder aufgrund sonstiger unerwarteter, jedoch notwendiger Trainingspausen.

Bevor wir in die Einzelheiten Ihres Plans einsteigen, lassen Sie uns kurz wiederholen, warum Sie sich das alles überhaupt antun. Sie tun dies nicht, um jemanden zu beeindrucken oder sich gut organisiert zu fühlen (wobei nicht zu verachten ist, welches Selbstvertrauen dieses Gefühl mit sich bringt), sondern um einen dynamischen Leitfaden zu schaffen, an dem Sie sich in der kommenden Saison orientieren können. Es ist wesentlich leichter, zu Beginn der Saison einen Plan auszuarbeiten als in der Hitze des Gefechts, wenn womöglich der Weitblick fehlt. Planungen stellt man in der Regel am besten dann an, wenn einem keine Emotionen in die Quere kommen.

Im restlichen Kapitel werde ich mit Ihnen die einzelnen Schritte durchgehen, die bei der Ausarbeitung eines JTP zu berücksichtigen sind. Nutzen Sie das Format, welches Ihnen lieber ist – handschriftlich oder elektronisch –, aber beginnen Sie mit der Niederschrift eines detaillierten Plans erst dann, wenn Sie die Kapitel 8 und 9 gelesen haben. Insbesondere Kapitel 9 ist wichtig für Ihren Plan. Es befasst sich mit einigen Alternativen zum linearen Periodisierungsmodell, das in diesem Kapitel vorgestellt wird. Nachdem Sie alle drei Kapitel gelesen und sodann entschieden haben, welches der Modelle für Sie am besten geeignet ist, können Sie zu diesem Kapitel zurückkehren und Ihren JTP abschließen. Falls Sie an irgendeiner Stelle verunsichert sind, wie genau das Dargelegte funktioniert, springen Sie einfach zum Ende dieses Kapitels zu Abbildung 7.4. Dort finden Sie ein Beispiel für einen ausgefüllten Plan.

Wir werden sechs Schritten folgen, um Ihren JTP zu erstellen:

Schritt 1: Legen Sie Ihre Saisonziele fest
Schritt 2: Definieren Sie Ihre Trainingsvorgaben
Schritt 3: Bestimmen Sie den Jahrestrainingsumfang
Schritt 4: Priorisieren Sie die Wettkämpfe
Schritt 5: Teilen Sie die Saison in Phasen ein
Schritt 6: Schätzen Sie Ihre Wochenumfänge ab

Schritt 1: Saisonziele

Ganz oben auf dem JTP aus Anhang A ist Platz, um Ihre Saisonziele einzutragen. Wie das aussehen sollte, zeigt Ihnen das Beispiel in Abbildung 7.4. Nach welchen Regeln Sie die Ziele für eine Wettkampfsaison festlegen, haben Sie in Kapitel 5 gelernt. Falls Sie das Kapitel nicht noch einmal lesen möchten, hier eine kurze Zusammenfassung der wichtigsten Punkte.

Setzen Sie sich höchstens drei Ziele pro Saison. Bei mehr als drei laufen Sie Gefahr, sich zu übernehmen oder angesichts der vielen Details zu verzetteln. Zu viele Ziele machen es schwer, auf das konzentriert zu bleiben, was wirklich wichtig ist. Sich weniger als drei Ziele zu setzen, kann auch eine sinnvolle Option sein und wird Ihnen zu noch größerer Fokussiertheit verhelfen.

Definieren Sie Ihre Ziele als saisonbezogene Ergebnisse. Was müssen Sie umsetzen, um in den kommenden Jahren mit Genugtuung und Stolz auf das Geleistete zurückzublicken? Bedenken Sie, dass dies nicht die Teilziele sind, die Sie erfüllen müssen, um Ihre übergeordneten Ziele zu erreichen. Dinge wie »ein paar Pfund abnehmen« oder »den Umgang mit einem Powermeter erlernen« sind keine Ziele, sondern lediglich Vorgaben, die Sie auf dem Weg zum Ziel erfüllen müssen. Damit befassen wir uns im nächsten Schritt. Ein Ziel ist in der Regel als ein bestimmtes Wettkampfergebnis definiert. Es kann auch so etwas sein wie »mich für die Verbandsauswahl qualifizieren«.

Ihre Ziele sollten mess- und überprüfbar sein. Die gängige Messgröße in einem Straßenrennen ist die Platzierung, im Zeitfahren die Endzeit. Es könnte auch die erfolgreiche Umsetzung einer Teamstrategie sein, wie z.B. in einem wichtigen Rennen Ihren Sprintspezialisten in eine günstige Ausgangsposition zu bringen. Was möchten Sie im wichtigsten Rennen Ihrer Saison erreichen?

Nun ist es also so weit, ganz oben auf dem JTP aus Anhang A Ihre Ziele zu notieren. Tragen Sie sie mit Bleistift ein und stellen Sie noch mal sicher, dass sie messbar sind.

Schritt 2: Trainingsvorgaben

Oben auf Ihrem JTP befindet sich ein Feld für vier Trainingsvorgaben. Dies sind untergeordnete Ziele, mit denen Sie Ihre Begrenzer ansprechen. In Kapitel 5 habe ich ausführlich die Trainingsvorgaben erläutert, in Kapitel 6 ging es um die Begrenzer. Fassen wir beides noch einmal kurz zusammen.

Trainingsvorgaben sind untergeordnete Teilziele für Ihre Saison, die Ihnen ein Feedback über Ihre Trainingsfortschritte verschaffen. Auch wenn sie nicht die gleiche Bedeutung haben wie Ihre Saisonziele, sind sie dennoch wichtig für deren Umsetzung. Wenn Sie Ihre Teilziele erreichen, können Sie davon ausgehen, auch Ihre Saisonziele zu verwirklichen. Erfüllt werden Trainingsvorgaben während Ihrer Trainingseinheiten und in weniger wichtigen Rennen.

Zweck der Trainingsvorgaben ist es, Ihre Begrenzer zu beheben oder zu korrigieren, d.h. die wettkampfspezifischen Schwächen, die Sie daran hindern, bestimmte Ziele zu erreichen. In Kapitel 6 haben Sie Ihre Begrenzer mit Blick auf das Klettern, Sprinten und Zeitfahren bestimmt. Davon ausgehend haben Sie ermittelt, welcher der erweiterten Leistungsfaktoren Ihr schwächster ist: Kraftausdauer, anaerobe Ausdauer oder Schnellkraft (siehe Tabelle 6.1). Dies wiederum zeigte Ihnen an, welche der grundlegenden Leistungsfaktoren – Ausdauer, Kraft und Schnelligkeit – dringenden Nachholbedarf aufweisen. Nun ist es an der Zeit, Teilziele festzulegen, um diese Begrenzer zu verbessern.

Eine Trainingsvorgabe ist einfach eine Aussage darüber, in welchem Bereich Sie Schwächen aufweisen und woran Sie erkennen, ob sie behoben sind. Schauen wir uns ein paar konkrete Beispiele für Trainingsvorgaben an, die gängige Begrenzer ansprechen. Falls z.B. das Klettern Ihr Begrenzer ist, deutet Tabelle 6.1 darauf hin, dass Sie entweder hinsichtlich Kraftausdauer oder anaerober Ausdauer Defizite aufweisen, je nachdem, welche Art von Kletterer Sie sein möchten. Generell lässt sich sagen, dass ein Fahrer, für den das Klettern einen Begrenzer darstellt, wahrscheinlich am besten beraten ist, den Schwerpunkt des Trainings auf die Kraftausdauer zu legen. Falls Sie dies als Ihre größte Schwäche ausgemacht haben, könnte eine Trainingsvorgabe z.B. lauten: »Den Anstieg zum Petersberg bis zum 23. April in weniger als 20 Minuten hochfahren«. Dieses Teilziel ist etwas, was Sie in einer Trainingseinheit oder einem kleineren Rennen anstreben. Dies bedeutet außerdem, dass Sie in der Grundlagenphase, wenn der Fokus auf der Grundlagenfitness liegt, einen großen Teil Ihrer Trainingszeit den Faktoren Ausdauer und Kraft widmen (siehe Abbildung 6.2).

Eine Trainingsvorgabe ist einfach eine Aussage darüber, in welchem Bereich Sie Schwächen aufweisen und woran Sie erkennen, ob sie behoben sind.

Wie in Kapitel 6 erörtert, spielt hinsichtlich Ihrer Kletterfähigkeiten natürlich auch das Körpergewicht eine bedeutende Rolle, unabhängig davon, welchem erweiterten Leistungsfaktor Ihr Hauptaugenmerk gilt. Falls das Körpergewicht Ihr primärer Begrenzer ist, so kann Ihre Trainingsvorgabe z.B. lauten: »Bis 23. April auf 77 Kilo abspecken«.

Wenn Ihre wettkampfspezifische Schwäche das Sprinten ist, so würden Sie den Schwerpunkt Ihres Trainings auf die Schnellkraft legen. Um diesen Begrenzer anzusprechen, könnte eine Vorgabe lauten: »Bis 30. Mai im Schnellkraft-Test 1.000 Watt schaffen« (siehe Infokasten 5.3 für Einzelheiten zu diesem Test). Wie Abbildung 6.2 nahelegt, sind Kraft und Schnelligkeit die grundlegenden Leistungsfaktoren, an denen Sie primär arbeiten müssen, wenn die Schnellkraft Ihr Begrenzer ist. Und natürlich würden Schnellkraft-Einheiten einen Schwerpunkt in der Aufbauphase bilden.

Auch die anaerobe Ausdauer kann ein Begrenzer sein, wenn Sie vornehmlich an kurzen Kriterien teilnehmen oder in Rennen jedweder Distanz Probleme haben, explosive Beschleunigungen mitzugehen, die wenige Sekunden bis ein paar Minuten dauern. In diesem Fall würden in der Aufbauphase Einheiten für die anaerobe Ausdauer im Mittelpunkt stehen, während Ausdauer und Schnelligkeit den primären Fokus in der Grundlagenphase bilden. Eine Trainingsvorgabe könnte z.B. lauten: »Bis zum 7. August die funktionale Leistung an der aeroben Kapazität auf 430 Watt steigern« (siehe Infokasten 5.3 für Einzelheiten zum FACP-Test).

Sie müssen wissen, bis wann die Vorgabe erfüllt sein muss. Deadlines sorgen für Motivation.

Mit Blick auf das Zeitfahren ist die Kraftausdauer der wahrscheinlichste Begrenzer unter den erweiterten Leistungsfaktoren. Ihre Trainingsvorgabe könnte dann sein: »Bis zum 15. Juli die funktionale Schwellenleistung auf 280 Watt steigern« (siehe Infokasten 5.3 für Einzelheiten zum FTP-Test). In Grundlagenphasen zu Saisonbeginn würde der Fokus des Trainings für einen solchen Begrenzer auf Kraft und Ausdauer liegen. In der Aufbauphase, die von der Grundlagenphase zum Tapering vor dem Rennen überleitet, würden dann Kraftausdauer-Einheiten einen großen Schwerpunkt bilden.

Auch in der Grundlagenphase kann es Zielvorgaben geben. Obwohl Sie sich dann primär auf Ihre Grundlagenfitness konzentrieren, hängen Ihre Trainingsvorgaben stets mit dem Erfüllen einer Vorgabe hinsichtlich der erweiterten Fitness zusammen. Eine Vorgabe hinsichtlich der Ausdauer könnte z.B. lauten: »Bis zum 1. Mai meinen Effizienz-Faktor um 10 Prozent steigern« (mehr zum Effizienz-Faktor unter »Feldtests« in Anhang B). Eine Vorgabe hinsichtlich der Kraft könnte lauten: »Bis zum Ende von Grundlagen 1 bei Beinpressen das 2,5-Fache meines Körpergewichts erreichen« (mehr dazu siehe Kapitel 12).

Beachten Sie, dass jedes dieser Beispiele für Trainingsvorgaben feste Termine für das Erreichen vorsieht. Sie müssen wissen, bis wann die Vorgabe erfüllt sein muss. Deadlines sorgen für Motivation. Optimal wäre es, eine Trainingsvorgabe für einen erweiterten Leistungsfaktor bis spätestens zum Beginn des Taperings zu erreichen, also eine bis drei Wochen vor dem Rennen. Vorgaben in Bezug auf die Grundlagenfitness müssen vor dem Einstieg in die Aufbauphase erfüllt sein. So können Sie sich in der vorangehenden Grundlagenphase ganz auf deren Umsetzung konzentrieren. Falls eine Vorgabe in Bezug auf die Grundlagenfitness nicht bis zum Beginn der Aufbauphase erfüllt ist bzw. eine Vorgabe in Bezug auf die erweiterte Fitness nicht bis zum Beginn der Höchstleistungsphase, müssen Sie das entsprechende Saisonziel noch einmal überdenken.

Woher wissen Sie, welche Wattzahlen Sie im Rahmen Ihrer Trainingsvorgaben anstreben sollten? Es gibt keine idiotensichere Art und Weise, dies zu bestimmen. Zunächst einmal müssen Sie Ihre aktuelle Wattleistung aus dem entsprechenden Feldtest kennen (siehe Anhang B). Eine Steigerung um 10 Prozent ist vermutlich nahe der Obergrenze dessen, was Sie realistischerweise erreichen können. Es ist ambitioniert, aber machbar. Aber wird eine Steigerung um 10 Prozent reichen, um Ihr Saisonziel zu verwirklichen? Um diese Frage zu beantworten, kann es hilfreich sein, sich anzuschauen, welche Wattzahlen andere versierte Kletterer, Sprinter bzw. Zeitfahrer auf die Pedale bringen. Sich Trainingsvorgaben zu setzen, ist bisweilen auch ein Schuss ins Blaue. Um die Chance zu erhöhen, es richtig zu machen, brauchen Sie jede Menge Leistungsdaten. Sprechen Sie mit anderen Fahrern und Trainern. Recherchieren Sie ein wenig im Internet. Websites wie BestBikeSplit, Strava und AnalyticCycling können hilfreich dabei sein, eine Trainingsvorgabe zu definieren. Denken Sie daran, dass im Hinblick auf die Leistung das Körpergewicht eine wichtige Rolle spielt. Große Fahrer sind generell im Vorteil, wenn der Zeitfahrkurs oder das Sprintfinale flach ist, kleine Fahrer haben am Berg die Oberhand.

Nun ist es an der Zeit, sich Gedanken über Ihre wettkampfspezifischen Schwächen zu machen, wie sie in Kapitel 6 erläutert wurden, und Trainingsvorgaben in Ihren JTP einzutragen, mit denen diese Begrenzer angesprochen werden. Denken Sie daran, dass Sie nicht unbedingt einen Begrenzer in jeder Disziplin und für jeden Leistungsfaktor aufweisen. Beschränken Sie sich auf maximal vier Begrenzer, die sich am ehesten auf Ihre Leistungen in Ihren wichtigsten Rennen auswirken. Sofern Sie diese verbessern, werden Sie Ihre Saisonziele mit hoher Wahrscheinlichkeit erreichen.

Schritt 3: Jahrestrainingsumfang

Ganz oben auf dem JTP finden Sie eine Zeile, in die Sie Ihren jährlichen Trainingsumfang eintragen. Dies ist die Summe der Stunden, die Sie im Verlauf einer Saison mit Training verbringen, einschließlich aller Rad-, Kraftraum- und Crosstraining-Einheiten. Athleten, die mit dem von Dr. Andrew Coggan entwickelten Training Stress Score (TSS) arbeiten – was ich Ihnen empfehlen würde –, tragen statt der Stundenzahl den voraussichtlichen TSS-Jahresumfang ein. Das Schöne am TSS ist, dass er neben der Dauer auch die Intensität berücksichtigt (mehr zum TSS finden Sie in meinem *Praxishandbuch Wattmessung*). Wie in Kapitel 4 erläutert, ist für erfahrene Athleten die Intensität der wichtigere der beiden für die Fitness relevanten Faktoren. Darum ist der TSS die bessere Variante. Wenn Sie den TSS verwenden, wird sich Ihre komplette Vorstellung vom Wie und Warum des Trainings verändern. Es geht nicht einfach darum, wie viele Stunden (oder Kilometer) Sie auf dem Rad sitzen, sondern ebenso darum, was Sie in diesen Stunden anstellen. Die im Sattel verbrachte Zeit allein verrät Ihnen nicht viel darüber, wie Sie sich im Rennen schlagen werden.

Ich ermutige alle Atheten, sich am TSS zu orientieren, da er im Gegensatz zu den Trainingsstunden neben der zeitlichen Komponente auch die Intensität berücksichtigt.

Auch wenn Sie sich bereits mitten in der Saison befinden, sollten Sie aufschreiben, wie viele Trainingsstunden oder welchen TSS Sie für den Rest des Jahres voraussichtlich absolvieren werden.

Wie aber bestimmen Sie Ihre jährlichen Trainingsstunden bzw. Ihren Jahres-TSS? Eine Möglichkeit ist, sich anzuschauen, welchen Gesamtumfang Sie im Vorjahr geleistet haben. Dabei sind wie schon gesagt sämtliche Rad-Einheiten zu berücksichtigen und dazu die Stunden, die Sie im Kraftraum oder mit Ausgleichssportarten verbringen. Sofern Sie die Umfänge des Vorjahrs erfolgreich bewältigt haben, sollten Sie in Erwägung ziehen, den Umfang in der neuen Saison um 10 Prozent zu steigern. Für Athleten, die sich in den ersten fünf Jahren ihres Radsport-Trainings befinden, ist das im Allgemeinen eine gute Idee, da sie vermutlich noch Kapazitäten für Steigerungen besitzen. Sollten Sie schon länger als fünf Jahre dabei sein, können Sie die jährlichen Umfänge beibehalten, aber in der neuen Saison die Intensität steigern. Dies wird keinen Einfluss auf die Jahrestrainingsstunden haben, den Jahres-TSS aber um vielleicht 10 Prozent erhöhen.

Eine weitere Möglichkeit, die jährlichen Umfänge abzuschätzen, ist es, die üblichen Wochentrainingsstunden bzw. den üblichen Wochen-TSS zu bestim-

TABELLE 7.2 Anhaltspunkte zur Bestimmung des Jahrestrainingsumfangs von Radsportlern

KATEGORIE	EMPFOHLENE JAHRESSTUNDEN	DURCHSCHNITTLICHE WOCHENSTUNDEN	EMPFOHLENER JAHRES-TSS	DURCHSCHNITTLICHER WOCHEN-TSS
A/B-Klasse	700–1.000	14–20	35.000–50.000	700–1,000
C-Klasse	500–700	10–14	25.000–35.000	500–700
Hobbyklasse	350–500	7–10	17.500–25.000	350–500
Schüler/Jugend	220–350	4–7	11.000–17.500	200–350
Senioren	350–650	7–13	17.500–32.500	350–650

Diese Tabelle liefert allgemeine Anhaltspunkte zur Bestimmung des Jahrestrainingsumfangs in Stunden oder TSS anhand der Rennkategorie, in der Sie starten.

men und diese Zahl dann mit dem Faktor 50 zu multiplizieren. Indem Sie nicht 52, sondern eine etwas kleinere Zahl als Multiplikator verwenden, kalkulieren Sie all die Tage ein, an denen Sie nicht trainieren, weil Sie krank oder verletzt sind, regenerieren, berufsbedingt verhindert sind, Urlaub mit der Familie machen oder Auszeiten im Rahmen einer Übergangsphase nehmen. Natürlich hoffen wir alle, von Krankheit und Verletzung verschont zu bleiben, aber leider bleiben solche Dinge nicht aus.

Wenn Sie aufgrund äußerer Umstände weniger trainieren können, liegt der Schlüssel zu besseren Leistungen in hochintensivem Training.

Eine dritte Option bestünde darin, den Jahresumfang anhand Ihrer offiziellen Wettkampfkategorie oder Rennklasse zu ermitteln (siehe Tabelle 7.2). Schauen wir uns hier insbesondere einmal die Spalte »Empfohlener Jahres-TSS« an. Während sich in einer Woche mit geringer Intensität z.B. 45 TSS-Punkte pro Stunde ergeben können, sind in einer Woche mit hoher Intensität auch 55 Punkte möglich. Ein langfristiger TSS von 50 Punkten pro Stunde ist ein gängiger Durchschnitt. Davon geht Tabelle 7.2 aus, die Empfehlungen für den durchschnittlichen TSS pro Woche auflistet. Indem Sie Ihre anzunehmenden Trainingsstunden mit 45, 50 bzw. 55 multiplizieren, je nachdem, wie intensiv Sie zu trainieren erwarten, erhalten Sie eine gute Einschätzung Ihres TSS für das kommende Jahr.

Bedenken Sie, dass diese Tabelle zwar auf meinen Erfahrungen als Trainer von Athleten basiert, die in den verschiedenen Amateurklassen antreten, dies aber nicht heißt, dass der empfohlene Umfang auch für Sie der richtige ist. Möglicherweise steht Ihnen mehr oder weniger Trainingszeit zur Verfügung als hier angegeben. Falls die Zahl Ihrer Trainingsstunden aufgrund Ihres Lebensstils geringer ausfällt, als Sie körperlich zu leisten imstande wären, liegt der Schlüssel zu besseren Leistungen in hochintensivem Training. Sollten Sie in der Vergangenheit nicht auf diese Weise trainiert haben, würde dieser Schritt bedeuten, dass Ihr TSS steigt, obwohl es der Jahresumfang in Stunden nicht tut.

Überlegen Sie, wenn Sie Tabelle 7.2 durchgehen, wie viele Stunden Ihnen zur Verfügung stehen und ob Sie sich nur danach richten wollen oder ob Sie Ihre Trainingseinheiten lieber basierend auf dem TSS planen und absolvieren möchten. Tragen Sie dann in das entsprechende Feld auf dem JTP Ihren geplanten Jahresumfang ein.

Schritt 4: Wettkampf-Prioritäten

Ihr Training für die kommende Saison kann beginnen, wann immer Sie es für richtig halten, solange Ihnen genug Zeit für die Vorbereitung auf Ihr erstes Rennen bleibt. Dem Beginn der neuen Saison geht normalerweise die Übergangsphase voraus – eine kurze Auszeit von fokussiertem und ernsthaftem Training (siehe Tabelle 7.1). Nach dem Übergang sollten Sie rund fünf bis sechs Monate einplanen, um vollständig wettkampfbereit zu werden. Das ist nicht immer möglich,

TABELLE 7.3 Bestimmung der Wettkampfprioritäten

PRIORITÄT	MAXIMALE ANZAHL PRO SAISON	BEDEUTUNG DES WETTKAMPFS	SPEZIELLE VORBEREITUNG
A	3	Von höchster Bedeutung. Entscheidet, ob die Saison erfolgreich war.	1-2 Wochen Höchstleistungsphase vor der Rennwoche.
B	8	Von zweitrangiger Bedeutung. Dennoch wollen Sie sich gut schlagen.	Trainingsbelastung für 2 bis 5 Tage vor dem Wettkampf verringern.
C	unbegrenzt	Von geringster Bedeutung. Dient als Wettkampfeinstimmung, Test, hartes Training und der Erfahrung.	Keine spezielle Vorbereitung. Der Wettkampf wird wie eine Trainingseinheit angegangen.

Sie müssen also eventuell Anpassungen vornehmen an dem, was hier dargelegt wird. Bei der Ausarbeitung Ihres JTP schauen wir uns als Nächstes den Einstieg in die neue Saison an. Falls Sie, wenn Sie dies lesen, bereits mitten in der Wettkampfsaison stehen, folgen Sie einfach dem hier beschriebenen Prozedere, um den Rest Ihrer Saison zu planen.

In der Spalte »Woche« markiert Zeile »01« die erste Woche der neuen Saison. Rechts daneben befindet sich die Spalte »Datum«. Dort notieren Sie das Datum des ersten Montags Ihrer Saison. Anschließend tragen Sie darunter fortlaufend die Daten sämtlicher Montage der Saison ein. Wollen Sie z.B. Anfang Oktober einsteigen und der 2. Oktober ist ein Montag, so schreiben Sie »2.10.« in die erste Zeile der »Datum«-Spalte, in die nächsten Zeilen dann »9.10.«, »16.10.«, »23.10.«, »30.10.«, »6.11.« usw., so dass jede Wochenzeile jeweils mit dem Datum eines Montags beginnt.

Nachdem Sie sämtliche Montage der Saison eingetragen haben, vermerken Sie die Rennen, die Sie absolvieren möchten, an den entsprechenden Terminen in der Spalte »Wettkämpfe«. Es kann sein, dass Ihre geplanten Rennen in der neuen Saison noch nicht fest terminiert sind, aber vermutlich haben Sie eine ungefähre Vorstellung davon, wann sie stattfinden, verwenden Sie also diese voraussichtlichen Daten. Ein Beispiel: Nehmen wir an, Sie haben für die kommende Saison ein Rennen am Samstag, dem 6. Mai, geplant. Im JTP taucht dieses in der Zeile auf, die mit »1.5.« gekennzeichnet ist, denn diese Zeile umfasst alle Tage vom 1. Mai (Montag) bis 7. Mai (Sonntag). Falls Sie zwei Wettkämpfe am gleichen Wochenende haben, tragen Sie sie beide in diese Zeile ein.

Sobald Sie alle geplanten Starts in der Spalte »Wettkämpfe« eingetragen haben, weisen Sie jedem einzelnen Rennen eine Priorität zu, indem Sie in der Spalte »Pri.« neben dem Namen des Wettkampfs ein »A«, »B« oder »C« schreiben. Tabelle 7.3 wird Ihnen helfen, die Prioritäten zu bestimmen.

Sie werden Ihren Saisonplan rund um Ihre A-Wettkämpfe gestalten, ich würde Ihnen daher sehr ans Herz legen, sich nicht mehr als drei vorzunehmen (ein Etappenrennen oder zwei Rennen in der gleichen Woche zählen als ein Wettkampf). Da Sie die Trainingsumfänge in den letzten ein bis drei Wochen vor einem A-Wettkampf verringern, um in Wettkampfform zu kommen, und anschließend im Rahmen der Übergangsphase mindestens ein paar Tage regenerieren, werden Sie durch ein solches Rennen jeweils Fitness einbüßen, insbesondere in Bezug auf die grundlegenden Leistungsfaktoren (mehr zum Thema Form siehe Kapitel 3). Das bedeutet, dass Sie bei der Wahl, wie viele Sie pro Saison absolvieren möchten, konservativ vorgehen sollten. Drei solcher Rennen sind so ziemlich das Maximum dessen, was machbar ist, damit gleichzeitig genügend Zeit bleibt, um die Fitness wiederaufzubauen und vor dem nächsten A-Wettkampf wieder in Topform zu kommen. Je größer die Pausen zwischen A-Wettkämpfen

Ihr Jahrestrainingsplan wird rund um Ihre A-Wettkämpfe gestaltet.

sind, desto besser werden Sie vermutlich abschneiden. Ich hatte dies bereits im Abschnitt »Planung« angesprochen, der sich mit den Abständen zwischen den Rennen befasste. Wie Sie sich vielleicht erinnern, habe ich dort dargelegt, dass mehr als zwölf Wochen zwischen zwei A-Wettkämpfen die Planung ungemein erleichtern, während sich die Sache bei weniger als zwölf Wochen zunehmend kniffliger gestaltet.

Hinsichtlich der Wettkampfleistungen gibt es zwei grundlegende Möglichkeiten, Ihre Saison zu gestalten. Eine besteht darin, wie oben empfohlen, nicht mehr als drei A-Wettkämpfe zu absolvieren, mit jeweils einem Tapering von zwei bis drei Wochen im Vorfeld. Dies führt mit hoher Wahrscheinlichkeit zu Ihren bestmöglichen Wettkampfleistungen. Daneben können Sie einige B-Wettkämpfe absolvieren, vor denen Sie das Training jeweils zwei bis fünf Tage lang zurückschrauben, wie in Tabelle 7.3 dargelegt. Betrachten Sie diese Maßnahme als eine Art Mini-Tapering, das eine kleine Leistungsspitze erzeugt. Die zweite Möglichkeit ist, auf A-Wettkämpfe gänzlich zu verzichten und stattdessen viele B-Wettkämpfe zu unternehmen, ohne je die absolute Topform zu erreichen. Damit werden Sie wahrscheinlich nicht Ihre bestmögliche Leistung abrufen, möglicherweise aber mehr Freude an Ihrer Wettkampfsaison haben. Ich kenne etliche gute Athleten, die gerne regelmäßig Rennen bestreiten. Das lässt sich machen, wenn Sie keine A-Wettkämpfe einplanen, die jeweils ein langes Tapering im Vorfeld erfordern.

C-Wettkämpfe werden wie Trainingseinheiten behandelt, d.h. Sie ruhen sich vorher genauso aus wie vor einem harten Training.

Andererseits besteht auch die Möglichkeit, dass Sie in der ganzen Saison nur einen A-Wettkampf einzuplanen haben. Das wirft eine ganz andere Art von Problem auf. Es braucht rund fünf bis sechs Monate, um eine Standard-Periodisierung zu durchlaufen. Aber was stellen Sie mit den übrigen sechs Monaten an, wenn Ihnen bis zu zwölf Monate bis zu Ihrem Hauptwettkampf bleiben? Dafür gibt es zwei gängige Lösungen. Die erste (und wahrscheinlich sinnvollste) besteht darin, einfach noch einen zweiten A-Wettkampf zu bestimmen, der rund 12 bis 16 Wochen vor Ihrem wichtigsten Saisonrennen stattfindet. Machen Sie sich daran, plangemäß für diesen ersten A-Wettkampf zu trainieren, inklusive eines Taperings im Vorfeld und einer kurzen Übergangsphase danach. Dies verschafft Ihnen die Gelegenheit zu testen, was Sie zu leisten imstande sind, während Sie gleichzeitig Ihr Training für A-Wettkämpfe auf den Prüfstand stellen. Die Erkenntnisse, die Sie daraus gewinnen, werden ohne Zweifel zu einer besseren Leistung im wichtigeren Rennen beitragen.

Die zweite Möglichkeit, dieses Dilemma zu lösen, ist, in das Grundlagentraining einzusteigen, wie es in diesem Kapitel dargelegt wurde, aber nach Abschluss von Grundlagen 3 nicht mit der Aufbauphase fortzufahren. Stattdessen würden Sie die Phase Grundlagen 3 so lange wiederholen, bis Ihnen noch etwa zwölf Wochen bis zu Ihrem wichtigsten Saisonrennen bleiben. Beginnen Sie dann mit der Aufbauphase. Man kann nie zu viel Grundlagenfitness besitzen, diese zweite Variante wird Sie somit ziemlich gut auf das wettkampfspezifische Training vorbereiten, das dem A-Wettkampf vorausgeht.

Beachten Sie in Tabelle 7.3, dass C-Wettkämpfe wie Trainingseinheiten behandelt werden, d.h. Sie pausieren vor diesen in gleicher Weise, wie Sie es vor einer harten Einheit tun würden. Die Ergebnisse in diesen Rennen spielen keine Rolle, da Sie ohnehin nicht erwarten können, in Topform oder auch nur wettkampfbereit zu sein. Solche Rennen werden normalerweise als Generalprobe für A- oder B-Wettkämpfe bestritten, um sich, falls seit dem letzten Start eine Weile vergangen ist, wieder auf die Atmosphäre und Abläufe an Renntagen einzustimmen. Sie können außerdem als Fitnesstest, hartes Training oder gesellige Unternehmung mit Freunden dienen. Anfänger können außerdem wertvolle Erfahrungen sammeln. Wenn Sie noch nicht lange dabei sind, ist die Teilnahme an Wettkämpfen – und zwar so vielen wie möglich – eine der effektivsten Methoden, sich mit dem A und O des Radrennsports vertraut zu machen. Das erste Jahr als Radsportler sollte eine reine Lernerfahrung sein. Die Teilnahme an C-Wettkämpfen ist mit das Beste, was Sie tun können, um zu lernen.

Schritt 5: Saisonphasen

Die nächste Aufgabe bei der Ausarbeitung Ihres Jahrestrainingsplans ist, Ihre Saison zu periodisieren. Tabelle 7.4 wird Sie durch diesen Prozess geleiten. Sie baut Tabelle 7.1 weiter aus, indem sie die saisonbezogenen Phasen in Mesozyklen unterteilt und dazu die Art der Trainingseinheiten bestimmt, die jeweils zu absolvieren sind. Außerdem gibt sie die Dauer der Mesozyklen vor, und zwar mit Blick auf das Lebensalter, denn davon hängt es im Wesentlichen ab, wie lange jemand braucht, um sich von hartem Training oder einem Rennen zu erholen. Auf diesen letzten Punkt kommen wir bald noch einmal zurück.

Der Tabelle 7.4 entnehmen Sie, welcher Zielsetzung die einzelnen Mesozyklen gemeinhin dienen, wenn man dem klassischen linearen Modell der Periodisierung folgt, um für Straßenrennen und Zeitfahren zu trainieren. Je nach individuellen Anforderungen kann es in jeder gegebenen Phase aber mitunter durchaus ratsam sein, von diesem Schema abzuweichen. Wenn ich z.B. mit fortgeschrittenen Athleten arbeite, lasse ich

TABELLE 7.4 Zweck und Dauer der einzelnen Mesozyklen

MESO-ZYKLUS	ZWECK (ART DER TRAININGSEINHEITEN, LEISTUNGSFAKTOREN, ALLGEMEIN)	DAUER (ATHLETEN UNTER 50 ODER MIT SCHNELLER REGENERATION)	DAUER (ATHLETEN ÜBER 50 ODER MIT LANGSAMER REGENERATION)	DAUER GEPLANTE REGENERATION
Vorbereitung	Vorbereitung auf das Training: Crosstraining, Kraftraum, funktionelle Kraft, allgemeine Athletik	1–4 Wochen	1–4 Wochen	keine Regeneration erforderlich
Grundlagen 1	Allgemeines Training: Ausdauer, Kraft, Schnelligkeit	4 Wochen	3 Wochen	letzte 3–5 Tage von Grundlagen 1
Grundlagen 2	Allgemeines Training: Ausdauer, Kraft, Schnelligkeit / in begrenztem Maße Kraftausdauer	4 Wochen	3 Wochen	letzte 3–5 Tage von Grundlagen 2
Grundlagen 3	Allgemeines Training: Ausdauer, Kraft, Schnelligkeit / in begrenztem Maße Kraftausdauer und anaerobe Ausdauer	4 Wochen	3 Wochen (Grundlagen 3 wiederholen)	letzte 3–5 Tage von Grundlagen 3
Aufbau 1	Spezifisches Training: Kraftausdauer, anaerobe Ausdauer, Schnellkraft / Ausdauer, Kraft und Schnelligkeit erhalten	4 Wochen	3 Wochen	letzte 3–5 Tage von Aufbau 1
Aufbau 2	Spezifisches Training: Kraftausdauer, anaerobe Ausdauer, Schnellkraft / Ausdauer, Kraft und Schnelligkeit erhalten	4 Wochen	3 Wochen (Aufbau 2 wiederholen)	letzte 3–5 Tage von Aufbau 2
Höchstleistung	Spezifisches Training: alle 72–96 Stunden einen Wettkampfabschnitt simulieren; sonst Einheiten zur Regeneration	1–2 Wochen	1–2 Wochen	nicht erforderlich
Wettkampf	Spezifisches Training: kurze Intervalle mit mindestens Wettkampfintensität (Zahl täglich abnehmend); Ruhe	1 Woche	1 Woche	nicht erforderlich
Übergang	Ruhe und aktive Regeneration	2 Tage bis 4 Wochen	2 Tage bis 4 Wochen	nicht erforderlich

sie fast die ganze Grundlagenphase hindurch ein klein wenig Kraftausdauer, anaerobe Ausdauer und Schnellkraft trainieren, um bereits vor dem Einstieg in die Aufbauphase, in der diese erweiterten Leistungsfaktoren dann den Schwerpunkt bilden, die spezifische Fitness leicht anzukurbeln. Die Betonung liegt dabei auf »ein klein wenig«. Älteren Fahrern würde ich wahrscheinlich das ganze Jahr über sehr kurze Einheiten für die anaerobe Ausdauer verschreiben, da diese helfen, die aerobe Kapazität zu erhalten (ein Nachlassen der aeroben Kapazität ist für ältere Athleten ein großes Problem).

Beachten Sie, dass dies *kurze* Einheiten sind. Lassen Sie sich nicht dazu hinreißen, in der Grundlagenphase zu viel mit hohen Intensitäten zu trainieren. Das würde sich auf lange Sicht als kontraproduktiv erweisen. Planen Sie nur wenige solcher Einheiten ein und halten Sie sie ziemlich kurz. Heben Sie sich die längeren, sehr anspruchsvollen hochintensiven Einheiten für die Aufbau-, Höchstleistungs- und Wettkampfphase auf. In der traditionellen linearen Periodisierung wird in der Grundlagenphase gar kein solches Training unternommen, diese Variante stellt also eine Abweichung von der Norm dar. Aber bisweilen kann dies für bestimmte Athleten durchaus sinnvoll sein. Sollten Sie sich dafür entscheiden, seien Sie vorsichtig: Streuen Sie solche Einheiten nur sehr vereinzelt in Ihr wöchentliches Training ein.

Lassen Sie sich nicht dazu hinreißen, in der Grundlagenphase zu viel mit hohen Intensitäten zu trainieren.

Grundsätzlich gilt: Scheuen Sie sich nicht, mit dem in Tabelle 7.4 dargelegten Modell zu experimentieren. Vielleicht stoßen Sie auf etwas, was für gewöhnlich nicht gemacht wird, für Sie aber gut funktioniert. Die einzige verbindliche Regel der Periodisierung, die zu beherzigen ich Ihnen dringend raten würde, ist diese: Je näher Ihr A-Wettkampf rückt, desto mehr sollte Ihr Training die Wettkampfbedingungen simulieren. Natürlich impliziert dies auch, dass Ihr Training umso weniger wettkampfähnlich sein sollte, je weiter in der Ferne Ihr nächster A-Wettkampf noch liegt. Ansonsten kann die Periodisierung des Trainings recht flexibel gehandhabt werden.

Zurück zum Thema Alter und Dauer der Mesozyklen in Tabelle 7.4. Die Dauer hat eigentlich mehr mit dem Regenerationsbedarf als mit dem Alter als solchem zu tun. Die Einteilung nach Alter dient lediglich dazu, die Planung zu vereinfachen. Gleichwohl sei angemerkt, dass das Alter nicht immer ein präziser Indikator der Regeneration ist. Unabhängig vom Alter sind alle paar Wochen Pausen vom fokussierten und ernsthaften Training nötig, um einen Teil der angesammelten Erschöpfung abzubauen.

Manche Athleten brauchen diese Auszeiten häufiger als andere. Wie häufig, hängt von etlichen physiologischen Variablen ab, deren wichtigste wohl die Hormonproduktion ist. Wie gut und wie rasch sich ein Sportler von harten Trainingseinheiten erholt, hat eine Menge mit Wachstumshormonen, Testosteron, Östrogen, insulinartigem Wachstumsfaktor etc. zu tun. Diese Hormone nehmen mit dem Alter ab. Je weniger wir produzieren, desto langsamer erholen wir uns und dementsprechend häufiger benötigen wir Regenerationspausen vom Training. Irgendwann um das 50. Lebensjahr herum macht sich die verringerte Hormonproduktion bemerkbar. Das ist der Grund, warum ältere Athleten in der Regel häufiger Pausen brauchen als jüngere und warum Tabelle 7.4 zu verschiedenen Zeitpunkten der Saison häufigere Auszeiten für Athleten über 50 vorsieht. Ich habe aber auch viele Athleten jenseits der 50 erlebt, die sich sehr schnell erholen. Ebenso hatte ich mit Athleten unter 50 zu tun, die nur langsam regenerieren. Obwohl die Tabelle sich also am Alter orientiert, um die Dauer der Phasen festzulegen, sind Sie womöglich nicht so einfach einer der beiden Kategorien zuzuordnen. Mit anderen Worten: Überlegen Sie sich gut, wie schnell oder langsam Sie regenerieren, und nutzen Sie die entsprechende Spalte. Lassen Sie sich bei der Entscheidung von vergangenen Erfahrungen mit angesammelter Erschöpfung leiten. Falls Sie unsicher sind, orientieren Sie sich einfach am Alter.

Neben denjenigen über 50 brauchen auch Anfänger und Radsportler in ihrem zweiten oder dritten Trainingsjahr gegebenenfalls kürzere Mesozyklen, da Ihre Regenerationsfähigkeit eventuell noch nicht voll entwickelt ist. Normalerweise dauert es drei Jahre, um diese Fähigkeit aufzubauen. Wer noch nicht so lange dabei ist, sollte sich daher nach der Spalte »Athleten über 50 oder mit langsamer Regeneration« richten.

In der Spalte »Geplante Dauer Regeneration« ist mit »letzte 3 bis 5 Tage« in den Grundlagen- und Aufbauphasen eine recht grobe Zeitspanne angegeben. Wie gesagt, manche Athleten regenerieren langsam und brauchen bis zu einer Woche reduzierten Trainings, bevor Sie wieder ins ernsthafte Training einsteigen, während andere sich rascher erholen und nur drei oder vier Tage benötigen. Die Regeneration in einer dieser kurzen Auszeiten kann zudem von einem Mesozyklus zum nächsten variieren. Betrachten Sie dies also als Entscheidung, die Sie nach Bedarf treffen. Falls Sie sich nach vier Tagen noch erschöpft fühlen, nehmen Sie sich einen weiteren Tag – oder mehr – zur Erholung. Mit dem Thema Regeneration werden wir uns in Kapitel 11 noch ausführlicher beschäftigen.

Okay, das waren eine Menge Details vorab. Widmen wir uns jetzt dem zentralen Thema dieses Abschnitts: der Periodisierung Ihrer Saison.

»Periodisieren« bedeutet, jeder Woche des Jahres in der Spalte »Phase« Ihres JTP eine Trainingsphase zuzuordnen. Diese Spalte füllen Sie aus, indem Sie sich rückwärts vorarbeiten. Beginnen Sie mit dem ersten A-Wettkampf Ihrer Saison. Tragen Sie in der Zeile Ihres ersten A-Wettkampfs »Wettkampf« in der »Phase«-Spalte ein. Gehen Sie dann eine Zeile nach oben und tragen Sie »Höchstleistung« ein. Gehen Sie eine weitere Zeile nach oben und tragen Sie erneut »Höchstleistung« ein. So bleibt Ihnen Zeit für ein dreiwöchiges Tapering vor dem Wettkampf: zwei Wochen Höchstleistungsphase und eine Woche Wettkampfphase.

Benötigen Sie drei Wochen für das Tapering? Vielleicht nicht. Manche Athleten kommen unter bestimmten Umständen mit nur zwei Wochen Tapering in bessere Wettkampfform. Auch dies ist ein Aspekt individueller Gegebenheiten, die Sie berücksichtigen müssen, wenn Sie Ihren Plan für die Saison aufstellen. Dazu kann ich Ihnen nicht mehr sagen, als dass es ganz und gar von Ihren persönlichen Erfahrungen abhängt, welches die für Sie beste Vorgehensweise ist. Experimentieren Sie ruhig, um herauszufinden, was für Sie am besten funktioniert. Falls Sie unsicher sind, planen Sie einstweilen eine zweiwöchige Höchstleistungsphase ein.

Manche Athleten kommen mit nur zwei Wochen Tapering in bessere Wettkampfform.

In die Zeile über der ersten Woche »Höchstleistung« tragen Sie »Aufbau 2« ein. Nun müssen Sie sich, ausgehend von obigen Erörterungen über Regeneration, Erfahrung und Alter, überlegen, ob Sie drei- oder vierwöchige Mesozyklen einplanen. Dies ist eine sehr wichtige Entscheidung. Falls Sie ein erfahrener Radsportler sind und auf Ihre guten Regenerationsfähigkeiten vertrauen, können Sie vierwöchige Mesozyklen einplanen. Ansonsten sollten es wahrscheinlich eher drei Wochen sein.

Falls Sie sich für vierwöchige Mesozyklen entscheiden, tragen Sie noch drei weitere Male »Aufbau 2« ein, so dass über Ihrer ersten Woche »Höchstleistung« vier Wochen »Aufbau 2« stehen. Falls Sie dreiwöchige Mesozyklen wählen, tragen Sie nur in drei Zeilen »Aufbau 2« ein. Nun machen Sie das Gleiche – je drei oder vier Wochen – für die Phasen Aufbau 1, Grundlagen 3, Grundlagen 2 und Grundlagen 1.

Beachten Sie, dass die Mesozyklen für die Grundlagen- und die Aufbauphasen auch unterschiedlich lang (drei oder vier Wochen) sein können. Manche Athleten erholen sich recht schnell, wenn sie sich, wie in der Grundlagenphase, primär auf die grundlegenden Leistungsfaktoren konzentrieren, aber vergleichsweise langsamer, wenn sie die erweiterten Leistungsfaktoren trainieren. Diese Athleten könnten sich z.B. vornehmen, dreiwöchige Mesozyklen in der Aufbauphase und vierwöchige Mesozyklen in der Grundlagenphase zu planen. Dies ist wie gesagt eine persönliche Entscheidung, die von Ihren Erfahrungen abhängt. Falls Sie unsicher sind, planen Sie einstweilen Mesozyklen von jeweils gleicher Länge ein, je nach Alter, Regenerationsfähigkeit und Erfahrung. Wenn Sie sich bei irgendeinem Punkt nicht ganz sicher sind, schauen Sie sich am besten einfach mal Abbildung 7.4 an, um an einem konkreten Beispiel nachzuvollziehen, wie es gemacht wird.

In die Zeile oberhalb Ihrer ersten Woche Grundlagen 1 tragen Sie »Vorbereitung« ein. Diese Phase kann eine bis vier Wochen dauern. Dazu ist anzumerken, dass ich sie manchen der von mir betreuten Athleten zuweilen ganz aus dem Plan gestrichen habe, wenn ihnen vor dem ersten Wettkampf nur eine begrenzte Zahl an Trainingswochen zur Verfügung stand. Auf der anderen Seite habe ich sie auch schon mal auf mehr als vier Wochen ausgedehnt, wenn Athleten überschüssige Zeit bis zum A-Wettkampf hatten und wir aus welchen Gründen auch immer beschlossen, den Einstieg ins Grundlagentraining noch etwas hinauszuzögern. Normalerweise hängt diese Entscheidung davon ab, wie viele Wochen vor dem ersten A-Wettkampf zur Verfügung stehen. Es kann sogar auf die Frage hinauslaufen, wie begierig Sie sind, in die ernsthafte Vorbereitung für die neue Saison einzusteigen. In der Vorbereitungsphase geht es recht locker zu und es stehen mit Ausnahme des Krafttrainings noch keine sonderlich anspruchsvollen Trainingseinheiten auf dem Programm. Wenn Sie sich bereit dafür fühlen, ist es denkbar, diese Phase abzukürzen und später dann, sofern der Zeitplan es erlaubt, den Mesozyklus Grundlagen 3 zu verlängern, indem Sie diesen oder einen Teil davon wiederholen. Wie gesagt, man kann nie genug Grundlagenfitness haben.

Man kann nie genug Grundlagenfitness haben.

Bis hierher haben wir Ihren Plan ausgearbeitet, der Sie an den ersten Hauptwettkampf der Saison heranführt. Nun ist es an der Zeit, die folgenden Rennen ins Auge zu fassen. Gehen Sie zurück zur Zeile direkt unterhalb der ersten »Wettkampf«-Woche. Es kann sein, dass Ihnen in den folgenden ein oder zwei Wochen ein oder zwei weitere Rennen bevorstehen. Falls dem so ist, tragen Sie »Wettkampf« für jede dieser Wochen ein, so dass Sie zwei oder drei aufeinanderfolgende Zeilen erhalten, die als Wettkampfphase gekennzeichnet sind. Mehrere A-Wettkämpfe in aufeinanderfolgenden Wochen zu haben, ist im Straßenradsport durchaus üblich, aber freilich kein Muss.

Tragen Sie nun »Übergang« für die erste Woche nach Ihrem A-Wettkampf bzw. nach dem letzten der aufeinanderfolgenden A-Wettkämpfe ein. Wie in Tabelle 7.4 vermerkt, kann die Dauer dieser Phase zwischen wenigen Tagen und vier Wochen betragen. Ich hatte sogar Athleten, die bis zu sechs Wochen einplanten, wenn ihre Saison außergewöhnlich aufreibend war. Falls diese erste Übergangsphase früh in der Saison ansteht, was üblich ist, empfehle ich, nur wenige Tage mit dem fokussierten Training auszusetzen. Das können nur zwei oder drei, aber auch sieben Tage sein, je nachdem, wie erschöpft Sie mental und körperlich sind. (Nach dem letzten A-Wettkampf der Saison werden Sie wahrscheinlich eine wesentlich längere Auszeit benötigen, eher um die vier Wochen.) Der Sinn der Übergangsphase ist, nicht nur Ihrem Körper, sondern auch Ihrem Geist ein wenig Erholung zu gönnen. Ein bisschen Bewegung ist okay, aber richtiges Training ist verboten. Es geht darum, sich zu erholen und zu regenerieren, indem man sich für ein paar Tage aus der Trainingsroutine ausklinkt. Crosstraining in Ausgleichssportarten wäre dafür eine gute Idee.

Zu Anfängern ist anzumerken, dass diese generell gut beraten sind, sich die gesamte Saison auf das Grundlagentraining zu konzentrieren und keine Aufbauphasen zu absolvieren. Stattdessen wiederholen sie den Mesozyklus Grundlagen 3, der trotz der Betonung von Ausdauer, Kraft und Schnelligkeit noch ausreichend Training für die erweiterten Leistungsfaktoren umfasst, um Wettkampffitness zu erzeugen. Für die meisten Anfänger ist zudem eine einwöchige Höchstleistungsphase genau passend.

Damit sind die Planungen für den ersten A-Wettkampf abgeschlossen. Das war im Grunde ziemlich simpel; wir sind einfach einem Schema gefolgt. Für alle anschließenden Wettkämpfe aber müssen Sie Entscheidungen treffen und manche Mesozyklen auslassen. Ein Beispiel: Wenn Sie über den ersten A-Wettkampf hinaus planen, werden Sie die Vorbereitungsphase und vermutlich auch Grundlagen 1 und 2 nicht wiederholen. Es wird aber sinnvoll sein, nach der ersten Übergangsphase zu Grundlagen 3 zurückzukehren, wenn Ihre Grundlagenfitness, insbesondere die Ausdauer, in den letzten Wochen rund um den A-Wettkampf deutlich nachgelassen hat. Sofern genügend Wochen bis zum zweiten A-Wettkampf bleiben, empfiehlt es sich, Grundlagen 3 sogar zwei Mal zu absolvieren. Noch einmal: Man kann nie genug Grundlagenfitness haben. Falls die grundlegenden Leistungsfaktoren bei Ihnen zu wünschen übriglassen, wird dieses Defizit die restliche Saison über das Training und die Wettkämpfe erheblich beeinträchtigen.

Sind die grundlegenden Leistungsfaktoren nach dem ersten A-Wettkampf hingegen noch gut entwickelt, empfiehlt es sich, mit einem Mesozyklus Aufbau 1 oder Aufbau 2 wieder ins Training einzusteigen, je nachdem, wie viele Wochen zwischen den Rennen liegen. Seien Sie gewarnt: Lassen Sie die grundlegenden Leistungsfaktoren nicht zu kurz kommen, um mehr hochintensives Training absolvieren zu können. Näheres zur Planung dieser anschließenden Wochen finden Sie in den Abbildungen 7.2 und 7.3 sowie in den zugehörigen Erläuterungen im Text.

Natürlich ist es so, dass Sie zum jetzigen Zeitpunkt im Grunde nur mutmaßen können, wie es in ein paar Monaten um Ihre Fitness bestellt sein wird. Das ist ein weiterer Grund, warum Ihr JTP sich im Laufe der Saison vermutlich immer mal wieder verändern wird. Einstweilen aber sollten Sie, sofern genügend Zeit zwischen den Wettkämpfen bleibt – vielleicht 10 Wochen oder mehr –, Grundlagen 3 als Ausgangspunkt für das Training nach der ersten Übergangsphase der Saison vorsehen.

Vervollständigen Sie nun die Spalte »Phase« in Ihrem JTP für den Rest der Saison, indem Sie die Mesozyklen eintragen, die jeweils den A-Wettkämpfen vorausgehen. Denken Sie außerdem daran, im Rahmen der Vorbereitung auf Ihre B-Wettkämpfe einige Tage reduzierten Trainings einzuplanen. Ein B-Wettkampf am Ende einer Regenerationswoche ist ideal, aber nicht immer möglich. Sollten Sie im weiteren Verlauf befinden, dass Ihr Plan nicht der richtige ist für die anschließenden Rennen, können Sie immer noch Änderungen vornehmen (deswegen sollen Sie Ihren Plan ja auch mit einem Bleistift ausfüllen oder gleich eine elektronische Variante nutzen). Ich habe noch nie einen Athleten trainiert, der im Laufe einer Saison keine Änderungen am JTP vornehmen musste.

Vernachlässigen Sie die grundlegenden Leistungsfaktoren nicht, nur um mehr hochintensives Training absolvieren zu können.

Schritt 6: Wöchentliche Umfänge

Ein Großteil Ihres JTP ist nun vollständig und Sie sollten eine ungefähre Vorstellung davon haben, wie Ihr Training, insbesondere vor dem ersten A-Wettkampf, aussehen wird. Es sollte deutlich werden, dass es, während die Einheiten allmählich immer rennähnlicher werden, eine stete Progression von den grundlegenden hin zu den erweiterten Leistungsfaktoren gibt. Es bleiben nur noch zwei Schritte zu erledigen: Sie müssen Ihre wöchentlichen Trainingsumfänge abschätzen und jeder Woche die tatsächlich zu absolvierenden Trainingseinheiten zuweisen. Um Zweiteres wird es in Kapitel 8 gehen. Vorerst aber beschäftigen wir uns damit, für jede Woche zu entscheiden, wie viele Stunden bzw. welche TSS-Umfänge Sie trainieren werden, und dies in Ihren JTP einzutragen.

TABELLE 7.5 Wöchentliche Trainingsstunden

PHASE	WOCHE	JAHRESTRAININGSSTUNDEN																		
		300	350	400	450	500	550	600	650	700	750	800	850	900	950	1000	1050	1100	1150	1200
Vorb.	alle	5,0	6,0	7,0	7,5	8,5	9,0	10,0	11,0	12,0	12,5	13,5	14,5	15,0	16,0	17,0	17,5	18,5	19,5	20,0
Grund-lagen 1	1	6,0	7,0	8,0	9,0	10,0	11,0	12,0	12,5	14,0	14,5	15,5	16,5	17,5	18,5	19,5	20,5	21,5	22,5	23,5
	2	7,0	8,5	9,5	10,5	12,0	13,0	14,5	15,5	16,5	18,0	19,0	20,0	21,5	22,5	24,0	25,0	26,0	27,5	28,5
	3	8,0	9,5	10,5	12,0	13,5	14,5	16,0	17,5	18,5	20,0	21,5	22,5	24,0	25,5	26,5	28,0	29,5	30,5	32,0
	4	4,0	5,0	5,5	6,5	7,0	8,0	8,5	9,0	10,0	10,5	11,5	12,0	12,5	13,5	14,0	14,5	15,5	16,0	17,0
Grund-lagen 2	1	6,5	7,5	8,5	9,5	10,5	12,5	12,5	13,0	14,5	16,0	17,0	18,0	19,0	20,0	21,0	22,0	23,0	24,0	25,0
	2	7,5	9,0	10,0	11,5	12,5	14,0	15,0	16,5	17,5	19,0	20,0	21,5	22,5	24,0	25,0	26,5	27,5	29,0	30,0
	3	8,5	10,0	11,0	12,5	14,0	15,5	17,0	18,0	19,5	21,0	22,5	24,0	25,0	26,5	28,0	29,5	31,0	32,0	33,5
	4	4,5	5,0	5,5	6,5	7,0	8,0	8,5	9,0	10,0	10,5	11,5	12,0	12,5	13,5	14,0	15,0	15,5	16,0	17,0
Grund-lagen 3	1	7,0	8,0	9,0	10,0	11,0	12,5	13,5	14,5	15,5	17,0	18,0	19,0	20,0	21,0	22,5	23,5	25,0	25,5	27,0
	2	8,0	9,5	10,5	12,0	13,5	14,5	16,0	17,0	18,5	20,0	21,5	23,0	24,0	25,0	26,5	28,0	29,5	30,5	32,0
	3	9,0	10,5	11,5	13,0	15,0	16,5	18,0	19,0	20,5	22,0	23,5	25,0	26,5	28,0	29,5	31,0	32,5	33,5	35,0
	4	4,5	5,0	5,5	6,5	7,0	8,0	8,5	9,0	10,0	10,5	11,5	12,0	12,5	13,5	14,0	15,0	15,5	16,0	17,0
Aufbau 1	1	8,0	9,0	10,0	11,5	12,5	14,0	15,5	16,0	17,5	19,0	20,5	21,5	22,5	24,0	25,0	26,5	28,0	29,0	30,0
	2	8,0	9,0	10,0	11,5	12,5	14,0	15,5	16,0	17,5	19,0	20,5	21,5	22,5	24,0	25,0	26,5	28,0	29,0	30,0
	3	8,0	9,0	10,0	11,5	12,5	14,0	15,5	16,0	17,5	19,0	20,5	21,5	22,5	24,0	25,0	26,5	28,0	29,0	30,0
	4	4,5	5,0	5,5	6,5	7,0	8,0	8,5	9,0	10,0	10,5	11,5	12,0	12,5	13,5	14,0	15,0	15,5	16,0	17,0
Aufbau 2	1	7,0	8,5	9,5	10,5	12,0	13,0	14,5	15,5	16,5	18,0	19,0	20,5	21,5	22,5	24,0	25,0	26,5	27,0	28,5
	2	7,0	8,5	9,5	10,5	12,0	13,0	14,5	15,5	16,5	18,0	19,0	20,5	21,5	22,5	24,0	25,0	26,5	27,0	28,5
	3	7,0	8,5	9,5	10,5	12,0	13,0	14,5	15,5	16,5	18,0	19,0	20,5	21,5	22,5	24,0	25,0	26,5	27,0	28,5
	4	4,5	5,0	5,5	6,5	7,0	8,0	8,5	9,0	10,0	10,5	11,5	12,0	12,5	13,5	14,0	15,0	15,5	16,0	17,0
Höchstl.	1	6,5	7,5	8,5	9,5	10,5	11,5	13,0	13,5	14,5	16,0	17,0	18,0	19,0	20,0	21,0	22,0	23,5	24,0	25,0
	2	5,0	6,0	6,5	7,5	8,5	9,5	10,0	11,0	11,5	12,5	13,5	14,5	15,0	16,0	17,0	17,5	18,5	19,0	20,0
Wettk.	alle	4,5	5,0	5,5	6,5	7,0	8,0	8,5	9,0	10,0	10,5	11,5	12,0	12,5	13,5	14,0	15,0	15,5	16,0	17,0

Wenn Sie sich an Jahrestrainingsstunden orientieren, suchen Sie in der obersten Zeile Ihren Wert heraus. In der entsprechenden Spalte finden Sie darunter den Umfang für jede einzelne Woche jeder Phase.

Falls Sie Ihr Training basierend auf der Stundenzahl planen, verwenden Sie Tabelle 7.5, um die wöchentlichen Umfänge zu bestimmen. Falls Sie sich am TSS orientieren, halten Sie sich an Tabelle 7.6. Welche Variante sollten Sie nutzen? Wie in Kapitel 4 erörtert, rate ich sehr zu TSS-basierendem Training, da es nicht nur die bloße Anzahl der absolvierten Stunden berücksichtigt, sondern auch deren Intensität. Und Letzteres ist bekanntlich der wichtigere Faktor im Hinblick auf Ihre Wettkampfleistungen. Indem Sie sich an den TSS halten, verlagern Sie den Fokus Ihres Trainings auf eine Messgröße, die nicht nur einbezieht, wie viele Stunden Sie im Sattel verbringen, sondern auch, wie intensiv jede Trainingsausfahrt ist.

Suchen Sie in der obersten Zeile der Tabelle, die Sie verwenden, die »Jahrestrainingsstunden« (Tabelle 7.5) bzw. den »Jahres-TSS« (Tabelle 7.6) heraus, die Sie oben in Ihren JTP eingetragen haben. Schauen Sie dann in der entsprechenden Spalte, welchen Umfang Sie in jeder Woche jedes Mesozyklus trainieren sollen. Tragen Sie die Zahlen in die entspre-

TABELLE 7.6 Wöchentlicher Training Stress Score (TSS)

PHASE	WOCHE	JAHRES-TSS (IN TAUSEND)																		
		15	17,5	20	22,5	25	27,5	30	32,5	35	37,5	40	42,5	45	47,5	50	52,5	55	57,5	60
Vorb.	alle	240	280	320	360	400	440	480	520	560	600	640	700	720	760	800	840	880	920	960
Grundlagen 1	1	280	330	380	430	480	520	570	620	670	710	760	810	850	900	950	1.000	1.040	1.090	1.140
	2	310	370	420	470	530	580	630	680	730	780	840	890	950	1.000	1.050	1.100	1.150	1.210	1.260
	3	350	400	460	520	580	630	690	750	810	860	920	980	1.030	1.090	1.150	1.210	1.260	1.320	1.380
	4	240	280	320	360	400	440	480	520	560	600	640	700	720	760	800	840	880	920	960
Grundlagen 2	1	290	335	380	430	480	520	570	620	670	710	760	810	850	900	950	1.000	1.040	1.090	1.140
	2	330	385	440	500	550	600	660	720	770	820	880	940	990	1.040	1.100	1.150	1.210	1.260	1.320
	3	370	440	500	560	630	690	750	810	880	940	1.000	1.060	1.120	1.190	1.250	1.310	1.370	1.440	1.500
	4	240	280	320	360	400	440	480	520	560	600	640	700	720	760	800	840	880	920	960
Grundlagen 3	1	330	385	440	500	550	600	660	720	780	820	880	940	990	1.040	1.100	1.150	1.210	1.260	1.320
	2	370	440	500	560	630	690	750	810	880	940	1.000	1.060	1.120	1.190	1.250	1.310	1.370	1.440	1.510
	3	410	475	540	610	680	740	810	880	950	1.010	1.080	1.150	1.210	1.280	1.350	1.420	1.480	1.550	1.620
	4	240	280	320	360	400	440	480	520	560	600	640	700	720	760	800	840	880	920	960
Aufbau 1	1	370	440	500	560	630	690	750	810	880	940	1.000	1.060	1.120	1.190	1.250	1.310	1.370	1.440	1.510
	2	370	440	500	560	630	690	750	810	880	940	1.000	1.060	1.120	1.190	1.250	1.310	1.370	1.440	1.510
	3	370	440	500	560	630	690	750	810	880	940	1.000	1.060	1.120	1.190	1.250	1.310	1.370	1.440	1.510
	4	240	280	320	360	400	440	480	520	560	600	640	700	720	760	800	840	880	920	960
Aufbau 2	1	410	475	540	610	680	740	810	880	950	1.010	1.080	1.150	1.210	1.280	1.350	1.420	1.480	1.550	1.620
	2	410	475	540	610	680	740	810	880	950	1.010	1.080	1.150	1.210	1.280	1.350	1.420	1.480	1.550	1.620
	3	410	475	540	610	680	740	810	880	950	1.010	1.080	1.150	1.210	1.280	1.350	1.420	1.480	1.550	1.620
	4	240	280	320	360	400	440	480	520	560	600	640	700	720	760	800	840	880	920	960
Höchstl.	1	290	335	380	430	480	520	570	620	670	710	760	810	850	900	950	1.000	1.040	1.090	1.140
	2	240	280	320	360	400	440	480	520	560	600	640	700	720	760	800	840	880	920	960
Wettk.	alle	240	280	320	360	400	440	480	520	560	600	640	700	720	760	800	840	880	920	960

Wenn Sie sich am Jahres-TSS orientieren, suchen Sie in der obersten Zeile Ihren Wert heraus. In der entsprechenden Spalte finden Sie darunter den Wochen-TSS für jede einzelne Woche jeder Phase.

chenden Wochenzeilen der Spalte »Stunden/TSS« Ihres JTP ein.

Nun komme ich zu einem ganz wichtigen Punkt: Ihr Wochenumfang ist keine rigide Vorgabe, die unter allen Umständen eingehalten werden *muss*. Sie liefert Ihnen vielmehr einen groben Richtwert dafür, wie viel Sie in einer bestimmten Woche trainieren sollten. Sofern es Ihre jeweilige Situation erfordert, kann und sollte dieser Wert gegebenenfalls kurzfristig abgeändert werden, wenn Sie die betreffende Woche oder auch einen bestimmten Tag in der Saison erreichen. Es ist kein Beinbruch, wenn Sie nicht in jeder Woche exakt den geplanten Umfang leisten, aber Sie sollten nahe dran sein – zumindest in den meisten Fällen.

Ohne Zweifel wird es im Laufe der Saison immer mal wieder Momente geben, in denen Sie Trainingseinheiten umständehalber abkürzen oder auslassen müssen. Zum Beispiel könnte das Wetter einfach zu schlecht zum Radfahren sein. Auf der anderen Seite kann es durchaus Wochen geben, in denen Ihnen unerwartet ein paar zusätzliche Stunden zum Trainieren zur Verfügung stehen. Behandeln

Sie die Vorgaben für Ihre Wochenumfänge also nicht so, als wären sie in Stein gemeißelt. Es handelt sich um Empfehlungen, nicht um bindende Verordnungen.

Bleibt noch die Frage, wie Sie für jede Woche die Dauer und den TSS der einzelnen Trainingseinheiten bestimmen, so dass diese zusammen die in Ihrem JTP notierten Wochenumfänge ergeben. Wie das geht, werden wir uns in Kapitel 8 anschauen.

Zum Wochenumfang zählen die Zeit auf dem Rad, das Krafttraining und jegliches aerobe Crosstraining, das Sie unternehmen.

Da ich immer wieder darauf angesprochen werde, möchte ich noch einmal herausstreichen, welche Aktivitäten auf die Wochenumfänge im Laufe einer Saison entfallen: Dazu gehören die Zeit auf dem Rad, aber auch Krafttraining und jegliches aerobe Crosstraining, das Sie möglicherweise unternehmen. Nicht dazu gehören Dehnübungen, passive Regeneration, Yoga, Meditation und dergleichen. Ob Basketball, Tennis, Fußball und andere ähnliche Sportarten darunter fallen, bleibt Ihnen überlassen. Ich empfehle aber, als Crosstraining nur das aufzufassen, was in den Bereich der gängigen Ausdauersportarten fällt, wie z.B. Schwimmen, Laufen, Skilanglauf, Mountainbiking oder dergleichen.

FAZIT: DIE PLANUNG IM ÜBERBLICK

Ich nehme an, dass es ziemlich mühsam war, dieses Kapitel durchzuarbeiten, insbesondere wenn das Thema Saisonplanung etwas ganz Neues für Sie ist. Der Prozess der Planung und Selbstorganisation als solcher ist nie besonders spannend – und kann zugegebenermaßen geradezu langweilig sein. Aber der Lohn der Mühe wird dann, wenn das ernsthafte Training und die Rennen beginnen, immens sein. Die Zeit, die Sie hierin investieren, wird sich durch ein stark fokussiertes Training bezahlt machen. Athleten, die niemals planen und ihre täglichen Trainingsentscheidungen erst treffen, wenn sie daheim aus der Ausfahrt rollen, werden sehr wahrscheinlich bei weitem nicht so gut auf die Rennen vorbereitet sein wie diejenigen, die ihr Training sorgfältig geplant haben. Ich kann nicht genug betonen, wie wichtig dies hinsichtlich der Umsetzung Ihrer Ziele ist. Je höher das Ziel, desto wichtiger die Rolle, die die Planung für dessen Verwirklichung spielt.

Die Aufgabe, Ihr Trainingsjahr zu planen, wird leichter, je öfter Sie es machen. Wenn Sie am Beginn jeder neuen Saison zu diesem Kapitel zurückkehren, werden Sie feststellen, dass es weniger mühsam und zeitaufwendig wird. Da Sie mit dem Verfahren vertraut sein werden, wird die Ausarbeitung in zukünftigen Saisons ein Klacks für Sie sein. Bewahren Sie Ihre Jahrestrainingspläne nach Abschluss jeder Saison gut auf. Denn sie helfen bei der Ausarbeitung zukünftiger Pläne und dienen zudem als rasche Zusammenfassung über den Verlauf Ihrer Saison.

Gewiss erinnern Sie sich, dass ich Ihnen nahelegte, Ihren Jahrestrainingsplan nicht fertigzustellen, bis Sie die nächsten beiden Kapitel gelesen haben. Kapitel 9 stellt einige alternative Periodisierungsmodelle vor, die für Ihre persönliche Situation besser geeignet sein mögen als das hier dargelegte lineare Modell. Lineare Periodisierung ist das simpelste all dieser Modelle und auch das von Athleten auf der ganzen Welt am häufigsten genutzte. Kehren Sie, nachdem Sie die beiden folgenden Kapitel durchgearbeitet haben, an den Anfang dieses Kapitels zurück und nutzen Sie die Tabellen 7.2, 7.4, 7.5 und 7.6, um Entscheidungen hinsichtlich Ihrer Umfänge zu treffen. Die Prioritätensetzung der Wettkämpfe bleibt natürlich gleich (siehe Tabelle 7.3).

Ihr fertiger JTP sollte so ähnlich aussehen wie Abbildung 7.4. Dieses Beispiel für einen Trainingsplan basiert auf dem linearen Modell. Beachten Sie, dass manche Teile des JTP noch nicht vollständig sind: Es fehlt die Terminierung des Kraftraumtrainings und die Einteilung der Trainingseinheiten nach Leistungsfaktoren. Diese Feinheiten des wöchentlichen Trainings sind Thema des nächsten Kapitels.

Einen sorgfältig ausgearbeiteten Jahrestrainingsplan zu haben, ist fast so, als hätten Sie einen eigenen Coach. Er leistet nicht nur Tag für Tag kompetente Anleitung, sondern schafft, indem er jeder einzelnen Trainingseinheit eine Richtung gibt, auch größeres Vertrauen in Ihr Training. Damit er Ihnen aber dabei hilft, Ihre Ziele zu erreichen, muss der Plan stets als ein unfertiges, in Arbeit befindliches Werk betrachtet werden und nicht als etwas, das in Stein gemeißelt und widerspruchslos zu befolgen ist. Als in Eigenregie trainierender Athlet müssen Sie in der Lage sein, einen objektiven Blick auf Ihren gegenwärtigen Trainings- und Leistungsstand zu werfen und auf das, was Sie in den kommenden Tagen tun müssen. Falls Sie sich nach einem schlecht gelaufenen Training, einem schwachen Rennen oder einer lustlosen Woche in Emotionen verstricken, werden Sie in schöner Regelmäßigkeit aus der Bahn geworfen und Ihre Fortschritte möglicherweise einbüßen. Ihre Trainingsentscheidungen müssen widerspiegeln, was für Sie langfristig das Beste ist.

Um sich einen möglichst unverstellten Blick zu bewahren, würde ich Ihnen sehr ans Herz legen, sich am Ende jeder Woche hinzusetzen und Ihre geplanten Trainingseinheiten für die nächste Woche zu prüfen und gegebenenfalls zu modifizieren. Wenn Ihnen mal die Lust am Organisieren und Planen vergeht, wie es jedem hin und wieder passiert, erinnern Sie sich daran, warum Sie sich das alles antun: um Ihre Ziele zu erreichen und Ihr volles Potenzial als Radsportler auszuschöpfen. Die Zeit, die Sie in die Planung investieren, wird sich bezahlt machen. In meinen mehr als 30 Jahren als Coach habe ich zahllose Athleten erlebt, denen es dazu verholfen hat, hochgesteckte Ziele zu erreichen.

Nun ist es so weit, alle bisher besprochenen Aspekte zusammenzuführen und das Puzzle im letzten Schritt zu vervollständigen: mit den Details der einzelnen Trainingswochen Ihrer Saison. Wie Sie diese bestimmen, zeige ich Ihnen in Kapitel 8.

JAHRESTRAININGSPLAN

Sportler *Chris*

Stunden/TSS *35.000 (TSS)*

Jahr *2019*

WOCHE	DATUM	WETTKÄMPFE	PRI.	PHASE	STUNDEN / TSS	DETAILS	WICHTIGSTE TRAININGSEINHEITEN: KRAFTRAUM	AUSDAUER	KRAFT	SCHNELLIGKEIT	KRAFTAUSDAUER	ANAEROBE AUSDAUER	SCHNELLKRAFT	TESTS
01	5.11.			Übergang	–									
02	12.11.			Übergang	–									
03	19.11.			Vorb.	560									
04	26.11.			↓	560	Test FTP								
05	3.12.			Grundl. 1	670									
06	10.12.				730									
07	17.12.				810									
08	24.12.			↓	560	Urlaubsreise								
09	31.12.			Grundl. 2	670									
10	7.1.				770									
11	14.1.				880									
12	21.1.	Florence 20 km Zeitfahren	C	↓	560	Test FTP								
13	28.1.			Grundl. 3	780									
14	4.2.	Bartlett Lake Bergzeitfahren	C		880									
15	11.2.	McDowell Straßenrennen	C		950									
16	18.2.	Florence 20 km Zeitfahren	C	↓	560	Test FTP, FACP								
17	25.2.			Aufbau 1	880									
18	4.3.	Hungry Dog Kriterium	C		880									
19	11.3.				880									
20	18.3.	Tumacacori Straßenrennen	B	↓	560	Test FACP								
21	25.3.			Aufbau 2	950	arbeitsfrei								
22	1.4.	Superior Straßenrennen	B		715									
23	8.4.				950									
24	15.4.			↓	560	Test FTP, FACP								
25	22.4.			Höchstl.	670									
26	29.4.			↓	560									

ABBILDUNG 7.4 Konkretes Beispiel für einen Jahrestrainingsplan

Saisonziele

1. Bundesstaatsmeisterschaft Zeitfahren gewinnen (unter 61 Minuten über 40 km)
2. Top 10 bei der US-Meisterschaft im Zeitfahren (unter 1 Stunde über 40 km)
3. Podium bei der US-Meisterschaft im Straßenrennen

Trainingsvorgaben

1. Kniebeugen mit 1,3-Fachem des Körpergewichts bis zum 30.12.
2. FTP auf 230 Watt steigern bis zum 24.2.
3. FACP auf 260 Watt steigern bis zum 21.4.
4. 800 Watt im Schnellkraft-Test erreichen bis zum 14.7.

							WICHTIGSTE TRAININGSEINHEITEN							
WOCHE	DATUM	WETTKÄMPFE	PRI.	PHASE	STUNDEN / TSS	DETAILS	KRAFTRAUM	AUSDAUER	KRAFT	SCHNELLIGKEIT	KRAFTAUSDAUER	ANAEROBE AUSDAUER	SCHNELLKRAFT	TESTS
27	6.5.	BS-Meisterschaft Zeitfahren	A	Wettkampf	560									
28	13.5.			Übergang	–									
29	20.5.	Tucson Kriterium #1	C	Grundl. 3	730									
30	27.5.	Tucson Zeitfahren #1	B	↓	630	Test Schnellkraft, FACP								
31	3.6.			Aufbau 1	880									
32	10.6.	Tucson Kriterium #2	C			880								
33	17.6.	Tucson Zeitfahren #2	B	↓	560	Test Schnellkraft, FACP								
34	24.6.			Aufbau 2	950									
35	1.7.	Tucson Straßenrennen	B		760									
36	8.7.	Tucson Zeitfahren #3	B	↓	560	Test Schnellkraft, FACP								
37	15.7.			Höchstl.	670									
38	22.7.	US-Meisterschaften Masters	A	Wettkampf	560									
39	29.7.			Übergang	–									
40	5.8.				–									
41	12.8.	100 Meilen von Eagle	C		–									
42	19.8.				–									
43	26.8.	100 Meilen von Copper	C		–									
44	2.9.			↓	–									
45	9.9.													
46	16.9.													
47	23.9.													
48	30.9.													
49	7.10.													
50	14.10.													
51	21.10.													
52	28.10.													

DIE WOCHENPLANUNG

IN DIESEM KAPITEL werfen wir einen Blick auf das, was Sie vermutlich am meisten interessiert: die einzelnen Trainingseinheiten. Doch bevor es losgeht, führen wir uns noch einmal den Zweck Ihrer Planung vor Augen. Falls Sie dieses Kapitel zum ersten Mal lesen, empfehle ich, es nur zu überfliegen, ohne Entscheidungen hinsichtlich Ihres wöchentlichen Trainings zu fällen oder etwas in Ihren Jahrestrainingsplan einzutragen. Warten Sie damit, bis Sie Kapitel 9 gelesen haben. Sobald Sie alle drei Kapitel von Teil IV durchgearbeitet und das Periodisierungsmodell gewählt haben, mit dem Sie in der kommenden Saison arbeiten möchten, kehren Sie zu Kapitel 7 und dann zu diesem zurück, um Ihren JTP fertigzustellen. Falls Sie an irgendeiner Stelle mal unsicher sind, schauen Sie sich die konkreten Beispiele aus Abbildung 7.4 oder 8.1 an.

Bevor wir uns mit den Details Ihrer Einheiten beschäftigen, fassen wir noch einmal die zentralen Punkte meiner Trainingsphilosophie aus Kapitel 7 zusammen. Wenn Sie sich auf ein wichtiges Rennen vorbereiten, muss sich Ihr Training schrittweise den Rennbedingungen annähern, je näher der Wettkampf rückt. Falls Sie für ein Zeitfahren trainieren, müssen Sie Ihre Trainingseinheiten mehr und mehr wie Zeitfahren gestalten. Falls Sie bei einem Kriterium antreten, werden Ihre Einheiten in den letzten Wochen vor dem Start ebenso intensiv sein wie das Rennen selbst. Nicht anders ist es, wenn Sie für ein Straßen- oder ein Etappenrennen trainieren. Das Training wird zunehmend immer wettkampfähnlicher, wenn die Saison voranschreitet.

Die Kehrseite der Medaille ist natürlich, dass sich Ihr Training umso *weniger* wie die Rennen gestaltet, je mehr Zeit bis zum nächsten Wettkampf verbleibt. So empfehle ich z.B., wie hier kurz angerissen und in Kapitel 12 ausführlicher behandelt, ein wenig neuromuskuläres Training zu absolvieren. In der Regel bedeutet dies, im Kraftraum Gewichte zu heben. In einem Radrennen kommt es freilich nicht vor, dass Sie absteigen müssen, um Hanteln zu stemmen. Das ist eine unspezifische Trainingsweise für das Radfahren. Es ist, mit anderen Worten, allgemeines Training – und keine rennähnliche Belastung. Es gibt noch andere, weniger offensichtliche Beispiele wie z.B. lange Ausdauerfahrten an der aeroben Schwelle, womit wir uns später noch beschäftigen werden. Wie Sie in Kapitel 7 gelesen haben, macht allgemeines Training den Großteil dessen aus, was Sie in den Mesozyklen in den frühen Stadien der Saison unternehmen: in der Vorbereitungs- und Grundlagenphase. Trotz ihrer allgemeinen Ausrichtung tragen diese Arten von Trainingseinheiten dennoch enorm zur späteren Entwicklung der Grundlagenfitness bei, die notwendig ist, um dann die wettkampfspezifischen Einheiten in den Aufbau-, Höchstleistungs- und Wettkampf-Mesozyklen zu meistern.

Der entscheidende Punkt bei dieser Progression der Trainingseinheiten im Verlauf der vielen Wochen Ihrer Rennvorbereitung ist, den Fokus allmählich vom allgemeinen hin zum spezifischen Training zu verlagern. Diese Philosophie setzt freilich voraus, dass Sie sich für Ihre A-Wettkämpfe hohe Ziele gesteckt haben. Falls das gar nicht Ihre Absicht ist – und Sie stattdessen für kleinere Veranstaltungen trainieren, bei denen es Ihnen vornehmlich darum geht, Spaß zu haben –, wäre diese ganze Planung von geringem Wert. In diesem Fall verstehe ich natürlich, wenn Sie lieber darauf verzichten. Die Planung an sich ist ein umfangreiches Projekt und erfordert großes zeitliches Engagement, v.a. wenn Sie es zum ersten Mal machen. Wenn es Ihnen aber ernst ist mit Ihren Zielen und Sie wild entschlossen sind, diese zu erreichen, so wird Ihnen das, was ich im vorigen Kapitel dargelegt habe und in diesem Kapitel erläutern werde, bei der Umsetzung immens helfen. Die ganze Planerei mag jetzt mühsam erscheinen, aber ich garantiere Ihnen, dass es sich später in der Saison bezahlt machen wird, diese Zeit und Mühe investiert zu haben.

All die Planung mag jetzt mühsam erscheinen, vor allem beim ersten Mal, aber ich garantiere Ihnen, dass es sich später in der Saison bezahlt machen wird, diese Zeit und Mühe investiert zu haben.

Als Nächstes helfe ich Ihnen dabei, Ihren JTP zu vervollständigen, indem ich erläutere, wie Sie individuelle Trainingseinheiten terminieren und eintragen. Sobald Sie dieses Kapitel durchgearbeitet haben, steht Ihr Plan bis zum ersten wichtigen Rennen der Saison. Kehren Sie hierher und zu Kapitel 7 zurück, um die Planungsentscheidungen für die anschließenden A-Wettkämpfe der kommenden Saison zu treffen.

PLANUNG DER WÖCHENTLICHEN EINHEITEN

Sofern Sie Kapitel 9 bereits gelesen, sich für ein Periodisierungsmodell entschieden und die Anleitungen in Kapitel 7 befolgt haben, sollte Ihr JTP weitgehend vollständig sein. Die folgenden Punkte in Ihrem JTP sollten bis hierher erledigt sein: »Jahresumfang«, »Saisonziele«, »Trainingsvorgaben«, eine kalendarische Übersicht der Saison mit dem Datum des Montags, mit denen eine jede Woche beginnt (»Datum«), Ihre »Wettkämpfe« und deren Prioritäten (»Pri.«) sowie eine Aufschlüsselung der Saison nach »Phasen« und Umfang als »Stunden/TSS«. Nun folgt der letzte Schritt: die Planung der wöchentlichen Trainingseinheiten. Diese tragen Sie, wie in Abbildung 8.1 zu sehen, auf der rechten Seite des JTP ein.

Beachten Sie, dass sich die Einheiten in acht Kategorien unterteilen, angefangen mit der Kategorie »Kraftraum«, sofern Sie beschließen, im Rahmen Ihrer Rennvorbereitung ein solches Training mit Gewichten zu absolvieren (mehr dazu in Kapitel 12). Rechts der Spalte »Kraftraum« folgen dann die in Kapitel 6 erörterten Leistungsfaktoren: »Ausdauer« (A), »Kraft« (K), »Schnelligkeit« (S), »Kraftausdauer« (KA), »anaerobe Ausdauer« (AA) und »Schnellkraft« (SK). Die letzte Kategorie von Trainingseinheiten in der Spalte ganz rechts umfasst die »Tests« (T). Regelmäßige Tests sind notwendig, um Fortschritte zu bemessen, und helfen Ihnen, Entscheidungen über das zukünftige Training zu treffen. Die empfohlenen Tests finden sich in Infokasten 5.3. Alle Trainingseinheiten für die Leistungsfaktoren und auch die Feldtests werden ausführlich in Anhang B erläutert.

Der letzte Schritt bis zur Vollendung Ihres JTP ist, zu bestimmen, welche Trainingseinheiten Sie zu welchem Zeitpunkt unternehmen werden. Diese Entscheidungen hängen letztlich von Ihren Stärken und Begrenzern ab, wie wir sie in Kapitel 6 besprochen haben. Das Ziel der Trainingseinheiten ist, die Begrenzer zu verbessern und gleichzeitig die Stärken zu erhalten. Wir fangen an, indem wir in der Spalte »Kraftraum« die Einzelheiten Ihres Trainings mit Gewichten ausarbeiten. Dann tragen Sie in jeder Woche jeweils ein X in den Spalten der Leistungsfaktoren ein, die Sie in dieser Woche trainieren möchten. Wenn Sie mit Ihrem JTP fertig sind, sollte er so ähnlich wie Abbildung 8.1 aussehen.

Kraftraum

In Kapitel 12 werde ich Ihnen erläutern, warum Sie wahrscheinlich Kraftraumtraining, also Arbeit mit Gewichten, absolvieren sollten. Aus vielerlei Gründen, mit denen wir uns dort befassen, könnten Sie für sich entscheiden, lieber darauf zu verzichten. Gehen wir einstweilen aber davon aus, dass Sie ein periodisiertes Kraftraumtraining absolvieren, dessen Abläufe sich im Laufe der Saison verändern werden, genauso wie Ihre Einheiten im Sattel. Ebenso wenig, wie Sie die ganze Saison hindurch die ewig gleichen Einheiten auf dem Rad unternehmen, absolvieren Sie nicht Woche für Woche das gleiche Training im Kraftraum. Das bedeutet, dass Sie im Grunde zwei Periodisierungsplänen folgen: einem für die Arbeit mit Gewichten und einem anderen für das, was Sie auf dem Rad machen. Aber diese Pläne müssen aufeinander abgestimmt sein. Falls Sie sich zu sehr darauf versteifen, die Kraft zu verbessern, während Sie gleichzeitig anspruchsvolles Training auf dem Rad leisten, wird beides darunter leiden. Die Kraft zu verbessern und parallel Rad zu fahren, gleicht somit ein wenig einem Balanceakt. Der Trick ist, die beiden Pläne zeitlich ein wenig zu staffeln, um Konflikte zu vermeiden. Das gelingt Ihnen, indem Sie die Kraftraumphasen, die Sie in die entsprechende Spalte »Kraftraum« im JTP eintragen, jeweils mit den Einträgen abstimmen, die Sie bereits in der »Phase«-Spalte vorgenommen haben. Vorläufig können wir uns hier mit ein paar grundlegenden Informationen zu den einzelnen Phasen des Kraftraumtrainings begnügen. Um die Details kümmern wir uns dann ausführlich in Kapitel 12.

Beginnen Sie ganz oben in der »Kraftraum«-Spalte. Tragen Sie für jede Phase die Abkürzungen wie nachfolgend erläutert ein und arbeiten Sie sich Woche für Woche durch die Saison. Falls Sie unsicher sind, was Sie tun sollen, schauen Sie sich Abbildung 8.1 an.

Vorbereitungsphase. Die Vorbereitungsphase besteht aus zwei Komponenten: »Anatomische Anpassung« (AAP) und »Kraft-Übergang« (KÜ). Tragen Sie zunächst jeweils in die Wochen zu Saisonbeginn, die bereits als Vorbereitungsphase gekennzeichnet sind, »AAP« in die Spalte »Kraftraum« ein. Dies ist die Phase, in der Sie sich mit den Übungen mit Gewichten vertraut machen. Hier geht es darum, die Bewegungsabläufe jeder Übung, die Sie im Kraftraum absolvieren, mit geringen Lasten und vielen Wiederholungen zu erlernen. Diese und alle anderen Kraftraum-Phasen werden in Kapitel 12 ausführlicher erläutert.

Sie werden zwei Periodisierungsplänen folgen: einem für den Kraftraum und einem für das Radtraining.

Die meisten Fahrer brauchen mindestens zwei Wochen AAP mit zwei oder drei Einheiten pro Woche im Kraftraum. Mehr als zwei Wochen werden Sie wahrscheinlich nicht benötigen, es sei denn, die Arbeit mit Gewichten ist vollkommenes Neuland für Sie. Zwei Wochen bedeutet, dass Sie zu Saisonbeginn 4 bis 9 AAP-Einheiten absolvieren.

Falls Sie in Ihrem JTP mehr als zwei Wochen für die Vorbereitungsphase vorgesehen haben, sollten Sie für die verbleibenden Wochen außerdem »KÜ« für Kraft-Übergang eintragen. In dieser Phase geht es darum, allmählich die Lasten zu erhöhen und die Zahl der Wiederholungen zu verringern. Das ernsthafte Kraftraumtraining fängt gerade erst an. Auch hierfür sollten Sie wenigstens zwei und bis zu drei Wochen einplanen. Falls keine zwei Wochen in der Vorbereitungsphase verbleiben, notieren Sie »KÜ« im ersten Teil von Grundlagen 1, so dass Sie mindestens zwei Wochen KÜ (4 bis 6 Einheiten) absolvieren,

JAHRESTRAININGSPLAN

Sportler *Chris*

Stunden/TSS *35.000 (TSS)*

Jahr *2019*

WOCHE	DATUM	WETTKÄMPFE	PRI.	PHASE	STUNDEN / TSS	DETAILS	KRAFTRAUM	AUSDAUER	KRAFT	SCHNELLIGKEIT	KRAFTAUSDAUER	ANAEROBE AUSDAUER	SCHNELLKRAFT	TESTS
							WICHTIGSTE TRAININGSEINHEITEN							
01	5.11.			Übergang	–									
02	12.11.			Übergang	–									
03	19.11.			Vorb.	560		AA	X		X				
04	26.11.			↓	560	Test FTP	AA	X		X				
05	3.12.			Grundl. 1	670		KÜ	X		X				
06	10.12.				730		KÜ	X		X				
07	17.12.				810		MK	X		X				
08	24.12.			↓	560	Urlaubsreise	MK	X		X				X
09	31.12.			Grundl. 2	670		MK	X		X	X			
10	7.1.				770		MK	X		X	X			
11	14.1.				880		KE	X	X	X	X			
12	21.1.	Florence 20 km Zeitfahren	C	↓	560	Test FTP	KE	X		X				X
13	28.1.			Grundl. 3	780		KE	X	X	X	X	X		
14	4.2.	Bartlett Lake Bergzeitfahren	C		880		KE	X	X	X	X	X		
15	11.2.	McDowell Straßenrennen	C		950		KE	X	X	X	X	X		
16	18.2.	Florence 20 km Zeitfahren	C	↓	560	Test FTP, FACP	KE	X		X				X
17	25.2.			Aufbau 1	880		KE	X	X	X	X	X		
18	4.3.	Hungry Dog Kriterium	C		880		KE	X	X	X	X	X		
19	11.3.				880		KE	X	X	X	X	X		
20	18.3.	Tumacacori Straßenrennen	B	↓	560	Test FACP	KE	X		X				X
21	25.3.			Aufbau 2	950	arbeitsfrei	KE	X	X	X	X	X		
22	1.4.	Superior Straßenrennen	B		715		KE	X	X	X	X	X		
23	8.4.				950		KE	X	X	X	X	X		
24	15.4.			↓	560	Test FTP, FACP	KE	X		X				X
25	22.4.			Höchstl.	670		KE	X		X	X	X		
26	29.4.			↓	560		KE	X		X	X	X		

ABBILDUNG 8.1 Fortführung des konkreten Beispiel für einen Jahrestrainingsplan aus Abb. 7.4

Saisonziele

1. Bundesstaatsmeisterschaft Zeitfahren gewinnen (unter 61 Minuten über 40 km)
2. Top 10 bei der US-Meisterschaft im Zeitfahren (unter 1 Stunde über 40 km)
3. Podium bei der US-Meisterschaft im Straßenrennen

Trainingsvorgaben

1. Kniebeugen mit 1,3-Fachem des Körpergewichts bis zum 30.12.
2. FTP auf 230 Watt steigern bis zum 24.2.
3. FACP auf 260 Watt steigern bis zum 21.4.
4. 800 Watt im Schnellkraft-Test erreichen bis zum 14.7.

							WICHTIGSTE TRAININGSEINHEITEN							
WOCHE	DATUM	WETTKÄMPFE	PRI.	PHASE	STUNDEN / TSS	DETAILS	KRAFTRAUM	AUSDAUER	KRAFT	SCHNELLIGKEIT	KRAFTAUSDAUER	ANAEROBE AUSDAUER	SCHNELLKRAFT	TESTS
27	6.5.	BS-Meisterschaft Zeitfahren	A	Wettkampf	560		–	X		X	X	X		
28	13.5.			Übergang	–		MK	X		X	X	X	X	
29	20.5.	Tucson Kriterium #1	C	Grundl. 3	730		MK	X		X	X	X	X	
30	27.5.	Tucson Zeitfahren #1	B	↓	630	Test Schnellkraft, FACP	MK	X		X				X
31	3.6.			Aufbau 1	880		KE	X	X	X	X	X	X	
32	10.6.	Tucson Kriterium #2	C	↓	880		KE	X	X	X	X	X	X	
33	17.6.	Tucson Zeitfahren #2	B	↓	560	Test Schnellkraft, FACP	KE	X		X				X
34	24.6.			Aufbau 2	950		KE	X	X	X	X	X	X	
35	1.7.	Tucson Straßenrennen	B	↓	760		KE	X	X	X	X	X	X	
36	8.7.	Tucson Zeitfahren #3	B	↓	560	Test Schnellkraft, FACP	KE	X		X				X
37	15.7.			Höchstl.	670		KE	X		X	X	X	X	
38	22.7.	US-Meisterschaften Masters	A	Wettkampf	560		–	X		X	X	X	X	
39	29.7.			Übergang	–		–							
40	5.8.			↓	–		–							
41	12.8.	100 Meilen von Eagle	C	↓	–		–							
42	19.8.			↓	–		–							
43	26.8.	100 Meilen von Copper	C	↓	–		–							
44	2.9.			↓	–		–							
45	9.9.													
46	16.9.													
47	23.9.													
48	30.9.													
49	7.10.													
50	14.10.													
51	21.10.													
52	28.10.													

bevor Sie die nächste Phase des Kraftraumtrainings beginnen.

Grundlagen 1. Tragen Sie in dieser Phase für vier Wochen hintereinander »MK« ein – das steht für Maximalkraft und meint die härtesten Kraftraum-Einheiten der Saison. Falls Ihnen in Grundlagen 1 keine vier Wochen zur Verfügung stehen, verschieben Sie die übrigen Wochen MK in Grundlagen 2. Sie sollten die MK-Phase abgeschlossen haben, bevor Sie ins harte Radtraining in Grundlagen 3 einsteigen. Dies ist eine ganz wichtige Grundregel, gegen die oftmals verstoßen wird. Zu versuchen, gleichzeitig sehr anspruchsvolle Einheiten sowohl im Kraftraum als auch auf dem Rad zu absolvieren, führt zu übermäßiger Erschöpfung und schwachen Trainingsleistungen in beiden Kategorien. Falls Sie mehrere Phasen Grundlagen 3 hintereinander absolvieren, was der Fall sein kann, wenn Sie zusätzliche Trainingswochen einschieben müssen, um den Periodisierungsplan mit dem Timing für einen A-Wettkampf abzugleichen, widmen Sie nicht mehr als vier Wochen hintereinander dem MK-Training. Sobald diese vier Wochen harter Arbeit mit Gewichten überstanden sind, verlagert sich der Fokus des Trainings auf das Rad und das Training im Kraftraum dient nur noch der Erhaltung der Kraft.

In der Höchstleistungsphase darf das Krafttraumtraining den Einheiten auf dem Rad in keiner Weise in die Quere kommen.

Grundlagen 2, Grundlagen 3, Aufbau 1, Aufbau 2 und Höchstleistung. Das Kraftraumtraining für die übrigen Phasen im Vorfeld Ihres ersten A-Wettkampfs wird mit »KE« (Krafterhaltung) markiert. Wie der Name schon sagt, geht es in dieser Phase darum, die Kraft zu erhalten, die Sie in der MK-Phase aufgebaut haben. Während Sie zuvor zwei oder dreimal die Woche mit Gewichten gearbeitet haben, beschränken Sie sich nun auf eine Einheit pro Woche. Die Kraftraum-Einheiten sind somit nicht nur seltener, sondern auch viel einfacher, so dass Sie auf der Straße umso härter trainieren können. Was Sie vermeiden müssen, sind Wochen, in denen das Pensum sowohl an Kraftraum-Einheiten als auch an radspezifischem Training hoch ist. In der Höchstleistungsphase sollte den KE-Einheiten demnach sehr geringe Priorität zukommen. Dann liegt der primäre Fokus des Trainings auf hochspezifischen, wettkampfähnlichen Einheiten. In der Höchstleistungsphase darf das Krafttraumtraining den Einheiten auf dem Rad in keiner Weise in die Quere kommen. Es ist kein Problem, auch dann ein paar Gewichte zu stemmen, aber die einzige wöchentliche Einheit im Kraftraum sollte so kurz ausfallen, dass Sie noch am selben Tag ein hartes Training im Sattel absolvieren können, falls es vorgesehen ist. Kapitel 12 erläutert, wie Sie KE-Einheiten so einplanen, dass sie Ihre Bereitschaft für hochwertiges Radtraining nicht beeinträchtigen.

Wettkampf. In dieser Phase können Sie die Spalte »Kraftraum« freilassen, sofern sie nur, wie in Kapitel 7 erörtert, eine Woche dauert. In dieser Woche findet kein Training im Kraftraum statt. Falls Ihnen jedoch zwei oder drei Wettkämpfe in zwei aufeinanderfolgenden Wochen bevorstehen, tragen Sie nur für die zweite Woche »KE« ein.

Übergang. In dieser Phase brauchen Sie keine Gewichte stemmen. Sie sollten es sogar unterlassen, denn der Fokus liegt jetzt auf Ruhe und Erholung. Falls Ihre Übergangsphase also eine Woche oder länger dauert, wie es am Ende einer Saison normalerweise der Fall sein sollte, lassen Sie die Spalte »Kraftraum« frei. Falls Ihre Übergangsphase aber nur einen oder zwei Tage dauert, wie es während der Wettkampfsaison üblich ist, können Sie auch zur KÜ-, MK- oder KE-Phase zurückkehren, entsprechend der Phase, die Ihr Plan für das Training im Sattel nach der Pause vorsieht. Solche Entscheidungen im Hinblick auf die Planungen für den zweiten und dritten A-Wettkampf der Saison werden am besten nicht jetzt, sondern dann getroffen, wenn es so weit ist. Schauen wir uns also an, welche Optionen Sie haben, wenn Sie in die zweite Hälfte der Saison einsteigen.

Sie haben nun ein periodisiertes Programm für Ihr Kraftraumtraining in Vorbereitung auf Ihren ersten A-Wettkampf der Saison erstellt. Auch in späteren Phasen, wenn Sie für Ihr zweites und drittes wichtiges Rennen der Saison trainieren, ist es meist eine gute Idee, ein paar Einheiten MK einzustreuen. Natürlich kann es sein, dass Ihnen dazu einfach die Zeit fehlt, weil zwischen Ihren A-Wettkämpfen nur wenige Wochen liegen. In diesem Fall müssen Sie irgendwo Abstriche machen, und der naheliegende Kandidat dafür ist das Training im Kraftraum. Tragen Sie also entweder KE ein oder lassen Sie das Feld frei. Letztlich hängt es von Ihrer verfügbaren Zeit und Ihren Begrenzern ab. Falls Kraft Ihr Begrenzer ist, so kann ein wenig MK-Training nicht schaden. Falls nicht, kehren Sie zu KE zurück. Wie lange Sie die Kraft, die Sie in der vorangegangenen MK-Phase entwickelt haben, erhalten können, ist freilich begrenzt, selbst wenn Sie ohne jegliche Unterbrechung dem KE-Programm folgen. Nach wenigen Wochen KE beginnt die Kraft ganz allmählich zu schwinden.

Aber Sie müssen diese Entscheidung nicht jetzt treffen. Das kann bis nach dem ersten A-Wettkampf warten. Dies ist einer der Momente, in denen das Training in Eigenregie zur Kunst wird, denn es gibt keine Wissenschaft, die uns genau sagen kann, was zu tun ist. Letztlich hängt es einfach davon ab, was Sie zu diesem Zeitpunkt für das Richtige halten. Im Zweifel ist es besser zu verzichten. Falls Sie unsicher sind, ob Sie zu diesem Zeitpunkt der Saison mit Gewichten arbeiten sollten, ist es vermutlich besser, es nicht zu tun.

Hinsichtlich der physischen Belastungen des Trainings im Kraftraum und auf dem Rad die richtige Balance zu finden, kann ziemlich knifflig sein. Das Beispiel aus Abbildung 8.1 hilft Ihnen vielleicht, einen effektiven Plan zu erstellen. Ansonsten müssen Sie Entscheidungen aufgrund Ihrer Erfahrung treffen. Falls Sie jedoch unsicher sind, insbesondere bei den Planungen für die Aufbau-, Höchstleistungs- und Wettkampfphase, legen Sie den Schwerpunkt stets auf das Training im Sattel, nicht auf den Kraftraum.

Einheiten nach Leistungsfaktoren

In diesem Abschnitt zeige ich Ihnen, wie Sie Ihre Trainingseinheiten auf dem Rad nach Leistungsfaktoren gemäß dem gängigen linearen Periodisierungsmodell einteilen. Tatsächlich wird das, womit wir uns ab hier beschäftigen, deutlich machen, warum das Modell überhaupt »linear« genannt wird: Die Trainingseinheiten schreiten in einer geraden Linie von den generellen, grundlegenden Leistungsfaktoren zu den spezifischen, erweiterten Leistungsfaktoren voran, mit einem sich über mehrere Wochen erstreckenden, graduellen Übergang zwischen beiden. Seien Sie sich aber darüber im Klaren, dass es neben dem linearen Modell noch viele weitere Möglichkeiten gibt, Ihre Einheiten zu planen und zu periodisieren. Dabei sind oftmals individuelle Anpassungen und Kreativität gefragt. In Kapitel 9 werde ich Ihnen einige dieser alternativen Methoden vorstellen.

Training in Eigenregie ist vor allem eine Kunst, denn es gibt keine Wissenschaft, die uns genau sagen kann, was in einer gegebenen Situation zu tun ist.

Im JTP erfolgt die Zuordnung der Trainingseinheiten, indem Sie für jede Woche jeweils ankreuzen, welche Leistungsfaktoren Sie trainieren. Natürlich erledigen Sie dies vorerst nur bis zum Zeitpunkt Ihres ersten A-Wettkampfs der Saison. Von da an planen Sie für Ihr nächstes Rennen weitgehend in der Weise, wie Sie es für die Arbeit mit Gewichten in der Spalte »Kraftraum« getan haben. Die Leistungsfaktoren, die in Kapitel 6 detailliert erläutert wurden, umfassen die grundlegenden Fähigkeiten Ausdauer, Kraft und Schnelligkeit sowie die erweiterten Fähigkeiten Kraftausdauer, anaerobe Ausdauer und Schnellkraft.

Zusätzlich zu den sechs Leistungsfaktoren ist für jede Disziplin eine Spalte namens »Tests« vorgesehen. Mehr dazu im nächsten Abschnitt.

Die Zuordnung der Einheiten nach Leistungsfaktoren ist eine simple, wenn auch etwas mühselige Prozedur. Sie müssen für jede Trainingswoche jeweils ein »X« in den Spalten der Leistungsfaktoren machen, die Sie in dieser Woche trainieren möchten. Dies wird Ihnen später, wenn es so weit ist, Ihre Einheiten dann im Einzelnen zu definieren, bei der Entscheidungsfindung helfen. Damit werden wir uns gleich noch näher befassen. Aber erst einmal machen wir uns daran, Trainingseinheiten für jede Phase bis zu Ihrem ersten A-Wettkampf zuzuweisen.

Vorbereitung. Wie Sie bereits gelernt haben, ist die Vorbereitungsphase eine recht zwanglose Angelegenheit, in der es v.a. darum geht, Sie nach einer längeren Auszeit in der Übergangsphase auf ein strukturiertes Training einzustimmen. Das einzige ernsthafte Training in dieser Zeit findet im Kraftraum statt, so Sie denn planen, diesen aufzusuchen. Kapitel 12 hilft Ihnen, diese Entscheidung zu treffen. Ihr Fokus sollte nur sein, sich an die Übungen zu gewöhnen und, nach ein paar solcher Einheiten, allmählich zu höheren Lasten für jede Übung überzugehen (wie in Kapitel 12 beschrieben). Sollten Sie sich nach der Lektüre von Kapitel 12 gegen ein solches Training mit Gewichten entscheiden, sollten Sie den Leistungsfaktor Kraft auf andere Weise entwickeln. Einige Vorschläge für neuromuskuläres Training finden sich im selben Kapitel.

Vorrangiger Zweck der Vorbereitungphase ist es, sich auf ein strukturiertes Training einzustimmen.

Falls Sie sich gegen den Kraftraum und für eine der anderen Methoden zur Kraft-Entwicklung entscheiden, tragen Sie in der Spalte »Kraft« für jede Woche in der Vorbereitungsphase jeweils ein »X« ein. Darüber hinaus stehen in dieser Phase an radspezifischem Training nur Ausdauer und Schnelligkeit auf dem Programm. Seien Sie sich aber darüber im Klaren, dass dies noch keine ernsthaften, harten Einheiten sein werden. Sie gewöhnen sich erst wieder daran, einem klar strukturierten Trainingsprogramm zu folgen. Lediglich beim Krafttraining geht es schon jetzt etwas ernsthafter zur Sache. Tragen Sie für jede Woche der Vorbereitungsphase, egal wie viele es sein mögen, jeweils ein Kreuz in die Spalten »Ausdauer« und »Schnelligkeit« ein.

Grundlagen 1. In dieser Phase liegt der Schwerpunkt eindeutig auf der Arbeit an der Kraft, denn Sie arbeiten nun mit höheren Lasten und weniger Wiederholungen oder absolvieren eine der in Kapitel 12 dargelegten alternativen Methoden zur Kraft-Entwicklung. Dies bedeutet pro Woche zwei oder drei sehr anstrengende Einheiten; die Einheiten für die beiden übrigen grundlegenden Leistungsfaktoren sind dementsprechend recht locker. Machen Sie ebenso wie in der Vorbereitungsphase für jede Woche dieses Mesozyklus ein Kreuz in den Spalten »Ausdauer« und »Schnelligkeit«. Sollten Sie nicht im Kraftraum arbeiten und sich für eine der alternativen Methoden entscheiden, tragen Sie auch hier für jede Woche Grundlagen 1 ein »X« in der Spalte »Kraft« ein. Sollten Sie mit Gewichten arbeiten und dies in der Spalte »Kraftraum« entsprechend markiert haben, brauchen Sie hier nichts weiter zu tun.

Lassen Sie die letzte Woche der Phase Grundlagen 1 frei. Darauf kommen wir bald zurück.

Grundlagen 2. In der Phase Grundlagen 2 beginnen Sie, das Training im Kraftraum zurückzuschrauben und mit reduziertem Trainingspensum und nur einer Einheit pro Woche den Schwerpunkt auf die Krafterhaltung zu verlagern. Das verschafft Ihnen mehr Zeit und Energie für das Training, das der Entwicklung der Schnelligkeit und v.a. der Ausdauer dient. Ihr Training umfasst nun außerdem einen ersten kleinen Vorgeschmack auf einen der erweiterten Leistungsfaktoren, nämlich die Kraftausdauer. Machen Sie für jede Woche Grundlagen 2 außer der letzten ein Kreuz in den Spalten »Ausdauer«, »Kraft«, »Schnelligkeit« und »Kraftausdauer«. Markieren Sie jedoch nicht die Spalte »Kraft«, sofern Sie zu diesem Zeitpunkt noch Einheiten im Kraftraum absolvieren. Dies könnte der Fall sein, wenn Ihre Vorbereitungsphase kurz ausfiel, wodurch sich die Arbeit mit Gewichten weiter als üblich in die Grundlagenphasen hinein erstreckt.

Die Kraft-Einheiten dienen in dieser Phase dazu, die im Kraftraum erarbeitete Muskelkraft gezielt in spezifische Kraft für das Radfahren umzuwandeln. Dies wird sich letztlich in höheren Wattzahlen und höherem Wettkampftempo niederschlagen. Mehr dazu später. Während der Leistungsfaktor Kraft zu diesem Zeitpunkt den primären Fokus des Trainings bildet, kommt die Kraftausdauer gerade erst hinzu. Die Einheiten für die Kraftausdauer sind jetzt weder besonders lang noch sonderlich schwierig, aber im Laufe der folgenden Wochen werden sie allmählich zu einem wichtigen Bestandteil des Trainings.

Grundlagen 3. In dieser Phase wird das Training etwas spezifischer auf die Art der Rennen, für die Sie trainieren, ausgerichtet. In gewisser Weise ist Grundlagen 3 eine Übergangsphase. Bis hierher spielte es eigentlich keine Rolle, ob Sie für ein langes Straßenrennen, ein Etappenrennen oder ein Kriterium trainieren. Die Art der Einheiten war mehr oder weniger gleich. Der einzige wesentliche Unterschied war die Dauer der Einheiten. Lange Straßenrennen und Etappenrennen erfordern normalerweise längere Trainingseinheiten als Kriterien oder Zeitfahren. Nun aber, in Grundlagen 3, beginnt sich der Schwerpunkt der Einheiten beträchtlich von den grundlegenden auf die erweiterten Leistungsfaktoren zu verschieben.

Unabhängig von der Art Ihres Rennens füllen Sie die Spalten für die Leistungsfaktoren so aus wie bereits in Grundlagen 2, mit einem Kreuz in den Spalten »Ausdauer«, »Kraft«, »Schnelligkeit« und »Kraftausdauer«. Zusätzlich tragen Sie jetzt ein »X« in die Spalte »anaerobe Ausdauer« ein. Dieser Leistungsfaktor kommt in Grundlagen 3 neu hinzu. Lassen Sie, so wie in Grundlagen 1 und 2, die letzte Woche frei; wir kommen bald darauf zurück.

Aufbau 1 und Aufbau 2. Nach mehreren Wochen Grundlagentraining sollte Ihre allgemeine Fitness ziemlich gut entwickelt sein. Sie sollten über gute Kraftwerte und eine hervorragende Ausdauer verfügen und technisch sauber Rad fahren können. Zusätzlich sollten Sie bereits ein wenig Kraftausdauer und anaerobe Ausdauer entwickelt haben. Aber Sie sind noch weit davon entfernt, wettkampfbereit zu sein. Darum kümmern wir uns als Nächstes. In den Phasen Aufbau 1 und Aufbau 2 richtet sich das Training spezifischer auf Ihren A-Wettkampf aus. Im Laufe der folgenden Wochen bauen Sie die Fitness auf, die nötig ist, um den Anforderungen Ihres Wettkampfs gerecht zu werden. Während die gewählten Leistungsfaktoren weitgehend die gleichen sind wie in den Grundlagenphasen, werden die einzelnen Einheiten deutlich rennähnlicher, mit Schwerpunkt auf der Intensität.

Die Veränderungen hinsichtlich der Trainingseinheiten, die in den Phasen Aufbau 1 und 2 vollzogen werden, dienen dazu, Sie binnen weniger Wochen wettkampfbereit zu machen. Der nächste Schritt in dieser Progression ist, dass die Einheiten für Ausdauer, Kraft und Schnelligkeit, so wie die KE-Einheiten im Kraftraum, nur der Erhaltung dienen. Dies bedeutet eine geringere Gewichtung der Grundlagenfitness, mit weniger häufigen und kürzeren Einheiten. Diese werden einfach Teil von Trainingseinheiten für die erweiterten Leistungsfaktoren. Konkret heißt das, dass Sie sich während des Warm-ups und Cool-downs oder sogar während Regenerations-Einheiten um die grundlegenden Leistungsfaktoren kümmern.

Eine andere Veränderung, die sich vollzieht und Ihre Gesamttrainingszeit beherrschbar macht – und verglichen mit den Grundlagenphasen ein bisschen verringert –, ist, dass mehrere Leistungsfaktoren in einer einzelnen Einheit kombiniert werden. Der Sinn der Sache ist, diese Einheiten wettkampfähnlicher zu gestalten. In einem typischen Straßenrennen oder Kriterium kommt schließlich auch mehr als nur ein Leistungsfaktor zum Tragen. Solche Rennen stellen

Lange Straßenrennen und Etappenrennen erfordern normalerweise längere Trainingseinheiten als Kriterien oder Zeitfahren.

mannigfache Anforderungen an Sie, z.B. Terrain, Wind, Witterung, enge Kurven, Fahren im Feld, explosive Antritte, längere Beschleunigungen und Sprints, hinzu kommt die Ermüdung, die mit all diesen Anforderungen einhergeht. Anaerobe Ausdauer und Schnellkraft bilden in Aufbau 1 und 2 das Herzstück des Trainings für Straßenrennen und Kriterien, aber auch die Kraftausdauer spielt eine wichtige Rolle. Auch dem Training in der Gruppe kommt in dieser Zeit eine besondere Bedeutung zu.

Wer für Etappenrennen trainiert, muss sich ebenfalls auf all diese Bedingungen und Gegebenheiten einstellen, dazu kommt das Problem der Regeneration zwischen den Etappen. Mit all dem werden wir uns später in diesem Kapitel beschäftigen.

Zeitfahrspezialisten sollten sich auf das Fahren mit moderat hochintensiven, gleichmäßigen Belastungen und das entsprechende Pacing vorbereiten. Das bedeutet eine starke Gewichtung auf Kraftausdauer, aber im Verbund mit ein wenig anaerober Ausdauer, um die aerobe Kapazität zu steigern.

Sie müssen auf sämtliche Situationen vorbereitet sein, die im Rennen zu erwarten sind.

Entscheidend ist, dass Sie auf sämtliche Situationen vorbereitet sein müssen, die im Rennen zu erwarten sind. Je nachdem also, in welche dieser drei Kategorien Ihr erster A-Wettkampf fällt, tragen Sie in Aufbau 1 und Aufbau 2 für jede Woche außer der letzten in den Spalten der entsprechenden erweiterten Leistungsfaktoren jeweils ein »X« ein. Notieren Sie außerdem, wiederum in beiden Aufbauphasen, in jeder Woche außer der jeweils letzten ein »X« in den Spalten der grundlegenden Leistungsfaktoren.

Höchstleistung. Zwei oder drei Wochen vor dem Start verlagert sich das Training auf Einheiten, die sehr genau die Anforderungen des anstehenden Wettkampfs simulieren. Dies bedeutet größeres Augenmerk auf den im Rennen zu erwartenden Gegebenheiten hinsichtlich Terrain, Witterung (Hitze, Kälte, Wind) und Taktik. Im Rahmen der Vorbereitung auf die Rennbedingungen kommt es außerdem zu einer stärkeren Gewichtung der Intensität, während die Dauer der Einheiten zurückgefahren wird (mehr zum Ablauf eines solchen Taperings siehe Kapitel 13). Ebenso werden Einheiten aus dem Trainingsablauf gestrichen, deren Schwerpunkt auf den grundlegenden Leistungsfaktoren liegt, die inzwischen recht gut entwickelt sein sollten. In der Höchstleistungsphase arbeiten Sie entweder sehr hart oder Sie regenerieren. Machen Sie in Ihrem JTP für jede Woche der Höchstleistungsphase ein »X« in den gleichen Spalten, die Sie in den Phasen Aufbau 1 und 2 markiert haben. Lassen Sie die Spalte »Kraft« jedoch frei. Training für die Schnelligkeit kann als Teil einer Einheit für erweiterte Leistungsfaktoren absolviert werden. Das Ausdauertraining beschränkt sich im Wesentlichen auf die lockeren Einheiten, die zwischen den hochintensiven Einheiten eingelegt werden.

Wettkampf. Der Schwerpunkt der Wettkampfwoche liegt auf Erholung. Die Einheiten sind kurz, aber intensiv. Markieren Sie Ihre Wettkampfwoche in gleicher Weise wie die Höchstleistungsphase. Wie die Höchstleistungs- und Wettkampfwochen im Einzelnen aufgebaut sind, erläutere ich in Kapitel 13.

Übergang. Sie haben soeben einen A-Wettkampf bestritten, dies ist also einer der Zeitpunkte in der Saison, zu dem Sie sich zurücklehnen und eine Auszeit nehmen. Es gibt kein strukturiertes Training, keine Schlüsseleinheiten und keine festgelegten Umfänge. Der Zweck dieser Phase, die je nach Zeitpunkt der Saison wenige Tage bis mehrere Wochen dauern kann, ist mentale und körperliche Erholung. Planen Sie keine Arbeit an Leistungsfaktoren ein. Lassen Sie die Felder einfach frei. Ein wenig Bewegung kann weiterhin nicht schaden, aber jegliches Training sollte ungeplant und spontan stattfinden und kurz und locker sein. Falls Sie sich ein wenig bewegen möchten, versuchen Sie es mit Crosstraining. Nehmen Sie sich ansonsten einfach die

Freiheit, Ihr Rad mal im Keller oder der Garage stehen zu lassen, solange es Ihnen gefällt, und genießen Sie das Leben. Mehr zur Übergangsphase in Kapitel 11.

Ruhe- und Regenerationswochen

Nun kehren wir zurück zu den letzten Wochen der Grundlagen- und Aufbauphasen und tragen die geplanten Trainingseinheiten ein. Kapitel 11 befasst sich ausführlich mit dem Thema Ruhe und Regeneration, einstweilen reicht es, wenn Sie In Ihrem JTP in der letzten Woche der Phasen Grundlagen 1, Grundlagen 2, Grundlagen 3, Aufbau 1 und Aufbau 2 jeweils die Spalten »Ausdauer« und »Schnelligkeit« markieren. Tragen Sie für die gleichen Wochen außerdem jeweils ein »X« in der Spalte »Tests« ein.

Wie Sie später noch weitaus ausführlicher lesen werden, dauert eine solche Erholungspause vom Training in der Regel drei bis fünf Tage. Die empfohlenen Trainingseinheiten für diese Phase finden Sie in den Abschnitten »Ausdauer« (insbesondere A1) und »Schnelligkeit« in Anhang B. Direkt im Anschluss an diese kurze Auszeit vom Training ist der richtige Zeitpunkt, um mittels Feldtests den Fortschritt zu ermitteln und gegebenenfalls die Trainingszonen anzupassen, bevor der nächste Mesozyklus beginnt. Wenn die Pause nur drei oder vier Tage mit lockeren Ausfahrten umfasst, gefolgt von einem Tag fürs Testen, verbleiben immer noch zwei oder drei weitere Tage in der Woche. Selbst bei fünf Tagen Regeneration plus einem Feldtest bleibt Ihnen noch ein Tag. In jeder der drei Szenarien steigen Sie, vorausgesetzt, Sie erholen sich rasch vom Feldtest, mit Betonung der adäquaten, dem nächsten Mesozyklus im JTP entsprechenden Leistungsfaktoren wieder ins Training ein. Dies ist eine Entscheidung, die Sie jetzt noch nicht treffen können; stattdessen müssen Sie abwarten, bis Sie erholt sind, und schauen, wie viele Tage Sie dafür brauchen. Mehr dazu, wie schon gesagt, in Kapitel 11.

Planung für spätere A-Wettkämpfe

Falls Sie sich für das Training mit einem linearen Periodisierungsmodell entschieden haben und hierher nach der Lektüre von Kapitel 9 zurückgekehrt sind, haben Sie den einfachen Teil Ihres JTP für die Saison abgeschlossen: die Vorbereitung auf Ihren ersten A-Wettkampf. Der schwierige Part ist, die Trainingseinheiten für die verbleibenden Hauptwettkämpfe im weiteren Verlauf der Saison zuzuordnen. Einen Überblick darüber, wie das vonstattengeht, verschafft Ihnen Kapitel 7, das Ihnen, zusammen mit Abbildung 7.2, ein besseres Verständnis davon vermitteln kann, wie Sie die Vorbereitung auf diese verbleibenden A-Wettkämpfe in Ihrem Kalender periodisieren. Auch der beispielhafte JTP aus Abbildung 8.1 kann als Orientierungshilfe dienen.

Kurz zusammengefasst: Die wichtigste Entscheidung, die Sie nach dem ersten A-Wettkampf der Saison treffen müssen, ist, wie gut erhalten Ihre Ausdauer ist. Angesichts der Betonung von Kraftausdauer und anaerober Ausdauer in den Phasen Aufbau, Höchstleistung und Wettkampf ist es sehr wahrscheinlich, dass Sie ein wenig von Ihrer Ausdauerfitness eingebüßt haben. Auch die Übergangsphase hat Ihre Ausdauer vermutlich ein wenig in Mitleidenschaft gezogen. Eine Möglichkeit, dies zu bestimmen, ist, direkt im Anschluss an die Übergangsphase den Test für die funktionale aerobe Schwelle (FAeT) zu wiederholen und zu prüfen, wie sich Ihr Effizienz-Faktor (EF) gegenüber Ihrer letzten Phase Grundlagen 3 entwickelt hat (der Test wird in Anhang B unter »Feldtests« erläutert). Wenn er auf etwa dem gleichen Niveau liegt wie zuvor, können Sie direkt zur Aufbauphase in Vorbereitung auf Ihren nächsten A-Wettkampf übergehen. Falls Ihr EF aber um fünf Prozent oder mehr unter dem besten Ergebnis der vorigen Phase Grundlagen 3 liegt, würde ich empfehlen, nach der Übergangsphase wieder mit Grundlagen 3 einzusteigen und dieses Training fortzuführen, bis Ihr EF um weniger als fünf Prozent unter

Die wichtigste Entscheidung, die Sie nach dem ersten A-Wettkampf der Saison treffen müssen, ist, wie gut erhalten der Leistungsfaktor Ausdauer ist.

dem alten Niveau liegt. Den Schwerpunkt in dieser Phase sollte die Ausdauer bilden.

Soweit das optimale Szenario. Es kann aber sein, dass Ihnen zwischen den A-Wettkämpfen nicht genügend Zeit bleibt, um diesen Plan umzusetzen. An diesem Punkt wird das Training in Eigenregie mal wieder zur Kunst und es sind Geschick und Intuition gefragt. Falls nicht ausreichend Zeit bleibt, um gezielt die Ausdauer wieder aufzubauen, müssen Sie die verbleibenden Trainingswochen dahingehend anpassen, dass Sie die Ausdauer wiederaufbauen und gleichzeitig die erweiterten Leistungsfaktoren mit Blick auf das nächste Rennen entwickeln. Eine solche vorübergehende Überlappung grundlegender und erweiterter Leistungsfaktoren ist nicht optimal, aber manchmal nicht zu vermeiden.

Eine vorübergehende Überlappung grundlegender und erweiterter Leistungsfaktoren ist nicht optimal, aber manchmal nicht zu vermeiden.

Im Beispiel aus Abbildung 8.1 sehen Sie, dass der Fahrer nach dem ersten A-Wettkampf und einer kurzen Übergangsphase für etwas mehr als zwei Wochen zu Grundlagen 3 zurückgekehrt ist (vier Tage in Woche 28 fallen ebenfalls darunter), um nicht nur Ausdauer, sondern auch Kraft (beachten Sie die MK-Einheiten) und Schnelligkeit wiederaufzubauen. Die letzte Phase Grundlagen 3 gipfelt in einem B-Wettkampf und geht dann direkt über in zwei aufeinanderfolgende Aufbauphasen, eine Höchstleistungswoche und eine Wettkampfwoche. Dies ist ein nahezu perfekter Plan für den Fall, dass genügend Zeit zwischen den Rennen bleibt. Das ist wahrscheinlich, wenn es nur zwei A-Wettkämpfe in einer Saison gibt. Sind es aber drei, ist das Timing wesentlich enger und die Planung wird dementsprechend kniffliger. Auch dies haben wir ausführlich in Kapitel 7 besprochen. Die Abbildungen 7.2 und 7.3 helfen Ihnen bei der Planung für den Fall, dass nur wenige Wochen zwischen wichtigen Rennen liegen.

Sie sollten regelmäßige Tests durchführen, um Ihre Fortschritte zu ermitteln und Ihre Trainingszonen zu überprüfen.

Rennteilnahmen während der anschließenden Grundlagenphase verkomplizieren die Dinge, aber häufige Starts sind im Radsport nichts Ungewöhnliches, solche Komplikationen sind also zu erwarten. Rennen zu diesem Zeitpunkt, v.a. C-Wettkämpfe, werden wie Trainingseinheiten behandelt und machen somit einen Teil des Trainings für die erweiterten Leistungsfaktoren aus, das in dieser Zeit vorgesehen ist. Im Beispiel aus Abbildung 8.1 kann der Fahrer getrost davon ausgehen, dass ein Kriterium in Woche 29 für eine adäquate Stimulation sorgt, um Kraftausdauer, anaerobe Ausdauer und Schnellkraft zu entwickeln. Ansonsten ist das Training in dieser Woche primär den grundlegenden Leistungsfaktoren gewidmet.

Mit Blick auf die Rennen im Anschluss an den ersten A-Wettkampf der Saison markieren Sie, nachdem Sie die für eine optimale Vorbereitung erforderlichen Phasen eingetragen haben, so wie oben erläutert die Leistungsfaktoren, entsprechend dem Zeitpunkt der Saison, an dem Sie sich befinden (wahrscheinlich Grundlagen 3, Aufbau 1 oder Aufbau 2) und der Art Ihres Rennens: Straßenrennen, Etappenrennen, Kriterium oder Zeitfahren. Abbildung 8.1 illustriert beispielhaft, wie's gemacht wird.

Tests

Sie sollten das ganze Jahr hindurch regelmäßige Tests durchführen, um Ihren Fortschritt zu ermitteln und Ihre Trainingszonen auf Genauigkeit zu prüfen, wie in den Kapiteln 4 und 5 erläutert. Ihre Watt-Zonen werden sich wahrscheinlich alle paar Wochen verändern, Ihre Herzfrequenz-Zonen aber sollten im Laufe der Saison relativ konstant bleiben. Der beste Zeitpunkt zum Testen ist unmittelbar im Anschluss an eine Ruhe- und Regenerationspause, die Sie in den Grundlagen- und Aufbauphasen alle drei bis vier Wochen einlegen. Nach drei bis fünf Tagen mit verringertem Trainingspensum sollten Sie sich frisch fühlen, was genau das ist, was Sie brauchen, um akkurate und aussagekräftige Testergebnisse zu erhalten. Die Tests werden in Anhang B unter »Feldtests« beschrieben. Je nachdem, wie belastbar Sie sind, könnten Sie sich zwei Tests an einem Tag vornehmen, z.B. für die funktionale Schwellenleistung und die funktionale aerobe

Kapazität. Falls Sie es bei einem Test am Tag belassen möchten, sollten Ihnen in der Regenerationswoche mindestens zwei Tage bleiben, die Sie fürs Testen nutzen können. Vermutlich werden Sie nach einem Test-Tag einen weiteren Tag Erholung brauchen.

WÖCHTLICHE UND TÄGLICHE TRAININGSABLÄUFE

Ihr JTP sollte nun vollständig sein, einschließlich Jahresumfang, Saisonzielen und Trainingsvorgaben. Ebenfalls ausgefüllt sein sollten die Spalten für »Datum«, »Wettkämpfe«, »Pri.«, »Phase«, »Stunden/TSS«, »Details« und für die Leistungsfaktoren. Die Spalte »Details« habe ich bis hierher noch nicht erwähnt. Wie Sie im Beispiel aus Abbildung 8.1 sehen können, ist sie vorgesehen für Anmerkungen zu solchen Dingen wie Tests und Rennen, geplanten Urlauben, Reisen, anderen Zeiten, zu denen Sie voraussichtlich Trainingseinheiten verpassen, und dergleichen mehr.

Nun kommen wir endlich zu dem Teil der Planung, der Radsportler besonders interessiert: zu bestimmen, wie die wöchentlichen Trainingsabläufe aussehen werden. Dies ist etwas sehr Individuelles, das auch stark von familiären und beruflichen Verpflichtungen abhängt. Diese dürfen nicht darunter leiden, nur um Platz fürs Training zu schaffen. Sie müssen sich Prioritäten im Leben setzen und für die meisten Fahrer stehen Familie und Beruf ganz klar an erster Stelle. Ein anderer Faktor, der zu berücksichtigen ist, ist das Wetter. Falls Sie in Breiten leben, in denen die Witterung das Radfahren draußen im Freien häufig unmöglich macht, so werden Sie einen Teil Ihres Trainings auf dem Indoortrainer absolvieren müssen. Dies bedeutet i.d.R. kürzere Trainingseinheiten und geringere Wochenumfänge verglichen mit den Tagen und Wochen, wenn Sie auf der Straße trainieren können. Dieses wetterbedingte Dilemma kann sich in einigen Ecken der Welt als so signifikant erweisen, dass es Einfluss darauf hat, für welches Periodisierungsmodell Sie sich entscheiden. Kapitel 9 hilft Ihnen bei dieser Entscheidung. Aber auch wenn Sie sich an das in diesem und dem vorigen Kapitel beschriebene lineare Modell halten, müssen Sie willens sein, hin und wieder Anpassungen vorzunehmen, und hinnehmen, dass eine perfekte Umsetzung Ihres Plans nicht möglich ist. Jeder Sportler erlebt Rückschläge und Störungen, die Änderungen des Plans erforderlich machen. Auf das Problem verpasster Trainingseinheiten kommen wir später in diesem Kapitel noch einmal zurück. Erst einmal werfen wir einen eingehenden Blick auf die wöchentlichen Trainingsabläufe und die Verteilung der Umfänge und schauen uns an, wie Ihre typische Trainingswoche in den Grundlagen- und Aufbauphasen aussehen sollte, sofern das Wetter keine Rolle spielt. In Kapitel 11 befassen wir uns mit den Regenerations- und Übergangswochen, in Kapitel 13 mit den Höchstleistungs- und Wettkampfwochen.

Jeder Sportler erlebt Rückschläge und Störungen, die Änderungen des Plans erforderlich machen.

Die Tabellen 8.2, 8.3 und 8.4 gegen Ende dieses Abschnitts zeigen Vorschläge für mögliche Wochenabläufe. Ob sie für Sie in Frage kommen, hängt von Ihren persönlichen Lebensumständen, dem Wetter in Ihren Breiten, Ihrer Belastbarkeit und anderen Faktoren ab. Es handelt sich lediglich um ein Beispiel für eine mögliche Verteilung von Trainingszeit oder TSS, das keineswegs den Anspruch hat, der Weisheit letzter Schluss zu sein. Es gibt noch zahlreiche andere Möglichkeiten, einen Plan zu gestalten.

Es sind noch diverse andere Faktoren zu berücksichtigen, bevor Sie Ihre persönlichen Trainingsabläufe planen können. Diese Aspekte schauen wir uns als Nächstes an.

Wöchentliche Abläufe in der Grundlagen- und Aufbauphase

Sobald einmal ein wöchentliches Trainingsschema definiert ist, kann es normalerweise über etliche Wochen wiederholt werden, solange sich Ihre sonstigen täglichen Abläufe hinsichtlich Beruf, Familie und

Gruppenausfahrten können den Bedingungen, mit denen Sie es im Rennen zu tun bekommen, sehr ähnlich sein.

anderen Verpflichtungen nicht verändern. Kontinuität im Training ist körperlich und mental von Vorteil. Körper und Geist mögen es, wenn die Routine von Woche zu Woche mehr oder weniger gleich bleibt. Aber wenn eine neue Phase beginnt, kann es nötig sein, den Wochenablauf zu verändern. Der Übergang von der Grundlagen- zur Aufbauphase bringt eine Verlagerung von Intensität und Dauer mit sich, die Anpassungen erforderlich machen kann. Ich würde aber empfehlen, die verschiedenen Phasen so gleichförmig wie möglich zu gestalten, denn das gewährleistet konsistentes und effektives Training.

Nehmen Sie einen Bleistift zur Hand und tragen Sie in Tabelle 8.1 die allgemeine Art der Trainingseinheiten ein, die Sie in den Mesozyklen Grundlagen 1 und 2, Grundlagen 3 sowie Aufbau 1 und 2 unternehmen werden. (Beachten Sie, dass ich Grundlagen 3 gesondert aufgeführt habe, da dieser Mesozyklus so etwas wie eine Übergangsphase zwischen den frühen Grundlagenphasen und den Aufbauphasen bildet.) Der Ausgangspunkt für diesen Schritt besteht darin, zu notieren, was Sie derzeit an jedem Tag der Woche in den einzelnen Phasen machen. Tragen Sie dies je Tag und Mesozyklus ein. Verwenden Sie dafür die Kategorien Gruppenausfahrten, Rennen, Entwicklungs-Einheiten (schwere Rad-Einheiten wie unten beschrieben), Regenerationsfahrten, trainingsfreie Tage und Kraftraum. Beim Weiterlesen gelangen Sie möglicherweise zu dem Schluss, dass Änderungen Ihrer Trainingsmuster erforderlich sind. Deswegen rate ich dazu, einen Bleistift zu benutzen. Später in diesem Kapitel werde ich Trainingsmuster empfehlen, die sich in meiner langjährigen Arbeit mit anderen Radsportlern vielfach bewährt haben.

Lassen Sie uns Ihre derzeitige Routine aus anderer Perspektive anschauen und gegebenenfalls Änderungen vornehmen, wenn dies sinnvoll erscheint. Vielleicht, und sogar wahrscheinlich, wird das gar nicht erforderlich sein. Um eine effektive Wochenroutine zu erstellen, die im Laufe der Saison weitgehend gleich bleibt, ist es nötig, Ihre Einheiten an den gemäß Ihren Lebensumständen und individuellen Bedürfnissen am besten geeigneten Tagen einzuplanen. Darüber hinaus muss diese Routine Ihnen ermöglichen, die gemessen an der investierten Zeit größtmögliche Fitness zu erzielen. Um dies zu gewährleisten, werfen wir als Nächstes einen genaueren Blick auf jede der genannten Kategorien von Trainingseinheiten und beleuchten jeweils, wann sie angesetzt werden sollten und wie sie in den verschiedenen Mesozyklen am besten in Relation zueinander arrangiert werden.

Gruppenausfahrten. Beginnen wir mit den beiden Aufbauphasen. In diesen Mesozyklen sind schnelle

TABELLE 8.1 Die Planung fester wöchentlicher Trainingsabläufe für die Grundlagen- und Aufbauphasen

WOCHENTAG	GRUNDLAGEN 1	GRUNDLAGEN 2	GRUNDLAGEN 3	AUFBAU 1	AUFBAU 2
Montag					
Dienstag					
Mittwoch					
Donnerstag					
Freitag					
Samstag					
Sonntag					

Tragen Sie mit einem Bleistift ein, welche Art von Trainingseinheiten Sie an den jeweiligen Tagen unternehmen möchten (Gruppenausfahrten, Rennen, Entwicklungs-Einheiten, Regenerationsfahrten, Ruhetage, Kraftraum).

Gruppenausfahrten wichtig für Ihre Rennvorbereitung, falls Ihr A-Wettkampf ein Straßenrennen, ein Etappenrennen oder ein Kriterium ist, denn Gruppenausfahrten sind den Bedingungen, mit denen Sie es in solchen Rennen zu tun bekommen, nicht unähnlich. Bestimmt erinnern Sie sich dann, dass Spezifität des Trainings eine der Vorgaben für die Aufbau-Mesozyklen ist. Für ambitionierte Straßenradsportler stellen diese Gruppenausfahrten in der Aufbauphase oftmals C-Wettkämpfe dar, die, wie Tabelle 7.3 erläutert, eher wie harte Trainingseinheiten als wie Wettkämpfe im engeren Sinne behandelt werden. Das heißt nicht, dass Sie bei solchen Rennen nicht Ihr Bestes geben sollten, aber Sie sollten kein Tapering einplanen, wie es vor einem A-Wettkampf der Fall ist, oder auch nur das Training reduzieren, wie Sie es vor einem B-Rennen tun würden. Gehen Sie einen C-Wettkampf genauso an, wie Sie eine harte Trainingsfahrt angehen würden. Den Tag davor lassen Sie es locker angehen, aber damit hat sich das Thema Regeneration vorab auch schon erledigt.

Ihre C-Wettkämpfe finden wahrscheinlich an Wochenenden statt, ebenso wie Ihre sonstigen Gruppenausfahrten, obwohl es mancherorts auch unter der Woche solche gemeinsamen Trainingstreffs gibt. Für die meisten ernsthaften Radsportler sind zwei solcher Ausfahrten pro Woche angemessen; für manche Fahrer mag das sogar zu viel sein, insbesondere für Athleten, die sich nach sehr harten Einheiten nur langsam erholen. Sofern Sie sich nicht auf ein mehrtägiges Etappenrennen vorbereiten, ist es vermutlich das Beste, auf zwei schnelle Gruppenausfahrten hintereinander am Wochenende zu verzichten. Bei einer oder zwei solcher Ausfahrten pro Woche bleibt Ihnen genug Zeit und Energie, um noch eine oder auch zwei weitere harte Einheiten in dieser Woche unterzubringen. Diese absolvieren Sie wahrscheinlich für sich allein, sie können aber auch mit einem Trainingspartner unternommen werden. Ich warne davor, sich im Rahmen der Wettkampfvorbereitung allzu abhängig zu machen von Gruppenausfahrten, so dass diese schließlich fast Ihre gesamten harten Einheiten ausmachen. Das könnte dazu führen, dass Sie einen Bereich Ihrer erweiterten Fitness nicht ausreichend entwickeln.

Tragen Sie in den beiden Spalten für die Aufbauphasen eine oder zwei Gruppenausfahrten ein, und zwar an den Tagen, an denen Sie diese voraussichtlich unternehmen werden. Sehr wahrscheinlich wird sich in diesem Punkt keine Veränderung zu Ihren bisherigen Abläufen ergeben.

Ich bin in die Planung für diese Kategorie von Trainingseinheiten mit den Aufbau-Mesozyklen eingestiegen, weil sich dies hier normalerweise am einfachsten gestaltet. Die Grundlagenphase ist hinsichtlich Gruppenausfahrten schon etwas kniffliger. Gewiss leuchtet Ihnen ein, dass Sie in der Aufbauphase voraussichtlich Gruppenausfahrten und Wettkämpfe bestreiten werden. Die Grundlagenphasen sind anders. Zu diesem Zeitpunkt stehen Gruppenausfahrten und Rennen eher nicht auf dem Programm, da sie der Entwicklung der allgemeinen Fitness, auf die das Training in diesen Mesozyklen gemäß dem traditionellen, linearen Modell ausgerichtet ist, abträglich sein könnten. Falls Sie in den Phasen Grundlagen 1 und 2 überhaupt Gruppenausfahrten unternehmen, so gehen Sie diese am besten wie Ausdauer-Einheiten an – ohne hohe anaerobe Intensitäten oder rennähnlichen Einsatz. Heben Sie sich dies für die Phasen Grundlagen 3 und Aufbau auf. Zu viel wettkampfähnliches Training in den beiden frühen Grundlagenphasen wird Sie wahrscheinlich zu sehr ermüden, um eine adäquate Menge an Grundlagentraining leisten zu können, und es kann außerdem zu einer verfrühten Leistungsspitze führen, die sich negativ auf Ihre Wettkampfleistungen im weiteren Verlauf der Saison auswirkt. Sie müssen sich in den frühen Grundlagenphasen in Geduld üben. Sie erinnern sich vielleicht, was ich Ihnen in Kapitel 1 über diese »Weihnachtssterne« erzählt habe: Solche Fahrer kommen mitten im Winter toll in Form, aber da-

Für die meisten ernsthaften Radsportler sind zwei Gruppenausfahrten pro Woche angemessen. Sofern Sie sich nicht auf ein Etappenrennen vorbereiten, ist es vermutlich das Beste, auf zwei schnelle Gruppenausfahrten an einem Wochenende zu verzichten.

nach geht es nur noch bergab, und in der Endphase der Rennsaison sind sie häufig total ausgebrannt.

Selbst wenn Sie in den Mesozyklen Grundlagen 1 und 2 keine Gruppenausfahrten einplanen, kann es durchaus passieren, dass Sie sich hinreißen lassen, wenn Sie auf der Straße von einer übereifrigen Horde »Weihnachtssterne« überholt werden. Widerstehen Sie der Versuchung, sich an solchen »Rennen« zu beteiligen, wenn der Zweck Ihrer Einheit an diesem Tag ist, zu regenerieren oder Grundlagenfitness aufzubauen. Die mögliche Ausnahme für diesen Verzicht auf anaerobes Training und Rennen ist die Phase Grundlagen 3. In diesem Mesozyklus sind Gruppenausfahrten erstmals Bestandteil Ihres Trainings. Doch auch dann sollten Sie sich in Zurückhaltung üben und es bei einer solchen Einheit pro Woche belassen.

Markieren Sie auf dem Wochenplan aus Tabelle 8.1 für jede Woche in allen fünf Phasen die Tage, an denen Sie voraussichtlich Gruppenausfahren oder Rennen absolvieren werden.

Kraftraum. Nun müssen Sie überlegen, an welchen Tagen Sie mit Gewichten arbeiten werden. Ihr primäres Anliegen dabei ist, dass Ihr Wochenplan realistisch ist. Ist er mit Ihrer Trainingskapazität vereinbar? Der häufigste Fehler ist, die Trainingswoche übermäßig schwer zu gestalten, indem man neben harten Rad-Einheiten noch Kraftraumtraining einplant. Sie können Ihre anspruchsvollsten Kraftraum-Einheiten nicht in der gleichen Woche wie sehr schwere Rad-Einheiten unterbringen. Das wird einfach nicht funktionieren. Sie können nur entweder Kraftraumtraining mit schweren Lasten (die MK-Phase) oder aber anspruchsvolles Radtraining unternehmen – nicht beides in derselben Woche oder an aufeinanderfolgenden Tagen. Deswegen rate ich Ihnen, Ihre Kraftraum-Einheiten so zu terminieren, dass diese mit Blick auf die physische Belastung in Grundlagen 1 einen Höhepunkt erreichen. Dies ist die Zeit, in der es im Sattel noch eher gemächlich zugeht.

Sie können Ihre anspruchsvollsten Einheiten im Kraftraum nicht in der gleichen Woche wie sehr schwere Rad-Einheiten unterbringen.

Sobald die MK-Phase abgeschlossen ist, was i.d.R. bis Grundlagen 2 der Fall ist, treten Sie in die Krafterhaltungs-Phase (KE) ein, die weit weniger aufreibend ist. Dies ermöglicht Ihnen, sich ganz auf das Training auf dem Rad zu konzentrieren. Die einzige Ausnahme ergibt sich, wenn Sie nach Ihrem ersten Rennen der Saison zu Grundlagen 3 zurückkehren und MK-Einheiten im Kraftraum einbeziehen. Wie Sie im Beispiel in Abbildung 8.1 sehen können, ist der betreffende Fahrer in den Wochen 28, 29 und 30 so vorgegangen. Darüber hinaus hat er in diesen Wochen auch ein paar Einheiten auf dem Rad für erweiterte Leistungsfaktoren vorgesehen. Bei einem solchen Mix sehr harter Einheiten ist oberste Vorsicht geboten, um zu gewährleisten, dass Sie sich nicht zu viel zumuten oder Ihre Fitness in einem anderen Bereich beeinträchtigen. Dies können Sie erreichen, indem Sie nur eine MK-Einheit in solchen Wochen unternehmen oder indem Sie die Menge an fortgeschrittenem, radspezifischem Training, das Sie dann leisten, erheblich einschränken. Eine MK-Einheit pro Woche ist nicht so effektiv wie deren zwei, aber zu diesem Zeitpunkt der Saison steht das Training auf dem Rad an erster Stelle. Sollten Sie sich für zwei MK-Einheiten pro Woche entscheiden, werden Sie das Radtraining für erweiterte Leistungsfaktoren vermutlich einschränken müssen. Dies ist eine individuelle Entscheidung, die Sie basierend auf Ihren Begrenzern treffen.

Die Frage, an welchen Tagen in der Woche Sie mit Gewichten arbeiten, hängt von mehreren Faktoren ab, die in Kapitel 12 ausführlich erörtert werden. Einstweilen geht es nur darum, einen groben Wochenablauf zu erstellen, und wir schauen uns an, wie die Kraftraum-Einheiten je nach Mesozyklus in Relation zu den Rad-Einheiten zu terminieren sind. Sie können später noch Änderungen vornehmen, nachdem Sie das ganze Buch durchgearbeitet haben.

Obwohl Sie vielleicht in der Lage sind, mehr zu leisten, reicht es vermutlich, wenn Sie in der Vorbereitungs- und der Grundlagenphase 1 jeweils zweimal in der Woche in den Kraftraum gehen. Eine Ausnahme bilden eventuell Fahrer, für die Kraft ein wichtiger Begrenzer ist. Falls sich Ihre MK-Phase bis in Grundlagen 2 erstreckt, was üblich ist, wenn keine Vorbereitungsphase eingeplant ist, so müssen Sie es auf dem Rad in den Zeiten, wenn die Arbeit mit Gewichten die dominante Trainingseinheit ist, locker angehen lassen. Sobald die MK-Phase abgeschlossen ist und KE beginnt, sollten Sie nur noch einmal in der Woche Gewichte stemmen, denn dann intensiviert sich das Training auf dem Rad. Üblicherweise beginnt dies in Grundlagen 2, auf jeden Fall aber in Grundlagen 3.

In den Phasen Anatomische Anpassung (AAP), Kraft-Übergang (KÜ) und Maximalkraft (MK) sollten zwischen den beiden wöchentlichen Kraftraum-Einheiten zwei bis drei Tage liegen, um ausreichende Regeneration zu gewährleisten, so dass sie z.B. montags und donnerstags oder montags und freitags eingeplant werden. Ebenso sind dienstags und freitags oder dienstags und samstags möglich. Auch mittwochs und sonntags ist denkbar. Montags und samstags indes ist nicht ratsam, da Ihnen vor dem Montag dann nur ein Tag zur Regeneration bleibt. Es ist ganz wichtig, dass Sie in jede MK-Einheit frisch und ausgeruht gehen.

Sobald die MK-Phase abgeschlossen ist, werden Sie nur noch einmal die Woche in den Kraftraum gehen und diese eine Einheit darf nicht besonders aufreibend sein, wie Sie in Kapitel 12 lesen werden. Sie können sie an jedem beliebigen Tag der Woche absolvieren, je nachdem, wann es Ihnen am besten passt oder der Kraftraum zur Verfügung steht. Trotzdem kann es sein, dass Sie auch in der KE-Phase besser beraten sind, das Radtraining am folgenden Tag als Ausdauer-Einheit zu gestalten. Das ist eine individuelle Entscheidung, die von Ihrer Belastbarkeit für solches Training abhängt. Die meisten Fahrer mit gut entwickelter Kraft haben am Tag nach einer KE-Einheit keine Probleme und können jedes beliebige Radtraining unternehmen. Andere stellen fest, dass ihnen auch nach einer Kraftraum-Einheit mit verringertem Pensum noch ein wenig Erschöpfung in den Knochen steckt, und müssen am nächsten Tag Vorsicht walten lassen.

Achten Sie, unter Berücksichtigung all dessen, darauf, dass Ihre wöchentliche Trainingsroutine widerspiegelt, welche Tage Sie nun als die geeignetsten für Ihr Kraftraumtraining in den Phasen Grundlagen 1, 2 und 3 sowie Aufbau 1 und 2 bestimmt haben. Denken Sie daran, dass die Rad-Einheiten in Grundlagen 1 und unter Umständen auch in Grundlagen 2, wenn Sie MK-Training absolvieren, relativ locker sind. Sobald Sie MK abgeschlossen haben und nur noch einmal pro Woche Gewichte heben, sind Sie bereit, die Betonung des radspezifischen Trainings zu steigern. Dann können Sie auch beginnen, sich Gruppenausfahrten anzuschließen – achten Sie aber darauf, es in Grundlagen 2 weiterhin locker angehen zu lassen. Falls Sie unsicher sind, welches die für Sie beste Einteilung ist, werden Sie auch in den folgenden Überlegungen zur Planung der anspruchsvolleren radspezifischen Einheiten eventuell noch wertvolle Hinweise finden. Gegebenenfalls werden Sie anschließend noch mal zu den Kraftraum-Einheiten zurückkehren müssen, um diese neu zuzuordnen, wenn Sie dies für notwendig erachten.

Obwohl Sie vielleicht in der Lage sind, mehr zu leisten, reicht es vermutlich, wenn Sie in der Vorbereitungs- und der Grundlagenphase 1 zweimal in der Woche im Kraftraum trainieren.

Entwicklungs-Einheiten. Nachdem Sie die Gruppenausfahrten und Kraftraum-Einheiten im Wochenplan eingetragen haben, überlegen Sie als Nächstes, wann Sie die Entwicklungs-Einheiten unternehmen. Das sind all jene Einheiten, die belastungsintensiv genug sind, um ein höheres Maß an Fitness zu erzeugen. Die Einheiten für die erweiterten Leistungsfaktoren sind darin sehr effektiv, während jene für die grundlegenden Leistungsfaktoren in dieser Hinsicht von weniger deutlicher Wirkung sind. Ungeachtet der Art der Einheit gilt: Sind Sie am Tag danach erschöpft und haben das Bedürfnis, sich zu erholen, so haben Sie eine Entwicklung-Einheit hinter sich gebracht.

Das oberste Anliegen ist, Entwicklungs-Einheiten steht frisch und motiviert anzugehen und anschließend einen Tag oder mehr zu regenerieren. Es gibt aber Ausnahmen, über die Sie im folgenden Abschnitt »Training für Etappenrennen« lesen werden. Sofern Sie sich jedoch nicht auf ein mehrtägiges Rennen vorbereiten, sollten Ihre Wochenabläufe stets diese Emphase auf Regeneration vor und nach Entwicklungs-Einheiten widerspiegeln.

Die Vorbereitung auf ein Etappenrennen erfordert eine andere Herangehensweise an das Training.

Welche Arten von Entwicklungs-Einheiten Sie in einer bestimmten Woche absolvieren, hängt vom Zeitpunkt der Saison und Ihren Wettkampfzielen ab. Es ist z.B. üblich, in der Grundlagenphase Entwicklungs-Einheiten für die grundlegenden Leistungsfaktoren wie Ausdauer und Kraft zu unternehmen. Die Herausforderung der Ausdauer-Einheiten ergibt sich aus hoher Dauer bei moderater Intensität (siehe Anhang B). Die Kraft-Einheiten sind hart aufgrund der Lasten, die sie Ihren Muskeln auferlegen (mehr dazu in Kapitel 12). In der Aufbauphase liegt der Schwerpunkt normalerweise auf den erweiterten Leistungsfaktoren Kraftausdauer, anaerobe Ausdauer und Schnellkraft. Diese Einheiten sind hart aufgrund der hohen Intensität. Aber solche allgemeinen Aussagen, zu welchem Zeitpunkt der Saison welche Entwicklungs-Einheiten absolviert werden sollten, gelten nicht immer. Beispielsweise habe ich bereits erwähnt, dass es für fortgeschrittene Fahrer nicht ungewöhnlich ist, in der Phase Grundlagen 3 in Maßen anaerobe Ausdauer zu trainieren und sogar Gruppenausfahrten zu unternehmen, um die aerobe Kapazität zu verbessern. Später in der Aufbauphase bilden solche Einheiten dann vermutlich den primären Fokus des Trainings.

In der Aufbauphase liegt der Schwerpunkt normalerweise auf den erweiterten Leistungsfaktoren Kraftausdauer, anaerobe Ausdauer und Schnellkraft.

Training für Etappenrennen. Wenn Sie sich auf ein Straßenrennen, Kriterium oder Zeitfahren vorbereiten, sind die Wochenabläufe, die Sie mit Hilfe von Tabelle 8.1 ausgearbeitet haben, fast vollständig. Was jetzt noch fehlt, ist eine Vorstellung davon, wann Sie Regenerationstage einplanen und wie die Trainingseinheiten an diesen Tagen aussehen werden. Die Vorbereitung auf ein Etappenrennen erfordert jedoch eine andere Herangehensweise an das Training. Mit nur wenigen Ausnahmen dauern typische Etappenrennen für Amateure drei oder vier Tage und umfassen drei bis fünf Etappen. Es gibt auch ein paar solcher Rundfahrten, die sogar eine Woche dauern, aber sie sind selten. Daher befassen wir uns hier mit der Vorbereitung auf kurze Etappenrennen. Sollten Sie für einen Wettkampf mit mehr Etappen trainieren, können Sie dem hier dargelegten Prozedere folgen, müssen es aber noch etwas länger fortführen.

Die drei primären Herausforderungen für Etappenrennen bestehen darin, körperlich und mental für mehrere Wettkämpfe nacheinander gewappnet zu sein, innerhalb der einzelnen Rennen mit der Energie hauszuhalten sowie zwischen den Etappen zu regenerieren. Wir befassen uns zunächst mit der Vorbereitung für mehrere Wettkämpfe in Folge, danach schauen wir uns im nächsten Abschnitt das Thema Regeneration an. Die Frage nach dem Kräftehaushalt während der einzelnen Etappen dreht sich u.a. darum, wann es sinnvoll ist, eine Schippe draufzulegen und wie Sie sich Ihre Kräfte richtig einteilen. Das ist letztlich eine Sache von Strategie und Taktik und würde den Rahmen dieses Buches sprengen. (Eine empfehlenswerte Lektüre zu diesem Thema ist *Racing Tactics for Cyclists* von Thomas Prehn.)

Der generelle Ansatz, um sich körperlich und mental auf wiederholte tägliche hohe Belastungen über mehrere Renntage vorzubereiten, folgt der gleichen Methodik wie die Vorbereitung auf jede andere Art von Rennen. Sie müssen Ihren Körper schrittweise an die zu erwartenden Belastungen heranführen und ausreichend regenerative Auszeiten einlegen, damit die physischen Anpassungen vollzogen werden können. Im Grunde heißt das, an aufeinanderfolgenden Tagen Entwicklungs-Einheiten zu absolvieren, um zu simulieren, was Ihnen im Rennen voraussichtlich bevorsteht, und sich dann einen Tag oder mehr zu erholen. Die Zahl dieser in dichter Folge gestaffelten Einheiten wird in der Aufbauphase im Laufe mehrerer Woche nach und nach gesteigert, um den Anpassungsprozess anzukurbeln. Sie könnten z.B. in dieser und der nächsten Woche zwei harte Einheiten an aufeinanderfolgenden Tagen absolvieren, gefolgt von zwei Wochen mit jeweils drei Entwicklungs-Einheiten in Folge und dann weitere zwei Wochen mit je vier solcher Einheiten. Die Idee dahinter ist, in jeder dieser Einheiten zu simulieren, was auf den einzelnen Etappen zu erwarten ist.

Die Entwicklungs-Einheiten in einer solchen Phase sollten möglichst exakt das Muster des Etappenrennens widerspiegeln, für das Sie trainieren. Falls ein dreitägiges Etappenrennen angesetzt ist, das aus einem Zeitfahren, einem Straßenrennen und einem Kriterium besteht, sollten Sie in Ihrem Training dem gleichen Muster folgen. Wenn Sie diese adaptiven Phasen über mehrere Wochen ausdehnen und auf eine adäquate Regeneration zwischen den einzelnen Einheiten und zwischen den »Paketen« dicht gestaffelter Entwicklungs-Einheiten achten, vollzieht Ihr Körper nach und nach die gewünschten Anpassungen.

Ich muss Sie allerdings warnen: Diese Art Training ist ziemlich riskant, insbesondere für Fahrer, die nicht in der Lage sind, ein hohes Maß an solchen gehäuften Belastungen zu bewältigen. Im Grunde kommt es einem Flirt mit dem Übertraining gleich. Am anfälligsten sind Anfänger, Junioren und Senioren. Es gibt zudem einige Fahrer, die in keine dieser Kategorien fallen, aber einfach nicht gut mit wiederholten Belastungen dieser Art zurechtkommen. Falls Sie sich in einer dieser Beschreibungen wiederfinden, müssen Sie sich zunächst einmal überlegen, ob ein Etappenrennen das Richtige für Sie ist, und falls ja, bei der Befolgung des hier dargelegten Trainingsregimes äußerst konservativ vorgehen.

Tatsächlich sollte jeder vorsichtig sein, wenn er sich auf ein Etappenrennen vorbereitet. Für die meisten Fahrer ist es vermutlich am besten, nicht mehr als vier solcher Tage in Folge zu absolvieren, bevor eine dringend benötigte Pause eingelegt wird. Gut möglich, dass sich als Ihr persönliches Limit drei Tage herausstellen. Sie dürfen sich nicht übernehmen, sonst blühen Ihnen Verletzung, Krankheit oder Burnout.

Ich nenne diese Methode, über mehrere Tage Einheiten in dichter Folge zu absolvieren, »Crash-Training«. Schon der Name deutet auf ein Risiko hin. Die Wahrscheinlichkeit ist hoch, dass Sie einen »Absturz« erleben, wenn Sie solches Training übertreiben. Schlimmstenfalls geraten Sie ins Übertraining. Damit befassen wir uns in Kapitel 10, einstweilen reicht es, sich klarzumachen, dass Crash-Training Ihnen die komplette Saison ruinieren kann, wenn Sie den Bogen überspannen. Andererseits birgt Crash-Training, sofern behutsam vorgegangen wird, das Potenzial, Ihrer Fitness enorm auf die Sprünge zu helfen. Ich habe Fahrer erlebt, die nach einem solchen Training – oder nach einem Etappenrennen mit anschließender Regeneration von mehreren Tagen – weit größere Fitness aufwiesen als vor der Crash-Phase.

Der Schlüssel zum erfolgreichen Crash-Training ist, konservativ vorzugehen. Dies bedeutet, darauf zu achten, wie Ihr Körper reagiert, und die Regeneration nicht zu vernachlässigen. Falls Sie für ein einwöchiges Etappenrennen trainieren, ist es klug, nach zwei oder drei Tagen mit Entwicklungs-Einheiten eine lockere Ausfahrt einzuschieben, bevor Sie erneut zwei oder drei Tage *crashen*. Unabhängig davon, wie viele Etappen Ihr Rennen umfasst, müssen Sie nach einer Crash-Phase drei bis fünf Tage Regeneration einplanen. Die meisten fortgeschrittenen Fahrer machen die Erfahrung, dass vier Tage Crash-Training so ziemlich das Maximum dessen sind, was sie ohne ausgedehnte Regeneration gefahrlos und erfolgreich bewältigen können.

Der Schlüssel zum erfolgreichen Crash-Training ist, konservativ vorzugehen. Dies bedeutet, darauf zu achten, wie Ihr Körper reagiert, und die Regeneration nicht zu vernachlässigen.

Ruhe- und Regenerationstage. In Kapitel 11 werden wir uns ausführlich mit dem Thema schnellere Regeneration in harten Trainingswochen befassen. Vorerst brauchen Sie sich nur Gedanken darüber zu machen, wie Sie Ihre wöchentlichen Einheiten so planen, dass Ihnen bis zur nächsten Entwicklungs-Einheit ausreichend Zeit bleibt, sich zu erholen. Ermüdet in solche Einheiten zu gehen, ist kontraproduktiv. Wenn Sie übermäßig erschöpft sind, werden Sie vermutlich keine Entwicklung erleben. Wenn die Erschöpfung nicht innerhalb der ersten 48 Stunden nach einer Entwicklungs-Einheit abgebaut wird, werden Sie viel wahrscheinlicher eher einen Rückschlag erfahren. Regeneration ist für Ihre Fitness und Ihren Erfolg im Wettkampf ebenso wichtig wie die Entwicklungs-Einheiten. Unterschätzen Sie nicht die Bedeutung von Regenerationstagen. Eine geplante lockere Ausfahrt durch eine Entwicklungs-Einheit zu ersetzen, um größere Fitness zu erreichen, ist kontraproduktiv.

Je erfahrener Sie sind, desto größer ist das Wochenpensum, das Sie sich zumuten können. Das liegt daran, dass Sie schneller regenerieren, wenn Sie seit mehreren Jahren im Training sind. Umgekehrt müssen Anfänger, die noch nicht lange ernsthaft trainieren, die Zahl der Entwicklungs-Einheiten pro Woche begrenzen, da sie langsamer regenerieren. Auch das Alter spielt wohl eine Rolle, da sowohl Jugendliche als auch ältere Athleten vor Entwicklungs-Einheiten längere Auszeiten vom Training brauchen (mehr zum Thema Training und Altern in meinem Buch *Schnell und fit ab 50*). Generell gilt, dass junge Athleten, v.a. zwischen 20 bis Anfang 30, die ein paar Jahre dabei sind, i.d.R. mehrere Entwicklungs-Einheiten pro Woche einplanen können – deren vier ist für solche Fahrer durchaus nicht ungewöhnlich. Seien sie aber konservativ bei diesen Entscheidungen. Ein häufiger Fehler bei der Trainingsplanung ist, nicht genug Regenerationszeit zwischen Entwicklungs-Einheiten einzuplanen. Infolgedessen gehen die betreffenden Athleten übermüdet in wichtige Einheiten und verzeichnen im Laufe der Saison nur geringe Fortschritte.

Ihre Wochenabläufe. Sie sollten nun sämtliche Ihrer Einheiten in Tabelle 8.1 eingetragen haben. Dabei sollten Sie berücksichtigt haben, wann Sie Gruppenausfahrten, Kraftraum-Training, Entwicklungs-Einheiten und Regenerationsfahrten absolvie-

TABELLE 8.2 Beispiel für eine Standardtrainingswoche eines erfahrenen Radsportlers in den Grundlagen- und Aufbauphasen gemäß linearer Periodisierung

WOCHENTAG	GRUNDLAGEN 1	GRUNDLAGEN 2	GRUNDLAGEN 3	AUFBAU 1	AUFBAU 2
Montag	Kraftraum (MK) (und optional Regenerations-Einheit)	Kraftraum (KE) (und optional Regenerations-Einheit)	Kraftraum (KE) (und optional Regenerations-Einheit)	Kraftraum (KE) (und optional Regenerations-Einheit)	Kraftraum (KE) (und optional Regenerations-Einheit)
Dienstag	Regeneration	EE	EE	EE	EE
Mittwoch	EE	Regeneration	Regeneration	Regeneration	Regeneration
Donnerstag	Regeneration	EE	EE	EE (Gruppe?)	EE (Gruppe?)
Freitag	Kraftraum (MK)	Regeneration	Regeneration	Regeneration	Regeneration
Samstag	Gruppenausfahrt (locker)	Gruppenausfahrt	Gruppenausfahrt oder Rennen	Gruppenausfahrt oder Rennen (evtl. Sa./So. tauschen)	Gruppenausfahrt oder Rennen (evtl. Sa./So. tauschen)
Sonntag	EE	Regeneration	Regeneration (oder Ruhetag)	Regeneration (oder Ruhetag)	Regeneration (oder Ruhetag)

Entwicklungs-Einheiten (EE) können lang und komplett aerob, aber auch kurz und hochintensiv sein, je nach Stärken und Schwächen des betreffenden Fahrers und dessen Fähigkeit, ein hohes Pensum zu verkraften. Regenerations-Einheiten umfassen lockere Ausfahrten, Ruhetage, Übungen für den Leistungsfaktor Schnelligkeit und leichte Ausdauer-Einheiten, die der Erhaltung früher in der Saison erzielter Fitnessgewinne dienen.

ren und wann Sie trainingsfreie Tage einlegen. Damit haben Sie Standard-Wochenabläufe für jede der Grundlagen- und Aufbauphasen definiert. Was bislang noch fehlt, sind die Regenerationswochen, die Sie alle drei bis vier Wochen am Ende eines jeden Mesozyklus einlegen. Damit befassen wir uns in Kapitel 11. Noch einmal: Es ist nicht möglich, eine perfekte Routine zu erstellen, die sich eine ganze Saison hindurch unverändert Woche für Woche anwenden ließe. Sie werden immer mal wieder improvisieren und Anpassungen vornehmen müssen, um auf Umstände zu reagieren, die sich in Ihrem Alltag ergeben. Aber Sie haben ein Muster, das für die meisten Wochen funktionieren wird.

Tabelle 8.2 zeigt, wie eine Woche der Grundlagen- und Aufbauphase eines erfahrenen Athleten aussehen könnte. Ich weiß freilich nicht, wie erfahren Sie als Radsportler oder wie alt Sie sind, wie gut Sie Trainingsbelastungen wegstecken oder welchen Lebenswandel Sie führen. Was Sie hier sehen, ist demnach nur ein Beispiel. Nutzen Sie es, um Ihren eigenen Wochenplan zu optimieren.

Die Entwicklungs-Einheiten, die in Tabelle 8.2 mit »EE« gekennzeichnet sind, variieren je nach Phase. Das können sehr ausgedehnte Ausfahrten mit geringer Intensität, längere Fahrten bei moderater Intensität oder hochintensive Einheiten wie z.B. Intervalle sein. Die genaue Art der Einheiten, die *Sie* absolvieren, hängt von Ihren Stärken und Begrenzern, dem Periodisierungsmodell und der Saisonphase ab. Beachten Sie in diesem Beispiel mit linearer Periodisierung, dass der Athlet in Grundlagen 1 nur drei Entwicklungs-Einheiten in einer Woche unternimmt, zwei davon im Kraftraum (MK-Phase). Aber beginnend mit Grundlagen 2, wenn das Krafttraining reduziert wird, unternimmt er für den Rest der Grundlagen- und Aufbauphasen vier Entwicklungs-Einheiten. Diese anspruchsvolleren Einheiten werden im Laufe der Grundlagenphase nach und nach einbezogen und sind in der Aufbauphase dann fester Bestandteil. Denkbare Regenerationseinheiten sind neben kurzen, lockeren Ausfahrten auch trainingsfreie Tage, Arbeit an der Schnelligkeit oder Einheiten, die der Erhaltung der Ausdauer dienen.

Aufteilung der Wochenumfänge

Bevor wir uns dem nächsten Schritt bei der Ausarbeitung der Trainingswoche widmen, schauen wir noch einmal zurück auf ein wichtiges Trainingskonzept, das wir in Kapitel 3 erörtert haben. Dort erläuterte ich die jeweilige Bedeutung von Häufigkeit, Dauer und Intensität der Einheiten. Sie erinnern sich vielleicht, dass für Anfänger die Häufigkeit des Trainings den primären Fokus bilden sollte. Für einen Sportler auf diesem Niveau bedeutet dies eine recht signifikante Umstellung in seinem Alltag. Das größte Hindernis, das er auf seinem Weg zu größerer Fitness überwinden muss, ist sein innerer Schweinehund. Ein solcher Sportler muss einfach nur regelmäßig aufs Rad kommen. Gelingt ihm dies, ist das schon als Erfolg zu bewerten.

Für Athleten, für die es das zweite oder dritte Jahr im Radsport ist und die mit der Trainingshäufigkeit kein Problem mehr haben, ist die Dauer die maßgebliche der drei Variablen. Es gilt, die Distanz oder Dauer bestimmter Einheiten auszudehnen, um generelle Ausdauer zu entwickeln.

Für fortgeschrittene Athleten aber, die seit drei Jahren oder mehr trainieren, ist die Intensität der Schlüssel. Das bedeutet nicht, sich ständig zu verausgaben, wie die hohe Zahl an Regenerationstagen in Tabelle 8.2. veranschaulicht. Es bedeutet auch nicht, dass Häufigkeit und Dauer – deren Kombination wir »Umfang« nennen – keine Rolle spielen würden, sie sind für solche Athleten nur nicht mehr so wichtig wie die Intensität. Der Umfang ist zwar weiterhin bedeutsam, stellt auf diesem Niveau in der Regel jedoch nicht den primären Begrenzer für die Leistungen dar.

Wie Sie sich vielleicht auch noch aus Kapitel 3 erinnern, ergibt sich der Umfang für gewöhnlich aus der Zahl der Stunden, die ein Fahrer in einem bestimmten Zeitraum – ein Tag, eine Woche, ein Monat, ein Mesozyklus oder ein Jahr – im Sattel verbringt. Leider ist es diese Größe – oder die Zahl der Kilometer, die in dieser Zeit absolviert werden –, die für viele Radsportler allzu oft im Vordergrund steht. Wahrscheinlich liegt das daran, dass viele Fahrer in ihren ersten drei Jahren im Radsport dermaßen darauf fixiert waren, dass sie nun nicht in der Lage sind, den Sport aus einem anderem Blickwinkel zu betrachten, obwohl Trainingsstunden oder Distanz für ihre Leistungen nicht so wichtig sind wie die Intensität. Deswegen rate ich Ihnen sehr, mit dem Training Stress Score (TSS) zu arbeiten, um den Umfang zu bemessen. Zwar sind Stunden und Kilometer leicht zu erfassen, der TSS aber verschafft Ihnen eine präzisere Aussage darüber, wie Ihr Training vorankommt, da er Häufigkeit, Dauer *und* Intensität zu einem einzigen Wert verschmilzt.

Noch einmal: Dies alles bedeutet nicht, dass die Wochenstunden keine Rolle spielen; es bedeutet lediglich, dass sie für fortgeschrittene Fahrer von geringerer Bedeutung sind. Trotzdem muss natürlich auch dieser Kreis von Athleten auf die richtigen Wochenumfänge achten. Zu viel bedeutet, dass Sie ständig erschöpft sind, was schlechte Leistungen in den geplanten Entwicklungs-Einheiten nach sich zieht. Zu wenig und Sie sind nicht austrainiert. Im Zweifel ist Letzteres das geringere Übel. Besser wäre es freilich, den richtigen Umfang an Trainingsstunden *und* den richtigen TSS hinzubekommen. Diesem Thema widmen wir uns als Nächstes.

Ich rate Ihnen sehr, den TSS zu verwenden, denn er bringt mit einem einzigen Wert nicht nur Häufigkeit und Dauer, sondern auch Intensität zum Ausdruck.

Aufteilung von Trainingsstunden und TSS. Wie bekommen Sie den richtigen Trainingsumfang für jede Woche hin? Diese Frage wurde in Kapitel 7 erörtert und in den Tabellen 7.2, 7.5 und 7.6 veranschaulicht. Mit Hilfe dieser Tabellen haben Sie oben im JTP Ihren voraussichtlichen Jahresumfang notiert. Diese Zahl haben Sie dann auf Wochenumfänge heruntergebrochen, die Sie wiederum für jede Woche bis zu Ihrem ersten A-Wettkampf notiert haben. Nun gilt es, diese Wochenumfänge auf tägliche Trainingsumfänge und schließlich auf die Dauer bzw. den TSS der einzelnen Einheiten zu verteilen. Sobald Sie dies erledigt haben, steht Ihr Wochentrainingsplan bis zu Ihrem ersten Rennen der Saison.

Die Tabellen 8.3 und 8.4 liefern einen Vorschlag für eine denkbare Aufschlüsselung des jeweiligen Wochenumfangs in Ihrem JTP nach Stunden bzw. TSS für jeden Tag der Woche. Inzwischen sollten Sie entschieden haben, welche der beiden Messgrößen Sie verwenden möchten. Falls nicht, sollten Sie vielleicht zu Kapitel 4 zurückkehren und sich im Abschnitt »Training Stress Score« noch einmal über die Vorteile des TSS informieren. Ich rate Ihnen sehr, den TSS zu verwenden, denn er bringt mit einem einzigen Wert nicht nur Häufigkeit und Dauer, sondern auch Intensität zum Ausdruck. Mir ist bewusst, dass dies eine ziemliche Umstellung Ihrer Herangehensweise an das Training bedeuten kann und es Ihnen unter Umständen zunächst schwerfällt, sich darauf einzulassen. Aber ich glaube, auf lange Sicht werden Sie feststellen, dass der TSS sich nicht nur als präzisere Methode erweist, die erzielten Fortschritte zu ermessen. Vielmehr wird er auch Ihre Sicht auf das Training in einer Weise verändern, dass Sie fokussierter auf das sein werden, worauf es wirklich ankommt.

Suchen Sie zunächst in Ihrem JTP den Umfang für die erste Woche der Saison heraus, es sei denn, es ist eine Übergangsphase, für die es keinen festgelegten Umfang gibt. Anschließend suchen Sie dann in der Tabelle, die Sie benutzen – Tabelle 8.3 für Stunden oder Tabelle 8.4 für TSS –, die Zeile heraus, bei der die Angabe in der Spalte ganz links diesem Wert entspricht. Falls Sie den TSS verwenden, ist die exakte Zahl vielleicht nicht dabei, halten Sie sich also an den nächstbesten Wert. Rechts davon in der betreffenden Zeile finden Sie dann die empfohlene Aufteilung von

TABELLE 8.3 Trainingsstunden pro Tag

WOCHEN-STUNDEN	MONTAG	DIENSTAG	MITTWOCH	DONNERSTAG	FREITAG	SAMSTAG	SONNTAG
4:00	0:00	1:00	0:00	1:00	0:00	1:30	0:30
4:30	0:00	1:00	0:00	0:45	0:30	1:30	0:45
5:00	0:00	1:00	0:00	1:00	0:30	1:30	1:00
5:30	0:00	1:00	0:30	1:00	0:30	1:30	1:00
6:00	0:00	1:15	0:30	1:00	0:45	1:30	1:00
6:30	0:00	1:15	0:45	1:00	1:00	1:30	1:00
7:00	0:00	1:30	0:45	1:15	1:00	1:30	1:00
7:30	0:00	1:30	0:45	1:15	1:00	2:00	1:00
8:00	0:00	1:30	1:00	1:15	1:00	2:00	1:15
8:30	0:30	1:30	1:00	1:15	1:00	2:00	1:15
9:00	0:45	1:30	1:00	1:30	1:00	2:00	1:15
9:30	0:45	1:30	1:00	1:30	1:00	2:30	1:15
10:00	0:45	2:00	1:00	1:30	1:00	2:30	1:15
10:30	1:00	2:00	1:00	1:30	1:00	2:30	1:30
11:00	1:00	2:00	1:00	1:30	1:30	2:30	1:30
11:30	1:00	2:00	1:00	1:30	1:30	3:00	1:30
12:00	1:00	2:00	1:00	2:00	1:30	3:00	1:30
12:30	1:00	2:00	1:00	2:00	1:30	3:30	1:30
13:00	1:00	2:30	1:00	2:00	1:30	3:30	1:30
13:30	1:00	2:30	1:00	2:00	1:30	3:30	2:00
14:00	1:00	2:30	1:00	2:00	1:30	4:00	2:00
14:30	1:00	2:30	1:30	2:00	1:30	4:00	2:00
15:00	1:00	2:30	1:30	2:30	1:30	4:00	2:00
15:30	1:00	2:30	1:30	2:30	2:00	4:00	2:00
16:00	1:00	3:00	1:30	2:30	2:00	4:00	2:00
16:30	1:00	3:00	1:30	2:30	2:00	4:00	2:30
17:00	1:00	3:00	2:00	2:30	2:00	4:00	2:30
17:30	1:00	3:00	2:00	2:30	2:00	4:30	2:30
18:00	1:00	3:00	2:00	3:00	2:00	4:30	2:30
18:30	1:00	3:30	2:00	3:00	2:00	4:30	2:30
19:00	1:00	3:30	2:00	3:00	2:30	4:30	2:30
19:30	1:00	3:30	2:00	3:00	2:30	4:30	3:00
20:00	1:00	3:30	2:30	3:00	2:30	4:30	3:00
20:30	1:00	3:30	2:30	3:00	2:30	5:00	3:00
21:00	1:00	3:30	2:30	3:30	2:30	5:00	3:00
21:30	1:00	3:30	2:30	3:30	3:00	5:00	3:00
22:00	1:00	4:00	2:30	3:30	3:00	5:00	3:00
22:30	1:00	4:00	2:30	3:30	3:00	5:00	3:30
23:00	1:30	4:00	2:30	3:30	3:00	5:00	3:30
23:30	1:30	4:00	2:30	3:30	3:00	5:30	3:30
24:00	1:30	4:00	2:30	4:00	3:00	5:30	3:30

→

TABELLE 8.3 (FORTSETZUNG)

WOCHEN-STUNDEN	MONTAG	DIENSTAG	MITTWOCH	DONNERSTAG	FREITAG	SAMSTAG	SONNTAG
24:30	1:30	4:00	2:30	4:00	3:30	5:30	3:30
25:00	1:30	4:30	2:30	4:00	3:30	5:30	3:30
25:30	1:30	4:30	2:30	4:00	3:30	5:30	4:00
26:00	1:30	4:30	2:30	4:00	3:30	6:00	4:00
26:30	1:30	4:30	3:00	4:00	3:30	6:00	4:00
27:00	1:30	4:30	3:00	4:30	3:30	6:00	4:00
27:30	1:30	4:30	3:00	4:30	4:00	6:00	4:00
28:00	1:30	5:00	3:00	4:30	4:00	6:00	4:00
28:30	1:30	5:00	3:00	4:30	4:00	6:00	4:30
29:00	1:30	5:00	3:30	4:30	4:00	6:00	4:30
29:30	2:00	5:00	3:30	4:30	4:00	6:00	4:30
30:00	2:00	5:00	3:30	5:00	4:00	6:00	4:30
30:30	2:00	5:00	3:30	5:00	4:30	6:00	4:30
31:00	2:00	5:30	3:30	5:00	4:30	6:00	4:30
31:30	2:00	5:30	3:30	5:00	4:30	6:00	5:00
32:00	2:00	5:30	4:00	5:00	4:30	6:00	5:00
32:30	2:00	5:30	4:00	5:30	4:30	6:00	5:00
33:00	2:00	5:30	4:00	5:30	5:00	6:00	5:00
33:30	2:00	6:00	4:00	5:30	5:00	6:00	5:00
34:00	2:00	6:00	4:30	5:30	5:00	6:00	5:00
34:30	2:00	6:00	4:30	5:30	5:00	6:00	5:30
35:00	2:00	6:00	5:00	5:30	5:00	6:00	5:30

Suchen Sie Ihren geplanten Wochenumfang, wie Sie ihn in Ihrem JTP eingetragen haben, in der Spalte »Wochenstunden« heraus. Die Werte rechts davon in derselben Zeile geben die Verteilung auf tägliche Trainingsumfänge vor.

Wochen-Stunden bzw. Wochen-TSS auf die einzelnen Tage Ihrer ersten Trainingswoche. Nach dem gleichen Schema verfahren Sie für den Rest der Saison, um die täglichen Umfänge zu ermitteln und die einzelnen Wochen zu planen.

Beachten Sie, dass dieses Muster für Tages-Trainingsstunden bzw. Tages-TSS vielleicht nicht ganz mit dem übereinstimmt, was Sie in Tabelle 8.1 als Ihre Wochenabläufe für die Grundlagen- und Aufbauphasen festgelegt haben, es kann also sein, dass Sie die Tagesstunden neu anordnen müssen, damit sie besser zu Ihrem Wochenplan passen. Es kann außerdem sein, dass Sie je nach Art des Rennens, für das Sie trainieren, eine Einheit einschieben müssen, die größere Dauer bzw. einen höheren TSS vorsieht. Das ist in Ordnung. Die in der Tabelle angegebenen Tageswerte sind bloße Empfehlungen.

Der richtige Zeitpunkt, um zu entscheiden, welches die tägliche Trainingszeit oder der tägliche TSS sein wird, ist am Ende jeder Trainingswoche, wenn Sie für die kommende Woche planen. Es ist also nicht nötig, die Tabellen jetzt zu verwenden. Kehren Sie, wenn Sie sich an die endgültige Planung für die bevorstehende Trainingswoche machen, zu diesem Abschnitt zurück und suchen Sie Ihre geplante Aufteilung der Wochenumfänge heraus. Sobald Sie den Bogen raushaben, werden Sie feststellen, dass diese Art der Wochenplanung einfach und schnell

TABELLE 8.4 Training Stress Score (TSS) pro Tag

WOCHEN-TSS	MONTAG	DIENSTAG	MITTWOCH	DONNERSTAG	FREITAG	SAMSTAG	SONNTAG
240	0	50	0	50	20	80	40
260	0	50	0	60	20	80	50
280	0	50	20	60	20	80	50
300	0	50	30	60	30	80	50
320	0	60	30	60	40	80	50
340	0	60	30	60	50	90	50
360	0	70	40	60	50	90	50
380	0	70	40	60	50	100	60
400	10	70	50	60	50	100	60
420	30	70	50	60	50	100	60
440	40	70	50	70	50	100	60
460	40	70	50	70	50	120	60
480	40	90	50	70	50	120	60
500	50	90	50	70	50	120	70
520	50	90	50	70	70	120	70
540	50	90	50	70	70	140	70
560	50	90	50	90	70	140	70
580	50	90	50	90	70	160	70
600	50	110	50	90	70	160	70
620	50	110	50	90	70	160	90
640	50	110	50	90	70	180	90
660	50	110	70	90	70	180	90
680	50	110	70	110	70	180	90
700	50	110	70	110	90	180	90
720	50	130	70	110	90	180	90
740	50	130	70	110	90	180	110
760	50	130	90	110	90	180	110
780	50	130	90	110	90	200	110
800	50	130	90	130	90	200	110
820	50	150	90	130	90	200	110
840	50	150	90	130	110	200	110
860	50	150	90	130	110	200	130
880	50	150	110	130	110	200	130
900	50	150	110	130	110	220	130
920	50	150	110	150	110	220	130
940	50	150	110	150	130	220	130
960	50	170	110	150	130	220	130
980	50	170	110	150	130	220	150
1.000	70	170	110	150	130	220	150
1.020	70	170	110	150	130	240	150
1.040	70	170	110	170	130	240	150

→

TABELLE 8.4 (FORTSETZUNG)

WOCHEN-TSS	MONTAG	DIENSTAG	MITTWOCH	DONNERSTAG	FREITAG	SAMSTAG	SONNTAG
1.060	70	170	110	170	150	240	150
1.080	70	190	110	170	150	240	150
1.100	70	190	110	170	150	240	170
1.120	70	190	110	170	150	260	170
1.140	70	190	130	170	150	260	170
1.160	70	190	130	190	150	260	170
1.180	70	190	130	190	170	260	170
1.200	70	210	130	190	170	260	170
1.220	70	210	130	190	170	260	190
1.240	70	210	150	190	170	260	190
1.260	90	210	150	190	170	260	190
1.280	90	210	150	210	170	260	190
1.300	90	210	150	210	190	260	190
1.320	90	230	150	210	190	260	190
1.340	90	230	150	210	190	260	210
1.360	90	230	170	210	190	260	210
1.380	90	230	170	230	190	260	210
1.400	90	230	170	230	210	260	210
1.420	90	250	170	230	210	260	210
1.440	90	250	190	230	210	260	210
1.460	90	250	190	230	210	260	230
1.480	90	250	210	230	210	260	230
1.500	90	250	210	230	210	280	230
1.520	90	270	210	230	210	280	230
1.540	90	270	210	250	210	280	230
1.560	90	270	210	250	210	280	250
1.580	90	270	210	250	210	300	250
1.600	90	290	210	250	210	300	250
1.620	90	290	210	270	210	300	250

Suchen Sie Ihren geplanten Wochenumfang, wie Sie ihn in Ihrem JTP eingetragen haben, in der Spalte »Wochen-TSS« heraus. Die Werte rechts davon in derselben Zeile geben die Verteilung auf tägliche Trainingsumfänge vor.

erledigt ist – solange Ihr Training so voranschreitet, wie es soll. Wenn es mal nicht so läuft, gestaltet sich die Planung etwas kniffliger.

Ich werde oft gefragt, ob die im Kraftraum geleisteten Stunden bzw. TSS-Punkte in der Spalte »Wochenumfang« des JTP berücksichtigt werden sollten. Da dies Teil des Trainingspensums ist, das Sie in Vorbereitung auf ein Rennen absolvieren, klingt es sinnvoll, es so zu handhaben. Allerdings ist die Zeit, die Sie im Kraftraum verbringen, zwar leicht zu bestimmen, sie sagt aber sehr wenig darüber aus, wie effektiv Sie diese genutzt haben. Falls z.B. in dem Fitnessstudio, wo Sie mit Gewichten arbeiten, immer viel los ist, verbringen Sie möglicherweise viel Zeit damit, nur herumzustehen und darauf zu warten, dass ein Gerät frei wird. Das trägt wenig zu einer Verbesserung Ihrer Leistungsfähigkeit bei. Ebenso wie beim Training auf dem Rad liefert der TSS bessere Hinweise darauf, was Sie in einer Kraftraum-Einheit erreicht haben. In Kapitel 12 erläutere ich eine Methode, die Sie nutzen können, um Ihre Kraftraum-Einheiten mit einem TSS-Wert zu versehen.

VERPASSTE TRAININGSEINHEITEN

Wie Ihnen vielleicht aufgefallen ist, bin ich bei der Zuordnung von Trainingseinheiten in Ihrem JTP von einer Progression ausgegangen, die einem recht herkömmlichen kalenderbasierten Verlauf folgt. Ich setze mit anderen Worten voraus, dass Sie alle drei bis vier Wochen so weit sind, sich dem nächsten Mesozyklus zu widmen. Aus unterschiedlichen Gründen mag das nicht immer der Fall sein. Die häufigsten Ursachen für eine Unterbrechung des Trainings haben mit Lebensumständen, Krankheit und schlechtem Wetter zu tun oder damit, dass Sie, wie Tests ergeben, in der vorangegangenen Phase Ihre Ziele verfehlt haben. Solche Komplikationen lassen sich leider nicht vermeiden, und wahrscheinlich wird es auch Sie mindestens einmal in der Saison auf die eine oder die andere Art erwischen. Selbst wenn es Ihnen gelingt, bei der Arbeit den hustenden und schniefenden Kollegen aus dem Weg zu gehen, werden Sie wohl nicht davon verschont bleiben, Ihren Plan irgendwann mal abändern zu müssen, weil Sie vorübergehend nicht trainieren können.

Wenn Sie mit dem Training lediglich zwischen einem Tag und bis zu drei Tagen aussetzen müssen, können Sie Ihren Plan wie bisher ohne größere Änderungen fortführen. Falls Sie jedoch eine Entwicklungs-Einheit versäumt haben, was wahrscheinlich ist, ordnen Sie die verbliebenen Einheiten der Woche so um, dass Sie die verpasste Einheit unterbringen können. Achten Sie nur darauf, nicht zwei Entwicklungs-Einheiten unmittelbar hintereinander anzusetzen. Gegebenenfalls müssen Sie eine streichen. Über sonstige verpasste Einheiten brauchen Sie sich nicht den Kopf zu zerbrechen.

Ein paar verpasste Einheiten sind nicht weiter tragisch, aber was ist, wenn es zu längeren unvorhergesehenen Pausen kommt? Schauen wir uns an, wie Sie Ihren Plan modifizieren, wenn Sie mehr als bloß eine Handvoll Einheiten versäumen. Die Gründe sind dabei zweitrangig.

Vier bis sechs verpasste Einheiten

Dies ist oftmals das kniffligste Szenario. Falls Ihnen nur der Alltag dazwischenfunkt, ist es normalerweise leicht, sich entsprechend darauf einzustellen. Wenn die verlorene Zeit aber einer Krankheit geschuldet ist, wie es recht oft der Fall ist, sind Sie wahrscheinlich nicht in der Lage, sofort wieder ins normale Training einzusteigen, selbst wenn die Symptome abgeklungen sind. Ihre Körperchemie hat sich vermutlich verändert, was Ihre Belastbarkeit beeinträchtigt. Dies kann sich in einer geringen Wattleistung, einer erhöhten Herzfrequenz und größerer empfundener Anstrengung äußern. In diesem Fall sollten Sie die Unterbrechung lieber wie »eine bis zwei verpasste Wochen« behandeln (siehe unten), selbst wenn Sie wieder ins Training eingestiegen sind.

Falls Sie die vier bis sechs Tage nicht wegen einer Krankheit versäumt haben, sondern eher wegen einer Geschäftsreise oder dergleichen und bereit sind, gleich wieder voll ins Training einzusteigen, müssen Sie ein paar Änderungen an Ihrem Plan vornehmen. Die erste Änderung ist, die versäumte Trainingszeit wie eine Regenerationsphase zu behandeln. Dies ist die beste Möglichkeit, damit umzugehen, trotzdem bringt es das Training für Ihren A-Wettkampf ein wenig aus der Spur. Ihre Trainingsphasen sind nicht mehr darauf abgestimmt, Sie passend zum Wettkampftag in Höchstform zu bringen. Zu viel Fitness ist verloren gegangen.

Es gibt ein paar Möglichkeiten, dieses Dilemma zu lösen. Die erste Option ist, falls Sie sich in einer

Grundlagen- oder Aufbauphase befinden, die aktuelle Phase um eine Woche zu verkürzen. Falls Ihr Plan damit nicht wieder abgeglichen ist, wiederholen Sie das Ganze in der folgenden Phase. Verzichten Sie in beiden Fällen nicht auf die Regenerationswoche. Sie können sie aber gegebenenfalls auf drei oder vier Tage verkürzen, da Sie angesichts des verkürzten Mesozyklus vermutlich auch weniger Erschöpfung angesammelt haben. So finden Sie wieder in die Spur.

Sie können nicht mehrere Einheiten versäumen und trotzdem die gleiche Fitness aufweisen, als hätten Sie kein Training verpasst.

Die zweite Option ist, die Höchstleistungsphase von zwei Wochen auf eine Woche zu verkürzen. Angesichts der verlorenen Zeit ist es jetzt wichtiger, statt Form Fitness zu entwickeln. Keine dieser Möglichkeiten ist perfekt. Beide werden zu einer verringerten Wettkampfbereitschaft und vermutlich einer beeinträchtigten Leistung führen. Aber das ist nun mal der saure Apfel, in den Sie nach knapp einer Woche verpasstem Training beißen müssen. Sie können nicht mehrere Einheiten versäumen und trotzdem die gleiche Fitness aufweisen, als hätten Sie kein Training verpasst. Leider, aber so ist das Leben nun mal.

Sobald Sie bereit sind, wieder ins Training einzusteigen, werden Sie einen Schritt zurückgehen und wahrscheinlich zwei oder drei verpasste Entwicklungs-Einheiten nachholen müssen. Entscheiden Sie, welche die gemessen an Ihren Begrenzern wichtigsten sind, und terminieren Sie diese neu. Das kann bedeuten, andere Einheiten im Plan weiter nach hinten zu verschieben. Irgendwo werden Sie Abstriche machen müssen. Sie werden eventuell eine für später geplante Einheit streichen müssen oder aber Sie befinden, dass Sie gut genug vorankommen, um verpasste bzw. verschobene Einheiten auszulassen, anzupassen oder zusammenzufügen. Es sind einfach zu viele Variablen im Spiel, als dass ich Ihnen genau sagen könnte, wie Sie mit der Situation umgehen sollten. Sie müssen entscheiden, welche der versäumten Einheiten für Ihre Vorbereitungen auf den Wettkampf maßgeblich waren, und dort ansetzen.

Ein oder zwei verpasste Wochen

Falls Sie 7 bis 14 Tage wegen einer Krankheit versäumt und sich in der Aufbauphase befunden haben, steigen Sie mit dem Trainingsblock Grundlagen 3 wieder ins Training ein. Wenn Sie in der Phase Grundlagen 2 oder Grundlagen 3 waren, kehren Sie zurück zur vorigen Grundlagenphase oder wiederholen Sie Grundlagen 1, falls Sie sich vor der Unterbrechung dort befunden haben. Verbleiben Sie in dieser Phase zwei bis vier Wochen oder so lange, bis Ihre Trainingseinheiten darauf hinweisen, dass Sie wieder an dem Punkt sind, an dem Sie vor der versäumten Trainingszeit angelangt waren. Ob Sie dieses Niveau erreicht haben, erkennen Sie daran, dass Herzfrequenz und Wattleistung wieder aufeinander abgestimmt sind, wie es vor Ihrer Krankheit der Fall war. Der Effizienz-Faktor, den Sie mittels der A2-Einheit ermitteln (siehe Anhang B), hilft Ihnen, dies zu bestimmen. Im Zweifel warten Sie lieber noch einen oder zwei Tage ab, bevor Sie den nächsten Schritt machen.

Wenn Ihr Effizienz-Faktor und die Wattzahlen im Training sich wieder normalisiert haben, wiederholen Sie die letzte harte Trainingswoche, die Sie vor der Unterbrechung absolviert haben. Falls diese Woche gut verläuft, kehren Sie wieder zu Ihrem ursprünglichen Trainingsplan zurück. Falls es nicht gut läuft, ruhen Sie sich ein paar Tage aus und wiederholen Sie dann die vorige harte Trainingswoche. An einem bestimmten Punkt werden Sie ein bis drei Wochen (oder sogar mehr) des geplanten Trainings streichen müssen. Das könnte bedeuten, Aufbau 2 auszulassen oder eventuell die erste Woche der Höchstleistungsphase. Achten Sie aber darauf, auf jeden Fall die komplette Grundlagenphase zu absolvieren.

Mehr als zwei verpasste Wochen

Falls Sie in der Aufbauphase waren, als es zur Zwangspause kam, kehren Sie zu Grundlagen 3 zurück und beginnen Sie dort neu. Wenn Sie erst in der Grundlagenphase waren, gehen Sie ab dem Punkt, an dem Sie unterbrechen mussten, einen Mesozyklus zurück und beginnen Sie dort von neuem. Wie bei den vorigen Szenarios werden Sie einen signifikanten Teil Ihres Plans streichen müssen – mindestens zwei Wochen. Die Priorität bei diesen Streichungen lautet, in dieser Reihenfolge: die erste Woche Höchstleistung, Aufbau 2 und Aufbau 1. Achten Sie wiederum darauf, alle drei Grundlagenphasen zu absolvieren.

Sollten Ihnen zwei Wochen Training in der Höchstleistungsphase verloren gegangen sein, setzen Sie Ihre Wettkampfwoche fort, als sei nichts gewesen. Falls zwei oder drei Wochen von Aufbau 2 verloren gegangen sind, wiederholen Sie so viel von Aufbau 1, wie Sie unterbringen können, und verkürzen Sie die Höchstleistungsphase auf eine Woche. Falls Sie mehr als drei Wochen eingebüßt haben, streichen Sie sowohl Aufbau 2 als auch die Höchstleistungsphase, wiederholen Sie so viel wie möglich von Aufbau 1 und steigen Sie dann direkt ins Training der Wettkampfwoche ein. Aber gehen Sie wie in allen Situationen, in denen Sie Zeit aufgrund einer Krankheit eingebüßt haben, beim Wiedereinstieg hinsichtlich Dauer *und* Intensität konservativ vor. Verlegen Sie sich auf Einheiten von kurzer bis mittlerer Dauer und einer Intensität vorwiegend in den Trainingszonen 1 und 2, bis Sie sich wieder völlig normal fühlen. Ihr Effizienz-Faktor hilft Ihnen zu bestimmen, ob Ihre aerobe Fitness wieder voll entwickelt ist. Wenn es so weit ist, können Sie im Training wieder aufs Ganze gehen.

FAZIT: DIE WOCHENPLANUNG

Dieses Kapitel hielt eine Menge Details für die Planung Ihrer Saison bereit. Gut möglich, dass Sie das alles ein wenig überfordert. Es ist nicht leicht, eine Saison zu planen, so dass Sie an einem bestimmten Tag in relativ ferner Zukunft topfit und in herausragender Form sind. Dies geht mit einer Menge Planung und auch einiger Ungewissheit einher. Falls Sie dies alles eher verunsichert hat, empfehle ich Ihnen dringend, sich an das in diesem und dem vorigen Kapitel dargelegte lineare Periodisierungsmodell zu halten. Kapitel 9 befasst sich mit sogar noch komplexeren Modellen. Falls Sie schon einige Jahre Radsport betreiben und das bis hierher Erörterte Ihnen nur ein müdes Lächeln entlockt, könnten Sie sich überlegen, es mit einem der komplexeren Modelle aus Kapitel 9 zu versuchen, das Ihren persönlichen Bedürfnissen noch eher entgegenkommt.

Falls Sie sich entscheiden, das lineare Modell zu verwenden, kehren Sie zu Kapitel 7 zurück und vervollständigen Sie Ihren JTP. Falls Sie allem, was bis hierher besprochen wurde, problemlos folgen konnten, warten Sie damit noch ab, bis Sie das nächste Kapitel durchgelesen haben. Im Zweifelsfall ist die einfachste Lösung die beste: Nutzen Sie das lineare Modell.

Wenn Sie zum ersten Mal einen JTP erstellen, vom groben Saisonüberblick – dem Makrozyklus – bis hin zu den wöchentlichen Trainingseinheiten – den Mikrozyklen – ist das ein ziemlich mühsames und zeitraubendes Unterfangen. Aber sobald Sie es einmal gemacht haben und das Wie und Warum verstehen, wird es Ihnen für zukünftige Saisons sehr viel leichter fallen. Wichtiger noch: Sie haben einen Plan für die bevorstehende Saison, der Ihnen als Richtschnur dient, um Ihre hochgesteckten Ziele zu erreichen – sofern Sie ihn beherzigen. Entscheidend für die erfolgreiche Umsetzung Ihres fertigen Plans ist, ihn am Ende jeder Woche kritisch zu hinterfragen und falls nötig kleine Änderungen vorzunehmen, sowohl mit Blick auf individuelle Einheiten als auch die langfristige Ausrichtung. Ich glaube, so wie die meisten Athleten werden auch Sie feststellen, dass ein Plan Ihrem Training einen Fokus verleiht und gleichzeitig Ihr Selbstvertrauen steigert, wenn der Tag des Rennens näher rückt.

Entscheidend für die erfolgreiche Umsetzung Ihres fertigen Plans ist, ihn am Ende jeder Woche kritisch zu hinterfragen und falls nötig kleine Änderungen vorzunehmen.

9

PLANUNGSALTERNATIVEN

DIE KAPITEL 7 UND 8 legten Schritt für Schritt dar, wie Sie unter Verwendung des linearen Periodisierungsmodells Ihre Saison und Ihre Trainingswochen planen. Dieses Modell kam vor mehr als 50 Jahren auf und ist, v.a. dank seiner Einfachheit, weiterhin das von Athleten und Trainern auf der ganzen Welt meistgenutzte System. Obwohl es recht simpel ist, hat sich das Modell auf jedem Niveau bewährt und Höchstleistungen hervorgebracht, sogar Weltrekorde und Olympiamedaillen. Dass es sich als populär und für andere Athleten als erfolgreich erwiesen hat, heißt aber nicht, dass es auch für Sie das Richtige ist. Wenngleich einige Radsportler gut auf diese klassische Trainingsmethode ansprechen, ist es durchaus möglich, dass sich Ihre Leistungen sogar verschlechtern, wenn Sie dieses Modell verwenden. Daher stelle ich in diesem Kapitel einige Alternativen vor.

Woher wissen Sie, welches das für Sie beste Modell ist? Leider gibt es, außer Versuch und Irrtum, keine sichere Methode, dies herauszufinden. Und leider gelten die Erkenntnisse, die Sie dabei gewinnen, nicht unbedingt für alle Zeit. Gut möglich, dass Sie schon in der nächsten Saison – oder sogar in ein paar Wochen – feststellen, dass das, was einmal gut funktioniert hat, nicht mehr effektiv zu sein scheint. Training ist ein Experiment mit nur einer Testperson: Ihnen selbst.

Die einzigen Dinge, die wirklich konstant bleiben, sind die allgemeinen Prinzipien des Trainings, die ich in Kapitel 3 erläutert habe. Diese müssen Sie sorgsam beherzigen, ganz egal, welchem Modell Sie sich anvertrauen. Fassen wir diese Prinzipien noch einmal kurz zusammen, bevor wir uns mit Alternativen zum linearen Modell beschäftigen.

Das erste Trainingsprinzip ist *progressive Überlastung.* Es besagt, dass das Trainingspensum mit der Zeit schrittweise gesteigert werden muss, um größere Fitness zu erzielen. Sonst gerät die Entwicklung ins Stocken und die Fitness stagniert. Etwas muss sich kontinuierlich verändern, damit die Wettkampfbereitschaft gesteigert wird. Dieses Etwas ist die Häufigkeit, Dauer oder Intensität der Einheiten bzw. eine Kombination dieser drei Faktoren.

Das zweite Prinzip ist *Spezifität.* Die Trainingseinheiten, die Sie unternehmen, müssen dem Rennen ähnlich sein, für das Sie trainieren. Falls das Rennen z.B. ein Straßenrennen ist, müssen Ihre Einheiten hohe Intensität und eine angemessene Dauer umfassen.

Das dritte Prinzip ist *Umkehrbarkeit*. Fitness geht verloren, wenn das Trainingspensum verringert wird, was aber bisweilen notwendig ist. Das mag überraschend klingen, doch ein gewisser Verlust an Fitness ist erforderlich, um für das Rennen in Form zu kommen oder von hartem Training zu regenerieren. Dies sind die einzigen Zeiten, in denen Umkehrbarkeit eine gute Sache ist. Ansonsten ist sie zu vermeiden.

Ihr Training muss Ihre individuellen Anforderungen widerspiegeln.

Das letzte Prinzip ist *Individualität*. Ihre Trainingsanforderungen sind in mancherlei Hinsicht – sowohl physisch als auch mental – einzigartig und dementsprechend muss auch Ihr Training auf Ihre individuellen Bedürfnisse zugeschnitten sein. Diese ergeben sich aus Ihren persönlichen Stärken und Begrenzern. Sie erinnern sich, dass Begrenzer wettkampfspezifische Schwächen sind, die den primären Fokus des Trainings bilden müssen, um sich auf die Anforderungen eines A-Wettkampfs vorzubereiten. Während Sie dies tun, müssen Sie gleichzeitig Ihre Stärken erhalten. Da es leichter ist, eine Stärke zu erhalten, als einen Begrenzer zu verbessern, hat dieses Prinzip viel damit zu tun, wie Sie Ihre kostbare Trainingszeit nutzen – mit anderen Worten: wie Ihr Periodisierungsplan aussieht.

Je näher der Tag des Rennens rückt, desto mehr müssen Ihre Trainingseinheiten den A-Wettkampf simulieren.

Sie erinnern sich vielleicht noch an ein weiteres Diktum, das Sie im Training, unabhängig vom Planungsmodell, berücksichtigen müssen: Je näher der Tag des Rennens rückt, desto mehr müssen Ihre Trainingseinheiten den A-Wettkampf simulieren, für den Sie trainieren. Diese Maßgabe ähnelt dem oben genannten Prinzip der Spezifität. Falls Sie anders trainieren, als es die Anforderungen des Rennens verlangen, wird Ihnen das Prinzip der Umkehrbarkeit einen Strich durch die Rechnung machen. Sie werden wettkampfspezifische Fitness einbüßen. Das kann z.B. passieren, wenn Sie im Vorfeld des Rennens aufhören, mit Wettkampfintensität zu trainieren, und sich stattdessen auf Ausdauer-Einheiten verlegen. Unabhängig davon also, für welches Periodisierungsmodell Sie sich entscheiden, müssen Sie stets gut darauf achten, wie wettkampfspezifisch Ihre Einheiten im Verlauf der Saison werden. Dies ist der allerwichtigste Aspekt der Planung für Höchstleistungen.

Wie Sie in Kapitel 3 gelernt haben, sind die einzigen Trainingsvariablen, die im Laufe einer Saison verändert werden können, die Häufigkeit, Dauer und Intensität Ihrer Einheiten. Abgesehen vom Modus (z.B. Radfahren statt Laufen) gibt es sonst nichts, was angepasst werden müsste – ganz gleich, wie groß Ihre Erfahrung und Ihr Leistungsvermögen sind. Diese drei Variablen bilden den Kern Ihrer Saisonplanung. Periodisierung ist nichts weiter als das Management dieser drei Größen, um zur richtigen Zeit bereit für das Rennen zu sein.

Dieses Kapitel stellt einige Alternativen vor, so dass Sie entsprechend Ihrer persönlichen Anforderungen bestimmen können, wie Sie die drei Variablen im Saisonverlauf organisieren. Sie können sich natürlich dafür entscheiden, einfach beim linearen Periodisierungsmodell zu bleiben, das in den vorigen Kapiteln erörtert wurde. Falls Sie zuvor noch nie einem Trainingsplan gefolgt sind, ist das vielleicht das Beste. Es ist leicht umzusetzen und bringt gute Resultate.

Wenn Sie das lineare Modell in einer zurückliegenden Saison genutzt haben und nun etwas anderes ausprobieren möchten, suchen Sie sich eins der Modelle aus, die in diesem Kapitel erörtert werden. Picken Sie sich dasjenige heraus, das Ihren Anforderungen gerecht zu werden scheint und Sie am ehesten anspricht. Wenn Sie feststellen, dass es nicht das Richtige für Sie ist, versuchen Sie etwas anderes, bis Sie auf etwas stoßen, was passt. Achten Sie nur darauf, die oben genannten Trainingsprinzipien zu beherzigen, ungeachtet des Modells, das Sie verwenden.

LINEARE ALTERNATIVEN DER PERIODISIERUNG

Das Periodisierungsmodell, das in Kapitel 7 beschrieben wurde, wird als »linear« bezeichnet, weil es einer geradlinigen Progression folgt. Im Ausdauersport liegt ihm das Konzept zugrunde, dass das Trainingsjahr mit Schwerpunktsetzung auf der Dauer der Trainingseinheiten beginnt (Grundlagenphase) und die Betonung sich dann schrittweise auf die Intensität verlagert (Aufbau-, Höchstleistungs- und Wettkampfphase). Man muss kein Sportwissenschaftler sein, um es zu verstehen. Die lineare Periodisierung ist simpel und leuchtet auch Anfängern ein. Es ist bei diesem Modell leicht, seine Fortschritte zu ermitteln, weil in jeder Phase eine klar umrissene Verbesserung bestimmter Leistungsfaktoren erzielt werden soll. Ungeachtet dessen muss Periodisierung aber nicht zwangsläufig so strukturiert sein, um sie als linear zu bezeichnen.

Im Laufe der vergangenen fünf Jahrzehnte haben Athleten, Trainer und Sportwissenschaftler viele andere Ansätze der Periodisierung vorgestellt, um besonderen Anforderungen gerecht zu werden und gleichzeitig den Schwächen zu begegnen, die im klassischen System ausgemacht wurden. Als das größte Manko galt der Umstand, dass mit dem linearen Modell nur eine begrenzte Zahl an A-Wettkämpfen pro Saison möglich war – normalerweise zwei oder drei. Damit einher ging das Problem, dass eine solche Leistungsspitze über einen Zeitraum von höchstens ein bis drei Wochen aufrechterhalten werden konnte. Das lineare Modell ist außerdem für erfahrene Elite-Athleten bei weitem nicht so effektiv wie für Anfänger und für Sportler, die erst ein paar Jahre dabei sind. Darüber hinaus empfinden viele Athleten die lineare Periodisierung als monoton, denn das Training bleibt meistens über Wochen weitgehend gleich.

Was können Sie unternehmen, um diesen Schwachpunkten der linearen Periodisierung zu begegnen und sich dennoch die Vorzüge eines simplen Plans zu bewahren, der Sie zum Wettkampftag in Top-Form bringt? Beginnen wir, indem wir ein paar kleine, aber signifikante Änderungen am linearen Modell vornehmen, um Ihren Bedürfnissen eventuell besser gerecht zu werden. Danach schauen wir uns im weiteren Verlauf des Kapitels ein paar nichtlineare Alternativen an. Überlegen Sie bei der Lektüre jeweils, inwieweit sich jede der vorgestellten Methoden in Anbetracht Ihrer Lebensumstände umsetzen ließe, womit Sie in der Vergangenheit gut gefahren sind und was Ihnen derzeit zusagt.

Dies scheint mir der geeignete Zeitpunkt, um darauf hinzuweisen, dass ein Periodisierungsplan eventuell gar nicht nötig ist. Die Alternative lautet willkürliches Training – trainieren Sie, was Sie wollen und wann Sie es wollen. Das klingt nicht besonders strukturiert, ist für manche Fahrer aber offenbar gar nicht verkehrt. Willkürliches Training funktioniert sogar ziemlich gut für Anfänger, für die es nur darum geht, regelmäßig zu trainieren und gut gelaunt das Ziel zu erreichen. Sogar manche sehr erfahrene Athleten scheinen so zu trainieren. Aber wenngleich Letztere keinem schriftlich festgehaltenen Schema folgen und alle Entscheidungen scheinbar aus dem Bauch heraus treffen, haben sie sehr wohl einen festen Plan im Kopf: Diese Sportler wissen, was sie zu tun haben und in welcher Reihenfolge sie die Leistungsfaktoren entwickeln müssen. Eine solche Vorgehensweise ist für erfahrene Radsportler geeignet, die seit vielen Jahren dabei sind und eine sehr genaue Vorstellung davon haben, womit sie am besten fahren. Die meisten anderen aber sind gut beraten, sich an einen – zumindest grob skizzierten – schriftlichen Plan zu halten, um die vielen Fallstricke auf dem Weg zu Höchstleistungen im Wettkampf zu umgehen.

Mit all dem im Hinterkopf werfen wir nun einen Blick auf ein paar gebräuchliche Methoden, die lineare Periodisierung zu modifizieren, um sie eventuell besser auf Ihre Bedürfnisse zuzuschneiden.

Das lineare Modell ist für erfahrene Elite-Athleten bei weitem nicht so effektiv wie für Sportler, die erst ein paar Jahre dabei sind.

Langsame Regeneration und lineare Periodisierung

In Kapitel 11 kümmern wir uns ausführlich um die Details der Regenerationsphasen, die am Ende jedes

Mesozyklus Grundlagen 1, Grundlagen 2, Grundlagen 3, Aufbau 1 und Aufbau 2 anstehen. Fürs Erste möchte ich Ihnen einige Periodisierungs-Alternativen im Zusammenhang mit der Regeneration vorstellen, die große Auswirkungen auf die Qualität Ihres Trainings haben können.

Eine der wichtigsten Fragen bei der Gestaltung eines Periodisierungsplans, unabhängig davon, welche Art Sie verwenden, hat damit zu tun, wie schnell Sie sich von hartem Training erholen, insbesondere in den Grundlagen- und Aufbauphasen. Manche Athleten regenerieren rasch. Diese Sportler kommen normalerweise gut mit einem Plan zurecht, der vierwöchige Grundlagen- und Aufbau-Mesozyklen vorsieht, wie in Kapitel 7 beschrieben und in Tabelle 7.4 veranschaulicht. In den ersten ca. drei Wochen (es können etwas mehr als 21 Tage sein – mehr dazu in Kapitel 11) jeder vierwöchigen Teilphase arbeiten schnell regenerierende Athleten mit hohen Trainingsbelastungen – je nach Phase entweder im Hinblick auf Dauer oder Intensität. Anschließend nehmen sie eine Auszeit, die in der Regel drei bis fünf Tage dauert.

Athleten, die langsamer regenerieren, brauchen häufigere Regenerationsphasen.

Athleten, die langsamer regenerieren, müssen das Training anders organisieren, denn sie brauchen häufigere Regenerationsphasen. Die betreffenden Sportler können keine drei Wochen warten, bis sie eine Pause einlegen, sondern brauchen nach etwa zwei Wochen eine Auszeit (auch hier gilt, dass es etwas mehr als 14 Tage sein können, wie in Kapitel 11 erläutert werden wird). Tabelle 7.4 spiegelt auch dies wider.

Woher also wissen Sie, ob Sie schnell oder langsam regenerieren? Nun, wie erschöpft fühlen Sie sich normalerweise nach zwei Wochen harten Trainings? Falls Sie auch bei einer noch ausstehenden Woche schweren Trainings noch voll motiviert sind, regenerieren Sie vermutlich schnell. Falls Sie sich häufig erschöpft fühlen und die Qualität Ihres Trainings in der dritten Woche nachlässt, regenerieren Sie langsam.

Zwei Gruppen von Athleten, die normalerweise langsam regenerieren, sind Anfänger und Athleten

TABELLE 9.1 Anpassungen bei langsamer Regeneration

PHASE	WOCHE DES MESOZYKLUS
Grundlagen 1	Woche 1
	Woche 2
	Woche 4
Grundlagen 2	Woche 1
	Woche 2
	Woche 4
Grundlagen 3	Woche 1
	Woche 2
	Woche 4
Grundlagen 3	Woche 2
	Woche 3
	Woche 4
Aufbau 1	Woche 1
	Woche 2
	Woche 4
Aufbau 2	Woche 1
	Woche 2
	Woche 4
Aufbau 2	Woche 2
	Woche 3
	Woche 4

Auf diese Weise sollten langsam regenerierende Athleten, die einen herkömmlichen linearen Periodisierungsplan nutzen, die Grundlagen- und Aufbau-Mesozyklen ihres Jahrestrainingsplans anpassen.

jenseits der 50. Das ist aber nicht immer so. Ich habe auch betreffende Sportler trainiert, die schnell regenerierten und kein Problem hatten, vor einer mehrtägigen Pause drei Wochen hochwertigen Trainings zu absolvieren. Und ich habe auch fortgeschrittene Athleten unter 50 betreut, die langsam regenerierten. Sie müssen in dieser Frage ehrlich zu sich sein. In der dritten Woche in Folge sehr lange oder intensive Trainingseinheiten zu unternehmen, obwohl Sie sehr erschöpft sind, ist kontraproduktiv. Falls Ihnen das häufiger widerfährt, würde ich Ihnen dringend raten, in Ihrem JTP auf dreiwöchige Teilphasen umzusteigen. Das bedeutet jeweils etwa zwei Wochen schweren Trainings, gefolgt von einigen Tagen Regeneration. Wenn Sie hingegen schnell regenerieren, bleiben Sie beim Plan mit vierwöchigen Mesozyklen.

Tabelle 9.1 basiert auf dem Muster aus Tabelle 7.4 und zeigt, wie langsam regenerierende Sportler die Anzahl der Wochen in Grundlagen- oder Aufbau-Mesozyklen verringern, um angemessen ausgeruht in jede neue Phase zu gehen. Beachten Sie in Tabelle 9.1, dass die Grundlagen- und Aufbauphasen auf drei Wochen verkürzt wurden. Beachten Sie außerdem, dass in dieser Tabelle die Teilphasen Grundlagen 3 und Aufbau 2 wiederholt werden, so dass die Gesamttrainingszeit vor dem Wettkampf nicht verkürzt wird. Tatsächlich wird sie in der Aufbauphase von acht Wochen für schnell regenerierende Athleten auf neun Wochen für langsamer regenerierende Sportler erhöht. Die Grundlagenphase bleibt mit zwölf Wochen gleich. Der aufgeführte Wochenumfang ist der gleiche wie in den Tabellen 7.5 und 7.6 empfohlen. Anders gesagt: Suchen Sie in der für Sie zutreffenden Tabelle für jede genannte Woche den Umfang für genau diese Woche heraus (z.B. Grundlagen 1, Woche 2), entweder mit Tabelle 7.5 oder 7.6, je nachdem, ob Sie den Umfang nach Stunden oder TSS bestimmen. Die Zahl der Wochen in den anderen Phasen – Vorbereitung, Höchstleistung und Wettkampf – bleibt unverändert.

Eine andere Möglichkeit, das Dilemma mit der langsamen Regeneration zu lösen, ist, neu zu definieren, was eine »Woche« ist. Bis hierher waren damit stets sieben Tage gemeint. Für langsam regenerierende Athleten ergibt sich daraus jedoch das Problem, dass schwere Trainingstage zu dicht aufeinanderfolgen, falls drei solcher Einheiten innerhalb einer Woche vorgesehen sind. Dadurch bleiben nur 48 Stunden zur Erholung, was für langsam regenerierende Athleten ziemlich knapp bemessen ist. Es bleibt entweder nicht ausreichend Zeit für die Regeneration, oder der betreffende Sportler muss sich auf zwei schwere Trainingstage pro Woche beschränken. Keins von beidem ist eine gute Lösung. Zu dicht aufeinanderfolgende Einheiten tragen nicht nur zu kumulativer Erschöpfung bei, sondern erhöhen auch das Verletzungsrisiko. Eine Alternative ist, mit neuntägigen »Wochen« zu planen. Auf diese Weise folgen auf jeden schweren Trainingstag zwei Tage, die für die Regeneration vorgesehen sind. Mit 9-Tage-Wochen zu arbeiten, bedeutet, dass sechs schwere Trainingstage auf 18 Tage verteilt sind, während es bei einer 7-Tage-Woche mit nur zwei harten Trainingstagen pro Woche im selben Zeitraum lediglich fünf schwere Trainingstage wären. Die 9-Tage-Woche ermöglicht demnach mehr hochwertiges Training und dazu mehr Regeneration. Tabelle 9.2 zeigt beispielhaft, wie eine Grundlagen- oder Aufbau-Teilphase mit neuntägigen Trainingswochen und fünftägiger Regeneration aussehen könnte. Beachten Sie, dass die letzten beiden lockeren Tage der zweiten 9-Tage-Woche bereits einen Teil der fünftägigen Regenerationsphase bilden. Dies läuft auf einen Mesozyklus von 21 Tagen hinaus. Natürlich muss die Regenerationspause nicht fünf Tage dauern. Sie können, je nachdem, wie Sie sich zum

Zu dicht gestaffelte Einheiten tragen nicht nur zu kumulativer Erschöpfung bei, sondern erhöhen auch das Verletzungsrisiko.

TABELLE 9.2 Ein Beispiel für Grundlagen- und Aufbau-Mesozyklen mit 9-Tage-Wochen

	TAG 1	TAG 2	TAG 3	TAG 4	TAG 5	TAG 6	TAG 7	TAG 8	TAG 9
Woche 1	EE	R	R	EE	R	R	EE	R	R
Woche 2	EE	R	R	EE	R	R	EE	R&R	R&R
Woche 3	R&R	R&R	R&R	nächste 9-Tage-Woche beginnt →					

Dieses Beispiel setzt für einen Fahrer, der langsam regeneriert, auf 9-Tage-Wochen gefolgt von 5 Tagen Ruhe und Regeneration. EE steht für Entwicklungs-Einheiten, R für einen Regenerationstag und R&R für eine ausgedehntere Ruhe- und Regenerationsphase. Nach dem letzten R&R-Tag beginnt die nächste 9-Tage-Woche.

Es ist wesentlich besser, etwas untertrainiert zu sein als etwas übertrainiert.

Fehlende Zeit ist vielleicht das häufigste Problem, das ambitionierte Radsportler haben, die einem Periodisierungsplan folgen wollen.

fraglichen Zeitpunkt fühlen, eine längere oder kürzere Auszeit nehmen.

Die mit »R« gekennzeichneten Regenerationstage in Tabelle 9.2 können umgestaltet werden, um das Training auf Ihre individuellen Anforderungen zuzuschneiden. Von den jeweils zwei aufeinanderfolgenden R-Tagen z.B. können Sie den zweiten dieser Tage auch mal in eine moderate Einheit umwandeln, wenn Sie ein etwas höheres Pensum bewältigen könnten. Dies könnte z B. eine Einheit für die aerobe Schwelle im unteren Bereich von Zone 2 oder sogar eine Tempofahrt in Zone 3 sein (siehe Anhang B). Solche kleinen Änderungen können spontan vorgenommen werden, sofern Sie genau darauf achten, wie Sie sich fühlen. Diese Feinanpassungen gestatten es Ihnen, eine Trainingswoche zu erstellen, die auf Ihre individuellen Bedürfnisse hinsichtlich Belastung und Ruhe zugeschnitten ist. Wählen Sie im Zweifel wie gehabt die konservativere Variante. Es ist wesentlich besser, etwas untertrainiert zu sein als etwas übertrainiert.

Der Nachteil der 9-Tage-Woche ist, dass sie bisweilen schwer umzusetzen ist für Athleten, die berufsbedingt wenig Zeit haben. Es wird Tage geben, an denen eine Einheit mit hoher Dauer, wie z.B. eine lange Ausfahrt, an einem langen Arbeitstag erledigt werden muss. Infolgedessen eignet sich die 9-Tage-Woche am besten für Athleten, die zeitlich sehr flexibel sind. Somit ist sie ideal für sportbegeisterte Ruheständler. (Die 9-Tage-Woche wird außerdem ausführlich in meinem Buch *Schnell und fit ab 50* behandelt.)

Periodisierung mit begrenzter Zeit

Das vielleicht häufigste Problem, das sich ambitionierten Radsportlern stellt, die einem simplen linearen Periodisierungsplan folgen wollen, ist die begrenzte Zeit, die ihnen für das Training zur Verfügung steht. Die Tabellen 8.3 und 8.4 zeigen empfohlene Wochenumfänge für die ganze Saison nach Tagesstunden und TSS, basierend auf den Jahrestrainingsumfängen aus den Tabellen 7.2, 7.5 und 7.6. So weit, so simpel. Aber wie geht man vor, wenn man zwar physisch in der Lage wäre, hohe Jahres- und Wochenumfänge zu leisten, die Lebensumstände es aber nicht zulassen? Womöglich machen es Ihnen die zeitlichen Einschränkungen, die Beruf, Familie und andere Verpflichtungen mit sich bringen, schlichtweg unmöglich, mit den in Tabelle 7.2 empfohlenen Umfängen zu trainieren.

Schauen wir uns anhand eines Beispiels an, wie sich dieses häufige Problem lösen lässt. Nehmen wir an, eine Athletin befindet, dass sie 600 Trainingsstunden im Jahr meistern kann. Annähernd so viel hat sie in der Vergangenheit schon geschafft, das scheint also eine ganz vernünftige Schätzung zu sein. Ausgehend von diesem Jahresumfang von 600 Stunden sollte sie in der Lage sein, im Schnitt rund 13 Stunden pro Woche zu trainieren, darunter eine umfangreiche Trainingswoche mit ca. 18 Stunden in der dritten Woche der Phase Grundlagen 3 (gemäß Tabelle 7.5). Das wird sie zwar an ihre Grenzen bringen, gemessen an ihrer Trainingskapazität scheint es jedoch realistisch. Aber was ist, wenn sie wegen eingeschränkter Trainingszeit so viele Wochenstunden nicht leisten kann? Vielleicht sind 15 Stunden pro Woche das Maximum dessen, was sie, unter Berücksichtigung aller sonstigen Verpflichtungen, schafft. Tabelle 7.5 sieht als Vorbereitung auf den ersten Wettkampf der Saison immerhin sieben Wochen mit mehr als 15 Trainingsstunden vor. Wie soll sie damit umgehen?

Zunächst einmal wäre es keine gute Idee, den Jahresumfang auf 500 Stunden zu verringern, selbst wenn die umfangreichste Woche dann 15 Stunden betrüge. Warum nicht? Ganz einfach, weil der Trainingsplan dann zu leicht für sie wäre. Zwar würde das Pensum nach wie vor dem Prinzip des progressiven Trainings Rechnung tragen, in den meisten Wochen wäre es aber nicht hoch genug, um größere Fitness zu entwickeln. Der Wochenumfang wäre für einen Großteil der Saison viel zu gering für die Anforderungen der betreffenden Athletin.

Die bessere Option ist es, stattdessen an dem Plan von 600 Jahresstunden festzuhalten, die Wochenumfänge aber auf 15 Stunden zu begrenzen, wenn die sieben Wochen mit größeren Umfängen anstehen.

Würde das keinen Verlust an Fitness nach sich ziehen? Natürlich, die Sportlerin könnte potenziell ein höheres Maß an Fitness erreichen, würde sie diese paar umfangreicheren Wochen einschieben. Was soll sie also tun? Viele Möglichkeiten hat sie wahrlich nicht. Der Ansatzpunkt sollte sein, zunächst einfach die längsten Einheiten dieser umfangreichen Wochen zu verkürzen. Als Nächstes kann sie sich überlegen, gleichzeitig die Intensität mancher dieser Einheiten leicht zu erhöhen. Eine lockere Regenerationsfahrt in Zone 1 ist angesichts dieser Kürzungen möglicherweise nicht mehr erforderlich. Es dürfte außer Frage stehen, dass sie physisch mehr bewältigen könnte, sie könnte also in Erwägung ziehen, die Intensität auf Zone 2 zu steigern. Grundsätzlich gilt: Verringert sich die Dauer, kann die Intensität erhöht werden. Ich kann Ihnen nicht genau sagen, welche Ihrer Einheiten dafür in Frage kämen – oder ob Sie es überhaupt machen sollten. An dieser Stelle kommt wieder die Kunst des Trainierens in Eigenregie ins Spiel. Letztlich muss die Athletin dann, wenn diese kritischen Wochen mit höheren Umfängen anstehen, beurteilen, wie sie sich fühlt und wie das Training gelaufen ist, und die entsprechenden Entscheidungen treffen. Mein genereller Rat an sie wäre, bei der Steigerung der Intensität in diesen modifizierten Wochen konservativ vorzugehen. Eine Intensitätszone höher bei einigen ausgewählten Einheiten reicht vollkommen aus.

Eine andere Lösung, die für die betreffende Sportlerin vielleicht in Frage kommt, ist es, die »überschüssigen« Stunden einer verkürzten umfangreichen Woche auf eine Woche mit weniger großen Umfängen zu verschieben. Im obigen Beispiel würden dadurch fast alle Wochen der Grundlagenphase zu 15-Stunden-Wochen werden. Das Gleiche könnte sie in der Aufbauphase tun, so dass sich der Umfang ebenfalls durchweg erhöht; in diesem Fall würde die Gesamttrainingszeit gegenüber dem ursprünglichen Standardplan gleich bleiben. Besser ist es freilich, die Umfänge aus Tabelle 7.5 unverändert zu übernehmen, aber für zeitlich eingeschränkte Athleten sind solche Notlösungen vermutlich besser, als von vornherein mit einem verringerten Jahresumfang zu planen. Beachten Sie, dass ich mich im Beispiel auf Stunden bezogen habe, aber natürlich können die Anpassungen in gleicher Weise vorgenommen werden, falls Sie nach TSS-Umfängen trainieren, wie in Tabelle 7.6 veranschaulicht.

Periodisierung mit invertierten Wochen

Vielleicht ist Ihnen in den Tabellen 7.5 und 7.6 aufgefallen, dass die wöchentlichen Umfänge in den drei Grundlagenphasen sukzessive leicht erhöht werden. In der 500-Stunden-Spalte von Tabelle 7.5 beispielsweise sieht diese Steigerung in der Phase Grundlagen 3 wie folgt aus:

Woche 1: 11,0
Woche 2: 13,5
Woche 3: 15,0
Woche 4: 7,0

Machen Sie sich bitte bewusst, dass die Wochenstunden (bzw. TSS-Punkte, falls Sie danach trainieren) nicht exakt sein müssen. Es sind lediglich Näherungswerte. Generell habe ich aber die Erfahrung gemacht, dass die meisten Athleten in der Lage sind, die vorgegebenen Wochenumfänge recht genau zu erreichen, wenn sie nach einem Plan arbeiten. Wie Sie Tabelle 7.5 außerdem entnehmen können, fallen die wöchentlichen Steigerungen umso deutlicher aus, je größer der angesetzte Jahresumfang ist – um bis zu fünf Stunden pro Woche in den rechten Spalten der Tabelle. In gleicher Weise erhöhen sich in Tabelle 7.6 auch die entsprechenden TSS-Werte beträchtlich.

Ich habe in meinen mehr als drei Jahrzehnten als Coach etliche Athleten erlebt, die derlei wöchentliche Steigerungen als übermäßig anstrengend empfanden. Oft waren sie vollkommen fertig, wenn die dritte Woche anstand. Das Problem war dabei weniger die dritte Woche als solche als vielmehr die Akkumulation der wöchentlichen Trainingsumfänge. Je mehr die Umfänge gesteigert wurden, desto mehr büßte das Training an Qualität ein. Erfahrungsgemäß fahren diese Athleten zuweilen besser damit, die wöchentliche Steigerung der Trainingsstunden umzukehren, d.h. der Umfang fällt in der ersten Woche einer vierwöchigen Phase am größten aus und wird dann sukzessive verringert.

Die umgekehrte lineare Periodisierung beginnt mit Einheiten von hoher Intensität, aber geringer Dauer und verlagert den Schwerpunkt dann nach und nach auf geringe Intensität und hohe Umfänge.

Ich vermag nicht zu sagen, ob diese Methode einen physischen oder eher einen psychologischen Effekt hat, ich kann aber bestätigen, dass ein schrittweise verringerter Wochenumfang die Kapazität mancher Athleten für hartes Training zu verbessern scheint. Für den 500-Stunden-Umfang aus obigem Beispiel sähe die Progression der wöchentlichen Trainingsstunden in Grundlagen 3 dann folgendermaßen aus:

Woche 1: 15,0
Woche 2: 13,5
Woche 3: 11,0
Woche 4: 7,0

Auf den ersten Blick mag das kaum der Rede wert sein, aber es könnte einen großen Unterschied dahingehend machen, wie sich die Qualität Ihres Trainings im Laufe des Mesozyklus entwickelt. Eine weitere Option für Athleten, die sich mit der kumulativen Steigerung des Trainingsumfangs über drei Wochen nach wie vor schwertun, ist es, das Format von vier Wochen auf drei zu verkürzen, wobei die letzten paar Tage weiterhin der Regeneration vorbehalten sind.

Umgekehrte lineare Periodisierung

Die drei oben genannten Periodisierungsmodelle behalten das klassische lineare Muster bei. Die Veränderungen fallen gering aus. Als Nächstes schauen wir uns eine Variante an, die vom hergebrachten linearen Modell erheblich abweicht.

Das Modell, mit dem wir uns nun befassen, heißt »umgekehrte lineare Periodisierung«. Im Grunde funktioniert sie genau wie das lineare Modell, stellt es aber auf den Kopf. Statt damit einzusteigen, in der Grundlagenphase nach und nach die Dauer der Trainingseinheiten auszudehnen und in der Aufbauphase den Schwerpunkt auf rennähnliche Intensitäten zu verlegen, beginnt die umgekehrte Periodisierung mit Einheiten von hoher Intensität, aber geringer Dauer und verlagert den Schwerpunkt dann nach und nach auf geringe Intensität und hohe Umfänge. Dieses Modell ist besonders beliebt unter Athleten, die in Gegenden leben, wo die Winter kalt sind, die Tage kurz und das Wetter nicht unbedingt dazu einlädt, draußen zu trainieren. Im umgekehrten linearen Periodisierungsmodell werden die kurzen, intensiven Einheiten im Winter unternommen und die längeren, weniger intensiven Einheiten im Sommer. Problem gelöst. Vielleicht.

Wie so oft wirft die Lösung eines Problems ein ganz neues auf. Wie ich in Kapitel 3 erläutert habe, ist für fortgeschrittene Athleten der Schlüssel zum Erfolg wettkampfähnliche Intensität, nicht die Dauer. Je kürzer der Wettkampf, desto schwieriger ist es, eine Einheit rennähnlich zu gestalten, wenn Dauer und Intensität umgekehrt werden. Der Grund dafür ist die Spezifität. Wissen Sie noch, was ich Ihnen darüber weiter oben in diesem Kapitel erzählt habe? Spezifität ist ein grundlegendes Prinzip des Trainings und der Periodisierung. Das Training muss mit der Zeit mehr und mehr Ihren A-Wettkampf simulieren. Falls Sie also ein fortgeschrittener Athlet sind und für ein Rennen über eine kürzere Distanz trainieren, wie z.B. ein Kriterium, werden Sie schneller, indem Sie sich in den Aufbauphasen auf hohe Intensitäten konzentrieren – nicht auf die Dauer der Trainingseinheiten.

Wenn Sie sich aber auf ein längeres Rennen mit relativ geringer Intensität (an oder unterhalb der anaeroben Schwelle) vorbereiten, wie einen Radmarathon, ein langes Zeitfahren oder vielleicht sogar eine Rundfahrt mit vielen Etappen, kann sich diese Herangehensweise als effektive Trainingsstrategie erweisen. Warum? Weil in einem langen Rennen die Intensität niedrig und die Dauer ziemlich hoch ist verglichen mit Kriterien und kurzen Straßenrennen.

In diesem umgekehrten linearen Periodisierungsmodell würden Sie die intensivsten Einheiten, insbesondere für anaerobe Ausdauer und Schnellkraft (siehe Anhang B), in der Grundlagenphase absolvieren, bevor die Intensität in der Aufbauphase heruntergefahren würde auf Belastungen zwischen aerober und anaerober Schwelle. Entscheidend ist auch hier, die Einheiten in der Aufbauphase zunehmend rennähnlicher zu gestalten. Falls Sie für Wettkämpfe trainieren, die durch kurze Phasen sehr hoher Intensität entschieden werden, wie es in den meisten Straßenrennen der Fall ist, so ist das umgekehrte lineare Modell wahrscheinlich nicht die beste Wahl.

Aber angenommen, diese Variante käme als Alternative für Sie in Frage, wie würden Sie vorgehen? Hinsichtlich der Umfänge müssten Sie die Wochenstunden und den TSS in den Tabellen 7.5 und 7.6 umkehren. Tauschen Sie die Umfänge für die Phasen Grundlagen 2 und Aufbau 1 jeweils Woche für Woche aus. Mit anderen Worten: Der Umfang von Aufbau 1, Woche 1 wird zum Umfang von Grundlagen 2, Woche 1. Und das Gleiche machen Sie für die Wochen 2, 3 und 4. Tauschen Sie auf die gleiche Weise dann auch die Wochen der Phasen Grundlagen 3 und Aufbau 2 aus. Dadurch verringert sich der Umfang in den Phasen Grundlagen 2 und 3, während er in den Phasen Aufbau 1 und 2 steigt.

Da die Wochenumfänge ausgetauscht worden sind, werden in gleicher Weise auch die Intensitäten der Einheiten umgekehrt. Dies bedeutet, Tabelle 8.1 so anzupassen, dass Sie die Art der vorgesehenen Einheiten, insbesondere mit Blick auf die Entwicklungs-Einheiten, spezifischer benennt. Mit umgekehrter linearer Periodisierung werden die intensiveren Einheiten für die Phasen Grundlagen 2 und 3 in den frühen Wochen der Saison terminiert, die Einheiten mit eher moderater Intensität später für Aufbau 1 und 2, wenn das Rennen näher rückt.

Beachten Sie, dass die Vorbereitungsphase und die Phase Grundlagen 1 hinsichtlich Umfang und Trainingsweise unverändert bleiben. Auch die Arbeit mit Gewichten verbleibt wie ursprünglich geplant, allerdings kann es nötig sein, in der modifizierten Phase Grundlagen 2 die Kraftraum-Einheiten von anderen hochintensiven Einheiten zu separieren, sollte die MK-Phase sich bis in diese Phase erstrecken.

Ebenfalls unverändert bleiben die Höchstleistungs- und Wettkampfphasen. Die einzige Veränderung ist, dass die Intensität der Einheiten in diesen Wochen sich ungefähr im Bereich der anaeroben Schwelle bewegen wird (mehr dazu in Kapitel 13).

Noch einmal: Nutzen Sie die umgekehrte lineare Periodisierung nur dann, wenn Ihr A-Wettkampf lang ist und die Intensität weitgehend moderat – zwischen aerober und anaerober Schwelle. Ist das nicht gegeben, wird Ihre Vorbereitung gegen die Regel verstoßen, derzufolge das Training zunehmend rennähnlicher werden soll, je näher der Wettkampf rückt.

Sollten Sie ernsthaft erwägen, es mit umgekehrter linearer Periodisierung zu probieren, weil Sie aufgrund der Witterung in Ihren Gefilden im Winter nur wenig auf der Straße trainieren können und stattdessen auf die Rolle ausweichen müssen, Sie sich aber auf einen sehr intensiven A-Wettkampf vorbereiten, sind Sie möglicherweise besser beraten, auf das oben empfohlene Konzept für Fahrer mit begrenzter Zeit auszuweichen. Schrauben Sie die Ausfahrten mit höherer Dauer zurück, wenn Sie nicht draußen trainieren können, und erhöhen Sie stattdessen die Intensität

Falls Sie für Wettkämpfe trainieren, die durch kurze Phasen sehr hoher Intensität entschieden werden, wie es in den meisten Straßenrennen der Fall ist, so ist das umgekehrte lineare Modell wahrscheinlich nicht die beste Wahl.

der geplanten Einheiten um eine Zone. Alternativ könnten Sie den Wochenablauf so umgestalten, dass Sie die kurzen Einheiten dann absolvieren, wenn Sie drinnen trainieren müssen.

NICHTLINEARE ALTERNATIVEN DER PERIODISIERUNG

Schauen wir uns nun zwei nichtlineare Planungsmodelle an: die wellenförmige und die Block-Periodisierung. Dies sind die beiden populärsten der nichtlinearen Varianten und sie werden von vielen erfolgreichen Fahrern genutzt.

*Nicht*lineare Periodisierung bedeutet, dass der Plan nicht dem einfachen, linearen Format folgt, über das Sie bis hierher gelesen haben und das man sich wie eine Treppe vorstellen kann. Im klassischen linearen Modell folgen Sie die ganze Saison über einem geradlinigen Pfad: Die Gewichtung der Trainingseinheiten liegt zunächst auf zunehmend längerer Dauer, bevor sich der Fokus des Trainings, je näher das Rennen rückt, auf sukzessive gesteigerte Intensität verlagert. Die umgekehrte Periodisierung funktioniert genau andersherum. Beide Varianten verlaufen grundsätzlich linear, mit wohlüberlegt bemessenen Treppenstufen. Die beiden Methoden, mit denen wir uns nun beschäftigen, folgen hingegen keinem einfachen geradlinigen Verlauf. Sie sind ein bisschen komplexer, doch auch sie machen nichts anderes, als Dauer und Intensität der Trainingseinheiten zu variieren. Unabhängig davon, welchem Modell Sie folgen, sind dies stets die einzigen Variablen der Trainingseinheiten, die sich verändern lassen, und die beiden Planungsalternativen, die ich Ihnen nun vorstelle, leisten dies auf andere Art und Weise.

Die wellenförmige Periodisierung für Radsportler sieht vor, die Schwerpunktsetzung auf Intensität und Dauer wöchentlich zu wechseln.

Wir werfen zunächst einen Blick auf die wellenförmige Periodisierung, anschließend betrachten wir die Block-Periodisierung. Beide Ansätze unterscheiden sich erheblich von dem, was Sie bisher gelesen haben. Aber ebenso wie die lineare Periodisierung bieten sie beträchtlichen Spielraum für das, was Sie in Ihren Trainingseinheiten im Einzelnen anstellen, und wie Sie einen Plan dafür entwerfen.

Wellenförmige Periodisierung

Wie der Name schon vermuten lässt, basiert diese Methode darauf, die Trainingsvariablen im Laufe einer Saison wechselweise zu steigern und zu reduzieren. Im Ausdauersport ist sie nur wenig verbreitet, unter Gewichthebern erfreut sie sich aber großer Beliebtheit. Warum diese Methode trotzdem etwas für Sie sein könnte? Nun, möglicherweise steht Ihnen einfach nicht in jeder Woche die nötige Zeit zur Verfügung, um mit linearer Periodisierung adäquat Fitness aufbauen zu können. Es kann auch sein, dass Ihnen einfach danach ist, mehr Abwechslung in Ihre Trainingsroutine zu bringen. Vielleicht empfinden Sie es als etwas ermüdend, Woche für Woche an den gleichen Tagen die immer gleichen Einheiten zu absolvieren. Alle paar Tage die Karten neu zu mischen, kann sich positiv auf Enthusiasmus und Motivation fürs Training auswirken. Infolgedessen werden sich auch Ihre Fitness und Wettkampfleistungen verbessern. Es gibt nicht viele Ausdauersportler, die sich an dieses Modell halten, aber ich kenne ein paar, die gute Erfahrungen damit gemacht haben. Wahrscheinlich werden Sie mit Ihrer Trainingsweise ziemlich allein dastehen und echte Pionierarbeit leisten, wenn Sie mit dieser Methode trainieren. Aber das ist ja nicht unbedingt schlecht.

Wellenförmige Periodisierung für Radsportler sieht vor, die Schwerpunktsetzung auf Intensität und Dauer, ungeachtet der Trainingsphase, wöchentlich zu wechseln. Die übliche Weise, Intensität und Dauer zu alternieren, sieht vor, eine Woche ähnlich wie in der Grundlagenphase zu gestalten und die folgende Woche dann ähnlich wie in der Aufbauphase. Das sorgt für ein abwechslungsreiches und damit womöglich angenehmeres Training. Es bedeutet außerdem, fast das ganze Jahr hindurch Einheiten hoher Intensität

TABELLE 9.3 **Ein Beispiel für einen 4-wöchigen Grundlagen-Mesozyklus bei wellenförmiger Periodisierung**

Grundlagen Woche 1	Schwerpunkt Dauer
Grundlagen Woche 2	Schwerpunkt Intensität
Grundlagen Woche 3	Schwerpunkt Dauer
Grundlagen Woche 4	Ruhe, Regeneration und Tests (siehe Kapitel 11)

TABELLE 9.4 **Ein Beispiel für einen 4-wöchigen Aufbau-Mesozyklus bei wellenförmiger Periodisierung**

Aufbau Woche 1	Schwerpunkt Intensität
Aufbau Woche 2	Schwerpunkt Dauer
Aufbau Woche 3	Schwerpunkt Intensität
Aufbau Woche 4	Ruhe, Regeneration und Tests (siehe Kapitel 11)

und Einheiten hoher Dauer zu absolvieren. Falls Sie vierwöchige Mesozyklen nutzen, in denen die letzte Woche der Regeneration vorbehalten ist, kommen Sie auf zwei Wochen mit entweder hohem Umfang oder hoher Intensität und nur eine Woche mit dem gegenteiligen Schwerpunkt. Ich würde empfehlen, in der Frühphase der Saison – z.B. den ersten zwölf Wochen dessen, was wir gemeinhin die Grundlagenphase nennen – in jeder vierwöchigen Phase zwei Wochen mit hoher Dauer und eine Woche mit hoher Intensität einzuplanen. Dann, in den letzten etwa zwölf Wochen vor dem Rennen – der Aufbauphase – planen Sie zwei Wochen mit hoher Intensität ein, unterbrochen von einer Woche mit hohem Umfang. Die Tabellen 9.3 und 9.4 veranschaulichen einen solchen Plan für eine abwechselnde Schwerpunktsetzung auf Dauer und Intensität.

Die Vorgabe »Dauer« in den Tabellen 9.3 und 9.4 bedeutet natürlich nicht, dass alle Einheiten gleich lang sein müssen. Manche sollten gewiss länger ausfallen als andere. Wie lang eine einzelne Einheit sein sollte und wie viele Einheiten von langer Dauer Sie in einer Woche schaffen können, hängt davon ab, wie gut Sie in der Lage sind, Training mit hohen Umfängen zu bewältigen. Je nach Ihrer Belastbarkeit können das zwei, drei oder vier sein. Die anderen Einheiten sind Regenerationsfahrten. Das Gleiche gilt für die Einheiten mit Schwerpunktsetzung auf der Intensität. In dieser Hinsicht kann sich ein solches Trainingsmodell als sehr riskant erweisen für Athleten, die meinen, alle Einheiten müssten entweder sehr lang oder sehr intensiv sein. Grundsätzlich gilt bei dieser Methode, dass Einheiten von hoher Dauer eine geringe Intensität aufweisen sollten, überwiegend in Zone 2, während Einheiten mit hoher Intensität kurz sein müssen. Im Rahmen einer wellenförmigen Periodisierung zu versuchen, für eine bestimmte Trainingseinheit sowohl eine hohe Dauer als auch eine hohe Intensität aufrechtzuerhalten, führt fast unweigerlich zu Verletzungen, Burnout oder Übertraining.

Block-Periodisierung

Dies ist die neueste Periodisierungsmethode. Sie wurde in den 1980er Jahren vom russischen Sportwissenschaftler Wladimir Issurin entwickelt, der sie für absolute Spitzensportler wie z.B. Radprofis konzipierte. Aber sie ist inzwischen auch von vielen Sportlern erfolgreich genutzt worden, die sich nicht ganz auf diesem Niveau bewegen. Die Block-Periodisierung wurde konzipiert, um das Problem abnehmender Grenzerträge im Training zu lösen. Je mehr man sich in Relation zu den besten Sportlern der Welt einem extrem hohen Niveau nähert, desto schwieriger ist es, noch Fortschritte zu machen. Weitere Fitnesszugewinne sind schwer zu realisieren und fallen bisweilen winzig aus, dennoch können sie erfolgsentscheidend sein.

Die Herausforderung, auch nur geringe Fortschritte zu erzielen, ist umso größer für einen Elite--Fahrer, der einem linearen Periodisierungsplan folgt und in einer Woche unterschiedliche Einheiten zu kombinieren hat.

Die Herausforderung, auch nur geringe Fortschritte zu erzielen, ist umso größer für einen Elite--Fahrer, der einem linearen Periodisierungsplan folgt und in einer Woche unterschiedliche Kategorien von Trainingseinheiten zu kombinieren hat. Es gibt keine ausreichend gebündelten Belastungsreize für einen einzelnen Leistungsfaktor, wenn man versucht, meh-

TABELLE 9.5 Dominante und zu erhaltende Leistungsfaktoren in der Block-Periodisierung und die empfohlene Progression in der Vorbereitung auf einen A-Wettkampf

BLOCK	WOCHEN	DOMINANTER FAKTOR (FOKUS)	ZU ERHALTENDER FAKTOR (FOKUS)
Vorbereitung	1–4	(Vorbereitung auf das Training)	Kraft
frühe Grundlagen	4–6	Kraft	Schnelligkeit
späte Grundlagen	4–6	Ausdauer	Kraft
früher Aufbau	4	Kraftausdauer	Ausdauer
später Aufbau	4	anaerobe Ausdauer	Kraftausdauer
Höchstleistung	1	(wettkampfähnliche Einheiten)	(Regeneration zwischen Einheiten)
Wettkampf	1	(Einheiten mit Wettkampf-Intensität)	(Umfänge reduzieren)
Übergang	1–4	(Ruhe und Regeneration)	Ausdauer

rere gleichzeitig zu entwickeln. Ein Spitzensportler wird wahrscheinlich eher an Fitness gewinnen, indem er sich auf nur eine Kategorie von Trainingseinheiten je Mesozyklus bzw. »Block« beschränkt. Zu versuchen, mehr als einen Faktor gleichzeitig zu entwickeln, vermindert den physiologischen Effekt eines harten Trainings. Innerhalb eines Blocks jedoch mit ähnlich gearteten Einheiten wiederholt die gleichen Trainingsreize zu setzen, führt rasch zu positiven Ergebnissen. Ein Beispiel: In einer Studie, die Block-Periodisierung und lineare Periodisierung gegenüberstellte, brauchten Athleten mit Ersterer nur halb so viele Wochen, um das gleiche Maß an Fitness zu erzielen wie mit dem linearen Modell.

Warum ist diese Methode dann nicht auch für Sportler, die sich nicht ganz auf diesem Niveau bewegen, die beste? Radprofis und äußerst fortgeschrittene Athleten verfügen über eine Fitness-Grundlage, die sie im Laufe vieler Jahre entwickelt haben: Selbst in schlechten Jahren sind sie verglichen mit Durchschnittssportlern noch extrem fit. Sämtliche ihrer Leistungsfaktoren sind gut entwickelt. Wie können solche Athleten das letzte entscheidende Quäntchen an Steigerung herausholen? Je weiter ein Sportler sein Potenzial ausgeschöpft hat, desto schwieriger ist es, weitere Zugewinne zu erzielen. Das aber ist nicht der Fall für Athleten, die erst ein paar Jahre dabei sind, und erst recht nicht für Anfänger. Diese Sportler haben noch reichlich Spielraum, um ihre Fitness und ihre Wettkampfleistungen zu verbessern. Sie brauchen kein hochfokussiertes Training, um erhebliche Zugewinne zu erzielen. Würden solche Athleten ihr Training über mehrere Wochen auf nur einen Leistungsfaktor pro Woche fokussieren, wie ich es äußerst fortgeschrittenen Athleten hier empfehle, würden die Faktoren, die nicht trainiert werden, recht schnell darunter leiden. Diese Methode ist also sicher nicht für Sportler geeignet, die noch nicht lange ernsthaft trainieren oder die in hochklassigen Wettkämpfen wie nationalen oder internationalen Meisterschaften *nicht* für Podiumsplatzierungen in Frage kommen.

Die Block-Periodisierung scheint am besten zu funktionieren, wenn es eine schwerpunktbezogene Progression der Trainingseinheiten gibt, die einem mehr oder weniger linearen Pfad folgt. Mit anderen Worten: In der Grundlagenphase liegt die Betonung des Trainings weiterhin auf den grundlegenden Leistungsfaktoren, während in der Aufbauphase eine Verlagerung hin zu den erweiterten Leistungsfaktoren erfolgt.

Tabelle 9.5 liefert ein mögliches Schema für die Planung der Trainingseinheiten im Laufe einer Saison mit Block-Periodisierung. Ich verwende hier die Begriffe früh und spät, um die Progression

TABELLE 9.6 **Beispiel für eine Woche in der Grundlagen- oder Aufbauphase bei der Block-Periodisierung**

MONTAG	DIENSTAG	MITTWOCH	DONNERSTAG	FREITAG	SAMSTAG	SONNTAG
Erhaltung	dominant	Regeneration	dominant	Erhaltung	Regeneration	dominant

Empfehlungen für dominante und zu erhaltende Leistungsfaktoren in den einzelnen Phasen liefert Tabelle 9.5.

zu beschreiben, da sich die linearen Definitionen Grundlagen 1, 2 und 3 sowie Aufbau 1 und 2 nicht ohne weiteres auf dieses Modell übertragen lassen. Der Athlet schreitet zum nächsten Block fort, sobald der im Fokus stehende bzw. »dominante« Faktor für gut entwickelt befunden wird. Bei der in Wochen angegebenen Länge der Blöcke, die Sie in dieser Tabelle sehen, handelt es sich demnach nur um grobe Anhaltspunkte. Manche Athleten brauchen möglicherweise mehr oder weniger Zeit, um die Ziele in einem bestimmten Block zu erreichen. Während der dominante Leistungsfaktor entwickelt wird, zielt das Training für den sekundären Leistungsfaktor auf dessen Erhaltung ab, was bedeutet, dass für diesen weniger Einheiten vorzusehen sind. Was wir üblicherweise als Vorbereitungs-, Höchstleistungs-, Wettkampf- und Übergangsphase bezeichnen, bleibt unverändert so wie in Kapitel 7 beschrieben.

Tabelle 9.6 liefert ein Beispiel, wie eine Trainingswoche der Grundlagen- und Aufbauphasen mit Block-Periodisierung organisiert werden kann. Dies ist nur ein Beispiel dafür, wie eine solche Trainingswoche für einen Elite-Radsportler aussehen könnte. Im Einzelfall müsste sie entsprechend auf die konkreten Bedürfnisse des individuellen Fahrers zugeschnitten werden.

EIN EINFACHER PLAN

Nachdem Sie dieses und die vorangegangenen beiden Kapitel durchgelesen haben, fühlen Sie sich vielleicht ein wenig überfordert von der Masse an Informationen zur Periodisierung. Es gibt wahrlich eine Menge Dinge zu berücksichtigen bei der Gestaltung Ihrer Saison. Aber die Planung muss nicht so detailliert und komplex sein, wie es diese Kapitel erscheinen lassen. Falls Sie lieber nicht allzu tief in die planerischen und sportwissenschaftlichen Details einsteigen möchten, sondern nur auf eine einfache Möglichkeit der Planung aus sind, ist dies der richtige Abschnitt für Sie.

Wie ich zuvor erläutert habe, lässt sich Periodisierung in einem einfachen Satz zusammenfassen: *Je näher Ihr Wettkampf zeitlich rückt, desto rennähnlicher müssen Ihre Trainingseinheiten werden.* Für Anfänger bedeutet dies, allmählich die Häufigkeit der Einheiten pro Woche zu steigern. Athleten, die erst ein paar Jahre dabei sind, sollten die Dauer der Einheiten erhöhen. Und für Routiniers, die alle Anforderungen an Trainingsdauer und -häufigkeit beherrschen, gilt es, in Schlüsseleinheiten mit rennähnlicher Intensität zu Werke zu gehen.

Je näher Ihr Wettkampf zeitlich rückt, desto rennähnlicher müssen Ihre Trainingseinheiten werden.

Mehr brauchen Sie über Periodisierung im Grunde nicht zu wissen. Wenn Sie sich an diese Vorgaben halten, werden Sie gut zurechtkommen, denn letzten Endes ist die entscheidende Frage: Sind Sie bereit für den Wettkampf? Wenn Sie diese Frage mit ja beantworten können – was Sie tun können, sofern Ihre Einheiten rennähnlicher werden –, werden Sie eine tolle Leistung bringen. Falls Sie sich dessen nicht sicher sind, haben Sie Ihre Einheiten nicht wettkampfähnlich genug gestaltet. So einfach ist das.

Einige Ihrer Trainingseinheiten wettkampfähnlicher zu gestalten, lässt sich auf jeden Fall ohne einen Abschluss in Sportwissenschaft bewerkstelligen. Zwar ist es gewiss hilfreich, die Feinheiten des Trainings zu verstehen, eine Voraussetzung für einen starken Wettkampf ist es aber nicht. Schauen wir uns vor diesem Hintergrund eine einfache Lösung zur Planung Ihrer Saison an.

Diese einfache Lösung beginnt damit, eine Standard-Trainingswoche zu planen, die sich gut mit Ihren Lebensumständen vereinbaren lässt, und sie dann mit nur kleinen Veränderungen im Laufe der Saison weitgehend beizubehalten. Das ist schon alles. Sobald Sie Ihre Standard-Woche ausgearbeitet haben, brauchen Sie sie nur zwei- bis dreimal zu wiederholen, bevor Sie ein paar Tage Pause machen, um sich zu erholen. Während die Saison voranschreitet, bleibt diese Standard-Woche weitgehend unverändert. Was sich ändert, sind nur die Details der einzelnen Einheiten, wenn diese im Verlauf mehrerer Wochen allmählich rennähnlicher gestaltet werden.

Der Plan, den Sie aufstellen, ist nicht in Stein gemeißelt.

Für einen fortgeschrittenen Fahrer bedeutet das, in die Saison einzusteigen, indem er die Dauer der Einheiten steigert. Die Trainingsausfahrten werden alle paar Wochen ein bisschen länger, während die Intensität gering bleibt – weitgehend Zone 1 und 2. In dieser Zeit werden die grundlegenden Leistungsfaktoren entwickelt: Ausdauer, Kraft und Schnelligkeit. Dies ist die Grundlagenphase und sie dauert rund zehn bis zwölf Wochen.

In der Aufbauphase, die sich über die nächsten etwa zehn Wochen erstreckt, wird die Menge an wettkampfähnlicher Intensität gesteigert, während die Dauer der Einheiten leicht verkürzt wird. Nun werden die erweiterten Faktoren entwickelt: Kraftausdauer, anaerobe Ausdauer und Schnellkraft. Diese Phase sollte Gruppenausfahrten und Rennteilnahmen umfassen. Die Dauer leicht zu verringern, wenn die Intensität gesteigert wird, verhindert, dass die Einheiten so hart sind, dass die Regeneration sich verzögert. Sie dürfen nicht mehr als zwei oder drei Einheiten mit Wettkampfintensität pro Woche absolvieren. Dies hängt letztlich davon ab, wie belastbar Sie sind und wie schnell Sie regenerieren.

Wenn Sie eine Standard-Trainingswoche erstellt haben und den oben dargelegten Maßgaben folgen, müssen Sie darüber hinaus nur noch, wie in Kapitel 13 beschrieben, ein Tapering einplanen, sprich: in den letzten zwei oder drei Wochen vor dem Wettkampf den Umfang verringern, indem Sie die Dauer aller Einheiten verkürzen. Mit dieser vereinfachten Periodisierungsmethode werden Sie Ihre Fitness verbessern, Ihr Selbstvertrauen stärken und hochmotiviert an den Start gehen.

FAZIT: PLANUNGSALTERNATIVEN

Nun, da Sie alle drei Kapitel von Teil IV durchgearbeitet haben, sollten Sie eine recht gute Vorstellung davon haben, welches Periodisierungsmodell Sie verwenden werden, um sich auf Ihren nächsten A-Wettkampf vorzubereiten. Ich habe zwei gängige Kategorien von Modellen vorgestellt: lineare und nichtlineare. Darüber hinaus habe ich eine sehr simple Planungsmethode dargelegt. Sollten Sie sich für das lineare Modell entscheiden, kehren Sie zu den Kapiteln 7 und 8 zurück und folgen Sie Schritt für Schritt den Anleitungen. Sollten Sie beschließen, einen modifizierten linearen Plan zu nutzen, wie in diesem Kapitel erläutert, nehmen Sie nach Bedarf die nötigen Anpassungen vor. Für die nichtlinearen Methoden wird es ein wenig kniffliger sein, sämtliche Details herauszuarbeiten, aber Athleten, die sich für ein solches System entscheiden, sind in der Regel erfahren genug, um zu wissen, wie sie ihren Plan entsprechend umgestalten. Falls Sie nie zuvor einen Trainingsplan erstellt haben und Periodisierung komplettes Neuland für Sie ist, halten Sie sich am besten an das klassische lineare System, das den Fokus der beiden vorangegangenen Kapitel bildete. Wenn Sie die Sache so simpel wie möglich gestalten wollen, nutzen Sie die vereinfachte Methode, die ich gegen Ende dieses Kapitels erläutert habe.

Wie bereits erwähnt, sollten Sie sich darüber im Klaren sein, dass der Plan, den Sie aufstellen, nicht in Stein gemeißelt ist. Sie werden im Laufe der Saison immer mal wieder Änderungen vornehmen müssen, wenn etwas dazwischenfunkt und Sie gezwungen sind, gelegentlich eine Trainingseinheit auszulassen. Was sich freilich nicht ändert, ist der Wettkampftermin, deswegen müssen Sie im Vorfeld entsprechende Anpassungen vornehmen, um wieder in die Spur zu kommen. Der Abschnitt »Verpasste Trainingseinheiten« in Kapitel 8 kann Ihnen dabei helfen, die richtigen Entscheidungen zu treffen.

Ein guter Zeitpunkt, einen Blick auf das Training der kommenden Woche zu werfen und eventuell erforderliche Anpassungen vorzunehmen, ist sonntags nach Ihrer letzten Trainingsausfahrt der Woche. Schauen Sie sich, nachdem Sie die Einheit eingetragen haben, den Plan für die kommende Woche an. Wird alles so aufgehen wie geplant? Falls ja, können Sie am nächsten Tag wie vorgesehen wieder ins Training einsteigen. Falls Sie Zweifel haben, ändern Sie den Plan entsprechend ab. Berücksichtigen Sie dabei, wie die vergangene Woche gelaufen ist, wie es aktuell um Ihre Fitness und Erschöpfung bestellt ist und was in der kommenden Woche abseits des Sports an Terminen ansteht, die eventuell Anpassungen erforderlich machen. Das dauert ein paar Minuten, aber der Lohn ist ein geeigneter Wochenplan, den Sie exakt umsetzen können.

Der entscheidende Punkt ist, dass Ihr Trainingsplan sowohl als Richtschnur dient für das, was Sie tun werden, als auch als Protokoll dessen, was Sie geleistet haben. Planen Sie voraus, nehmen Sie nach Bedarf Anpassungen vor und vermeiden Sie es, noch in letzter Minute etwas zu verändern, wenn Sie bereits aus der Einfahrt rollen; so etwas wird fast unweigerlich zu ziellosem Training und schlechten Wettkampfleistungen führen. Halten Sie alles, was Sie unternehmen, stets in Ihrem Trainingstagebuch fest (siehe Kapitel 14). So haben Sie, wenn es so weit ist, die kommende Saison zu planen, schriftliche Aufzeichnungen darüber, was funktioniert hat und was nicht. Ein schriftlicher Plan für diese Saison wird sich als unschätzbar erweisen, wenn es an der Zeit ist, den Plan für Ihre nächste Saison zu gestalten. Und ich verspreche Ihnen, dass es mit jedem Mal leichter wird.

TEIL V

BELASTUNG UND REGENERATION

Was haben wir bis hierher erreicht? Die ersten sechs Kapitel boten einen Überblick über die Philosophie und Methodik des Trainings für Höchstleistungen. In den Kapiteln 7, 8 und 9 haben wir uns ausführlich mit dem Thema Periodisierung Ihrer Saison befasst. Das bringt uns zum eigentlichen Radfahren. Doch bevor wir uns genauer mit einigen der empfohlenen Trainingseinheiten beschäftigen, was wir in den Kapiteln 12 und 13 tun werden, lassen Sie uns die Planung für einen Moment hintanstellen und mit den Kapiteln 10 und 11 eine Brücke schlagen zu dem, was uns noch erwartet.

Für einen ambitionierten Radrennfahrer betrifft Training alles, was er im Leben unternimmt. Es geht nicht nur darum, Rad zu fahren. Das Training umfasst auch Ihre täglichen Abläufe und Verpflichtungen. Bei der Betrachtung Ihrer Leistungen können Sie sich nicht allein auf das beschränken, was Sie auf dem Rad anstellen. Nichts im Leben funktioniert auf diese Weise. Alles, was Sie tun, trägt auf die eine oder andere Art und Weise zu Ihren Rennresultaten bei. Wenn Sie z.B. einem körperlich anstrengenden Beruf nachgehen, wirken sich dessen Anforderungen gewiss darauf aus, wie viel Zeit und Energie Ihnen jeden Tag zum Radfahren bleiben. Selbst wenn Ihr Job körperlich nicht aufreibend ist, kann er Sie mental so beanspruchen, dass Sie lustlos und erschöpft sind, wenn es Zeit für das Training ist. Damit hört es nicht auf. Was Sie beruflich machen, bringt fraglos Belastungen mit sich, aber dasselbe gilt ebenso für vieles andere in Ihrem Leben: was Sie denken, wie und mit wem Sie Ihre Zeit verbringen, was Sie essen und so weiter. Darüber hinaus gibt es einschneidende Ereignisse, die mit enormen persönlichen Belastungen einhergehen, z.B. ein neuer Job, ein Umzug, eine Scheidung, finanzielle Probleme und vieles mehr.

Sie müssen alle übermäßigen, durch Training oder Ihre Lebensumstände bedingten Belastungen während der Regeneration auf ein Maß an Stress abbauen, das mit Blick auf Ihren Tagesablauf normal und handhabbar ist. Dies ist normalerweise ein physischer Prozess, er kann aber auch mentaler Natur sein. Tolle Möglichkeiten, abzuschalten und zu entspannen, sind z.B. Musik hören oder mit Freunden plaudern.

Die nächsten beiden Kapitel werfen einen genaueren Blick auf das Zusammenspiel von Belastung und Regeneration bei Athleten, die für Höchstleistungen trainieren. Dazu schauen wir uns zunächst den Punkt an, ab dem Trainingsbelastungen exzessiv werden – mit anderen Worten, an dem der Stress über das hinausgeht, was Sie körperlich bewältigen können. So etwas ist keine schöne Erfahrung, aber ich bin sicher, dass auch Sie es schon mehr als einmal erlebt haben.

Stress ist natürlich nichts grundsätzlich Schlechtes. Den Körper über das hinaus zu belasten, was er gegenwärtig zu leisten vermag, ist notwendig, um das Potenzial für größere Fitness zu erzeugen. Auch damit werden wir uns befassen. In Kapitel 11 beschäftigen wir uns dann mit der anderen Seite des Trainings: der Regeneration. Das ist die Phase, in der das Potenzial, das Sie durch hartes Training erzeugt haben, tatsächlich in größerer Fitness resultiert. Die Ausgewogenheit dieser beiden Gegensätze – Belastung und Regeneration – entscheidet letztlich über Ihre Wettkampfleistungen. Das eine ist ohne das andere bedeutungslos.

10

TRAININGSBELASTUNG

ES GIBT EINE SACHE, mit der sich hochkarätige Ausnahmefahrer von allen anderen abheben, und das ist ihre Kapazität, ein hohes Maß an körperlichen Belastungen zu bewältigen. Solche Belastungen lassen sich auf vielfache Weise ermessen und beschreiben. Wir könnten z.B. darüber reden, wie viele Stunden oder Kilometer ein Fahrer jede Woche auf dem Rad abspult. Sie haben sicher eine ungefähre Vorstellung davon, was Profis in dieser Hinsicht leisten. Wochenumfänge von 25 Stunden und 800 Kilometern im Sattel sind ganz normal auf diesem Niveau. In vorigen Kapiteln beschäftigten wir uns außerdem mit dem Training Stress Score (TSS) als eine präzisere Methode, das Trainingspensum zu ermessen, denn dieses Maß berücksichtigt neben der Dauer auch die Intensität. Profis schaffen im Schnitt über einen Großteil der Saison um die 150 TSS-Punkte pro Tag. Das ist eine gewaltige Menge.

»Normale« Athleten sagen häufig, dass es fast so sei, als stammten Profis von einem anderen Planeten. Andererseits bekommen es Profis vielleicht nicht mit all den anderen Stressfaktoren zu tun, mit denen Sie sich im Alltag herumschlagen: eine 40-Stunden-Arbeitswoche oder mehr, Kinder, Hypotheken und viele andere Verpflichtungen. Wie gut Sie all das unter einen Hut bringen, hängt stark davon ab, wie viele Belastungen aller Art Sie bewältigen können.

Dieses Kapitel dreht sich um das Thema Belastung, aber nicht jedweder Art. Wir schauen uns insbesondere die körperliche Belastung an, die mit hartem Training einhergeht. Die Beschäftigung mit mentalem und emotionalem Stress würde den Rahmen dieses Buches sprengen, gleichwohl sollten Sie solche Überlegungen nicht außer Acht lassen. Ich habe Athleten erlebt, die ihr Training zurückfahren oder sogar einstellen mussten, um mit einem psychologisch belastenden Ereignis fertig zu werden. So etwas ist sogar häufiger notwendig, denn solche Belastungen sind nichts, was sich ohne weiteres vom Rest unseres Lebens trennen ließe. Stress wirkt sich auf die gesamte Person aus, ganz egal, wo oder wie er seinen Ursprung genommen hat. Der Körper reagiert auf weitgehend gleiche Art und Weise, ungeachtet der Ursache.

In den 1930er Jahren stellte der ungarisch-kanadische Endokrinologe Hans Selye die These auf, dass es zwei Arten von Belastung bzw. Stress gebe: Eustress und Distress. Selye definierte Eustress als positive, gesunde Belastung. Bezogen auf dieses Buch können wir von Eustress sprechen, wenn das Trainingspensum beherrschbar ist und größere Fitness erzeugt. Übermäßiges Training hingegen erzeugt Distress. Umgangssprachlich wird »Stress« häufig gleichbedeutend mit »Distress« verwendet, was sowohl seine mentalen als auch seine emotionalen Aspekte einschließt. Das ist aber nicht das, was Selye unter dem Begriff verstand.

Distress im Training führt zu einer übermäßigen Erschöpfung, die man als Übertraining bezeichnet.

Selye erklärte weiterhin, dass vorhersehbare physiologische Reaktionen auftreten, wenn ein Organismus einem der beiden Arten von Stress ausgesetzt ist. Eustress mittels Training erzeugt, wie in Kapitel 3 dargelegt wurde, Erschöpfung gefolgt von Fitness. Das ist gut. Distress im Training führt zu einer übermäßigen Erschöpfung, die wir Übertraining nennen. Das ist nicht gut. Manchmal ist es notwendig, mit Distress zu flirten, um ein höheres Maß an Fitness zu erzeugen. In Kapitel 8 erläuterte ich das Crash-Training, eine Trainingsmethode, die angewendet wird, um sich auf Etappenrennen vorzubereiten. Eine solche Trainingsweise fällt definitiv in die Kategorie Distress. Solches Training darf man nicht leichtfertig auf sich nehmen. Es ist riskant, wenn nicht gar gefährlich. Wie Sie richtig damit umgehen, erfahren Sie etwas später in diesem Kapitel.

Risiko bezieht sich auf Einheiten und Methoden, die ein hohes Potenzial bergen, einen Einbruch zu verursachen. Ertrag bedeutet einfach, dass Sie fitter und schneller werden.

Wie viel Training können Sie bewältigen, ohne sich zu viel Distress zuzumuten? Es gibt nur eine Möglichkeit, dies herauszufinden: Gehen Sie an Ihre Grenzen. Leisten Sie mehr Kilometer oder mehr Intensität oder beides. Aber seien Sie vorsichtig. Das ist gefährlich. Stellen Sie sich nur sporadisch auf diese Weise auf die Probe und auch nur dann, wenn es in Ihrem sonstigen Alltag keine größeren Belastungen gibt. Ein guter Zeitpunkt könnte z.B. ein Trainingslager oder ein Urlaub sein. Sie müssen sehr genau auf Ihren Körper achten, wenn Sie solche Experimente unternehmen. Mehr dazu später.

In diesem Kapitel beschäftigen wir uns mit Trainingsbelastungen und der Frage, wie Sie gewährleisten, dass diese Eustress und nicht Distress hervorrufen. Dazu schauen wir uns zwei Themenpaare an, die eng mit dem Yin und Yang des Trainings verknüpft sind: zum einen Risiko und Ertrag, zum anderen Overreaching und Übertraining.

RISIKO UND ERTRAG

Verausgaben Sie sich so sehr, dass Sie häufig Rückschläge in Form einer Verletzung erleben oder aufgrund einer Erkrankung Trainingseinheiten verpassen? Fühlen Sie sich manchmal ausgebrannt oder wenig motiviert für das Training? Oder stellen Sie fest, dass Sie trotz kontinuierlichen Trainings mit einem unbedenklichen Pensum einfach nicht das Leistungsniveau erreichen, dessen Sie sich für fähig halten? Solche Erfahrungen haben mit einem weiteren Gegensatzpaar des Trainings zu tun: Risiko und Ertrag.

Risiko bezieht sich auf Trainingseinheiten und -methoden, die, weil sie so aufreibend sind, ein hohes Potenzial bergen, einen Einbruch zu verursachen. Falls Sie in jeder Saison mehrmals solche Rückschläge erleben, so ist Ihr Training entweder unnötig anstrengend oder aber Sie muten sich zu viele ansonsten machbare Einheiten in zu kurzer Zeit zu. Ihr Trainingspensum stellt Ihren Körper schlichtweg vor eine zu große Herausforderung. Das ist grundsätzlich der Fall, wenn jemand einen Einbruch erlebt.

Sportmediziner fassen das Problem manchmal mit der einfachen Formel »zu viel, zu schnell« zusammen. Wären Sie im Training nur etwas konservativer vorgegangen, hätte der Einbruch vermieden werden können. Wenn Sie sich zu oft zu viel zumuten, verstoßen Sie gegen die in Kapitel 3 dargelegten Prinzipien hinsichtlich Dosis und Dichte des Trainings. Entweder ist die Dosis zu hoch, was Distress erzeugt, oder aber, was wahrscheinlicher ist, Sie haben hinsichtlich der Dichte Fehler gemacht, sprich: Ihre schweren Einheiten lagen zeitlich zu eng beieinander.

Ertrag hingegen bezieht sich auf die positiven Auswirkungen von Trainingseinheiten, die mit angemessenen Belastungen arbeiten – mit anderen Worten: Diese Einheiten erzeugen Eustress. Ertrag bedeutet, dass Sie fitter und schneller werden. Um die Erträge Ihres Trainings einzufahren, müssen die Risiken wiederholter harter Trainingseinheiten im Rahmen einer Dosis und Dichte gehalten werden, die zwar hoch sind, sich meistens aber gerade noch innerhalb dessen bewegen, was Sie physisch zu leisten imstande sind. Dieses »meistens« bringt uns wieder auf das Thema Crash-Training, das Sie, wie Sie sich erinnern, nur sparsam unternehmen sollten. Crash-Training ist ohne Zweifel riskant, es verspricht aber auch immense Erträge. Unterm Strich gilt, dass ein gewisses Maß an Risiko unerlässlich ist, um Höchstleistungen zu erbringen. Im Training kommt selten etwas Gutes dabei heraus, wenn man jegliches Risiko scheut. Es ist durchaus möglich, zu vorsichtig zu sein.

Theoretisch könnten Sie im Training so konservativ vorgehen und so sehr darauf bedacht sein, jedes Risiko zu vermeiden, dass Sie über mehrere Wochen kaum oder gar keine Verbesserungen der Fitness verzeichnen. Da Sie aber dieses Buch lesen, gehe ich davon aus, dass dies auf Sie nicht zutrifft. Wahrscheinlicher ist, dass Sie häufig ins Risiko gehen, um Ihrer Fitness vor einem bevorstehenden Rennen auf die Sprünge zu helfen. So jedenfalls machen es Sportler, die auf Höchstleistungen aus sind.

Abbildung 10.1 verdeutlicht, wie sich Risiko und Ertrag des Trainings zueinander verhalten. Sie könnten die Begrifflichkeiten leicht verändern und erhielten so eine grundlegende Anleitung für den Handel am Aktienmarkt. Blue Chips, die für langsames, aber konsistentes Wachstum bekannt sind, sind generell mit geringem Risiko behaftet. In solche Aktien zu investieren, wird nur sehr langsam Erträge abwerfen, dafür laufen Sie kaum Gefahr, sich zu ruinieren. Andererseits ist eine Aktie, die großes Potenzial für üppige Profite birgt – z.B. ein Start-up-Unternehmen,

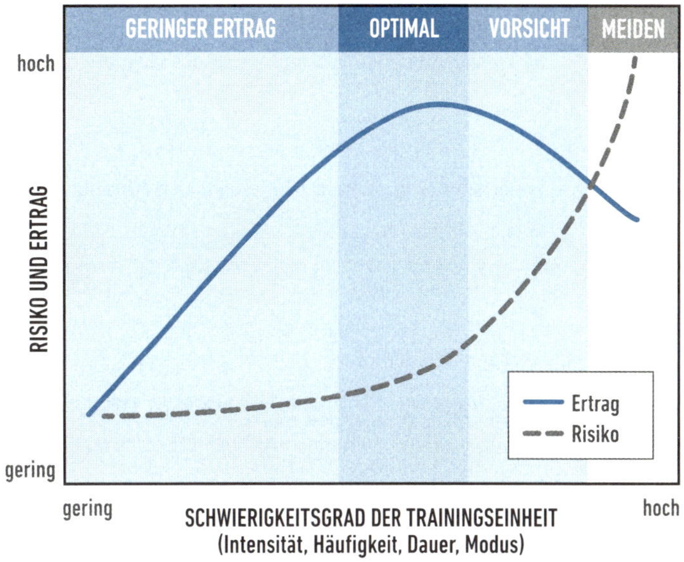

ABBILDUNG 10.1 Risiko und Ertrag des Trainings

das mit einer neuen Technologie arbeitet – auch mit einem hohen Maß an Risiko verbunden. Sie könnten binnen kurzer Zeit ein Vermögen machen oder aber alles verlieren.

Mit dem Training verhält es sich im Grunde genauso: Geringes Risiko bedeutet geringer Ertrag, und hohes Risiko bedeutet hoher Ertrag. So wie Investitionen am Aktienmarkt kann sich auch das Training potenziell in beide Richtungen entwickeln. Die Herausforderung besteht darin, die richtige Balance zu finden. Das erfordert ein gutes Wissen darüber, was Ihr Körper bewältigen kann, ebenso wie die Geduld, bei der Stange zu bleiben, und Hingabe an Ihren Plan.

Regelmäßig zu viel in hochriskantes Training in Form übergroßer Umfänge oder Intensitäten zu investieren, mündet wahrscheinlich in Verletzungen, Krankheit, Burnout oder Übertraining. Auf der anderen Seite werden Athleten, die vornehmlich kurze Einheiten von geringer Intensität unternehmen, zwar eher von solchen Rückschlägen im Training verschont bleiben, aber im Wettkampf werden sie nie auf einen grünen Zweig kommen. Das ist die zwangsläufige Folge von zu risikoarmem Training. Freilich ist es für ernsthafte Radsportler sehr ungewöhnlich, dass sie zu wenig trainieren. Fast immer ist das Gegenteil der Fall.

Der Schlüssel, das Risiko relativ hoch und doch beherrschbar zu halten, liegt darin, sich hinsichtlich Dosis und Dichte ein klein wenig zu zügeln.

Der Schlüssel, das Risiko relativ hoch und doch beherrschbar zu halten, liegt darin, sich hinsichtlich Dosis und Dichte ein klein wenig zu zügeln. Sie sollten z.B. nicht gleich zu Beginn einer neuen Saison in ein Kraftraumtraining mit sehr hohen Lasten und wenigen Wiederholungen einsteigen. Heben Sie sich dies für die MK-Phase auf. Sich sofort in eine hochintensive MK-Einheit zu stürzen, ist sehr riskant. Viel klüger ist es, Ihrem Körper zu gestatten, sich allmählich anzupassen, indem Sie die Saison mit leichten Gewichten und vielen Wiederholungen beginnen, um dann im Verlauf mehrerer Einheiten die Lasten zu erhöhen und die Zahl der Wiederholungen gleichzeitig zu verringern. Räumen Sie ihm genug Zeit ein, wird Ihr Körper Anpassungen vornehmen, die Sie nach und nach für höhere Lasten präparieren. Ebenso sollten Sie Intervall-Einheiten auf dem Rad zunächst mit machbarer Intensität unternehmen und sich von dort aus allmählich steigern. Sie werden mit jeder Einheit ein wenig fitter und, noch wichtiger, Sie werden keinen Einbruch wegen eines zu harten Trainings erleben.

Die Dichte Ihres Trainings zu steuern, funktioniert auf sehr ähnliche Weise. Einheiten mit hoher Dosis – wie z.B. Arbeit mit schweren Gewichten oder hochintensive Intervalle – sollten zeitlich so weit voneinander getrennt werden, dass Ihrem Körper Zeit bleibt, sich zwischen den Einheiten anzupassen und stärker zu werden. Diese Adaptation erfordert Geduld. Möglicherweise werden 48 Stunden Regeneration oder mehr nötig sein, damit Ihr Körper stärker wird. Die Veränderungen nach einer einzelnen Trainingseinheit mögen minimal sein, aber mit der Zeit werden Sie immense Fortschritte machen – und das, ohne einen Einbruch zu riskieren.

Beachten Sie bitte, dass ich Ihnen nicht davon abraten will, hochdosierte Einheiten zu absolvieren, die zugleich hohe Dichte vorsehen. Solches Training ist bisweilen durchaus sinnvoll. Aber es ist gewiss nichts, was Sie sich häufig zumuten sollten, und solche Einheiten müssen sehr umsichtig gehandhabt werden. Haben Sie Geduld, wenn Sie mit hoher Dosis und hoher Dichte trainieren: Nur so werden Sie kontinuierliche Fortschritte machen und gleichzeitig Rückschläge vermeiden. Geben Sie Ihrem Körper Zeit, sich anzupassen, bevor Sie die nächste harte Einheit folgen lassen. Andernfalls wird das Übertrainings-Risiko massiv steigen.

ÜBERTRAINING

Viele Radsportler haben eine völlig falsche Vorstellung davon, was Übertraining bedeutet. Manche Fahrer absolvieren ein paar Tage lang harte Einheiten und behaupten dann, sie seien übertrainiert. Das ist aber eher unwahrscheinlich. Übertraining bzw. ein Übertrainings-Syndrom, wie es in der Sportmedizin gemeinhin genannt wird, ist eine noch wenig erforschte Störung, die auftritt, wenn der Körper den Trainingsbelastungen nicht mehr gewachsen ist. Er befindet sich im Zustand des Distress. Der Begriff, der eher beschreibt, was Athleten erleben, die es im Training ein wenig übertrieben haben, ist »Overreaching« – eine Überbelastung. Die meisten Sportler, die sich im Zustand des Übertrainings wähnen, leiden vielmehr unter dieser ungleich harmloseren Störung – sie haben sich einfach übernommen. Gleichwohl ist Overreaching ein frühes Stadium der Entwicklung, die zum Übertrainings-Syndrom führen kann.

Der Unterschied zwischen Übertraining und Overreaching ist, dass man in letzterem Zustand zwar sehr müde ist, die Regeneration aber dennoch adäquat ist, so dass der Körper sich anpassen und stärker werden kann. Sind Sie übertrainiert, ist die Regeneration unzureichend und der Körper erlebt trotz eines hohen Trainingspensums einen Einbruch des Leistungniveaus und der Fitness.

Übertraining darf man unter keinen Umständen auf die leichte Schulter nehmen. Es ist so ziemlich das Schlimmste, was einem ernsthaften Athleten widerfahren kann. Und doch ist es paradoxerweise etwas, mit dem man stets flirten muss, um ein hohes Maß an Fitness zu erzielen. Es ist ein Risiko, das in Kauf genommen werden muss. Der Schlüssel ist, zu wissen, wie man Erträge einfährt, während man gleichzeitig Rückschläge vermeidet. Mit Übertraining zu flirten, ist im Grunde das, worum sich das Overreaching dreht. Es bildet den Kern des Trainings für Höchstleistungen. Wie also gelingt es Ihnen, sich angemessen zu überlasten, ohne ins Übertraining zu geraten?

Die Symptome des Übertrainings sind zahlreich, doch treten bei betroffenen Athleten selten die gleichen auf. Das macht eine präzise Definition schwierig. In physiologischer Hinsicht sind Erschöpfung und schlechte Leistungen die einzigen Symptome, die in fast jedem Fall zu beobachten sind. Diese Anzeichen können aber auch auftreten, ohne dass ein Übertrainings-Syndrom vorliegt.

Was wir wissen, ist, wie es zum Übertraining kommt. Dieses Phänomen tritt auf, wenn ein Sportler die mit dem Overreaching einhergehende Erschöpfung ignoriert und weiter mit hohen Belastungen und unzureichender Ruhe und Regeneration trainiert. Das Risiko des Übertrainings und eines anschließenden Nachlassens nicht nur der Fitness und Leistungsfähigkeit, sondern auch der Gesundheit, erhöht sich dadurch immens.

Wie lange man in diesem Zustand weitertrainieren kann, bevor man ins Übertraining gerät, hängt von ein paar individuellen Faktoren ab. Junge Fahrer können mehrere Wochen lang überaus engagiert und bis zur Erschöpfung trainieren, ehe sie in den Zustand des Übertrainings geraten. Ältere Athleten und solche, die den Sport noch nicht lange betreiben, können im schlimmsten Fall in weniger als drei Wochen ins Übertraining geraten. Hinzu kommen unter Umständen individuelle Merkmale, die das Einsetzen des Übertrainings beschleunigen oder verzögern können.

Ein Sportler kann die angesammelte Müdigkeit des Overreaching abbauen, indem er sich Ruhe gönnt oder ein paar Tage lang nur leicht trainiert. Danach kann er wieder ins belastungsintensive Training zurückkehren. Aber sobald das Übertrainings-Syndrom vom Körper Besitz ergriffen hat, wird er die Erschöpfung nicht mehr so einfach los. Die Folge können Lustlosigkeit, Übellaunigkeit und fehlende Motivation sein. Diese häufigen psychischen Symptome werden i.d.R. am ehesten vom Partner oder von engen Freunden wahrgenommen. Aber es gibt noch andere Anzeichen dafür, dass etwas nicht stimmt.

Übertraining tritt auf, wenn ein Sportler die mit dem Overreaching einhergehende Erschöpfung ignoriert und weiter mit hohen Belastungen und unzureichender Ruhe und Regeneration trainiert.

Tabelle 10.1 listet gängige Symptome des Übertrainings auf. Beachten Sie, dass im konkreten Fall nicht alle auftreten. Tatsächlich wird ein übertrainierter Athlet sich nur einiger weniger der genannten Symptome bewusst sein. Beachten Sie außerdem, dass einige Anzeichen einander widersprechen, z.B. »größerer Hunger als normal« und »Appetitlosigkeit«. Dies liegt daran, dass sich die Symptome bei Fortschreiten des Syndroms verändern können, und auch die jeweilige Ursache des Übertrainings wie übermäßig hohe Trainingsintensität oder -dauer nimmt Einfluss.

Viele der gängigen Symptome können auch bei Erkrankungen wie dem chronischen Erschöpfungssyndrom, der Lyme-Krankheit oder den frühen Stadien der infektiösen Mononukleose auftreten. Überhaupt sollte sich jeder Sportler, der neben einem der anderen Symptome aus Tabelle 10.1 noch tiefe und anhaltende Müdigkeit verspürt, ärztlich auf diese und andere, ähnliche Erkrankungen untersuchen lassen. Das übliche Vorgehen, um Übertraining zu diagnostizieren, ist, mögliche Erkrankungen mit ähnlichen Symptomen auszuschließen.

Häufiges Training, das das Maß übersteigt, an das der Körper sich anpassen kann, ist unter ernsthaften Athleten gang und gäbe. Und wie oben erwähnt ist es oftmals notwendig, um ein höheres

TABELLE 10.1 Übliche Symptome von Übertraining unterteilt nach Kategorien

KATEGORIE	SYMPTOME
physisch	• Ruhepuls höher oder niedriger als gewöhnlich • Gewichtsverlust • größerer Hunger als normal • Appetitlosigkeit • Lethargie • unruhiger Schlaf, Schlafstörungen • chronische Müdigkeit • Muskelschmerzen • Muskel- und Gelenkverletzungen • kleinere Wunden verheilen langsam • Menstruationsstörungen
Leistungsfähigkeit	• erheblich verringerte Leistungsfähigkeit in harten Trainingseinheiten • geringere Wattzahlen bei gegebener Herzfrequenz • schlechtere Radbeherrschung • Unfähigkeit, Trainingseinheiten plangemäß zu bewältigen • verringerte Muskelkraft • verminderte Koordination • technische Fertigkeiten schwinden
psychisch	• launisch, mürrisch, empfindlich • Apathie • geringe Trainingsmotivation • verminderte Konzentrationsfähigkeit • verringertes Selbstwertgefühl • sehr hohes Maß an Wettkampfnervosität • verringerter Wettkampfehrgeiz • Depression
physiologisch	• geringe Laktatspitzenwerte • niedrige Herzfrequenz bei hoher Wattleistung oder Geschwindigkeit • hohe Herzfrequenz bei geringen bis moderaten Intensitäten • hohe empfundene Anstrengung bei gegebener Wattleistung • geringe Herzfrequenzvariabilität • erhöhter Sauerstoffverbrauch während submaximaler Belastung • verringerte Kapazität für maximale körperliche Anstrengung
immunologisch	• erhöhte Anfälligkeit für Erkältungen, Grippe und Allergien • geschwollene Lymphknoten • bakterieller Infekt • unnormale Werte für weiße Blutkörperchen im Differentialblutbild
biochemisch	• verringerte Konzentration von Muskelglykogen • erhöhter Cortisol-Spiegel • niedriger Serum-Ferritin-Spiegel • verringerte Knochenmineraldichte

Leistungsniveau zu erreichen. Ohne rechtzeitige und ausreichende Regeneration ist ein solches Vorgehen aber der sichere Weg in die sportliche Katastrophe. Mehr zum Thema Regeneration in Kapitel 11.

OVERREACHING

Wie mehrfach erwähnt, ist Overreaching unter ernsthaften Athleten nicht nur gang und gäbe, sondern hin und wieder auch notwendig. Es ist ein Risiko, das eingegangen werden muss, um die Erträge einzufahren. Der Schlüssel, um in solchen Phasen Übertraining zu vermeiden, ist häufige Regeneration. Deswegen habe ich in den Kapiteln 7 und 8 empfohlen, während der Grundlagen- und Aufbauphasen alle drei bis vier Wochen ausgedehnte Regenerationspausen einzulegen. Diese Auszeiten helfen Ihnen, die angesammelte Erschöpfung aus dem vorangegangenen Mesozyklus zu beseitigen. Falls Sie ins Overreaching geraten sind, werden solche Pausen wie eine Verjüngungskur wirken. Ihre Akkus werden aufgeladen und Sie sind bereit, voll motiviert wieder ins Training einzusteigen. Sie werden zudem herausfinden, ob Sie ins Übertraining gerutscht sind, denn in dem Fall werden Sie die Erschöpfung nicht los – selbst wenn Sie in der Pause mehrere Tage gar nicht trainiert haben. Das ist unwahrscheinlich, aber es kommt gerade bei extrem motivierten Fahrern hin und wieder vor.

Im Grunde ist Overreaching nichts anderes als behutsam gehandhabtes Übertraining. Wenn Sie mit hohem Pensum trainieren, müssen Sie beständig darauf achten, wie Körper und Geist auf die Belastungen reagieren. Die wichtigste Frage, die Sie sich tagtäglich stellen müssen, lautet: Wie fühle ich mich heute? Falls Sie sich an mehreren Tagen in Folge übermüdet fühlen, brauchen Sie Ruhe und Regeneration – egal, ob dies im Plan vorgesehen ist oder nicht. Es spielt keine Rolle, ob Sie sich in einer Grundlagen- oder

TABELLE 10.2 Übliche Progression von moderatem Overreaching zum Übertrainings-Syndrom

STUFE	PHASE	ÜBLICHE SYMPTOME
1	moderates Overreaching	• hohe empfundene Erschöpfung • minimale Veränderung des Leistungsniveaus • Trainingsfähigkeit wiederhergestellt nach 24–36 Stunden Ausruhen • Leistungsvermögen im Anschluss an das Ausruhen verbessert
2	funktionales Overreaching	• sehr hohe empfundene Erschöpfung • Rückgang des Leistungsniveaus denkbar • Trainingsfähigkeit erst nach mehreren Tagen Ausruhen wiederhergestellt • Leistungsvermögen im Anschluss an das Ausruhen verbessert
3	nicht-funktionales Overreaching	• sehr hohe empfundene Erschöpfung • offenkundiger Rückgang des Leistungsniveaus • Trainingsfähigkeit erst nach mehreren Tagen Ausruhen wiederhergestellt • keine Leistungssteigerung im Anschluss an das Ausruhen
4	Übertrainings-Syndrom	• äußerst intensive empfundene Anstrengung • chronisch schwächelndes Leistungsvermögen • mehr als ein Monat Ausruhen erforderlich, um Erschöpfung abzulegen und Trainingsfähigkeit wiederherzustellen • Leistungsniveau nach Regeneration erheblich gesunken • Wettkampfsaison nicht mehr zu retten

Aufbauphase befinden oder ob ein Rennen vor der Tür steht; Sie müssen sofort eine Pause einlegen und sich erholen. Sie werden ein klein wenig Fitness einbüßen, aber das ist nichts im Vergleich mit dem katastrophalen Einbruch, der Ihnen blüht, sollten Sie ins Übertraining geraten.

Man könnte diese kontrollierte Herangehensweise an hartes Training als »bewusstes Overreaching« bezeichnen. Erreicht wird es durch eine ausgewogene Mischung aus Ruhe und Belastung. Aus diesem Grund räumt dieses Buch dem Thema Periodisierung einen so hohen Stellenwert ein. Der Sinn der Sache ist, Regeneration und Adaptation in den Fokus zu rücken. Letztere vollzieht sich, wenn Sie hart trainieren und dann regenerieren. Periodisiertes Training bedeutet, einen Plan auszuarbeiten, der abwechselnd hartes Training und Regeneration vorsieht. Der Gedanke dahinter, so viele Auszeiten vom ernsthaften Training vorzusehen, sollte inzwischen klar sein: Es soll Sie davor bewahren, in den Zustand des Übertrainings zu geraten. Sofern Ihr Training angemessen hart ist, werden die vorgesehenen Pausen in etwa zum richtigen Zeitpunkt erfolgen.

Wenn es ums Training geht, ist Gier die größte emotionale Herausforderung für fortgeschrittene Athleten.

Tabelle 10.2 stellt die übliche Progression vom gesunden und leistungsfördernden Overreaching zum ungesunden und leistungsmindernden Übertraining dar.

FAZIT: TRAININGSBELASTUNG

Ich sage es nicht gern, aber wenn es ums Training geht, ist Gier die größte emotionale Herausforderung für einen fortgeschrittenen Athleten. Unser unersättliches Verlangen nach Fitness treibt uns oftmals an den Rand dessen, was der menschliche Körper gefahrlos zu bewältigen vermag. Dies erzeugt gewaltige Erschöpfung. Die Erschöpfung ist so groß, dass sie uns in der Regel davon abhält, uns noch weiter zu verausgaben. Aber manche Athleten sind dermaßen motiviert, dass sie sich über den Punkt hinaus quälen, an dem ihr Körper ihnen mitteilt: Es reicht. Dies sorgt für ein tiefgreifendes physiologisches Ungleichgewicht. Aber der Körper hat immer das letzte Wort. Er reagiert, indem er einen Zustand entwickelt, der von der Sportmedizin als Übertrainings-Syndrom bezeichnet wird. Diese Störung hat zahlreiche Symptome (siehe Tabelle 10.1). Die häufigsten sind Erschöpfung und ein Nachlassen der sportlichen Leistungsfähigkeit.

Es gibt noch viele andere Symptome des Übertrainings außer Müdigkeit und schwacher Leistung. Sie sind von Sportler zu Sportler verschieden, vermutlich aufgrund des individuellen Hormonhaushalts und der spezifischen Merkmale des Trainings, das die Störung verursacht hat. Für gewöhnlich geht es zurück auf das Zusammenspiel von Dauer und Intensität der Einheiten im Verlauf mehrerer Wochen.

Das Heilmittel gegen Gier ist Geduld. Aber das ist leichter gesagt als getan. Da es notwendig ist, hin und wieder in Maßen riskantes Training zu absolvieren – Stichwort Overreaching –, ist Erschöpfung etwas, was fortgeschrittene Athleten häufig erleben. Das ist ganz normal und nicht anders zu erwarten. Falls die Müdigkeit aber über einen längeren Zeitraum, gewöhnlich mehrere Wochen, extrem hoch ist, dann leidet der Fahrer unter anhaltender Erschöpfung und es droht Übertraining.

Bevor sich das Übertrainings-Syndrom einstellt, kommt es oftmals zu einer Erkrankung oder Verletzung, die den betreffenden Fahrer zwingt, eine Weile mit hartem Training auszusetzen. Das ist gewiss kein erstrebenswerter Zustand, aber immer noch besser, als ins Übertraining zu geraten. So ist der Fahrer zumindest vorübergehend genötigt, zu einem machbaren Trainingspensum zurückzukehren. Auf diese Weise schützt sich Ihr Körper vor Ihrer Gier.

Sämtliche dieser Rückschläge können generell vermieden werden, indem Sie einem sorgsam ausgearbeiteten Trainingsplan wie in Kapitel 7 und 8 erörtert folgen. Ein wohlüberlegter Plan lässt einem ambitionierten Fahrer genügend Raum für ein bewusstes Overreaching – Training, das nur wenig über das hinausgeht, was Ihr Körper bewältigen kann – und bezieht gleichzeitig alle drei oder vier Wochen ausgedehnte Regenerationspausen ein.

Das richtige Maß an Trainingsreizen zu bestimmen, ist weitgehend eine Sache Ihrer Erfahrung. Es gibt keine allgemeingültige Formel dafür, wie lang, häufig oder intensiv Ihre Einheiten sein sollten. Sie müssen mit der Zeit Ihre eigene Formel ermitteln. Das mag für den Moment etwas vage klingen, doch Sie werden es schon merken, wenn Sie sich in einem Training zu viel zugemutet oder zu viele Einheiten in zu kurzer Zeit absolviert haben. Das häufigste Symptom ist, dass Ihre Regeneration mehr als 36 Stunden beansprucht. Falls Sie sich auch 48 Stunden nach dem Training noch erschöpft fühlen, können Sie davon ausgehen, dass es zu hart war. Erschöpft heißt in diesem Fall, dass Sie nicht in der Lage wären, die gleiche oder eine ähnlich anspruchsvolle Einheit zu bewältigen. Sie haben Stufe 2 erreicht – funktionales Overreaching (siehe Tabelle 10.2). Mit der Zeit, wenn sich Ihre Fitness mit geduldigem Training allmählich verbessert, wird freilich aus einer einstmals zu schweren Einheit der Stufe 2 ein moderates Training der Stufe 1. Das ist das Ergebnis eines bewussten und wohlüberlegten Overreaching.

Es gibt Zeiten, in denen ein erfahrener Radsportler beschließen kann, ein Risiko einzugehen und eine Stufe-2-Einheit oder sogar mehrere solcher Einheiten in rascher Folge zu unternehmen, so wie es in einer Crash-Phase üblich ist (mehr dazu in Kapitel 8). Doch dieses Risiko muss sorgfältig abgewägt und die Erschöpfung genau beobachtet werden. Auch in solchen Phasen ist es wichtig, mit Augenmaß zu Werke zu gehen, um Verletzungen, Krankheiten und Übertraining zu vermeiden. Falls Sie Ihrem Körper auch nur wenige Tage lang etwas zu viel abverlangen, können Sie sich die ganze Saison ruinieren. Geduld ist stets angezeigt, v.a. bei dermaßen riskantem Training.

Sollten Sie andererseits nach zwei oder drei Wochen Training in der Grundlagen- oder Aufbauphase nicht erschöpft sein, trainieren Sie nicht hart genug. Sie haben zu wenig riskiert, um Erträge zu erzielen. Wie in Kapitel 3 erläutert, entwickeln sich Fitness und Erschöpfung in die gleiche Richtung. Falls nie Erschöpfung eintritt, wird auch keine Fitness erzeugt. Um fitter zu werden, müssen Sie häufig erschöpft sein. Müdigkeit ist also wünschenswert und nicht etwas, was gänzlich vermieden werden sollte. Die einzige Frage dabei ist, wie lange die Erschöpfung währt. Um diese knifflige Frage kreist das ganze Problem des drohenden Übertrainings.

Effektives Training ist die ausgewogene Mischung aus Belastung und Regeneration. Das war's. Mehr ist nicht gefragt. Dieses Kapitel beschäftigte sich mit der einen Hälfte dieses Gegensatzpaars: der Belastung. Als Nächstes schauen wir uns die andere Hälfte an: die Regeneration.

11

ERSCHÖPFUNG, REGENERATION UND ANPASSUNG

IN KAPITEL 3 erzählte ich Ihnen, dass eine harte Trainingseinheit Erschöpfung erzeugt, die ihrerseits das Potenzial für Fitness repräsentiert. Dieses neue, höhere Fitnessniveau wird verwirklicht, wenn Sie regenerieren. Wenn Sie es während der Regeneration locker angehen lassen, setzt der Adaptationsprozess Ihres Körpers ein und dieser macht allmähliche Veränderungen durch. Der Körper erholt und erneuert sich, indem er verletzte Muskeln repariert, neue Nervenbahnen schafft, Kapillarbetten erweitert, die Chemie wieder ins Gleichgewicht bringt, Muskelfasern entwickelt und vieles mehr.

Der physiologische Wiederaufbau nach einem harten Training sorgt dafür, dass sämtliche betroffenen Systeme des Körpers besser darin werden, die Belastung zu bewältigen, die die Erschöpfung (und damit die Notwendigkeit der Regeneration) hervorbrachte. Dies nennt man *Überkompensation*. Diese bildet das Herzstück der Adaptation. Das letztliche Resultat ist, dass die drei Komponenten der Ausdauerfitness – aerobe Kapazität, anaerobe Schwelle und Ökonomie – sich infolge der Regeneration nach einer harten Einheit leicht verbessern. In welchem Maße sich Ihre Fitness verbessert, hängt von Art und Ausmaß der ausgeübten Belastung ab sowie von der Quantität und Qualität der Regeneration.

Regeneration und Adaptation sind, bis zu einem gewissem Grad, das Gleiche. Beides braucht Zeit und kann nicht erzwungen werden. Wie viel Zeit Sie benötigen, um Müdigkeit abzubauen und Fitness zu erlangen, hängt davon ab, wie groß die vorangegangene Trainingsbelastung war. Wenn sie nur wenig über das hinausging, was Ihr Körper bereits bewältigen konnte, werden Sie wahrscheinlich in rund 48 Stunden oder weniger bereit für eine weitere harte Einheit sein. Eine Trainingseinheit, die deutlich härter ausfiel als das, was Ihr Körper bis dahin gewohnt war, erfordert eine längere Regeneration.

Die Erschöpfung, die Sie nach einem harten Training verspüren, ist der natürliche Vorgang, der Sie davon abhalten soll, sich zwei hammerharte Ausfahrten hintereinander zuzumuten, die Ihren Körper in einer Weise strapazieren würden, dass er sich nicht mehr anpassen kann. Ein außergewöhnlich hohes Maß an Erschöpfung, das auf eine sehr harte Einheit hindeutet, ist riskant. Räumen Sie sich darü-

Der Schlüssel zu effektivem Training ist, die richtige Balance zwischen Belastung und Regeneration zu finden.

Die meisten erfahrenen Radsportler befinden, dass eine lockere Ausfahrt die Regeneration ankurbelt und somit zur Anpassung beiträgt.

ber hinaus zu wenig Regenerationszeit ein, sind Sie auf dem besten Weg zum Übertraining. Aber die andere Seite der Medaille ist nicht viel besser. Tagein, tagaus nur lockere Einheiten zu absolvieren oder sich allzu häufig einen Ruhetag zu nehmen, führt zu einem Verlust an Fitness. Dies ist das Gegenteil von Überkompensation und bringt uns wieder zum Prinzip der Umkehrbarkeit aus Kapitel 3.

Der Schlüssel zu effektivem Training ist, die richtige Balance zwischen Belastung und Regeneration zu finden, so dass Erschöpfung durch harte Einheiten erzeugt und dann abgebaut wird, während sich die Adaptation vollzieht. In diesem Kapitel schauen wir uns an, wie Sie die Anpassung verbessern, indem Sie sehr genau auf Erschöpfung und Regeneration achten.

Ohne zumindest ein bisschen Erschöpfung gibt es keine Verbesserung der Fitness. Aber wie viel Erschöpfung ist nötig, um eine Verbesserung zu erzielen? Leider lässt sich das nicht ohne weiteres sagen, denn Erschöpfung ist nicht so leicht zu messen wie Fitness, zumindest bis jetzt noch nicht. Zwar gibt es ein paar Möglichkeiten, sie zu bestimmen, doch präzise Messmethoden wie für die Ermittlung der VO_2max oder der anaeroben Schwelle gibt es für Erschöpfung nicht. Dadurch ist die Steuerung der Regeneration eher eine Kunst als eine Wissenschaft und erfordert Mutmaßungen, um stets die richtige Dosis an Erholung für das jeweilige Ausmaß der Belastung zu bestimmen, welche die Erschöpfung erzeugt hat. Und das bedeutet, dass Regeneration weitgehend eine Sache von Selbstwahrnehmung und Empfindungen ist.

Die Sportwissenschaft wird aber allmählich besser darin, zu messen, was der Körper nach einer harten Trainingseinheit durchmacht. Solche wissenschaftlichen Fortschritte gestatten uns, fundiertere Einschätzungen anzustellen, wie viel Regeneration an einem bestimmten Tag nötig sein mag. Mit einigen dieser Hilfsmittel zur Bestimmung der Erschöpfung werden wir uns in diesem Kapitel beschäftigen. Da wir gegenwärtig aber deutlich mehr über die Nutzung der Eigenwahrnehmung zur Bestimmung der Regeneration wissen, werde ich eine größere Gewichtung auf diesen Aspekt legen.

Was diese Suche nach Präzision weiter erschwert, ist der Umstand, dass Regeneration eine höchst individuelle Angelegenheit ist. Nicht jede der Methoden, die in diesem Kapitel erörtert werden, ist für alle Sportler gleich gut geeignet, selbst nach ähnlichen Trainingseinheiten und für ein ähnliches Ausmaß an Erschöpfung. Sie werden etliche Dinge ausprobieren müssen, um herauszufinden, was für Sie gut funktioniert. Selbst dann kann die Effektivität der gewählten Regenerationsmethode von einer Trainingseinheit zur nächsten variieren.

Sämtliche der Empfehlungen aus diesem Kapitel durchzuarbeiten, wird nicht leicht sein, nicht nur, weil es eine ganze Menge sind, sondern auch, weil sie zum Teil besonderes und durchaus kostspieliges Equipment erfordern. Auf der anderen Seite haben Sie vermutlich schon eine Menge Erfahrung mit einigen der hier vorgestellten Methoden. Die meisten fortgeschrittenen Athleten finden diese Dinge im Laufe ihrer Rennkarriere recht bald von allein heraus.

Hier ein Beispiel für die Individualität der Regeneration: Die meisten erfahrenen Radsportler befinden, dass eine lockere Ausfahrt – d.h. »aktive Regeneration« – die Regeneration ankurbelt und somit zur Anpassung beiträgt. Die meisten Anfänger und viele Fahrer in ihrem zweiten oder dritten Trainingsjahr machen hingegen die Erfahrung, dass sie im Allgemeinen noch besser damit fahren, sich einen Tag freizunehmen, also »passive Regeneration« zu betreiben. (Ein Beispiel für aktive Regeneration liefert Einheit A1 in Anhang B.)

Unterm Strich bleibt festzuhalten, dass Erschöpfung gut ist, weil sie das Potenzial für größere Fitness birgt, und dass der allmähliche Abbau von Erschöpfung ein Anzeichen für eine Adaptation ist und somit verwirklichte Fitness darstellt. Das ist eine ganz wichtige Erkenntnis. Die übergreifende Lehre aus diesem Kapitel ist demnach, dass Regeneration für den Erfolg im Radsport ebenso wichtig ist wie harte Trainingseinheiten. Falls Sie das eine gut hinbekommen, das andere aber nicht, werden Sie Ihr Potenzial als Radrennfahrer nicht ausschöpfen. Es erfordert sowohl Trainingsbelastung als auch den adaptiven Prozess der Regeneration, um fit und bereit für den Wettkampf zu sein.

ERSCHÖPFUNG MESSEN

Woher wissen Sie, dass Sie erschöpft sind? Dumme Frage? Nicht unbedingt, denn es gibt viele subtile Abstufungen von Erschöpfung. In Kapitel 4 nutzten wir eine Skala von 0 bis 10, um die empfundene Anstrengung zu beurteilen. Die Erschöpfung können wir mit einer ähnlichen Skala bewerten. Je höher die Wertung, desto größer Ihre Erschöpfung. Ab einem bestimmten Punkt auf der Skala werden Sie sagen, dass Sie erschöpft sind. Wenn Sie ehrlich sind, sind Sie vermutlich fast immer zumindest ein bisschen erschöpft – das bringt das Dasein als ernsthafter Athlet nun mal so mit sich. Ein Maß an Erschöpfung, das mit der fitnesssteigernden Adaptation im Zuge der Regeneration zusammenhängt, wäre auf der Skala aber höher zu verorten. Lassen Sie uns sagen, dass ein solches Maß an Erschöpfung gegeben ist, wenn Sie diese mit 7 oder höher bewerten. Das sollte nach einem harten Training oder einer dicht gestaffelten Serie moderater bis harter Einheiten häufiger der Fall sein. Es wird außerdem am Ende von mehreren Wochen Training passieren. Wenn Sie Ihre empfundene Erschöpfung also mit einer 7 oder höher bewerten, ist es Zeit für einen Regenerationstag – oder auch mehrere.

Klingt soweit ganz einfach, doch leider ist es damit nicht getan: Es gibt noch andere Dinge in Ihrem Leben außer dem Radfahren, die Ihnen den sprichwörtlichen Sand ins Getriebe streuen und mit Belastungen einhergehen, die Einfluss auf Ihr selbstempfundenes Maß an Erschöpfung haben. Diese anderen Stressoren könnten mit Beruf, Familie, Freunden, Finanzen und anderen Aspekten Ihres Lebens zu tun haben. Dies alles sind potenzielle Quellen von Distress und sie könnten dafür sorgen, dass Ihre Erschöpfung noch größer ausfällt. Gibt es angesichts so vieler potenzieller Belastungen abseits des Sports überhaupt eine sichere Methode, um zweifelsfrei zu bestimmen, dass das Maß buchstäblich voll ist und Sie eine Pause vom Training brauchen?

Die kurze Antwort lautet nein. Es gibt nichts, was Ihnen mit Gewissheit sagt, ob es der Alltagsstress war – und nicht die trainingsbedingte Belastung –, der Ihre angesammelte Erschöpfung in die Höhe getrieben hat. Eines Tages haben wir vielleicht die Möglichkeit, emotionale Belastungen zu messen und zu quantifizieren, so dass sie im Regenerationsprozess berücksichtigt werden können, aber davon sind wir derzeit noch weit entfernt. Daher werden wir uns hier hinsichtlich der Regeneration weiter auf trainingsbedingte Belastungen konzentrieren. Behalten Sie aber auf jeden Fall im Hinterkopf, dass alltägliche, durch Ihre Lebensumstände bedingte Stressfaktoren nicht außer Acht gelassen oder ignoriert werden dürfen. Auch diese müssen immer berücksichtigt werden, wenn es um den Regenerationsprozess geht.

Geräte zum Messen der Erschöpfung

Zwar haben wir keine Möglichkeit, trainingsbedingte Erschöpfung objektiv zu messen, es gibt jedoch ein paar technische Hilfsmittel, die uns erlauben, die Gesamterschöpfung zu bestimmen. Die drei Geräte, die ich unten vorstelle, gibt es schon seit einer Weile, im Sport werden sie aber erst seit relativ kurzer Zeit eingesetzt. Wir sind noch dabei, uns mit den Feinheiten vertraut zu machen. Sie ermöglichen es Ihnen aber, eine grobe Vorstellung davon zu erhalten, wie erschöpft Sie sind. Auch bei diesen Geräten werden Sie eine gewisse Zeit brauchen, bis Sie sich an deren Benutzung gewöhnt haben und wissen, wie die gesammelten Daten zu interpretieren sind.

Herzfrequenzvariabilität. Geräte zur Bestimmung der Herzgesundheit werden bei der Arbeit mit Herzpatienten schon seit längerem eingesetzt. Sie alle messen das Intervall zwischen einzelnen Herzschlägen und untersuchen dieses auf Schwankungen, um Rückschlüsse auf Ruhe- bzw. Erschöpfungszustand des Patienten zu ziehen. Anfang der Nullerjahre begannen Sportwissenschaftler, sich mit der Herzfrequenzvariabilität (HFV) als einer Methode zu beschäftigen, das Maß der Erschöpfung von Sportlern zu analysieren.

Im Wesentlichen verrät uns die HFV, wie der Körper auf Belastung reagiert. Dies geschieht, indem das vegetative Nervensystem (VNS) herangezogen wird, um den Belastungszustand einer Person zu ermitteln. Das VNS kontrolliert etliche Körpersysteme, u.a. Atmung, Verdauung, Harndrang und Herzfrequenz. In Ihrem Alltag verschwenden Sie in der Regel keinen Gedanken an all diese Funktionen, die sich im Hintergrund abspielen. Besonders der Einfluss des VNS auf die Herzfrequenz ist interessant.

Die Herzfrequenzvariabilität verrät uns, wie der Körper auf Belastung reagiert.

Das VNS gliedert sich in zwei Teile: das sympathische und das parasympathische Nervensystem. Beide arbeiten in gegensätzlicher Weise, um den Körper zu kontrollieren. Das sympathische Nervensystem steuert u.a. die Fight-or-flight-Reaktion, mit der der Mensch seit Ewigkeiten auf Stresssituationen reagiert, z.B. wenn er von einem Säbelzahntiger attackiert wird. Die Gefahr eines solchen Angriffs ist heutzutage gering, es gibt aber andere Dinge in unserem Leben, die vom sympathischen System als Bedrohung wahrgenommen werden. Auf seine Weise zählt auch ein anstrengendes Training oder Rennen dazu. Das parasympathische System auf der anderen Seite lässt Sie ruhig bleiben und schwächt Ihre körperliche Reaktion auf Erregung ab. Wenn Sie bei einem Rennen an den Start gehen, lässt das sympathische System Ihr Herz schneller schlagen, um Sie für den »Kampf« zu wappnen, während Sie versuchen, ruhig zu bleiben, indem Sie sich darauf konzentrieren, langsam zu atmen und zu entspannen – Aktivitäten, die mit dem parasympathischen System zu tun haben.

Wenn Ihre Einheiten mit der Zeit zunehmend anspruchsvoller werden und sich Erschöpfung ansammelt, wird das sympathische System dominanter. Dies verursacht eine Verringerung der Herzfrequenzvariabilität. Mit anderen Worten: Der zeitliche Abstand zwischen den Schlägen wird gleichmäßiger. Wenn Sie ausreichend erholt sind, kontrolliert das parasympathische Nervensystem die Herzfrequenz und dies hat größere Variabilität zur Folge – mit anderen Worten, der Abstand zwischen den Schlägen schwankt stark und ist unbeständig.

Die HFV täglich zu einer festgelegten Zeit zu messen, wie z.B. direkt nach dem Aufstehen, verschafft Ihnen ein Feedback darüber, welches der beiden Systeme dominant ist. Falls die Variabilität gering ist, das sympathische System demnach das Sagen hat, ist die Erschöpfung groß. Falls die HFV hoch ist, ist die Erschöpfung gering. Seien Sie sich aber darüber im Klaren, dass »gering« und »hoch« relative Begriffe sind. Es erfordert eine erhebliche Menge an gesammelten HFV-Daten, um seriöse Rückschlüsse ziehen zu können. Die Anleitungen, die zum Lieferumfang solcher Geräte gehören, helfen Ihnen, die Daten zu analysieren. So erhalten Sie eine präzisere Methode, Ihre Erschöpfung zu ermessen, als es Ihnen eine Schätzung auf einer Skala von 0 bis 10 ermöglichen würde.

Es sind etliche Geräte dieser Art auf dem Markt und die meisten arbeiten mit einem Brustgurt, Fingersensor oder Handgelenkssensor. Sie können im Netz unter dem Stichwort »Herzfrequenzvariabilität« suchen, um zu schauen, was derzeit angeboten wird.

Muskelglykogengehalt. Es gibt verschiedene physiologische Kennzeichen dafür, dass nach einem harten Training Erschöpfung eingetreten ist. Ein von der Sportwissenschaft weithin anerkannter Indikator ist der Abbau der Glykogenspeicher in den Muskeln. Glykogen, eine Form von Kohlenhydrat, ist eine

Möglichkeit, wie der Körper Energie speichert. Ein Großteil dieser Energiequelle wird in den Muskeln gespeichert, wo während sportlicher Betätigung rasch auf sie zugegriffen werden kann. Beim Radfahren nutzt Ihr Körper Glykogen neben gespeichertem Fett, um die nötige Energie zu gewinnen.

Verglichen mit den Fettdepots fallen die Glykogenreserven im Körper relativ gering aus. Wenn das Glykogen zu schwinden beginnt, setzt Erschöpfung ein. Ist das Glykogen so gut wie verbraucht, kommt der »Mann mit dem Hammer« und der gefürchtete Hungerast macht selbst lockeres Treten zu einer entsetzlichen Quälerei.

Wenn Ihre Glykogenspeicher in den Muskeln nach einer anstrengenden Fahrt geleert sind, werden sie über die Nahrung, die Sie zu sich nehmen, wieder aufgefüllt, so dass Sie danach wieder kraftvoll in die Pedale treten können. Dieser Prozess nimmt mehrere Stunden in Anspruch. Wiederaufgefüllte Muskelglykogenspeicher sind ein Anzeichen dafür, dass die Regeneration, zumindest in Teilen, erfolgreich war. Früher bestand die einzige Möglichkeit zur Messung der Glykogenspeicher darin, ein Stückchen Muskel als Probe zu entnehmen, in der Regel aus dem Oberschenkel. Indem man dies über einige Stunden mehrmals wiederholte, wurden Veränderungen sichtbar, die sich während der Regeneration vollzogen. Diese Prozedur nennt sich Biopsie und ist nichts, was man sich außer im Rahmen einer wissenschaftlichen Studie antun möchte.

Inzwischen aber ist ein Gerät auf dem Markt, das den Muskelglykogengehalt misst, ohne dass eine Biopsie nötig wäre. Es heißt MuscleSound und nutzt eine Art Sonde, um mittels Ultraschall die Glykogenspeicher zu messen. Mit den gewonnenen Daten kann ein Athlet entsprechende Anpassungen hinsichtlich Ernährung, Erholung und Pensum vornehmen und hat langfristige Trends im Blick, so dass er sein Training optimieren kann, indem er den Aspekt der Regeneration bedarfsgerechter steuert. Der Nachteil sind die Kosten. Die Nutzung eines solchen Geräts kostet mehrere hundert Euro im Monat, was sich nur wenige Fahrer und Teams leisten können. Derzeit wird es hauptsächlich in Kliniken und von Profi- und College-Mannschaften im Baseball, Football und Basketball genutzt. Zwar ist sie derzeit für den persönlichen Gebrauch nicht praktikabel, die Kosten für diese Technologie werden aber gewiss sinken, wenn sie erst einmal marktfähig ist.

Smartphone und Computer. Während MuscleSound für Normalsterbliche eher nicht in Frage kommt, besitzt heute fast jeder ein Smartphone oder einen Computer. Alles, was Sie dazu noch brauchen, ist eine zuverlässige Software zur Messung von Erschöpfung. Es gibt ein paar Apps und Online-Anwendungen, die Ihnen helfen, Erschöpfung zu messen. Zwei aktuelle Beispiele sind HRV4Training und RestWise. HRV4Training misst die Herzfrequenzvariabilität mittels der in Ihr Smartphone eingebauten Kamera – eine clevere Idee. RestWise ist eine Website, die elf Kennzeichen von übertrainingsrelevanter Erschöpfung bewertet, u.a. Ruhepuls, Körpergewicht, Schlaf, Hydrierung, Appetit und Muskelschmerz. Über eine Onlinemaske werden Ihnen Fragen zu Ihrer Selbstwahrnehmung gestellt und die Antworten dann in einen Algorithmus eingegeben, der Ihnen Feedback darüber gibt, wie Sie jeden Tag trainieren sollten. Die Seite hilft Ihnen außerdem, langfristige Entwicklungen aufzuspüren, die für Sie möglicherweise nicht ersichtlich sind.

Selbst mit raffinierten Messgeräten und Apps lässt sich Erschöpfung immer noch am besten dadurch einschätzen, dass Sie ganz genau darauf achten, wie Sie sich fühlen.

Morgendliche Warnzeichen

Selbst mit raffinierten Messgeräten, Apps und Software-Systemen lässt sich Erschöpfung immer noch am besten dadurch einschätzen, dass Sie ganz genau darauf achten, wie Sie sich fühlen. Bis jetzt gibt es eigentlich kein Gerät, das besser funktioniert. Zwar können die oben erörterten Hilfsmittel bei der Einschätzung helfen, dennoch ist es wichtig, weiterhin täglich auf einer Skala von 0 bis 10 zu beurteilen, wie Sie sich fühlen. Bewerten Sie sich auf verschiedene Indikatoren von Overreaching, die nichts anderes sind als frühe Anzeichen von Übertraining. Machen Sie es sich zur Gewohnheit, sich jeden Morgen auf diese Anzeichen hin zu überprüfen. Ich nenne diese die »morgendlichen Warnzeichen«, weil sie sich am deutlichsten bemerkbar machen, wenn Sie morgens aufwachen.

Häufige Erschöpfung ist für einen ernsthaften Athleten ganz normal.

Jeden Morgen auf diese Indikatoren zu achten, verschafft Ihnen ein Feedback darüber, wie gut Sie regenerieren. Hin und wieder merken Sie vielleicht, dass etwas nicht in Ordnung ist. Dies ist der Fall, wenn sich mehrere Warnzeichen gleichzeitig bemerkbar machen. Einzelne Warnzeichen können freilich auch auftreten, wenn eigentlich alles rund läuft und Sie nicht Gefahr laufen, einen Einbruch zu erleben. Erst die Gesamtheit mehrerer Warnzeichen teilt Ihnen mit, dass Ruhe und Regeneration vonnöten sind.

Die Tabelle 11.1 listet eine Reihe gängiger morgendlicher Warnzeichen auf. Machen Sie am besten eine Kopie der Liste und legen Sie sie neben Ihr Bett. Gehen Sie jeden Morgen, noch bevor Sie aufstehen, die Liste durch und beantworten Sie die Fragen in der mittleren Spalte mit ja oder nein. Denken Sie über Ihre Antworten nicht nach. Geben Sie unmittelbar und direkt eine ungeschönte Einschätzung ab. Es geht nicht um Feinheiten, sondern nur darum, festzuhalten, ob Sie eines der Warnzeichen wahrnehmen (ja) oder eben nicht (nein). Zählen Sie dann für alle Ja-Antworten die Punkte in der rechten Spalte zusammen, um eine Gesamtwertung für den Tag zu erhalten. Falls Ihre Punktzahl unter 7 bleibt, liegt ein normaler Trainingstag vor Ihnen. Ist der Wert aber 7 oder höher, brauchen Sie Erholung. Das kann aktive Regeneration (lockere Ausfahrt) oder auch passive Regeneration (Ruhetag) bedeuten.

Noch einmal: Nur eins dieser Warnzeichen für sich genommen ist vermutlich noch kein Anlass, eine Auszeit zu nehmen, sofern es nicht extrem ausgeprägt ist. Nehmen Sie z.B. das Warnzeichen »Gesundheit«. Falls Sie mit einem Kratzen im Hals aufwachen, ist es vermutlich – ungeachtet der Gesamtpunktzahl – nicht verkehrt, sich an diesem Tag nicht zu viel zuzumuten.

Die Warnzeichen auf dieser Liste können nicht nur als Indikatoren Ihrer Regeneration, sondern auch als

TABELLE 11.1 Übliche morgendliche Warnzeichen

INDIKATOREN	WARNZEICHEN (JA ODER NEIN?)	PUNKTE BEI JA
Appetit	sehr groß oder sehr klein?	1
Aufwachpuls	hoch?	1
Enthusiasmus	einfach im Bett bleiben wollen?	1
Motivation fürs Training	gering?	1
allgemeines Befinden	sehr erschöpft; sehr gestresst?	1
TSB-Wert (Training Stress Balance bei TrainingPeaks.com)	unter −30?	1
Laune	ungewöhnlich missgelaunt; einfach erregbar?	2
Schlaf	von schlechter Qualität und/oder zu kurz?	2
Herzfrequenzvergleich Liegen/Stehen	hohe Pulsdifferenz?	2
Gesundheit	etwas gesundheitlich nicht in Ordnung?	2
Muskeln, Gelenke	Schmerzen?	2
Herzfrequenzvariabilität	gering?	2

Diese Indikatoren liefern Hinweise darauf, dass Ihre Belastung eventuell zu hoch und Regeneration erforderlich ist. Beantworten Sie jeden Morgen die Fragen in der mittleren Spalte und zählen Sie die Punkte für die Ja-Antworten zusammen. Eine Gesamtpunktzahl von 7 oder mehr legt nahe, dass Sie an diesem Tag mehr Regeneration und weniger Belastung benötigen.

ein Maß Ihres Trainingspensums dienen. Falls Sie nur selten eines der Warnzeichen aus Tabelle 11.1 erleben und Ihr Gesamtwert fast immer unter 7 liegt, ist Ihr Training wahrscheinlich nicht hart genug. Sie könnten mehr leisten. Regelmäßige Werte von 7 oder höher deuten darauf hin, dass Sie im Training etwas richtig machen. Häufige Erschöpfung ist für einen ernsthaften Athleten ganz normal. Wie in Kapitel 3 erörtert, gehen Erschöpfung und Fitness Hand in Hand. Sie verlaufen in die gleiche Richtung. Wenn die Erschöpfung zunimmt, nimmt auch die Fitness zu. Umgekehrt gibt es keine Fitness, wenn es keine Erschöpfung gibt. Jeden Tag genau darauf zu achten, wie erschöpft Sie sich fühlen, erfüllt also einen doppelten Zweck in Ihrem Training.

REGENERATION UND ADAPTATION

Regeneration ist mehr als nur ein Kennzeichen Ihrer Bereitschaft für hartes Training oder der Schwierigkeit Ihrer Einheiten. Und es geht nicht nur darum, Übertraining zu vermeiden. Regeneration hat noch eine andere wichtige Dimension. Wie zu Beginn dieses Kapitels erläutert, sind die Empfindungen nachlassender Erschöpfung, die Ihnen anzeigen, dass Regeneration stattfindet, ein indirekter Indikator für eine erfolgte Adaptation und das höhere Maß an Fitness, das sich daraus ergibt.

Dieser letztgenannte Aspekt der Regeneration ist entscheidend für die Wettkampfleistung. Falls Sie sich, so wie die meisten Fahrer nach einer schweren Einheit, nur darauf fokussieren, so schnell wie möglich zu regenerieren, riskieren Sie, den Anpassungsprozess abzukürzen und nicht dessen volle Erträge einzufahren. Sich zu früh – also bevor die Regeneration abgeschlossen ist – in eine neue Einheit zu stürzen, die Sie an Ihr Limit bringt, beeinträchtigt die Anpassung. Das bedeutet, dass Sie weniger Fitness hinzugewinnen, als es der Fall gewesen wäre, hätten Sie sich ein bisschen länger ausgeruht. Wie lange sollten Sie demnach regenerieren, um den größtmöglichen Nutzen zu erzielen? Diese Frage lässt sich nicht beantworten, ohne zu wissen, wie erschöpft Sie sind und wie schnell Sie im Allgemeinen regenerieren. Tabelle 11.1 hilft Ihnen, die erste Frage zu beantworten: Je mehr Warnzeichen Sie bemerken, desto müder sind Sie. Die zweite Frage – wie schnell Sie regenerieren – ist eine höchst individuelle Angelegenheit. Aber ich kann Ihnen ein paar allgemeine Regeln über Regeneration mit auf den Weg geben.

Es dauert etwa 48 Stunden, bis sich nach einer belastungs-intensiven Trainings-einheit alle Köpersysteme vollständig angepasst haben und stärker geworden sind.

Es dauert etwa 48 Stunden, bis sich alle Körpersysteme nach einer harten Trainingseinheit vollständig angepasst haben und stärker geworden sind. Bestimmt haben Sie schon erlebt, wie sich nach einem harten Trainingstag erst mit Verzögerung ein Muskelkater einstellt. Innerhalb der ersten etwa 24 Stunden nach z.B. einer anstrengenden Einheit im Kraftraum schmerzen Ihre Muskeln nicht. Aber vielleicht nach 24 bis 48 Stunden. Auf diese Weise teilt Ihnen Ihr Körper mit, dass er mehr Erholung braucht. Nach etwa 48 Stunden legen sich die Schmerzen. Im Muskelsystem hat sich eine Adaptation vollzogen. Die Muskelproteinsynthese, wenn die Muskeln repariert und stärker werden, erfordert ebenfalls rund 48 Stunden. Andere Systeme, die von schweren Belastungen ebenfalls betroffen sind, sind nicht so gründlich erforscht wie die Muskulatur. Aber vermutlich ist davon auszugehen, dass jedes dieser Systeme in etwa die gleiche Zeit benötigt, um zu regenerieren und sich anzupassen.

Bedeutet das somit, dass Ihre Regeneration und Anpassung 48 Stunden in Anspruch nimmt? Vielleicht. Es hängt davon ab, wie schnell Sie regenerieren und sich anpassen. Am schnellsten regenerieren normalerweise junge Athleten in ihren Zwanzigern. Die Regeneration verlangsamt sich, je älter Sie werden. Jenseits der 50 kann der ganze Prozess doppelt so lange dauern. Und auch danach geht die Adaptation immer langsamer vonstatten. Wir wissen außerdem, dass Regeneration und Anpassung umso weniger Zeit erfordern, je fitter ein Athlet ist. In dieser Hinsicht brauchen Anfänger länger, um sich zu erholen, als Fahrer im zweiten und dritten Trainingsjahr, die wiederum längere Pausen benötigen als fortgeschrittene Athleten.

Wie viel Zeit sollten Sie angesichts all dessen der Regeneration widmen? Noch einmal: Eine für alle Radsportler gültige Antwort gibt es nicht. Falls Sie in der Seniorenklasse antreten und erst seit zwei oder drei Jahren trainieren, brauchen Sie nach einem Rennen oder einer extrem harten Trainingseinheit möglicherweise 60 Stunden, bis Sie ausreichend erholt sind. Sie werden nicht so schnell wieder einsteigen können wie ein 25-jähriger Profi, der nur 36 Stunden braucht, um bereit für neue Taten zu sein.

Bis uns präzisere Hilfsmittel zur Verfügung stehen, um die Regeneration und die damit einhergehende Adaptation zu bestimmen, sollten Sie im Zweifel lieber vorsichtig sein.

Mir ist klar, dass solche allgemeinen Richtlinien nicht besonders hilfreich sind, aber sie geben lediglich wieder, was der aktuelle Stand der Forschung zum Thema Regeneration ist. Bis uns präzisere Hilfsmittel zur Verfügung stehen, um die Regeneration und die damit einhergehende Adaptation eines Athleten zu bestimmen, sollten Sie im Zweifel eine konservative Herangehensweise wählen. Falls Sie unsicher sind, wie es um den Stand Ihrer Regeneration bestellt ist – Sie also z.B. bei der Prüfung der morgendlichen Warnzeichen eine Punktzahl von 6 ermittelt haben –, sollten Sie sich ein bisschen mehr Zeit geben oder die Trainingsbelastung an diesem Tag ein wenig reduzieren. Die meisten Anzeichen, mit denen Sie den Stand Ihrer Regeneration und Anpassung ermitteln, basieren freilich auf den Empfindungen und Gefühlen aus Tabelle 11.1. Sie werden also ein gewisses Geschick darin entwickeln müssen, Ihre Erschöpfungssymptome zu beurteilen.

Neben den morgendlichen Warnzeichen gibt es in Ihrem täglichen Leben wahrscheinlich noch andere Dinge, die Ihre Regeneration und Adaptation beeinträchtigen oder beschleunigen. Weiter unten werde ich einige Methoden erörtern, die den Prozess erfahrungsgemäß verbessern. Die abträglichen Dinge sind leider nicht annähernd so gut erforscht, aber die Sportwissenschaft kommt allmählich dahinter, welche Faktoren Ihre Fitnessgewinne während der Regeneration negativ beeinflussen können. Es gibt z.B. ein paar Studien, denen zufolge Antioxidantien, wie Sie von Sportlern vielfach genutzt werden und die als Schutz vor Erkrankungen gelten, die adaptiven Fitnesserträge während der Regeneration sogar verringern.

Es gibt vermutlich noch mehr solcher Ernährungshilfen, die sich abträglich auswirken, wir wissen es nur noch nicht. Deswegen bläue ich meinen Athleten stets ein, auf eine gesunde Ernährung zu achten, die reich ist an Mikronährstoffen – Vitamine, Mineralien und Phytamine (sekundäre Pflanzenstoffe) –, und auf Nahrungsergänzungsmittel gänzlich zu verzichten. Es gibt keine Nachweise dafür, dass solche Mittel die Leistung verbessern oder vor Krankheiten schützen, und manche sind möglicherweise sogar schädlich. Außerdem sind die Bestimmungen für Sportnahrung ziemlich lax. Sie können sich nicht darauf verlassen, dass das, was in der Flasche drin ist, auch hält, was das Etikett verspricht. Sie fahren besser damit, solche Mittel zu meiden und auch jegliches »Junk-Food« von Ihrem Speiseplan zu streichen. Mehr dazu gleich.

Eine weitere offenbar abträgliche Methode ist, schmerzende Muskeln durch Kühlung zu behandeln. In einer Studie, in der nach einer harten Trainingseinheit Eis appliziert wurde, verzögerte sich der Abbau des Enzyms Creatin-Kinase, das bei Schädigungen von Muskelzellen aktiv wird, im Vergleich mit einer erfundenen Regenerationsmethode, die im Grunde aus nichts weiter als Ruhe bestand. In einer anderen Studie ließ man die Probanden 90 Minuten Rad fahren, um die Glykogenspeicher zu leeren. Nach der Einheit wurde ein Bein mit Eis behandelt und das andere nur geschont. Im Schnitt verringerten sich die Muskelglykogenspeicher im gekühlten Bein um 30 Prozent. Müde oder schmerzende Muskeln zu kühlen, ist hinsichtlich der Regeneration also anscheinend keine gute Idee. Eine Verletzung mit Eis zu kühlen, ist aber wohl weiterhin ratsam.

In gleicher Weise hat sich gezeigt, dass nichtsteroidale Antirheumatika (NSAR) wie Ibuprofen die positive muskuläre Anpassung des Trainings beeinträchtigen. Zu allem Überfluss hemmen sie, auch wenn sie Schmerzen lindern, erwiesenermaßen den Heilungsprozess nach einer Verletzung. Regelmäßig solche Mittel einzunehmen, wie es manche Athleten vor schweren und sehr strapaziösen Wettkämpfen zu tun pflegen, wirkt sich nicht nur negativ auf die Adaptation und Heilung aus, sondern kann auch der Gesundheit schaden. Von ihrem Gebrauch ist dringend abzuraten, außer im Falle einer schweren Verletzung.

Wie bereits erörtert, ergeben sich Ihre Fitnessgewinne durch den Anpassungsprozess, der sich einstellt, wenn Sie erschöpft sind und beschließen, es z.B. mit aktiver oder auch passiver Regeneration einen Tag oder mehr ruhig angehen zu lassen. Das bringt uns zurück zu dem Punkt, dass nach einer harten Trainingseinheit lediglich das *Potenzial* für größere Fitness gegeben ist; die Fitness stellt sich erst ein, wenn Sie regenerieren. Regeneriert zu sein, bedeutet demnach, alle potenziellen Fitnessgewinne verwirklicht zu haben. Aber ist dies zwangsläufig der Fall? Nicht unbedingt. Wie es scheint, muss der Körper einen weiteren Prozess durchlaufen, um sämtliche dieser physiologischen Erträge einzufahren.

Bis hierher habe ich über Regeneration und Adaptation gesprochen, als wäre es ein und derselbe Prozess. Vermutlich ist das nicht ganz richtig. Nur weil Sie sich erholt fühlen und hinsichtlich der morgendlichen Warnzeichen einen niedrigen Wert aufweisen, heißt das nicht zwangsweise, dass die Anpassung abgeschlossen ist. Adaptation nimmt möglicherweise mehr Zeit in Anspruch als Regeneration. Mit anderen Worten: Eine vollständige Regeneration, die einem Athleten anzeigt, wieder bereit für hartes Training zu sein, kann sich einstellen, bevor die adaptiven Veränderungen eingetreten sind, die größere Fitness erzeugen. Falls dem so ist, dann sind die Regeneration von Erschöpfung und die Anpassung, die größere Fitness nach sich zieht, zwei Prozesse, die ein Stück weit unabhängig voneinander ablaufen.

Das bedeutet, dass Sie möglicherweise nicht gut beraten sind, zu versuchen, den Regenerationsprozess, der auf hartes Training oder Rennen folgt, künstlich zu verkürzen. Wahrscheinlich streben auch Sie danach, die Regeneration zu beschleunigen; ich habe auf jeden Fall viele Athleten erlebt, die so trainiert haben. Aber wenn Sie darauf aus sind, die größtmögliche Fitness zu erzielen, kann das ein falscher Ansatz sein.

Wie es aussieht, beeinträchtigen manche regenerationsfördernde Methoden den Adaptationsprozess in keiner Weise, während andere es tun. Beide Kategorien schauen wir uns gleich noch genauer an.

Während einer harten Trainingseinheit wird lediglich das Potenzial für größere Fitness geschaffen. Die Fitness stellt sich erst ein, wenn Sie regenerieren.

Das heißt aber nicht, dass Sie niemals versuchen sollten, den Regenerationszyklus abzukürzen. Es gibt Zeiten, in denen dies offensichtlich notwendig ist, z.B. in einem Etappenrennen. In dem Fall ist der Zweck der Regeneration nicht, durch Anpassung maximale Fitness zu erzeugen, sondern sich vor der nächsten Etappe optimal zu erholen. Rasche Regeneration ist außerdem nötig, wenn Sie eine Crash-Phase unternehmen wie in Kapitel 8 erörtert. Dies kann z.B. in einem Trainingslager in der Frühphase der Saison geschehen, wenn die Trainingsbelastung jeden Tag hoch ist. Nach einer Serie unablässig harter Einheiten, sieht die Crash-Methode mehrere Tage Ruhe vor, um die physiologische Balance wiederherzustellen. Das ist wahrscheinlich alles, was Sie tun müssen, um Ihre Fitness auf das zu diesem Zeitpunkt höchstmögliche Niveau zu schrauben. Meiner Erfahrung nach funktioniert das recht gut, aber nur, sofern die Balance zwischen Belastung und Regeneration kurzfristig erreicht wird.

Für ambitionierte Radsportler sollte der Großteil der Trainingstage einer Woche eher der Regeneration vorbehalten sein als der Belastung durch harte Einheiten. Den Aspekt der Belastung kriegen die meisten Fahrer gut hin. Sie absolvieren einfach wie

Es mag komisch klingen, aber ich habe Athleten erlebt, die ihre Leistungen erheblich verbesserten, nur indem sie öfter lockerer trainierten.

geplant die harten Trainingseinheiten. Allerdings neigen viele dazu, Regeneration und Anpassung zu wenig Bedeutung beizumessen. Das folgende Beispiel illustriert, was ich damit meine: Nehmen wir an, Sie haben eine harte, zwei- oder dreistündige Ausfahrt in den Beinen. Falls dem so ist, sollten Sie den Rest des Tages der Regeneration widmen. Wenn Sie es derzeit in den Stunden nach einer harten Einheit anders halten, ist Ihr Training möglicherweise nicht ausgewogen. Sie können wahrscheinlich bessere Leistungen erbringen, indem Sie sich nach solchen anspruchsvollen Ausfahrten auf die Regeneration konzentrieren. Es mag komisch klingen, aber ich habe Athleten erlebt, die ihre Leistungen erheblich verbesserten, nur indem sie öfter lockerer trainierten. Dies bringt uns zurück auf das in Kapitel 4 erörterte polarisierte 80/20-Trainingskonzept: Trainieren Sie, wenn der Plan es so vorsieht, sehr locker (an oder unterhalb der aeroben Schwelle) und ansonsten sehr hart (an oder oberhalb der anaeroben Schwelle). Training im Bereich zwischen den Schwellen findet so gut wie nicht statt.

Für den Rest des Tages nach einer harten Einheit – sei es bei der Arbeit oder bei Unternehmungen mit Familie oder Freunden – ist es wichtig, sich auf eine natürliche Regeneration von Erschöpfung zu konzentrieren. »Natürlich« heißt hier, dass Sie nichts tun, um den Prozess künstlich zu verkürzen. Natürliche Regeneration umfasst schlafen, essen und trinken, aber auch, sich nur auszuruhen und jegliche körperliche Anstrengung für den Rest des Tages zu vermeiden. Für fortgeschrittene Fahrer ist natürliche Regeneration für gewöhnlich die Norm. Ungeachtet der Erfahrung ist sie etwas, das alle Athleten gut beherrschen sollten. Sie fördert den Regenerationsprozess, verbessert die Adaptation und somit die Fitness und ermöglicht Ihnen, die folgenden Trainingseinheiten noch anspruchsvoller zu gestalten. Regeneration ist für einen Athleten der wahrscheinlich allerwichtigste Aspekt des täglichen Lebens. Sie muss zu einer Gewohnheit werden, über die Sie nicht groß nachdenken.

Was bedeutet dies konkret? Ich gebe Ihnen ein einfaches Beispiel dafür, wie ein Athlet sich nach einer harten Ausfahrt verhalten sollte. Es gibt ein altes Sprichwort unter ambitionierten Sportlern: »Stehe niemals, wenn du dich anlehnen kannst; lehne dich niemals an, wenn du sitzen kannst; sitze nie, wenn du liegen kannst.« Ohne darüber nachzudenken, wird jeder ernsthafte Athlet diese Regel den ganzen Tag hindurch beherzigen, um die Regeneration ein wenig zu fördern. Es ist ein kleiner und scheinbar fast unbedeutender Gedanke, und doch kreist alles um ihn herum: Regeneration und Adaptation sind maßgeblich für den Erfolg und sollten auch Ihnen zur zweiten Natur werden.

Natürliche Regenerationshilfen

Es gibt viele effektive Möglichkeiten, Regeneration und Anpassung zu fördern. Auf manche davon greifen Sie gewiss bereits zurück. Diese Methoden sind offensichtlich und für jedermann, ob Sportler oder nicht, selbstverständlich. Aber die Frage ist, in welchem Maße Sie sie, sowohl in qualitativer als auch quantitativer Hinsicht, in Ihrem täglichen Leben tatsächlich nutzen. Überlegen Sie bei der Lektüre der folgenden Seiten, ob und wie Sie diese Hilfsmittel besser in Ihren Alltag einbeziehen können, um den natürlichen Adaptationsprozess zu fördern.

Sie besitzen bereits das beste Hilfsmittel, das man sich für die Regeneration wünschen kann: ein Bett.

Schlaf. Sie besitzen bereits das beste Hilfsmittel, das man sich für die Regeneration wünschen kann: ein Bett. Nichts ist besser. Der Sinn des Schlafs ist das Wachstum und die Verjüngung des Körpers: der Muskulatur, des Skeletts, des Immun- und Nervensystems und anderer Systeme. Schlaf ist Ihr primäres Mittel, sich von der Trainingsbelastung zu erholen.

Schlaf ist entscheidend für sportlichen Erfolg, trotzdem versagen sich viele Athleten ausreichend Schlaf, um mehr Zeit für andere Dinge in ihrem Leben zu haben. Unter Sportlern ist es durchaus üblich, bis spätabends fernzusehen und sich den

Wecker zu stellen, um morgens vor der Arbeit noch eine Trainingseinheit unterzubringen. Falls Sie auf einen Wecker angewiesen sind, um morgens aufzuwachen, bekommen Sie vermutlich zu wenig Schlaf – oder zu wenig Erholung. Früher zu Bett zu gehen, würde Ihre Leistungen im Training und Wettkampf mit großer Wahrscheinlichkeit verbessern. Diese eine Veränderung kann sich in vielfacher Weise positiv auf Ihr Leben auswirken, z.B. durch bessere Gesundheit und eine positivere Lebenseinstellung. Schlaf ist Ihr wirksamstes Regenerationsinstrument.

Schlaf ist für die Regeneration deshalb so effektiv, weil Ihr Körper während des Schlafs anabole (gewebebildende) Hormone freisetzt, die die Reparatur der Muskeln und Knochen fördern, das Immunsystem stärken, hartnäckige Verletzungen heilen, leere Energiespeicher wiederauffüllen und vieles mehr. Falls Sie Ihren Schlaf künstlich verkürzen, verzichten Sie womöglich jeden Tag auf einen Teil Ihrer wichtigsten Regenerationsmethode. Und dabei nützt es auch nichts, den verlorenen Schlaf am Wochenende »aufholen« zu wollen. So funktioniert Ihr Körper einfach nicht. Sie können Schlaf nicht für einen späteren Zeitpunkt aufheben.

Mir ist natürlich klar, dass Sie über Ihre Zeit nicht vollkommen frei verfügen können. Ausreichend Schlaf zu bekommen, kann schwierig sein. Vielleicht haben Sie eine Familie und einen Beruf, die einen Großteil Ihres Tages in Anspruch nehmen. Also gehen Sie wegen der Familie später ins Bett, als Ihnen lieb ist, und stehen früh auf, um rechtzeitig zur Arbeit zu kommen. Schon klar. So geht es vielen. Ich verlange nicht von Ihnen, Ihre Familie im Stich zu lassen oder Ihre Arbeit hinzuschmeißen. Ich möchte aber, dass Sie sich der Konsequenzen Ihres Lebensstils bewusst sind, und ich möchte Sie ermuntern, gegebenenfalls etwas zu ändern, z.B. früher zu Bett zu gehen, v.a. wenn Sie eine harte Einheit in den Knochen haben. Wenn Sie dies beherzigen, werden Sie bald feststellen, dass mehr Schlaf mehr Fitness und bessere Leistungen bedeutet. Schlaf ist das Wichtigste, was Sie neben hartem Training unternehmen können.

Ernährung. Hinsichtlich der Regeneration ist die Ernährung – v.a. was Sie essen und wann Sie es tun – der zweitwichtigste Aspekt nach dem Schlaf. Die Nährstoffe in Ihrem Essen stellen die Bausteine bereit, die Ihr Körper für die Regeneration und Anpassung nach harten Einheiten verwendet. Und da diese Prozesse v.a. dann stattfinden, wenn Sie schlummern, hängen Schlaf und Ernährung eng zusammen.

Die Qualität dessen, was Sie zu sich nehmen, ist entscheidend für die Regeneration und Adaptation. In dem alten Sprichwort »man ist, was man isst« steckt durchaus viel Wahres. Falls Sie Kalorien verschwenden, indem Sie nährstoffarmes Junk-Food zu sich nehmen, wird es Ihrem Körper schwerfallen, verletzte Muskeln zu reparieren, das Immunsystem wiederherzustellen, Knochen aufzubauen und Verletzungen auszuheilen. Als Sie jünger waren, sind Sie vielleicht noch damit durchgekommen, viel Junk-Food zu essen, aber Erwachsene erleben eine allmähliche Verschlechterung ihrer Gesundheit, wenn sie sich auf diese Weise ernähren. Der Körper verändert sich mit dem Alter. Ihre Ernährung muss es ebenfalls tun.

Sie können eine schlechte Ernährung nicht durch Aufnahme von Vitaminen und anderen Ergänzungsmitteln ausgleichen.

Belastungsintensives Training erhöht den Bedarf an hochwertiger Kost. Sie können eine schlechte Ernährung nicht durch Einnahme von Vitaminen und anderen Ergänzungsmitteln ausgleichen, völlig gleich, wie »wissenschaftlich erwiesen« deren Nutzen angeblich sein mag. Wenn es darum geht, den Ernährungsbedarf von Menschen, insbesondere von Sportlern, zu decken, hängt die Wissenschaft richtigem Essen noch um Millionen Jahre hinterher.

Was Sie zu sich nehmen, muss die Makronährstoffe Protein (Eiweiß), Kohlenhydrate und Fett sowie die Mikronährstoffe Vitamine, Mineralien und Phytamine enthalten. Die Reichhaltigkeit Ihrer Nahrung entscheidet darüber, wie schnell und wie vollständig Sie von harten Trainingseinheiten regenerieren. Während Junk-Food zwar Makronährstoffe bereitstellt, enthält es so gut wie keine Mikronährstoffe. Das liegt daran, dass die Bestandteile industriell verarbeitet wurden und durch diesen Prozess die Mikronährstoffe verloren gehen. Je mehr Ihre Nahrung ihrem natürlichen Zustand entspricht und je weniger sie verarbeitet wurde, bevor sie auf den Teller kommt, desto besser ist sie für Ihre Gesundheit, Regeneration, Adaptation und letztlich Wettkampfbereitschaft.

Abgesehen von mehr Schlaf ist eine nährstoffreiche, ausgewogene Kost aus echten Lebensmitteln nach dem Training das Beste, was Sie tun können, um Regeneration und Anpassung zu fördern. Gleiches gilt auch für alle anderen Mahlzeiten. Halten Sie sich an richtige Lebensmittel. Vergeuden Sie keine Kalorien an industriell verarbeitete Lebensmittel, selbst wenn sie als speziell für Sportler angepriesen werden. Es spielt keine Rolle, wie viele Profis angeblich dieses oder jenes Produkt verwenden. Ich garantiere Ihnen, dass es diesen Sportlern nur um die Sponsoren geht und keinesfalls um die mutmaßliche Leistungssteigerung.

Wenn Sie das Wasser, das Sie während des Trainings vornehmlich durch Schwitzen verloren haben, nicht ersetzen, werden Sie vermutlich keine vollständige Regeneration und Adaptation erleben.

Natürlich gibt es Momente, in denen Junk-Food kaum zu vermeiden ist. Auf langen Trainingsfahrten mag es nötig sein, etwas zu essen dabeizuhaben und dann ist Bequemlichkeit oberstes Gebot. Sportgetränke, Riegel und Gels fallen zwar definitiv unter Junk-Food, dafür sind sie leicht zu transportieren. Aber sie sind auch deutlich teurer als richtige Lebensmittel. Richtiges Essen dabeizuhaben, wie z.B. Obst, war unter Radsportlern früher gang und gäbe, falls Sie aber auf einer langen Ausfahrt eher auf Bequemlichkeit setzen, ist das okay. Ein paar Kalorien aus Lebensmittel-Imitat werden wohl keinen Schaden anrichten.

Wenn Sie über 60 sind, sind Sie gut beraten, nach dem Training aufmerksamer auf Ihre Hydrierung zu achten.

Was ist, wenn ein Freund eine Geburtstagsparty schmeißt? Werden Sie dann ein wenig Süßkram naschen? Klar, machen wir doch alle. Die wichtigere Frage ist, wie oft Sie solches Zeug essen. Meine Empfehlung lautet, es selten zu tun. Was »selten« bedeutet, müssen Sie entschieden. Die Antwort hängt davon ab, wie ernst es Ihnen mit dem Radsport ist.

Hydrierung. Ein weiterer wichtiger Faktor für die Regeneration nach einem harten Training ist der Wasserhaushalt. Sie werden sich wahrscheinlich nicht vollständig erholen und anpassen, sofern Sie nicht das Wasser ersetzen, das Sie während der Einheit größtenteils durch Schwitzen verloren haben.

Verglichen mit fester Nahrung ist dieser Punkt relativ simpel. Alles, was Sie tun müssen, ist, regelmäßig Flüssigkeit zu sich zu nehmen, um in den Stunden nach dem Training Ihren Durst zu stillen. Es besteht wahrlich kein Grund, sich vor und nach der Einheit auf die Waage zu stellen und dann die exakte Menge an Flüssigkeit »nachzutanken«. Menschen haben einen sehr empfindlichen Durst-Mechanismus. Alles, was Sie tun müssen, ist, Ihren nicht zu ignorieren. In Studien mit Leistungssportlern, die über mehrere Tage nur getrunken haben, um ihren Durst zu stillen, haben diese so ihren Flüssigkeitsverlust ausgeglichen und ihr Köpergewicht gehalten. Sie müssen nicht messen und aufzeichnen, wie viel Sie trinken. Sie müssen nur darauf achten, wie Sie sich fühlen. Falls Sie Durst haben, trinken Sie. Falls Sie keinen Durst haben, trinken Sie nicht. So einfach ist das. Es gibt keinen Grund, die Sache unnötig kompliziert zu machen.

Es gibt eine mögliche Ausnahme für diese einfache Lösung, und zwar hängt sie mit dem Altern zusammen. In einigen Studien zeigte sich, dass das Durstgefühl bei älteren Menschen im Vergleich mit jüngeren Testpersonen abnimmt. Allerdings waren die Probanden keine Sportler. Es mag sein, dass ältere Athleten empfindlicher als Nicht-Sportler auf Veränderungen des Flüssigkeitshaushalts reagieren. Aber falls Sie über 60 sind, sind Sie gut beraten, nach dem Training gut darauf zu achten, ausreichend zu trinken, ggfs. etwas mehr als nötig, um Ihren Durst zu stillen. Wie viel genau Sie trinken sollten, kann ich Ihnen leider nicht sagen. Ich kann Ihnen aber dringend empfehlen, es nicht zu übertreiben, denn eine exzessive Flüssigkeitszufuhr über den Durst hinaus hat sich als nicht förderlich für die Leistung erwiesen.

Und was sollten Sie trinken? Die einfachste Lösung ist die beste: Wasser. Ich würde Ihnen empfehlen, Ihre Kalorien über richtige Speisen und Getränke zu sich zu nehmen. Sportgetränke enthalten im Allgemeinen zu viel Zucker. Eine Ausnahme ergibt sich vielleicht, wenn Sie trainieren oder ein Rennen bestreiten und die Bequemlichkeit eine wichtige Rolle spielt. Aber selbst dann brauchen viele Radsportler keine zuckerhaltigen Getränke. Falls Sie ein fortgeschrittener Radsportler sind und weniger als etwa anderthalb Stunden fahren, reicht Wasser vollkommen aus, selbst in einer schweren Trainingseinheit oder einem Rennen. Bei Fahrten längerer Dauer steigt der Bedarf an Kohlenhydraten für diejenigen, die auf eine solche Ernährung bauen. Fahrer, die generell »Low-Carb« unterwegs sind, kommen mit einer, wenn überhaupt, geringen Zufuhr von Kohlenhydraten mehrere Stunden prima zurecht.

Wie es scheint, ist an der alten Weisheit, dass Kaffee und alkoholische Getränke eine Dehydrierung herbeiführen, nichts dran. Zahlreiche Studien deuten darauf hin, dass beide in positiver Weise zur Hydrierung beitragen. Das heißt aber natürlich nicht, dass Sie zu Kaffee oder Bier greifen *sollten*, um zu regenerieren. Ich wollte diesen Irrtum nur ausräumen.

Alternative Regenerationshilfen

Studien haben gezeigt, dass es noch ein paar andere Dinge gibt, die Sie versuchen können, um die Regeneration zu beschleunigen. Diese zählen allerdings nicht zur Kategorie der gleichermaßen gesicherten wie natürlichen Methoden wie Schlaf, Ernährung und Hydrierung. Während sich demnach die folgenden Maßnahmen in manchen Fällen als vorteilhaft für Regeneration und Adaptation erwiesen haben, kann nicht ausgeschlossen werden, dass sie den adaptiven Prozess beeinträchtigen, indem sie zwar die Empfindungen vollständiger Erholung hervorrufen, obwohl die Anpassung nicht abgeschlossen ist.

Nicht alle Studien zu den folgenden alternativen Methoden sind sich hinsichtlich des Nutzens für die Regeneration einig. Ebenso reagieren nicht alle Athleten in gleicher Weise positiv auf diese Maßnahmen. Der Nutzen für die Regeneration ist, sofern sich denn einer einstellt, relativ gering, aber vielleicht ist ja etwas für Sie dabei, das gut funktioniert. Falls dem so ist, machen Sie es sich ruhig zunutze.

Kompressionskleidung. Hierbei handelt es sich um Sportbekleidung wie Strümpfe, Beinlinge für Unter- und Oberschenkel, Unterwäsche, Tights und Ganzkörper-Anzüge, die von Sportlern getragen werden und die Regeneration verbessern sollen. Manche Verfechter von Kompressionskleidung behaupten außerdem, dass es der Leistung zuträglich sei, während des Trainings oder Wettkampfs solche Kleidung zu tragen, insbesondere Kompressionsstrümpfe.

Kompressionskleidung steigert vermutlich nicht Ihr Leistungsvermögen, kommt aber womöglich der Regeneration zugute.

Kompressionskleidung gibt es schon eine ganze Weile als medizinisches Produkt, das bei Krampfadern, Venenthrombose oder Lungenembolie die Durchblutung fördern soll. Anfang der Nullerjahre begannen einige Ausdauerathleten damit, sie während und nach dem Wettkampf zu tragen, um die Leistung zu verbessern und die Regeneration zu beschleunigen. Wenige Jahre später waren sie ein vertrauter Anblick.

Ob es funktioniert? Zwar gibt es dazu eine Menge Forschungen, eindeutige Antworten gibt es aber nicht. Zum Teil liegt das daran, dass die Studien den Schwerpunkt nicht auf eine einzelne Sportart oder Aktivität legten, sondern sich stattdessen ein breites Spektrum anschauten, u.a. Fußball, Wandern, Walking, Gewichtheben, Basketball, Sprinten, plyometrische Übungen und einige mehr. Auch die Art der untersuchten Kompressionskleidung unterschied sich deutlich, nicht nur hinsichtlich des Körperteils, an dem sie getragen wird, sondern auch hinsichtlich des Drucks, den sie auf die Muskeln ausübt. Hinzu kommt, dass verschiedene Bewertungsschemata zur Einordnung der Kompressionswirkung existieren. Das alles führt zu recht schwammigen Ergebnissen. Die Befunde waren mal positiv, mal negativ.

In solchen Fällen, wenn die Aussagen von ansonsten ähnlich gelagerten Studien voneinander abweichen, können wir davon ausgehen, dass der Nutzen, falls es überhaupt einen gibt, vermutlich recht klein ist. Nach meinem Dafürhalten ist die leistungsfördernde Wirkung von Kompressionskleidung im Wettkampf bestenfalls minimal und vermutlich nicht existent. Was die Regeneration betrifft, glaube ich aber, dass solche Kleidung durchaus von Nutzen sein kann. Ein Großteil der Forschung stützt diese Vermutung.

Ich habe mit vielen Athleten gesprochen, die verschiedene Arten von Kompressionskleidung ausprobiert haben, sowohl beim Training als auch zur Regeneration. Hinsichtlich der Leistung gingen ihre Meinungen auseinander, aber die meisten hatten das Gefühl, dass die Regeneration rascher abläuft. Könnte dies einem Placebo-Effekt geschuldet sein? Gut möglich. Aber dagegen ist ja nichts einzuwenden. Letztlich kommt es darauf an, was für Sie gut funktioniert.

Pneumatische Kompression. Hilfsmittel für die pneumatische Kompression sind im Grunde nichts weiter als leistungsstärkere Varianten von Kompressionskleidung und dazu gedacht, nach intensivem Training die Regeneration zu beschleunigen. Zumeist handelt es sich um Manschetten, die über das Bein gestülpt werden und bis zur Hüfte reichen. Solche Geräte sorgen sowohl für Kompression als auch für eine Art Massage. Sie bestehen aus Kammern, die eine nach der anderen mittels einer Pumpe von den Zehen bis zur Hüfte mit Luft gefüllt und dann wieder entleert werden, was dem Kreislauf helfen soll, Stoffwechselprodukte aus den Muskeln zu entsorgen.

Solche Geräte sind recht teuer. Viele Fitnessstudios und Radgeschäfte bieten daher den Service, sie gegen eine Gebühr zu nutzen. Ob sie funktionieren? Es scheint Konsens zu sein, dass sie es tatsächlich tun. Andererseits könnte es sich auch hier um einen Placebo-Effekt handeln. Die Forschungsergebnisse hinsichtlich ihrer Wirksamkeit fallen generell positiv aus. Mein persönlicher Eindruck nach ausgiebigem Gebrauch eines dieser Produkte ist, dass sie förderlich sind. Aber nicht jeder stimmt darin mit mir überein.

Massage. Massagen werden von Radsportlern schon seit Anfang des letzten Jahrhunderts genutzt, um nach dem Training oder Rennen die Erschöpfung zu lindern. Auch Athleten in vielen anderen Sportarten schwören auf diese Methode, die offenbar von den Gladiatoren im alten Rom vor ein paar Tausend Jahren eingeführt wurde. Massagen gibt es also schon seit einer ganzen Weile, aber funktionieren sie auch?

Schwer zu sagen. Massagen gibt es in zahlreichen Erscheinungsformen, und wie effektiv sie sind, hängt stark von der Art der Massage und den Fähigkeiten des Masseurs ab. Das macht es umso schwieriger, den Nutzen zu beurteilen – was die Sportwissenschaft aber nicht davon abgehalten hat, es zu versuchen.

In einer klassischen Studie wurden z.B. beide Beine der Probanden stark beansprucht, um Muskelkater hervorzurufen. An den folgenden vier Tagen wurde ein Bein massiert und das maximale Drehmoment beider Beine wiederholt gemessen. Wie per Doppler-Ultraschall ermittelt, gab es weder hinsichtlich der Leistung noch der Durchblutung jedwede Unterschiede. Allerdings wussten die Probanden zu berichten, dass die Schmerzen im massierten Bein stärker gelindert wurden als im nicht massierten.

Aufgrund der Ergebnisse dieser Studie könnten wir zu dem Schluss kommen, dass der Nutzen einer Massage eher psychologischer als physiologischer Natur ist. Gestützt wird dies durch Aussagen, die viele Sportler nach einer Massage machen: gesteigertes Wohlbefinden, verminderte Unruhe und bessere Laune. Einige wenige Studien wussten allerdings auch von einem messbaren Nutzen wie einer Verringerung von Herzfrequenz und Blutdruck sowie einer höheren Herzfrequenzvariabilität zu berichten.

Ist eine Massage etwas, das Sie erwägen sollten, um die Regeneration zu fördern? Wie für die meisten

Methoden außer Schlaf, Ernährung und Flüssigkeit gilt: Der Nutzen ist begrenzt und sehr individuell.

Weitere Regenerationshilfen. Diese Diskussion über alternative Regenerationsmethoden könnte noch erweitert werden um Therapieformen wie hyperbare Oxygenierung, niederfrequente Elektrostimulation und Ultraschall. Darüber hinaus gibt es zahlreiche weniger technische Hilfsmittel wie Wechselbäder, Musik hören, Meditation, Beine hochlegen, Schaumstoffrollen, Stretching, Whirlpool, Hydrotherapie, Kakao trinken und vieles mehr. Die Liste ist ziemlich lang. Jede dieser Methoden hat in einer oder mehreren Studien die Regeneration beschleunigt – aber nicht in jeder Studie dieser Art. Einmal mehr gilt: Keines dieser Hilfsmittel funktioniert für alle Sportler.

Die Herausforderung besteht darin, die Regenerationshilfen herauszufinden, die für Sie am besten funktionieren, und diese dann zur richtigen Zeit anzuwenden (so Sie sich denn dafür entscheiden, Sie zu nutzen). Die einzigen Methoden, auf die Sie beständig zurückgreifen *müssen*, sind Schlaf, Ernährung und Flüssigkeitszufuhr. Lassen Sie diese niemals aus.

STRATEGISCHE REGENERATION

Als ich in Kapitel 10 über Trainingsbelastung sprach, empfahl ich, diese wie in den Kapiteln 7 bis 9 erläutert zu periodisieren. Da das Training und somit erhöhte Fitness mittels Adaptation sowohl aus Belastung als auch aus Regeneration besteht, sollte dann nicht auch die Regeneration periodisiert werden? Vermutlich ja.

Ich relativiere die Antwort zum Teil deswegen, weil wir nicht alle in gleicher Weise auf Regeneration ansprechen. Regeneration hängt bis zu einem gewissen Maße von der Trainingsbelastung ab, die die Erschöpfung hervorgebracht hat. Nach einer Trainingsphase mit hoher Dauer benötigen Sie womöglich eine andere Form der Regeneration als nach einem Block hoher Intensität. In Phasen, in denen der Schwerpunkt auf der Dauer liegt, basiert Regeneration v.a. auf Schlaf, Ernährung und Hydrierung. Aber das Nervensystem benötigt größere Aufmerksamkeit, wenn Sie von hochintensiven Belastungen regenerieren. Dann können sich auch alternative Regenerationsmethoden als nützlich erweisen.

Es gibt noch einen anderen Grund, warum ich oben »vermutlich« gesagt habe. Manche Fahrer sind sehr gut darin sind, sich dahingehend zu kontrollieren, ob sie Regeneration brauchen. Für diese wenigen ist Regeneration nach Bedarf der Königsweg. Für die meisten Sportler aber ist dies, da sie extrem motiviert sind, keine Option. Wenn in nicht allzu ferner Zukunft ein A-Wettkampf ansteht, geht den meisten von uns jegliches Gespür für Erschöpfung verloren bzw. neigen wir dazu, deren Warnzeichen schlichtweg zu ignorieren. Die Gefahr ist recht groß, dass wir dann entscheiden, keine Regeneration zu benötigen, und einfach weiter hart trainieren – sehr zu unserem Nachteil.

Die einzigen Regenerationsmethoden, auf die Sie beständig zurückgreifen müssen, sind Schlaf, Ernährung und Flüssigkeitszufuhr.

Die Regeneration im Jahres- und Wochentrainingsplan im Voraus zu terminieren, umgeht die Notwendigkeit, ständig das Maß an Erschöpfung zu beurteilen, und sorgt dafür, dass Sie häufig genug regenerieren. Geraten Sie nicht ins Grübeln, wenn der Plan Ihnen verringertes Training verordnet. Wenn »Regeneration« auf dem Programm steht, halten Sie sich einfach daran.

Sowohl geplante Regeneration als auch Regeneration nach Bedarf haben Vor- und Nachteile. Sehen wir uns zunächst die Zeiten an, zu denen die Periodisierung für gewöhnlich Regeneration vorsieht, und danach das Konzept der Regeneration nach Bedarf.

Schwere und leichte Tage

Gewiss versteht es sich von selbst, dass Sie nicht jeden Tag Monster-Trainingseinheiten absolvieren können. Das lässt Ihr Körper einfach nicht zu. Aber selbst wenn Sie dermaßen motiviert wären, die lähmende Erschöpfung auszublenden, würden Sie schon bald ins

Übertraining geraten. Sie müssen in Ihrem Training durchweg eine Balance zwischen harten und leichten Einheiten wahren. Eine Standardwoche auszuarbeiten, wie in Kapitel 8 erläutert, wird Ihnen helfen, Ihr Training ausgewogen zu gestalten. Eine gängige Möglichkeit ist, am Tag nach einer sehr belastungsintensiven Einheit eine lockere Ausfahrt oder sogar einen freien Tag einzuplanen. Demnach würden Ihre Trainingswochen dem Muster schwer/leicht/schwer/leicht/schwer/leicht folgen. Damit bliebe ein Tag in der Woche, der noch zuzuweisen wäre. Manche Fahrer sind gut beraten, einen weiteren leichten Tag vorzusehen. Andere sind möglicherweise in der Lage, einen Tag mit moderater Belastung zu bewältigen.

Fühlen Sie sich aber nicht verpflichtet, einem solchen Wochenmuster zu folgen. Ebenso denkbar wäre eine Abfolge sehr schwer/leicht/leicht/schwer/leicht/schwer/leicht. Der sehr harte Tag könnte eine Gruppenausfahrt oder ein C-Wettkampf sein. Die beiden vorgesehenen leichten Tage nach der sehr schweren Einheit sollen gewährleisten, dass Sie nicht Ihrer übergroßen Motivation zum Opfer fallen. Je härter die harten Einheiten, desto leichter – und länger – muss die Erholungspause sein.

Wie auch immer Ihr Wochenplan aussieht: Die Balance zwischen leichten und schweren Tagen muss stimmen.

Wie auch immer Sie Ihre Wochen planen, unterm Strich gilt, dass die Balance zwischen leichten und schweren Tagen stimmen muss, denn ist dies nicht gegeben, kommen Sie in Teufels Küche. Sind es zu viele schwere Tage, beschwören Sie die Gefahr des Übertrainings herauf. Sind es zu wenige, werden Sie nicht die gewünschten Fortschritte erzielen.

Sie erinnern sich vielleicht, dass ich in Kapitel 9 dargelegt habe, dass langsam regenerierende Athleten eventuell davon profitieren, mit einer 9-Tage-Woche zu planen. Das sorgt für eine schöne Balance, die in vielen Fällen das Problem löst, nach harten Einheiten ausreichend Regeneration zu erhalten. Der Nachteil ist, dass ein solcher Plan sich häufig schlecht mit einer herkömmlichen siebentägigen Arbeitswoche vereinbaren lässt. Ihr Chef hat möglicherweise wenig Verständnis dafür, wenn Sie zu spät zur Arbeit kommen, weil Sie eben noch eine lange Ausfahrt absolvieren mussten. Chefs sind leider manchmal so. Eine solche Routine eignet sich demnach wohl am besten für Ruheständler oder Fahrer mit sehr flexiblen Arbeitszeiten.

Grundlagen- und Aufbauphasen

In Kapitel 7 und 8 empfahl ich, in den Grundlagen- und Aufbauphasen alle drei bis vier Wochen ein paar Tage Regeneration einzuplanen. Der Sinn der Sache ist natürlich, einen Teil der Erschöpfung abzubauen, der sich in den vorangegangenen Wochen angesammelt hat. Etwa drei Wochen Training gefolgt von ein paar Tagen Regeneration lautet für diese Phasen meine Empfehlung an Athleten, die rasch regenerieren. Dies gilt i.d.R. für jüngere Fahrer – diejenigen unter 50.

Sportler, die langsamer regenerieren – ältere Fahrer und eventuell Anfänger – brauchen im Allgemeinen nach etwa zwei Wochen Training ein paar Tage Pause. Aber wie bereits erwähnt, kannte ich Fahrer jenseits der 50, die recht schnell regenerierten, und ebenso jüngere Athleten, die langsam regenerierten. Diese Regel ist also keineswegs in Stein gemeißelt.

Woher wissen Sie, zu welcher Kategorie Sie gehören? Es kommt einfach darauf an, wie schnell Sie angestaute Erschöpfung verspüren, wenn Sie zwei Wochen hintereinander oder mehr mit hohem Pensum trainieren. Dies kann sich im Laufe einer Saison durchaus verändern. Manche Fahrer bewältigen problemlos das vornehmlich aerobe Training, wie es für die Grundlagenphase im klassischen linearen Modell typisch ist. Aber wenn dieselben Fahrer in der anschließenden Aufbauphase sind, in der sie viel an der anaeroben Ausdauer arbeiten, fällt es ihnen schwer, drei Wochen am Stück ohne Pause zu trainieren. Somit könnte der Trainingsplan dann zwei Wochen fokussiertes Training vorsehen, bevor der Athlet es ein paar Tage ruhig angehen lässt.

Letztlich ist es Ihre Entscheidung. Nur Sie allein wissen, wie Sie sich in der zweiten und dritten Woche schweren Trainings fühlen. Falls Sie nicht gut darin sind, Ihren Regenerationsbedarf Ihrem Gefühl nach zu beurteilen, was leider für viele Radsportler gilt, sollten Sie umso genauer auf die oben erläuterten morgendlichen Warnzeichen achten. Welche Trends zeichnen sich ab, während das Training voranschreitet?

Auch frühere Trainingserfahrungen können Ihnen helfen, Ihr übliches Limit für hartes Training und somit Ihren Periodisierungsplan zu bestimmen. Falls Sie unsicher sind, würde ich empfehlen, Phasen mit etwa zwei Wochen hartem Training gefolgt von ein paar Tagen Regeneration einzuplanen.

Wie lange sollte die geplante Regenerationspause dauern? Auch das hängt davon ab, wie Sie sich fühlen und kann von einer Phase zur nächsten variieren. Ich würde sagen, dass drei Tage stark eingeschränktes Training das Minimum für eine Auszeit sein sollten. Die meisten Fahrer sind spätestens nach fünf Tagen vollständig erholt, das wäre somit das Maximum. Dies sind die beiden Extreme. Andererseits kann es im Laufe einer Saison vorkommen, dass mal sechs oder sieben Tage Regeneration notwendig sind. Deshalb sage ich immer wieder, dass Ihr hartes Training »etwa« zwei oder drei Wochen dauern sollte. Falls Sie nur drei Tage brauchen, um von angesammelter Erschöpfung zu regenerieren, bleiben Ihnen insgesamt 18 oder 25 Tage für das Training im nächsten Mesozyklus.

Der erste Tag, nachdem Sie sich vollständig erholt fühlen, ist der ideale Zeitpunkt, um Ihre Fitness zu testen und Ihren Fortschritt zu bewerten. Gegebenenfalls können Sie dann auch neue Trainingszonen festlegen. Sie können dafür einen FTP-Test nutzen (siehe Anhang B) oder aber einen B- oder C-Wettkampf. Falls Sie am Wochenende ein C-Rennen absolvieren und unter der Woche nur drei Tage Regeneration eingeplant waren, würde normalerweise unmittelbar vor dem Rennen hartes Training (eventuell inklusive Tests) anstehen. Die Woche mit einem Rennen am Samstag könnte demnach nach folgendem Muster verlaufen: Ruhe/Ruhe/Ruhe/Test/Ruhe/Rennen/Ruhe. Denken Sie daran, dass C-Wettkämpfe wie harte Trainingseinheiten zu behandeln sind. Falls es ein B-Rennen ist, das mehrere Tage Ruhe im Vorfeld erfordert, würde ich Ihnen empfehlen, Ihre Regenerationsphase so zu terminieren, dass sie unmittelbar vor dem Rennen ansteht. Das könnte bedeuten, die Regenerationspause am Mittwoch statt am Montag zu beginnen.

In einer Regenerationswoche sollten Ihre Einheiten aus kurzen, lockeren Ausfahrten bestehen. Wenn Ihre Beine und Ihre Einstellung sich wieder normal anfühlen – was zwei bis vier Tage dauern kann –, ist es an der Zeit, am nächsten Tag ein verhalten härteres Training zu absolvieren, mit einigen kurzen Intervallen, wie sie für die Phase, in der Sie sich befinden, angemessen sind. Auf diese Weise können Sie prüfen, ob Sie wieder bereit sind für mehr. Wahrscheinlich ist es besser, es so zu handhaben, statt einfach davon auszugehen, dass Ihr Körper stets nach dem gleichen Zeitplan regeneriert. Es ist ein bisschen so wie die Regeneration nach Bedarf, mit der wir uns weiter unten beschäftigen.

Planen Sie in den Grundlagen- und Aufbauphasen alle drei bis vier Wochen ein paar Tage Regeneration ein.

Wettkampfwoche

Es ist wichtig, dass Sie am Tag Ihres A-Wettkampfs regeneriert sind und vor Tatendrang strotzen. Sinn der Sache ist natürlich, in Form zu kommen, wie in Kapitel 3 erörtert. Form bezieht sich darauf, wie wettkampfbereit und frisch Sie an den Start gehen. Frische ist die Abwesenheit von Erschöpfung. Wenn Sie frisch sind, fühlen Sie sich kraftvoll, hellwach und voller Energie statt müde, träge und lethargisch. Sie sind bereit, alles zu geben. Für Ihren Wettkampferfolg ist dieser Aspekt so ausschlaggebend, dass ich ihm das komplette Kapitel 13 gewidmet habe. Dort erläutere ich Ihnen im Detail, wie Sie auf den Punkt in Form kommen, angefangen mit dem Tapering bis zu dem Moment, wenn Sie an die Startlinie rollen.

Übergangsphase

Nach einem A-Wettkampf, egal zu welchem Zeitpunkt der Saison, ist es i.d.R. ratsam, eine Trainingspause einzulegen. Dies ist die Übergangsphase, die in Kapitel 7 und 8 beschrieben wurde. Wie lange diese dauert, hängt von zahlreichen Faktoren ab, u.a. vom Zeitpunkt und davon, wie lange die Vorbereitung gedauert hat, wie belastungsintensiv das Training in diesen Wochen war und wie erschöpft Sie nach dem Rennen sind.

In Kapitel 7 empfahl ich, nicht mehr als drei A-Wettkämpfe pro Saison einzuplanen, denn das Tapering für jedes dieser Rennen verursacht ein leichtes Nachlassen der Grundlagenfitness, insbesondere der Ausdauer. Eine Saisonplanung mit drei wichtigen Rennen oder weniger gestattet Ihnen im Allgemeinen, Ihre Grundlagenfitness bis zum nächsten Tapering wiederzuerlangen. Generell brauchen Sie nach dem ersten Hauptwettkampf der Saison eine sehr kurze Übergangsphase. Nach dem zweiten solchen Rennen kann eine längere Auszeit vonnöten sein. Und nach dem letzten A-Wettkampf der Saison werden Sie ohne jeden Zweifel fix und fertig sein und nach einer längeren Regenerationspause lechzen. Solche Übergangsphasen können daher von wenigen Tagen bis zu sechs Wochen dauern.

Eine Saisonplanung mit drei wichtigen Rennen oder weniger gestattet Ihnen im Allgemeinen, Ihre Grundlagenfitness bis zum nächsten Tapering wiederzuerlangen.

Natürlich kann dies alles hinfällig sein, falls der erste A-Wettkampf der Saison ein mehrtägiges, strapaziöses Etappenrennen ist. In diesem Fall könnte eine ganze Woche Regeneration angezeigt sein. Und falls das letzte Rennen des Jahres ein kurzes Kriterium oder ein Zeitfahren war, das Sie weniger gefordert hat als die früheren Wettkämpfe, kann die anschließende Übergangsphase recht kurz ausfallen. Sie könnten sogar erwägen, in den Wintermonaten eine kurze Cyclocross-Saison einzuschieben. Achten Sie aber darauf, sich nicht zu übernehmen. Sich im Anschluss an einen langen, strapaziösen Sommer auf der Straße auch noch in den Wintermonaten in Wettkämpfe zu stürzen, kann leicht die Symptome des Übertrainings-Syndroms hervorrufen. Für den Fall, dass schon zu Beginn des Frühjahrs ein Straßenrennen auf dem Programm steht, könnte das Ihre nächste Grundlagenphase erheblich verkürzen. Unter diesen Umständen könnte Ihnen eine recht freudlose neue Saison bevorstehen.

Solche angesammelte Erschöpfung ist wie ein Schneeball, der bergab rollt – sie wird einfach immer größer. Die Belastungen, die Ihr Körper bewältigen kann, sind begrenzt. Sich das ganze Jahr hindurch immer wieder bis ans Limit zu verausgaben, ohne sich kaum je eine Trainingspause zu gönnen, ist bedenklich, nicht nur mit Blick auf Ihre Rennergebnisse, sondern auch für Ihre Gesundheit.

Den Athleten, die ich betreut habe, habe ich stets ans Herz gelegt, nach ihrer Rennsaison auf der Straße eine Übergangsphase von zwei bis sechs Wochen einzuplanen. Aber falls Sie auch Crossrennen bestreiten wollen, sollten Sie dies als eine Verlängerung einer verkürzten Straßensaison behandeln, um auf lange Sicht ein Burnout zu vermeiden. Denkbar wäre demnach, zwei A-Rennen auf der Straße und anschließend zwei A-Rennen Cyclocross einzuplanen. Sie mögen ein mit allen Wassern gewaschener Routinier sein, aber ich bin ziemlich sicher, dass auch Sie nicht über die nötigen Superkräfte verfügen, um das ganz Jahr hindurch auf hohem Niveau Wettkämpfe zu bestreiten. Sollten Sie jedoch beschließen, die Crossrennen ausschließlich als B- oder C-Wettkämpfe wahrzunehmen, so verlagert sich das Trainingspensum zugunsten der Straßensaison und wird dadurch besser handhabbar.

Regeneration nach Bedarf

In Kapitel 7, als es um Periodisierung und die Notwendigkeit ging, das Training flexibel zu gestalten, erwähnte ich die Regeneration nach Bedarf. Dieses Konzept hängt mit der Periodisierung nach Bedarf zusammen. Diese Methode wiederum besagt: Sobald Sie die gesteckten Trainingsziele einer Phase erreicht haben, gehen Sie zur nächsten Phase mit leicht geänderten Trainingsbelastungen über, ungeachtet dessen, wie lange die Phase gedauert hat. Regeneration nach Bedarf funktioniert ungefähr genauso. Es bedeutet ganz einfach, dass Sie sich im Training ein paar Tage zurücknehmen, ganz gleich, was der Plan vorsieht. Tatsächlich erhält der Begriff »Plan« eine völlig neue Bedeutung, wenn man sowohl mit Periodisierung nach Bedarf als auch mit Regeneration nach Bedarf arbeitet. Das Training geht nun ungeplant und man könnte sagen *natürlicher* vonstatten – d.h. in einer sinnvollen Weise unstrukturiert, die den Bedürfnissen Ihres Körpers stets genau gerecht wird.

Sofern Sie Ihren Körper gut kennen und die Signale, die er sendet, einordnen können, ist das eine potenziell tolle Weise zu trainieren. Für die meisten Fahrer ist sie aber leider nichts, denn sich selbst überlassen neigen viele dazu, ihren Körper zu ignorieren, und entscheiden sich dafür, mehr zu trainieren und weniger zu regenerieren. Aber für Sportler, die auf ihren Körper hören und wissen, wie er auf das Training anspricht, sind Periodisierung nach Bedarf und Regeneration nach Bedarf hervorragende Optionen. Seien Sie sich aber darüber im Klaren, dass Sie sehr genau auf Ihre morgendlichen Warnzeichen achten müssen, sollten Sie sich für diesen Weg entscheiden.

FAZIT: ERSCHÖPFUNG, REGENERATION UND ANPASSUNG

Die wichtigste Botschaft dieses Kapitels lautet, dass die Adaptation sich während der Regeneration von der Erschöpfung aus hartem Training vollzieht und sich nach dieser Anpassung das Leistungsniveau verbessert. Regeneration und Adaptation sind aber nicht ganz das Gleiche. Es ist möglich, sich regeneriert zu fühlen, ohne dass die Anpassung abgeschlossen ist. Zwar ist es gewiss klug, in den Stunden nach einem sehr belastungsintensiven Training genau darauf zu achten, wie Sie sich fühlen – das steckt hinter den morgendlichen Warnzeichen aus Tabelle 11.1 –, Sie sollten sich aber darüber im Klaren sein, dass Ihre hauptsächliche Mission darin besteht, fitter zu werden und nicht einfach nur weniger müde.

In dieser Zeit der Anpassung macht Ihr Körper tiefgreifende Veränderungen durch. Die Sportwissenschaft nennt das »Überkompensation«. Die Muskelkraft nimmt zu. Das Herzschlagvolumen (die Menge Blut, die das Herz mit jedem Schlag pumpt) steigert sich. Die winzigen bluttransportierenden Kapillarbetten in den Muskeln vergrößern sich, so dass Ihr Herz mehr Sauerstoff und Energie transportieren kann. Das Blutvolumen steigt, was ebenfalls den Sauerstofftransport verbessert. Eine Zunahme aerober Enzyme trägt zur Verbesserung Ihrer Ausdauer bei. Glykogenspeicher werden wiederaufgefüllt, was härtere Einheiten an den Folgetagen ermöglicht. Dies sind nur ein paar der positiven physiologischen Veränderungen, die sich aus der Regeneration ergeben. Mit häufiger und regelmäßiger Ruhe und Erholung werden Sie enorme physiologische Zugewinne erzielen.

Dementsprechend besteht der größte Fehler, den Sie begehen können, darin, in einer Woche, die für Ruhe und Regeneration vorgesehen war, weiterhin zu trainieren. Athleten tun dies häufig, weil sie meinen, in den letzten Wochen vor einem Wettkampf noch zusätzliche Fitness gewinnen zu müssen. Das ist ein großer Fehler. Selbst wenn Sie keinen kompletten Einbruch erleben sollten, wird Ihr Training auf jeden Fall an Qualität einbüßen und die Erschöpfung wird zunehmen. Das Resultat wird eine schlechtere Wettkampfleistung sein. Sie müssen den Anpassungsprozess akzeptieren und ihm in Ihrem Trainingsplan ebenso die nötige Zeit einräumen wie Ihren Trainingseinheiten.

Der oberste Zweck der Regeneration besteht darin, fitter zu werden und nicht einfach nur weniger müde.

Ein weiterer häufiger Fehler ist, an Tagen, die eigentlich locker sein sollten, zu schwere Einheiten zu unternehmen. Das hieße z.B., nicht wie vorgesehen in Zone 1, sondern in Zone 3 zu trainieren. Oder aber aus einem kurzen, für aktive Regeneration vorgesehenen Training wird eine lange Ausdauer-Einheit. Solche Änderungen vorzunehmen, scheint eine gute Sache zu sein, da es bekanntlich die Fitness verbessert, das durchschnittliche Pensum zu steigern. Und generell stimmt das ja auch, trotzdem sollten die Einheiten an einem Regenerationstag nicht schwerer ausfallen als geplant. Diese Tage *müssen* locker sein. Dass sich eine Steigerung des Pensums mit erhöhter Fitness bezahlt macht, geschieht durch hochintensive Einheiten, nicht dann, wenn Sie eigentlich versuchen, sich zu erholen. Dies ist lediglich eine andere Weise, die polarisierte 80/20-Trainingsmethode zu betrachten, die ich in Kapitel 4 erläutert habe.

Bedenken Sie, dass eine Regenerationswoche nicht unbedingt sieben Tage dauern muss. Manche Athleten regenerieren schnell und befinden, dass sie schon nach drei Tagen wieder bereit sind loszulegen. Andere benötigen fünf Tage oder mehr. Ältere Athleten brauchen eher längere Regenerationspausen als junge. Ebenso brauchen weniger fitte Athleten längere Pausen als austrainierte Sportler. Was für Sie am besten ist, kann Ihnen nur die Erfahrung sagen.

Regeneration ist keine konstante Größe und nicht immer ist die gleiche Anzahl an Tagen vonnöten, um die Erschöpfung abzulegen.

Regeneration ist auch keine konstante Größe und nicht immer ist die gleiche Anzahl an Tagen vonnöten, um die Erschöpfung abzulegen. Auch wenn nach einer Trainingsphase drei Tage ausreichen, kann es durchaus vorkommen, dass Sie sich beim nächsten Mal nach drei Tagen Pause noch erschöpft fühlen und dementsprechend mehr Ruhe und Regeneration benötigen.

Am zweitwichtigsten sind die lockeren Tage, die die gesamte Saison hindurch in jeder Woche einbezogen werden. Diese können geplant sein, z.B. wenn im Anschluss an einen schweren Trainingstag routinemäßig ein lockerer oder sogar freier Tag eingelegt wird. Erfahrene und sehr selbstreflektierte Athleten können lockere Tage auch einfach nach Bedarf einlegen. Mit anderen Worten: Wenn er spürt, dass er eine Pause braucht, kann ein feinfühliger Athlet sich spontan für einen lockeren Tag entscheiden, ganz gleich, was der Plan vorsieht. Die morgendlichen Warnzeichen aus Tabelle 11.1 helfen, solche Entscheidungen zu treffen.

Was genau einen »lockeren« Trainingstag ausmacht, hängt vom jeweiligen Athleten ab. Erinnern Sie sich aus Kapitel 3, dass die beiden einzigen Trainingsvariablen, die Sie verändern können, um eine Einheit leichter oder schwerer zu machen, Dauer und Intensität sind. Was die Intensität betrifft, ist es ganz einfach, einen lockeren Tag zu definieren: Das entspricht einem Training in Zone 1. Mit der Dauer ist es ein bisschen kniffliger. Falls Sie Leistungssportler sind und mehr als 30 Stunden in der Woche trainieren, kann eine Einheit mit lockerer Dauer eine zweistündige Ausfahrt bedeuten. Aber falls Sie nur sechs Stunden pro Woche trainieren, würde eine lockere Dauer eher um die 20 Minuten bedeuten.

Zwei weitere Zeitpunkte in der Saison, in der Ruhe und Regeneration von maßgeblicher Bedeutung sind, sind die Wochen unmittelbar vor und nach einem A-Wettkampf. Wenn Sie vor einem wichtigen Rennen nicht eine beträchtliche Menge an Erschöpfung abbauen, werden Sie wahrscheinlich eine schwache Vorstellung abliefern. In Kapitel 13 beschäftigen wir uns ausführlich mit der Frage, wie Sie vor einem wichtigen Rennen in Bestform kommen.

Eine Regenerationspause in der Woche nach einem anstrengenden A-Wettkampf ermöglicht Ihnen, sich physisch und mental zu verjüngen, bevor Sie in die Vorbereitung auf das nächste Rennen einsteigen. Eine Pause nach einem Rennen dauert während der Saison normalerweise nur wenige Tage. Nach dem letzten Wettkampf der Saison kann sie zwei bis sechs Wochen dauern. Aber selbst das ist möglicherweise nicht lang genug.

Adäquate Ruhe und Regeneration, unabhängig vom Zeitpunkt der Saison, ist größtenteils eine Sache von Versuch und Irrtum. Der Schlüssel dafür, das richtige Maß zu finden, besteht darin, stets konservativ vorzugehen. Im Zweifel haben Sie mehr davon, zu wenig zu trainieren als zu viel. Lieber ein bisschen untertrainiert, aber dafür motiviert, als ständig müde und apathisch.

TEIL VI

DER ENTSCHEIDENDE UNTERSCHIED

Die nächsten drei Kapitel bringen uns zurück auf das Thema Periodisierung, mit dem wir uns zuletzt ausführlich in Teil IV beschäftigt haben. In den ersten beiden Kapiteln geht es um Trainingsmethoden, die Sie zu Beginn und in der Endphase der Vorbereitungen auf Ihren ersten A-Wettkampf der Saison einbeziehen sollten. Kapitel 12 dreht sich um das Krafttraining und die Frage, wie Sie früh in der Saison ein Höchstmaß an funktioneller Kraft entwickeln. In Kapitel 13 widmen wir uns dem anderen Ende der Vorbereitung und ich zeige Ihnen, wie Sie für ein Rennen in Höchstform kommen. In Kapitel 14 schließlich erläutere ich, wie Sie ein Trainingstagebuch benutzen, um Ihre Saison zu planen und Ihren Fortschritt im Hinblick auf Ihre Ziele zu analysieren.

Abgesehen von den Ausfahrten mit dem Rad sind Besuche im Kraftraum das effektivste Training, das Sie unternehmen können, um Ihre Wettkampfleistung zu steigern. Und doch ist gerade dies ein Aspekt des Trainings, der oft stiefmütterlich behandelt wird. Ich vermute, dass es in den meisten Fällen an der knapp bemessenen Zeit liegt. Wenn der Tag pickepackevoll ist mit Familie, Arbeit und Radfahren, ist es fast unmöglich, noch eine Einheit im Kraftraum unterzubringen. Aber die Zeit, die Sie im Fitnessstudio damit verbringen, durch die Arbeit mit Gewichten funktionelle Kraft aufzubauen, kann sich in sehr positiver Weise auf Ihr Training im Sattel und Ihre Wettkampfresultate auswirken. Falls Ihnen dazu aber schlichtweg die Zeit fehlt, verrate ich Ihnen, wie Sie mit Kraft-Einheiten auf dem Rad fast die gleichen Ergebnisse erzielen können.

Das bringt uns auf ein anderes, ganz wichtiges Thema: das Tapering für ein Rennen. Viele Fahrer wissen nicht so recht, wie sie es richtig anstellen. Die meisten verstehen zwar, was hinter dem Konzept steckt, aber wenn es darum geht, vor einem Rennen in Form zu kommen, stehen sie wie der Ochs vorm Berge. Wir haben dieses Thema in Kapitel 7 schon einmal angeschnitten, wo es um die Höchstleistungs- und Wettkampfphasen ging. Dort habe ich Ihnen gezeigt, wie Sie diese Phasen in Ihren Periodisierungsplan einbeziehen, ohne sie jedoch bereits näher zu erläutern. Dies hole ich nun in Kapitel 13 nach.

In Kapitel 14 erfahren Sie, warum ein Trainingstagebuch das, neben Ihrem Rad, wertvollste Hilfsmittel dafür ist, Ihr Potenzial zu erreichen. Auch wenn Sie am liebsten alles online erledigen, gibt es kaum etwas Besseres als ein Tagebuch aus Papier, um in Ihrem Training auf dem richtigen Kurs zu bleiben. Ich zeige Ihnen, wie Sie ein Tagebuch dazu nutzen, um nicht nur Ihre Saison zu planen, sondern auch Ihren Fortschritt im Hinblick auf Ihre Ziele zu beurteilen. Damit Sie nicht übermäßig viel Zeit dafür verwenden, über Ihren Trainingsdaten zu brüten, erläutere ich Ihnen weiterhin, was sich hinsichtlich Ihrer Trainingseinheiten und Rennen wirklich aufzuschreiben lohnt. Wenn es gut geführt ist, wird sich Ihr Tagebuch als unschätzbar darin erweisen, den in Teil IV ausgearbeiteten Plan konsequent zu befolgen.

Obwohl sie oft vernachlässigt werden, sind die drei in Teil VI behandelten Themen ganz entscheidend dafür, der Konkurrenz den entscheidenden Schritt voraus zu sein. Alle drei werden Ihnen helfen, Ihre Saison zu planen und zu managen, wenn Sie sich auf Höchstleistungen im Wettkampf vorbereiten.

12

KRAFTTRAINING

LEISTUNG. Sie ist es, die die Spreu vom Weizen trennt. Je größer Ihre Leistung, desto besser Ihre Resultate. Die Leistung ist essenziell für Ihren Erfolg auf dem Rad. Aber was genau ist Leistung und wie verbessern Sie sie?

Fangen wir mit der Physik an. Physikalisch gesehen ist Leistung (P) das Produkt aus Kraft (F) und Geschwindigkeit (v):

$$P = F \times v$$

Aus Sicht des Radsports bezeichnet *Kraft* den Druck, den Sie auf die Pedale auftragen, und die *Geschwindigkeit* drückt aus, wie schnell Sie die Pedale drehen – Ihre Kadenz. Sie können die Leistung erhöhen, indem Sie entweder die Kurbeln schneller drehen oder indem Sie bei gleichbleibender Kadenz einen höheren Gang treten und so mehr Kraft auf die Pedale bringen. Der Schlüssel dazu, schneller zu werden, hat demnach damit zu tun, wie viel Kraft Sie auf die Pedale übertragen und wie schnell Sie diese rotieren lassen. Schnell Rad zu fahren, ist nichts anderes, als einen großen Gang mit einer hohen Kadenz zu treten. In diesem Kapitel widmen wir uns der Komponente Kraft aus dieser Gleichung.

Größere Kraft auf die Pedale zu übertragen, hat viel damit zu tun, stärkere Muskeln zu entwickeln. Wenn Sie die Leistung erhöhen wollen, ist eine der effektivsten Methoden, größere Muskelkraft aufzubauen, v.a. natürlich in den Muskeln, die die Pedale bewegen. Sie brauchen aber auch Kraft in der Hüfte und im Oberkörper, um die nötige Stabilität zu erhalten, damit die Kraft, die Sie generieren, vollständig und ohne Leistungseinbußen übertragen wird.

Es gibt mehrere Möglichkeiten, größere Kraft aufzubauen. Die Methode, die von Radsportlern am häufigsten genutzt wird, ist die Arbeit mit Gewichten. In Kapitel 8 wurde kurz angeschnitten, wie Sie Kraftraum-Übungen in Ihren Jahrestrainingsplan einbeziehen. In diesem Kapitel beschäftigen wir uns nun mit den Feinheiten eines solchen Trainings für Radsportler. Ich stelle Ihnen außerdem eine alternative Methode zur Kraftentwicklung vor: funktionelles Krafttraining. Dabei schauen wir uns die einzelnen Optionen jeweils im Detail an, so dass Sie letztlich fundiert entscheiden können, welche Methode Sie nutzen möchten.

KRAFT UND NERVENSYSTEM

Die Methoden zum Aufbau der Kraft, die in diesem Kapitel erläutert werden, bieten eine Möglichkeit, das Muskelsystem auf spezifische Weise zu entwickeln. Außerdem besitzen sie aber auch das Potenzial, den Anteil des Nervensystems an der Krafterzeugung zu verbessern. Wir machen uns nur selten Gedanken über das Nervensystem, wenn es darum geht, Kraft aufzubauen oder auch nur Rad zu fahren. Aber es spielt für beides eine zentrale Rolle, möglicherweise in einer Art und Weise, die Ihnen nie in den Sinn gekommen wäre. Früher gingen wir davon aus, dass allein die Größe der Muskeln ausschlaggebend für die Kraft ist. Je größer der Muskel, desto stärker und damit kraftvoller ist er. Zwar ist da gewiss etwas dran, inzwischen wissen wir aber, dass auch das Nervensystem von ganz wesentlicher Bedeutung für die Erzeugung von Kraft und damit für die Leistung beim Radfahren ist. Sie brauchen keine massigen Muskelpakete, um viel Druck auf die Pedale zu bringen.

Das Nervensystem mit schweren Lasten und schnellen Bewegungen zu trainieren, bringt den einzelnen Muskelfasern bei, anzusprechen, um eine hohe Leistung zu erzeugen.

Größere Kraft heißt letzten Endes, besser zu sprinten, besser zu klettern und besser im Kampf gegen die Uhr zu sein. Diese Verbesserung der Leistung ergibt sich aus dem kombinierten Nutzen des Trainings von Muskulatur *und* Nervensystem. Beide Systeme haben ihren Anteil an einer Steigerung der Leistung.

Das Nervensystem trägt in dreifacher Weise zu größerer Pedalkraft und höherer Leistung bei. Die erste betrifft die Muskelrekrutierung. Es ist die Zahl der Muskelfasern, die Sie jeweils aus einer aktiven Muskelgruppe heranziehen können, die bestimmt, wie gut Sie eine schwere Last heben oder wie schnell Sie ein Pedal herabtreten können. Das Nervensystem mit schweren Lasten und schnellen Bewegungen zu trainieren, bringt den einzelnen Muskelfasern bei, anzusprechen, um die erforderliche hohe Leistung zu erzeugen. Ohne solches Training werden manche dieser Fasern vermutlich inaktiv bleiben.

Neuromuskuläres Training ist die effektivste Form der physischen Vorbereitung für Höchstleistungen im Rennen, die Sie abseits des Radtrainings unternehmen können.

Ein zweiter Aspekt des neuromuskulären Trainings hat mit der Koordination der für die gewünschte Bewegung spezifischen Muskelfasern zu tun. Dies bedeutet die vollständige Rekrutierung der entsprechenden Fasern, *wenn sie gebraucht werden*. Deshalb betone ich immer wieder, wie wichtig es bei fast allen beschriebenen Trainingsmethoden ist, die für den Radsport maßgebliche Bewegung – das Treten der Pedale – zu simulieren. Indem Sie dies tun, schulen Sie das Nervensystem dahingehend, hohe Leistung zu erzeugen, indem es die verfügbaren und geeigneten Muskelfasern rekrutiert. Diejenigen, die nicht gebraucht werden, bleiben inaktiv. Das ist ebenso wichtig wie die Rekrutierung der richtigen Muskeln, um die Arbeit zu leisten. Falls ungeeignete Muskelfasern rekrutiert werden, geht das nicht nur zulasten der Effizienz der Bewegung, sondern erhöht zudem die metabolischen Kosten des Pedalierens. Das bedeutet, Energie zu verschwenden, und das ist niemals gut.

Neuromuskuläres Training verbessert außerdem die Synchronisation der Muskelfaser-Rekrutierung. Dies hat damit zu tun, die Muskeln in der richtigen Sequenz zu aktivieren. Die Fasern müssen im richtigen Moment kontrahieren, um einen effektiven Pedaltritt zu erhalten. Das klingt nach einem recht simplen Vorgang, aber es ist tatsächlich ziemlich komplex; etwa ein Dutzend Muskelgruppen müssen gleichzeitig auf den Plan treten, um eine Kurbelumdrehung von weniger als einer Sekunde in effizient synchronisierter Weise zu erreichen. Indem Sie die Pedalierbewegung simulieren, werden Sie besser darin, die Muskelfasern mit erhöhter Geschwindigkeit zu aktivieren. Das zahlt sich dahingehend aus, dass Sie kraftvoller und somit schneller werden. Neuromuskuläres Training ist die effektivste Form der physischen Vorbereitung für hohe Wettkampfleistungen, die Sie abseits des Radtrainings unternehmen können.

Steigen wir nun also mit einer Form des neuromuskulären Trainings ins Thema ein, die Sie wahrscheinlich schon kennen: die Arbeit mit Gewichten.

ARBEIT MIT GEWICHTEN

Sollte man als Radsportler Arbeit mit Gewichten absolvieren? Jeden Winter, wenn viele Fahrer ins Kraftraumtraining einsteigen, wird dieses Thema in einschlägigen Radsportforen heiß diskutiert. Manche behaupten, es sei Zeitverschwendung. Andere weisen auf die Forschung hin, die die Vorteile eines solchen Trainings stützen. Offen gestanden gibt es sogar Studien, die beide Schlüsse zulassen. Ich gehöre zu denjenigen, die die Arbeit mit Gewichten zur Verbesserung der Kraft befürworten. Ich kenne zahlreiche Fahrer, die ihre Leistung deutlich verbessern konnten, nachdem sie das hier beschriebene Kraftraumprogramm unternommen haben.

Aber sollten *Sie* Gewichte stemmen? Falls Sie nicht gern ins Fitnessstudio gehen oder Ihnen schlichtweg die Zeit fehlt, um noch etwas in Ihrem Terminkalender unterzubringen, ist es wahrscheinlich nichts für Sie. In diesem Fall fahren Sie vielleicht besser damit, es mit dem weiter unten erläuterten funktionellen Training zu probieren. Ich habe im Laufe der Jahre viele junge Männer betreut, die zu viel Muskelmasse mitbrachten, v.a. im Oberkörper. Sie brauchten nicht noch mehr Kraft, sondern Ausdauer. Diejenigen, die andererseits von der Arbeit mit Gewichten eher profitieren, sind meiner Erfahrung nach insbesondere Frauen, Anfänger, ektomorphe (sehr schlanke) Typen und ältere Fahrer. Falls Sie zu einer dieser Gruppen gehören, würde ich Ihnen ans Herz legen, die hier beschriebene Arbeit mit Gewichten zu absolvieren. Vielleicht stellen Sie fest, dass es genau das ist, was Ihnen gefehlt hat, um ein höheres Niveau zu erreichen.

Welches sind die Vorzüge der Arbeit mit Gewichten? Der offensichtliche ist größere Muskelkraft, die beim Treten auf die Pedale übertragen wird. Verbesserungen der Kraft vollziehen sich in den Stunden nach einer Kraftraum-Einheit aufgrund der gesteigerten Produktion von gewebebildenden anabolen Hormonen wie Testosteron und Wachstumshormon. Auch die Knochendichte verbessert sich, was für ambitionierte Radsportler mit recht schwachen Knochen ein großes Plus ist. Im Hinblick auf die Leistung vollziehen sich durch die Arbeit mit Gewichten die oben dargelegten positiven Veränderungen im Nervensystem, jedoch erfolgt dies nur dann, wenn die Übungen die maßgeblichen Bewegungen des Radfahrens gut simulieren.

In dieser Hinsicht ist die Arbeit mit Gewichten ebenso sehr eine Fertigkeit, wie es Tritt- und Kurventechnik sind. Um den radsportspezifischen Nutzen einzufahren, müssen die Übungen mit der richtigen Technik ausgeführt werden. Es erfordert viele Wiederholungen über einen längeren Zeitraum, um sich die Technik anzueignen, die für jede Übung notwendig ist. Bis Sie diese beherrschen, wird der Nutzen der Arbeit mit Gewichten nicht so groß sein, wie er sein könnte.

Die Arbeit mit Gewichten ist ebenso sehr eine Fertigkeit, wie es Tritt- und Kurventechnik sind.

Das erste Anzeichen für eine verbesserte Technik ist eine Steigerung der Lasten, die Sie bewegen können. Nach der anfänglichen Entwicklungsphase werden sich bald Verbesserungen der Kraft für das Radfahren einstellen. Daher beginnt das Krafttrainingsprogramm, das ich Ihnen darlege, mit einer Phase namens Anatomische Anpassung (AAP). In dieser Phase entwickeln Sie die richtige Technik. Sie auszulassen, um gleich schwerere Lasten zu stemmen, wie es manche Fahrer tun, ist kontraproduktiv.

Grundsätze des Kraftraumtrainings

Wir müssen zunächst ein paar Grundregeln für das Training im Kraftraum aufstellen, bevor wir uns mit den einzelnen Phasen und Übungen befassen. Im Folgenden erläutere ich einige Aspekte und Begriffe, die für Ihr Kraftraumtraining von Bedeutung sind.

Ihr Kraftraum. Der naheliegende Ort für die Arbeit mit Gewichten ist selbstverständlich ein Fitnessstudio oder eine ähnliche Einrichtung. Der Nachteil ist, dass die Anfahrt eine gewisse Zeit in Anspruch nimmt.

Alternativ können Sie bei sich zu Hause im Keller, in der Garage oder einem sonstigen Raum für ein paar hundert Euro ein eigenes kleines Studio einrichten. Alles, was Sie zunächst brauchen, sind ein Satz Hanteln und ein paar andere einfache Geräte, wie Sie in den Abbildungen zu den Übungen in diesem Kapitel zu sehen sind. Dadurch sparen Sie eine Menge Zeit. Schauen Sie in der Zeitung oder im Netz nach günstigen Angeboten von Sportgeschäften oder privaten Anbietern, die solche Geräte verkaufen. So sparen Sie nicht nur Zeit, sondern werden sich auch eher zum Krafttraining aufraffen, weil es so bequem ist.

Freie Gewichte und Maschinen. Die Abbildungen, die das folgende Programm illustrieren, zeigen Athleten, die für viele Übungen freie Gewichte verwenden, darunter Kniebeugen (Abbildung 12.2) und Ausfallschritte (Abbildung 12.5). Freie Gewichte müssen während der Übung in den Händen gehalten und balanciert werden. Das Balancieren der Lasten hilft, die Kraft kleiner und tief liegender Muskeln zu verbessern, aber es ist riskant. Sie könnten stürzen oder ein Gewicht fallen lassen. Manche der anderen vorgestellten Übungen zeigen die Athleten bei der Arbeit mit Maschinen, z.B. bei Beinpressen (Abbildung 12.6). Balance ist für diese Geräte nicht erforderlich, sie sind also deutlich gefahrloser. Der Nachteil ist allerdings, dass die kleinen Muskeln, die zur Balance beitragen, nicht gestärkt werden. Falls die Arbeit mit Gewichten Neuland für Sie ist, sind Sie wahrscheinlich besser beraten, erst einmal Maschinen zu verwenden.

Falls die Arbeit mit Gewichten Neuland für Sie ist, sind Sie wahrscheinlich besser beraten, erst einmal Maschinen zu verwenden.

Zeitpunkt der Kraftraum-Einheiten. Um die besten Ergebnisse zu erzielen, würde ich empfehlen, Kraftraum-Einheiten nach dem Radfahren oder an einem freien Tag zu absolvieren. Falls das nicht möglich ist und Sie die Übungen vor einer anderen Einheit machen müssen, sollten Sie sehr vorsichtig sein, denn die Beanspruchung und Ermüdung der Muskeln kann das folgende Training erheblich beeinträchtigen, insbesondere in der MK-Phase mit schweren Lasten. Auch die Tritttechnik wird wahrscheinlich darunter leiden, wenn Sie eine MK-Einheit unmittelbar vor einer langen Trainingsausfahrt unternehmen. Das Problem wird noch erschwert, wenn Sie direkt vor einer hochintensiven Einheit wie z.B. Intervallen ein Kraftraumtraining absolvieren, v.a. in der MK-Phase. Solche Kombinationen sollten Sie am besten vermeiden. Tatsächlich kann in der MK-Phase für manche Fahrer sogar der Tag nach einer Einheit im Kraftraum zu früh sein für manche lange oder intensive Trainingsausfahrten. Falls es sich nicht vermeiden lässt, die Arbeit mit Gewichten vor einer anderen Einheit des Tages zu verrichten, ist es vermutlich das Beste, wenn diese Einheit eine lockere Regenerationsfahrt ist. Wenn Sie vor einer langen oder intensiven Rad-Einheit den Kraftraum aufsuchen, ist es ratsam, wenn zwischen den Einheiten mehrere Stunden liegen. Falls Sie z.B. frühmorgens mit Gewichten arbeiten und dann am späten Nachmittag oder am Abend Rad fahren, sind negative Konsequenzen weniger wahrscheinlich, als würden Sie unmittelbar nach einer Kraftraum-Einheit aufs Rad steigen. Wie Sie sehen werden, ist es das Beste, solche Kombinationen gänzlich zu vermeiden, indem Sie sich an den empfohlenen Periodisierungsplan aus Tabelle 12.3 halten. Mehr dazu später. Einstweilen aber gilt: Wann immer Sie nach einem Kraftraumtraining unsicher sind, ob Sie noch bereit sind für eine Einheit auf dem Rad, belassen Sie es bei einer kurzen und lockeren Fahrt, egal wie viele Stunden vergangen sind.

Sätze und Wiederholungen. Ein Training im Kraftraum besteht aus mehreren Übungen, die dem Aufbau der Kraft dienen. Jede Übung besteht aus mehreren Wiederholungen. Nehmen wir an, die aktuelle Krafttrainingsphase sieht 8 bis 12 Wiederholungen vor. Diese bilden dann einen Satz. Eine entsprechende

Anweisung kann z.B. lauten, drei Sätze mit je zehn Wiederholungen und einer kurzen Erholungspause nach jedem Satz zu absolvieren.

Progression der Sätze. Im Allgemeinen ist es das Beste, sich nur jeweils auf eine Übung zu konzentrieren und sämtliche Sätze dieser Übung zu absolvieren, bevor Sie sich an die nächste Übung machen. Das hält die Muskulatur warm und ist im Studio oft auch gar nicht anders zu handhaben, denn es sind noch andere Leute da, die die gleichen Hanteln und Maschinen benutzen möchten. Bei jeder Station so lange zu bleiben, bis Sie alle Sätze geschafft haben, verhindert außerdem, dass Sie herumstehen und darauf warten müssen, bis ein Gerät frei wird. Falls das Studio jedoch nicht voll ist, könnten Sie sogenannte »Supersätze« unternehmen. Das bedeutet ganz einfach, abwechselnd die Sätze zweier Übungen zu absolvieren, was sich v.a. für Übungen eignet, die nicht die gleichen Muskelgruppen ansprechen. Dadurch bleibt die Muskulatur warm und Sie brauchen weniger Zeit für die Einheit im Kraftraum.

Regeneration zwischen den Sätzen. Für jede der Phasen des Krafttrainingsprogramms ist aufgelistet, wie viele Minuten Sie nach jedem Satz pausieren sollten. Sinn der Sache ist, zu gewährleisten, dass Sie ausreichend erholt sind, bevor Sie sich an den nächsten Satz machen. Falls die Pausen zu kurz sind, werden Sie nicht die Last heben können, zu der Sie für die vorgegebene Anzahl an Wiederholungen in der Lage wären. Dadurch gerät die Übung zu einer Ausdauer-Einheit. Da Sie außerhalb des Kraftraums schon genug Ausdauertraining auf dem Rad unternehmen, ist dies von geringem Nutzen. Um neuromuskuläre Kraft zu entwickeln, müssen Sie in der Lage sein, sich mit jedem Satz zu fordern. Das setzt voraus, dass Sie jede Übung ausreichend erholt angehen. Während Erschöpfung zur Ausdauer beiträgt, unterbindet sie die Kraft-Entwicklung.

Lasten. Dies bezieht sich darauf, wie schwer die Gewichte sind, die Sie stemmen. Im Verlauf jeder Krafttrainingsphase werden die Lasten gesteigert, während die Zahl der Wiederholungen für jede Übung abnimmt. Wenn Sie die Lasten im Verlauf mehrerer Wochen allmählich erhöhen, passt sich Ihr Körper nach und nach an und wird kräftiger. Die Steigerung der Lasten sollte vorsichtig gewählt werden, um das Verletzungsrisiko zu verringern.

Maximalgewicht (1RM). Wie groß die Last für eine gegebene Übung ist, richtet sich normalerweise danach, wie schwer die größte Last ist, die Sie bei dieser Übung ein Mal heben können. Dieses Maximalgewicht wird als »1RM« (1 Repetition Maximum) bezeichnet. Die Lasten für die einzelnen Übungen werden dann nach einem Prozentsatz Ihres jeweiligen 1RM festgesetzt. Sie könnten beispielsweise angewiesen werden, eine Last zu verwenden, die 80 Prozent Ihres 1RM ausmacht. Das Problem dabei ist, dass Sie in regelmäßigen Abständen eine maximale Anstrengung bringen müssen, um Ihr 1RM zu ermitteln. Das ist riskant. Sie könnten sich verletzen. Wenn Sie über große Erfahrung im Kraftraum verfügen, ist das Risiko vermutlich relativ gering. Falls die Arbeit mit Gewichten aber noch relatives Neuland für Sie ist, würde ich eine weniger riskante Methode empfehlen.

Wie groß die Last für eine gegebene Übung ist, richtet sich normalerweise danach, wie schwer die größte Last ist, die Sie bei dieser Übung ein Mal heben können.

Die Lasten für das hier erläuterte Programm können Sie anhand von Tabelle 12.1 bestimmen. Wählen Sie eine Last, von der Sie glauben, dass Sie sie in einer gegebenen Übung nur vier bis zehn Mal bewältigen können. Ermitteln Sie dann, wie viele Wiederholungen Sie mit dieser Last schaffen. Suchen Sie in der linken Spalte der Tabelle die Zahl der Wiederholungen heraus, rechts daneben finden Sie einen entsprechenden Faktor. Um Ihr mutmaßliches 1RM für die Übung zu bestimmen, teilen Sie die Last, die Sie gehoben haben, durch diesen Faktor. Ein Beispiel: Nehmen wir an, Sie haben neun Kniebeugen mit einer Last von 40 kg absolviert. Der Faktor für 9 ist 0,775. Teilt man

TABELLE 12.1 Bestimmung des Maximalgewichts (1RM)

WIEDERHOLUNGEN	FAKTOR
4	0,90
5	0,875
6	0,85
7	0,825
8	0,80
9	0,775
10	0,75

Finden Sie heraus, wie viele Wiederholungen Sie mit einer bestimmten Last von einer Übung schaffen. Teilen Sie dann diese Last durch den entsprechenden Faktor für die Zahl der Wiederholungen, um Ihr 1RM zu bestimmen.

40 kg durch 0,775, ergibt sich ein berechnetes 1RM von circa 51,5 kg. Dies ist eine wesentlich weniger riskante Methode, um für jede Übung Ihr jeweiliges 1RM zu ermitteln.

Allmähliche Verbesserungen der Kraft vorausgesetzt, sollte sich Ihr 1RM für jede Übung in regelmäßigen Abständen verändern, was für Sie bedeutet, die Tabelle hin und wieder erneut zurate zu ziehen. Aber es gibt eine sogar noch simplere Methode, die keine Tests erfordert.

Diese einfachere und weniger riskante Möglichkeit besteht darin, zunächst einfach eine Vermutung anzustellen und dann zu schauen, wie viele Wiederholungen Sie schaffen. Falls Sie mehr schaffen als erwartet, erhöhen Sie die Last und versuchen Sie es noch mal. So haben Sie rasch die richtige Last für diese Übung bestimmt. Von da an korrigieren Sie die Last nach oben oder unten, je nachdem, wie viele Wiederholungen Sie in einer gegebenen Phase zu absolvieren haben.

Spotter. Bei manchen Übungen wie z.B. Kniebeugen kommen ziemlich hohe Lasten als freie Gewichte zum Einsatz. Im Hinblick auf die Balance kann das zu einem echten Problem werden. Es ist sinnvoll, einen Trainingspartner zu haben – einen »Spotter« –, der Ihnen bei der sicheren Handhabung der Lasten assistiert und Sie durch die Übung begleitet.

Konzentrische und exzentrische Kontraktionen. Muskeln arbeiten immer auf eine von zwei Weisen: konzentrisch oder exzentrisch. Bei einer konzentrischen Kontraktion wie z.B. einer Oberarmbeuge mit einer Kurzhantel wird der Muskel verkürzt, wenn die Last gestemmt wird. Bei einer exzentrischen Kontraktion hingegen verlängert sich der Muskel, wenn das Gewicht gesenkt wird. Stellen Sie sich eine Oberarmbeuge vor, bei der Sie mit dem Gewicht nahe der Schulter beginnen, dort wo es sich befand, als Sie die konzentrische Hebung vollendet haben. Senken Sie nun langsam das Gewicht bis auf Hüfthöhe. Wenn Sie das tun, verlängert sich der Muskel, wenn sich das Ellenbogengelenk öffnet. Der Muskel streckt sich bei dem Versuch, das sich senkende Gewicht zu kontrollieren. Jede Kraftübung hat eine konzentrische und eine exzentrische Komponente. Sie heben das Gewicht (konzentrisch), dann setzen Sie es wieder ab (exzentrisch).

Sie können viel größere Lasten bewältigen, wenn Sie exzentrische Übungen absolvieren. Aber exzentrische Übungen bedeuten auch deutlich höhere Belastungen für den Muskel, sofern die Last groß genug ist, weil die Muskelfasern versuchen, zu kontrahieren, während sie sich verlängern. Das birgt immer das Potenzial, den Muskel zu schädigen. Das Absetzen der Lasten nach jeder Wiederholung sollte vorsichtig erfolgen.

Bewegungstempo. Manche der Bewegungen, über die Sie im folgenden Programm lesen, sehen ballistische Bewegungen vor. Diese werden häufig als »explosive« Hebungen beschrieben. Mit anderen Worten: Die konzentrischen Teile werden sehr schnell ausgeführt – so schnell, wie Sie die Last bewegen können. Die Lasten sind dabei deutlich geringer als diejenigen, die für die herkömmlicheren, langsam ausgeführten Bewegungen verwendet werden, die mit schweren Gewichten absolviert werden. Ein gutes Maß für ballistische Lasten sind in der Regel 50 Prozent des 1RM oder weniger. Solche Übungen eignen sich hervorragend dafür, Schnellkraft fürs Sprinten zu entwickeln. Seien Sie sich aber bewusst, dass ballistische Übungen selbst mit kleinen Lasten riskant sind. Beginnen Sie damit, die Bewegungen mit extrem kleinen Lasten zu absolvieren, bevor Sie das Gewicht erhöhen. Dies kann mehrere Einheiten dauern.

Später in diesem Kapitel werde ich das Bewegungstempo für die beiden Abschnitte der verschiedenen ballistischen Übungen erläutern. Wenn Sie ballistische Übungen absolvieren, ist die konzentrische Kontraktion (das Gewicht heben) diejenige Bewegung, die explosiv umgesetzt wird; der exzentrische Teil (das Gewicht senken) wird langsam ausgeführt. Das Verhältnis lautet dabei 2:1, d.h. das Gewicht wird in etwa der doppelten Zeit gesenkt, in der es gehoben wird.

Pedalierbewegung simulieren. Es ist wenig sinnvoll, Übungen zu absolvieren, die nicht die Bewegungen des Radfahrens, insbesondere des Pedaltritts, nachvollziehen. Was Ihr Ziel anbelangt, im Wettkampf besser abzuschneiden, wären solche Übungen reine Zeitverschwendung. Oberarmbeugen z.B. werden Sie nicht zu einem besseren Radfahrer machen. Kniestreckungen kommen der Sache schon etwas näher. Aber als Übungen, die die Bewegungen replizieren, die Sie beim Pedalieren auf dem Rad ausführen, bieten sich v.a. Kniebeugen, Beinpressen und Step-ups an.

Mehrgelenk-Übungen. Beim Radfahren sind Hüft-, Knie- und Sprunggelenke im Spiel, die aktiviert werden, indem Muskeln synchron kontrahieren. Wenn Sie das Pedal treten, streckt sich das Knie nicht isoliert von Hüfte und Sprunggelenk, sondern alle bewegen sich gleichzeitig. Beim Kraftraumtraining geht es nicht darum, willkürliche Kraft aufzubauen, sondern das Ziel ist, bestimmte Bewegungen kraftvoller ausführen zu können. Deswegen sind Kniestreckungen für den Aufbau radspezifischer Kraft nicht so effektiv wie Kniebeugen.

Muskuläres Gleichgewicht. Die Ausnahme von der obigen Regel für Mehrgelenk-Übungen tritt ein, wenn es darum geht, muskuläre Ungleichgewichte zu beheben. Gelenkbewegungen werden stets von zwei oder drei Muskeln kontrolliert. Der für die Bewegung eines Gelenks maßgebliche Muskel wird als »Agonist« bezeichnet. Wenn der Agonist arbeitet, entspannen sich die anderen für das Gelenk zuständigen Muskeln. Dies sind die »Antagonisten«. Das Ellenbogengelenk beispielsweise wird von zwei Muskeln gesteuert: dem Bizeps und dem Trizeps. Wenn Sie eine Oberarmbeuge ausführen, ist der Bizeps der Agonist und der Trizeps der Antagonist. Wenn Sie aber Liegestütze absolvieren, wird der Trizeps zum Agonisten und der Bizeps zum Antagonisten.

Es ist wenig sinnvoll, Übungen zu absolvieren, die nicht die Bewegungen des Radfahrens nachvollziehen.

Es sollte ein gesundes Kräfteverhältnis zwischen den beiden herrschen. Falls der Agonist zu kräftig wird, besteht die Gefahr, den Antagonisten zu schädigen. Daher ist es manchmal eine gute Idee, den Antagonisten zu kräftigen, um ihn vor einer Verletzung zu schützen. Das beste Beispiel dafür ist der Quadrizeps im vorderen Oberschenkel, der durch Übungen wie Kniebeugen sehr kräftig werden kann. Das ist mit einem gewissen Risiko für die rückseitige Oberschenkelmuskulatur verbunden, die den Antagonisten bildet, wenn Sie das Knie beugen.

Sie können die Antagonisten kräftigen, indem Sie Muskelisolations- statt Mehrgelenk-Übungen absolvieren. Daher finden Sie im folgenden Programm u.a. Beinbeugen, um die rückseitige Oberschenkelmuskulatur zu kräftigen. Zudem sind die Lasten und Wiederholungen für die Antagonisten nicht in jeder Phase die gleichen wie für die Agonisten. Mit anderen Worten: Die beiden werden wahrscheinlich immer unterschiedlich stark entwickelt sein.

Das ist normal und auch kein Problem, solange der Unterschied nicht zu groß ist.

Verteilung der Trainingseinheiten. Kraftraum-Einheiten sollten so gleichmäßig wie möglich über die Woche verteilt werden. Wenn Sie z.B. zwei oder drei solcher Einheiten pro Woche absolvieren, wie in der frühen Grundlagenphase empfohlen, und diese zu rasch aufeinanderfolgen, würde dies auch mehrere aufeinanderfolgende Tage bedeuten, an denen kein Krafttraining ansteht. Das ist in Ordnung, solange Sie in der Krafterhaltungs-Phase sind, aber kontraproduktiv, wenn Sie versuchen, Kraft aufzubauen. Zu große Abstände machen es schwierig, Gewinne zu erzielen, weil Sie nach mehreren Tagen ohne Arbeit mit Gewichten wieder Kraft einbüßen. Wenn Sie die Einheiten so gleichmäßig wie möglich über die Woche verteilen, gibt das den Muskeln einerseits die Gelegenheit, sich anzupassen, was während ein paar Tagen Regeneration geschieht, ohne dass Sie andererseits so viel Zeit ohne Arbeit mit Gewichten verstreichen lassen, dass Zugewinne verloren gehen. So fahren Sie z.B. besser damit, zwei wöchentliche Einheiten im Kraftraum am Montag und Freitag einzuplanen statt am Montag und Dienstag. Falls Sie drei Mal die Woche mit Gewichten arbeiten, sind Einheiten am Dienstag, Donnerstag und Samstag besser als am Dienstag, Mittwoch und Donnerstag.

Die Einheiten gleichmäßig über die Woche zu verteilen, gibt den Muskeln die Gelegenheit, sich anzupassen.

Warm-up und Cool-down. Ebenso wie vor Ihren Einheiten auf dem Rad sollten Sie sich vor dem Krafttraining gründlich aufwärmen. Und auch ein anschließendes Cool-down ist vorteilhaft.

Absolvieren Sie nach Kraftraum-Einheiten ein Cool-down, indem Sie ein paar Minuten locker auf dem Spinningbike fahren.

Beginnen wir mit dem Aufwärmen. Das Aufwärmen für das Krafttraining vollzieht sich in zwei Phasen. Die erste dient dazu, die Blutversorgung zu den Muskeln anzuregen, die bald durch das Heben schwerer Gewichte beansprucht werden. Wie Sie sehen werden, sind bei den meisten der folgenden Übungen die Beine gefragt. Sie können die Durchblutung der Beine verbessern, indem Sie sich auf einem Ergometer, Spinningbike oder Laufband aufwärmen, sofern Ihnen solche Geräte zur Verfügung stehen. Es sind nur 10 bis 15 Minuten schrittweise gesteigerter aerober Bewegung nötig, um dies zu erreichen. Danach sind Sie *fast* so weit, die erste Kraftübung zu absolvieren.

Die zweite Phase des Aufwärmens besteht darin, sich mit ein paar Wiederholungen mit leichter Last auf die Bewegungsabläufe der Übung einzustimmen. Falls Sie beispielsweise Kniebeugen machen, absolvieren Sie zunächst ein paar Wiederholungen nur mit Körpergewicht. Betonen Sie dabei die Technik. Jetzt sind Sie bereit, mit der Übung zu beginnen. Wiederholen Sie die zweite Warm-up-Phase vor jeder anschließenden Übung.

Absolvieren Sie nach anspruchsvollen Einheiten auch jeweils ein Cool-down, indem Sie sich noch ein paar Minuten auf ein Ergometer oder Spinningbike setzen und mit angenehm hoher Kadenz locker treten (fünf Minuten reichen vollkommen aus). Wahrscheinlich haben Sie ein paar Übungen für die Beine absolviert, was gelegentlich dazu führt, die Trittmechanik und -frequenz zu beeinträchtigen. Ein paar Minuten Spinning mit guter Technik und relativ hoher Kadenz helfen, die neuromuskulären Aktivierungsmuster wiederherzustellen und zu stärken.

Reihenfolge der Übungen. Wie Sie im weiteren Verlauf dieses Kapitels sehen werden, gibt es eine bevorzugte Reihenfolge für die Kraftübungen. Ich empfehle, die Übungen mit den schwersten Lasten zuerst zu absolvieren. Es ist besser (und sicherer), schwere Lasten zu heben, wenn Sie noch frisch sind, als wenn bereits Erschöpfung eingesetzt hat. Es ist außerdem sicherer, die Muskelgruppen und Bewegungen abzuwechseln. So sollten Sie es u.a. vermeiden, zwei Übungen für die Beinachsenstreckung (Hüfte, Knie und Sprunggelenk), also z.B. Kniebeugen und Step-ups, hintereinander zu absolvieren. Besser ist es, zwischendurch eine Übung einzuschieben, die andere Bewegungen und Muskelgruppen beansprucht.

Einstieg in eine neue Phase des Krafttrainings. Wenn Sie eine neue Phase beginnen, in der Sie mit schwereren Lasten als zuvor arbeiten, seien Sie vorsichtig bei der Wahl der Gewichte für die erste Einheit. Zwar ist es in bestimmten Phasen in der Saison eine gute Idee, sich mit höheren Lasten auf die Probe zu stellen, aber die erste Einheit ist dafür der falsche Zeitpunkt. Heben Sie sich das für eine der folgenden Einheiten im Kraftraum auf, wenn Sie eine bessere Vorstellung davon haben, was Sie sich zumuten können.

Ungewohnte Übungen. Falls Sie unsicher sind, wie eine bestimmte Übung auszuführen ist, lassen Sie es sich von einem erfahrenen Kollegen zeigen. Krafttraining ist definitiv mit hohem Risiko und hohem Ertrag verbunden. Das Risiko, sich eine Verletzung zuzuziehen, indem Sie die Übung nicht korrekt ausführen, ist recht hoch. Falsche Technik ist bei vielen der Übungen, v.a. solchen, die mit hohen Lasten verbunden sind, eine sichere Methode, sich zu verletzen. Bitten Sie um Hilfe. Sie können sich auch beim Heben filmen lassen und dann im Internet nach Beispielen für gute Technik suchen, um sich mit anderen zu vergleichen.

Heben bis zur Erschöpfung. Sie haben sicher von der Praktik gehört, so lange zu heben, bis Sie die Last nicht mehr stemmen können; diese Methode ist unter Gewichthebern ziemlich verbreitet. Viele absolvieren regelmäßig so viele Wiederholungen einer gegebenen Übung, bis sie nicht mehr in der Lage sind, das Gewicht ein letztes Mal zu heben, und Hilfe brauchen, es abzusetzen. Das mag für diese Cracks schön und gut sein, Radsportlern würde ich aber davon abraten. Das Risiko ist viel zu hoch. Geben Sie Acht darauf, wie sich Ihre Muskeln bei jeder Übung anfühlen, und hören Sie eine oder zwei Wiederholungen, bevor Sie nicht mehr können, auf. Das bisschen Kraft, das Sie dadurch gewännen, indem Sie bis zur Erschöpfung weitermachen würden, ist nicht der Rede wert und das Verletzungsrisiko wäre erheblich größer.

Zahl der Übungen. Das auf den folgenden Seiten beschriebene Kraftraumprogramm geht davon aus, dass Ihnen begrenzte Zeit fürs Training zur Verfügung steht, und empfiehlt daher, in jeder Phase nur wenige Übungen zu unternehmen. Die Übungen, die ich vorstelle, sind diejenigen, die im Hinblick auf Ihre Leistungen den größten Nutzen versprechen. Scheuen Sie sich aber nicht, mehr zu machen, sofern Sie Zeit, Lust und Energie dazu haben.

Muskelmasse. Manche Athleten, v.a. junge Männer, bauen schnell und massiv Muskelmasse auf, wenn sie mit Gewichten arbeiten. Das ist zwar gut für die Kraft, aber nicht unbedingt für die Erfolgsaussichten auf dem Rad. Ab einem bestimmten Punkt wird die Zunahme an Muskelmasse den Leistungen abträglich sein – ein guter Grund, das Krafttraining und die Zahl der Übungen, die Sie im Rahmen Ihres Programms absolvieren, zu begrenzen. Es ist zudem der Grund, warum ich dazu rate, für die ernsthafte Arbeit mit Gewichten nur wenige Wochen zu veranschlagen. Wenn diese Wochen vorüber sind, wechselt das Krafttraining vom Aufbau- in den Erhaltungsmodus.

Auch die Lasten spielen dabei eine Rolle. Das unten empfohlene Programm steigert sich im Verlauf weniger Wochen hin zu höheren Lasten, die mit weniger Wiederholungen gehoben werden. Manche Studien deuten darauf hin, dass mit vielen Wiederholungen und kleineren Lasten, die bis zur Erschöpfung gehoben werden, etwa die gleiche Kraft entwickelt wird, aber die hohe Zahl der Wiederholungen eher dazu führt, überschüssige Muskelmasse aufzubauen. Und das Problem, zu wenig auf die Waage zu bringen, haben nur sehr wenige Radsportler.

Falls Sie unsicher sind, wie eine bestimmte Übung auszuführen ist, lassen Sie es sich von einem erfahrenen Kollegen zeigen.

Krafttraining und Ernährung. Auch was und wann Sie essen, spielt für das Krafttraining eine Rolle. Wie viel Sie essen sollten, hängt von Ihrer Körpergröße und dem Schwierigkeitsgrad der Einheit ab. Studien deuten darauf hin, dass es der Kraftentwicklung förderlich ist, am besten unmittelbar nach dem Training im Kraftraum, auf jeden Fall aber binnen drei Stunden danach, 10 bis 25 Gramm leucinreiches Eiweiß zu sich zu nehmen. Das hilft Ihrem Körper, das Gewebe wiederaufzubauen, das durch die Belastung beim Heben schwerer Lasten aufgelöst wurde. Der Eiweißlieferant muss kein teures, angeblich wissenschaftliches Spezialprodukt sein. Richtige Lebensmittel reichen vollkommen aus. Gängige protein- und leucinreiche Nahrungsmittel, die Sie als schnellen Snack im Kühlschrank lagern können und die rund 10 Gramm Protein sowie etwa 1.000 Milligramm Leucin enhalten, sind gekochte Eier (zwei Stück, mittelgroß), Cheddar-Käse (ca. 45 Gramm) und Milch (etwa 300 ml).

Nachwuchsfahrer sollten bei der Arbeit mit Gewichten sehr vorsichtig sein.

Besondere Anforderungen einzelner Sportlergruppen. Nachwuchsfahrer unter 18 Jahren sollten bei der Arbeit mit Gewichten besonders vorsichtig sein. Die Wachstumsfugen der Knochen befinden sich bei jungen Menschen bisweilen noch in der Entwicklung und könnten durch die Arbeit mit schweren Lasten Schaden nehmen. Dies gilt v.a. für Jugendliche unter 16 Jahren, doch gibt es hinsichtlich der körperlichen Reife erhebliche Unterschiede in diesem Alter. Das heißt nicht, dass sie gar nicht im Kraftraum trainieren sollten. Interessierten jungen Sportlern würde ich empfehlen, im Alter von etwa zwölf Jahren ein Programm mit sehr leichten Lasten und Schwerpunkt auf der Technik und der Durchführung gängiger Kraftübungen aufzunehmen. Auch ballistische Übungen mit sehr leichten Lasten könnten für Teenager sinnvoll sein. Wie bei allen sportlichen Aktivitäten für Jugendliche sollte der Spaß im Vordergrund stehen. In dieser Phase der Entwicklung sind Trainingspläne und strikte Routine nicht ratsam.

Erwachsene, die noch nicht lange Radsport betreiben, werden von der Arbeit mit Gewichten aller Voraussicht nach erheblich profitieren.

Radsportler über 50 profitieren möglicherweise am meisten von der Arbeit mit Gewichten. Die Leistungsfähigkeit älterer Ausdauersportler wird oftmals durch den Verlust an Muskelmasse eingeschränkt. Wahrscheinlich lässt außerdem die Dichte der Knochen nach, wodurch sie anfällig für Frakturen sind. Neuromuskuläres Training führt vermutlich zu einer deutlichen Verbesserung der Muskelkraft und sorgt außerdem für den Wiederaufbau der Knochen. Ich habe viele Senioren jenseits der 50 erlebt, die zu besseren Rennfahrern wurden, nur indem sie regelmäßig im Kraftraum trainierten.

Fahrer in den Zwanzigern, weibliche wie männliche, die schon seit geraumer Zeit trainieren und Wettkämpfe bestreiten, benötigen wahrscheinlich nicht so viel Krafttraining wie Senioren. Diese Athleten verzeichnen durch diese Trainingsform, wenn überhaupt, vermutlich eine deutlich geringere Leistungssteigerung. Dank ihrer Jugend bringen sie naturgemäß viel Kraft mit. Zudem ist schon die Tatsache, dass sie auf so hohem Niveau Wettkämpfe bestreiten, ein Beleg ihrer herausragenden Physiologie. Gleichwohl kenne ich viele Fahrer, die den Sport auf höchstem Niveau betreiben, die auf ihr Krafttrainingsprogramm schwören.

Unabhängig vom Alter werden Erwachsene, die noch nicht lange Radsport betreiben, von der Arbeit mit Gewichten aller Voraussicht nach erheblich profitieren. Das häufigste Problem für Anfänger ist, überhaupt die Zeit zu finden. In der Regel bringt das erste Trainingsjahr erhebliche Veränderungen für den Alltag mit sich, und allein die Einheiten auf dem Rad in einem sinnvollen Zeitplan unterzubringen, stellt eine Herausforderung dar. Noch eine weitere sportliche Aktivität zu berücksichtigen, mag da wie ein Ding der Unmöglichkeit erscheinen. Wenngleich ein Krafttrainingsprogramm ihrer Entwicklung als Radsportler gewiss förderlich wäre, verzeichnen Neulinge in der Regel allein durch das Training auf dem Rad erhebliche Leistungssteigerungen. Falls Sie noch Anfänger sind und mit Gewichten arbeiten möchten, empfehle ich Ihnen, auf die Maximalkraft-Phase (MK) zu verzichten, die später in diesem Kapitel beschrieben wird. Sie werden auch ohne diese Phase erhebliche Zugewinne verzeichnen und gleichzeitig das Risiko einer Verletzung signifikant verringern. Heben Sie sich das für das zweite Jahr auf.

Das Kraftraumprogramm

In diesem Abschnitt stelle ich Ihnen einige Übungen für Ihr Krafttrainingsprogramm vor. Anschließend erläutere ich Ihnen die verschiedenen Phasen des Kraftraumtrainings und einen sinnvollen Ablauf der Übungen. Wie bei allen Trainingsformen gibt es etliche Möglichkeiten, die gewünschten Ergebnisse zu erzielen. Falls Sie bereits ein Krafttrainingsprogramm haben, mit dem Sie in der Vergangenheit gute Erfahrungen gemacht haben, bleiben Sie dabei. Wenn Sie glauben, dass neuromuskuläre Defizite ein Begrenzer für Sie sind, sollten Sie dringend in Betracht ziehen, das hier vorgestellte Programm in Ihren Periodisierungsplan aufzunehmen.

Absolvieren Sie nicht sämtliche der auf den nächsten Seiten erläuterten Übungen. Dies ist nur eine Auflistung möglicher Übungen, aus denen Sie Ihr Programm zusammenstellen können. Sie sollten entscheiden, welche Übungen Sie unternehmen möchten und wann in der Saison Sie es tun werden. Falls Sie sich an ein traditionelles Krafttrainingsprogramm halten möchten, würde ich Ihnen dringend empfehlen, zumindest eine der Übungen für die Hüft-Knie-Sprunggelenk-Streckung einzubeziehen, wie Kniebeugen, Kreuzheben, Ausfallschritte oder Beinpressen. Überlegen Sie weiterhin, eine Beinbeugen-Übung einzuplanen, um die muskuläre Balance zwischen Agonisten und Antagonisten zu erhalten. Absolvieren Sie darüber hinaus eine Übung oder mehr für die Core-Kraft. Denkbar ist außerdem, statt einer traditionellen Übung für die Beinachsenstreckung eine ballistische Übung einzustreuen. Sämtliche dieser Übungen werden im Folgenden erläutert und durch Abbildungen veranschaulicht.

Gängige Kraftraum-Übungen. Krafttraining mit schweren Lasten hat sich für das Radfahren in vielen Studien als sehr effektiv erwiesen. Der Schlüssel dazu, mittels Kraftraumtraining erhebliche Zugewinne zu erzielen, besteht darin, sich mit Übungen, die primär der Beinachsenstreckung aus Hüfte, Knie und Sprunggelenk dienen, allmählich hin zu schweren Lasten mit einer geringen Zahl an Wiederholungen zu steigern. Diese Streckung imitiert die grundlegende Bewegung, die Sie beim Radfahren voranbringt. Die Leistung, die Sie beim Radfahren erreichen, ergibt sich teilweise daraus, wie viel Kraft Sie beim Treten in der Druckphase aufbringen. Je mehr Kraft Sie generieren können, ohne die gefühlte Anstrengung zu steigern, desto schneller sind Sie auf dem Rad. Sie werden außerdem besser klettern. Natürlich ist die Muskelkraft nicht der einzige Aspekt, der über die Leistung auf dem Rad bestimmt. Die andere Komponente ist die Trittfrequenz. Diese resultiert maßgeblich aus Erfahrung und gezieltem Techniktraining. An dieser Stelle konzentrieren wir uns aber darauf, wie Sie Kraft entwickeln, indem Sie jene Muskeln stärken, die Hüfte, Knie und Sprunggelenk strecken.

Je mehr Kraft Sie generieren können, ohne die gefühlte Anstrengung zu steigern, desto besser werden Sie sich im Rennen schlagen.

Es gibt sechs gängige Kraftraum-Übungen zur Entwicklung der für diese Gelenke zuständigen Muskeln: beidbeinige Kniebeugen, einbeinige Kniebeugen, Kreuzheben, Step-ups, Ausfallschritte und Beinpressen. Diese sprechen unterschiedliche Muskelgruppen an, sind aber alle der Muskelkraft fürs Pedalieren dienlich. Wählen Sie eine oder zwei der Übungen aus, die Sie in jeder Einheit im Kraftraum ausführen möchten. Oder beschließen Sie um der Abwechslung willen, sich im Laufe der Saison an mehreren zu versuchen. Beachten Sie, dass die ersten fünf Übungen mit freien Gewichten arbeiten. Viele Studios verfügen über Maschinen, die Sie stattdessen verwenden können, falls Sie dieses Risiko scheuen.

Beidbeinige Kniebeugen

Beidbeinige Kniebeugen (Abbildung 12.1) sind die unter erfahrenen Athleten wohl verbreitetste Übung für die Hüft-Knie-Sprunggelenk-Streckung. Die Abbildung zeigt einen Athleten, der eine Langhantel verwendet, aber die Übung kann ebenso gut mit einer Kurzhantel in jeder Hand oder sogar mit einem beschwerten Rucksack ausgeführt werden. Die folgende Anleitung wird Ihnen helfen, die Bewegung zu erlernen, falls Sie die Übung noch nie gemacht haben.

- → Erwägen Sie, einen Hüftgurt zu tragen, um Ihren Rücken zu schonen, insbesondere in der MK-Phase.
- → Stellen Sie sich mit einer Langhantel knapp oberhalb der Schulterblätter (oder mit einer Kurzhantel in jeder Hand) auf. Ihre Füße haben denselben Abstand wie auf den Pedalen beim Radfahren (18-20 cm), und die Zehen zeigen direkt nach vorn, wie sie es beim Pedalieren tun würden.
- → Nehmen Sie den Kopf hoch und strecken Sie den Rücken. Schauen Sie gerade nach vorn.
- → Gehen Sie in die Kniebeuge, bis Ihre Oberschenkel beinahe parallel zum Boden sind. Ihr Knie ist nun ungefähr so gebeugt wie in der 2-Uhr-Position beim Pedaltritt. Sie können einen niedrigen Stuhl oder eine Bank nutzen, um einen Anhaltspunkt zu haben, wie tief Sie in die Knie gehen. Wenn Ihr Gesäß die Sitzfläche berührt, stehen Sie auf.
- → Die Knie zeigen direkt nach vorn und sind über den Füßen, wenn Sie in die Knie gehen.
- → Kehren Sie in die Ausgangsposition zurück. Der Rücken bleibt dabei gestreckt und der Blick nach vorn gerichtet, so dass Ihr Kopf erhoben ist. Schauen Sie nicht nach unten.

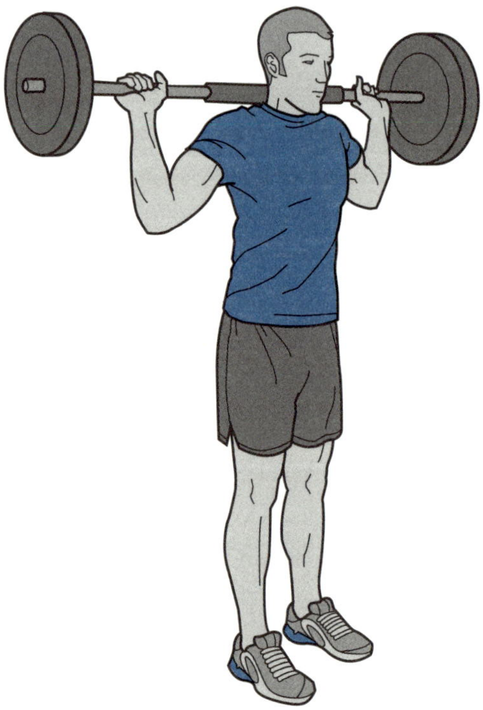

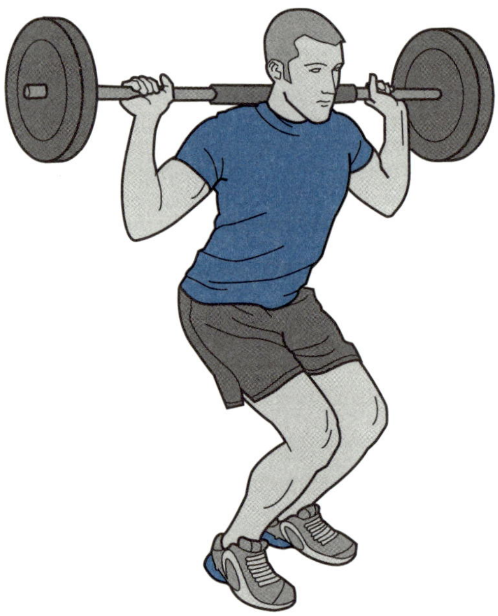

ABBILDUNG 12.1 Beidbeinige Kniebeugen

Einbeinige Kniebeugen

Der Vorteil von einbeinigen Kniebeugen gegenüber der beidbeinigen Variante ist, dass die Last deutlich leichter sein darf, was das Verletzungsrisiko verringert, und dass die Übung die Pedalierbewegung auf dem Rad gut simuliert, da Sie dort ja auch immer nur mit einem Bein gleichzeitig nach unten treten. Auf der anderen Seite erfordert die Übung gute Balance, da Sie auf nur einem Bein stehen, während das andere hinter Ihnen abgestützt wird, wie in Abbildung 12.2 zu sehen. Zudem benötigen Sie mehr Zeit, um alle Sätze abzuschließen, da es doppelt so viele sind.

- Stellen Sie sich mit einer Kurzhantel in jeder Hand (oder mit einer Langhantel direkt oberhalb der Schulterblätter) in etwa 60 cm Abstand mit dem Rücken zu einer Bank oder einer anderen etwa kniehohen Plattform auf.
- Schwingen Sie einen Fuß nach hinten und legen Sie diesen mit dem Spann auf der Bank ab.
- Beugen Sie mit gestrecktem Rücken und erhobenem Kopf das vordere Bein, bis sich Ihr Oberschenkel fast parallel zum Boden befindet. Das Knie sollte in etwa so gebeugt sein wie in der 2-Uhr-Position einer Pedalumdrehung. Gegebenenfalls müssen Sie den Abstand zur Bank korrigieren, um den richtigen Kniewinkel zu erhalten.
- Kehren Sie mit weiterhin gestrecktem Rücken und nach vorn (nicht nach unten) gerichtetem Blick in die Ausgangsposition zurück.
- Wiederholen Sie die Übung in gleicher Weise mit dem anderen Bein.

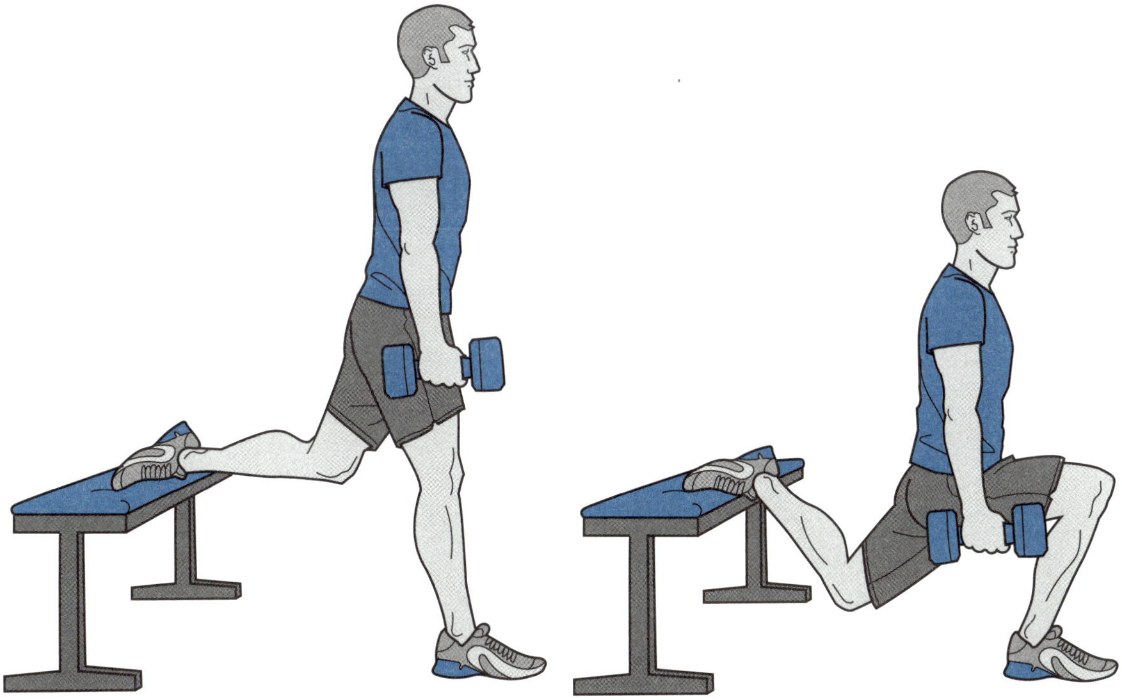

ABBILDUNG 12.2 Einbeinige Kniebeugen

Kreuzheben

Kreuzheben ist eine hervorragende Übung, um Kraft für die Beinstreckung zu entwickeln; allerdings ist sie ein bisschen riskanter als Kniebeugen, da Anfänger beim Heben häufig v.a. ihre Rückenmuskulatur statt der Beine einsetzen. Vermutlich werden Sie anfangs fachmännische Hilfe brauchen, um es richtig hinzubekommen. Problematisch ist außerdem, dass die Scheiben auf der Hantel bei recht leichten Lasten, wie Sie sie zu Beginn verwenden sollten, einen recht kleinen Durchmesser haben, so dass Sie ziemlich tief in die Knie gehen müssen. Das sorgt auch dafür, dass der Rücken übermäßig belastet wird. Manche Studios haben Ablagen oder andere Hilfsmittel, die eine höhere Ausgangsposition ermöglichen. Sie können diese Übung auch mit Kurzhanteln ausführen, was für Anfänger vielleicht sogar besser ist. Abbildung 12.3 veranschaulicht, wie Kreuzheben funktioniert. Beachten Sie den erhobenen Kopf und den gestreckten Rücken.

- → Stellen Sie sich mit dem Gesicht zur Hantel auf; die Füße befinden sich etwa im selben Abstand wie auf den Pedalen beim Radfahren (18-20 cm).
- → Beginnen Sie aus der Hocke und mit gebeugten Knien, so dass sich Ihre Oberschenkel fast parallel zum Boden befinden.
- → Greifen Sie mit durchgestrecktem Rücken, erhobenem Kopf und nach vorn (nie nach unten) gerichtetem Blick herunter und fassen Sie die Hantel mit beiden Händen. Die Hände sollten etwas weiter auseinander sein als Ihre Füße.
- → Stehen Sie auf, wobei nur Ihre Beine die schwere Hebearbeit verrichten, nicht Ihr Rücken. Der Rücken sollte gerade sein, nicht gebeugt.
- → Kehren Sie in die Ausgangsposition zurück, indem Sie Ihre Beine einsetzen, während der Rücken gestreckt, der Kopf erhoben und der Blick nach vorn gerichtet bleiben.

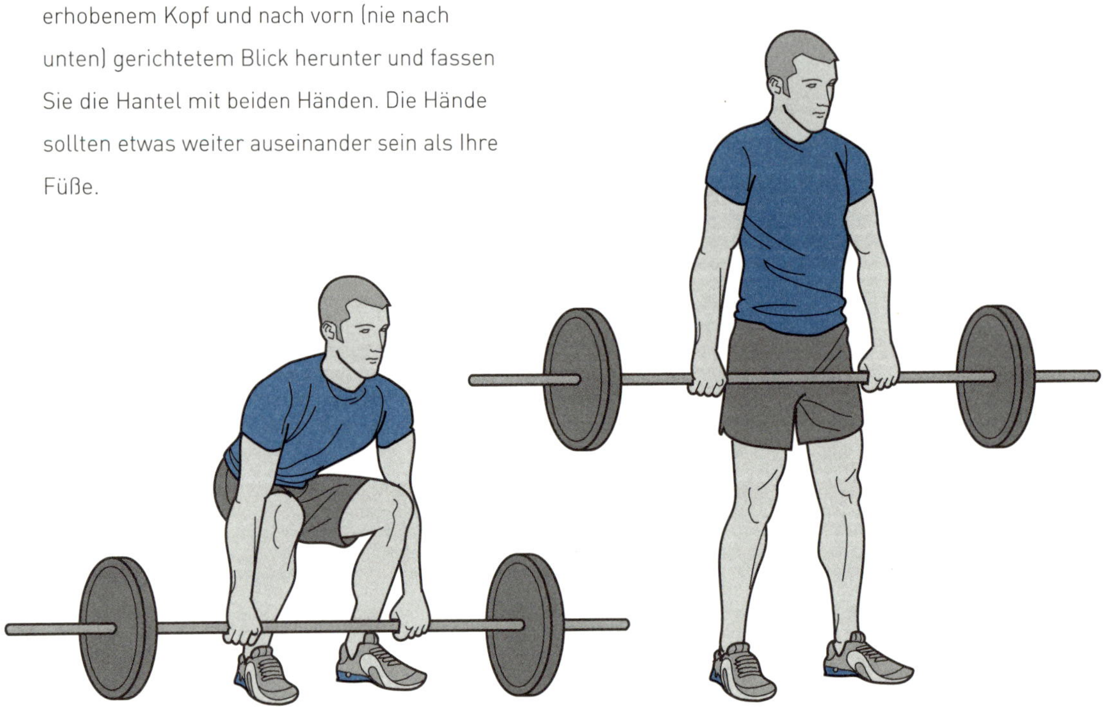

ABBILDUNG 12.3 Kreuzheben

Step-Ups

Auch diese Übung eignet sich hervorragend, um Kraft für die Beinstreckung zu entwickeln, während sie zugleich die Pedalierbewegung simuliert. Abbildung 12.4 zeigt, wie's gemacht wird. Der dargestellte Athlet benutzt eine Langhantel, Sie können aber auch Kurzhanteln verwenden, was etwas sicherer ist, da der Schwerpunkt niedriger liegt. Bei dieser Übung ist es wichtig, dass die Höhe der Bank oder Plattform passt. Sie sollten versuchen, möglichst exakt die Position Ihrer Beine beim Pedalieren nachzuahmen, wenn sich ein Pedal am oberen und das andere am unteren Totpunkt befindet.

- → Stellen Sie sich mit einer Langhantel direkt oberhalb der Schulterblätter (oder einer Kurzhantel in jeder Hand) vor einer niedrigen (ca. 33-38 cm hohen) Bank oder sonstigen Plattform auf. Große Athleten benötigen eine höhere Bank als kleine Athleten.
- → Setzen Sie einen Fuß auf die Bank. Ihr erhobenes Knie sollte sich knapp unterhalb der Hüfte befinden, so dass Ihr Oberschenkel fast parallel zum Boden ist. Eventuell würden Sie lieber eine höhere Plattform nutzen, damit sich das Knie über der Hüfte befindet. Verzichten Sie darauf, da es sich irgendwann als kontraproduktiv und riskant erweisen wird, wenn die Lasten schwerer werden.
- → Steigen Sie mit getrecktem Rücken, erhobenem Kopf und nach vorn (nicht nach unten) gerichtetem Blick auf die Bank, so dass sich beide Füße darauf befinden.
- → Kehren Sie mit demselben Fuß wieder in die Ausgangsposition zurück und wiederholen Sie die Übung. Nachdem Sie alle Sätze für das eine Bein erledigt haben, wiederholen Sie die Übung mit dem anderen Bein.

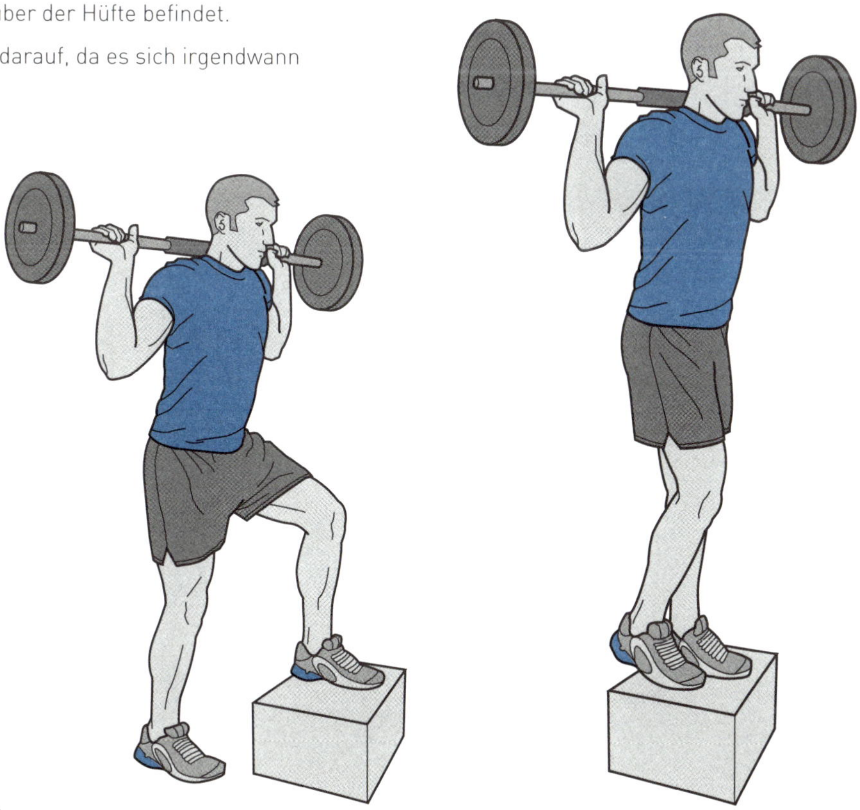

ABBILDUNG 12.4 Step-ups

Ausfallschritte

Für Ausfallschritte benötigen Sie, wie der Name schon vermuten lässt, ziemlich viel Platz. Es ist eine einfache Übung, sie erfordert aber, dass Sie die Schrittlänge jedes Mal richtig hinbekommen. Ist die Schrittlänge zu kurz, kommen Sie nicht tief genug; ist sie zu lang, wird der Hüftbeuger des hinteren Beins über die Maßen beansprucht. Abbildung 12.5 zeigt, wie's gemacht wird.

- → Stellen Sie sich aufrecht hin, mit den Füßen nebeneinander und einer Kurzhantel in jeder Hand (oder einer Langhantel über der Schulter).
- → Machen Sie mit einem Bein einen Schritt nach vorn, wobei Sie den Fuß flach und genau nach vorn weisend auf den Boden setzen. Das Knie sollte sich direkt über dem vorderen Fuß befinden und Ihr Gewicht sollte weitgehend auf diesem Bein lasten. Das hintere Bein hilft Ihnen, das Gleichgewicht zu halten.
- → Senken Sie Ihren Körper, bis sich der vordere Oberschenkel fast parallel zum Boden befindet. Das hintere Knie sollte fast den Boden berühren.
- → Stehen Sie auf und ziehen Sie den hinteren Fuß vor, so dass Sie wieder die Ausgangsposition einnehmen.
- → Machen Sie weiter mit einem Ausfallschritt mit dem anderen Bein. Wiederholen Sie die Übung abwechselnd mit beiden Beinen, bis Sie die angestrebte Zahl an Wiederholungen mit beiden Beinen erledigt haben.
- → Halten Sie während der gesamten Bewegung den Rücken stets gestreckt und den Kopf erhoben.

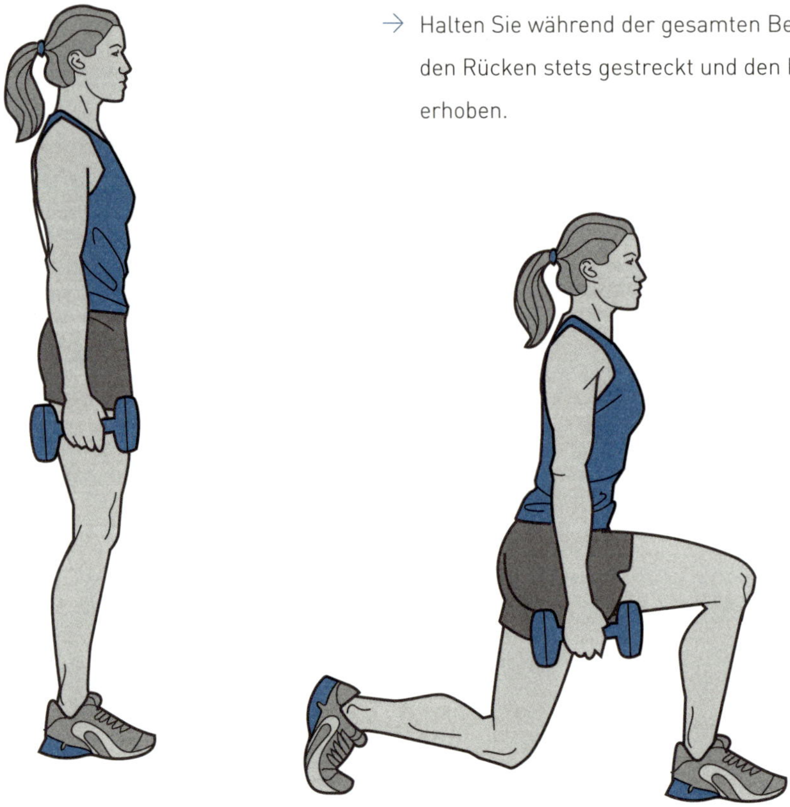

ABBILDUNG 12.5 Ausfallschritte

Beinpressen

Beinpressen sind die wahrscheinlich sicherste Übung für die Beinstreckung, da sie mit einer Maschine ausgeführt werden und es nicht erfordern, schwere Lasten zu balancieren. Jedoch dürfen die Lasten viel schwerer sein als bei den anderen Übungen, nicht nur weil sie nicht balanciert werden müssen, sondern auch, weil Sie nicht mehr Ihr eigenes Körpergewicht stemmen müssen. Dementsprechend kann größeres externes Gewicht hinzugefügt werden. Abbildung 12.6 veranschaulicht die Übung.

- Stellen Sie Ihre Füße auf die Platte, so dass sie etwa im Pedalabstand auseinander sind (18-20 cm). Die Füße zeigen direkt nach vorn, sind also nicht nach außen ausgestellt.
- Mit der Platte in der unteren Position sollten Ihre Knie nun ungefähr so gebeugt sein wie in der 2-Uhr-Position einer Pedalumdrehung. Das heißt, dass der Kniewinkel etwas größer als 90 Grad ist. Manche Maschinen haben eine praktische Arretiervorrichtung, so dass die Platte nicht zu tief rutschen kann. Machen Sie davon Gebrauch, um die Tiefe Ihrer Bewegung vorzugeben.
- Drücken Sie die Platte nach oben, bis Ihre Knie fast, aber nicht ganz durchgestreckt sind.
- Lassen Sie die Platte zurück in die Ausgangsposition herab.
- Ihre Knie sollten sich während der gesamten Übung in einer Linie mit Ihren Füße befinden, also niemals nach innen oder außen gestellt werden.

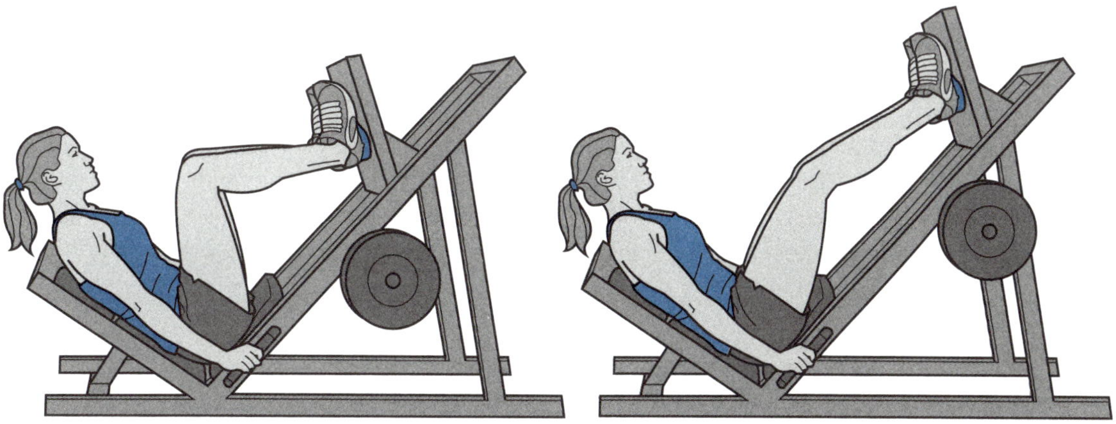

ABBILDUNG 12.6 Beinpressen

Beinbeugen

Beinbeugen dienen nicht der Verbesserung der Kraft fürs Radfahren. Ihr Zweck ist es, Dysbalancen im Kraftverhältnis zwischen dem Quadrizeps in der vorderen Oberschenkelmuskulatur und der ischiocruralen Muskulatur im rückwärtigen Oberschenkel auszugleichen. Das heißt nicht, dass beide gleich kräftig sein werden und gleiche Lasten bewältigen können. Die ischiocrurale Muskulatur ist aus verschiedenen Gründen nicht so effektiv wie der Quadrizeps, u.a. aufgrund mechanischer Einschränkungen und der Größe. Balance heißt in diesem Fall also nicht, ein Kräfteverhältnis von 1:1 herzustellen. Der Quadrizeps wird grundsätzlich kräftiger – wohl doppelt so stark.

Der Zweck von Beinbeugen ist es, Verletzungen der hinteren Oberschenkelmuskulatur zu vermeiden, die aus einem Ungleichgewicht zwischen dieser und der vorderen Oberschenkelmuskulatur resultieren. Ein solches Ungleichgewicht kann leicht zu Verletzungen führen. Manche Studien deuten darauf hin, dass es für Frauen eher ratsam ist, ihre Schenkelbeuger zu kräftigen, da bei ihnen das Ungleichgewicht noch größer als bei Männern ausfallen kann. Sich nur auf die Kräftigung der Beinstreckung zu konzentrieren, kann das Problem noch verschärfen.

Abbildung 12.7 zeigt eine gängige Beinbeugen-Übung an einer Maschine. Es gibt weitere Geräte, um die rückwärtige Oberschenkelmuskulatur zu trainieren. Wenn Sie zu Hause trainieren und keinen Zugang zu einer geeigneten Maschine haben, können Sie auch ein Zugband benutzen wie in Abbildung 12.8 veranschaulicht.

Weiter hinten in diesem Kapitel erfahren Sie, wie viele Wiederholungen und Sätze in den einzelnen Phasen vorzusehen sind. Beachten Sie in Tabelle 12.4, dass für die Beinpressen-Übung mehr Wiederholungen und kleinere Lasten vorzusehen sind als für die Übungen zur Beinachsenstreckung, da die rückwärtige Oberschenkelmuskulatur bei vielen Athleten recht anfällig ist.

ABBILDUNG 12.7 Beinbeugen

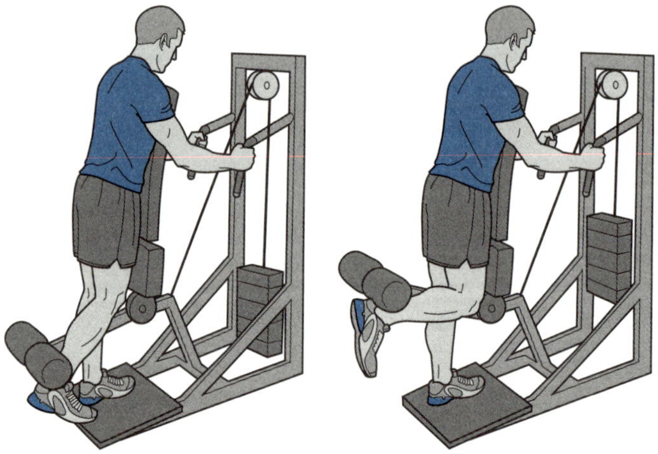

- → Stellen Sie sich auf die Plattform und führen Sie ein Bein zurück, bis es das Polster berührt.
- → Beugen Sie das Bein, bis das Kniegelenk in etwa einen rechten Winkel bildet. Kehren Sie dann in die Ausgangsposition zurück.

ABBILDUNG 12.8 Beinbeugen im Liegen

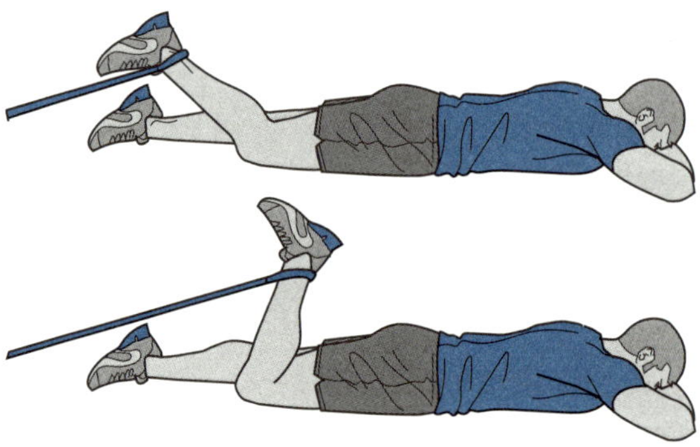

- → Befestigen Sie das eine Ende des Zugbands sicher und legen Sie die andere Schlaufe um ein Sprunggelenk.
- → Beugen Sie, auf dem Bauch liegend, Ihr Bein, bis das Knie fast einen rechten Winkel bildet. Kehren Sie in die Ausgangsposition zurück.

Core-Training

Wahrscheinlich sind Sie bereits mit Core-Training vertraut, aber womöglich könnten Sie bisher gar nicht ganz genau benennen, was Ihr Core ist. Man könnte es auch als Rumpfkraft bezeichnen, denn dieser Teil des Körpers ist es, der gekräftigt werden soll.

Zu Ihrem Core gehören die kleinen und großen Muskelgruppen von den Achseln bis zum Unterleib. Diese Core-Muskulatur stabilisiert die Wirbelsäule, unterstützt Schulter und Hüfte und sorgt für den Krafttransfer zwischen Armen und Beinen. Eine kräftige Core-Muskulatur gewährleistet, dass Sie Kraftzugewinne in den Armen und Beinen effektiv nutzen können. Der Core ist wie das Getriebe eines Autos. Der Motor erzeugt das Drehmoment, aber es ist das Getriebe, das dieses Drehmoment auf die Räder überträgt. Ist das Getriebe schwach, ist die Leistung beeinträchtigt. Und wie lässt sich das aufs Radfahren anwenden? Wenn Sie aus dem Sattel gehen und einen steilen Anstieg hinaufklettern, erzeugen Ihre Beine das Drehmoment, um die Pedale anzutreiben. Damit das Rad jedoch stabil bleibt, so dass es nicht umfällt, wirken die Arme und Hände dem Drehmoment der Beine entgegen, indem sie mit einer Kraft am Lenker ziehen, die derjenigen entspricht, die auf die Pedale gebracht wird. Wenn das rechte Bein das Pedal nach unten tritt, zieht der rechte Arm am Lenker. Dabei wird das Drehmoment vom rechten Bein durch den Rumpf bzw. Core in den rechten Arm übertragen. Ist der Core schwach, hat die auf die Pedale gebrachte Leistung kein entsprechendes Gegengewicht und wird somit nicht vollständig übertragen.

Core-Kraft, bzw. deren Mangel, macht sich auch bemerkbar, wenn Sie mit hohem Einsatz und im Sattel sitzend auf flacher Strecke fahren, insbesondere bei niedriger Kadenz. Die Hüfte eines Fahrers, der einen schwachen Core hat, wackelt hin und her, wenn er bei fast maximaler Leistung langsam eine große Übersetzung tritt. Das sorgt dafür, dass auch Wirbelsäule und Schultern hin und her schaukeln. Dies alles deutet auf einen schwachen Core hin.

Auch im Hinblick auf die Verletzungsanfälligkeit zahlt es sich aus, Ihren Rumpf zu kräftigen. Gute Core-Kraft verringert die Wahrscheinlichkeit, Probleme im unteren Rückenbereich zu bekommen, die unter Radsportlern leider allzu verbreitet sind.

Es besteht kaum Zweifel daran, dass mangelnde Core-Kraft, selbst wenn es im Bewegungsablauf des Athleten nicht ersichtlich ist, zu einem Verlust an radspezifischer Kraft führt. Core-Kraft ist unerlässlich, um als Radsportler Leistungen auf hohem Niveau zu erbringen. Sie müssen sowohl die Muskeln entwickeln, die die Pedale antreiben, als auch diejenigen, die für die Übertragung der Leistung zuständig sind. Eine schwache Core-Muskulatur zu haben, aber dafür kräftige Beine, ist so, als würde man aus einem Kanu eine Kanone abfeuern. Es ist alles andere als effektiv.

Core-Kraft ist unerlässlich, um Leistungen auf hohem Niveau zu erbringen.

Woher wissen Sie, ob Sie über ausreichende Core-Kraft verfügen? Eine Möglichkeit ist, wie in Kapitel 5 empfohlen, zu Beginn jeder Saison einen Physiotherapeuten zu konsultieren. Suchen Sie sich einen Fachmann, der mit Ausdauersportlern, v.a. mit Radsportlern, arbeitet, und bitten Sie ihn, Sie von Kopf bis Fuß zu untersuchen und Mängel und Dysbalancen aufzuspüren, die Ihre Leistungsfähigkeit mindern oder zu Verletzungen führen können. Beherzigen Sie die Maßnahmen, die Ihnen der Therapeut empfiehlt, um die ermittelten Defizite zu beseitigen. Diese Maßnahmen können z.B. Übungen sein, die Ihre Kraft, Beweglichkeit oder Körperhaltung verbessern sollen.

Der Physiotherapeut könnte Ihnen weiterhin zu einem Bikefitting raten, zu orthopädischen Einlagen in Ihren Radschuhen, um Dysbalancen Ihrer Tritttechnik zu korrigieren, oder sogar zu Unterlegscheiben für Ihre Cleats. Ich habe aber die Erfahrung gemacht, dass eine Kräftigung der

Core-Kraft eine der häufigsten Empfehlungen ist, die Radsportlern ans Herz gelegt wird. Eine solche Untersuchung bei einem Physiotherapeuten ist die beste Möglichkeit, um herauszufinden, ob Sie Defizite in diesem Bereich aufweisen, kann aber ihren Preis haben. Billiger ist es, einfach davon auszugehen, dass Sie Ihren Core kräftigen müssen, und konzentriert daran zu arbeiten. Es erfordert nicht viel Zeit und hat sich als äußerst effektiv erwiesen.

Schauen wir uns nun ein paar gängige Übungen zum Aufbau der Core-Kraft an. Ich zeige Ihnen nur einige wenige Beispiele; es gibt noch viele weitere ähnliche Übungen. Sie können diese leicht in Ihrem Krafttraining unterbringen, egal ob Sie im Kraftraum arbeiten oder auf funktionelle Übungen auf dem Rad setzen. Sie können sie auch als eigenständige Übungen unternehmen, wann immer es Ihre Zeit erlaubt, denn sie dauern nur wenige Minuten. Sie könnten sie außerdem vor oder nach Ihren Trainingsausfahrten absolvieren.

Auf den folgenden Seiten stelle ich Ihnen drei Übungen zur Kräftigung des Core vor. Die grundlegendste ist der Unterarmstütz (Plank). Der Unterarmstütz in Seitenlage (Side Plank) spricht eine andere Core-Muskelgruppe an, und der Unterarmstütz mit Kurzhanteln ist eine fortgeschrittene Übung, die Ihre Core-Muskulatur stärker beansprucht.

Unterarmstütz (Plank)

Entscheidend bei dieser Übung ist es, eine gerade Linie vom Kopf bis zu den Zehen zu bilden, ohne die Hüfte zu heben oder sacken zu lassen. Sie werden beim ersten Mal vielleicht Hilfe benötigen, um wirklich die korrekte Position einzunehmen.

- → Gehen Sie in den Unterarmstütz und nehmen dabei die in Kapitel 12.9 gezeigte Position ein.
- → Ihre Ellenbogen sind schulterbreit auseinander und befinden sich direkt unter Ihren Schultern.
- → Ihre Arme zeigen ab den Ellenbogen direkt nach vorn oder leicht nach innen.
- → Verharren Sie etwa 30 Sekunden in dieser Position. Dies entspricht einer Wiederholung.
- → Ruhen Sie sich anschließend etwa eine Minute lang aus und wiederholen Sie die Übung dann. Absolvieren Sie jeweils drei Wiederholungen.

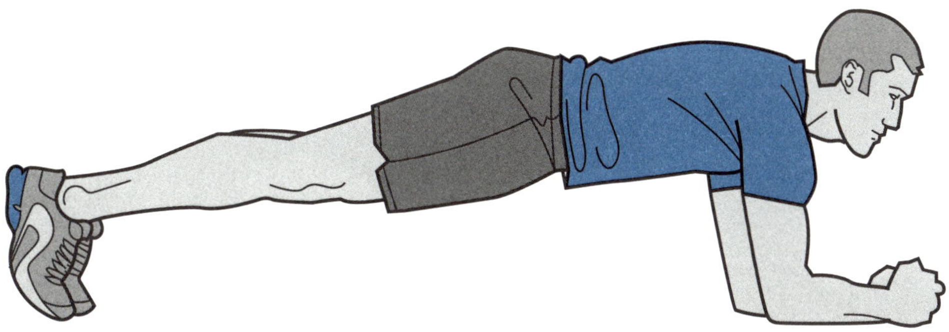

ABBILDUNG 12.9 Unterarmstütz

Unterarmstütz in Seitenlage (Side Plank)

Diese Übung ist keine Variation des Plank, denn sie spricht eine andere Core-Muskelgruppe an.

- → Beginnen Sie in Seitenlage, mit der Hüfte am Boden, den Füßen geschlossen und auf dem angewinkelten Ellenbogen ruhendem Oberkörper.
- → Heben Sie die Hüfte, so dass Ihr Körpergewicht auf der Seite des unteren Fußes und auf dem Ellenbogen ruht wie in Abbildung 12.10 zu sehen.
- → Beine, Hüfte, Schulter und Kopf sollten eine gerade Linie bilden. Es kann ratsam sein, wenn Ihnen jemand beim ersten Mal assistiert, die korrekte Position zu finden, da sich die richtige Höhe nicht so einfach erspüren lässt. Auch ein Spiegel kann hilfreich sein.
- → Ihre freie Hand kann, wie auf der Abbildung dargestellt, erhoben sein oder auf der Hüfte ruhen.
- → Halten Sie die Position 30 Sekunden lang. Ruhen Sie sich danach eine Minute aus und wiederholen Sie die Übung noch zwei Mal.
- → Wechseln Sie auf die andere Seite und wiederholen Sie das Ganze.

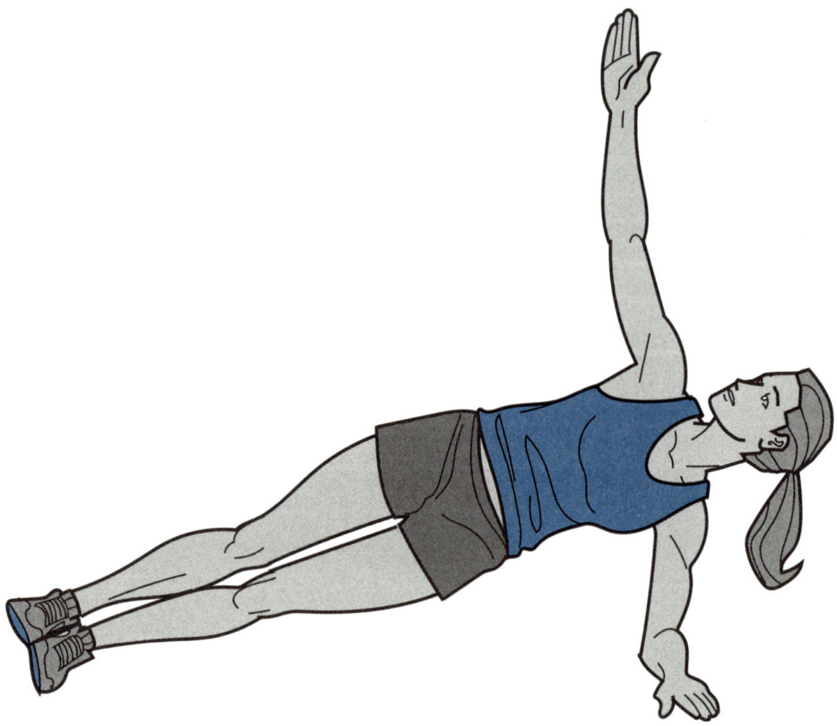

ABBILDUNG 12.10 Unterarmstütz in Seitenlage

Unterarmstütz mit Kurzhanteln

Diese Übung ist eine etwas fortgeschrittene Übung, die Ihre Core-Muskulatur stärker beansprucht. Sie müssen also zunächst den einfachen Unterarmstütz beherrschen, bevor Sie sich an den Unterarmstütz mit Kurzhanteln heranwagen.

- Nehmen Sie die gleiche Ausgangsposition wie beim Plank ein, statt aber auf den Ellenbogen zu ruhen, bleiben die Arme gestreckt und Ihr Gewicht ruht auf den Händen, in denen Sie leichte Kurzhanteln halten.
- Es kann vorteilhaft sein, Handschuhe zu tragen, um die Handflächen zu schonen.
- Ihre Füße sind etwa hüftweit auseinander.
- Während Sie eine gerade Linie vom Kopf bis zu den Zehen beibehalten, heben Sie eine der Hanteln langsam bis an die Schulter wie in Abbildung 12.11 dargestellt. Senken Sie die Hantel dann langsam wieder zu Boden und machen Sie das Gleiche mit dem anderen Arm. Das entspricht einer Wiederholung.
- Absolvieren Sie fünf Wiederholungen und ruhen Sie sich dann eine Minute aus, bevor Sie die Übung wiederholen. Absolvieren Sie drei solcher Sätze pro Einheit.
- Eine fortgeschrittene Version dieser Übung besteht daran, die Füße weiter auseinanderzustellen und abwechselnd mit der linken und rechten Hand die Hanteln zur Seite zu heben, bis Ihr Arm jeweils parallel zum Boden ausgestreckt ist.

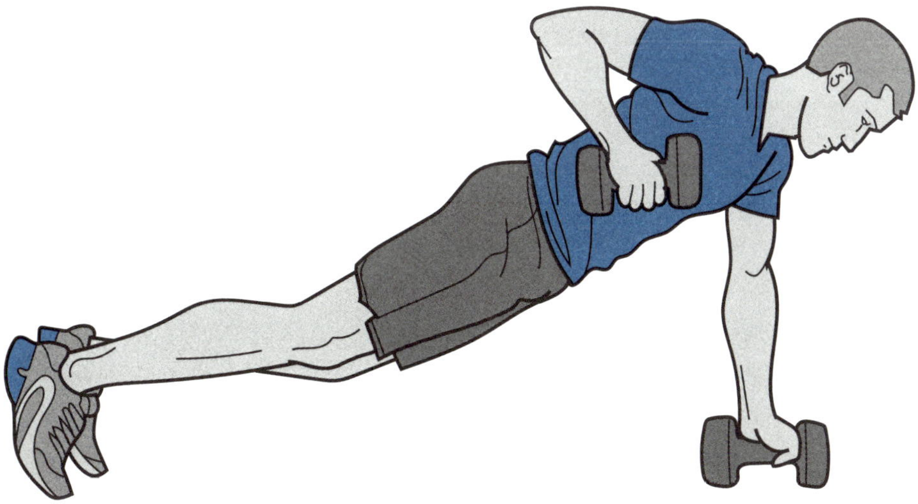

ABBILDUNG 12.11 Unterarmstütz mit Kurzhanteln

Ballistische Kraftraum-Übungen

Wie in den »Grundsätzen des Kraftraumtrainings« erläutert, wird bei ballistischen Übungen die Hebung sehr explosiv ausgeführt. Ballistisches Kraftraumtraining baut nicht nur neuromuskuläre Kraft auf, sondern entwickelt auch die Leistung. Erinnern Sie sich, dass beim Radfahren die Leistung daraus resultiert, Kraft schnell aufzubringen. Ballistische Übungen schulen genau dies.

Ballistische Hebungen sind riskant.

Ich habe bereits mehrfach darauf hingewiesen, trotzdem sage ich es an dieser Stelle noch einmal: Diese Art von Training ist riskant. Um das Risiko zu minimieren, sollten die Lasten bei solchen Hebungen stets deutlich geringer ausfallen, als wenn Sie die gleichen Bewegungen langsamer ausführen. Ein gutes Maß für solche Übungen sind in der Regel 50 Prozent des jeweiligen 1RM oder weniger.

Auch die Zahl der Wiederholungen sollte relativ niedrig angesetzt werden, mit etwa 3 bis 6 Wiederholungen pro Satz, denn die Erschöpfung wird wahrscheinlich die Technik beeinträchtigen und somit das Risiko einer Verletzung erhöhen. Seien Sie vorsichtig. Wärmen Sie sich mit sehr geringer Last auf, vielleicht nur mit Körpergewicht oder einer leeren Hantelstange, bevor Sie in den anschließenden Sätzen zu etwas größeren Lasten übergehen. Es gibt viele ballistische Übungen, die für Ihr neuromuskuläres Trainingsprogramm in Frage kommen. Tatsächlich könnte jede der oben beschriebenen gängigen Kraftraum-Übungen auch mit explosiven Bewegungen ausgeführt werden. Dabei würden Sie das Gewicht einfach schnell heben und dann langsam wieder senken. Aber es gibt eine ballistische Übung, die ich Athleten sehr ans Herz lege, um Explosivität auf dem Rad zu entwickeln: den Power-Clean (Standumsetzen).

Der in Abbildung 12.12 dargestellte Power-Clean ist eine fortgeschrittene Übung zur Kraftentwicklung, für die Sie eine komplexe Bewegung erlernen müssen. Eine Last mit einer explosiven Bewegung zu verbinden, ergibt eine riskante Übung. Um das Risiko zu verringern, müssen Sie den Bewegungsablauf gut beherrschen. Dies gelingt Ihnen, indem Sie sich nach und nach herantasten.

Beginnen Sie zunächst langsam und mit sehr geringer Last. Dafür reicht anfangs schon so etwas wie ein Besenstiel. Danach, wenn sich Ihre Technik verbessert, gehen Sie zu einer Hantelstange über und dann eventuell zu einer Stange mit Scheiben. Die Last ist stets geringer als 50 Prozent des 1RM. Falls Sie unsicher sind, wie groß das Gewicht sein sollte, gehen Sie auf Nummer sicher: besser zu wenig als zu viel. Bleiben Sie bei geringen Lasten, bis Sie die Übung beherrschen. Wichtiger als die Last ist es, die Übung mit einer explosiven Bewegung auszuführen, v.a. ganz zu Anfang.

Power-Clean

Versuchen Sie diese Übung nicht, wenn die Arbeit mit Gewichten noch Neuland für Sie ist. Heben Sie sich diese Übung auf, bis Sie die zuvor erläuterten Hüft-Knie-Sprunggelenks-Übungen beherrschen, insbesondere das Kreuzheben. Abbildung 12.12 zeigt, wie der Power-Clean ausgeführt wird.

- Beginnen Sie mit der Hantelstange etwa auf Schienbeinhöhe. Ihre Knie sind gebeugt, Ihr Kopf erhoben, der Blick nach vorn gerichtet (nicht nach unten). Ihr Gesäß befindet sich in etwa auf gleicher Höhe mit Ihren Knien. Dies ist eine ähnliche Position wie für das Kreuzheben in Abbildung 12.3.
- Greifen Sie die Hantel so, dass Ihre Handflächen nach unten und Ihre Fingerknöchel nach vorn zeigen.
- Bringen Sie die Hantel in einer durchgängigen, explosiven Bewegung der Arme und Beine auf Oberschenkelhöhe (Ihre Fersen sollten sich dabei vom Boden lösen, wenn dies wirklich explosiv ausgeführt wird) und fahren Sie dann fort, die Hantel weiter bis auf Schulterhöhe zu heben. Die Ellenbogen sind ausgestellt. Drehen Sie die Arme ohne innezuhalten so, dass die Hantel auf Ihren Händen ruht und die Ellenbogen sich unter der Hantel befinden. Noch einmal: Es muss eine durchgängige Bewegung der Hantel von den Schienbeinen zu den Schultern sein. Die Hebung muss primär durch die Beine erfolgen – nicht durch den Rücken.
- Setzen Sie das Gewicht langsam ab. Benutzen Sie auch dabei die Beine, nicht den Rücken; ruhen Sie sich ein paar Sekunden aus und wiederholen Sie die Übung. Für die Steigerung der Leistung ist es wichtig, dass Sie sich zwischen den Sätzen vollständig erholen.

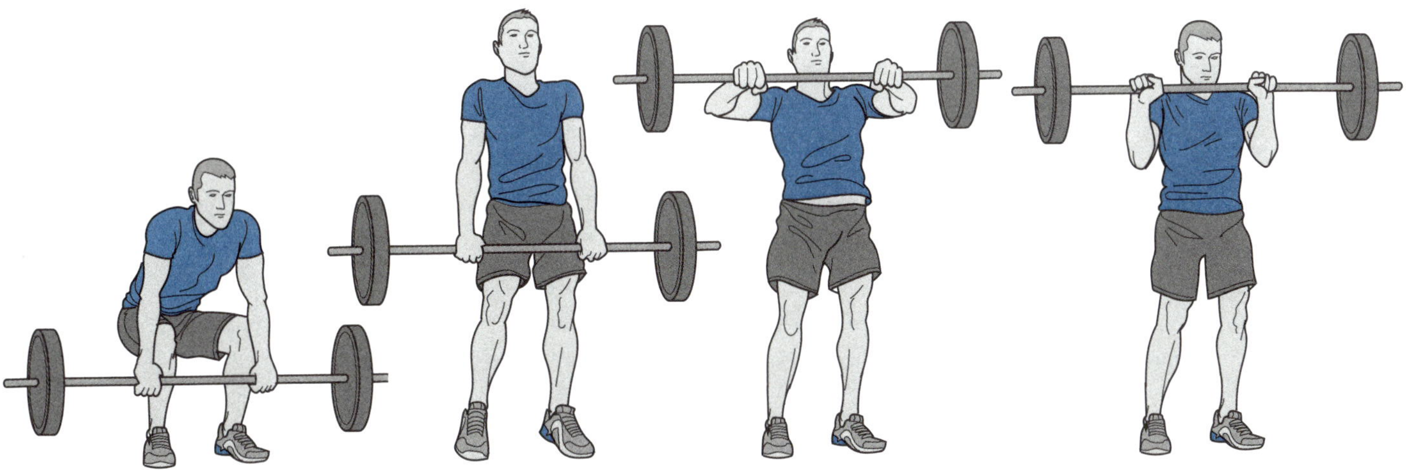

ABBILDUNG 12.12 Power-Clean

Das Ziel Ihres Kraftraumprogramms ist nicht, Sie zu einem Muskelprotz zu machen, sondern Ihre Wattzahlen zu verbessern.

Einzelheiten des Kraftraumprogramms

Bis hierher habe ich einige Kraftraum-Übungen vorgestellt, die in Frage kommen, um Ihre neuromuskuläre Kraft zu verbessern. Freilich müssen Sie nicht sämtliche dieser Übungen absolvieren. Besser ist es sogar, die geringste Zahl an Übungen zu unternehmen, die nötig ist, um die gewünschten Ergebnisse zu erzielen, denn ich bin sicher, dass die Zeit, die Ihnen für das Training zur Verfügung steht, sei es auf dem Rad oder im Kraftraum, begrenzt ist.

Das Ziel Ihres Kraftraumprogramms ist nicht, Sie zu einem Muskelprotz zu machen, sondern vielmehr Ihre Wattleistung beim Radfahren zu verbessern. Der Schlüssel dazu sind Pedalkraft und Kadenz. Der Zweck der meisten der hier vorgestellten Übungen besteht darin, Ihre Kraft bzw. Ihr Drehmoment zu steigern, ohne dass Sie das Gefühl haben, sich mehr anzustrengen, wenn Sie hohe Wattzahlen treten. Ihre derzeitige funktionale Schwellenleistung z.B. erfordert einen maximalen Einsatz, wenn Sie sie über einen längeren Zeitraum, also etwa 40 bis 60 Minuten, aufrechterhalten. Was Ihnen die Arbeit mit Gewichten bringt, ist eine Steigerung der über eine längere Dauer getretenen Leistung, ohne dass sich dies schwerer anfühlt. Daran erkennen Sie, dass sich Ihre aerobe Fitness verbessert: höhere Wattzahlen bei gleichem Einsatz wie zuvor.

Die Ausnahme ist der oben beschrieben Power-Clean. Der Zweck dieser ballistischen Übung geht über eine Steigerung des Drehmoments hinaus. Diese Übung kombiniert Geschwindigkeit (der Bewegung) mit Kraft. Wie Sie sich erinnern, ist das Produkt dieser beiden die Leistung. Aber wie ich nicht müde werde zu betonen, müssen Sie ballistisches Training mit äußerster Vorsicht angehen, selbst wie Sie seit langem mit Gewichten arbeiten. Ich will Sie damit aber keineswegs entmutigen: Wie Sie in Kapitel 10 erfahren haben, bedeutet hohes Risiko auch hohe Erträge. Behandeln Sie diese Frage aber mit dem gebotenen Respekt.

In den Kapiteln 7, 8 und 9 gab ich Ihnen einen Überblick, wie Sie das Kraftraumprogramm periodisieren. Fassen wir noch einmal zusammen. Tabelle 12.2 listet die vier Phasen des Kraftraumprogramms in der Reihenfolge auf, in der sie durchlaufen werden sollten, nebst dem Zweck jeder Phase.

Tabelle 12.3 veranschaulicht im Detail, wie die Kraftraumphasen von der ersten Phase der Saison – der Vorbereitungsphase – bis zur letzten – der Höchstleistungsphase – voranschreiten. (Beachten Sie, dass in der einwöchigen Wettkampfphase keine Arbeit mit Gewichten stattfindet.)

Ich empfehle, sich so weit es geht an die hier dargestellte Beziehung zwischen den radspezifischen Phasen und den Kraftraumphasen zu halten. Die wesentliche Aussage ist, dass sich im Verlauf der Saison eine Verlagerung der Emphase von der Arbeit mit Gewichten hin auf das Radtraining vollzieht. Wenn Sie viel Arbeit mit Gewichten leisten, findet nur wenig Training auf dem Rad statt. Deswegen wird die belastungs-

TABELLE 12.2 Phasen des Kraftraumtrainings und ihr jeweiliger Zweck

KRAFTRAUM-PHASE	ZWECK
Anatomische Anpassung (AAP)	sich an die verschiedenen Übungen gewöhnen
Kraft-Übergang (KÜ)	schrittweise an schwerere Lasten anpassen
Maximalkraft (MK)	neuromuskuläre Kraft aufbauen
Krafterhaltung (KE)	die in der MK-Phase erzielten Kraftgewinne erhalten

TABELLE 12.3 **Details der verschiedenen Phasen des Kraftraumtrainings**

KRAFTRAUM-PHASE	PHASE	EINHEITEN GESAMT	EINHEITEN PRO WOCHE	LASTEN (% DES 1RM)	SÄTZE PRO EINHEIT	WIEDERH. PRO SATZ	ERHOLUNG ZWISCHEN SÄTZEN (IN MINUTEN)
Anatomische Anpassung (AAP)	Vorb.	4–6	2–3	40–60	3–5	15–20	1–1,5
Kraft-Übergang (KÜ)	Vorb.	2–3	2–3	70–80	3–5	8–12	2–3
Maximalkraft (MK)	Grundl. 1	8–12	2–3	85–95	3–4	3–6	3–4
Krafterhaltung (KE)	Grundl. 2 Grundl. 3 Aufbau 1 Aufbau 2 Höchstl.	unbegrenzt	1	60–85	2	6–12	1–2

TABELLE 12.4 **Typische Einheit in der MK-Phase**

ÜBUNG	GEWICHT (% DES 1RM)	SÄTZE	ZAHL DER WIEDERHOLUNGEN ODER DAUER IN SEKUNDEN	DAUER IN MINUTEN
Warm-up (Spinningbike)	—	—	—	10
beidbeinige Kniebeugen	85–95	3	3–6	15
Unterarmstütz	Körpergewicht	3	30	5
Step-ups (ballistisch)	40–50	3	3–6	15
Unterarmstütz in Seitenlage	Körpergewicht	3	30	5
Beinbeugen	70–80	3	8–12	10
Cool-down (Spinningbike)	—	—	—	5
Kraftraum-Einheit gesamt	**—**	**—**	**—**	**65**

So wie in dieser Tabelle könnte eine Kraftraum-Einheit in der MK-Phase aussehen. In den vorangehenden Phasen AAP und KÜ können die Übungen die gleichen sein, es gelten aber noch andere Lasten und Wiederholungen (siehe Tabelle 12.3). Beachten Sie, dass dies nur ein Beispiel ist. Sie können auch andere Übungen unternehmen.

intensivste Kraftraumphase – Maximalkraft (MK) – am besten in der Phase Grundlagen 1 eingeplant, wenn es auf dem Rad noch eher gemächlich zugeht. Wenn dann später der primäre Fokus auf dem Radtraining liegt, fahren Sie das Kraftraumtraining auf ein Minimum zurück. Zu versuchen, ein anspruchsvolles Kraftraumprogramm zu leisten, während Sie zugleich sehr intensives Radtraining absolvieren, wird im Endeffekt beides beeinträchtigen. Bauen Sie während der Vorbereitungsphase und der Phase Grundlagen 1 zuerst neuromuskuläre Kraft auf (Kraftraum-Phasen AAP, KÜ und MK) und gehen Sie während der übrigen Saisonphasen, in denen Sie ein hohes Maß an Fitness auf dem Rad entwickeln, dann dazu über, die Kraft zu erhalten (KE).

Schauen Sie sich in Tabelle 12.4 einmal an, wie eine Kraftraum-Einheit in der MK-Phase aussehen könnte. Dies sind aber lediglich Vorschläge. Sie können auch ganz andere der im Abschnitt »Grundsätze des Kraftraumtrainings« vorgestellten Übungen unternehmen.

FUNKTIONELLES KRAFTTRAINING

Ich habe zahlreiche Athleten betreut, die nur ungern in den Kraftraum gingen, um Gewichte zu stemmen. Gerade unter Radfahrern ist das eine sehr verbreitete Einstellung. Es gab außerdem einige, die kein Fitnessstudio in der Nähe hatten oder denen schlichtweg die Zeit fehlte, um Kraftraumtraining zu absolvieren.

Wie sieht es mit Ihnen aus? Können Sie eine Einheit im Kraftraum in Ihrem Terminkalender unterbringen? Was ist, wenn Sie zwar die Zeit haben, um Kraftraumtraining zu absolvieren, aber kein Fitnessstudio in der Nähe ist? Sich daheim einen eigenen Kraftraum einzurichten, ist eine Möglichkeit, die aber nicht immer praktikabel ist. Was ist, wenn Sie einfach nicht gerne Gewichte heben und viel lieber Rad fahren würden? Sollten Sie trotzdem mit Gewichten arbeiten? Die Antwort hängt davon ab, warum Sie Radsport betreiben. Falls Sie es aus Spaß an der Freude tun, wie ich vermute, brauchen Sie nichts tun, was Ihnen keinen Spaß macht. Das kann bedeuten, auf Kraftraumtraining zu verzichten. Machen Sie nichts, was Ihnen einfach keine Freude bereitet.

Einheiten auf dem Rad können Ihre Pedalkraft steigern und Sie zu einem stärkeren Fahrer machen.

Natürlich müssen Sie sich darüber im Klaren sein, dass Sie, wenn Sie aus einem dieser Gründe kein Kraftraumprogramm unternehmen, vermutlich nicht Ihr volles Potenzial als Radsportler ausschöpfen werden. Neuromuskuläres Training hat nun mal viele Vorzüge, wie Sie in diesem Kapitel erfahren haben. Wäre es nicht toll, die gleichen Erträge einzufahren, obwohl Sie auf die Arbeit mit Gewichten verzichten? Nun, bis zu einem gewissen Umfang können Sie das sogar. Es gibt Rad-Einheiten, mit denen Sie neuromuskuläre Fitness entwickeln können, ohne ein einziges Gewicht stemmen zu müssen. Sie werden dadurch zu einem stärkeren und kraftvolleren Fahrer. Schauen wir uns an, wie Sie das anstellen können.

Ebenso wie Kraftraumtraining bedeuten auch diese alternativen neuromuskulären Einheiten erhebliche Belastungen für Ihre Muskeln, Sehnen und Gelenke. Eine risikolose Möglichkeit, Kraft zu entwickeln, gibt es nicht. Das ist ziemlich offensichtlich, wenn Sie Gewichte stemmen, aber vielleicht nicht ganz so augenfällig beim Radfahren. Aber das Risiko ist nach wie vor da. Solche Einheiten bis zum Exzess zu absolvieren, kann eine Verletzung provozieren und Ihrem Training auf Tage, wenn nicht gar Wochen einen Riegel vorschieben.

Diese Art Training geht mit großen Belastungen für die Knie einher. Fall Sie anfällig für Knieverletzungen sind, sollten Sie auf die unten erläuterten Rad-Einheiten besser verzichten. Bei jeder dieser Trainingsformen sind Vorsicht und Bedacht geboten. Maßhalten ist das Stichwort. Wenn Sie eine der Einheiten zum ersten Mal unternehmen, belassen Sie es bei drei oder vier Wiederholungen und verausgaben Sie sich nicht über die Maßen. Bei jeder folgenden Einheit können Sie die Zahl der Wiederholungen und den Einsatz allmählich steigern, während Ihr Körper sich an die Belastungen anpasst. Und selbstverständlich sollten Sie sich stets gründlich aufwärmen, bevor Sie eine dieser Einheiten unternehmen.

Ich nenne die beiden in Frage kommenden Einheiten »Kraft-Wiederholungen«. Eine wird in flachem Terrain unternommen, die andere an einem kurzen Anstieg. Es sind ganz grundlegende Rad-Einheiten für die Kraftentwicklung. Beide sehen vor, mit niedriger Kadenz und maximalem Einsatz einen großen Gang zu treten. Dabei bleiben Sie stets im Sattel.

Falls Ihnen das bekannt vorkommt, haben Sie recht: Dies ähnelt sehr den einbeinigen und beidbeinigen Kniebeugen, Step-ups und Ausfallschritten mit schweren Lasten. Hüfte, Knie und Sprunggelenke werden auf gleiche Weise gestreckt. Wenn Sie diese Einheiten unternehmen, arbeiten Sie gezielt daran, die Kraftübertragung auf die Pedale zu verbessern.

Für diese Übungen ist ein Leistungsmessgerät sehr nützlich, da es Ihnen ein unmittelbares Feedback über die erbrachte Leistung verschafft. Falls Sie kein Powermeter besitzen, müssen Sie nach Gefühl gehen, was keine besonders präzise Methode ist, wenn es z.B. darum geht, Ihre Fortschritte über einen gewissen Zeitraum zu bestimmen. Eine Pulsuhr ist für diese Einheiten hingegen nutzlos.

Kraft-Wiederholungen im Flachen

Wie der Name schon sagt, wird diese Einheit auf flacher Strecke unternommen. Dafür ist eine große Übersetzung wie z.B. 53 x 14 vorgesehen. Der Gang sollte so groß sein, dass Sie anfangs nur eine Kadenz von etwa 50 RPM treten können. Sie werden wahrscheinlich ein wenig mit den Gängen experimentieren müssen, um die richtige Übersetzung für eine so niedrige Kadenz herauszufinden. Bleiben Sie sitzen und treten Sie wie gewohnt, aber mit sehr hohem Einsatz. Es ist ganz wichtig, dass Sie sitzen bleiben. Gehen Sie nicht aus dem Sattel. Diese Einheit wird außerdem in Anhang B in der Rubrik Kraft als Einheit K1 erläutert. Und so wird die Übung – natürlich nachdem Sie sich gründlich aufgewärmt haben – durchgeführt.

Wählen Sie in flachem Terrain eine hohe Übersetzung wie z.B. 53 x 14 und nehmen Sie das Tempo heraus, bis Sie fast zum Stillstand kommen.

Beschleunigen Sie nun mit nur sechs bis acht Pedaltritten, so dass Sie auf drei bzw. vier Pedaltritte pro Bein kommen. (Natürlich wechseln Sie die Beine so ab, wie Sie es normalerweise tun – dies ist kein einbeiniges Fahren.) Der Einsatz sollte bei jedem Pedaltritt extrem hoch ausfallen.

Während die ersten paar Pedaltritte recht langsam sein werden – um die 50 RPM oder weniger –, wird sich die Kadenz bis zu den letzten Tritten steigern.

Falls es Bedenken hinsichtlich Ihrer Knie gibt, belassen Sie es bei nur einer Serie von sechs bis acht Pedaltritten und halten Sie sich mit dem Einsatz ein wenig zurück.

Falls Sie eine zweite Serie absolvieren, regenerieren Sie, indem sie drei bis vier Minuten in einem niedrigen Gang fahren. Belassen Sie es bei höchstens zwei Serien, wenn Sie diese Einheit zum ersten Mal unternehmen. Mehr dazu in Tabelle 12.5.

Kraft-Wiederholungen am Berg

Diese Einheit funktioniert genau wie die Kraft-Wiederholungen im Flachen, nur dass sie am Anstieg absolviert wird, um die neuromuskuläre Belastung zu erhöhen. Bevor Sie sich an diese Einheit wagen, sollten Sie zuvor die Kraft-Wiederholungen im Flachen mindestens viermal unternommen und die Gewissheit haben, dass Ihre Knie mit den erforderlichen hohen Belastungen fertig werden.

- Suchen Sie, nachdem Sie sich gründlich aufgewärmt haben, einen kurzen, steilen Anstieg auf (etwa acht Prozent Steigung ist perfekt), an dem möglichst wenig Verkehr herrscht. Sie müssen in der Lage sein, oben und unten gefahrlos zu wenden.
- Wählen Sie eine große Übersetzung aus, aber nicht ganz so groß wie für die Kraft-Wiederholungen im Flachen. Geeignet könnte z.B. eine Übersetzung von 53 x 15 sein.
- Rollen Sie an den Fuß des Anstiegs, bis Sie fast komplett zum Stillstand kommen.
- Treten Sie mit maximalem Einsatz die Pedale mit jedem Bein abwechselnd jeweils drei bis sechs Mal runter. Das macht insgesamt sechs bis zwölf Pedaltritte. Bleiben Sie dabei stets im Sattel und führen Sie ansonsten Ihre ganz normale Pedalierbewegung aus.
- Absolvieren Sie bis zu drei Serien pro Einheit. Erholen Sie sich, indem Sie zwischen den einzelnen Serien drei bis vier Minuten lang locker treten. Mehr dazu in Tabelle 12.5.

TABELLE 12.5 Periodisierung der Kraft-Wiederholungen als Alternative zu herkömmlichem Kraftraumtraining

PHASE	ART DER EINHEIT	EINHEITEN GESAMT	EINHEITEN PRO WOCHE	SERIEN PRO EINHEIT	WIEDERH. JE SERIE (PRO BEIN)	ERHOLUNG ZWISCHEN SERIEN (IN MINUTEN)
Vorbereitung	im Flachen	4–6	2–3	1–2	3–4	3–4
Grundlagen 1 (reicht evtl. bis in frühe Grundl. 2)	am Berg	8–12	2	3	3–6	3–4
Grundlagen 2 Grundlagen 3 Aufbau 1 Aufbau 2	am Berg	unbegrenzt	1	1	3–4	—
Höchstleistung	am Berg	1 oder 2	1	1	2–3	—
Wettkampf	keine	keine	—	—	—	—

Da die Kraft-Wiederholungen in diesen Einheiten allerhöchstens 15 Minuten pro Serie in Anspruch nehmen (das Aufwärmen nicht eingerechnet), dauert es etwa 45 Minuten, um drei Serien zu absolvieren. Ihre geplante Ausfahrt an diesem Tag kann erheblich länger dauern und einen weiteren Abschnitt vorsehen, der einem anderen Leistungsfaktor wie z.B. der Ausdauer gewidmet ist. Es ist durchaus gängig, zwei Einheiten aus Anhang B zu kombinieren, um eine auf Ihre Trainingsziele zugeschnittene Einheit zu gestalten. Falls Sie so vorgehen, bringen Sie in jedem Fall zuerst die Kraft-Wiederholungen hinter sich. Unternehmen Sie Kraft-Einheiten besser nicht gegen Ende einer Ausfahrt, wenn Sie bereits erschöpft sind – einen müden Muskel können Sie nicht stärker machen. Eine weitere Option, falls Sie nur Kraft-Wiederholungen absolvieren, ist, anschließend ein ausgedehntes Cool-Down zu unternehmen.

Belassen Sie es am Tag nach einer Einheit mit zwei oder drei Kraft-Wiederholungen bei einer Regenerationsfahrt.

Ich rate dazu, am Tag, der auf eine Einheit mit zwei oder drei Serien von Kraft-Wiederholungen am Berg folgt, lediglich eine Regenerationsfahrt einzulegen. Dies geschieht am wahrscheinlichsten in Phase Grundlagen 1, wie in Tabelle 12.5 empfohlen. Die Einheit mag nicht sonderlich anspruchsvoll erscheinen, während Sie sie absolvieren, aber spätestens am nächsten Tag wird sie sich bemerkbar machen.

TSS UND KRAFTRAUM

Ich werde oft gefragt, wie sich der Training Stress Score (TSS) auf die Arbeit mit Gewichten anwenden lässt. Ich habe Ihnen das Konzept des TSS in Kapitel 4 als eine aussagekräftigere Weise vorgestellt, das Trainingspensum zu beziffern, als dies mit Stunden und Kilometern möglich ist. Sie erinnern sich vielleicht, dass der TSS die Kombination aus Dauer (Zeit) und Intensität (Leistung oder Herzfrequenz) ist. Sie brauchen sich damit natürlich nicht weiter zu befassen, falls Sie funktionelles Krafttraining auf dem Rad unternehmen, statt Gewichte zu heben, denn Ihr Powermeter oder Herzfrequenzmessgerät liefert Ihnen den TSS für sämtliche Abschnitte Ihrer Trainingsfahrten, einschließlich der Kraft-Wiederholungen (bedenken Sie aber, dass die Herzfrequenz hinsichtlich der Intensität solcher Einheiten weniger aussagekräftig ist, da die Wiederholungen ziemlich kurz sind und Ihr Herz erst mit ein wenig Verzögerung anspricht).

Wie also können Sie den TSS auf die Arbeit mit Gewichten anwenden? Beginnen wir diese Erörterung mit der Feststellung, dass die Dauer für den Kraftaufbau nicht von Bedeutung ist. Zeitliche Dauer spielt nur eine Rolle, wenn es um die Entwicklung der Ausdauer geht. Es ist egal, wie lange Sie wegen einer

Kraft-Trainingseinheit im Fitnessstudio waren. Das Einzige, was beim Krafttraining zählt, ist, wie groß die Last war, mit der Sie gearbeitet haben.

Aber falls Sie den TSS nutzen, um Ihr Trainingspensum auf dem Rad zu ermessen, wie können Sie dann einen Wert für das Kraftraumtraining ermitteln, um Ihr Gesamtpensum zu beziffern? (Es sei am Rande bemerkt, dass dies vermutlich gar nicht nötig ist und die meisten Radfahrer darauf verzichten. Da ich aber selbst ein Faible für Daten und Zahlen habe, kann ich das Interesse nachvollziehen.)

Um umfassende Daten zum Trainingspensum zu erhalten, die auch die Arbeit mit Gewichten einbeziehen, müssen Sie jeder Kraftraum-Einheit einen TSS-Wert zuweisen. Aber wie stellen Sie das an? Eine perfekte Methode gibt es dafür noch nicht, ich glaube aber, dass uns bald die entsprechende Technologie zur Verfügung stehen wird. Ein solches Gerät würde aus einem magnetischen Beschleunigungssensor bestehen, der an einer Hantel angebracht wird. Nachdem die Gesamtlast auf der Hantel in eine Smartphone-App eingegeben wurde, würde diese dann das Pensum inklusive der Zahl der Wiederholungen, des Bewegungsumfangs und der Geschwindigkeit jeder Hebung berechnen. Anhand dieser Daten könnte genauso wie mit einem Powermeter der TSS bestimmt werden. Ein solches Gerät würde das Kraftraumtraining revolutionieren und Ausdauerathleten eine wesentlich effektivere Trainingsmethode ermöglichen. Aber so weit sind wir noch nicht. Im Moment sind wir auf althergebrachte Ansätze angewiesen.

Die erste denkbare Methode besteht darin, einfach eine Einschätzung der empfundenen Anstrengung (RPE) zu verwenden, wie in Tabelle 4.1 erläutert. Das ist subjektiv, aber es funktioniert. Falls Sie z.B. in der MK-Phase eine harte Kraftraum-Einheit absolvieren, könnten Sie deren Gesamt-RPE mit einer 9 bewerten (auf einer Skala von 0 bis 10). Multiplizieren Sie dies mit dem Faktor 10 und Sie erhalten einen geschätzten TSS von 90. Bevor Sie mir nun einen Beschwerdebrief schicken: Mir ist klar, dass dieses System einige Schwächen hat. Dennoch ist damit eine recht gute Einschätzung möglich.

Eine handfestere Methode, die von ambitionierten Gewichthebern angewendet wird, ist die Messung der »Tonnage«: das Gesamtgewicht, das in einer Einheit gestemmt wurde. Dazu wird die Last, die in einer bestimmten Übung gehoben wird, mit der Zahl der Wiederholungen der Übung multipliziert. Daraus ergibt sich die Trainingslast für einen einzigen Satz. Am Ende der Einheit rechnet man für jede der Übungen, die man absolviert hat, sämtliche Satz-Tonnagen zusammen, teilt das Ganze durch 2.000 und erhält die Tonnage für die Einheit. Multipliziert man dies wiederum mit 10, erhält man eine brauchbare Schätzung des TSS für diese Kraftraum-Einheit. Freilich bringt auch dieser Ansatz Probleme mit sich. Er umfasst beispielsweise nicht die Core-Übungen, die schwieriger zu quantifizieren sind, weil diese auch die zeitliche Dauer einbeziehen (wie z.B. bei der Vorgabe »30 Sekunden Unterarmstütz halten«).

Erinnern Sie sich daran, dass der TSS eine Kombination aus Dauer und Intensität ist.

Mir ist bewusst, dass die Anleitungen zum Thema »TSS und Kraftraum« vergleichsweise schwammig sind. Leider bleiben uns aber kaum andere Möglichkeiten, da uns bislang die nötige Technologie fehlt, um dieses System zu optimieren. Andererseits bin ich auch nicht vollkommen überzeugt davon, dass solche Messungen überhaupt notwendig sind. Auch ohne sich Gedanken darum zu machen, den Nutzen Ihres Kraftraumtrainings mit konkreten Zahlen zu beziffern, könnten Sie auch einfach akzeptieren, dass die Arbeit mit Gewichten Ihrer Wettkampfleistung zugute kommt und Ihre Trainingseinheiten ausreichend anspruchsvoll sind, um dies zu bewirken.

FAZIT: KRAFTTRAINING

Die Muskelkraft, die Sie auf die Pedale übertragen, ist eine der beiden maßgeblichen Komponenten, die für

Ihre Wattleistung auf dem Rad verantwortlich sind. Die andere ist die Kadenz, also die Geschwindigkeit, mit der Sie die Kurbel drehen. Indem Sie beide Komponenten entwickeln, werden Sie zu einem leistungsstärkeren Fahrer. Das bedeutet bessere Wettkampfzeiten, egal ob Sie sich als Kletterer, Sprinter, Zeitfahrer oder Allrounder betrachten. Die richtige Zeit, die beiden Elemente aufzubauen, ist früh in der Saison, in der Vorbereitungsphase und in Phase Grundlagen 1.

Krafttraining zielt darauf ab, stärkere Muskeln zu entwickeln. Stärke bedeutet aber nicht unbedingt große Muskeln. Wenn möglich, möchten wir als Radsportler allzu viel Muskelmasse sogar vermeiden. Stärke resultiert daraus, sowohl die Muskulatur als auch das Nervensystem darauf zu trainieren, die jeweils benötigte Kraft auf die Pedale aufzubringen. Das eine ohne das andere ist unzureichend, zumindest sofern man für Höchstleistungen trainiert. Der Anteil des Nervensystems an der Pedalkraft hängt mit der Rekrutierung der Muskelfasern zusammen. Wenn ein krafterzeugender Muskel wie z.B. der Quadrizeps aktiviert wird, sorgt das Nervensystem dafür, dass nicht nur das Timing der Kraftübertragung stimmt, sondern auch die passende Zahl an Muskelfasern angewiesen wird, zu kontrahieren. Ein gut trainiertes Nervensystem gewährleistet außerdem, dass die Muskeln beim Treten synchron arbeiten.

Um Ihre Ziele hinsichtlich der Kraft zu erreichen, müssen im Training beide Systeme angesprochen werden. Sie können dies mit traditionellem Kraftraumtraining, aber auch mit funktionellem, also auf dem Rad absolviertem Training erreichen.

Das bringt uns zu den beiden Arten des neuromuskulären Krafttrainings, die wir in diesem Kapitel besprochen haben. Die erste ist die traditionelle Arbeit mit Gewichten. Wenn Sie eine solche Einheit im Kraftraum absolvieren, geht es nicht darum, Gewichte zu stemmen, um einen Körper zu erhalten, der kräftiger aussieht. Vielmehr muss der Fokus darauf liegen, die Bewegungen des Pedalierens unter schwerer Last zu beherrschen.

Mit Ausnahme der Core- und der Beinbeugen-Übungen umfassen sämtliche der in diesem Kapitel erläuterten Kraftraum-Übungen mit Gewichten – beidbeinige und einbeinige Kniebeugen, Kreuzheben, Step-ups, Ausfallschritte und Beinpressen – die gleichzeitige Streckung von Hüfte, Knie und Sprunggelenk. Ich empfehle, darüber hinaus mit den drei Unterarmstütz-Übungen auch Ihre Core-Kraft zu entwickeln.

Die Beinbeugen-Übungen ihrerseits helfen, muskulären Verletzungen vorzubeugen, indem sie ein unbedenkliches Gleichgewicht zwischen der Kraft der vorderen und rückwärtigen Oberschenkelmuskulatur wahren.

Eine Alternative zu den Übungen für die Beinachsenstreckung aus Hüfte, Knie und Sprunggelenk ist der Power-Clean. Dies ist eine ballistische Übung, sprich eine, die mit einer sehr schnellen Bewegung ausgeführt wird. Die Übungen für die Beinachsenstreckung können ebenfalls explosiv ausgeführt werden. Arbeiten Sie aber, wann immer Sie solche ballistischen Hebungen unternehmen, mit Lasten von 50 Prozent Ihres 1RM oder weniger, um das Verletzungsrisiko möglichst gering zu halten.

Der Schlüssel zu erfolgreichem Kraftraumtraining ist, sich in der Phase Anatomische Anpassung (AAP) zunächst mit den Bewegungen für jede Übung vertraut zu machen. Nach ein paar solcher Einheiten, in denen Sie mit leichten Lasten die Übungen erlernen, schreiten Sie fort zur Phase Kraft-Übergang (KÜ). In dieser Phase, die üblicherweise in die späte Vorbereitungs- oder die frühe Grundlagenphase 1 fällt, erhöhen Sie allmählich die Lasten jeder Übung, während Sie gleichzeitig die Zahl der Wiederholungen je Satz verringern.

Die wichtigste und härteste Phase des Kraftraumtrainings für fortgeschrittene Fahrer ist die Phase Maximalkraft (MK), die zumeist in der Phase

Grundlagen 1 stattfindet und sich gegebenenfalls bis in Phase Grundlagen 2 erstrecken kann. Anschließend folgt die Phase Krafterhaltung (KE), die bis zur Woche Ihres ersten A-Wettkampfs der Saison dauert.

Viele Athleten liebäugeln damit, die AAP-Phase zu Saisonbeginn auszulassen und direkt mit höheren Lasten und wenigen Wiederholungen einzusteigen. Dies ist im Allgemeinen ein Fehler. Um Verletzungen zu vermeiden und den größten Nutzen aus den Übungen zu ziehen, müssen Sie effektive Bewegungsabläufe erlernen, bevor Sie sich an höhere Lasten wagen. Dazu gehören auch die richtige Position und Körperhaltung. Die Erläuterungen zu den einzelnen Übungen gehen jeweils näher auf die erwünschten Positionen ein, wie z.B. die Simulation der Fußstellung auf dem Pedal und den Grad jeder Hebung. Im Hinblick auf die Körperhaltung ist in erster Linie auf die Ausrichtung von Kopf und Rücken zu achten. Viele der Übungen verlangen, den Blick nach vorne zu richten statt nach unten. Dadurch verbleibt die Last primär auf den Beinen und nicht auf dem unteren Rücken.

Funktionelles Krafttraining simuliert die Arbeit mit Gewichten, wird aber auf dem Rad unternommen. Da die meisten der in diesem Kapitel beschriebenen Kraftraum-Übungen die Pedalierbewegungen simulieren, während schwere Lasten gehoben werden, lässt sich dieses Prinzip auch umkehren, indem Kraft-Übungen, die ihrerseits das Kraftraumtraining simulieren, im Sattel unternommen werden. Dies ist eine effektive Weise, in etwa die gleiche Wirkung zu erzielen wie durch die Arbeit mit Gewichten, ohne darauf angewiesen zu sein, in einem ohnehin engen Terminplan noch einen Besuch im Fitnessstudio unterbringen zu müssen. Dieser Ansatz funktioniert auch gut für Athleten, die einfach keine Lust auf die Arbeit mit Gewichten haben und sich stattdessen lieber aufs Rad setzen.

Die funktionellen Übungen auf dem Rad sehen vor, im Sitzen sehr hohe Gänge und niedrige Kadenzen zu treten. Diese Art von Training beginnen Sie mit Kraft-Wiederholungen im Flachen, später folgen Kraft-Wiederholungen am Berg mit höherer Belastung. Fahrer mit empfindlichen Knien sollten diese Einheiten besser meiden.

Die Periodisierung des Krafttrainings auf dem Rad gestaltet sich ähnlich wie für die Arbeit mit Gewichten. Beginnen Sie mit Kraft-Wiederholungen im Flachen und gehen Sie allmählich zu Kraft-Wiederholungen am Berg über. Unternehmen Sie die Übungen früh in der Saison in der Vorbereitungsphase und in Phase Grundlagen 1. Anschließend absolvieren Sie für den Rest der Saison eine stark reduzierte Version der Kraft-Wiederholungen am Berg.

Fahrer, die ihr Training sorgsam mit Hilfe des TSS quantifizieren, können ein in diesem Kapitel dargelegtes System verwenden, um auch dem Kraftraumtraining einen Training Stress Score zuzuweisen. Falls Sie sich dafür entscheiden und es Neuland für Sie ist, sollten Sie berücksichtigen, dass es wahrscheinlich ratsam ist, bei der Planung Ihren Wochen-TSS um den voraussichtlichen Kraftraum-TSS der Woche zu erhöhen. Tun Sie dies nicht und behalten den gleichen Wochen-TSS bei wie in den vorangegangenen Saisons, würde sich Ihr TSS auf dem Rad verringern.

Dieses Kapitel war vielleicht in mancherlei Hinsicht ein ziemliches Pfund. Es mag vieles in Frage stellen, was Sie bislang über die Entwicklung Ihrer Kraft dachten. Diese zu steigern, ist unerlässlich, falls Sie zu einem stärkeren Fahrer werden möchten. Die angestrebte Steigerung der Kraft wird weitgehend sehr früh in der Saison erreicht. Im nächsten Kapitel schauen wir uns an, was Sie in einem späten Stadium der Vorbereitung unternehmen können, um ebenfalls Ihre Wettkampfleistungen zu verbessern.

Um Verletzungen zu vermeiden und den größten Nutzen aus den Übungen zu ziehen, müssen Sie effektive Bewegungsabläufe erlernen, bevor Sie sich an höhere Lasten wagen.

13

TAPERING VOR DEM WETTKAMPF

FALLS SIE NOCH NIE vor einem wichtigen Rennen ein Tapering unternommen haben, wird Ihnen dieses Kapitel wahrscheinlich etwas seltsam und vielleicht sogar beängstigend vorkommen. Ich werde Ihnen auf den folgenden Seiten raten, Ihr Trainingspensum – Stunden, Distanz oder TSS – zu verringern, um sich im Rennen besser zu schlagen, als Sie es für möglich gehalten hätten.

Die Verringerung des Trainingspensums geschieht in den letzten zwei oder drei Wochen vor Ihrem A-Wettkampf. Gewiss schreckt Sie die Vorstellung, ausgerechnet in dieser Zeit das Training zurückzuschrauben. Die meisten Athleten neigen dazu, in dieser Phase mehr tun zu wollen, nicht weniger. Viele Fahrer glauben, tief in ihrem Inneren zu spüren, dass ihr Erfolg einzig und allein von der körperlichen Fitness abhängt. Das scheint auch einleuchtend zu sein. Und doch ist es falsch.

Aufgrund meiner langjährigen Erfahrung bei der Arbeit mit Athleten aller Art kann ich Ihnen sagen, dass der beste Prädiktor für den Erfolg im Wettkampf nicht die *Fitness* ist, sondern die *Form*. Natürlich müssen Sie auch hohe Fitness aufweisen, aber es bringt nichts, zu versuchen, sie in den letzten beiden Wochen vor dem Rennen noch höher zu schrauben. Ein Beispiel: Von zwei Fahrern, die sich in vielerlei Hinsicht gleichen und u.a. zwei Wochen vor dem Rennen das gleiche Maß an Fitness aufweisen, wird sich derjenige, der sich in den Tagen vor dem Rennen auf die Form konzentriert, immer gegen den durchsetzen, der darauf versessen ist, noch ein wenig an Fitness zuzulegen. Darauf können Sie wetten.

Was genau also sind Fitness und Form? Wir haben beide Konzepte bereits in Kapitel 3 behandelt, aber da sie für das Tapering vor dem Wettkampf so entscheidend sind, fassen wir sie hier noch einmal kurz zusammen.

FITNESS

Herausragende Fitness ergibt sich aus vielen kleinen physischen Leistungszugewinnen, die im Laufe aufeinanderfolgender Trainingseinheiten erzielt werden. Mit konsistentem Training steigert sich die Fitness über Wochen, Monate und Jahre. Fitness auf dem Rad wird von der Sportwissenschaft für gewöhnlich als eine individuelle Mischung aus aerober Kapazität, anaerober Schwelle und Ökonomie definiert (mehr

Um wettkampfbereit zu sein, müssen Sie zunächst einmal körperlich fit sein.

Erschöpfung abzubauen, macht Sie bereit für den Wettkampf. Und die einzige effektive Weise, dies zu tun, ist, das Trainingspensum zu verringern.

dazu siehe Kapitel 6). Diese drei physischen Merkmale sind die grundlegendsten Komponenten der Wettkampfbereitschaft.

Fitness kann auch als das Produkt eines erhöhten Trainingspensums verstanden werden. Eine Kombination aus im Sattel verbrachter Zeit, zurückgelegten Distanzen, Trainingsintensitäten und TSS haben Sie nach und nach körperlich fitter gemacht, als Sie es zu Beginn der Saison waren. Wie Sie in Kapitel 3 gelesen haben, ist es ein im Laufe der Zeit schrittweise gesteigertes Trainingspensum, das Fitness erzeugt. Dies ist der Ausgangspunkt, um Wettkampfbereitschaft herzustellen. Um wettkampfbereit zu sein, müssen Sie zunächst einmal körperlich fit sein.

Aber weil größere Fitness das Produkt eines gesteigerten Trainingspensums ist, muss umgekehrt auch gelten, dass ein verringertes Trainingspensum den Verlust von Fitness nach sich zieht. Sie können nicht fitter werden, indem Sie weniger trainieren. Erfahrene Athleten stimmen weithin überein, dass eine Steigerung der Fitness aus einem erhöhten Trainingspensum resultiert – bis das Thema Tapering zur Sprache kommt. Diejenigen, die schon einmal ein Tapering vor einem Rennen unternommen haben, werden argumentieren, dass es sie fitter gemacht habe, zu diesem Zeitpunkt der Saison *weniger* zu trainieren. Immerhin erzielen sie nach einem Tapering bessere Leistungen, als sie es ohne tun würden. Sie fühlen sich auch fitter. Aber wie passt das zusammen? Es kann ja nur das eine oder das andere stimmen. Nun, tatsächlich ist es nicht die Steigerung der Fitness, die dieses Phänomen verursacht. Es ist die Form.

FORM

Worüber wir bis jetzt gesprochen haben, könnte man als »Wettkampfbereitschaft« bezeichnen. Das bedeutet, körperlich bereit und mental gewappnet zu sein für die Anforderungen eines A-Wettkampfs. Dies ist die Fitness-Komponente der Wettkampfbereitschaft. Im Zusammenhang mit Form geht Wettkampfbereitschaft jedoch über das hinaus, was wir »Fitness« nennen. Wettkampfbereitschaft umfasst Aspekte jenseits körperlicher Fitness wie z.B. eine wohlüberlegte Strategie und eine ganze Bandbreite an bewährten und erprobten taktischen Mitteln, um diese Strategie erfolgreich umzusetzen. Weitere Teilaspekte der Wettkampfbereitschaft sind die Vorbereitung auf die voraussichtlichen äußeren Bedingungen wie Hitze, Luftfeuchtigkeit, Kälte, Wind, Regen und Schnee sowie die Streckenbeschaffenheit wie z.B. Anstiege. Ein weiterer Faktor, der sich auf Ihre Wettkampfbereitschaft auswirken kann, ist die Verpflegung sowohl vor als auch während des Rennens. Hinzufügen könnte man noch die Punkte Hydrierung und Ausrüstung, die ebenfalls beide eine Rolle für Ihre Wettkampfbereitschaft spielen. Dies alles ist aber nur ein Teil dessen, was ich »Form« nenne.

Der andere Schlüsselaspekt der Form ist »Frische«. Damit meine ich die Abwesenheit von Erschöpfung. Erschöpfung abzubauen, macht Sie bereit für den Wettkampf. Und die einzige effektive Weise, Erschöpfung abzulegen, ist, das Trainingspensum zu verringern. Mit anderen Worten: Weniger Training bedeutet mehr Form.

Ein Athlet, der ein vernünftiges Tapering unternommen hat, erlebt Form in Gestalt besserer Wettkampfzeiten. Die Fitness als solche erhöht sich nicht, wenn Sie ein Tapering durchlaufen. Im Gegenteil büßen Sie, wie in Kapitel 3 erläutert, vor dem Rennen sogar ein klein wenig Fitness ein.

Der Teil Ihres Trainingspensums, den Sie zwingend verringern müssen, ist die Dauer – nicht die Intensität. Diese muss, wie Sie sehen werden, auch in dieser Zeit hoch bleiben.

Kurz gesagt bedeutet Tapering also eine Verringerung der Dauer der Trainingseinheiten, was, prozentual gesehen, zu einer Steigerung des Anteils führt, den die Trainingsintensität am Pensum hat. Das ist die Quintessenz des Taperings.

DIE BAUSTEINE DES TAPERINGS

Das Tapering vor dem Rennen erstreckt sich über die Höchstleistungs- und Wettkampfphasen, die Sie in den letzten zwei bis drei Wochen vor Ihrem A-Wettkampf vorgesehen haben. Solches Training wird »Tapering« genannt, weil Sie Ihr Trainingspensum verringern (»to taper« = abnehmen; spitz zulaufen), indem Sie die Dauer der Einheiten vor dem Rennen reduzieren, um Frische zu erzielen und in Form zu kommen.

Wenn es richtig gemacht wird, schlägt sich der verringerte Wochentrainingsumfang während des Taperings in größerer Form am Wettkampftag und besseren Leistungen im Rennen nieder. Der häufigste Fehler, den Athleten in diesen letzten Wochen machen, ist, nicht genug Frische herzustellen, was meistens daran liegt, dass sie zu hohe Umfänge trainieren, um ihre körperliche Fitness zu erhalten oder sogar zu steigern. Sie erinnern sich vielleicht aus Kapitel 4, dass für fortgeschrittene Fahrer der Schlüssel zum Erfolg im Rennen die Intensität ist – und nicht, wie viele Stunden man pro Woche im Sattel verbringt. Für einen sehr erfahrenen Radsportler sind die letzten paar Wochen vor dem Rennen der denkbar schlechteste Zeitpunkt, um mit mehr Zeit im Sattel zu versuchen, die Fitness zu steigern. Wenn Sie bis dahin noch keine gute Ausdauer entwickelt haben, werden Sie es nicht bis zum Rennen nachholen können. Stattdessen ist der Schlüssel zu einem erfolgreichen Tapering wettkampfähnliche Intensität. Das bezieht sich auf harte Trainingseinheiten, von denen Sie in diesen letzten Wochen nur wenige unternehmen. Dazu gleich mehr.

Die hochintensiven Einheiten, die Sie im Rahmen des Taperings unternehmen, sind oft Intervalle, unabhängig davon, welche Art von Rennen Ihnen bevorsteht oder wie lange es dauert. Diese Intervalle müssen zunächst einmal die strategischen Intensitäten simulieren, die im Rennen zu erwarten sind. Falls es einen Anstieg gibt, der wahrscheinlich eine wichtige Rolle für den Ausgang des Rennens spielt, müssen Sie für die Intensität dieses Anstiegs gewappnet sein. Normalerweise bedeutet das, Intervalle am Berg zu absolvieren, die im Hinblick auf Dauer und Umfang dem entsprechen, was im Rennen zu erwarten ist, oder sogar darüber hinausgehen. (Sie können das Rennen auch mit einer schnellen Gruppenausfahrt simulieren, die einen ähnlichen Anstieg umfasst.) Wenn das Rennen voraussichtlich im Sprint entschieden wird, müssen Ihre Schlüsseleinheiten Sprints umfassen. Falls es ein Zeitfahren ist, müssen Sie die größte Intensität proben, die im Rennen zu erwarten ist bzw. die Sie aufrechterhalten können. Im Wesentlichen müssen Sie sich also auf Einheiten verlegen, die jene Momente im Rennen simulieren, die voraussichtlich den größten Einfluss auf Ihre Wettkampfleistung haben werden. Und der allen gemeinsame Aspekt hierbei ist die Intensität.

Verringerte Wochenumfänge während des Taperings schlagen sich in größerer Form am Wettkampftag nieder.

Der nächste wichtige Baustein des Taperings ist häufige Regeneration. Sie müssen gut erholt und leistungsbereit in solche Einheiten gehen, die den Wettkampf simulieren. Das bedeutet, es in den zwei Tagen vor Ihren wichtigsten Einheiten bei geringer Intensität und Dauer zu belassen, so dass Sie am dritten Tag darauf brennen, es krachen zu lassen. Die besten Einheiten in dieser Phase sind eventuell Rennen geringer Priorität, v.a. solche, die kürzer sind als Ihr Hauptwettkampf, aber mit ähnlicher oder größerer Intensität absolviert werden. Sie können auch schnelle Gruppenausfahrten nutzen, falls Sie sich auf ein Straßenrennen oder Kriterium vorbereiten. Die dritte Möglichkeit sind Intervall-Einheiten mit einem Trainingspartner. Die vierte und letzte Möglichkeit sind allein absolvierte Intervall-Einheiten.

Jedwedes Rennen, das Sie in dieser Phase bestreiten, sollte in die C-Kategorie fallen und kürzer als Ihr avisierter A-Wettkampf sein, um zu gewährleisten, dass Sie ausreichend regenerieren und nach zwei Tagen lockeren Trainings wieder bereit sind, sich voll reinzuhängen. Vermeiden Sie jedes Rennen, das sol-

Sie sollten mit der Überzeugung zum Rennen kommen, optimal vorbereitet und in jeder Hinsicht bereit zu sein.

cher Regeneration abträglich ist, oder steigen Sie an einem vorab festgelegten Punkt vorzeitig aus. Mir ist klar, dass aufzugeben möglicherweise nicht Ihrem Naturell entspricht, v.a. wenn es richtig gut läuft und Sie sich stark fühlen, aber ein solches sehr belastungsintensives Rennen bis zum Ende durchzuziehen, kann bedeuten, dass Sie drei Tage danach nicht bereit sind für die Art von Training, die Sie absolvieren müssten. Dadurch vermasseln Sie Ihr Tapering und schlimmstenfalls Ihren A-Wettkampf. Falls Sie hinsichtlich des C-Rennens unsicher sind, verzichten Sie darauf. Halten Sie an Ihrem Plan fest.

Welche Art von Rennen oder Einheit auch immer Sie an diesen schweren Tagen unternehmen, die Belastung sollte Sie auf die eine oder andere Weise auf das vorbereiten, was für den Ausgang Ihres Hauptwettkampfs eine Rolle spielt. Das umfasst wahrscheinlich Klettern, Sprinten oder Zeitfahren. Ein C-Wettkampf, zu dessen Herausforderungen der rennentscheidende Aspekt des anstehenden A-Wettkampfs gehört, sollte für Sie erste Wahl sein, wenn Sie Ihre Optionen erwägen. Aber falls Sie normalerweise nur selten Rennen fahren, kann es ungeachtet der Anforderungen des A-Wettkampfs nützlich sein, jedwede Art von Rennen zu bestreiten, um sich in vielfältiger Weise besser auf den Renntag einzustellen. Das kann ernährungstechnische, logistische, mentale, witterungsbedingte und andere Aspekte betreffen, die Ihnen helfen, sich für den großen Tag zu rüsten.

Sich in dieser Phase in hochintensiven Trainingseinheiten oder C-Wettkämpfen zu beweisen, baut außerdem Ihr Selbstvertrauen auf – und wie wichtig das ist, weiß sicher jeder, der schon einmal an einer Startlinie gestanden hat. Vor einer hochintensiven Einheit gut ausgeruht zu sein, sorgt nicht nur für Frische, sondern erhöht auch Ihre Chancen darauf, hochwertige Wettkampfsimulationen zu bestreiten. Sie sollten mit der Überzeugung zum Rennen kommen, optimal vorbereitet und in jeder Hinsicht bereit zu sein.

Ein wichtiger Punkt hierbei ist, Ihrem Trainingsplan und dessen verringertem Umfang während des Taperings zu vertrauen. Der schwierigste Part ist die Verringerung der Dauer, insbesondere an den lockeren Tagen zwischen den hochintensiven Einheiten. Falls Sie nie zuvor ein solches Tapering unternommen haben, werden Sie angesichts der geringen Dauer der Einheiten an diesen Tagen vielleicht skeptisch, wenn nicht gar verzagt sein. Wahrscheinlich haben Sie Angst, zu viel Fitness einzubüßen. Das ist eine häufige Sorge. Aber halten Sie an Ihrer Überzeugung fest, dass diese Verringerung notwendig ist, um Form aufzubauen. Falls Sie die Dauer erhöhen, um Fitness zu erhalten, werden Sie Form einbüßen. Ein folgenschwerer Fehler.

Die Ausfahrten an den beiden aufeinanderfolgenden Regenerationstagen nach jeder harten Einheit sollten ungefähr die Hälfte der Dauer Ihrer normalen Einheiten haben. Auch die hochintensiven Einheiten müssen kürzer ausfallen, können aber um die 80 Prozent dessen entsprechen, was Sie normalerweise als hochintensive Einheit in der Aufbauphase unternehmen. Absolvieren Sie zudem während des Taperings sämtliche Einheiten auf genau dem Rad, mit dem Sie auch an den Start gehen werden. Falls Sie für ein Etappenrennen trainieren, das sowohl aus Straßenrennen als auch aus Zeitfahren besteht, nutzen Sie beide Räder zu gegebener Zeit für entsprechende Einheiten. Stellen Sie sich voll auf Ihre Aufgabe ein.

HÖCHSTLEISTUNGS- UND WETTKAMPFPHASEN

Zu einem Tapering gehört all das, was ich oben beschrieben habe, und es sind eine ganze Menge Dinge zu bedenken, wenn Sie sich auf ein Rennen vorbereiten. Um das Konzept des Taperings verständlicher zu machen und leichter umsetzen zu können, sollten wir noch mal einen etwas genaueren Blick auf die Höchstleistungs- und die Wettkampfphase

TABELLE 12.1 **Zweiwöchige Höchstleistungsphase eines erfahrenen Radsportlers**

Montag	Kraft (siehe Tabellen 12.3 und 12.5 für Einzelheiten) oder ein Ruhetag, falls Sie keine Kraft-Einheiten unternommen haben
Dienstag	HIT
Mittwoch	locker
Donnerstag	locker
Freitag	HIT
Samstag	locker
Sonntag	locker
Montag	Kraft und/oder HIT
Dienstag	locker
Mittwoch	locker
Donnerstag	HIT
Freitag	locker

Dies ist ein Beispiel für den Ablauf einer 2-wöchigen Höchstleistungsphase eines fortgeschrittenen Radsportlers. Einheiten für Leistungsfaktoren, die höhere Intensitäten bedeuten (Kraftausdauer, anaerobe Ausdauer und Schnellkraft) sind als »HIT« gekennzeichnet. Die »lockeren« Einheiten sind Ausdauerfahrten, die vornehmlich in Zone 1 und 2 absolviert werden. Die Anordnung der Trainingseinheiten lässt sich auch umgestalten, um Ihrer Situation besser gerecht zu werden, z.B. wenn Sie einen C-Wettkampf einplanen.

werfen und uns ein paar Beispiele für entsprechende Trainingsabläufe anschauen.

Die Höchstleistungsphase

Die Höchstleistungsphase dauert normalerweise eine bis zwei Wochen und endet mehrere Tage vor dem Rennen. Dann beginnt die Wettkampfphase. Eine zweiwöchige Höchstleistungsphase wird üblicherweise vor Rennen spät in der Saison im Anschluss an eine lange und anstrengende Aufbauphase eingelegt, außerdem vor sehr langen Wettkämpfen, einschließlich Etappenrennen.

Eine kurze Höchstleistungsphase kann nur drei bis fünf Tage dauern. Dies ist üblich für sehr fitte und erfahrene Athleten, die schnell regenerieren. Es ist außerdem eher üblich für einen A-Wettkampf in der Frühphase der Saison oder ein sehr kurzes Rennen wie z.B. ein Kriterium, das höchstens eine Stunde dauert.

Wie zuvor erläutert, dient die Höchstleistungsphase einem doppelten Zweck. Der eine ist, durch vermehrte lockere Regenerationstage die angesammelte Erschöpfung abzubauen. Der andere ist, durch hochintensives Training ein hohes Maß an Fitness zu erhalten. Diese Kombination erzeugt sowohl Wettkampfbereitschaft als auch Frische.

Der Schlüssel zu einer echten Leistungsspitze ist eine wettkampfähnliche Einheit, die einen Abschnitt des Rennens simuliert. Die Einheiten an den anschließenden zwei Tagen sind kurze Ausfahrten bei geringer Intensität. »Kurz« ist freilich ein relativer Begriff. Falls Sie 20 Stunden die Woche fahren, kann diese Einheit 90 bis 120 Minuten dauern. Wenn Sie nur zehn Stunden die Woche trainieren, sollten es eher 45 bis 60 Minuten sein. Diese Regenerationsfahrten werden in der gesamten Höchstleistungsphase angemessen kurz ausfallen, während sich die Dauer der hochintensiven, wettkampfähnlichen Einheiten nach und nach verringert. Wenn diese Trainingsfahrten kürzer werden, nimmt Ihr Wochenumfang – Stunden oder TSS – rapide ab. Am Ende der Höchstleistungsphase sollten es nur noch 30 bis 50 Prozent dessen sein, was es in der Phase Aufbau 2 war.

Der Schlüssel zu einer echten Leistungsspitze ist eine wettkampfähnliche Einheit, die einen Abschnitt des Rennens simuliert.

Das Training in der Woche des Rennens gestaltet sich ganz anders, als Sie es die bisherige Saison über gewohnt waren.

Tabelle 13.1 zeigt ein Beispiel, wie eine zweiwöchige Höchstleistungsphase aussehen könnte. Der Schwerpunkt der hochintensiven Einheiten hängt dabei von der Art des A-Wettkampfs ab: Kraftausdauer für Zeitfahren, anaerobe Ausdauer für Straßenrennen oder Kriterien, Schnellkraft, falls Sprintfähigkeit gefragt ist. Diese Einheiten sollten außerdem die voraussichtlichen Bedingungen des Rennens simulieren, einschließlich der Schlüsselstellen, die für den Rennausgang von besonderer Bedeutung sind. Die lockeren Einheiten werden in Zone 1 und 2 unternommen. Das Beispiel aus Tabelle 13.1 lässt sich vielleicht nicht 1:1 auf Ihre Situation übertragen, wird Ihnen aber helfen, Ihre eigene Routine zu planen. Unabhängig davon, wie lang die Höchstleistungsphase dauert, bleibt das Muster immer gleich: wettkampfähnliche Intensität gefolgt von Regeneration.

Die Wettkampfphase

Es gibt mehrere Möglichkeiten, um mit einem Tapering die beiden Ziele Wettkampfbereitschaft und Frische am Tag Ihres A-Rennens zu erreichen. Völlig gleich, wie Sie es im Einzelnen halten, bleiben die zugrundeliegenden Prinzipien gleich: Verringerung des Umfangs bei gleichzeitiger Betonung wettkampfähnlicher Intensität. Diese Kombination wird Ihnen zu einer Leistungsspitze verhelfen. Der Trick dabei ist, dies umzusetzen, ohne zu viel Fitness einzubüßen. Für die Höchstleistungsphase habe ich bereits erläutert, wie man ein Tapering mit einer hochintensiven Ausfahrt an jedem dritten Tag und Regenerationseinheiten dazwischen unternimmt. Für die letzten wenigen Tage vor dem Rennen nehmen wir nun ein paar Änderungen vor.

Das Training in der Woche des Rennens gestaltet sich ganz anders, als Sie es die bisherige Saison über oder auch in der vorangegangenen Höchstleistungsphase gewohnt waren. Sowohl Regeneration als auch Intensität werden noch stärker betont als in der Höchstleistungsphase, aber auf sehr spezielle Weise. Die Trainingsfahrten sind durchweg kurz und stark auf rennähnliche Intensität fokus-

TABELLE 13.2 Beispiel für typische Abläufe in der Wettkampfphase

	RENNEN AM SAMSTAG	RENNEN AM SONNTAG
Montag	locker oder trainingsfrei	locker oder trainingsfrei
Dienstag	HIT (4–6 Intervalle)	HIT (4–6 Intervalle)
Mittwoch	HIT (3–5 Intervalle)	HIT (3–5 Intervalle)
Donnerstag	trainingsfreier Tag oder sehr lockere und kurze Ausfahrt; möglicher Anreisetag	HIT (2–4 Intervalle)
Freitag	HIT (1–3 Intervalle)	trainingsfreier Tag oder sehr lockere und kurze Ausfahrt; möglicher Anreisetag
Samstag	Rennen	HIT (1–3 Intervalle)
Sonntag	trainingsfreier Tag oder lockere Ausfahrt	Rennen

Diese Tabelle liefert ein Beispiel für den herkömmlichen Ablauf einer Wettkampfwoche mit einem Rennen am Samstag oder Sonntag für erfahrene Radsportler, die ihre Höchstleistungsphase mit einer HIT-Ausfahrt oder einem C-Wettkampf am Sonntag abgeschlossen haben. Die HIT-Einheiten der Wettkampfphase legen den Schwerpunkt weiterhin auf den Leistungsfaktor, der im jeweiligen Rennen maßgeblich ist (Kraftausdauer, anaerobe Ausdauer oder Schnellkraft). Die HIT-Einheiten beginnen mit der üblichen Aufwärm-Routine, gefolgt von 90-Sekunden-Intervallen bei der ausgewählten Intensität mit 3-minütigen Regenerationspausen. Beenden Sie die Einheit mit einem kurzen Cooldown. Wie den Angaben in Klammern zu entnehmen ist, nimmt die Zahl der 90-Sekunden-Intervalle von HIT-Einheit zu HIT-Einheit ab.

siert. Schauen wir uns diese letzte, entscheidende Trainingswoche, die sich an einen eher unüblichen Ablauf hält, im Einzelnen an.

Die Athleten, die ich trainiere, unternehmen in der Wettkampfphase drei bis vier Intervall-Einheiten, je nachdem, ob ihr Rennen am Samstag oder Sonntag stattfindet (siehe Tabelle 13.2). Nach dem Warm-up absolvieren sie mehrere 90-Sekunden-Intervalle mit jeweils dreiminütiger Regeneration, anschließend folgt ein Cool-down. Das Ganze ergibt eine recht kurze Einheit. Dies sorgt sowohl für Wettkampfbereitschaft als auch für Frische bis zum Ende der Woche.

Die Intervalle werden bei der höchsten Intensität absolviert, die im Rennen zu erwarten ist. Während 90-Sekunden-Intervalle für Kraftausdauer und anaerobe Ausdauer angemessen sind, fallen sie für Sprints ein bisschen zu lang aus. Sprinter sollten dennoch 90-sekündige Belastungen absolvieren, aber in zwei Teilen: zunächst ein anhaltend hoher Einsatz der Art, als würde man einem Anfahrer folgen oder bei einem Kriterium aus einer Kurve kommen, gefolgt von einem Sprint mit vollem Einsatz am Ende des Intervalls. Die Zahl der Intervalle nimmt im Laufe der Woche ab, was bedeutet, dass auch die Dauer der einzelnen Einheiten nach und nach abnimmt. Die Trainingsausfahrten sollten ziemlich kurz sein. Tabelle 13.2 gibt Empfehlungen für die Zahl der zu absolvierenden Intervalle an jedem Tag der Woche, abhängig davon, ob das Rennen am Samstag oder Sonntag stattfindet.

Beachten Sie, dass die Herzfrequenz nicht herangezogen werden kann, um die Intensität dieser Intervalle zu ermessen; dafür sind sie schlichtweg zu kurz. Ihre Herzfrequenz hätte nicht genug Zeit, um anzusprechen und in 90 Sekunden die avisierte Trainingszone zu erreichen. Das bevorzugte Maß der Intensität ist in der ganzen Woche erneut die Leistung.

Die meisten Athleten fahren meiner Erfahrung nach am besten damit, den leichtesten Tag der Woche zwei Tage vor dem Rennen einzuplanen, wie in Tabelle 13.2 zu sehen. Normalerweise ist das ein freier Tag oder höchstens eine kurze und sehr lockere Ausfahrt. Auch der Tag der Anreise zum Austragungsort kommt dafür in Frage. Je wärmer oder höher gelegen dieser verglichen mit Ihren gewohnten Trainingsstrecken ist, desto früher sollten Sie anreisen. Auch nur ein wenig Adaptation ist besser als gar keine. Bedenken Sie, dass am Tag vor dem Rennen eine sehr kurze Einheit mit wettkampfähnlicher Intensität vorgesehen ist. Verbringen Sie den Rest des Tages so wenig wie möglich auf den Beinen.

Ganz gleich, wie gut Sie die vielen Details des Taperings hinbekommen, gibt es leider keine Garantien. Manchmal schlägt es an und manchmal eben nicht. Sie sind halt ein menschliches Wesen und kein Roboter. Das heißt nicht, dass Ihnen nicht noch andere Möglichkeiten offenstehen. Auf jeden Fall sollten Sie vor jedem Rennen in Ihrem Trainingstagebuch (siehe Kapitel 14) Protokoll darüber führen, was Sie in den letzten paar Tagen angestellt haben, um sich auf das Rennen vorzubereiten. Das umfasst die Anreise, Schlaf, wann und was Sie gegessen haben, mentale und körperliche Belastungen, gewählte Ausrüstung wie z.B. die Laufräder, die Art des Aufwärmens und alles andere, was für Ihre Vorbereitung eine Rolle gespielt hat. Denken Sie daran: Eddy Merckx hat auch nicht im ersten Versuch die Straßen-WM gewonnen. Aber im zweiten Anlauf hat er es geschafft.

Um am Wettkampftag frisch zu sein, müssen Sie den Umfang reduzieren.

FAZIT: TAPERING VOR DEM WETTKAMPF

Je näher der Tag des Rennens rückt, desto entscheidender wird Ihr Training. Was Sie in den letzten zwei oder drei Wochen machen, kann größeren Einfluss auf Ihr Resultat haben als alles, was Sie in den vorangegangenen zwei oder drei Monaten angestellt haben.

Egal für welche Tapering-Methode man sich entscheidet, gibt es zwei maßgebliche Komponenten, die jeder gute Coach in Erwägung zieht: Umfang und Intensität. Um am Wettkampftag frisch zu sein, müssen Sie den Umfang reduzieren. Dafür gibt es zwei Optionen. Sie können entweder jede Woche weniger Einheiten absolvieren oder Sie können die Dauer der Einheiten verkürzen. Neben der Option, während des Taperings gegebenenfalls einmal die Woche einen freien Tag einzulegen, würde ich empfehlen, in dieser Zeit nur kürzere Trainingsfahrten zu unternehmen.

Die andere maßgebliche Komponente des Taperings ist die Intensität der Einheiten. Diese muss häufig hoch ausfallen, wollen Sie wettkampfbereit an den Start gehen. Das Gegenteil zu tun – den Umfang erhöhen und die Intensität verringern –, wird sehr wahrscheinlich zu einer schwachen Wettkampfleistung führen. Sie würden bloß wettkampfspezifische Fitness einbüßen und mit müden Beinen antreten.

In diesem Kapitel habe ich empfohlen, dass Sie Ihr Tapering so organisieren, dass Sie an jedem dritten Tag eine hochintensive Einheit unternehmen und dazwischen zwei Tage regenerieren. Dies ist der übliche Ablauf bis zum Beginn der Wettkampfphase. Die Wettkampfphase umfasst im Allgemeinen die letzten sechs oder sieben Tage bis zum Start. Ich lasse manche meiner Fahrer an den meisten Tagen in dieser Woche mehrmals kurze Intervalle bei Rennintensität absolvieren. Der Fokus in dieser Zeit ist, möglichst genau die Bedingungen zu simulieren, die über den Ausgang des Rennens entscheiden. Je nachdem, für welche Art von Rennen Sie gemeldet sind, können diese Intervalle an einem Anstieg unternommen werden, wie er im Rennen ansteht und wo sich vermutlich die Spreu vom Weizen trennen wird, auf einem Zeitfahrrad, um das Pacing zu üben, oder als Sprint samt langer Sprintanfahrt. Anders gesagt: Simulieren Sie so genau wie möglich die voraussichtlichen Bedingungen und Intensitäten im Rennen. Berücksichtigen Sie wenn möglich auch die Umweltbedingungen, mit denen Sie es zu tun bekommen, wie Hitze, Wind und Höhe. Dies alles stellt Sie mental auf das Rennen ein. Sie werden mit Selbstvertrauen an den Start gehen. Und das macht im Rennen eine Menge aus.

Zwar habe ich im Laufe der Jahre viele Fahrer erlebt, die mit dieser Tapering-Methode tolle Ergebnisse erzielt haben, unfehlbar ist sie aber nicht. Selbst wenn Sie alles genau befolgen, sind Sie nicht vor einem schwachen Wettkampf gefeit. Es gibt wohl kaum einen Fahrer, der nicht schon mal im entscheidenden Moment einen Rückschlag erlebt hätte. Trotz des bestmöglichen Tapering-Plans kann in den letzten Tagen vor dem Rennen immer mal etwas schiefgehen. Es könnte z.B. sein, dass Sie bei der Arbeit Überstunden machen mussten und deshalb eine entscheidende Einheit verpasst haben. Oder Sie haben sich eine Erkältung eingefangen und darunter hat Ihr Training ein paar Tage gelitten. Oder es herrschte so mieses Wetter, dass Sie nicht aufs Rad konnten. Es gibt etliche Dinge, die dem Training dazwischenfunken können. Da ist nichts zu machen. Garantien gibt es keine. Ich kann Ihnen lediglich sagen, dass das, was ich hier erläutert habe, der bestmögliche Plan ist, den Sie befolgen können, um sich in den Wochen und Tagen vor einem wichtigen Rennen vorzubereiten.

Ungeachtet des Resultats sind Sie gut beraten, Ihre Tapering-Abläufe vor dem nächsten A-Wettkampf nachzujustieren. Wenn Sie sich am Renntag z.B. nicht auf der Höhe gefühlt haben, sollten Sie es beim nächsten Mal vielleicht mit einem kürzeren Tapering versuchen oder in den letzten drei Tagen vor dem Start härtere Einheiten unternehmen. Falls Sie am Renntag müde sind, ist ein geringeres Trainingspensum in den letzten Tagen angezeigt.

Falls Sie überzeugt sind, zu erheblich besseren Wettkampfleistungen in der Lage zu sein, experimentieren Sie mit der Art der Einheiten, die Sie an den schweren Tagen des Taperings absolvieren, insbesondere mit Blick auf deren Intensität. Unterm Strich gilt wie schon mehrfach gesagt, dass das Training und v.a. das Tapering eine wissenschaftliche Studie mit nur einer Testperson ist: Ihnen selbst. Wie für alle Aspekte des Trainings gilt auch hier: Wenn es nicht funktioniert hat, machen Sie es das nächste Mal besser.

14

DAS TRAININGSTAGEBUCH

ABGESEHEN VON IHREM RAD ist das beste Hilfsmittel für die Wettkampfvorbereitung ein Trainingstagebuch. Richtig angewendet, kann es Ihre Leistungen über Ihre gesamte Radsportkarriere hinweg in die richtige Richtung lenken.

Ein Tagebuch sorgt für zielgerichtetes Training, indem es dafür sorgt, dass Ihr Fokus auf Ihre Saisonziele und Trainingsvorgaben ausgerichtet bleibt. Denn ohne regelmäßige Erinnerungen daran, warum Sie sich das alles überhaupt antun, kann es schnell passieren, dass Sie Ihr eigentliches Anliegen aus den Augen verlieren. Ohne klare Ziele fahren Sie einfach nur Rad und häufen ohne Sinn und Zweck Trainingsstunden, Kilometer und TSS an. Der Trubel des täglichen Trainings und die Anforderungen des Alltags verschleiern gern mal den Grund, warum Sie so viel fahren. Ein Trainingstagebuch dient als tägliche Erinnerung daran, warum Sie trainieren.

Ein Trainingstagebuch kann Ihnen außerdem dabei helfen, die wichtigsten Faktoren für die Verbesserung Ihrer Begrenzer im Blick zu behalten. Es gibt einer Reihe wichtiger Messgrößen, die Ihnen helfen können, unerwünschte Entwicklungen frühzeitig zu entdecken und Korrekturen im Training vorzunehmen. Ein Tagebuch beantwortet maßgebliche Fragen zu diesen Messgrößen: Verbessert sich meine FTP? Ist meine gewichtsbezogene Leistung dort, wo sie sein sollte? Wie entwickelt sich mein Trainingspensum und wie verhält es sich im Vergleich zu meiner besten Rennsaison? Was lassen meine Einheiten hinsichtlich meiner Wettkampfleistung erwarten? Welche Art Tapering habe ich in der letzten Saison für das gleiche Rennen unternommen? Wie ist dieses Rennen im letzten Jahr gelaufen?

Wie Sie bald sehen werden, ist ein Trainingstagebuch außerdem ein tolles Planungsinstrument. Nutzen Sie es, um Ihren Saisonplan festzuhalten und so auf dem richtigen Weg zu bleiben. Mit einem Trainingstagebuch gibt es keinen Grund mehr, einen Haufen verstreuter Notizen zu durchforsten – es ist alles sofort zur Hand. Am Ende der Saison, wenn Sie beginnen, sich Gedanken über die nächste Saison zu machen, beantwortet Ihr Trainingstagebuch alle Fragen dahingehend, was Sie unternehmen können, um im kommenden Jahr noch besser zu sein.

Ohne ein schriftliches Protokoll Ihres tagtäglichen Trainings und Ihrer Wettkampferfahrungen wären Sie allein auf Ihr Gedächtnis und Mutmaßungen angewiesen. Damit kommen Sie nicht weit. Sofern es Ihnen mit dem Radsport wirklich ernst ist, brauchen Sie ein Trainingstagebuch.

Abgesehen davon, dass es unerlässlich ist, ist es aber auch ziemlich cool, tagtägliche Aufzeichnungen davon zu haben, was Sie im Laufe der Jahre unternommen haben. Ich kenne alte Hasen, deren Tagebücher Jahrzehnte zurückreichen. Ihre Entwicklung vom Anfänger zum Landesmeister kann auf diesen Seiten nachverfolgt werden. Dadurch ergibt sich eine spannende Chronik einer sportlichen Karriere. Mehr noch: Die ganze Trainingshistorie ist dort verzeichnet. Das sind unschätzbare Daten. Wann immer ich die Arbeit mit neuen Athleten aufnehme, stecken die hilfreichsten Informationen, die sie mir an die Hand geben können, in ihren Trainingstagebüchern. Ohne diese Informationen kann ich nur mutmaßen, wo ich den Hebel ansetzen muss, und es dauert eine Weile, bis ich genau weiß, was wir anstellen sollten. Aber mit einem Tagebuch kann ich sehen, was funktioniert und was nicht. So können wir direkt loslegen.

Wann immer ich die Arbeit mit neuen Athleten aufnehme, stecken die hilfreichsten Informationen, die sie mir an die Hand geben können, in ihren Trainingstagebüchern.

TAGEBUCH ODER PROTOKOLL?

Damit dieses Kapitel seinen Zweck erfüllt, ist es wichtig, dass Sie den Unterschied zwischen einem Tagebuch und einem Protokoll begreifen. Ein Tagebuch umfasst Ihre täglichen Reaktionen und Gedanken zu den Trainingseinheiten und Ihren Zielen. Falls sie lediglich die Daten Ihres Powermeters und Ihrer Pulsuhr notieren, diese aber nie analysieren und zurate ziehen, um zu beurteilen, wie das Training läuft, werden Sie kaum einen Nutzen davon haben. In diesem Fall ist es eher ein Protokoll als ein Tagebuch. Natürlich fließen auch in Tagebuch alle möglichen Zahlen und Daten ein, aber sie werden angereichert durch Ihre Gedanken, Gefühle und Einschätzungen. Ein Tagebuch ist eine Aufzeichnung nicht nur von Messgrößen, sondern auch Ihrer Reaktionen auf diese.

Ein Trainingstagebuch muss nicht komplex sein, um effektiv zu sein.

Ein Protokoll ist nur ein Haufen Zahlen. Ein Tagebuch bringt Sie auf den Weg zu Höchstleistungen im Wettkampf.

Ein Protokoll ist nur eine Aufzeichnung dessen, was Sie getan haben. Ein sorgfältig geführtes Tagebuch gestattet Ihnen, Ihr Training zu planen, bei Bedarf die Details aller zurückliegenden Einheiten und Wettkämpfe abzurufen, Selbstvertrauen zu entwickeln und verantwortungsvoll zu handeln. Ein Tagebuch leistet mit anderen Worten das, was auch ein guter Coach leisten würde.

Für das Trainingstagebuch kommen verschiedene Formate in Frage. Die simpelste Form ist die klassische Variante mit Papier und Stift. Ein simples Notizbuch reicht völlig aus. Sie können aber auch ein elektronisches Tagebuch führen, das Sie auf dem Computer speichern. Die dritte Möglichkeit ist ein Online-Tagebuch. Dafür stehen im Internet etliche Angebote zur Wahl, die Sie teils kostenlos, teils gegen einen kleinen monatlichen Beitrag nutzen können.

Der Vorteil der meisten computer- und internetbasierenden Angebote ist, dass diese die Informationen in Diagrammen darstellen, relevante Daten früherer Einheiten hinzuziehen, ermitteln, wie sich die wichtigsten Marker Ihres Trainings entwickeln, und Ihnen ermöglichen, die Daten umzugruppieren, um sie auf andere Weise zu betrachten. Das spart Ihnen eine Menge Zeit und hilft Ihnen zu verstehen, was es mit all den Daten auf sich hat. Diesen Gesichtspunkt sollten Sie nicht unterschätzen, insbesondere wenn Sie es sich zur Gewohnheit gemacht haben, für jede Ihrer Trainingseinheiten jede Menge Daten wie Wattzahlen, Herzfrequenz, Geschwindigkeit, Kadenz, Höhenmeter und dergleichen mehr zu erfassen.

Manche zahlungspflichtige Dienste bieten leistungsfähige Tools für Planung und Analyse, die Ihnen ähnlich wie ein Coach dabei helfen, trainingsrelevante Entscheidungen zu treffen. Wenn Sie es wirklich ernst mit Ihren Wettkämpfen meinen, ist das womöglich genau das Richtige für Sie.

Ein Trainingstagebuch muss aber nicht komplex sein, um effektiv zu sein. Im Gegenteil: Je einfacher es für Sie zu verstehen ist, desto mehr werden Sie wahrscheinlich davon haben. Es kann durchaus passieren, sich in einem Wust an Daten zu verstricken und darüber die eigentlichen, langfristigen Trainingsziele aus den Augen zu verlieren. Auch eine simple Lösung ist okay. In seiner einfachsten Form ist ein Trainingstagebuch eine Auflistung Ihrer Ziele und Trainingsvorgaben (Kapitel 5), gefolgt von einem Saisonplan (Kapitel 7), den wöchentlich geplanten Einheiten (Kapitel 8), früheren Trainings- und Wettkampfergebnissen und Ihren jeweiligen Gedanken zu diesen Themen. Das Tagebuch kann zudem als Frühwarnsystem dienen, um Verletzungen und anderen Rückschlägen vorzubeugen. Aus all diesen Gründen glaube ich, dass ein sorgfältig geführtes Trainingstagebuch das Beste ist, was sie neben dem eigentlichen Training in Angriff nehmen können.

PLANUNG MIT EINEM TRAININGSTAGEBUCH

In Kapitel 7 habe ich erläutert, wie Sie ausgehend von Ihren A-Wettkämpfen einen Jahrestrainingsplan (JTP) erstellen. Dort haben Sie verschiedene Periodisierungsmodelle einschließlich ihrer Vor- und Nachteile kennengelernt, die Ihnen helfen können, Ihre Saison rund um Ihre wichtigen Wettkämpfe herum zu organisieren. Mit dem Umfang des Trainings (den Sie nach Wochenstunden oder TSS ermessen können) haben wir uns ebenso befasst wie mit der Frage, wie dieser Umfang auf das Jahr aufgeteilt werden kann. Das brachte uns zu Kapitel 8, wo es darum ging, wie Sie eine effektive Trainingswoche gestalten.

Die beiden Kapitel stellten eine Menge Planungsdetails vor, die regelmäßig überarbeitet werden müssen. Falls Sie nie wieder einen Blick darauf werfen, war die ganze Mühe reine Zeitverschwendung. Der JTP ist laufend zu überprüfen und deshalb gehört er am besten in Ihr Trainingstagebuch. Falls Sie eine Variante aus Papier benutzen, können Sie den Plan einfach mit hineinlegen. Falls Sie ein elektronisches Tagebuch verwenden, stellt es vermutlich eine entsprechende Vorlage bereit. Die besten elektronischen Tagebücher nehmen Ihnen sogar einen Großteil der eher lästigen Planungsarbeiten ab. Ungeachtet des Formats müssen Sie Ihren JTP regelmäßig begutachten und überarbeiten – mindestens einmal in der Woche und häufig sogar noch öfter.

Es ist Ihr Trainingstagebuch, in dem die ganze Planung für die neue Saison erfolgen sollte. Sobald Sie anfangen, sich über die bevorstehende Saison Gedanken zu machen, ist es so weit, in die Planung einzusteigen. Nehmen Sie sich ein Stündchen Zeit, um Ihre Ziele und Trainingsvorgaben in Ihr Tagebuch einzutragen (mehr dazu siehe Kapitel 5). Erstellen Sie dann Ihren JTP (ein Beispiel dafür findet sich in Anhang A), sofern Sie ein Tagebuch aus Papier benutzen. Notieren Sie die Periodisierungsmethode, die Sie verwenden (Kapitel 7 und 9), tragen Sie Ihre A-Wettkämpfe in die entsprechenden Kalenderwochen ein (Kapitel 7), terminieren Sie die Phasen in Vorbereitung auf den ersten A-Wettkampf (Tabellen 7.1 und 7.4), schreiben Sie die wöchentlichen Umfänge auf, die Sie dabei bewältigen müssen (Tabellen 7.2, 7.5 und 7.6), und erstellen Sie einen Wochentrainingsablauf, der mit Ihrem Terminplan harmoniert (Kapitel 8).

Es ist Ihr Trainingstagebuch, in dem die ganze Planung für die neue Saison erfolgen sollte.

Beim ersten Mal wird das eine Weile in Anspruch nehmen, aber die Mühe wird sich die ganze Saison über bezahlt machen. Sobald Sie ins Trainingsjahr eingestiegen sind, werden die meisten trainingsrelevanten Entscheidungen, die Sie zu fällen haben, bereits getroffen worden sein. Alles, was Sie noch tun müssen, ist, den Anleitungen zu folgen, die in Ihrem Tagebuch dargelegt sind. Dadurch sparen Sie im Laufe des Jahres eine Menge Zeit und haben den Kopf frei für das eigentliche Training.

Woche ab: 3. Juni 2019

Phase: Aufbau 2, Woche 3 **Stunden/TSS geplant:** 10 Std. / TSS: 880

MONTAG 03.06.2019

☐ Schlaf ☐ Erschöpfung ☐ Stress ☐ Schmerzen

Ruhepuls ______ Gewicht ______

geplante Einheit KE & A1 + S1
TSS 50 (Kraftraum 30 Min., Rad 1,5 Std.)

Wetter ______

Strecke ______

Distanz ______ Zeit ______ TSS ______

Zone 1 ______ 2 ______ 3 ______ 4 ______ 5 ______

HF Ø ______ Norm. Leist. ______

Bewertung der Einheit ______

Bemerkungen ______

Ernährung ______

DIENSTAG 04.06.2019

☐ Schlaf ☐ Erschöpfung ☐ Stress ☐ Schmerzen

Ruhepuls ______ Gewicht ______

geplante Einheit K1 + KA4
TSS 180 (2,5 Std.)

Wetter ______

Strecke ______

Distanz ______ Zeit ______ TSS ______

Zone 1 ______ 2 ______ 3 ______ 4 ______ 5 ______

HF Ø ______ Norm. Leist. ______

Bewertung der Einheit ______

Bemerkungen ______

Ernährung ______

ABBILDUNG 14.1 Beispiel eines Trainingstagebuchs, das zur Wochenplanung genutzt wird

Wochenziele: Am Dienstag 40 Minuten mit Sweet-Spot-Intensität
Am Donnerstag 20 Minuten mit 25 Intervallen am Berg
Am Samstag bei der Gruppenausfahrt mit der ersten Gruppe ankommen

MITTWOCH 05.06.2019

Schlaf Erschöpfung Stress Schmerzen

Ruhepuls ______ Gewicht ______

geplante Einheit A1
TSS 60 (2 Std.)

Wetter ______

Strecke ______

Distanz ______ Zeit ______ TSS ______

Zone 1 ______ 2 ______ 3 ______ 4 ______ 5 ______

HF Ø ______ Norm. Leist. ______

Bewertung der Einheit ______

Bemerkungen ______

Ernährung ______

DONNERSTAG 06.06.2019

Schlaf Erschöpfung Stress Schmerzen

Ruhepuls ______ Gewicht ______

geplante Einheit A2 + AA4
TSS 180 (2,5 Std.)

Wetter ______

Strecke ______

Distanz ______ Zeit ______ TSS ______

Zone 1 ______ 2 ______ 3 ______ 4 ______ 5 ______

HF Ø ______ Norm. Leist. ______

Bewertung der Einheit ______

Bemerkungen ______

Ernährung ______

→

FREITAG 07.06.2019

Schlaf Erschöpfung Stress Schmerzen

Ruhepuls ______ Gewicht ______

geplante Einheit A1
TSS 60 (2 Std.)

Wetter ______

Strecke ______

Distanz ______ Zeit ______ TSS ______

Zone 1 ______ 2 ______ 3 ______ 4 ______ 5 ______

HF Ø ______ Norm. Leist. ______

Bewertung der Einheit ______

Bemerkungen ______

Ernährung ______

SAMSTAG 08.06.2019

Schlaf Erschöpfung Stress Schmerzen

Ruhepuls ______ Gewicht ______

geplante Einheit AA1 (Gruppenausfahrt)
TSS 290 (4 Std.)

Wetter ______

Strecke ______

Distanz ______ Zeit ______ TSS ______

Zone 1 ______ 2 ______ 3 ______ 4 ______ 5 ______

HF Ø ______ Norm. Leist. ______

Bewertung der Einheit ______

Bemerkungen ______

Ernährung ______

ABBILDUNG 14.1 (Fortsetzung)

→

SONNTAG 09.06.2019

Schlaf Erschöpfung Stress Schmerzen

Ruhepuls ______ Gewicht ______

geplante Einheit A1

TSS 60 (2 Std.)

Wetter ______

Strecke ______

Distanz ______ Zeit ______ TSS ______

Zone 1 ______ 2 ______ 3 ______ 4 ______ 5 ______

HF Ø ______ Norm. Leist. ______

Bewertung der Einheit ______

Bemerkungen ______

Ernährung ______

WETTKÄMPFE

Wettkampf 1

Kategorie ______

Distanz ______ Zeit ______ TSS ______

Ergebnisse ______ Punkte (Aufstieg) ______

Bemerkungen ______

Wettkampf 2

Kategorie ______

Distanz ______ Zeit ______ TSS ______

Ergebnisse ______ Punkte (Aufstieg) ______

Bemerkungen ______

WOCHENFAZIT

	Woche gesamt	Jahr gesamt
Rad Stunden		
Rad TSS		
Kraftraum St.		
Kraftraum TSS		
GESAMT		

Schmerzen ______

Bemerkungen ______

Mit einem Trainingstagebuch ist die Planung der Einheiten für die anstehende Woche ein Klacks. Nehmen Sie am Ende einer jeden Woche Ihr Tagebuch zur Hand und planen Sie die täglichen Einheiten. Nutzen Sie dafür die Kürzel aus Anhang B, das macht die Sache noch einfacher. Falls Sie außerdem Kraftraumtraining betreiben, notieren Sie auch dafür jeweils den Tag oder die Tage und die Art des Einheiten (AAP, KÜ, MK oder KE) wie in Kapitel 12 beschrieben. Tragen Sie dann die geplante Dauer bzw. den geplanten TSS für jede Einheit ein.

Abbildung 14.1 veranschaulicht das gesamte Prozedere. Ihre langfristige Planung haben Sie bereits zu Beginn der Saison erledigt, die Planung für die jeweils nächste Woche dauert also nur wenige Minuten. Genau zu wissen, was Sie jeden Tag unternehmen werden, verschafft Ihnen einen guten Start in die Woche und sorgt für produktivere Trainingseinheiten und größeres Vertrauen in Ihre Wettkampfvorbereitung.

Einen Plan zu haben, gibt Selbstvertrauen. Sie trainieren mit Sinn und Verstand, nicht aus dem Bauch heraus. Selbstverständlich kann sich der Plan auch mal ändern. Es wäre sogar ziemlich ungewöhnlich, würden Sie mit dem Plan, den Sie zu Beginn erstellt haben, durch die ganze Saison kommen. Irgendetwas taucht immer auf, das Änderungen notwendig macht.

Wenn es darum geht, im Leben etwas zu erreichen, ist planvolles Vorgehen das Wichtigste, selbst wenn sich der Plan als solcher mal ändert.

Und ehrlich gesagt ist es auch nicht der Plan, auf den es ankommt, sondern die Planung. Wenn es darum geht, im Leben etwas zu erreichen, ist planvolles Vorgehen das Wichtigste, selbst wenn sich der Plan als solcher mal ändert.

WAS SIE AUFSCHREIBEN SOLLTEN

Was sollten Sie aufschreiben, wenn Sie eine Trainingseinheit beendet und das Tagebuch vor Ihnen liegen haben? Zunächst einmal sollten Sie es sich nicht zu kompliziert machen. Ich kannte Athleten, die alles aufgeschrieben haben. Das ist des Guten zu viel und am Ende stehen Sie mit viel mehr Daten da, als Sie analysieren können. Es ist leicht, sich mitreißen zu lassen, wenn man ein Powermeter und ein Herzfrequenzmessgerät benutzt. Sie sollten ausschließlich Informationen aufschreiben und analysieren (mehr dazu gleich), die mit Ihren Trainingsvorgaben zu tun haben. Wie Sie sich aus Kapitel 5 erinnern, sind dies Teilziele, die Ihnen, wenn sie umgesetzt werden, anzeigen, dass Sie so weit sind, ein Saisonziel zu erreichen.

Die folgenden sechs Kategorien sollen Ihnen dabei helfen, Entscheidungen im Hinblick auf Ihr Training zu treffen. Fühlen Sie sich nicht genötigt, sie alle zu berücksichtigen. Passen Sie Ihr Tagebuch an Ihre persönlichen Bedürfnisse an und zeichnen Sie nur Dinge auf, auf die Sie später wahrscheinlich zurückgreifen werden.

Morgendliche Warnzeichen

In Kapitel 11 habe ich Ihnen ans Herz gelegt, morgens nach dem Aufwachen eine Bestandsaufnahme zu machen, wie bereit Sie fürs Training sind. Tabelle 11.1 listet ein paar Indikatoren auf, die ich »morgendliche Warnzeichen« nenne. Überlegen Sie, welche dieser Anzeichen auf ungewöhnlichen Stress bei Ihnen schließen lassen, so dass Sie sie regelmäßig bewerten und festhalten möchten. Achten Sie dann jeden Morgen nach dem Aufwachen auf diese Indikatoren und tragen Sie Ihre Selbstbewertung in Ihr Tagebuch ein. Achten Sie genau darauf, wie diese Warnzeichen sich über mehrere Tage entwickeln. Dies kann sich später als wertvoll erweisen, wenn Sie versuchen, Ihr aktuelles Maß an Erschöpfung oder umgekehrt Ihre herausragenden Trainingsleistungen zu bewerten. Möglicherweise ist es hilfreich, den entsprechenden Abschnitt in Kapitel 11 noch einmal zu lesen und dann zu entscheiden, wie Sie über die morgendlichen Warnzeichen Buch führen möchten.

Grundlegende Daten der Einheiten

Zu den grundlegenden Daten der Trainingseinheiten gehören Datum, Tageszeit, geplante Einheit, tatsächlich absolvierte Einheit, Streckenverlauf oder Ort, Dauer der Einheit, TSS und verwendete Ausrüstung.

Wenn Sie mehrere Tage, Wochen oder Monate später auf die Daten zurückblicken, möchten Sie außerdem über alles Bescheid wissen, womit das Training an diesem Tag von der Norm abgewichen ist. Lief es besonders gut oder schlecht? Welchen Grund haben Sie damals dafür ausgemacht? War es kalt, warm, windig oder regnerisch? Hat das Wetter die Einheit beeinträchtigt? Waren Sie mit einem Trainingspartner unterwegs und haben Sie sich aus diesem Grund mehr oder weniger als sonst reingehängt? Wer war es? Ist etwas Außergewöhnliches vorgefallen, hat sich z.B. ein Knie komisch angefühlt oder war nicht genug Druck auf den Reifen? Notieren Sie auch dies. Selbst wenn Sie nur solche grundlegenden Informationen zu den einzelnen Trainingseinheiten aufschreiben und vorher keine Aufzeichnungen geführt haben, wird sich Ihr Training verbessern, sobald Sie es tun.

Leistungsspezifische Daten

Nun widmen wir uns einem Bereich, der viel mit der Analyse zu tun hat, über die Sie später noch lesen werden. Schauen Sie sich zunächst in Tabelle 14.1 einige Beispiele numerischer Daten an, die Sie aufschreiben könnten. Die Tabelle enthält Anregungen, beabsichtigt aber nicht, die Bedürfnisse jedes einzelnen Fahrers in jeder Phänotyp-Kategorie abzubilden. Es mag durchaus Daten geben, die für Ihre individuellen

TABELLE 14.1 Üblicherweise festgehaltene Daten der Trainingseinheiten unterteilt nach Radsport-Phänotypen

EMPFEHLUNGEN FÜR FESTZUHALTENDE DATEN	KLETTERER	SPRINTER	ZEITFAHRER
allgemeine Daten aller Trainingseinheiten	Dauer TSS Zeit pro Zone	Dauer TSS Zeit pro Zone	Dauer TSS Zeit pro Zone
vorgaben-spezifische Daten von wettkampf-ähnlichen Einheiten	BAS*-Lasten (oder Spitzenleistung bei Kraft-Wiederholungen) Watt/Kilogramm (W/kg) Kurzzeitleistung am Berg Leistung & HF** über 5 Minuten am Berg Leistung & HF** über 20 Minuten am Berg	BAS*-Lasten (oder Spitzenleistung bei Kraft-Wiederholungen) Leistung über 3–12 Sekunden	BAS*-Lasten (oder Spitzenleistung bei Kraft-Wiederholungen) Normalisierte Leistung & HF* über 20–60 Minuten Effizienz-Faktor über 20–60 Minuten Entkopplung über 20–60 Minuten Variabilitäts-Index***
Testdaten (siehe Anhang B)	Aerobe Schwelle (T1) Funktionale Schwellen-leistung (T2) Funktionale aerobe Kapazität (T3)	Aerobe Schwelle (T1) Funktionale Schwellen-leistung (T2) Funktionale aerobe Kapazität (T3) Schnellkrafttest (T5)	Aerobe Schwelle (T1) Funktionale Schwellen-leistung (T2) Funktionale aerobe Kapazität (T3) Zeitfahrtest (T4)

Der Allrounder ist nicht aufgeführt, da für diesen eine sehr individuelle, vom jeweiligen Fahrer abhängige Kombination der Daten gefragt ist, die für die drei anderen Phänotypen Kletterer, Sprinter und Zeitfahrer aufzuzeichnen wären.

(* BAS = Kraftraum-Übungen zur Beinachsenstreckung / ** HF = Herzfrequenz / *** Variabilitäts-Index = gängige Powermeter-Metrik zur Gleichmäßigkeit des Pacings, die sich als Quotient von normalisierter Leistung und Durchschnittsleistung ergibt)

Anforderungen wichtig sind, hier aber nicht auftauchen. Umgekehrt können Daten dabei sein, die für Sie nicht relevant sind.

Die Tabelle berücksichtigt drei Arten von Einträgen. Die erste umfasst allgemeine Daten für *alle* Trainingseinheiten inklusive z.B. Regenerationsfahrten. Die zweite Kategorie sind vorgabenspezifische Daten von Einheiten, die dazu dienen, Abschnitte Ihres A-Wettkampfs zu simulieren. Und die dritte Kategorie sind die Ergebnisse von Einheiten, die als Leistungstest bestritten werden.

Je mehr überflüssige Daten Sie aufschreiben, desto geringer die Wahrscheinlichkeit, dass Sie aufspüren, was wichtig ist.

Um Tabelle 14.1 vollständig zu verstehen, kann es sinnvoll sein, zu Kapitel 2 und Abbildung 2.1 zurückzukehren, um sich die gängigen Radsport-Phänotypen noch einmal zu vergegenwärtigen. Seien Sie sich darüber im Klaren, dass die Phänotypen in Tabelle 14.1 auf »reinrassigen« Zuschreibungen basieren. So lässt sich beispielsweise ein Fahrer, der ein guter Zeitfahrer ist, aber auch viele der Merkmale eines Kletterers aufweist (wie eine hohe gewichtsbezogene Leistung), nicht ohne weiteres dem Phänotyp »Kletterer« zuordnen und kann als Allrounder aufgefasst werden. Ein solcher Fahrer würde sich vermutlich nicht um die Kurzzeitleistung am Berg scheren, um die kurzen Antritte eines reinen Kletterers parieren zu können. Stattdessen würde der Allrounder darauf setzen, einfach eine beständige hohe Leistung aufrechtzuerhalten, um den Kletterer im Laufe des Anstiegs wieder einzuholen. Dennoch wird das Wettkampfziel dieses Allrounders gute Kletterqualitäten erfordern, wenn das Streckenprofil des betreffenden Rennens so beschaffen ist. Dementsprechend sind Allrounder in dieser Tabelle nicht berücksichtigt. Falls Ihre Trainingsvorgaben in diese Kategorie fallen, suchen Sie sich diejenigen Daten der drei reinen Phänotypen heraus, die am ehesten Ihren Anforderungen entsprechen. (Einige der hier aufgeführten leistungsbezogenen Daten setzen ein tieferes Verständnis für wattgesteuertes Training voraus. Eine ausführliche Erläuterung würde den Rahmen dieses Buches sprengen. Mehr zum Thema finden Sie u.a. in meinem *Praxishandbuch Wattmessung* oder in *Wattmessung im Radsport und Triathlon* von Allen und Coggan.)

Tabelle 14.1 liegt die Idee zugrunde, weitgehend nur diejenigen Daten zu erfassen, die für Ihre Ziele und Vorgaben tatsächlich relevant sein werden. Je mehr überflüssige Daten Sie aufschreiben, desto geringer die Wahrscheinlichkeit, dass Sie aufspüren, was wichtig ist, Trends ermitteln und die richtigen Korrekturen vornehmen. Sie werden von der schieren Menge an Informationen schlichtweg überfordert sein. Das nennt man Paralyse durch Analyse – es sind zu viele Details zu berücksichtigen, so dass letztlich keine Entscheidungen getroffen werden. Andere Messgrößen mögen interessant sein, aber sofern sie keine Rolle für Ihre Vorgaben spielen, sollten Sie sie einfach weglassen. Es ist ganz entscheidend, das Tagebuch simpel, bündig und zweckmäßig zu gestalten.

Falls Sie sich hohe Saisonziele gesteckt haben, es Ihnen aber zuwider ist, eine Menge Daten aufzuschreiben und zu analysieren, sollten Sie überlegen, einen Coach anzuheuern. Er wird für Sie die Datenanalyse übernehmen und die notwendigen Anpassungen in Ihrem Training vornehmen.

Körperliche Verfassung

Wie ist die Trainingseinheit gelaufen? Haben Sie erreicht, was Sie sich vorgenommen haben? Sie können dafür ein simples Schulnotensystem verwenden. Wie fühlten Sie sich während der Trainingsfahrt? Kam sie Ihnen zu leicht oder zu schwer vor? Waren Sie vor der Ausfahrt ausreichend regeneriert? Würden Sie in Zukunft etwas an der Einheit verändern?

Mentale Verfassung

Manche Athleten halten ihre Empfindungen für irrelevant, insbesondere im Vergleich mit den konkret bezifferten leistungsspezifischen Daten, die sie zu ihren Trainingsfahrten notieren. Das ist ein großer Fehler. Der beste Indikator dafür, wie Sie Tag für Tag vorankommen, sind vermutlich Ihre Emotionen und Eindrücke. Schreiben Sie auf, wie Sie die Trainingseinheit empfunden haben. Waren Sie zufrieden damit, wie es gelaufen ist? Haben Sie das Gefühl, gute Fortschritte zu machen? Haben Sie irgendwelche Sorgen? Notieren Sie nach jedem Training Ihre Gedanken und Gefühle. Diese Aufzeichnungen können sich rückblickend als ein unschätzbarer Fundus an wertvollen Informationen erweisen.

Sonstige Aufzeichnungen

Es gibt zahlreiche sonstige Aspekte Ihres Trainings und Ihrer Wettkämpfe, die Sie tagtäglich in Ihrem Trainingstagebuch notieren können: Reisen, äußere Einflüsse wie z.B. schwüles Wetter oder Aufenthalte in der Höhenlage, Arbeitsstunden und andere berufliche Belastungen, Kraftraumtraining und familiäre Aktivitäten, die wie beispielsweise ein Urlaub Einfluss auf das Training haben. Sie können außerdem notieren, wenn Sie neue bzw. veränderte Ausrüstung verwenden, sei es ein neu eingestellter Sattel oder eine neue Schaltung. Notieren Sie Änderungen Ihrer typischen Ernährung, v.a. was Sie vor und während eines Wettkampfs zu sich nehmen. Und notieren Sie selbstverständlich die Einzelheiten der Wettkämpfe, die Sie bestreiten (mehr dazu weiter unten).

TRAININGSANALYSE

Mache ich Fortschritte im Hinblick auf meine Ziele? Sind meine Ziele realistisch? Funktioniert dieses Periodisierungsmodell für mich? Soll ich meine Einheiten in dieser Woche in irgendeiner Weise abändern? Brauche ich mehr Regeneration zwischen harten Einheiten? Verbessert sich meine Leistungskurve? Deckt meine Ernährung meinen Energiebedarf? Dies sind gewiss Fragen, über die Sie sich oft Gedanken machen. Die Antworten auf diese und viele andere Fragen finden sich in Ihrem Trainingstagebuch.

Das Tagebuch sollte für Sie viel mehr sein als nur ein historisches Protokoll Ihres Trainings. Seine wichtigste Rolle ist die eines Hilfsmittels, um Entwicklungen im Hinblick auf Ihre Trainingsfortschritte aufzuspüren und davon ausgehend notwendige Anpassungen vornehmen zu können. Dies erreichen Sie, indem Sie regelmäßig die Daten analysieren, die Sie entsprechend der oben genannten Maßgaben erfasst haben. Analyse ist es, worauf es letztendlich ankommt. Darin liegt der wahre Wert eines Trainingstagebuchs.

Das Tagebuch sollte für Sie viel mehr sein als nur ein historisches Protokoll Ihres Trainings.

Wie analysieren Sie Ihr Training? Stellen Sie sich alles, was Sie aufzeichnen, als einer von drei breit angelegten Kategorien zugehörig vor: Fitness, Erschöpfung und Form. Sie erinnern sich vielleicht, dass diese Konzepte in Kapitel 3 näher erläutert wurden. Alle drei sind zugegeben ein wenig vage, wenn Sie in allgemeinen Begriffen erörtert werden. Das gilt v.a. für den Begriff »Fitness«. Aber im Hinblick auf Ihren nächsten A-Wettkampf haben alle drei eine sehr konkrete Bedeutung. Fitness z.B. bezieht sich auf die konkrete Mischung der drei Phänotyp-Kategorien – Klettern, Sprinten, Zeitfahren –, die für das Rennen gegeben sein muss. Die Analyse Ihrer Fitness umfasst Ihre leistungsspezifischen Trainingsdaten sowie Anmerkungen zur körperlichen und mentalen Verfassung. Achten Sie in den Daten Ihrer Trainingseinheiten auf Trends, die darauf hinweisen, wie sich Ihre Fitness entwickelt. Diese sollten recht augenfällig sein, sofern Sie lediglich die Informationen aufgeschrieben haben, die für Ihr Ziel relevant sind.

»Erschöpfung« hat damit zu tun, wie erholt Sie in jede der harten Trainingseinheiten gehen. Sie werden nur selten vollständig regeneriert sein, die Frage ist also, welches Maß an Erschöpfung Sie erleben, wenn Sie eine Schlüsseleinheit angehen. Falls Sie übermäßig erschöpft sind, werden die Leistungsdaten der Einheit ziemlich ernüchternd ausfallen. Falls Sie aber häufig zu gut erholt sind, verschwenden Sie möglicherweise wertvolle Zeit, die Sie harten Einheiten widmen könnten. Dies alles können Sie ermitteln, indem Sie sich die morgendlichen Warnzeichen der letzten Zeit anschauen und mit den Anmerkungen zur körperlichen und mentalen Verfassung abgleichen, die Sie sich dahingehend gemacht haben, wie Sie sich während harter Einheiten gefühlt haben. Morgendliche Warnzeichen sollten vor schweren Einheiten selten mit 0 bewertet werden. Höhere Punktzahlen, bis hin sogar zu einer gelegentlichen 7, deuten darauf hin, dass Sie etwa im Bereich Ihres Limits arbeiten.

»Form« bezieht sich auf die Kombination aus Ihrer Wettkampfbereitschaft und Frische am Renntag. Erstere geht weit über das hinaus, was Fitness meint, denn sie umfasst z.B. auch Aspekte wie die Anpassung an die voraussichtlichen äußeren Bedingungen wie Hitze, Kälte, Wind und Regen. Ein weiterer Teil der Wettkampfbereitschaft beruht darauf, sich einen Plan hinsichtlich Strategie und Taktik zurechtzulegen. Die Anmerkungen zur körperlichen und mentalen Verfassung in Ihrem Trainingstagebuch, v.a. während der letzten zwei oder drei Wochen vor dem Rennen, werden Ihnen helfen zu beurteilen, ob Sie die richtige Balance aus Wettkampfbereitschaft und Frische erreicht haben. Denn diese entscheidet letztlich darüber, ob Sie eine herausragende Leistung abliefern.

Eines der besten Tools zur Messung von Fitness, Erschöpfung und Form, das ich kenne, ist das Performance Management Chart (PMC) auf *TrainingPeaks.com*. Entwickelt wurde es von Dr. Andrew Coggan, von dem bereits mehrfach die Rede war. Das PMC-Diagramm hat mir in meiner Arbeit als Coach schon oft unschätzbare Dienste geleistet. Es zeigt an, wie sich das Training im Saisonverlauf entwickelt. Sobald Sie die Kurven zu lesen verstehen, werden Sie schon bald in der Lage sein, Fitness und Erschöpfung dahingehend zu managen, mittels täglicher Anpassungen des TSS Ihrer Einheiten Ihre Fortschritte im Saisonverlauf zu optimieren. Es ist sogar machbar, am Tag des Rennens ein vorab geplantes Maß an Form zu erreichen, das Sie wahrscheinlich in die Lage versetzen wird, den bestmöglichen Wettkampf abzuliefern. Gute Form erfordert freilich, darüber hinaus noch andere Aspekte des täglichen Lebens so zu organisieren, dass Sie den größtmöglichen Nutzen aus dem Training ziehen können. Deshalb riet ich Ihnen, in Ihrem Tagebuch neben grundlegenden Trainings- und Leistungsdaten außerdem Anmerkungen zu Ihrer körperlichen und mentalen Verfassung und sonstigen Aspekten aufzuschreiben.

Ausgehend davon, wie Ihr Training und Ihre B- und C-Wettkämpfe in den letzten paar Wochen gelaufen sind, sollten Sie einschätzen können, wie Sie sich in Ihrem A-Wettkampf aus der Affäre ziehen werden. Eine Prognose darüber, wie Sie sich am Renntag schlagen werden, zeichnet sich normalerweise im Verlauf des vorausgehenden Taperings deutlich ab.

WETTKAMPFANALYSE

Ihr Plan sollte die entscheidenden Situationen und Anforderungen des Rennens ansprechen und darlegen, wie Sie diese angehen wollen.

Der Ausgangspunkt für die anschließende Analyse nach einem A-Rennen ist Ihr Wettkampfplan. Wie jegliche Vorbereitung für einen Wettkampf, in dem Sie eine Höchstleistung erreichen möchten, basiert dieser Plan auf Ihren Zielen. Er muss nicht kompliziert sein, sollte aber zumindest die entscheidenden Situationen und Anforderungen des Rennens ansprechen und darlegen, wie Sie diese angehen wollen. Falls das Rennen z.B. ein Kriterium ist, sollte Ihr Plan darauf eingehen, wie gut Sie auf die häufigen Angriffe in der Frühphase des Rennens vorbereitet sind, wenn Teams und einzelne Fahrer um die Kontrolle wetteifern. Die Attacken lassen im Laufe des Rennens normalerweise nach, aber sie sind dann zunehmend taktischer geprägt. Sie müssen darauf vorbereitet sein, auf solche Angriffe zu reagieren oder sie selbst zu lancieren. Wie gut Sie das hinbekommen, wird über Ihren Erfolg entscheiden. Waren Sie körperlich und mental gewappnet für diese Rennsituationen?

Wenn Ihr A-Wettkampf ein Zeitfahren ist, hängt Ihr Erfolg in der Regel vom Pacing ab, d.h. wie gut Sie sich das Rennen und Ihre Kräfte einteilen. Ich würde Ihnen empfehlen, die Strecke ausgehend von Terrain oder Distanz in Abschnitte zu unterteilen und für jeden einzelnen einen spezifischen Plan zu erstellen. Sie sollten Ihren Plan für jeden der Teilabschnitte im Training während der Aufbauphase und des Taperings mehrfach erproben. Das erste dieser Segmente erfordert fast immer einen kontrollierten Einsatz, denn der häufigste Fehler besteht darin, das Rennen zu schnell anzugehen, frühzeitig zu ermüden und später nichts mehr zusetzen zu können. Sie können ein Zeitfahren zwar nicht in den ersten paar Minuten gewinnen, sehr wohl aber verlieren. Der Plan dreht sich somit meistens darum, mit den Kräften hauszuhalten. Die entscheidende Frage nach dem Rennen lautet: Habe ich das Pacing so hinbekommen, wie ich es geplant hatte?

Pläne für Straßenrennen drehen sich oftmals um taktische Erwägungen rund um Anstiege, Kurven, Wind und andere Variablen, die Gelegenheiten für strategische Attacken bieten. Der Plan sollte sich damit befassen, wie Sie auf Attacken reagieren und selbst welche fahren. Das Ziel ist, im Rennen nichts Unerwartetes geschehen zu lassen, es sei denn, es geht von Ihnen oder Ihrer Mannschaft aus. In der Analyse nach dem Rennen sollten Sie folgende Fragen beantworten können: Waren Sie auf die Attacken anderer Mannschaften und einzelner Fahrer vorbereitet? Und haben Sie Ihre Stärken ausspielen können, um Ihre Ziele im Rennen zu erreichen?

Der Wettkampfplan sollte in den letzten paar Wochen vor dem Rennen verfeinert und in Trainingseinheiten und kleineren Wettkämpfen in den Aufbau- und Höchstleistungsphasen viele Male erprobt werden. Machen Sie sich auch umfassende Gedanken dazu, inwieweit Ihr eigener Plan und der Ihres Teams aufeinander abgestimmt sind. Schon lange vor dem Start sollten Sie genau wissen, welches Ihre Rolle ist und wie Sie diese ausfüllen werden.

Im Anschluss an das Rennen geht Ihre eingehende Analyse Ihrer Darbietung wiederum zurück auf den Rennplan. Jetzt ist der Zeitpunkt, die eigene Darbietung und die Leistung Ihres Teams schonungslos zu bewerten. Seien Sie sich bewusst, dass eine Analyse unmittelbar nach dem Rennen von Emotionen beeinflusst sein kann, die zu impulsiven Schlussfolgerungen führen können. Oftmals ist es besser, noch einen Tag verstreichen zu lassen, bevor man sich den Fragen stellt, die beantwortet werden müssen. Einige dieser wichtigen Fragen sind üblicherweise:

- Haben Sie Ihr Ziel erreicht? Falls nicht, woran hat es gelegen?
- Kriterien und Straßenrennen: Welches waren die entscheidenden Situationen im Rennen und wie haben Sie diese gehandhabt, initiiert oder erwidert?
- Zeitfahren: Wie war es während des gesamten Wettkampfs um Ihr Pacing bestellt?
- Traten unerwartete Faktoren auf, die für den Ausgang des Rennens eine Rolle spielten, wie z.B. falsche Wahl der Ausrüstung, Witterung, Pannen, Stürze, Streckenverhältnisse, Verpflegung oder etwas anderes? Wären diese vermeidbar gewesen? Haben Sie jeweils angemessen darauf reagieren können?
- Was würden Sie zukünftig in der Vorbereitung auf dieses und ähnliche Rennen anders machen?

Ganz gleich, ob es gut oder schlecht gelaufen ist, müssen Sie und Ihre Teamkollegen nach jedem Rennen, aber v.a. nach A-Wettkämpfen, bewerten, wie Sie sich geschlagen haben. Falls es nicht so gelaufen ist wie geplant, ist es wichtig, dass Sie ermitteln, was die Ursache war und was Sie in zukünftigen Rennen besser machen können. Das kann etwas ganz Offensichtliches sein oder auch etwas, das nicht sofort ins Auge fällt. Und alles gehört zwecks zukünftiger Planung und Ursachenforschung in Ihr Trainingstagebuch.

FAZIT: DAS TRAININGSTAGEBUCH

Das Trainingstagebuch ist Ihr wertvollstes Hilfsmittel für die Vorbereitung auf eine starke Saison. Es sollte einen Eintrag über Ihre Saisonziele enthalten, so dass diese Ihnen jedes Mal begegnen, wenn Sie das Tagebuch öffnen. Sie können sie auf das Deckblatt schreiben, auf die erste Seite oder auf eine Karte, die als Lesezeichen dient. Auch wenn Sie ein elektronisches Tagebuch auf dem Computer oder online führen, können Sie Ihre Ziele dort eintragen und regelmäßig überprüfen.

Davon ausgehend sollten Sie Ihr Tagebuch dazu verwenden, Saison- und Wochenpläne zu erstellen, um strukturiert auf Ihre Ziele hinzuarbeiten und gleichzeitig ermessen zu können, wie es um Ihre Fortschritte bestellt ist. Es dauert jedes Jahr etwa eine gute Stunde, um den Trainingsplan für die ganze Saison zu erstellen, doch sobald das erledigt ist, wird er sich als ungeheuer wertvoll dafür erweisen, Ihre Ziele zu erreichen. Der nächste Wochenplan wird jeweils am Ende der aktuellen Woche erstellt, was nur ein paar Minuten in Anspruch nimmt. Ihr Training wird immens davon profitieren, falls Sie es zuvor nicht auf diese Weise geplant haben.

Tragen Sie nur solche Daten ein, auf die Sie später voraussichtlich zurückgreifen werden.

Es gibt viele Methoden dafür, ein tägliches Tagebuch zu führen. Meine Empfehlung lautet, nur das aufzuschreiben, was für die Umsetzung Ihrer Wettkampfziele und Trainingsvorgaben relevant ist. Tragen Sie nur Daten ein, auf die Sie später voraussichtlich zurückgreifen werden. Fahrer, die Freude daran haben, viele Daten zu erfassen und zu analysieren, dürfen natürlich aufschreiben, so viel sie mögen. Falls Sie aber mit Diagrammen, Tabellen und Datenanalyse nicht viel am Hut haben, konzentrieren Sie sich auf das Wesentliche und schreiben Sie nur auf, was für Ihre Ziele relevant ist. Denken Sie aber daran, dass zu wenige Daten zu notieren genauso schlecht ist wie zu viele. Schreiben Sie so oder so stets Ihre Gedanken darüber nieder, wie die jeweilige Trainingseinheit gelaufen ist. Das Tagebuch sollte nicht bloß eine Ansammlung von Zahlen sein.

Zu den grundlegenden Daten, die Sie die ganze Saison über aufschreiben sollten, gehören die Resultate regelmäßiger Leistungstests und Informationen zu Ihren Wettkampfleistungen. Diese sollten sowohl aus numerischen Ergebnissen als auch aus subjektiven Einschätzungen bestehen. Solche Daten sind wertvoll und wahrscheinlich Ihre besten Anhaltspunkte, welche Fortschritte Sie im Hinblick auf Ihre Ziele machen. Test-Einheiten und -Wettkämpfe sind auch die Maßnahmen, die Ihnen mit Blick auf die Umsetzung Ihrer Ziele und Vorgaben vermutlich die besten Dienste leisten. Wann immer Sie mit einer gewissen Frische in einen Test oder ein Rennen geringer Priorität gehen, werden Sie wahrscheinlich eine Vorgabe erfüllen, die Hinweise darauf liefert, wie Sie sich schlagen werden, wenn es tatsächlich darauf ankommt. Achten Sie aufmerksam und genau darauf, ob und wann die Vorgaben umgesetzt werden. Das ist es letztlich, worum es bei fokussiertem Training geht.

Gehen Sie in regelmäßigen Abständen Ihr Trainingstagebuch durch und halten Sie dabei nach Trends Ausschau. Ganz besonders wichtig ist dies nach Regenerationswochen, denn dann sind Sie frisch und bereit, auf hohem Niveau Leistung zu bringen. Begutachten Sie, wie das Training in der vorangegangenen Phase gelaufen ist, v.a. im Vergleich mit Ihrem Leistungsstand in der vorigen Regenerationswoche. Sind Fortschritte zu erkennen? Falls nicht, woran liegt es? Falls ja, was läuft besonders gut? Fortschritte können sich durch bessere Leistungsdaten bemerkbar machen, wie z.B. verbesserte Phänotyp-bezogene Messgrößen (siehe Tabelle 14.1), aber auch durch subjektive Marker wie einfach das Gefühl, dass Ihnen eine bestimmte Einheit leichter fällt als früher. Dies erfordert den Abgleich aktueller Daten mit den Werten, die Sie in früheren Tests und Rennen geringer Priorität erreicht haben.

Der primäre Zweck für das Sammeln von Trainings-, Test- und Renndaten besteht also darin, Trends aufzuspüren und daraufhin Anpassungen im Training vorzunehmen, wenn die Saison voranschreitet. Mit »Trends aufspüren« meine ich, zu ermitteln, wie sich bestimmte Messgrößen wie z.B. die FTP oder die Lasten bei Übungen zur Beinachsenstreckung entwickeln. Falls sich diese Werte nicht verbessern, müssen Sie darüber nachdenken, woran es liegen könnte. Der häufigste Grund sind versäumte Trainingseinheiten. Falls das der Fall ist, müssen Sie größere Konsistenz in Ihr Training bringen. Was auch immer die Ursache ist: Sie müssen umgehend einschreiten und eine Kurskorrektur vornehmen.

Ein weiterer Indikator, wie sich Ihre Fitness entwickelt, ist Ihre Leistung über eine bestimmte Dauer, die für Ihren Phänotyp (siehe Abbildung 2.1) von maßgeblicher Bedeutung ist, wie in Tabelle 14.1 veranschaulicht. Steigen Ihre Wattzahlen für die hier aufgeführte Dauer? Im Laufe der Saison sollte sich die Leistung nach gelegentlichen Plateaus erhöhen. Falls nicht – oder sie sogar nachlässt –, gibt es ein Problem, das behoben werden muss. Auch hier gilt: Der häufigste Grund für negative Veränderungen oder ausgedehnte Leistungsplateaus ist inkonsistentes Training. Dies ist recht leicht zu bestimmen, indem Sie sich anschauen, wie konsequent Sie die Einheiten absolviert haben, die für ihre wettkampfspezifischen Trainingsvorgaben relevant sind (siehe Anhang B). Aber es könnte auch etwas anderes sein. Vielleicht trainieren Sie mit zu hoher Dichte, d.h. Ihre harten Einheiten liegen zeitlich zu nah beieinander, so dass Erschöpfung Ihre Leistung beeinträchtigt. In diesem Fall benötigen Sie mehr Zeit für Regeneration und Anpassung. Das ist der zweithäufigste Grund für eine negative Entwicklung der Fitness und gerade unter hochmotivierten Fahrern sehr verbreitet. Es könnten noch viele andere Faktoren eine Rolle spielen, wie Ernährung, Schlaf, Stress und mehr. Deswegen schreiben Sie mehr als nur nackte Zahlen in Ihrem Tagebuch auf. Des Rätsels Lösung verbirgt sich womöglich in den nichtnumerischen Daten, die Sie ebenfalls aufgezeichnet haben.

Nutzen Sie Ihr Trainingstagebuch, um sich auf ein Rennen vorzubereiten, indem Sie einen Plan entwickeln, um ein spezifisches Ziel zu erreichen. Je wichtiger das Rennen, desto sorgsamer sollten Sie Ihren Wettkampfplan ausarbeiten. Dieser sollte stets darauf aufbauen, was Sie, ausgehend von den Trends, die Sie bis zu diesem Zeitpunkt der Saison aufgespürt haben, zu leisten in der Lage sind. Im weiteren Verlauf der Saison sollten Sie in der Lage sein, auf immer höherem Niveau Leistungen zu erbringen, und Ihre Rennpläne sollten dies zum Ausdruck bringen.

Der primäre Zweck für das Sammeln von Trainings-, Test- und Renndaten besteht darin, Trends aufzuspüren und entsprechende Anpassungen im Training vorzunehmen.

Nehmen Sie nach jedem Wettkampf eine Analyse Ihrer Darbietung vor. Freilich macht es wenig Freude, schlechte Leistungen noch einmal Revue passieren zu lassen, aber zumindest sollten Sie überlegen, was Sie in der Vorbereitung anders machen würden, wenn Sie noch einmal von vorn beginnen könnten. Diese Analyse kann Ihnen helfen, in der Vorbereitung auf das nächste Rennen die richtigen Trainingsimpulse zu setzen. Falls das Rennen gut lief, überlegen Sie ebenfalls, was Sie gemacht haben, um sich vorzubereiten: die Trainingseinheiten, insbesondere im Rahmen des Taperings, der Wettkampfplan, die Verpflegung vor dem Rennen oder die Wahl der Ausrüstung. Ihre Wettkampfleistung hängt unmittelbar von Training und Renneinteilung ab. Ist Ihr Training effektiv und teilen Sie sich Ihre Wettkämpfe auf die bestmögliche Weise ein? Ihr Tagebuch gibt Ihnen die Antwort.

Später in dieser oder in zukünftigen Saisons wird Ihnen Ihr Fundus an gesammelten und analysierten Trainings- und Wettkampfdaten helfen, Ihre Leistungen einzuordnen. Die beste Weise, sich all die Daten zunutze zu machen, ist, unmittelbare Trainingsanpassungen vorzunehmen – etwas mehr hiervon, etwas weniger davon. Entscheidend ist, sich, wie in Tabelle 14.1 empfohlen, nach jeder Einheit die Frage zu stellen, was wichtig ist, und dann aufzuschreiben und zu entscheiden, was diese Daten Ihnen verraten.

EPILOG

Sie kennen jetzt meine Herangehensweise ans Training für den Ausdauersport Radfahren. Diese Methode ist die beste, die ich kenne, aber sie ist nicht die einzige. Ich habe nur die Methode erläutert, die ich selbst anwende. Und obschon ich sie heute anwende, heißt das nicht, dass ich in Zukunft nicht etwas verändern werde. Das Training und meine Einschätzung, wie man es angehen sollte, entwickeln sich weiter. Der Fundus an Wissen nimmt stetig zu und es gibt keine Anzeichen für eine Stagnation. Solange Athleten, Trainer und Sportwissenschaftler beharrlich nach besseren Methoden forschen, wird sich das Training für Höchstleistungen im Radsport weiterentwickeln. Ihre laufende Mission als Athlet, und meine als Coach, ist es, mit der unaufhaltsamen Evolution der Trainingsmethodik Schritt zu halten. Das ist keineswegs leicht.

Manchmal lohnt sich der Blick in die Vergangenheit, um etwas über die Zukunft zu erfahren. In den Kindertagen des Radsports, bevor unsere heutige Technologie und unser Interesse an der Sportwissenschaft da waren, trainierten die Fahrer auf sehr simple Weise: Sie verbrachten einfach mit anderen guten Fahrern viel Zeit im Sattel. Das war eigentlich alles und einige der besten Athleten, die der Sport hervorgebracht hat, haben sich auf diese Weise entwickelt. Lesen Sie doch mal die Biografien von Champions wie Anquetil, Merckx, Hinault und LeMond. Sie werden staunen, wie sie trainierten und wie sie es so weit gebracht haben. Man kann viel lernen aus der Vergangenheit.

Was Sie aus der Lektüre über solche Fahrer lernen werden, geht sicher weit über ihre Trainingsmethoden hinaus. Das Geheimnis ihrer Erfolge war weitgehend mentaler Natur: Hingabe und Disziplin. Sie hatten den unbedingten Willen, sich durchzusetzen. Ein solcher Antrieb ist nach wie vor das ultimative Merkmal herausragender Leistungen. In letzter Konsequenz kommt es darauf an, wie sehr Sie es wollen.

Natürlich waren diese Champions auch mit den beiden anderen Komponenten des Erfolgs gesegnet: mit den Genen und der Gelegenheit. Viele Menschen werden als potenzielle Weltklasseradsportler geboren. Die Natur hat sie mit den Genen von Champions ausgestattet. Aber sie bekamen nie die Gelegenheit. Das Leben funkte dazwischen, und sie haben nie mit dem Radsport angefangen. Ihre Veranlagung wurde nicht gefördert. Sie wurden gute Buchhalter oder Pianisten. Nun ja, die Welt braucht schließlich auch Buchhalter und Pianisten, trotzdem ist es ein Jammer, dass sie niemals ihrer wahren Bestimmung gefolgt sind. Dafür gibt es Nachwuchsprogramme – um diejenigen, die von der Natur mit einer außergewöhnlichen Kombination an Genen gesegnet sind, eine Gelegenheit zu geben.

Auf der anderen Seite gibt es diejenigen, die in der Genlotterie nicht das große Los gezogen haben. Die Natur hat sie mit anderen Begabungen ausgestattet. Aber sie lieben den Radsport und sind seit langem mit ungebrochener Begeisterung dabei, auch wenn sie meistens hinterherfahren. Es ist unwahrscheinlich, dass sie jemals auf einem Podium stehen werden. Die meisten von ihnen wissen das auch und es ist ihnen vollkommen egal. Ihnen geht es eher ums Dabeisein als um den Wettstreit. Dagegen ist nichts einzuwenden. Diese Sportler haben Freude am Radfahren und finden Erfüllung darin. Aber auch sie haben den Ansporn, schneller zu fahren und höhere Ziele zu erreichen.

Welcher Kategorie gehören Sie an? Sie haben offensichtlich die Gelegenheit, Radsport zu betreiben, sonst würden Sie dieses Buch nicht lesen. Aber haben Sie auch die Gene, ein herausragender Fahrer zu sein? Wenn Sie den Sport schon einige Jahre ausüben, werden Sie die Antwort auf diese Frage kennen. Falls Sie noch in Ihren ersten drei Trainingsjahren sind, sind Sie vielleicht unsicher. So oder so möchten Sie vermutlich Leistungen auf höherem Niveau bringen. Wir alle möchten das. Dieser Wunsch war es, der auch bei mir ursprünglich den Anstoß gab, mehr über das Training zu erfahren. Ich hatte reichlich Gelegenheit, aber an der Veranlagung haperte es.

Letzten Endes entscheidet Ihre Motivation über Ihren Erfolg als Radsportler. Sofern Sie mit Hingabe und Disziplin bei der Sache sind, werden Sie ungeachtet Ihrer Gene Ihren Weg machen. Wenn Sie diese beiden Merkmale des Erfolgs mitbringen, ist der Kampf zu 80 Prozent schon gewonnen. Der Rest ergibt sich durch die Art und Weise, wie Sie trainieren. Und dabei kommt dieses Buch ins Spiel.

Meine Hoffnung ist, dass Sie durch die Lektüre dieser neuesten Ausgabe der *Trainingsbibel für Radsportler* ein besseres Verständnis davon gewinnen, wie man sein eigener Coach wird. Mittlerweile sollte klar sein, dass es kein Zuckerschlecken ist, in Eigenregie auf hohem Niveau zu trainieren. Es ist ein komplexes Unterfangen mit zahlreichen Aspekten, die viel Studium und Überlegung erfordern. Wie Sie eine Saison planen, effektive Wochenabläufe erstellen und tägliche Trainingseinheiten bestimmen, wurde auf den vorangegangenen Seiten ausführlich erläutert. Die Herausforderung besteht darin, alles auf Ihre Bedürfnisse zuzuschneiden. Dies erfordert ein gewisses Verständnis sowohl von der Kunst als auch von der Wissenschaft hinter dem, was auf dem Rad und abseits davon zu tun ist.

Es ist nicht einfach. Professionelle Trainer verbringen etliche Jahre damit, die Wissenschaft des Trainings zu erlernen und eine eigene Philosophie und Methodik zu entwickeln. Die Erfahrung hilft ihnen zu verstehen, wie sie dies alles in der Praxis auf die von ihnen betreuten Athleten anwenden. Da Sie dieses Buch gelesen haben, ist Ihnen sicher bewusst, dass Training ein komplexes Thema ist, das eine Menge Fleiß und Studium erfordert. Und Sie müssen sich bewusst sein, dass dieses Buch trotz seiner Länge letztlich nur an der Oberfläche kratzen konnte. Sofern Sie sich als in Eigenregie trainierender Athlet weiterentwickeln wollen, hat Ihre Reise gerade erst begonnen.

Wenn ich Ihnen noch einen weiteren Rat mit auf den Weg geben darf, dann diesen: Wenn Sie als Radsportler besser werden wollen, beschäftigten Sie sich mit der sich rasant weiterentwickelnden Technologie des Sports. Aktuell heißt das v.a., sich mit wattgesteuertem Training vertraut zu machen.

Wattzahlen sind inzwischen das Nonplusultra in der Trainingssteuerung. Ihre Herausforderung ist es, die mannigfaltigen Feinheiten der Leistungsmessung zu verstehen, um effektiv in Eigenregie zu trainieren. Ich fürchte, ich war Ihnen in dieser Hinsicht keine große Hilfe. Ich habe in dieser Ausgabe vielfach einige komplexe Messgrößen der Leistung erwähnt und diese kurz erläutert, aber wenn Sie sich das vollständige Know-how aneignen möchten, um erfolgreich wattgesteuert zu trainieren, würde ich Ihnen mein *Praxishandbuch Wattmessung* ans Herz legen. Sobald Sie die Grundlagen draufhaben, lesen Sie das weiterführende Werk *Wattmessung im Radsport und Triathlon* von Hunter Allen und Dr. Andrew Coggan. Wenden Sie dann die Analyse der Leistung auf Ihr Training und Ihre Wettkämpfe an.

Das alles geht natürlich nicht von heute auf morgen, aber ich versichere Ihnen, dass es sich lohnt, diese Zeit zu investieren, wenn Sie kompetent und effektiv in Eigenregie trainieren und auf hohem Niveau Rennen bestreiten möchten.

Zwar habe ich mich bemüht, ein Buch zu verfassen, das Ihnen einen umfassenden Einblick in das A und O des erfolgreichen Trainings vermittelt, doch letztlich habe ich nur an der Oberfläche gekratzt. Aus persönlicher Erfahrung kann ich Ihnen sagen, dass es viel Zeit in Anspruch nimmt und man nie auslernt. Was ich in diesem Buch dargelegt habe, funktioniert für die meisten Fahrer ziemlich gut. Aber um erfolgreich sein zu können, müssen Sie als Ihr eigener Coach stets flexibel und akribisch bleiben.

Flexibilität bedeutet, dass Sie ungeachtet dessen, wie viel Zeit und Mühe Sie in Ihren Trainingsplan investiert haben, willens sind, bei Bedarf Änderungen vorzunehmen. Es gibt viele Ansätze, zu einem guten Radfahrer zu werden, und der Schlüssel zum Erfolg ist, sämtliche entscheidenden Aspekte des gewählten Modells zu beherzigen – egal, ob Sie sich nun an meine Trainingsphilosophie und -methodik oder etwas anderes halten. Zwar sollten Sie innerhalb eines Trainingsplans flexibel sein, es ist jedoch riskant und kann sich letztlich als fatal erweisen, den in diesem Buch dargelegten Ansatz mit einer anderen Methode vermischen zu wollen. So wäre es z.B. unklug, für die in Anhang B beschriebenen Trainingseinheiten die Intensitätszonen eines anderen Modells zu verwenden. Das wird nicht funktionieren. Sie können hier und da ein wenig herumdoktern, um z.B. das von mir Empfohlene in Ihrem Tagesablauf unterzubringen. Es wird Ihnen manchmal nichts anderes übrigbleiben. Hüten Sie sich aber davor, grundsätzlich verschiedene Methoden verschmelzen zu wollen. In diesem Punkt ist Akribie gefragt.

Flexibilität ist v.a. wichtig, wenn es um das große Ganze geht. Sie müssen z.B. willens sein, ausgehend von Ihren tagtäglichen Erfahrungen Änderungen vorzunehmen. Falls Sie müde sind, müssen Sie Ihre geplante schwere Einheit leichter machen, so dass Sie regenerieren können. In einem solchen Fall stur am Plan festzuhalten, macht alles nur schlimmer und kann Ihnen sogar die Saison ruinieren. Ausruhen wird von ambitionierten Fahrern häufig als lästige Notwendigkeit empfunden, ist aber eine wesentliche Komponente des Trainings. Fahrer, die in Eigenregie trainieren, neigen dazu, diesen Aspekt zu vernachlässigen, und bezahlen dafür mit schlechten Ergebnissen. Sie müssen Regeneration in Ihr Training einbeziehen, wann immer Sie diese nötig haben, ganz egal, was der Plan für diesen Tag vorgesehen haben mag. In dieser Hinsicht flexibel zu sein, ist ganz entscheidend.

Akribisch zu sein, ist besonders wichtig, wenn es um die Details der Trainingseinheiten geht. Sobald Sie sich entschlossen haben, eine bestimmte Einheit zu absolvieren, müssen Sie sich genau an die Richtlinien in Anhang B halten, um Resultate zu erzielen. Das gilt v.a. für hohe Intensitäten. Eine Intervall-Einheit z.B. besteht aus zwei Teilen: aus Belastungsintervallen und Regenerationsintervallen. Die Intensitäten und die Dauer beider Komponenten sind jeweils präzise festgelegt. Diese Vorgaben einzuhalten, ist entscheidend dafür, die gewünschten Erträge einzufahren. Auch nur eines von beiden wesentlich zu verändern, wird den Nutzen der Einheit sehr wahrscheinlich beeinträchtigen oder sogar zunichtemachen.

Zwar habe ich in diesem Buch versucht, ein recht komplexes Thema möglichst einfach darzulegen, trotzdem ist hoffentlich klar geworden, dass erfolgreiches Training viel Studium und Überlegung erfordert, damit Sie einen individuellen Plan erstellen können, der Ihren spezifischen Stärken und Bedürfnissen entspricht. Ich bekomme fast täglich E-Mails von Sportlern, die zu glauben scheinen, dass eine ganz bestimmte Einheit sie zu einem schnelleren Rennfahrer macht. Ich wünschte, es wäre so einfach. Wie Ihnen inzwischen sicher klar geworden ist, gibt es keine einheitliche Methode, die für jeden den gleichen Nutzen verspricht. Im Grunde genommen führen Sie eine wissenschaftliche Studie mit nur einer Testperson durch: Ihnen selbst. Es braucht wohlüberlegtes Experimentieren, um herauszufinden, was am besten funktioniert. Es ist eine Sache von Versuch und Irrtum, und dieses Buch sollte Ihnen gezeigt haben, wie man dies angeht.

Ihre Leistungen als Radsportler werden durch mentale und körperliche Komponenten bestimmt. Im Endeffekt gilt, dass die erfolgreiche Umsetzung Ihrer Ziele von Ihrem Wollen und Ihrem Wissen abhängt. Das Wollen entsteht aus Ihrem Inneren heraus. Die unablässige Beschäftigung mit dem Sport aber ist der Pfad zu größerem Wissen. Deshalb habe ich dieses Buch geschrieben.

ANHANG A: VORLAGE FÜR DEN JAHRESTRAININGSPLAN

Sportler ______________________________

Stunden/TSS ______________________________

Jahr ______________________________

WOCHE	DATUM	WETTKÄMPFE	PRI.	PHASE	STUNDEN / TSS	DETAILS	WICHTIGSTE TRAININGSEINHEITEN							
							KRAFTRAUM	AUSDAUER	KRAFT	SCHNELLIGKEIT	KRAFTAUSDAUER	ANAEROBE AUSDAUER	SCHNELLKRAFT	TESTS
01														
02														
03														
04														
05														
06														
07														
08														
09														
10														
11														
12														
13														
14														
15														
16														
17														
18														
19														
20														
21														
22														
23														
24														
25														
26														

Saisonziele

1. ______________________________
2. ______________________________
3. ______________________________

Trainingsvorgaben

1. ______________________________
2. ______________________________
3. ______________________________
4. ______________________________

							WICHTIGSTE TRAININGSEINHEITEN							
WOCHE	DATUM	WETTKÄMPFE	PRI.	PHASE	STUNDEN / TSS	DETAILS	KRAFTRAUM	AUSDAUER	KRAFT	SCHNELLIGKEIT	KRAFTAUSDAUER	ANAEROBE AUSDAUER	SCHNELLKRAFT	TESTS
27														
28														
29														
30														
31														
32														
33														
34														
35														
36														
37														
38														
39														
40														
41														
42														
43														
44														
45														
46														
47														
48														
49														
50														
51														
52														

ANHANG B: TRAININGSEINHEITEN

Dieser Anhang enthält die grundlegenden Trainingseinheiten, gegliedert nach den in Kapitel 6 beschriebenen Leistungsfaktoren. Darüber hinaus finden Sie hier auch Anleitungen zu den Feldtests.

Generell sollte vor der Einheit ein Warm-up absolviert werden und anschließend ein Cool-down. Zwischen Warm-up und Cool-down findet der Hauptteil der Einheit statt – der primäre Fokus. Denken Sie daran, sich umso länger aufzuwärmen, je belastungsintensiver der Hauptteil ist.

Die Beschreibung der Intensitäten erfolgt nach Watt und Herzfrequenz. Orientieren Sie sich an Tabelle 4.2 für die Trainingszonen nach Herzfrequenz und an Tabelle 4.3 für die Trainingszonen nach Watt. Die Watt-Vorgaben basieren auf der funktionalen Schwellenleistung (FTP). (Für eine Erläuterung der FTP siehe den Abschnitt »Funktionale Schwelle« in Kapitel 4.) Beachten Sie, dass die Zonen nach Herzfrequenz und Watt nicht immer übereinstimmen. Lesen Sie sich dazu noch einmal den Abschnitt »Abstimmung der Zonen« in Kapitel 4 durch, wo die Beziehung der beiden detaillierter erörtert wird. Falls Sie beide Geräte besitzen, benutzen Sie ein Powermeter zur Messung der Leistung und die Pulsuhr, um die Anstrengung zu erfassen. Für die meisten Einheiten ist ein Leistungsmessgerät besser geeignet, um die Intensität zu bestimmen. Es gibt ein paar Ausnahmen, die unten beschrieben werden.

Dies ist keine allumfassende Liste von Trainingseinheiten. Es gibt zahlreiche Variationen der hier aufgeführten Einheiten, inklusive solchen, die mehrere Leistungsfaktoren entwickeln. Sie können Teile der vorgestellten Einheiten neu kombinieren und auf diese Weise eigene Trainingsformen gestalten, die auf Ihre individuellen Bedürfnisse zugeschnitten sind und gegebenenfalls verschiedene Anforderungen Ihres A-Wettkampfs ansprechen. Mehrere Leistungsfaktoren in einer Einheit zu verschmelzen, ist eine insbesondere in der Aufbauphase der Saison übliche Vorgehensweise (mehr zur Planung des wöchentlichen und täglichen Trainings siehe Kapitel 8).

AUSDAUER

A1: Regeneration

Regenerations-Einheiten sind im Jahrestrainingsplan nicht berücksichtigt, bilden aber die ganze Saison über einen wichtigen Bestandteil des Trainings. Absolvieren Sie diese Einheit auf einer flachen Strecke, wobei Sie das kleine Kettenblatt und eine angenehm hohe Kadenz benutzen und in Herzfrequenz-Zone 1 bzw. bei einer Intensität von 55 Prozent Ihrer FTP oder weniger fahren. Die Einheit sollte kürzer ausfallen als Ihre durchschnittliche Ausfahrt.

Alternativ können Sie auch einen Ergometer oder Rollentrainer verwenden, falls es in Ihrer Umgebung an flachen Straßen mangelt. Andere Möglichkeiten für die Regeneration in der Vorbereitungs- und frühen Grundlagenphase sind u.a. Ausgleichssportarten wie Skilanglauf auf relativ flacher Strecke oder diverse Übungen an Geräten im Fitnessstudio. Solche Einheiten sollten mit einer empfundenen Anstrengung von 2 oder 3 auf der Skala von 0 bis 10 absolviert werden (siehe Tabelle 4.1). Beachten Sie, dass Ihre Herzfrequenz-Zonen bei solchen Aktivitäten vermutlich nicht die gleichen sind wie auf dem Rad.

Bei erfahrenen Athleten beschleunigt ein wenig leichtes Training auf dem Rad in der Regel die Regeneration, während Anfänger und Fahrer im zweiten oder dritten Trainingsjahr mehr davon haben, sich vollkommene Ruhe zu gönnen. Sie können diese Regenerationsfahrten auch mit Einheiten aus dem Abschnitt »Schnelligkeit« kombinieren.

A2: Aerobe Schwelle (AeT)

Diese Trainingseinheit wurde bereits in Kapitel 4 im Abschnitt »Referenzpunkte der Intensität« kurz vorgestellt. Zweck der A2-Einheit ist es, die Ausdauerfitness zu steigern, indem die Fähigkeit des Körpers verbessert wird, Sauerstoff für die Energieversorgung der Muskeln zu nutzen. Verwenden Sie eine Pulsuhr, um die Intensität zu bestimmen. Ihre Herzfrequenz an der aeroben Schwelle liegt ungefähr 30 BPM unter derjenigen an der Laktatschwelle (mehr dazu im Abschnitt »Trainingszonen festlegen« in Kapitel 4).

Fahren Sie, nachdem Sie sich gründlich aufgewärmt haben, auf einer flachen oder leicht welligen Strecke oder auf einem Indoortrainer 1 bis 4 Stunden im Bereich Ihrer Herzfrequenz an der aeroben Schwelle (plus oder minus 2 BPM). Je länger der Wettkampf, desto länger sollte die Dauer des Abschnitts an der aeroben Schwelle sein. Wenn Sie primär Kriterien oder Zeitfahren bestreiten, fahren Sie 60 bis 90 Minuten im Herzfrequenzbereich an der aeroben Schwelle.

Falls Sie ein Powermeter benutzen, teilen Sie nach Beendigung der Einheit Ihre normalisierte Leistung im Abschnitt an der aeroben Schwelle durch Ihre durchschnittliche Herzfrequenz im gleichen Abschnitt. So erhalten Sie Ihren Effizienz-Faktor (EF) für diese Einheit. Ein allmählicher Anstieg des EF zeigt an, dass Ihre aerobe Schwelle sich verbessert. Beachten Sie, dass dieser Anstieg meist nicht linear verläuft, sondern sich über mehrere Wochen mit zunehmender Fitness sprunghaft vollzieht. Wenn der EF über mehrere Einheiten hintereinander auf einem Plateau verharrt, ist es an der Zeit, bei der Intensitätssteuerung für diese Einheit von der Herzfrequenz zur Wattleistung zu wechseln, um die gewonnene aerobe Fitness zu erhalten. Fahren Sie dann gleichbleibend im Bereich Ihrer normalisierten Leistung (+/– 5 Watt).

Sie können die A2-Einheit auch nutzen, um Ihre Ausdauer zu testen (siehe unten »T1: Aerobe Schwelle«). Absolvieren Sie diese Trainingsform das ganze Jahr über, zunächst um Ihre Ausdauer aufzubauen, später um sie zu erhalten. Unternehmen Sie die Einheit nur noch halb so häufig, wenn Sie von der Entwicklung der Ausdauer zu deren Erhaltung übergehen.

A3: Intensive Ausdauer

Diese Einheit entwickelt Ihre Ausdauer, während sie gleichzeitig auch Ihre Kraftausdauer beansprucht. Fahren Sie nach dem Aufwärmen eine Stunde oder mehr auf einem Kurs mit kleinen Anstiegen weitgehend in Herzfrequenz-Zone 2, jedoch mit häufigen, kurzen Steigerungen in Zone 3. Bleiben Sie auch bergauf so weit es geht im Sattel. Die Fahrt sollte weitgehend im Bereich einer RPE von etwa 4 bis 6 absolviert werden. Sie können diese Trainingsform auch auf einem Indoortrainer absolvieren, indem Sie häufig schalten, um die Belastung zu erhöhen und Anstiege zu simulieren.

KRAFT

K1: Kraft-Wiederholungen im Flachen

Diese Einheit wird für gewöhnlich in der Vorbereitungsphase unternommen, um sich für die anspruchsvollere K2-Einheit zu rüsten. Sie kann aber zu jedem Zeitpunkt der Saison absolviert werden.

Wählen Sie, nachdem Sie sich gründlich aufgewärmt haben, in flachem Terrain eine hohe Übersetzung wie z.B. 53 x 14 und nehmen Sie das Tempo heraus, bis Sie fast zum Stillstand kommen. Beschleunigen Sie dann mit nur 6 bis 8 Pedaltritten, so dass Sie auf 3 bzw. 4 Pedaltritte pro Bein kommen. (Natürlich wechseln Sie die Beine so ab, wie Sie es normalerweise tun – dies ist kein einbeiniges Fahren.) Der Einsatz sollte bei jedem Pedaltritt extrem hoch ausfallen. Bleiben Sie stets im Sattel. Während die ersten paar Pedaltritte recht langsam sein werden – um die 50 RPM oder weniger – wird sich die Kadenz bis zu den letzten Tritten steigern.

Falls es Bedenken hinsichtlich Ihrer Knie gibt, belassen Sie es bei nur einer Serie von 6 bis 8 Pedaltritten und halten Sie sich mit dem Einsatz ein wenig zurück. Wenn Sie noch eine zweite Serie absolvieren, regenerieren Sie, indem sie 3 bis 4 Minuten in einem niedrigen Gang fahren. Belassen Sie es bei höchstens zwei Serien, wenn Sie diese Einheit zum ersten Mal unternehmen. Experimentieren Sie die ersten paar Male mit den Gängen und wählen Sie im Zweifel lieber eine kleinere Übersetzung. Mehr zu dieser Einheit in Tabelle 12.5.

K2: Kraft-Wiederholungen am Berg

Diese Einheit funktioniert wie K1, wird aber am Anstieg durchgeführt, um größere neuromuskuläre Fitness zu entwickeln. Bevor Sie sich an diese Einheit heranwagen, sollten Sie mindestens vier K1-Einheiten absolviert und sich vergewissert haben, dass Ihre Knie den hohen Belastungen standhalten.

Suchen Sie einen kurzen Anstieg (ca. 30 bis 50 Meter) mit 6 bis 8 Prozent Steigung auf. Es sollte wenig Verkehr herrschen. Wählen Sie eine Übersetzung, die nicht ganz so groß ist wie für die Kraft-Wiederholungen im Flachen, z.B. 53 x 16 oder 50 x 14. Absolvieren Sie dann, während Sie stets im Sattel bleiben, mit jedem Bein 3 bis 6 Pedaltritte mit vollem Einsatz, während Sie ansonsten normal fahren. Das sind insgesamt 6 bis 12 Pedaltritte. Gehen Sie in all Ihren Serien zu keinem Zeitpunkt aus dem Sattel.

Absolvieren Sie bis zu drei Serien pro Einheit. Schalten Sie nach jeder Serie in einen niedrigen Gang und fahren Sie locker für 3 bis 5 Minuten, um zu regenerieren. Verkürzen Sie nicht die Regenerationszeit zwischen den Serien, denn dies würde den neuromuskulären Nutzen der Einheit schmälern. Achten Sie stets darauf, dass Ihre Beine sich erholt haben, bevor Sie die nächste Serie angehen. Dies ist eine Trainingsform, die mit hohem Risiko einhergeht. Beenden Sie die Einheit beim ersten Anzeichen von Kniebeschwerden. Machen Sie nicht weiter, auch wenn es nur leichte Schmerzen sind. Die einzige Messgröße der Intensität bei dieser Einheit ist die Leistung, nicht die Herzfrequenz. Ihr Ziel sollte es sein, bei jeder Wiederholung eine möglichst hohe Wattzahl zu treten. Weitere Einzelheiten zu dieser Einheit siehe Tabelle 12.5. Absolvieren Sie K2-Einheiten nicht mehr als zweimal pro Woche. Dazwischen sollten mindestens 48 Stunden liegen.

K3: Wiederholungen am Berg

Fahren Sie sich zunächst gut warm. Dann absolvieren Sie an einem Anstieg mit 6 bis 8 Prozent Steigung, für den Sie 30 bis 60 Sekunden benötigen, 3 bis 8 Wiederholungen. Die Regenerationspausen dazwischen sollten 2 bis 4 Minuten dauern. Die Intensität kann mehrfach in Zone 5 steigen. Die Herzfrequenz ist kein guter Indikator der Intensität in dieser Einheit, da die Wiederholungen recht kurz ausfallen.

Klettern Sie im Sitzen und mit minimaler Bewegung des Oberkörpers. Gehen Sie nicht aus dem Sattel. Wählen Sie einen Gang, mit dem Sie in jeder Wiederholung eine Kadenz von höchstens 70 RPM oder weniger treten können. Um zu regenerieren, rollen Sie ohne zu treten zum Ausgangspunkt zurück.

Brechen Sie die Einheit ab, wenn Ihre Knie anfangen zu schmerzen. Absolvieren Sie sie nicht mehr als zweimal in der Woche. Dazwischen sollten jeweils 48 Stunden liegen. Bei Anfälligkeit für Knieverletzungen sollten Sie komplett auf K3-Training verzichten.

SCHNELLIGKEIT

S1: Spin-ups

Zweck dieser Einheit ist es, die Tritt-Effizienz zu verbessern. Dies äußert sich in einer zunehmend größeren maximalen Kadenz, die Sie rund treten können.

Auf einer Abfahrt oder einem Indoortrainer mit geringem Widerstand steigern Sie Ihre Kadenz im Laufe einer Minute schrittweise bis zum Maximum – also bis zu jener Kadenz, die Sie noch rund treten können. Sorgen Sie dafür, dass Ihre Beine und Füße während des Ansteigens der Trittfrequenz entspannt bleiben, v.a. die Zehen. Treten Sie so lange mit maximaler Kadenz, wie Sie können. Anschließend regenerieren Sie mindestens eine Minute lang und wiederholen die Übung mehrfach. Diese Einheit funktioniert am besten mit einem Radcomputer, der auch Ihre Trittfrequenz anzeigt. Puls und Wattzahlen hingegen haben für diese Übung keinerlei Bedeutung.

S2: Einbeiniges Fahren

Auf einem Indoortrainer mit leichtem Widerstand oder auf einer Abfahrt verlagern Sie 90 Prozent der Trittleistung auf ein Bein, während das andere einfach nur mitkurbelt. Bewegen Sie die Pedale mit ungewohnt hoher Kadenz. Wechseln Sie das Bein, sobald erste Anzeichen von Erschöpfung spürbar sind. Wenn Sie einen Rollentrainer benutzen, können Sie den zweiten Fuß auch einfach auf einen Stuhl stellen, während der andere tritt. Konzentrieren Sie sich darauf, die Totpunkte am obersten und untersten Punkt der Pedalumdrehung zu eliminieren. Herzfrequenz und Leistungswerte spielen keine Rolle.

S3: 9 bis 3

Stellen Sie sich beim Treten vor, Sie könnten das Pedal aus der 9-Uhr-Position nach vorne in die 3-Uhr-Position bringen, ohne die 12-Uhr-Position zu durchlaufen. Benutzen Sie einen kleinen Gang, den Sie bei geringem Kraftaufwand mit angenehm hoher Kadenz treten können. Dies hilft Ihnen, den schwierigsten Part der Pedalumdrehung am oberen Totpunkt zu meistern.

S4: Fixed-Gear

Für diese Einheit benötigen Sie ein Rad mit starrer Nabe. Ihr örtlicher Radhändler kann Ihnen helfen, ein Rad mit nur einem Kettenblatt und einem Ritzel, ohne Umwerfer und Freilauf herzurichten. Weil es keinen Freilauf gibt, müssen Sie zwangsläufig immer treten.

Wenn Sie mit starrer Nabe fahren, müssen Sie sich angewöhnen, sich zu entspannen und das Rad die Arbeit machen zu lassen. Unternehmen Sie die ersten paar Fahrten mit dem Fixie auf flacher Strecke ohne viel Verkehr und Stoppschilder, z.B. auf einem großen, leeren Parkplatz. Belassen Sie es anfangs bei kurzen Einheiten. Bis Sie sich an das neue Rad gewöhnt haben, ist diese Einheit mit einem gewissen Risiko verbunden, meiden Sie also belebte Straßen.

S5: Kurvenfahren

Üben Sie auf einer Straße mit sauberer Oberfläche und 90-Grad-Kehren Ihre Kurventechnik. Üben Sie, Rad und Körper in die Kurve zu neigen, den Körper zu neigen, während das Rad aufrecht bleibt, und den Körper aufrecht zu halten, während das Rad geneigt wird. Meiden Sie viel befahrene Straßen. Trainieren Sie mehrere Geschwindigkeiten mit unterschiedlichen Anfahrtswinkeln. Fahren Sie auch einige sprintartige Beschleunigungen, mal in die Kurve hinein, mal aus der Kurve heraus. Puls und Wattzahlen haben für diese Übung keine Bedeutung.

S6: Kontakte

Üben Sie auf einer festen, grasbewachsenen Oberfläche den Körperkontakt mit einem Trainingspartner. Fahren Sie anfangs langsam und steigern Sie das Tempo, je besser Sie werden. Üben Sie außerdem, sich in Ihren Partner hineinzulehnen und sich gegenseitig zu stützen sowie sich mit den Laufrädern zu berühren.

KRAFTAUSDAUER

KA1: Tempo-Intervalle

Diese Einheit sollte auf einem weitgehend flachen Kurs, an einer leichten Steigung (1 bis 3 Prozent) oder auf einem Indoortrainer unternommen werden.

Wärmen Sie sich gründlich auf und absolvieren Sie dann 3 bis 5 Belastungsintervalle in Herzfrequenz-Zone 3 oder Watt-Zone 4 mit kurzen Erholungspausen dazwischen. Die Belastungsintervalle können 12 bis 20 Minuten dauern, die Regenerationspausen etwa 25 Prozent der Dauer der Belastungen, also 3 bis 5 Minuten. Nach einem Intervall von 16 Minuten Dauer z.B. regenerieren Sie 4 Minuten lang.

Die bevorzugte Messgröße der Intensität ist die Leistung in Watt, Sie können sich aber auch nach der Herzfrequenz richten. Falls Sie mit einer Pulsuhr trainieren, starten die Intervalle, sobald Sie beginnen, mit hohem Druck zu treten – und nicht erst, wenn Ihre Herzfrequenz Zone 3 erreicht hat. Ihr Puls wird während der Intervalle erst mit großer Verzögerung auf die erhöhte Anstrengung ansprechen. Die Intensität sollte in solchen Momenten einer empfundenen Anstrengung von 5 bis 6 auf der Skala von 0 bis 10 entsprechen (mehr zur RPE-Skala siehe Tabelle 4.1).

Meiden Sie Straßen mit hohem Verkehrsaufkommen und vielen Stoppschildern. Bleiben Sie bei jedem Intervall im Sattel. Regenerieren Sie, indem Sie locker in Zone 1 treten.

KA2: Cruise-Intervalle

Auf einem relativ flachen Kurs, an einer leichten Steigung (1 bis 3 Prozent) oder auf einem Indoortrainer absolvieren Sie 3 bis 5 Belastungsintervalle von 6 bis 12 Minuten Dauer. Absolvieren Sie jedes der Belastungsintervalle in etwa im Bereich der anaeroben Schwelle (RPE 7 oder 8).

Die bevorzugte Messgröße der Intensität ist die Leistung, aber auch die Herzfrequenz ist möglich. Falls Sie sich nach Wattzahlen richten, fahren Sie an Ihrer FTP oder knapp darunter. Wenn Sie nach Herzfrequenz trainieren, steigern Sie Ihren Puls nach und nach bis in den Bereich nahe Ihrer FTHR (siehe Tabelle 4.2). Die Belastungsintervalle beginnen in dem Moment, in dem Sie anfangen, mit hohem Druck zu treten – nicht erst in dem Moment, wenn auch Ihr Puls die avisierte Zone erreicht hat. Während die Herzfrequenz langsam ansteigt, sollte die Intensität einer 7 auf der Skala der empfundenen Anstrengung von 0 bis 10 entsprechen (siehe Tabelle 4.1).

Regenerieren Sie für etwa ein Viertel der Dauer der vorangegangenen Belastung mit lockerem Tritt in Zone 1. Nach einem 6-minütigen Intervall z.B. regenerieren Sie 90 Sekunden lang.

Bei der ersten KA2-Einheit in der neuen Saison sollte die Dauer der Belastungsintervalle insgesamt nicht mehr als 12 Minuten betragen (z.B. 2 x 6 Minuten). Steigern Sie die Gesamtdauer der Belastungsintervalle im Laufe mehrerer Wochen schrittweise bis auf 30 bis 50 Minuten (z.B. 5 x 6 oder 5 x 10 Minuten). Bleiben Sie entspannt. Die Intensität der Belastungsintervalle ist sehr ähnlich der eines 40-km-Zeitfahrens, wodurch diese Trainingsform insbesondere für Zeitfahrspezialisten eine Schlüsseleinheit darstellt. Treten Sie mit einer ähnlichen Kadenz, wie Sie sie im Rennen nutzen würden.

Eine Variante dieser Einheit, die Ihren Kraftgrundlagen zugutekommt, besteht darin, alle 20 bis 60 Sekunden zwischen Ihrer »normalen« und einer größeren, also schwereren Übersetzung zu wechseln.

KA3: Cruise-Intervalle am Berg

Diese Einheit läuft genau wie KA2 ab, außer dass Sie sie nun an Anstiegen mit 2 bis 4 Prozent Steigung oder gegen den Wind absolvieren. Wählen Sie einen Anstieg mit wenig Verkehr und ohne Stoppschilder. Fahren Sie im Sitzen und achten Sie auf einen runden Tritt und minimale Bewegung des Oberkörpers.

Wie bei KA2 ist ein Powermeter wünschenswert, um die Intensität zu messen, während Sie nahe Ihrer FTP fahren, aber auch eine Pulsuhr kann verwendet werden, um sich an der FTHR zu orientieren (siehe Tabellen 4.2 und 4.3). Falls Sie nur mit einer Pulsuhr trainieren, beginnen die Belastungsintervalle in dem

Moment, in dem Sie anfangen, mit hohem Druck zu treten – nicht erst in dem Moment, wenn Sie schließlich die FTHR erreichen. Es kann sein, dass Sie die FTHR im ersten und vielleicht auch im zweiten Intervall nicht erreichen. Das ist ganz normal. Während die Herzfrequenz langsam ansteigt, sollte die Intensität einer 7 oder 8 auf der Skala der empfundenen Anstrengung von 0 bis 10 entsprechen.

Erholen Sie sich nach jedem Anstieg, indem Sie kehrtmachen und in Zone 1 an den Startpunkt zurückfahren. Dies bedeutet, dass die Regenerationsintervalle länger ausfallen als bei KA2, jedoch bei etwas höherer Intensität der Belastungsintervalle und etwas größerem Nutzen für die Kraftausdauer.

Eine Variante dieser Einheit, die Ihren Kraftgrundlagen zugutekommt, besteht darin, alle 30 Sekunden zwischen Ihrer »normalen« und einer größeren, also schwereren Übersetzung zu wechseln.

KA4: Sweet-Spot-Intervalle

Wärmen Sie sich auf und absolvieren Sie dann auf einem flachen oder leicht ansteigenden Kurs (2 bis 3 Prozent Steigung) 2 Belastungsintervalle. Fahren Sie mit gleichbleibendem Einsatz und bleiben Sie bei jedem Intervall im Sattel.

Jedes Intervall sollte bei 88 bis 93 Prozent Ihrer FTP absolviert werden. Die Belastungsintervalle dauern 12 bis 20 Minuten. Dazwischen erholen Sie sich jeweils für ein Viertel der Dauer der Belastungen (regenerieren Sie z.B. jeweils 4 Minuten bei Belastungsintervallen von 16 Minuten Dauer). Unternehmen Sie zu Beginn der Grundlagenphase Belastungsintervalle von etwa 12 Minuten Dauer. Sobald Sie eine Anpassung wahrnehmen, steigern Sie nach und nach die Intervalllänge.

ANAEROBE AUSDAUER

AA1: Gruppenausfahrt

Dies ist eine Ausfahrt ohne strikte Vorgaben, die mit einer Gruppe stattfindet und Rennbedingungen simulieren sollte. Es könnte z.B. ein B- oder C-Wettkampf sein. Die Einheit sollte häufige Abschnitte mit maximalem Einsatz einbeziehen. Die Intensität sollte im Laufe der Fahrt mehrfach mehrere Sekunden bis einige Minuten die Zone 5 (nach Watt) oder 5b (nach Herzfrequenz) erreichen. Diese Antritte sollten möglichst genau den Einsatz in einem Rennen simulieren.

Vermerken Sie in der Analyse im Anschluss an die Einheit, wie viel Zeit Sie während der Fahrt insgesamt in der avisierten Zone absolviert haben. Seien Sie stets vorsichtig bei diesen Einheiten, nicht nur hinsichtlich der Intensität, sondern auch, was die Sicherheit betrifft. Achten Sie auf den Verkehr und auf andere Fahrer, die beim Fahren in der Gruppe nicht so versiert sind.

Die Leistung ist die bevorzugte Messgröße für AA1-Einheiten; aufgrund der Verzögerung, mit der das Herz anspricht, lässt der Puls keine verlässlichen Rückschlüsse auf die tatsächliche Belastung zu.

AA2: VO_2max-Intervalle

Unternehmen Sie diese Einheit auf einer flachen bis hügeligen Strecke (mehrere kleine Anstiege) ohne Stoppschilder und großes Verkehrsaufkommen.

Wärmen Sie sich gut auf und absolvieren dann mehrere Belastungsintervalle von jeweils 30 Sekunden bis 4 Minuten Dauer. Regenerieren Sie mit lockerem Tritt in Zone 1 für die Dauer des vorigen Belastungsintervalls. Halbieren Sie mit zunehmender Fitness die Dauer der Regenerationspausen. Die Kadenz sollte im oberen Bereich dessen liegen, was Sie komfortabel treten können.

Beginnen Sie mit etwa 5 Minuten Gesamtintervalldauer innerhalb einer AA2-Einheit (z.B. 10 x 30 Sekunden) und steigern Sie sich, im Verlauf mehrerer Einheiten, bis auf 15 bis 20 Minuten (z.B. 5 x 3 oder 5 x 4 Minuten). Die Intensität wird vorzugsweise mittels Powermeter bestimmt. Da das Herz mit Verzögerung anspricht, ist eine Pulsuhr eher ungeeignet, um die Intensität zu ermessen. Die gewünschte

Intensität ist Watt-Zone 5. Falls Sie kein Powermeter besitzen, zielen Sie bei jedem Intervall auf eine 9 auf der Skala der empfundenen Anstrengung von 0 bis 10 ab (mehr zur RPE-Skala siehe Tabelle 4.1).

AA3: Pyramiden-Intervalle

Diese Einheit funktioniert genau wie AA2-Intervalle, nur dass die Dauer der ebenfalls in Watt-Zone 5 absolvierten Belastungsintervalle nach folgendem Muster variiert (in Minuten): 1, 2, 3, 4, 4, 3, 2, 1. Erneut gilt, dass jedes Regenerationsintervall jeweils so lange dauert wie das vorangegangene Belastungsintervall. Die Kadenz während der Intervalle liegt im oberen Bereich dessen, was Sie noch bequem treten können.

Der Puls ist aufgrund der Verzögerung, mit der das Herz anspricht, und der Kürze der Intervalle keine zuverlässige Messgröße der Intensität. Falls Sie kein Powermeter besitzen, zielen Sie bei jedem Intervall auf eine RPE von 9 auf der Skala von 0 bis 10 ab.

Nachdem Sie einige AA3- oder AA2-Einheiten absolviert haben, halbieren Sie die Pausen. Regenerieren Sie z.B. nach einem 2-minütigen Belastungsintervall nur noch eine Minute lang in Zone 1.

AA4: Intervalle am Berg

Suchen Sie einen relativen steilen Anstieg mit 6 bis 8 Prozent Steigung, wenig Verkehr und keinen Stoppschildern auf, für den Sie 2 bis 4 Minuten benötigen.

Absolvieren Sie, nachdem Sie sich gründlich aufgewärmt haben, 5 bis 7 Intervalle in Watt-Zone 5. Die Gesamtintervalldauer der Einheit sollte 10 bis 20 Minuten betragen (z.B. 5 x 2 Minuten oder 5 x 4 Minuten). Halten Sie an jedem Anstieg eine gleichbleibende Intensität in Watt-Zone 5 aufrecht und treten Sie eine angenehm hohe Kadenz. Falls Sie kein Powermeter haben, fahren Sie im Bereich einer RPE von 9 auf der Skala von 0 bis 10 (mehr zur RPE-Skala siehe Tabelle 4.1).

Erholen Sie sich, indem Sie locker den Berg hinabrollen. Beginnen Sie möglichst nach 2 bis 4 Minuten Pause ein neues Intervall (nach einem Anstieg von 2 Minuten z.B. regenerieren Sie 2 Minuten).

Als Variante können Sie in jedes Belastungsintervall kurze Antritte in Watt-Zone 6 einbeziehen.

Dies ist eine sehr schwere Einheit, die Sie am besten nur einmal in der Woche unternehmen. Regenerieren Sie anschließend mindestens 48 Stunden.

SCHNELLKRAFT

SK1: Technik-Sprints

Wärmen Sie sich gründlich auf und absolvieren Sie dann eher zu Beginn einer Ausfahrt 6 bis 10 Sprints auf verschiedenen Terrains: flach, bergauf und bergab. Jeder Sprint sollte 5 bis 10 Sekunden dauern. Anschließend regenerieren Sie 3 bis 5 Minuten. Gehen Sie während der Sprints immer mal wieder aus dem Sattel. Achten Sie stets auf Ihre Haltung und Technik. In dieser Einheit geht es in erster Linie um die saubere Ausführung, halten Sie sich hinsichtlich der Intensität also ein wenig zurück.

Die Intensität sollte sich in Watt-Zone 6 bewegen, die empfundene Anstrengung bei einer RPE von etwa 9 auf der Skala von 0 bis 10. Diese Einheit wird vorzugsweise allein unternommen, so dass Sie sich ganz auf Ihre Technik konzentrieren können.

SK2: Antritte

Wärmen Sie sich gut auf. Legen Sie dann zu Beginn einer Einheit auf dem Indoortrainer oder auf der Straße 10 bis 20 sehr kurze Sprints ein, um Ihre Explosivität zu verbessern. Absolvieren Sie 2 bis 4 Serien à 5 Antritte, so dass Sie auf insgesamt 10 bis 20 Antritte pro Einheit kommen. Jeder Antritt umfasst 8 bis 12 Pedalumdrehungen bei hoher Kadenz.

Regenerieren Sie nach jedem Antritt 1 Minute lang und 5 Minuten zwischen den Serien. Leistung und Einsatz sollte bei jedem Antritt in den

Maximalbereich gehen. Wenn Sie auf der Straße fahren, variieren Sie das Terrain – mal flach, mal bergauf, mal bergab. Beziehen Sie auch Kurven ein.

SK3: Gruppen-Sprints

Absolvieren Sie innerhalb einer Ausfahrt 5- bis 15-sekündige wettkampfähnliche Sprints. Diese können mit einem anderen Fahrer oder einer Gruppe unternommen werden, um die Intensität und die taktischen Manöver im Rennen zu simulieren. Legen Sie vorab Sprintkorridore fest, z.B. als Abschnitt zwischen zwei Straßenschildern. Setzen Sie sämtliche Techniken ein, die Sie sich mit SK1-Einheiten angeeignet haben, aber bei deutlich höherer Intensität. Wattleistung und Einsatz liegen im Maximalbereich. Regenerieren Sie mehrere Minuten zwischen den Sprints.

FELDTESTS

T1: Aerobe Schwelle (AeT)

Diesen Test unternehmen Sie am besten nach 3 bis 5 Tagen stark verringerten Trainings, so dass ausreichende Erholung gewährleistet ist. Sie benötigen sowohl eine Pulsuhr als auch ein Powermeter. Folgen Sie den Anleitungen zur Einheit A2. Teilen Sie wie bei der A2-Einheit anschließend Ihre normalisierte Leistung im an der aeroben Schwelle absolvierten Abschnitt der Einheit durch Ihre durchschnittliche Herzfrequenz im gleichen Abschnitt, um Ihren aktuellen Effizienz-Faktor (EF) zu ermitteln. Ihr EF-Wert wird sich im Lauf der Zeit mit zunehmender Fitness steigern. In einer Phase stark verringerten Trainings, wie etwa am Ende der Saison, wird Ihr EF vermutlich sinken, was auf einen Verlust an Ausdauerfitness hindeutet. Das ist normal und zu erwarten, denn Fitness muss zu bestimmten Zeitpunkten im Jahr nachlassen.

Zwar können Sie A2-Einheiten auch in einer »normalen« Trainingswoche unternehmen, doch Ihre Resultate nach einer kurzen Regenerationspause von hartem Training sind ein besserer Indikator Ihrer Fortschritte, da Ihr Leistungsvermögen wahrscheinlich nicht von Erschöpfung beeinträchtigt ist. Dieser Test sollte das ganze Jahr hindurch etwa alle 6 bis 8 Wochen absolviert werden. Nutzen Sie wenn möglich immer die gleiche Strecke.

T2: Funktionale Schwelle

Dieser Test dient dazu, mittels Powermeter Ihre funktionale Schwellenleistung (FTP) und mittels Pulsuhr Ihren funktionalen Herzfrequenzschwellenwert (FTHR) zu ermitteln. Absolvieren Sie diesen Test nach 3 bis 5 Tagen aktiver Regeneration.

Suchen Sie eine flache oder leicht bergan führende Strecke (weniger als 3 Prozent Steigung) mit breiter Radspur, wenig Verkehr, ohne Stoppschilder und mit nur wenigen Kreuzungen und Kurven auf. Vermutlich werden Sie etwa 8 bis 16 km brauchen, je nachdem, wie schnell Sie sind und wie groß die Steigung ist. Ein sicherer Kurs ist ganz wichtig. Das Rad für diesen Test sollte dasselbe sein, mit dem Sie Ihre A-Wettkämpfe bestreiten. Fahren Sie stets mit erhobenem Kopf, so dass Sie die Straße im Auge behalten. Sie können den Test auch auf dem Indoortrainer durchführen.

Wärmen Sie sich gut auf. Fahren Sie so, als würden Sie ein 20-minütiges Rennen absolvieren. Halten Sie sich in den ersten 5 Minuten noch etwas zurück (die meisten Sportler gehen zu schnell an). Entscheiden Sie alle 5 Minuten, ob Sie in den folgenden 5 Minuten etwas schneller oder langsamer fahren sollten.

Ermitteln Sie nach der Einheit Ihre durchschnittliche Herzfrequenz während des 20-Minuten-Tests. Ziehen Sie 5 Prozent ab und Sie erhalten einen guten Näherungswert Ihrer FTHR auf dem Rad. Benutzen Sie dann Tabelle 4.2, um Ihre Trainingszonen festzulegen. Um anhand des gleichen Tests Ihre FTP zu bestimmen, ziehen Sie 5 Prozent von Ihrer durchschnittlichen Wattleistung (nicht der normalisierten Leistung) ab und Sie erhalten einen guten Näherungswert der FTP. Sie können Tabelle 4.3 benutzen, um Ihre Watt-Zonen festzulegen.

Wie in Kapitel 4 erläutert, können Sie die Einschätzung der FTP auch mittels eines 5-, 8- oder 30-Minuten-Tests vornehmen, der 20-Minuten-Test ist aber die bevorzugte Variante. Mehr zu den alternativen Tests in Kapitel 4.

T3: Funktionale aerobe Kapazität (FACP)

Dieser Test dient dazu, Ihre Leistung an der funktionalen aeroben Kapazität (VO_2max) zu ermitteln. Dafür benötigen Sie ein Powermeter. Der Test kann anstelle eines kostspieligen Labortests durchgeführt werden. Am besten absolvieren Sie ihn nach 3 bis 5 Tagen eingeschränkten Trainings.

Die verwendete Strecke sollte sicher sein: wenig Verkehr, keine Stoppschilder, kaum Kreuzungen, keine Kurven und eine breite Radspur. Sicherheitshalber sollten Sie während des gesamten Tests immer nach vorn schauen. Fahren Sie nicht mit gesenktem Kopf. Die gewählte Strecke sollte zudem ein flacher bis leicht ansteigender (weniger als 3 Prozent Steigung) Abschnitt sein, den Sie jedes Mal für den Test nutzen können. Sie können auch den Indoortrainer verwenden, aber nur wenn dieser sehr stabil steht, da Sie vermutlich mit einigem Körpereinsatz fahren werden.

Wärmen Sie sich gründlich auf und fahren Sie dann 5 Minuten lang mit gleichbleibendem, maximalem Einsatz. Ihre durchschnittliche Wattleistung im 5-minütigen Testabschnitt ist ein guter Prädiktor Ihrer Leistung an der aeroben Kapazität.

T4: Zeitfahren

Absolvieren Sie diesen Test nach 3 bis 5 Tagen Regeneration. Der Testabschnitt sollte sicher sein, also wenig Verkehr, kaum Kreuzungen, keine Stoppschilder und eine breite Radspur aufweisen. Fahren Sie stets mit erhobenem Kopf, so dass Sie den Verkehr und mögliche Hindernisse wie z.B. Schlaglöcher im Blick haben. Die Strecke sollte flach sein oder sehr leicht bergan führen (1 bis 2 Prozent Steigung). Unternehmen Sie diesen Test am besten auf Ihrem Zeitfahrrad. Im Test können Sie die Übersetzung frei wählen und jederzeit schalten. Behandeln Sie diesen Test wie ein Rennen.

Markieren Sie Start und Ziel für spätere Tests. Sie können für den Test auch den Indoortrainer nehmen.

Absolvieren Sie nach einem gründlichen, 15- bis 30-minütigen Aufwärmen ein 10 Kilometer langes Zeitfahren auf weitgehend flacher Strecke. Mit zunehmender anaerober Ausdauer und Kraftausdauer sollten Sie allmählich schneller werden. Vermerken Sie zusätzlich zu Ihrer Zeit auch Ihre durchschnittliche Herzfrequenz und normalisierte Leistung in Ihrem Trainingstagebuch.

T5: Schnellkraft/Sprintleistung

Mit diesem Test bestimmten Sie den Fortschritt Ihrer Sprintqualitäten. Dafür benötigen Sie ein Powermeter. Absolvieren Sie diesen Test nach 3 bis 5 Tagen mit verringertem Trainingspensum.

Fahren Sie sich gut warm. Sie benötigen dann einen flachen oder leicht bergan führenden Straßenabschnitt (weniger als 4 Prozent Steigung) von etwa 50 bis 100 Metern Länge, je nach Steigung und Sprintqualitäten. Die Strecke sollte wenig Verkehr, keine Kreuzungen oder Stoppschilder und eine breite Radspur aufweisen.

Treten Sie aus einem fliegenden Start heraus so kraftvoll und schnell wie Sie können in die Pedale. Zählen Sie 8 Tritte mit dem rechten bzw. linken Fuß (insgesamt 16 Pedaltritte) und nutzen Sie Ihre bevorzugte Sprintposition: ganz gleich, ob im Stehen oder im Sitzen, ob mit den Händen an den Schalthebeln oder im Unterlenkergriff. Finden Sie heraus, womit Sie am besten zurechtkommen. Ihre Spitzenleistung für die 8 Pedalumdrehungen ist ein Maß Ihrer Schnellkraft.

LITERATURVERZEICHNIS

Kapitel 1

Blanchfield, A. W., J. Hardy, H. M. De Morree, W. Staiano und S. M. Marcora. »Talking Yourself Out of Exhaustion: The Effects of Self-Talk on Endurance Performance.« *Medicine and Science in Sports and Exercise* 46, no. 5 (2014): 998–1007.

Casey, B. J., L. H. Somerville, I. H. Gotlib, O. Ayduk, N. T. Franklin, M. K. Askren, J. Jonides, et al. »Behavioral and Neural Correlates of Delay of Gratification 40 Years Later.« *Proceedings of the National Academy of Sciences* 108, no. 36 (2011): 14998–15003.

Hamilton, R. A., D. Scott und M. P. MacDougall. »Assessing the Effectiveness of Self-Talk Interventions on Endurance Performance.« *Journal of Applied Sport Psychology* 19 (2007): 226–239.

Jones, G. »How the Best of the Best Get Better and Better.« *Harvard Business Review* 86, no. 6 (2008): 123–127, 142.

Kyllo, L. und D. Landers. »Goal Setting in Sport and Exercise: A Research Synthesis to Resolve the Controversy.« *Journal of Sport and Exercise Psychology* 17 (1995): 117–137.

Noakes, T. D., J. E. Peltonen und H. K. Rusko. »Evidence That a Central Governor Regulates Exercise Performance During Acute Hypoxia and Hyperoxia.« *Journal of Experimental Biology* 204, no. 18 (2001): 3225–3234.

Weinberg, R. »Does Imagery Work?: Effects on Performance and Mental Skills.« *Journal of Imagery Research in Sport and Physical Activity* 3, no. 1 (2008): 1–21.

Zadow, E. K., N. Gordon, C. R. Abbiss und J. J. Peiffer. »Pacing: The Missing Piece of the Puzzle to High-Intensity Interval Training.« *International Journal of Sports Medicine* 36, no. 3 (2015): 215–219.

Kapitel 2

Bentley, D. J., L. R. McNaughton, D. Thompson, V. E. Vleck und A. M. Batterham. »Peak Power Output, the Lactate Threshold, and Time Trial Performance in Cyclists.« *Medicine and Science in Sports and Exercise* 33, no. 12 (2001): 2077–2081.

Bouchard, C. »Genomic Predictors of Trainability.« *Experimental Physiology* 97, no. 3 (2012): 347–352.

Bouchard, C., M. A. Sarzynski, T. K. Rice, W. E. Kraus, T. S. Church, Y. J. Sung, D. C. Rao und T. Rankinen. »Genomic Predictors of the Maximal O_2 Uptake Response to Standardized Exercise Training Programs.« *Journal of Applied Physiology* 110, no. 5 (2011): 1160–1170.

Coyle, E. F., M. E. Feltner, S. A. Kautz, M. T. Hamilton, S. J. Montain, A. M. Baylor, L. D. Abraham und G. W. Petrek. »Physiological and Biomechanical Factors Associated with Elite Endurance Cycling Performance.« *Medicine and Science in Sports and Exercise* 23, no. 1 (1991): 93–107.

Ebert, T. R., D. T. Martin, W. McDonald, J. Victor, J. Plummer und R. T. Withers. »Power Output During Women's World Cup Road Cycle Racing.« *European Journal of Applied Physiology* 95, no. 5–6 (2005): 529–536.

Faria, E. W., D. L. Parker und I. E. Faria. »The Science of Cycling: Physiology and Training—Part 1.« *Sports Medicine* 35, no. 4 (2005): 285–312.

——. »The Science of Cycling: Physiology and Training—Part 2.« *Sports Medicine* 35, no. 4 (2005): 313–337.

Joyner, M. J. und E. F. Coyle. »Endurance Exercise Performance: The Physiology of Champions.« *Journal of Physiology* 586, no. 1 (2008): 35–44.

Lucía, A., J. Hoyos, M. Pérez, A. Santalla und J. L. Chicharro. »Inverse Relationship Between VO_2max and Economy/Efficiency in World-Class Cyclists.« *Medicine and Science in Sports and Exercise* 34, no. 12 (2002): 2079–2084.

Lucía, A., H. Joyos und J. L. Chicharro. »Physiological Response to Professional Road Cycling: Climbers vs. Time Trialists.« *International Journal of Sports Medicine* 21, no. 7 (2000): 505–512.

Lucía, A., J. Pardo, A. Durántez, J. Hoyos und J. L. Chicharro. »Physiological Differences Between Professional and Elite Road Cyclists.« *International Journal of Sports Medicine* 19, no. 5 (1998): 342–348.

Sallet, P., R. Mathieu, G. Fenech und G. Baverel. »Physiological Differences of Elite and Professional Road Cyclists Related to Competition Level and Rider Specialization.« *Journal of Sports Medicine and Physical Fitness* 46, no. 3 (2006): 361–365.

Skinner, J. S., A. Jaskólski, A. Jaskólska, J. Krasnoff, J. Gagnon, A. S. Leon, D. C. Rao, et al. »Age, Sex, Race, Initial Fitness und Response to Training: The HERITAGE Family Study.« *Journal of Applied Physiology* 9, no. 5 (2001): 1770–1776.

Swain, D. P. »The Influence of Body Mass in Endurance Bicycling.« *Medicine and Science in Sports and Exercise* 26, no. 1 (1994): 58–63.

Swain, D. P., J. R. Coast, P. S. Clifford, M. C. Milliken und J. Stray-Gundersen. »Influence of Body Size on Oxygen Consumption During Bicycling.« *Journal of Applied Physiology* 62, no. 2 (1987): 668–672.

Kapitel 3

Bangsbo, J., T. P. Gunnarsson, J. Wendell, L. Nybo und M. Thomassen. »Reduced Volume and Increased Training Intensity Elevate Muscle Na+/K+ {alpha} 2-Subunit Expression as Well as Short- and Long-Term Work Capacity in Humans.« *Journal of Applied Physiology* 107, no. 6 (2009): 1771–1780.

Banister, E. W., R. H. Morton und J. Fitz-Clarke. »Dose/Response Effects of Exercises Modeled from Training: Physical and Biochemical Measures.« *Annals of Physiology and Anthropology* 11, no. 3 (1992): 345–356.

Borg, G. »Perceived Exertion as an Indicator of Somatic Stress.« *Scandinavian Journal of Rehabilitation Medicine* 2, no. 2 (1970): 92–98.

Brisswalter, J., P. Legros und M. Durand. »Running Economy, Preferred Step Length Correlated to Body Dimensions in Elite Middle Distance Runners.« *Journal of Sports Medicine and Physical Fitness* 36 (1996): 7–15.

Burgomaster, K. A., K. R. Howarth, S. M. Phillips, M. Rakobowchuk, M. J. Macdonald, S. L. McGee und M. J. Gibala. »Similar Metabolic Adaptations During Exercise After Low Volume Sprint Interval and Traditional Endurance Training in Humans.« *Journal of Physiology* 586, no. 1 (2008): 151–160.

Busso, T., R. Candan und J. R. Lacour. »Fatigue and Fitness Modelled from the Effects of Training on Performance.« *European Journal of Applied Physiology and Occupational Physiology* 69, no. 1 (1994): 50–54.

Costill, D. L., R. Thomas, R. A. Robergs, D. D. Pascoe, C. P. Lambert, S. I. Barr und W. J. Fink. »Adaptations to Swimming Training: Influence of Training Volume.« *Medicine and Science in Sports and Exercise* 23 (1991): 371–377.

Ekblom, B. und A. N. Golobarg. »The Influence of Physical Training and Other Factors on the Subjective Rating of Perceived Exertion.« *Acta Physiologica Scandinavica* 83, no. 3 (1971): 399–406.

Fitz-Clarke, J. R., R. H. Morton und E. W. Banister. »Optimizing Athletic Performance by Influence Curves.« *Journal of Applied Physiology* 71, no. 3 (1991): 1151–1158.

Godfrey, R. J., S. A. Ingham, C. R. Pedlar und G. P. Whyte. »The Detraining and Retraining of an Elite Rower: A Case Study.« *Journal of Science and Medicine in Sport* 8, no. 3 (2005): 314–320.

Hawley, J. A. »Specificity of Training Adaptation: Time for a Rethink?« *Journal of Physiology* 586, no. 1 (2008): 1–2.

Helgerud, J., K. Hoydal, E. Wang, T. Karlsen, P. Berg, M. Bjerkaas, T. Simonsen, et al. »Aerobic High-Intensity Intervals Improve VO_2max More Than Moderate Training.« *Medicine and Science in Sports and Exercise* 39, no. 4 (2007): 665–671.

Jones, A. M. und H. Carter. »The Effect of Endurance Training on Parameters of Aerobic Fitness.« *Sports Medicine* 29, no. 6 (2000): 373–386.

Kubukeli, Z. N., T. D. Noakes und S. C. Dennis. »Training Techniques to Improve Endurance Exercise Performances.« *Sports Medicine* 32, no. 8 (2002): 489–509.

Laursen, P. B. und D. G. Jenkins. »The Scientific Basis for High-Intensity Interval Training: Optimizing Training Programmes and Maximising Performance in Highly Trained Endurance Athletes.« *Sports Medicine* 32, no. 1 (2002): 5373.

Lehmann, M., H. Mann, V. Gastmann, J. Keul, D. Vetter, J. M. Steinacker und D. Haussinger. »Unaccustomed High-Mileage vs. Intensity Training-Related Changes in Performance and Serum Amino Acid Levels.« *International Journal of Sports Medicine* 17, no. 3 (1996): 187–192.

Lindsay, F. H., J. A. Hawley, K. H. Myburgh, H. H. Schomer, T. D. Noakes und S. C. Dennis. »Improved Athletic Performance in Highly Trained Cyclists After Interval Training.« *Medicine and Science in Sports and Exercise* 28 (1996): 1427–1434.

McNicol, A. J., B. J. O'Brien, C. D. Paton und W. L. Knez. »The Effects of Increased Absolute Training Intensity on Adaptations to Endurance Exercise Training.« *Journal of Science and Medicine in Sport* 12, no. 4 (2009): 485–489.

Midgley, A. W., L. R. McNaughton und N. M. Wilkinson. »Is There an Optimal Training Intensity for Enhancing the Maximal Oxygen Uptake of Distance Runners?: Empirical Research Findings, Current Opinions, Physiological Rationale, and Practical Recommendations.« *Sports Medicine* 36, no. 2 (2006): 117–132.

Millet, G. P., A. Lambert, B. Barbier, J. D. Rouillon und R. B. Candan. »Modelling the Relationships Between Training, Anxiety, and Fatigue in Elite Athletes.« *International Journal of Sports Medicine* 26, no. 6 (2005): 492–498.

Morton, R. H. »Modeling Training and Overtraining.« *Journal of Sports Science* 15, no. 3 (1997): 335–340.

Morton, R. H., J. R. Fitz-Clarke und E. W. Banister. »Modeling Human Performance in Running.« *Journal of Applied Physiology* 69, no. 3 (1990): 1171–1177.

Neal, C. M., A. M. Hunter, L. Brennan, A. O'Sullivan, D. L. Hamilton, G. DeVito und S. D. Galloway. »Six Weeks of a Polarized Training Intensity Distribution Leads to Greater Physiological and Performance Adaptations Than a Threshold Model in Trained Cyclists.« *Journal of Applied Physiology* 114, no. 4 (2013): 461–471.

Taha, T. und S. G. Thomas. »Systems Modelling of the Relationship Between Training and Performance.« *Sports Medicine* 33, no. 14 (2003): 1061–1073.

Tanaka, H. »Effects of Cross-Training: Transfer of Training Effects on VO_2max Between Cycling, Running, and Swimming.« *Sports Medicine* 18, no. 5 (1994): 330–339.

Westgarth-Taylor, C., J. A. Hawley, S. Rickard, K. H. Myburgh, T. D. Noakes und S. C. Dennis. »Metabolic and Performance Adaptations to Interval Training in Endurance-Trained Cyclists.« *European Journal of Applied Physiology and Occupational Physiology* 75, no. 4 (1997): 298–304.

Kapitel 4

Bendke, R., R. M. Leithauser und Q. Ochentel. »Blood Lactate Diagnostics in Exercise Testing and Training.« *International Journal of Sports Physiology and Performance* 6, no. 1 (2011): 8–24.

Estave-Lanao, J., C. Foster, S. Seiler und A. Lucía. »Impact of Training Intensity Distribution on Performance in Endurance Athletes.« *Journal of Strength and Conditioning Research* 21, no. 3 (2007): 943–949.

Estave-Lanao, J., A. F. San Juan, C. P. Earnest, C. Foster und A. Lucía. »How Do Endurance Runners Actually Train?: Relationship with Competition Performance.« *Medicine and Science in Sports and Exercise* 37, no. 3 (2005): 496–504.

Fisketstrand, A. und S. Seiler. »Training and Performance Characteristics Among Norwegian International Rowers, 1970–2001.« *Medicine and Science in Sports and Exercise* 14 (2004): 303–310.

Gaskill, S. E., R. C. Serfass, D. W. Bacharach und J. M. Kelly. »Responses to Training in Cross-Country Skiers.« *Medicine and Science in Sports and Exercise* 31 (1999): 1211–1217.

Helgerud, J., K. Hoydal, E. Wang, T. Karlsen, P. Berg, M. Bjerkaas, T. Simonsen, et al. »Aerobic High-Intensity Intervals Improve VO_2max More Than Moderate Training.« *Medicine and Science in Sports and Exercise* 39, no. 4 (2007): 665–671.

Impellizzeri, F., A. Sassi, M. Rodriguez-Alonso, P. Mognoni und S. Marcora. »Exercise Intensity During Off-Road Cycling Competitions.« *Medicine and Science in Sports and Exercise* 34, no. 11 (2002): 1808–1813.

Ingham, S. A., H. Carter, G. P. Whyte und J. H. Doust. »Physiological and Performance Effects of Low- Versus Mixed-Intensity Rowing Training.« *Medicine and Science in Sports and Exercise* 40, no. 3 (2008): 579–584.

Ingham, S. A., B. W. Fudge und J. S. Pringle. »Training Distribution, Physiological Profile, and Performance for a Male International 1500-m Runner.« *International Journal of Sports Physiology and Performance* 7, no. 2 (2012): 193–195.

Jacobs, I. »Blood Lactate: Implications for Training and Sports Performance.« *Sports Medicine* 3 (1986): 10–25.

Laursen, P. B. »Training for Intense Exercise Performance: High-Intensity or High-Volume Training?« *Supplement, Scandinavian Journal of Medicine and Science in Sports* 20, no. S2 (2010): 1–10.

Laursen, P. B. und D. G. Jenkins. »The Scientific Basis for High-Intensity Interval Training: Optimizing Training Programmes and Maximising Performance in Highly Trained Endurance Athletes.« *Sports Medicine* 32, no. 1 (2002): 53–73.

Lehmann, M., H. Mann, V. Gastmann, J. Keul, D. Vetter, J. M. Stewacker und D. Haussinger. »Unaccustomed High-Mileage vs. Intensity Training-Related Changes in Performance and Serum Amino Acid Levels.« *International Journal of Sports Medicine* 17, no. 3 (1996): 187–192.

Loftin, M. und B. Warren. »Comparison of a Simulated 16.1-km Time Trial, VO_2max, and Related Factors in Cyclists with Different Ventilatory Thresholds.« *International Journal of Sports Medicine* 15, no. 8 (1994): 498–503.

Midgley, A. W., L. R. McNaughton und N. M. Wilkinson. »Is There an Optimal Training Intensity for Enhancing the Maximal Oxygen Uptake of Distance Runners?: Empirical Research Findings, Current Opinions, Physiological Rationale, and Practical Recommendations.« *Sports Medicine* 36, no. 2 (2006): 117–132.

Mujika, I., J. C. Chatard, T. Busso, A. Geyssant, F. Barale und L. Lacoste. »Effects of Training on Performance in Competitive Swimming.« *Canadian Journal of Applied Physiology* 20 (1995): 395–406.

Munoz, I., S. Seiler, J. Bautista, J. Espana, E. Larumbe und J. Esteve-Lanao. »Does Polarized Training Improve Performance in Recreational Runners?« *International Journal of Sports, Physiology and Performance* 9, no. 2 (2013): 265–272.

Neal, C. M., A. M. Hunter, L. Brennan, A. O'Sullivan, D. L. Hamilton, G. DeVito und S. D. Galloway. »Six Weeks of a Polarized Training Intensity Distribution Leads to Greater Physiological and Performance Adaptations Than a Threshold Model in Trained Cyclists.« *Journal of Applied Physiology* 114, no. 4 (2013): 461–471.

Ready, E. A. und H. A. Quinney. »Alterations in Anaerobic Threshold as the Result of Endurance Training and Detraining.« *Medicine and Science in Sports and Exercise* 14 (1982): 292–296.

Seiler, S. »What Is Best Practice for Training Intensity and Duration Distribution in Endurance Athletes?« *International Journal of Sports, Physiology and Performance* 5 (2010): 276–291.

Seiler, S. und G. Kjerland. »Quantifying Training Intensity Distribution in Elite Endurance Athletes: Is There Evidence for an ›Optimal‹ Distribution?« *Scandinavian Journal of Medicine and Science in Sports* 16, no. 1 (2006): 49–56.

Seiler, S. und E. Tonnessen. »Intervals, Thresholds, and Long Slow Distance: The Role of Intensity and Duration in Endurance Training.« *Sport Science* 13 (2009): 32–53.

Skinner, J. und T. McLellan. »The Transition from Aerobic to Anaerobic Metabolism.« *Research Quarterly for Exercise and Sport* 51 (1980): 234–248.

Stöggl, T. und B. Sperlich. »Polarized Training Has Greater Impact on Key Endurance Variables Than Threshold, High Intensity, or High Volume Training.« *Frontiers in Physiology* 4, no. 5 (2014): 33.

Swensen, T. C., C. R. Harnish, L. Beltman und B. A. Keller. »Noninvasive Estimation of the Maximal Lactate Steady State in Trained Cyclists.« *Medicine and Science in Sports and Exercise* 31, no. 5 (1999): 742–746.

Kapitel 5

Allen, H. und A. Coggan. *Training and Racing with a Power Meter.* 2nd ed. Boulder, CO: VeloPress, 2010.

Jobson, S. A., A. M. Nevill, G. S. Palmer, A. E. Jeukendrup, M. Doherty und G. Atkinson. »The Ecological Validity of Laboratory Cycling: Does Body Size Explain the Difference Between Laboratory- and Field-Based Cycling Performance?« *Journal of Sports Science* 25, no. 1 (2007): 3–9.

Jones, G. »How the Best of the Best Get Better and Better.« *Harvard Business Review* 86, no. 6 (2008): 123–127, 142.

McCormick, A., C. Meijen und S. Marcora. »Psychological Determinants of Whole-Body Endurance Performance.« *Sports Medicine* 45, no. 7 (2015): 997–1015.

McGehee, J. C., C. J. Tanner und J. A. Houmard. »A Comparison of Methods for Estimating the Lactate Threshold.« *Journal of Strength and Conditioning Research* 19, no. 3 (2005): 553–558.

Kapitel 6

Bendke, R., R. M. Leithauser und Q. Ochentel. »Blood Lactate Diagnostics in Exercise Testing and Training.« *International Journal of Sports Physiology and Performance* 6, no. 1 (2011): 8–24.

Cairns, S. P. »Lactic Acid and Exercise Performance: Culprit or Friend?« *Sports Medicine* 36, no. 4 (2006): 279–291.

Coyle, E. F. »Integration of the Physiological Factors Determining Endurance Performance Ability.« *Exercise, Sport, and Science Review* 23 (1995): 25–63.

Coyle, E. F., M. E. Feltner, S. A. Kantz, M. T. Hamilton, S. J. Montain, A. M. Baylor, L. D. Abraham, et al. »Physiological and Biomechanical Factors Associated with Elite Endurance Cycling Performance.« *Medicine and Science in Sports and Exercise* 23, no. 1 (1991): 93–107.

Faria, E. W., D. L. Parker und I. E. Faria. »The Science of Cycling: Physiology and Training – Part 1.« *Sports Medicine* 35, no. 4 (2005): 255–312.

Grossl, T., R. Dantas de Lucas, K. Mendes de Souza und G. A. Guglielmol. »Maximal Lactate Steady-State and Anaerobic Thresholds from Different Methods in Cyclists.« *European Journal of Sports Science* 12, no. 2 (2012): 161–167.

Lucía, A., J. Hoyos, M. Perez, A. Santalla und J. L. Chicharro. »Inverse Relationship Between VO_2max and Economy/Efficiency in World-Class Cyclists.« *Medicine and Science in Sports and Exercise* 34, no. 12 (2002): 2079–2084.

Lucía, A., H. Joyos und J. L. Chicharro. »Physiological Response to Professional Road Cycling: Climbers vs. Time Trialists.« *International Journal of Sports Medicine* 21, no. 7 (2000): 505–512.

McGehee, J., C. Tanner und J. Houmard. »A Comparison of Methods for Estimating the Lactate Threshold.« *Journal of Strength and Conditioning Research* 19, no. 3 (2005): 553–558.

Myers, J. und E. Ashley. »Dangerous Curves: A Perspective on Exercise, Lactate, and the Anaerobic Threshold.« *Chest* 111, no. 3 (1997): 787–795.

Nicholls, J. F., S. L. Phares und M. J. Buono. »Relationship Between Blood Lactate Response to Exercise and Endurance Performance in Competitive Female Master Cyclists.« *International Journal of Sports Medicine* 18 (1997): 458–463.

Pate, R. R. und J. D. Branch. »Training for Endurance Sport.« *Medicine and Science in Sports and Exercise* 24, no. 9 (1992): S340–343.

Sallet, P., R. Mathieu, G. French und G. Baverel. »Physiological Differences of Elite and Professional Road Cyclists Related to Competition Level and Rider Specialization.« *Journal of Sports Medicine and Physical Fitness* 46, no. 3 (2006): 361–365.

Swensen, T. C., C. R. Harnish, L. Beltman und B. A. Keller. »Noninvasive Estimation of the Maximal Lactate Steady State in Trained Cyclists.« *Medicine and Science in Sports and Exercise* 31, no. 5 (1999): 742–746.

Kapitel 7

Boullosa, D. A., L. Abreu, A. Varela-Sanz und I. Mujika. »Do Olympic Athletes Train as in the Paleolithic Era?« *Sports Medicine* 43, no. 10 (2013): 909–917.

Fry, R. W., A. R. Morton und D. Keast. »Periodization of Training Stress: A Review.« *Canadian Journal of Sport Science* 17 (1992): 234–240.

Gaskill, S. E., R. C. Serfass, D. W. Bacharach und J. M. Kelly. »Responses to Training in Cross-Country Skiers.« *Medicine and Science in Sports and Exercise* 31, no. 8 (1999): 1211–1217.

Hagberg, J. M., R. C. Hickson, A. A. Ehsani und J. O. Holloszy. »Faster Adjustment to and Recovery from Submaximal Exercise in the Trained State.« *Journal of Applied Physiology* 48, no. 2 (1980): 218–224.

Hautala, A. J., A. M. Kiviniemi, T. H. Makikallio, H. Kinnunen, S. Nissila, H. V. Huikuri und M. P. Tulppo. »Individual Differences in the Responses to Endurance and Resistance Training.« *European Journal of Applied Physiology* 96, no. 5 (2006): 535–542.

Kiely, J. »Periodization Paradigms in the 21st Century: Evidence-Led or Tradition-Driven?« *International Journal of Sports Physiology and Performance* 7, no. 3 (2012): 242–250.

Morton, R. H. »Modeling Training and Overtraining.« *Journal of Sports Science* 15, no. 3 (1997): 335–340.

Paton, C. D. und W. G. Hopkins. »Seasonal Changes in Power of Competitive Cyclists: Implications for Monitoring Performance.« *Journal of Science and Medicine in Sport* 8, no. 4 (2005): 375–381.

Swain, D. P., J. R. Coast, P. S. Clifford, M. C. Milliken und J. Stray-Gundersen. »Influence of Body Size on Oxygen Consumption During Bicycling.« *Journal of Applied Physiology* 62, no. 2 (1987): 668–672.

Kapitel 8

Banister, E. W., R. H. Morton und J. Fitz-Clarke. »Dose/Response Effects of Exercise Modeled from Training: Physical and Biochemical Measures.« *Annals of Physiology and Anthropology* 11, no. 3 (1992): 345–356.

Busso, T., R. Candau und J. R. Lacour. »Fatigue and Fitness Modelled from the Effects of Training on Performance.« *European Journal of Applied Physiology and Occupational Physiology* 69, no. 1 (1994): 50–54.

Costill, D. L., R. Thomas, R. A. Robergs, D. Pascoe, C. Lambert, S. Barr und W. J. Fink. »Adaptations to Swimming Training: Influence of Training Volume.« *Medicine and Science in Sports and Exercise* 23, no. 3 (1991): 371–377.

Esteve-Lanao, J., C. Foster, S. Seiler und A. Lucía. »Impact of Training Intensity Distribution on Performance in Endurance Athletes.« *Journal of Strength and Conditioning Research* 21, no. 3 (2007): 943–949.

Fitz-Clarke, J. R., R. H. Morton und E. W. Banister. »Optimizing Athletic Performance by Influence Curves.« *Journal of Applied Physiology* 71, no. 3 (1991): 1151–1158.

Gaskill, S. E., R. C. Serfass, D. W. Bacharach und J. M. Kelly. »Responses to Training in Cross-Country Skiers.« *Medicine and Science in Sports and Exercise* 31, no 8 (1999): 1211–1217.

Gomes, P. S. und Y. Bhambhani. »Time Course Changes and Dissociation in VO_2max at Maximum and Submaximum Exercise Levels as a Result of Training in Males.« *Medicine and Science in Sports and Exercise* 28, no. 5 (1996): S81.

Hautala, A. J., A. M. Kiviniemi, T. H. Mäkikallio, H. Kinnunen, S. Nissilä, H. V. Huikuri und M. P. Tulppo. »Individual Differences in the Responses to Endurance and Resistance Training.« *European Journal of Applied Physiology* 96, no. 5 (2006): 535–542.

Helgerud, J., K. Høydal, E. Wang, T. Karlsen, P. Berg, M. Bjerkaas, T. Simonsen, et al. »Aerobic High-Intensity Intervals Improve VO_2max More Than Moderate Training.« *Medicine and Science in Sports and Exercise* 39, no. 4 (2007): 665–671.

Houmard, J. A. »Impact of Reduced Training on Performance in Endurance Athletes.« *Sports Medicine* 12, no. 6 (1991): 380–393.

Laursen, P. B. »Training for Intense Exercise Performance: High-Intensity or High-Volume Training?« *Supplement, Scandinavian Journal of Medicine and Science in Sports* 20, no. S2 (2010): 1–10.

Laursen, P. B. und D. G. Jenkins. »The Scientific Basis for High-Intensity Interval Training: Optimising Training Programmes and Maximising Performance in Highly Trained Endurance Athletes.« *Sports Medicine* 32, no. 1 (2002): 53–73.

Millet, G. P., A. Groslambert, B. Barbier, J. D. Rouillon und R. B. Cantan. »Modeling the Relationships Between Training, Anxiety, and Fatigue in Elite Athletes.« *International Journal of Sports Medicine* 26, no. 6 (2005): 492–498.

Morton, R. H. »Modeling Training and Overtraining.« *Journal of Sports Science* 15, no. 3 (1997): 335–340.

Morton, R. H., J. R. Fitz-Clarke und E. W. Banister. »Modeling Human Performance in Running.« *Journal of Applied Physiology* 69, no. 3 (1990): 1171–1177.

Mujika, I., A. Goya, S. Padilla, A. Grijalba, E. Gorostiaga und J. Ibañez. »Physiological Responses to a 6-d Taper in Middle-Distance Runners: Influence of Training Intensity and Volume.« *Medicine and Science in Sports and Exercise* 32, no. 2 (2000): 511–517.

Seiler, S. »What Is Best Practice for Training Intensity and Duration Distribution in Endurance Athletes?« *International Journal of Sports, Physiology, and Performance* 5, no. 3 (2010): 276–291.

Seiler, S. und E. Tonnessen. »Intervals, Thresholds, and Long Slow Distance: The Role of Intensity and Duration in Endurance Training.« *Sport Science* 13 (2009): 32–53.

Shepley, B., J. D. MacDougall, N. Cipriano, J. R. Sutton, M. A. Tarnopolsky und G. Coates. »Physiological Effects of Tapering in Highly Trained Athletes.« *Journal of Applied Physiology* 72, no. 2 (1992): 706–711.

Taha, T. und S. G. Thomas. »Systems Modelling of the Relationship Between Training and Performance.« *Sports Medicine* 33, no. 14 (2003): 1061–1073.

Thomas, L., I. Mujika und T. Busso. »Computer Simulations Assessing the Potential Performance Benefit of a Final Increase in Training During Pre-Event Taper.« *Journal of Strength and Conditioning Research* 23, no. 6 (2009): 1729–1736.

Kapitel 9

Bosquet, L., J. Montpetit, D. Arvisais und I. Mujika. »Effects of Tapering on Performance: A Meta-Analysis.« *Medicine and Science in Sports and Exercise* 39, no. 8 (2007): 1358–1365.

Breil, F. S., S. N. Weber, S. Koller, H. Hoppeler und M. Vogt. »Block Training Periodization in Alpine Skiing: Effects of 11-Day HIT on VO_2max and Performance.« *European Journal of Applied Physiology* 109, no. 6 (2010): 1077–1086.

Buchheit, M. und Laursen, P. B. »High-Intensity Interval Training: Solutions to the Programming Puzzle. Part II: Anaerobic Energy, Neuromuscular Load and Practical Applications.« *Sports Medicine* 43, no. 10 (2013): 927–954.

Fleck, S. J. »Non-Linear Periodization for General Fitness and Athletes.« *Journal of Human Kinetics* 29A (2011): 41–45.

García-Pallarés, J., M. García-Fernández, L. Sánchez-Medina und M. Izquierdo. »Performance Changes in World-Class Kayakers Following Two Different Training Periodization Models.« *European Journal of Applied Physiology* 110, no. 1 (2010): 99–107.

García-Pallarés, J., L. Sánchez-Medina, L. Carrasco, A. Diaz und M. Izquierdo. »Endurance and Neuromuscular Changes in World-Class Level Kayakers During a Periodized Training Cycle.« *European Journal of Applied Physiology* 106, no. 4 (2009): 629–638.

Hartmann, H., K. Wirth, M. Keiner, C. Mickel, A. Sander und E. Szilvas. »Short-Term Periodization Models: Effects on Strength and Speed-Strength Performance.« *Sports Medicine* 45, no. 10 (2015): 1373–1386.

Issurin, V. B. »Block Periodization Versus Traditional Training Theory: A Review.« *Journal of Sports Medicine and Physical Fitness* 48, no. 1 (2008): 65–75.

———. »New Horizons for the Methodology and Physiology of Training Periodization.« *Sports Medicine* 40, no. 3 (2010): 189–206.

———. »Training Transfer: Scientific Background and Insights for Practical Application.« *Sports Medicine* 43, no. 8 (2013): 675–694.

Jeukendrup, A. E., M. K. Hesselink, A. C. Snyder, H. Kuipers und H. A. Keizer. »Physiological Changes in Male Competitive Cyclists After Two Weeks of Intensified Training.« *International Journal of Sports Medicine* 13, no. 7 (1992): 534–541.

Kibler, W. B. und T. J. Chandler. »Sport-Specific Conditioning.« *American Journal of Sports Medicine* 22, no. 3 (1994): 424–432.

Kiely, J. »Periodization Paradigms in the 21st Century: Evidence-Led or Tradition-Driven?« *International Journal of Sports Physiology and Performance* 7, no. 3 (2012): 242–250.

Kirwan, J. P., D. L. Costill, M. G. Flynn, J. B. Mitchell, W. J. Fink, P. D. Neufer und J. A. Houmard. »Physiological Responses to Successive Days of Intense Training in Competitive Swimmers.« *Medicine and Science in Sports and Exercise* 20, no. 3 (1988): 255–259.

Lehmann, M., P. Baumgartl, C. Wiesenack, A. Seidel, H. Baumann, S. Fischer, U. Spöri, et al. »Training-Overtraining: Influence of a Defined Increase in Training Volume vs. Training Intensity on Performance, Catecholamines and Some Metabolic Parameters in Experienced Middle- and Long-Distance Runners.« *European Journal of Applied Physiology and Occupational Physiology* 64, no. 2 (1992): 169–177.

Lehmann, M., H. Wieland und U. Gastmann. »Influence of an Unaccustomed Increase in Training Volume vs. Intensity on Performance, Hematological and Blood-Chemical Parameters in Distance Runners.« *Journal of Sports Medicine and Physical Fitness* 37, no. 2 (1997): 110–116.

Rhea, M. R., S. D. Ball, W. T. Phillips und L. N. Burkett. »A Comparison of Linear and Daily Undulating Periodized Programs with Equated Volume and Intensity for Strength.« *Journal of Strength and Conditioning Research* 16, no. 2 (2002): 250–255.

Rhea, M. R., W. T. Phillips, L. N. Burkett, W. J. Stone, S. D. Ball, B. A. Alvar und A. B. Thomas. »A Comparison of Linear and Daily Undulating Periodized Programs with Equated Volume and Intensity for Local Muscular Endurance.« *Journal of Strength and Conditioning Research* 17, no. 1 (2003): 82–87.

Rønnestad, B. R., S. Ellefsen, H. Nygaard, E. E. Zacharoff, O. Vikmoen, J. Hansen und J. Hallén. »Effects of 12 Weeks of Block Periodization on Performance and Performance Indices in Well-Trained Cyclists.« *Scandinavian Journal of Medicine and Science in Sports* 24, no. 2 (2014): 327–335.

Rønnestad, B. R., J. Hansen und S. Ellefsen. »Block Periodization of High-Intensity Aerobic Intervals Provides Superior Training Effects in Trained Cyclists.« *Scandinavian Journal of Medicine and Science in Sports* 24, no. 1 (2014): 34–42.

Rønnestad, B. R., J. Hansen, V. Thyli, T. A. Bakken und Ø. Sandbakk. »5-Week Block Periodization Increases Aerobic Power in Elite Cross-Country Skiers.« *Scandinavian Journal of Medicine and Science in Sports* 26, no. 2 (2016): 140–146.

Szabo, S., Y. Tache und A. Somogyi. »The Legacy of Hans Selye and the Origins of Stress Research: A Retrospective 75 Years After His Landmark Brief ›Letter‹ to the Editor of Nature.« *Stress* 15, no. 5 (2012): 472–478.

Tønnessen, E., Ø. Sylta, T. A. Haugen, E. Hem, I. S. Svendsen und S. Seiler. »The Road to Gold: Training and Peaking Characteristics in the Year Prior to a Gold Medal Endurance Performance.« *PLoS One* 9, no. 7 (2014): e101796.

Kapitel 10

Aubry, A., C. Hausswirth, J. Louis, A. J. Coutts und Y. Le Meur. »Functional Overreaching: The Key to Peak Performance During the Taper?« *Medicine and Science in Sports and Exercise* 46, no. 9 (2014): 1769–1777.

Hausswirth, C., J. Louis, A. Aubry, G. Bonnet, R. Duffield und Y. Le Meur. »Evidence of Disturbed Sleep and Increased Illness in Overreached Endurance Athletes.« *Medicine and Science in Sports and Exercise* 46, no. 5 (2014): 1036–1045.

Lehmann, M., U. Gastmann, K. G. Peterson, N. Bachl, A. Seidel, A. N. Khalaf, S. Fischer, et al. »Training-Overtraining: Performance, and Hormone Levels, After a Defined Increase in Training Volume Versus Intensity in Experienced Middle- and Long-Distance Runners.« *British Journal of Sports Medicine* 26, no. 4 (1992): 233–242.

Lehmann, M., H. Wieland und U. Gastmann. »Influence of an Unaccustomed Increase in Training Volume vs. Intensity on Performance, Hematological and Blood-Chemical Parameters in Distance Runners.« *Journal of Sports Medicine and Physical Fitness* 37, no. 2 (1997): 110–116.

Le Meur, Y., A. Pichon, K. Schaal, L. Schmitt, J. Louis, J. Gueneron, P. P. Vidal und C. Hausswirth. »Evidence of Parasympathetic Hyperactivity in Functionally Overreached Athletes.« *Medicine and Science in Sports and Exercise* 45, no. 11 (2013): 2061–2071.

Meeusen, R., M. Duclos, C. Foster, A. Fry, M. Gleeson, D. Nieman, J. Raglin, et al. »Prevention, Diagnosis, and Treatment of the Overtraining Syndrome: Joint Consensus Statement of the European College of Sport Science and the American College of Sports Medicine.« *Medicine and Science in Sports and Exercise* 45, no. 1 (2013): 186–205.

Vesterinen, V., K. Häkkinen, T. Laine, E. Hynynen, J. Mikkola und A. Nummela. »Predictors of Individual Adaptation to High-Volume or High-Intensity Endurance Training in Recreational Endurance Runners.« *Scandinavian Journal of Medicine and Science in Sports* 26, no. 8 (2016): 885–893.

Kapitel 11

Barnett, A. »Using Recovery Modalities Between Training Sessions in Elite Athletes: Does It Help?« *Sports Medicine* 36, no. 9 (2006): 781–796.

Bellenger, C. R., R. L. Thomson, E. Y. Robertson, K. Davison, M. J. Nelson, L. Karavirta und J. D. Buckley. »The Effect of Functional Overreaching on Parameters of Autonomic Heart Rate Regulation.« *European Journal of Applied Physiology* 117, no. 3 (2017): 541–550.

Bishop, P. A., E. Jones und A. K. Woods. »Recovery from Training: A Brief Review.« *Journal of Strength and Conditioning Research* 22, no. 3 (2008): 1015–1024.

Born, J., S. Muths und H. L. Fehm. »The Significance of Sleep Onset and Slow Wave Sleep for Nocturnal Release of Growth Hormone (GH) and Cortisol.« *Psychoneuroendocrinology* 13, no. 3 (1988): 233–243.

Bosquet, L., S. Merkari, D. Arvisais und A. E. Aubert. »Is Heart Rate a Convenient Tool to Monitor Overreaching?: A Systematic Review of the Literature.« *British Journal of Sports Medicine* 42, no. 9 (2008): 709–714.

Brummitt, J. »The Role of Massage in Sports Performance and Rehabilitation: Current Evidence and Future Direction.« *North American Journal of Sports Physical Therapy* 3, no. 1 (2008): 7–21.

Busso, T., R. Candau und J. R. Lacour. »Fatigue and Fitness Modelled from the Effects of Training on Performance.« *European Journal of Applied Physiology and Occupational Physiology* 69, no. 1 (1994): 50–54.

Costill, D. L., R. Bowers, G. Branam und K. Sparks. »Muscle Glycogen Utilization During Prolonged Exercise on Successive Days.« *Journal of Applied Physiology* 31, no. 6 (1971): 834–838.

Dedering, A., G. Németh, and K. Harms-Ringdahl. »Correlation Between Electromyographic Spectral Changes and Subjective Assessment of Lumbar Muscle Fatigue in Subjects Without Pain from the Lower Back.« *Clinical Biomechanics* 14, no. 2 (1999): 103–111.

Depauw, K., B. DeGeus, B. Roelands, F. Lauwens, J. Verschueren, E. Heyman und R. R. Meeusen. »Effect of Five Different Recovery Methods on Repeated Cycle Performance.« *Medicine and Science in Sports and Exercise* 43, no. 5 (2011): 890–897.

Etheridge, T., A. Philip und P. W. Watt. »A Single Protein Meal Increases Recovery of Muscle Function Following an Acute Eccentric Exercise Bout.« *Applied Physiology and Nutritional Metabolism* 33, no. 3 (2008): 483–488.

Halson, S. L. »Monitoring Training Load to Understand Fatigue in Athletes.« *Supplement, Sports Medicine* 44, no. S2 (2014): S139–S147.

Hemmings, B., M. Smith, J. Graydon und R. Dyson. »Effects of Massage on Physiological Restoration, Perceived Recovery, and Repeated Sports Performance.« *British Journal of Sports Medicine* 34, no. 2 (2000): 109–114.

Hill, J., G. Howatson, K. van Someren, J. Leeder und C. Pedlar. »Compression Garments and Recovery from Exercise-Induced Muscle Damage: A Meta-Analysis.« *British Journal of Sports Medicine* 48, no. 18 (2014): 1340–1346.

Jajtner, A. R., J. R. Hoffman, A. M. Gonzalez, P. R. Worts, M. S. Fragala und J. R. Stout. »Comparison of the Effects of Electrical Stimulation and Cold-Water Immersion on Muscle Soreness After Resistance Exercise.« *Journal of Sport Rehabilitation* 24, no. 2 (2015): 99–108.

Kaikkonen, P., E. Hynynen, T. Mann, H. Rusko und A. Nummela. »Can HRV Be Used to Evaluate Training Load in Constant Load Exercises?« *European Journal of Applied Physiology* 108, no. 3 (2010): 435–442.

Kaikkonen, P., H. Rusko und K. Martinmäki. »Post-Exercise Heart Rate Variability of Endurance Athletes After Different High-Intensity Exercise Interventions.« *Scandinavian Journal of Medicine and Science in Sports* 18, no. 4 (2008): 511–519.

Mackey, A. L. »Does an NSAID a Day Keep Satellite Cells at Bay?« *Journal of Applied Physiology* 115, no. 6 (2013): 900–908.

Maughan, R. J. »Nutritional Ergogenic Aids and Exercise Performance.« *Nutrition Research Review* 12, no. 2 (1999): 255–280.

Maughan, R. J., D. S. King und T. Lea. »Dietary Supplements.« *Journal of Sports Science* 22, no. 1 (2004): 95–113.

McAinch, A. J., M. A. Febbraio, J. M. Parkin, S. Zhao, K. Tangalakis, L. Stojanovska und M. F. Carey. »Effect of Active Versus Passive Recovery on Metabolism and Performance During Subsequent Exercise.« *International Journal of Sport Nutrition and Exercise Metabolism* 14, no. 2 (2004): 185–196.

Meeusen, R., M. Duclos, C. Foster, A. Fry, M. Gleeson, D. Nieman, J. Raglin, et al. »Prevention, Diagnosis, and Treatment of the Overtraining Syndrome: Joint Consensus Statement of the European College of Sport Science and the American College of Sports Medicine.« *Medicine and Science in Sports and Exercise* 45, no. 1 (2013): 186–205.

Mika, A., P. Mika, B. Fernhall und V. B. Unnithan. »Comparison of Recovery Strategies on Muscle Performance After Fatiguing Exercise.« *American Journal of Physical Medicine and Rehabilitation* 86, no. 6 (2007): 474–481.

Morrison, D., J. Hughes, P. A. Della Gatta, S. Mason, S. Lamon, A. P. Russell und G. D. Wadley. »Vitamin C and E Supplementation Prevents Some of the Cellular Adaptations to Endurance-Training in Humans.« *Free Radical Biology and Medicine* 89 (2015): 852–862.

Pasiakos, S. M., H. R. Lieberman und T. M. McLellan. »Effects of Protein Supplements on Muscle Damage, Soreness and Recovery of Muscle Function and Physical Performance: A Systematic Review.« *Sports Medicine* 44, no. 5 (2014): 655–670.

Paulsen, G., K. T. Cumming, G. Holden, J. Hallén, B. R. Rønnestad, O. Sveen, A. Skaug, et al. »Vitamin C and E Supplementation Hampers Cellular Adaptation to Endurance Training in Humans: A Double-Blind, Randomised, Controlled Trial.« *Journal of Physiology* 592, no. 8 (2014): 1887–1901.

Peake, J. M. und S. C. Gandevia. »Replace, Restore, Revive: The Keys to Recovery After Exercise.« *Journal of Applied Physiology* 122, no. 3 (2017): 531–532.

Pearcey, G. E., D. J. Bradbury-Squires, J. E. Kawamoto, E. J. Drinkwater, D. G. Behm und D. C. Button. »Foam Rolling for Delayed-Onset Muscle Soreness and Recovery of Dynamic Performance Measures.« *Journal of Athletic Training* 50, no. 1 (2015): 5–13.

Phillips, S. M., K. D. Tipton, A. Aarsland, S. E. Wolf und R. R. Wolfe. »Mixed Muscle Protein Synthesis and Breakdown After Resistance Exercise in Humans.« *American Journal of Physiology* 273, no. 1, part 1 (1997): E99–107.

Sands, W. A., J. R. McNeal, S. R. Murray und M. H. Stone. »Dynamic Compression Enhances Pressure-to-Pain Threshold in Elite Athlete Recovery: Exploratory Study.« *Journal of Strength and Conditioning Research* 29, no. 5 (2015): 1263–1272.

Schoenfeld, B. J. »The Use of Nonsteroidal Anti-Inflammatory Drugs for Exercise-Induced Muscle Damage: Implications for Skeletal Muscle Development.« *Sports Medicine* 42, no. 12 (2012): 1017–1028.

Ten Haaf, T., S. van Staveren, E. Oudenhoven, M. F. Piacentini, R. Meeusen, B. Roelands, L. Koenderman, et al. »Prediction of Functional Overreaching from Subjective Fatigue and Readiness to Train After Only 3 Days of Cycling.« *Supplement, International Journal of Sports Physiology and Performance* 12, no. S2 (2017): S287–S294.

Thiriet, P., D. Gozal, D. Wouassi, T. Oumarou, H. Gelas und J. R. Lacour. »The Effect of Various Recovery Modalities on Subsequent Performance in Supramaximal Exercise.« *Journal of Sports Medicine and Physical Fitness* 33, no. 2 (1993): 118–129.

Thorpe, R. T., A. J. Strudwick, M. Buchheit, G. Atkinson, B. Drust und W. Gregson. »Sensitivity of Morning-Measured Fatigue Variables in Elite Soccer Players.« *Supplement, International Journal of Sports Physiology and Performance* 12, no. S2 (2017): S2107–S2113.

Tiidus, P. M. »Manual Massage and Recovery of Muscle Function Following Exercise: A Literature Review.« *Journal of Orthopedic Sports Physical Therapy* 25, no. 2 (1997): 107–112.

Tiidus, P. M. und J. K. Shoemaker. »Effleurage Massage, Muscle Blood Flow and Long-Term Post-Exercise Strength Recovery.« *International Journal of Sports Medicine* 16, no. 7 (1995): 478–483.

Tomlin, D. L. und H. A. Wenger. »The Relationship Between Fitness and Recovery from High Intensity Intermittent Exercise.« *Sports Medicine* 31, no. 1 (2001): 1–11.

Tseng, C. Y., J. P. Lee, Y. S. Tsai, S. D. Lee, C. L. Kao, T. C. Liu, C. Lai, et al. »Topical Cooling (Icing) Delays Recovery from Eccentric Exercise-Induced Muscle Damage.« *Journal of Strength and Conditioning Research* 27, no. 5 (2013): 1354–1361.

Tucker, T. J., D. R. Slivka, J. S. Cuddy, W. S. Hailes und B. C. Ruby. »Effect of Local Cold Application on Glycogen Recovery.« *Journal of Sports Medicine and Physical Fitness* 52, no. 2 (2012): 158–164.

Weerapong, P., P. A. Hume und G. S. Kolt. »The Mechanisms of Massage and Effects on Performance, Muscle Recovery and Injury Prevention.« *Sports Medicine* 35, no. 3 (2005): 235–256.

Ziltener, J. L., S. Leal und P. E. Fournier. »Non-Steroidal Anti-Inflammatory Drugs for Athletes: An Update.« *Annals of Physical and Rehabilitation Medicine* 53, no. 4 (2010): 278–288.

Kapitel 12

Baum, B. »Lower Extremity Muscle Activities During Cycling Are Influenced by Load and Frequency.« *Journal of Electromyography and Kinesiology* 13, no. 2 (2003): 181–190.

Behm, D. G., D. Cappa und G. A. Power. »Trunk Muscle Activation During Moderate and High-Intensity Running.« *Applied Physiology, Nutrition and Metabolism* 34, no. 6 (2009): 1008–1016.

Behm, D. G. und D. G. Sale. »Intended Rather Than Actual Movement Velocity Determines Velocity-Specific Training Response.« *Journal of Applied Physiology* 74, no. 1 (1993): 359–368.

Bijker, K., G. Groot und A. Hollander. »Differences in Leg Muscle Activity During Running and Cycling in Humans.« *European Journal of Applied Physiology* 87, no. 6 (2002): 556–561.

Byrne, C., C. Faure, D. J. Keene und S. E. Lamb. »Aging, Muscle Power and Physical Function: A Systematic Review and Implications for Pragmatic Training Interventions.« *Sports Medicine* 46, no. 9 (2016): 1311–1332.

Carroll, T. J., S. Riek und R. G. Carson. »Neural Adaptations to Resistance Training.« *Sports Medicine* 31, no. 12 (2001): 829–840.

Cormie, P., M. R. McGuigan und R. U. Newton. »Developing Maximal Neuromuscular Power: Part 1 – Biological Basis of Maximal Power Production.« *Sports Medicine* 41, no. 1 (2011): 17–38.

——. »Developing Maximal Neuromuscular Power: Part 2 – Training Considerations for Improving Maximal Power Production.« *Sports Medicine* 41, no. 2 (2011): 125–146.

Craig, B. W., R. Brown und J. Everhart. »Effects of Progressive Resistance Training on Growth Hormone and Testosterone Levels in Young and Elderly Subjects.« *Mechanisms of Ageing and Development* 49, no. 2 (1989): 159–169.

Davies, T., R. Orr, M. Halaki und D. Hackett. »Effect of Training Leading to Repetition Failure on Muscular Strength: A Systematic Review and Meta-Analysis.« *Sports Medicine* 46, no. 4 (2016): 487–502.

Ebben, W. P., M. L. Fauth, L. R. Garceau und E. J. Petrushek. »Kinetic Quantification of Plyometric Exercise Intensity.« *Journal of Strength and Conditioning Research* 25, no. 12 (2011): 3288–3298.

Ebben, W. P., A. G. Kindler, K. A. Chirdon, N. C. Jenkins, A. J. Polichnowski und A. V. Ng. »The Effect of High-Load vs. High-Repetition Training on Endurance Performance.« *Journal of Strength and Conditioning Research* 18, no. 3 (2004): 513–517.

Fisher, J., J. Steele und D. Smith. »High- and Low-Load Resistance Training: Interpretation and Practical Application of Current Research Findings.« *Sports Medicine* 47, no. 3 (2017): 393–400.

Goto, K., M. Nagasawa, O. Yanagisawa, T. Kizuka, N. Ishii und K. Takamatsu. »Muscular Adaptations to Combinations of High- and Low-Intensity Resistance Exercises.« *Journal of Strength and Conditioning Research* 18, no. 4 (2004): 730–737.

Hakkinen, K., A. Pakarinen, M. Alen, H. Kauhanen und P. V. Komi. »Neuromuscular and Hormonal Adaptations in Athletes to Strength Training in Two Years.« *Journal of Applied Physiology* 65, no. 6 (1988): 2406–2412.

Hug, F. und S. Dorel. »Electromyographic Analysis of Pedaling: A Review.« *Journal of Electromyography and Kinesiology* 19, no. 2 (2009): 182–198.

Jakobsen, M. D., E. Sundstrup, C. H. Andersen, P. Aagaard und L. L. Andersen. »Muscle Activity During Leg Strengthening Exercise Using Free Weights and Elastic Resistance: Effects of Ballistic vs. Controlled Contractions.« *Human Movement Science* 32, no. 1 (2013): 65–78.

Jorge, M. und M. Hull. »Analysis of EMG Measuring During Bicycle Pedaling.« *Journal of Biomechanics* 19, no. 9 (1986): 683–694.

Kokkonen, J., A. G. Nelson und A. Cornwell. »Acute Muscle Stretching Inhibits Maximal Strength Performance.« *Research Quarterly in Exercise and Sport* 69, no. 4 (1998): 411–415.

Kraemer, W. J., R. S. Staron, F. C. Hagerman, R. S. Hikida, A. C. Fry, S. E. Gordon, B. C. Nidl, et al. »The Effects of Short-Term Resistance Training on Endocrine Function in Men and Women.« *European Journal of Applied Physiology* 78, no. 1 (1998): 69–76.

Lee, B. und S. McGill. »The Effect of Short-Term Isometric Training on Core/Torso Stiffness.« *Journal of Sports Science* 26 (2016): 1–10.

Lee, B. C. und S. M. McGill. »Effect of Long-Term Isometric Training on Core/Torso Stiffness.« *Journal of Strength and Conditioning Research* 29, no. 6 (2015): 1515–1526.

Levenhagen, D. K., J. D. Gresham, M. G. Carlson, D. J. Maron, M. J. Borel und P. J. Flakoll. »Postexercise Nutrient Intake Timing in Humans Is Critical to Recovery of Leg Glucose and Protein Homeostasis.« *American Journal of Physiology, Endocrinology and Metabolism* 280, no. 6 (2001): E982–993.

Markovic, G., I. Jukic, D. Milanovic und D. Metikos. »Effects of Sprint and Plyometric Training on Muscle Function and Athletic Performance.« *Journal of Strength and Conditioning Research* 21, no. 2 (2007): 543–549.

McCall, G. E., W. C. Byrnes, S. J. Fleck, A. Dickinson und W. J. Kraemer. »Acute and Chronic Hormonal Responses to Resistance Training Designed to Promote Muscle Hypertrophy.« *Canadian Journal of Applied Physiology* 24, no. 1 (1999): 96–107.

McDaniel, J., A. Subudhi und J. C. Martin. »Torso Stabilization Reduces the Metabolic Cost of Producing Cycling Power.« *Canadian Journal of Applied Physiology* 30, no. 4 (2005): 433–441.

Mitchell, C. J., T. A. Churchward-Venne, D. W. West, N. A. Burd, L. Breen, S. K. Baker und S. M. Phillips. »Resistance Exercise Load Does Not Determine Training-Mediated Hypertrophic Gains in Young Men.« *Journal of Applied Physiology* 113, no. 1 (2012): 71–77.

Phillips, S. M. »A Brief Review of Critical Processes in Exercise-Induced Muscular Hypertrophy.« *Supplement, Sports Medicine* 44, no. S1 (2014): S71–S77.

Rasmussen, B. B., K. D. Tipton, S. L. Miller, S. E. Wolf und R. R. Wolfe. »An Oral Essential Amino Acid-Carbohydrate Supplement Enhances Muscle Protein Anabolism After Resistance Exercise.« *Journal of Applied Physiology* 88, no. 2 (2000): 386–392.

Rønnestad, B. R., E. A. Hansen und T. Raastad. »In-Season Strength Maintenance Training Increases Well-Trained Cyclists' Performance.« *European Journal of Applied Physiology* 110, no. 6 (2010): 1269–1282.

Rumpf, M. C., R. G. Lockie, J. B. Cronin und F. Jalilvand. »The Effect of Different Sprint Training Methods on Sprint Performance Over Various Distances: A Brief Review.« *Journal of Strength and Conditioning Research* 30, no. 6 (2016): 1767–1785.

Schoenfeld, B. J. »Is There a Minimum Intensity Threshold for Resistance Training-Induced Hypertrophic Adaptations?« *Sports Medicine* 43, no. 12 (2013): 1279–1288.

Schoenfeld, B. J., J. M. Wilson, R. P. Lowery und J. W. Krieger. »Muscular Adaptations in Low- Versus High-Load Resistance Training: A Meta-Analysis.« *European Journal of Sport Science* 16, no. 1 (2016): 1–10.

Seger, J. Y., B. Arvidsson und A. Thorstensson. »Specific Effects of Eccentric and Concentric Training on Muscle Strength and Morphology in Humans.« *European Journal of Applied Physiology and Occupational Physiology* 79, no. 1 (1998): 49–57.

Sforzo, G. A. und P. R. Touey. »Manipulating Exercise Order Affects Muscular Performance During a Resistance Exercise Training Session.« *Journal of Strength and Conditioning Research* 10, no. 1 (1996): 20–24.

Simão, R., B. F. de Salles, T. Figueiredo, I. Dias und J. M. Willardson. »Exercise Order in Resistance Training.« *Sports Medicine* 42, no. 3 (2012): 251–265.

Staron, R. S., D. L. Karapondo, W. J. Kraemer, A. C. Fry, S. E. Gordon, J. E. Falkel, F. C. Hagerman und R. S. Hikida. »Skeletal Muscle Adaptations During Early Phase of Heavy-Resistance Training in Men and Women.« *Journal of Applied Physiology* 76, no. 3 (1994): 1247–1255.

Sunde, A., O. Støren, M. Bjerkaas, M. H. Larsen, J. Hoff und J. Helgerud. »Maximal Strength Training Improves Cycling Economy in Competitive Cyclists.« *Journal of Strength and Conditioning Research* 24, no. 8 (2010): 2157–2165.

Tipton, K. D., B. B. Rasmussen, S. L. Miller, S. E. Wolf, S. K. Owens-Stovall, B. E. Petrini und R. R. Wolfe. »Timing of Amino Acid-Carbohydrate Ingestion Alters Anabolic Response of Muscle to Resistance Exercise.« *American Journal of Physiology, Endocrinology and Metabolism* 281, no. 2 (2001): E197–206.

Vikmoen, O., B. R. Rønnestad, S. Ellefsen und T. Raastad. »Heavy Strength Training Improves Running and Cycling Performance Following Prolonged Submaximal Work in Well-Trained Female Athletes.« *Physiological Reports* 5, no. 5 (2017): e13149.

Willardson, J. M. »A Brief Review: Factors Affecting the Length of the Rest Interval Between Resistance Exercise Sets.« *Journal of Strength and Conditioning Research* 20, no. 4 (2006): 978–984.

Kapitel 13

Banister, E. W., J. B. Carter und P. C. Zarkadas. »Training Theory and Taper: Validation in Triathlon Athletes.« *European Journal of Applied Physiology and Occupational Physiology* 79, no. 2 (1999): 182–191.

Houmard, J. A. »Impact of Reduced Training on Performance in Endurance Athletes.« *Sports Medicine* 12, no. 6 (1991): 380–393.

Mujika, I., A. Goya, S. Padilla, A. Grijalba, E. Gorostiaga und J. Ibañez. »Physiological Responses to a 6-d Taper in Middle-Distance Runners: Influence of Training Intensity and Volume.« *Medicine and Science in Sports and Exercise* 32, no. 2 (2000): 511–517.

Mujika, I. und S. Padilla. »Scientific Bases for Precompetition Tapering Strategies.« *Medicine and Science in Sports and Exercise* 35, no. 7 (2003): 1182–1187.

Mujika, I., B. R. Rønnestad und D. T. Martin. »Effects of Increased Muscle Strength and Muscle Mass on Endurance-Cycling Performance.« *International Journal of Sports Physiology and Performance* 11, no. 3 (2016): 283–289.

Shepley, B., J. D. MacDougall, N. Cipriano, J. R. Sutton, M. A. Tarnopolsky und G. Coates. »Physiological Effects of Tapering in Highly Trained Athletes.« *Journal of Applied Physiology* 72, no. 2 (1992): 706–711.

Thomas, L., I. Mujika und T. Busso. »Computer Simulations Assessing the Potential Performance Benefit of a Final Increase in Training During Pre-Event Taper.« *Journal of Strength and Conditioning Research* 23, no. 6 (2009): 1729–1736.

Kapitel 14

Atkinson, G., O. Peacock und L. Passfield. »Variable Versus Constant Power Strategies During Cycling Time-Trials: Prediction of Time Savings Using an Up-to-Date Mathematical Model.« *Journal of Sports Science* 25, no. 9 (2007): 1001–1009.

Cherry, P. W., H. K. Lakomy, M. E. Nevill und R. J. Fletcher. »Constant External Work Cycle Exercise: The Performance and Metabolic Effects of All-Out and Even-Paced Strategies.« *European Journal of Applied Physiology and Occupational Physiology* 75, no. 1 (1997): 22–27.

Foster, C., A. C. Snyder, N. N. Thompson, M. A. Green, M. Foley und M. Schrager. »Effect of Pacing Strategy on Cycle Time Trial Performance.« *Medicine and Science in Sports and Exercise* 25, no. 3 (1993): 383–388.

González-Alonso, J., C. Teller, S. L. Andersen, F. B. Jensen, T. Hyldig und B. Nielsen. »Influence of Body Temperature on the Development of Fatigue During Prolonged Exercise in the Heat.« *Journal of Applied Physiology* 86, no. 3 (1999): 1032–1039.

Piacentini, M. F. und R. Meeusen. »An Online Training-Monitoring System to Prevent Nonfunctional Overreaching.« *International Journal of Sports Physiology and Performance* 10, no. 4 (2015): 524–527.

Swain, D. P. »A Model for Optimizing Cycling Performance by Varying Power on Hills and in Wind.« *Medicine and Science in Sports and Exercise* 29, no. 8 (1997): 1104–1108.

INDEX

Kursive Seitenzahlen kennzeichnen jeweils Abbildungen, Tabellen oder Illustrationen.

B

C

D

E

L

M

S

Z

DER AUTOR

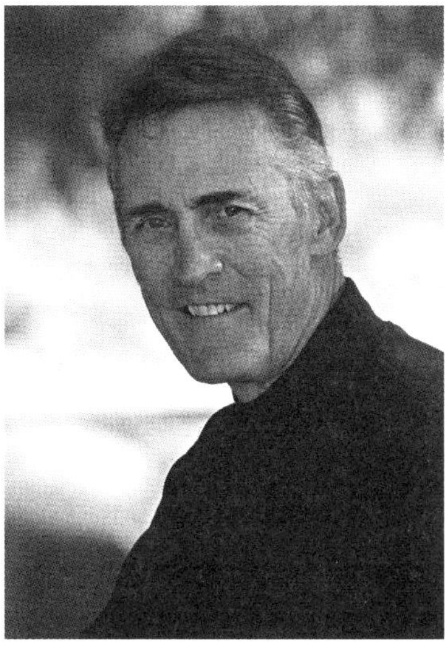

Joe Friel betreibt seit vielen Jahrzehnten erfolgreich Ausdauersport. Er hält einen Master-Abschluss in Sportwissenschaften und hat seit 1980 zahlreiche Ausdauerathleten aller Alters- und Leistungsklassen betreut, von Anfängern bis hin zu Profis und Olympia-Teilnehmern. Im Jahr 1999 gründete Joe Friel gemeinsam mit seinem Sohn Dirk Friel und seinem Freund Gear Fisher das Unternehmen TrainingPeaks.com, das heute als einer der führenden Anbieter von Trainings-Software für Ausdauersportler gilt.

Inzwischen hat sich Joe Friel aus der direkten Trainingsbetreuung von Athleten zurückgezogen und konzentriert sich darauf, die nachrückende Trainergeneration aus verschiedenen Sportarten mit bewährten Ansätzen zur Wettkampfvorbereitung von Ausdauerathleten vertraut zu machen. Im Rahmen dieser Aufgabe hält er regelmäßig Vorträge und Präsentationen bei Seminaren und Konferenzen in aller Welt. Darüber hinaus ist er auch als Berater von Unternehmen der Sport- und Fitnessbranche sowie mehrerer nationaler olympischer Komitees tätig. Seine *Trainingsbibeln* für Radsportler, Mountainbiker und Triathleten werden von mehreren nationalen Sportverbänden in der Trainerausbildung eingesetzt.

Joe Friels Trainingsphilosophie und -methodik ist im Laufe von mehr als drei Jahrzehnten entstanden und beruht auf seinem intensiven Interesse für sportwissenschaftliche Forschung ebenso wie auf seiner Erfahrung als Trainer von Hunderten Athleten mit ganz unterschiedlichen Leistungsprofilen. Zahlreiche angesehene Magazine und Zeitungen wie *VeloNews, Bicycling, Outside, Runner's World, Women's Sports & Fitness, Men's Fitness, Men's Health, American Health, Masters Sports, New York Times, Triathlete* und viele andere haben bereits über seine Ansichten und Ideen zum Training im Ausdauersport berichtet. Zudem ist Joe Friel auch Autor zahlreicher international erfolgreicher Sachbücher und Ratgeber zum Thema, von denen viele auch ins Deutsche übersetzt wurden: *Die Trainingsbibel für Radsportler, Die Trainingsbibel für Triathleten, Going Long – Triathlontraining für die Langdistanz* (mit Gordon Byrn), *Das Paläo-Prinzip der gesunden Ernährung im Ausdauersport* (mit Dr. Loren Cordain), *Praxishandbuch Wattmessung* und zuletzt *Schnell und fit ab 50.*

Weiterführende Informationen und die Möglichkeit zur direkten Kontaktaufnahme finden Sie über seinen Blog *joefrielsblog.com* oder wenn Sie ihm unter *@jfriel* auf Twitter folgen.

EBENFALLS VON JOE FRIEL

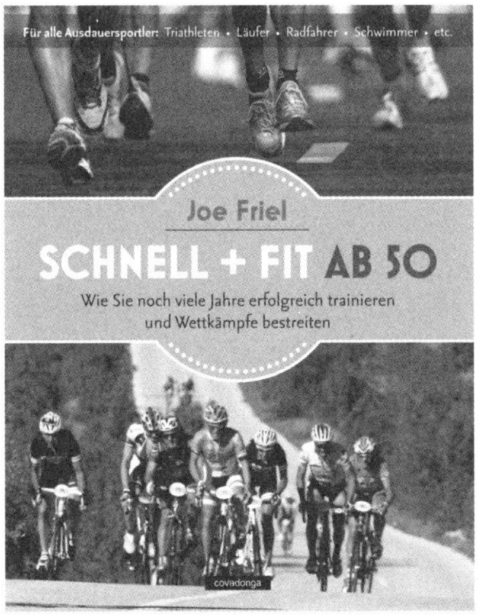

Joe Friel:
Schnell + fit ab 50

Wie Sie noch viele Jahre erfolgreich trainieren und Wettkämpfe bestreiten

Covadonga Verlag 2015

Broschur, 312 Seiten

ISBN (Print) 978-3-95726-006-2

ISBN (E-Book) 978-3-95726-008-6

Älter zu werden, bedeutet keineswegs, dass man zwangsläufig langsamer werden muss. Gestützt auf aktuelle Forschungsergebnisse und praktische Erfahrung in der Arbeit mit zahllosen erfolgreichen Altersklassen-Athleten erläutert der renommierte amerikanische Sportwissenschaftler, Trainer und Sachbuchautor Joe Friel, wie man als Sportler auch jenseits der 50 dauerhaft fit bleibt und erfolgreich Wettkämpfe bestreiten kann. Seine Leser lernen im Detail, wie sie ihr Training umstellen müssen, um sich gegen die Auswirkungen des Älterwerdens zu wappnen und so ihre Karriere um Jahrzehnte zu verlängern und weiterhin Siege, tolle Zeiten und Platzierungen zu erringen.

SCHNELL + FIT AB 50 ist das Buch für alle Ausdauersportler, die auch im fortschreitenden Alter schnell und konkurrenzfähig bleiben möchten: Radfahrer, Läufer, Schwimmer, Skilangläufer, Ruderer und Triathleten erhalten praxisbewährte Anleitungen, die ihnen helfen, weiterhin individuelle Bestleistungen zu erreichen. Denn Joe Friel beantwortet alle entscheidenden Fragen, u.a.:

- Wie verändert sich mit fortschreitendem Alter die Reaktion des Körpers auf Trainingsbelastungen und wie sollte man das Training entsprechend anpassen?
- Wie gelingt es, Körperfett abzubauen und Muskeldichte wiederzuerlangen?
- Wie lässt sich in Eigenregie ein maßgeschneiderter Plan für Training, Regeneration und Wettkämpfe erstellen?
- Wie funktioniert High Intensity Training (HIT) in der Praxis und wie lassen sich die Intensität der Trainingseinheiten und das aktuelle Leistungsvermögen präzise erfassen?

Expertenbeiträge weiterer weltweit angesehener Sportwissenschaftler, Mediziner und Spitzensportler, darunter Mark Allen, Gale Bernhardt, Amby Burfoot, John Howard, Tim Noakes, Ned Overend und Andrew Pruitt, runden diesen umfassenden Trainingsratgeber ab.

EBENFALLS VON JOE FRIEL

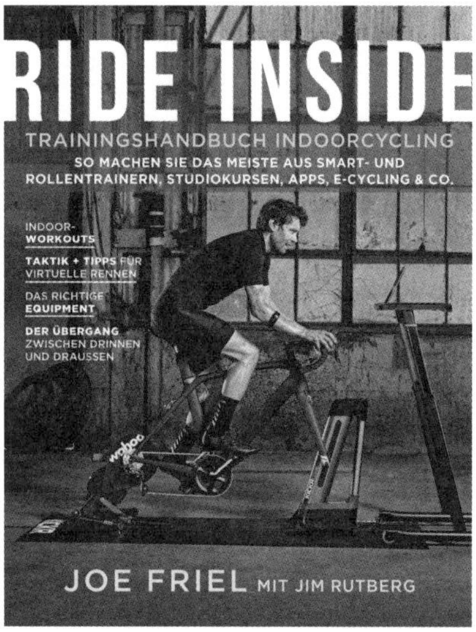

Joe Friel & Jim Rutberg
Ride Inside –
Trainingshandbuch Indoorcycling
So machen Sie das meiste aus Smart- und Rollentrainern, Studiokursen, Apps, E-Cycling & Co.

Covadonga Verlag 2020
Broschur, 214 Seiten

ISBN (Print) 978-3-95726-047-5
ISBN (E-Book) 978-3-95726-056-7

Schlechtes Wetter, Geschäftsreisen, Gefahren im Straßenverkehr: Es gibt zig Gründe, das Radtraining drinnen zu absolvieren. Doch obschon Indoor-Einheiten die perfekte Kontrolle über die Trainingsbedingungen ermöglichen, gelingt es vielen Fahrern in der Praxis nicht, ihre Rollen- und Smarttrainer, Studiokurse, Apps und E-Cycling-Plattformen effektiv im Sinne ihrer Trainingsziele zu nutzen.

RIDE INSIDE bietet Radfahrern und Triathleten einen intelligenten Leitfaden, um den idealen Nutzen aus jeder einzelnen Indoor-Einheit zu ziehen. Dieses Buch vereint das Know-how von Trainingsbibel-Autor Joe Friel und Indoorcycling-Experte Jim Rutberg, um alle Aspekte dieser besonderen Form des Radtrainings abzudecken: von der Frage nach der Motivation und dem Spaß am Training über die Auswirkungen auf Körperhaltung, Tritttechnik etc. bis hin zur sinnvollen Anpassung von Leistungsvorgaben oder Wattzahlen.

Als Coach und als Autor etlicher viel gelesener Trainingsratgeber für Radsportler und Triahleten hat Joe Friel die Welt des Ausdauersports maßgeblich geprägt. In RIDE INSIDE erläutert er nun, wie man moderne Trainingskonzepte erfolgreich auf das Indoorcycling anwendet. Ob reine Fitness-Fahrer oder ambitionierte Leistungssportler: Alle, die zumindest hin und wieder auch drinnen trainieren möchten, erhalten mit diesem Buch praxisnahe Schritt-für-Schritt-Anleitungen für die Herausforderung des Indoortrainings: Wie passt man die Geräte an individuelle Bedürfnisse an? Wie überwacht und steuert man die Belastung? Wie plant man sinnvolle Indoor-Einheiten? Wie nutzt man Zwift & Co. effektiv, um dann später auch im realen Leben mehr Power auf die Straße zu bringen?

SPORT- UND FAHRRADBÜCHER IM COVADONGA VERLAG

ISBN	*Titel / Autor*
978-3-95726-096-3	Die Trainingsbibel für Triathleten. **Joe Friel**
978-3-95726-090-8	Rennracker Robbie bei der Tour de France. **Birgit Hasselbusch**
978-3-95726-089-5	Endure. **Alex Hutchinson**
978-3-95726-087-1	Der Plan. **Nando Boers**
978-3-95726-085-7	Das Kuchen-Kochbuch. **Hannah Grant**
978-3-95726-080-2	Das neue Grand Tour Kochbuch. **Hannah Grant**
978-3-95726-077-2	Von Pandabären verfolgt. **Dan Martin**
978-3-95726-076-5	Im Peloton. **Paul Fournel**
978-3-95726-075-8	In meinem Herzen alles Sieger. **Fabio Genovesi**
978-3-95726-074-1	Übergestern in Japan. **Michael O.B. Krähe**
978-3-95726-072-7	Die Liebe zum Fahrrad. **Paul Fournel**
978-3-95726-068-0	Vuelta Skelter. **Tim Moore**
978-3-95726-067-3	Radsportherz. **Daniel Dencik**
978-3-95726-066-6	Die Gesellschaft des Pelotons. **Guillaume Martin**
978-3-95726-065-9	Von A nach B. **Dave Walker**
978-3-936973-61-1	1000/24. **David Misch / Christoph Strasser**
978-3-95726-060-4	Radsportberge und wie ich sie sah. **Geraint Thomas**

ISBN	*Titel / Autor*
978-3-95726-059-8	Tausend Kilometer Süden. **Walter Jungwirth**
978-3-95726-055-0	Ein Rad für alles – Die Allroad-Bike-Revolution. **Jan Heine**
978-3-95726-054-3	Quer durch Flandern. **Harry Pearson**
978-3-95726-053-6	Sokrates auf dem Rennrad. **Guillaume Martin**
978-3-95726-048-2	Colombia Es Pasión. **Matt Rendell**
978-3-95726-047-5	Ride Inside – Trainingshandbuch Indoorcycling. **Joe Friel**
978-3-95726-046-8	Der kahle Berg – Auf und über den Mont Ventoux. **Lex Reurings**
978-3-95726-042-0	299 schlaue Dinge über Sport ... **Andreas Beune**
978-3-95726-044-4	One-Way Ticket. **Jonathan Vaughters**
978-3-95726-039-0	Flamme Rouge. **Daniel Lenz / Florian Summerer**
978-3-95726-037-6	Dominik Nerz – Gestürzt. **Michael Ostermann**
978-3-95726-033-8	Vintage-Räder. **Gianluca Zaghi**
978-3-95726-031-4	Zugtiere in Trägerhosen. **Phil Gaimon**
978-3-95726-028-4	Der Radrennfahrer und sein Schatten. **Olivier Haralambon**
978-3-95726-027-7	Die Regeln. Kodex für Radsportjünger. **Velominati**
978-3-95726-024-6	Thomas Dekker – Unter Profis. **Thomas Dekker / Thijs Zonneveld**
978-3-95726-010-9	Auf der Straße. **David Millar**
978-3-95726-006-2	Schnell und fit ab 50. **Joe Friel**
978-3-95726-005-5	Domestik. **Charly Wegelius**

ISBN	*Titel / Autor*
978-3-936973-99-0	Schwimmen für alle. **Terry Laughlin**
978-3-936973-98-3	Radsporttraining mit der Methode Obree. **Graeme Obree**
978-3-936973-97-6	Gironimo! **Tim Moore**
978-3-936973-91-1	Ein Mann und sein Rad. **Wilfried de Jong**
978-3-936973-79-2	Spinning ist was für Friseure. **Andreas Beune**
978-3-936973-60-0	Der Schweiß der Götter. Die Geschichte des Radsports. **Benjo Maso**
978-3-936973-55-6	Going Long. Triathlontraining für die Langdistanz. **Joe Friel/Gordon Byrn**
978-3-936973-40-2	Das Trainingstagebuch für Radsportler. **Joe Friel**